RESEARCH ON

AMERICAN PRAGMATISM

美国实用主义研究

杨文极 ——— 著

社会科学文献出版社
SOCIAL SCIENCES ACADEMIC PRESS (CHINA)

杨文极

　　1936 年 5 月生于河北省张家口市怀安县，1961 年毕业于中国人民大学哲学系，先后在西北政法大学哲学系、西藏民族大学政治系、陕西师范大学哲学系任教。1986 年担任"哲学原理"研究生指导教师。1993 年被国务院学位委员会第十二次会议通过批准为西方哲学硕士点学科带头人。1994 年荣获国务院颁发政府特殊津贴证书。在科研上，1995 年荣获国家教委全国高校人文社会科学优秀成果二等奖。1994 ～ 1997 年，为陕西师范大学文科博士生讲授"当代社会思潮评论"课。1997 年退休后继续从事教学和科研工作。出版《实用主义新论》（主编，国家社科基金资助项目）、《存在主义新论》（第一署名）、《邓小平哲学思想》（主编）、《德国古典哲学教程》（第一署名）、《灯下集》等 15 部著作，哲学论文百余篇，译文 8 篇。

序　一

　　杨文极教授几年以前就同我讲起他正在撰写一部《美国实用主义研究》，并说写成后让我给作个序。不久后他寄来了写作提纲。这个提纲几乎涉及了与实用主义相关的所有问题，计划字数近百万，写成后将成为一部全面系统的巨著。杨文极教授看上去身体还是很硬朗，毕竟已近耄耋之年，是该在家享受天伦之乐的时候了，但他却仍然致力于这样的长篇巨著，实在令人钦佩。我想这里面也蕴含着他对实用主义研究的那份执着的感情吧！

　　文极什么时候开始关注实用主义研究我不是很清楚。但他1987年在桂林参加我的《现代西方哲学》修订本的审稿会时，曾同我讲起他很赞成我当时发表的《重新评价实用主义》一文的观点，并且打算找几个朋友合作，共同来重新研究实用主义并写出这方面的专著。我当时因忙于修订《现代西方哲学》无法参与，但很赞成他的想法。他说干就干，很快组织了一个得力的班子，向国家社科规划办申报了选题，顺利地得到了批准。经过约两年的努力，他们写出了一部40多万字《实用主义新论》，对实用主义做出了当时最为全面、详尽的阐释。这本书受到学界相当好的评价。在1993年教育部举行的第一届哲学社会科学优秀成果评审会上获得了二等奖。如果我没有记错，这也是这届评奖会上有关西方哲学论著所获得的最高奖。在此以后，他还试图与原有的班子一道继续研究和写作下去，好像还写出过一部书稿的初稿，但由于班子成员分散在各个单位，又各有所忙，后续的工作未能再做下去。文极本人所在的陕西师大当时没有哲学系，他的教学任务往往涉及其他领域，缺乏专心于实用主义研究的客观条件。他退休较早，退休后由于种种原因不得不辗转于陕西、北京、浙江等地从事一些其他工作，从事实用主义研究的条件就更差了。但他还是顽强地继续着自己的研究，不时有佳作发表。现在这部《美国实用主义研究》显然不是短期内写作的，而是凝聚了他几十年的心血。

我比他虚长几岁，上大学也早几年，但我们大体上是同辈人。我们这辈人既有比上辈人更多的幸运，又经历了比下辈人更多的挫折。所谓幸运，在于我们是在中国共产党领导下的新中国成立以后成长起来的，当我们开始接受新文化影响时所接触的就是作为共产党指导思想的马克思主义。以我们在旧中国的短暂经历以及由此所看到的新旧社会对比，使我们这一辈人中的许多人本能地就是共产党的拥护者，马克思主义的信奉者。与上下辈的学者相比，我们这一辈人大多更容易把自己的研究与马克思主义联系起来，接受马克思主义的指导。即使觉得我们所处时代进行的一些政治思想批判运动可能过火，也会将其理解成是稳定革命秩序，特别是树立马克思主义的权威所必要的。所谓挫折，是指我们这一辈人治学的黄金时期大部分是中国社会在政治和思想文化领域发生剧烈动荡的时期。由于一个运动接着一个运动，我们能潜心治学的机会不多；有时想挤用较多的时间来读点书（包括马克思主义的书），又可能被认为是走白专道路，甚至还会因此而受到不同程度的冲击，这自然难以写出严实、厚重、有独特创见的论著，也较难产生名副其实的大家，更不必说大师了。从这方面说，我们这辈人可谓前不及前辈，后不及后辈，特别是改革开放以后成长起来的一辈。我这样说不是故意妄自菲薄，我甚至多少还有些委屈；并不是我们这一辈天生不如人，而是正好遇到了特殊的环境。在这方面，文极的遭遇也许比我更差一些，据我所知，他在大学毕业以后的许多年内，都因不应有的政治原因不得不脱离教学和研究岗位，直到平反后才得以重新开始。

最后简单说一下这部书稿。我没有仔细研读过这部书稿，无法具体评论它的学术水平的高低和理论上的是非。但是，读者们从他20多年前出版的《实用主义新论》，就可看到他严谨治学的学风。相信他在这部凝聚了几十年心血的《美国实用主义研究》中能发扬这种学风。他大概未能像许多年轻的实用主义研究者那样有机会经常走出国门及时掌握国际学界在这方

面的最新研究动态，但他肯定能在对我国哲学界最近 20 多年来的研究成果
做出科学概括的基础上进行一些有益的探究，对年轻一辈学者从事这方面
的研究提供有价值的启示。在我国实用主义研究中，这本书在一定意义上
也许能起到承上启下的作用。愿这部巨著能早日与读者见面。

复旦大学　刘放桐

2018 年 6 月

序 二

　　杨文极老师是我极为尊敬的学术前辈，也是我的学术引路人之一，当杨老师最初与我谈起他要出版的书稿时，我从内心对他在耄耋之年依然心系学术，不断探索的精神感到佩服。但当他提出希望我能够为该书写序的时候，我感到诚惶诚恐，担心难以完成。随后，杨老师多次邀请并耐心等待。我又唯恐耽误了该书的出版，因此献上此序，以表敬意。

　　历史地说，实用主义是近现代以来进入我国最早的一批西方哲学流派之一。在 20 世纪初期，当实用主义在美国尚处在形成和发展之时，杜威对中国的访问就为中国的思想界和整个社会带来了实用主义的新思想和新观念。与当时随罗素访华而带来的逻辑原子主义思想和中立一元论一起，实用主义思想成为当时在我国思想界名噪一时的西方最新思潮。但随着国内战争不断和后来的抗日战争爆发，整个社会对这种新思潮的反应大多流于形式上的追逐，鲜有深刻的研究和反思。这就导致人们对实用主义的理解基本上停留在流俗的意义上，即把这种哲学看作一种市侩的哲学或人生指南类的哲学。这种理解一直延续到 20 世纪 80 年代，其间的政治运动更是把实用主义完全推向了敌对的阵营，使得实用主义蒙上了一层厚厚的政治阴影。直到 20 世纪 90 年代，国内哲学界的一些有识之士勇敢地提出"重新评价实用主义"的倡议，这才使实用主义哲学从被批判的政治对象逐渐回到学术的轨道，国家政治环境的变化也使得学者们可以理直气壮地讨论实用主义哲学的积极意义。在这些有识之士中，杨文极老师是最有胆量的一位学者：他不仅积极回应重新评价的呼声，还身体力行地投入重新研究实用主义、重新评价实用主义、重新认识实用主义的运动中!

重新评价实用主义哲学,这在20世纪90年代的国内形势下并不容易。首先,虽然十年"文革"早已结束,但人们对实用主义哲学的敌对心理并没有消除,甚至时代的变化引起了人们对现实问题的更大关注,从而更加剧了人们对实用主义思想路线的反感情绪。在从"以阶级斗争为纲"的无产阶级专政理论转向"以经济建设为中心"的社会主义建设事业过程中,实用主义曾一度被当作有用的工具,作为形容词的实用主义经常出现在批判性的口头话语之中。虽然这时候的实用主义一词已经不再具有政治上的反动意蕴,但从道德上的批判却始终成为这个术语挥之不去的阴影。其次,实用主义哲学作为西方当代哲学的重要代表,依然被看作哲学批判的主要对象之一,它所代表的美国哲学精神也被作为西方没落思想的主要标志。这种哲学上的批判,主要根据的是马克思主义哲学经典作家对实用主义的基本评价,也是来自马克思主义教科书的基本判断。这就使得实用主义哲学始终被看作重视实践而轻视理论的主要代表。再次,实用主义思想对人们日常生活的影响,主要是通过人们的急功近利和追求表面价值的普通心态中得到体现的。正是由于实用主义被看作这样的代表,它在普通人心目中的地位就可想而知了。虽然人们不再用实用主义哲学作为评价人的道德水平的标准,但实用主义的思想观念似乎依然存在于人们的心中,用于判断人的日常行为是否符合某些公认的社会规范。这些认识方式的存在直接妨碍了人们对实用主义哲学的正确理解,也导致了社会上对实用主义的各种诟病。杨文极教授的这部著作对于正确理解实用主义,能够起到正本清源的作用。

实用主义哲学最初形成于19世纪末20世纪初的美国,是以黑格尔的绝对唯心论哲学为主要思想资源,并结合了美国早期文化的个人奋斗精神。后来经过分析哲学的改造和补充,实用主义逐渐与分析哲学相结合,形成了分析的实用主义哲学。虽然实用主义在20世纪经历了多次变革,但它的实验精神并没有改变,勇于创新和不断探索的方式并没有改变。这种实验精神和探索方式从最初的创始者皮尔士那里就已经提出了"皮尔士原则",并被作为实用主义的第一原则始终贯穿于实用主义的发展过程之中。詹姆士和杜威直接继承了皮尔士的思想方法,把它用于人类意识活动和社会活动领域,由此扩大了实用主义的运用范围,并使实用主义成为普通的哲学方法和思维方式。虽然后来的实用主义者更多地关心科学、逻辑和语言的问题,但实用主义的研究方法却被一直保留下来,在更多的人类活动领域中得到普遍传播和广泛应用。这也解释了为什么实用主义经历了如此的变迁却能够坚持自己的研究方法保存下来的重要原因。杨文极教授的著作为我们清晰地展现了实用主义哲学的发展历史,并向我们完整地揭示了这种发展背后的学理根据。

如今,实用主义作为一种研究方法和生活方式,已经不局限于美国本土,而是成为世界性的哲学思想。在欧洲各国,在亚洲各国,包括中国,对实用主义哲学的研究也成为国际哲学界共同关心的话题。2014 年在美国举行的纪念皮尔士去世百年的大会上,来自世界各地 300 多名学者共同讨论了皮尔士哲学对当今哲学的意义;在世界各地成立的"杜威研究中心"也吸引了无数学者和思想者共同思考杜威哲学的现代意义;随着当代重要实用主义哲学家普特南的去世,人们对詹姆士哲学的研究兴趣正在与日俱增;当代重要的实用主义哲学家、美国的布兰顿和英国的普莱斯,已经成为当今世界引领实用主义哲学发展的重要领军人物。这些都预示着,在世界哲学的未来发展中,实用主义哲学将依然作为重要的思想资源受到哲学家和所有思想者的高度重视。在这种意义上,杨文极教授的著作就更具有了重要的思想价值。

是为序。

北京师范大学　江怡
2018 年 6 月

序 三

大约三年前，杨文极老师跟我说准备着手写一本关于实用主义的书。后来，他将该书的写作提纲寄给我，并嘱托我，在该书杀青时，写个序。惶恐之下，我不免有些迟疑。之所以迟疑，是因为自己一直认为：在中国文化传统下只有前辈给晚辈作序的，哪有颠倒过来的道理？杨老师德高望重，我怎好意思为他作序？但迟疑之下，我还是接受了杨老师的邀约。当时心想，如此规模宏大的研究，不要说一位耄耋老人，就是壮年学者，仅凭一己之力，也是难以完成的。所以，我不大相信，此书真有问世的一天，而宁愿更多地将这个研究计划当作老人的一种心愿。不久前，杨老师在电话中告诉我，该书已经完成并将出版，这让我着实大吃一惊，同时也为之感动。看着杨老师寄来的书稿，一种敬意油然而生。

人们想必还记得，实用主义曾经是一个带着羞辱的哲学名词。自20世纪50年代以来，经过不懈批判，实用主义被弄得蓬头垢面，不论是政治上还是学术上，都已颜面扫地。记得我上大学那会（"1978级"），学术界对实用主义噤若寒蝉，实用主义被当作名副其实的反面教材。80年代中期，刘放桐老师首破坚冰，喊出"重新评价实用主义"的口号，这在当时需要极大的理论勇气。自那以后，学术界开始了对实用主义的正本清源，产生了一些有代表性的成果，其中之一，便是杨文极老师的《实用主义新论》。我是在很晚才读到这本书的，即便距离该书的问世已经过去十多年，但当时它仍给我留下了系统、清新的印象。特别值得一提的是，该书从学术的角度探讨实用主义内涵及当代发展，一改过去批判先行的写作风格，让人耳目一新。

20世纪90年代，不要说美国正在进入实用主义复兴的高潮，即便是在德国，实用主义也已从原来的贬义词变成了褒义词（哈贝马斯语）。但在我国，对实用主义的偏见仍未克服。杨文极老师能在充满偏见的氛围中，投入极大的精力和时间，坚持实用主义研究，是很不容易的。要知道，当时学术界虽然不再简单地从政治角度鞭挞实用主义，但绝大多数同行仍然偏执地将德国古典哲学当作哲学的唯一典范，认为实用主义在学术上肤浅，没有学术价值（至今这种偏执仍未完全克服）。在这种情势下，研究实用主义所冒的风险便从政治转为学术。将实用主义研究作为自己学术生涯的目标，在很大程度上是在拿自己的学术生命冒险。没有对实用主义的深刻理解，没有对西方哲学发展进程的深刻把握，研究者是不会轻易走出这一步的。

杨文极老师非实用地将实用主义研究作为自己的生命追求，投入巨大的精力，孜孜矻矻地在这块园地中耕耘，终于产出了《美国实用主义研究》这部巨著。它是继杨老师《实用主义新论》之后的又一重大成果。对此，每一个真正的学者都不能不肃然起敬。实用主义研究之于杨老师，这不只是一种学术游戏，而俨然是一种存在状态。它突破了功利的计较，彰显了生命的尊严。这不禁让我想起海明威的《老人与海》，不同之处在于，海明威笔下的老人最终船毁网破，而杨文极老师则收获了沉甸甸的果实。

眼前的这部《美国实用主义研究》还没来得及细读，在细节上还难以置评。不过，从我已经读到的部分来看，这部大书至少有三个特色是非常鲜明的，给我留下的印象是极为深刻的。

一是它的开阔视野和宏大气势。除去对实用主义内涵的重新发掘之外，杨文极老师从纵横两个维度，即从时代转变的大趋势以及美国社会文化的底层基因入手，锁定了实用主义的坐标。这种高屋建瓴式的对实用主义的把握，就我所接触的范围而言，是十分罕见的。受当代英美哲学风格的影响，我自己对实用主义研究多半是题材狭小的，最多扩展到实用主义家族的历史演变。杨老师的研究范围要大得多，它不仅给我们带来了关于实用主义是什么的重新解读，更是从思想史的角度为我们厘清了实用主义在当代思想文化场域中的位置。詹姆士曾经说过，意识状态总是由中心和"穗边"结合在一起而构成的。理解一种精神现象不能只看清晰明显的中心部分，同时也要关注模糊的边缘部分，因为它们构成了中心所在的场域。理解一种哲学也同样如此，人们不仅应该就理论本身来理解它，同时也要注意它的背景，即它与社会文化历史的关联与互动。杨老师在此为我们树立了榜样。

二是它的独到见识。由于锁定了实用主义在思想史上的位置以及在当代社会文化中所起的作用，杨文极老师对实用主义做出了不无新意的判断，即实用主义是一种现代哲学而非近代哲学。其显著特征是：实践优先背景下，一切传统的二元论都被瓦解了；人与世界的关系有了完全不同的意味。杨老师用大量的篇幅对此进行了论证。如果这些论证成立，我们便能顺理成章地得出结论：实用主义不应该只是哲学史教科书的一章，它在今天仍然是西方哲学舞台上的主角。实用主义不是过不过时的问题，而是如何进一步得到发扬光大的问题。顺着这一思路，杨老师不仅对古典实用主义本身而且对它的当代效应和影响进行了分析和考察，这些分析和考察表明，实用主义不是死去的僵尸，而是活泼的仍然焕发着朝气的青年。

三是它对实用主义与马克思主义以及中国传统文化之间相似性的强调。杨文极老师这一代学者，长期受马克思主义的熏陶，同时对中国传统哲学有天然的亲近感。在探究实用主义意蕴的过程中，马克思主义哲学和中国传统哲学是杨文极老师两面重要的镜子，他将实用主义置于马克思主义哲学和中国传统哲学的背景下进行对照，发掘其内涵，构成了杨老师实用主义研究的重要特色。我一直以为，在今天的中国，要想真正做好实用主义研究，就不能不关注它与马克思主义和中国传统哲学的关系，"中西马"乃当今中国哲学大厦的鼎立三足，而实用主义正是中马的"居间者"，是沟通二者的最好平台。因此，看到杨老师也有类似的主张，不免十分高兴，有同声相应的感觉。

《美国实用主义研究》是一部内容丰富的大书，我无力对其做出全面的评价。在这部大作面前，我更多的是反躬自问：如果我也经历了杨文极老师那样的坎坷，如果我也像杨文极老师那样高龄，我是否还能像他那样，燃起生命的激情，投身于非功利的学术？我是否还能像他那样，对生活保持乐观开朗的态度？我真的不敢说"我能"，因为这不是一个认知的问题，而是一个修行的问题。杨老师用自己的作为，践行了实用主义的基本主张，知道如何领先于知道什么，追求生命的意义大于追求知识的积累。对此，我唯一能想到的两个字就是："敬佩"。

浙江大学　陈亚军

2018 年 10 月

自　序

1961 年，我从中国人民大学哲学系毕业后，被分配至陕西省西安政法学院哲学系资料室当资料员。当时的资料室订购有苏联的《哲学问题》《莫斯科大学学报》等刊物，我经常阅读。与之相关联，我与中国人民大学苗力田先生、商务印书馆高嵩先生、中国社会科学院哲学研究所涂纪亮先生等联系，想从哲学翻译上寻找我的发展出路。我想翻译一本苏联批判介绍实用主义的书籍，得到高嵩先生的鼎力支持。这些情况后来在《哲学译丛》上得到了反映。这是我大学毕业后，首先接触实用主义研究这一课题的情形。

1979 年，我受命代表陕西师范大学支援西藏高校教学工作，被分配至西藏民族大学政治系"78 级"理论班，讲授《欧洲哲学史》课，每周 6 小时，讲两个学期。我把北京大学、中国人民大学、南开大学、南京大学等学校的教材都学习之后，编写出一本自己的讲稿，还制作了不少图表，教学效果良好，也使自身在哲学史的学习和研究上得到了很大提高。

1981 年，支藏完成后我返回陕西师大，被分配至马列主义教研室，讲授《马克思主义哲学原理》课。这是一门公共政治理论课，教材是我的老同学李淮春参加编写的，也是中国人民大学哲学系的基本课，对我来说比较熟悉容易讲授。

1982 年，李秀林、夏基松老师来西安讲学，在会上简单介绍了中国人民大学"56 级"学生，并且也表扬了我两句，之后教研室领导就让我给新招的硕士研究生上《西方哲学认识论史》的专业基础课，我通过紧张、认真的备课，完成了教学任务。我同时又一次深入学习，探讨了西方哲学认识论史的逻辑和内容，特别是德国古典哲学、康德哲学和黑格尔哲学，专门研读了黑格尔《逻辑学》。

从《欧洲哲学史》到《西方认识论史》的教与学研究，为我学习研究现代西方哲学特别是美国实用主义哲学，奠定了良好的理论基础。

1978～1979年，全国研究西方哲学的同仁，在安徽芜湖黄山和山西太原分别召开了西方哲学和现代西方哲学研讨会，这是改革开放后著名的学术讨论会。1983年我被推选为全国现代西方哲学学会理事，这对我研究现代西方哲学特别是美国实用主义哲学起到推动作用。1987年，涂纪亮研究员、刘放桐教授在桂林陆军学院召开审稿会。在刘放桐教授的《现代西方哲学》（修订版）的审稿过程中，我提出要开展对美国实用主义进行深入研究的想法，并想组织一个课题组开展研究。很快我就组织了一个实用主义研究课题组，由华南师大邓遇芳、云南大学王永康、江西大学罗志野、河北大学石倬英、贵州大学余怀彦等教授参加。课题组还邀请复旦大学刘放桐教授、黄颂杰教授和华东师大赵修义教授参加讨论。我于1987年申报国家社科基金项目"实用主义研究"课题也获得成功。这样，我们参加全国实用主义哲学讨论会，编写工作分工后迅速投入研究写作，于1990年由陕西人民教育出版社出版了《实用主义新论》。《中国社会科学》发表署名文章对其进行评论。为写作和研讨《实用主义新论》，我们在西安、成都、广东、三亚、深圳等地多次召开课题组讨论会，大家研究讨论并访问了北京等地的专家学者贺麟、葛力、苗力田、陈启伟等教授征求意见，最后定稿。所以说，这是一份认真研究的著作。"皇天不负苦心人"，经过大家的不懈努力，《实用主义新论》获得了教育部首届全国高校哲学社会科学优秀成果二等奖，也是西方哲学研究的头奖。这对我们是很大的鼓舞。

1986年，我被评为哲学副教授，并开始招收"马克思主义哲学原理"专业的硕士研究生，讲授"马克思主义哲学原理"基础课和"马克思主义经典著作研究"专业课。这些课程的开设，促进了我对马克思主义哲学的深入研究。

1990年我被评为哲学教授。1993年被国务院学位委员会第十二次会议批准为西方哲学硕士点的学科带头人。1994 年我荣获国务院颁发的"政府特殊津贴"证书，被评为对国家高等教育事业有特殊贡献的专家。1995 年荣获国家教委全国高校人文社会科学优秀成果二等奖。1994～1997 年，除继续带西方哲学硕士研究生外，我还为全校文科博士生讲授"当代思潮评论"课。此外，在这期间我还为中文系的霍松林和高起学教授、历史系的史念海和赵吉惠先生、教育系的吴元训先生的研究生上过"欧洲哲学史"课。正当我在学术和事业上有所建树时，1997 年迎来了退休的日子。退休意味着没有经费、没有学生、没有项目，什么也不能做了。这对我的研究工作是一次打击。"实用主义研究"课题组随着课题组成员的退休而自行解散，研究工作无法继续下去。值得骄傲的是，我退休时，在教学上已获得证明我在高等教育事业中做出特殊贡献的证书，成为一名获得国务院政府特殊津贴专家；在科研上，获得了教育部全国高校首届人文科学优秀成果二等奖。这些成就为我独立研究现代西方哲学实用主义哲学奠定了基础，提供了方便，这也就是在退休后我继续研究美国实用主义哲学的原因。

1997～2018 年，是我退休后"退而不休"的 20 年。在这 20 年里，我除了为北京东方大学、浙江温州东方学院、陕西师范大学成人教育学院等院校讲授"马克思主义哲学原理""邓小平理论""毛泽东思想，邓小平理论和"三个代表"重要思想""中国特色社会主义理论"等课程之外，还继续研究美国实用主义，研究中国的现代化问题，撰写《美国实用主义研究》一书。

《美国实用主义研究》一书的内容，包含美国实用主义的产生，美国实用主义的基本理论与发展，美国实用主义与近代西方哲学，美国实用主义与美国文化，美国实用主义与中国特色社会主义建设，美国实用主义的历史地位和现代意义等。这是一部从西方哲学的高度，全面认识和审视美国实用主义的著作。概括地说有以下十个方面。

第一，什么是实用主义？长期以来，我们并未真正弄清楚这一问题。皮尔士说，实用主义是一种科学方法，信念与行动相联系，由怀疑到探索，由探索到确定信念，最后趋向于行动，用行动的未来效果来证明思维的合理性。詹姆士说，实用主义首先是一种方法，其次是关于"真理是什么"

的发生论，它不是去看最先的事物、原则、范畴和假设是必需的东西，而是去看最后的事物、收获、效果。杜威说，实用主义是关于思维的认识的行为主义理论，这就说明，实用主义哲学之所以可以强调经验行动和实践生活，之所以强调有利害关系的行动主体的行为效果，之所以强调哲学要立足于现实生活之上，把获得成效看作生活的真正价值，就是要表明它已经是重视现实的现代西方哲学。现代西方哲学注重解决问题和探求解决问题的方法。例如，中国的一个大问题就是实现现代化，如何实现现代化呢？我们探索了"全盘西化"，也探索了"全盘苏化"，都失败了，产生了怀疑，寻求到了中国特色社会主义道路，确立信念，进行探索，直到取得了良好效果。这就说明实用主义哲学的思维方法是很贴近生活实践的，对建设中国特色社会主义道路很有用。

第二，在弄清什么是实用主义之后，要明白它是一种现代哲学。为什么说美国实用主义是现代西方哲学而不是近代西方哲学呢？实用主义产生于美国工业化、现代化、全球化的新时代，产生于科学技术飞跃发展的新时代，产生于超越欧洲经验论、唯理论和康德、黑格尔的理性主义哲学成就的基础上，它已经是一种与近代西方哲学不同的现代西方哲学。如果说，古代哲学研究客体，研究本体论，近代哲学研究主体，研究认识论和知识论，那么现代哲学则是研究主体与客体的关系，研究主体客体化和客体主体化的关系，研究方法论，研究"真理是什么"的发生论。

第三，实用主义作为现代西方哲学，是对欧洲哲学的改造，是对近代西方哲学的超越。首先，是对思维与存在、心与物、心与身、主体与客体二元对立哲学的改造。论证了思维与存在、心与物、心与身、主体与客体的统一，论证了主体客体化与客体主体化的统一，创立了知行统一的认识论。立足于社会实践的人，把社会的人作为主体，反对把感性与理性、理性与非理性、理论与实践相分裂的认识论上的二元论，反对把真理的理论性和真理的实践性相分裂的二元论，把真理的旧观念与真理的新观念相统一，突出了真理的价值与效用。实用主义不仅从理论上界定真理，而且从实践上界定真理，发展了传统和近代认识的真理观。实用主义从社会现实的人出发，提出了新的社会历史观和社会伦理道德观，这些都是很有见地的思想观点，问题在于我们要不抱偏见地去认真分析。

第四，长期以来，我们不懂哲学与文化的关系，把实用主义概括为实用主义腐朽文化。现在我们应当正确地认识美国文化，抛弃一切错误观点。美国文化的核心是实用主义，美国实用主义的核心价值融于美国的文化之中。实用主义与美国文化有着紧密的关系。黑格尔有一个形象的比喻，他说哲学与文化，好像神与庙一样，没有神的庙不是真正的庙，没有庙的神也不是真正的神。神与庙必须统一来看。所以哲学与文化的关系也必须统一起来看。实用主义产生于美国文化，又催生了美国文化的繁荣与发展。美国文化的核心是科学与民主的文化，其中包括价值哲学、经济哲学、政治哲学、文化哲学、教育哲学、宗教哲学、社会哲学、语言哲学、管理哲学、心灵哲学、科学哲学。在实用主义影响下，在美国工业化、现代化、全球化的过程中产生的许多分支哲学，都很值得我们学习和借鉴。

第五，许多人不了解实用主义哲学改造的内容，因而也就无法弄清楚实用主义与近代西方哲学的区别，从而否认实用主义是现代西方哲学。关于哲学的改造，马克思主义主张哲学革命，实用主义主张哲学改造，其对象直指传统哲学和近代哲学。作为现代哲学，它们都坚持主体与客体、思维与存在、身与心、心与物的统一。马克思主义哲学一般来说是对黑格尔和费尔巴哈哲学的批判，实际上它所关注的已经不是建立关于整个世界的严密完整的理论体系，而是直接面向人的现实生活和实践，把实践的观点当作哲学的首要的基本观点，主要通过实践发挥人的能动性、积极性和创造性，促使人的自由而全面发展。马克思主义哲学是通过对人的实践的意义的深刻揭示和全面阐释，彻底实现了对西方近代哲学的超越，实现了哲学上的伟大革命。实用主义哲学反对主体与客体、身与心、心与物、思维与存在的二元论，反对本体论式的思维方式，主张直面实践问题，从生活、经验、实践出发，即从主客体统一出发说明世界，超越了近代哲学主客二分的认识论模式，实现了近代哲学的改造。应当说，实用主义是一种继承了休谟、康德以及实证主义等近代哲学的经验论，又不同于近代哲学的经验论的哲学。实用主义认为，经验不是作为认识结果的知识，不是与客体相分离的主体意识状态，而是指人的行动生活和实践本身，是心与物、主体与客体相互统一的过程。或者说，作为有机体的人对其环境相互作用的过程。所以，经验不是过去的静止的东西，而是由过去指向未来，从而是积极的、能动的。实用主义认为，一切思想理论学说都是为人适应环境服务的，都是人的行为的工具。在西方近代哲学史上，无论是英国的经验论还是大陆唯理论，都是探讨知识怎样形成的。例如，康德提出先天综合判断何以可能，数学何以可能，物理学何以可能，都是讲知识何以可能的问题。而现代哲学则是研究认识何以能实现，知识何以能实现的问题，这就成为方法论了。实用主义批判传统哲学的旁观者认识论，认识论中心主义，就是要从近代哲学的研究主体转向研究主客体统一，这就是实用主义哲学的现代认识论转型。毛泽东在《实践论》中讲到，认识论可以分为认识的形成阶段和认识的实现阶段，强调认识的实现阶段比认识的形成阶段更为重要。从认识的实现阶段去理解实用主义的认识论，就更容易理解杜威的思维五步法、操作主义和实验逻辑，就更懂得研究实用主义认识论的重要性。真理是有价值的，我们不仅要认识真理，还要实现真理。在认识形成阶段和认识实现阶段，真理的内涵是不同的，一个是认识的结果，一个是认识的起点，所以不能简单沿用亚里士多德以来关于真理的定义，必须揭示真理的价值和意义。

第六，长期以来，我们否认美国实用主义是现代哲学，其原因还在于我们对现时代的认识不够清楚。从政治上看，我们的时代主题已经由战争与革命转为和平与发展。马克思、恩格斯早在1848年《共产党宣言》中就说，资产阶级开创了一个新时代，这是一个工业化、现代化、全球化的新时代。他们说："资产阶级在它们不到一百年的阶级统治中创造的生产力，比过去一切时代创造的全部生产力还要多，还要大。生产力的征服，机器的采用，化学在轻工业和农业中的应用，轮船的行驶，铁路的通行，整个大陆的开垦，河川的通航，仿佛用法术从地下呼唤出来大量的人口——过去哪个世纪能够料想有这样的生产力潜伏在社会劳动里呢？""资产阶级由于开拓了世界市场，使一切国家的生产力和消费都成为世界性的了，不管反动派如何惋惜，资产阶级还是挖掉了工业脚下的民族基础。古老的民族工业被消灭了，并且每天还在被消灭。它们被新的工业排挤掉了。新的工业的建立成为一切文明民族的生命攸关的问题。这些工业所加工的,已经不是本地的原材料,而是来自极其遥远的地区的原材料,它们的商品,不仅供本身消费,而且同时供世界各地消费。旧的靠本国产品来满足的需要,被新的要靠极其遥远的国家和地区的产品,来满足的需要所代替了……物质的生产是如此,精神的生产也是如此。各民族的精神产品成了公共的财产。民族的片面性和局限性日益成为不可能。于是由多种民族的地方的文学形成了一个世界的文学(指科学、艺术、哲学等方面的著作)。"① "资产阶级,由于一切生产工具的迅速改进,由于交通的极其便利,把一切民族甚至最野蛮的民族都拉到文明中去了,它的商品的低廉价格,是它用来摧毁一切万里长城征服野蛮人的仇视心理的重炮。它迫使一切民族——如果它们不想消失的话——采用资产阶级的生产方式,迫使它们在它们那里推行文明制度,即变成资产者。一句话,它们按照自己的面貌为自己创造出一个世界。"② 马克思、恩格斯在这里形象生动地指出,从经济上说,这是一个全球化、工业化、现代化的开放时代,美国实用主义就是产生在这样一个时代里。恩格斯在其《路德维希·费尔巴哈和德国古典哲学的终结》一书中说:"在从笛卡尔到黑格尔和从霍布士到费尔巴哈这一长时期内,推动哲学家前进的,决不像他们所想象的那样,只是纯粹思想的力量。恰恰相反,真正推动他们前进的,主要是自然科学和工业的强大而日益迅速的进步。在唯物主义者那里,这已经是一目了然的了,而唯心主义体系也是越来越加进了唯物主义的内容,力图用泛神论的观点来调和精神与物质的对立;因此,归根到底,黑格尔的体系只是一种就方法和内容来说唯心主义地倒置过来的唯物主义。"③ 由于自然科学和工业突飞猛进的发展,由于蒸汽机、内燃机、电动机、相对论、量子力学、计算机、人工智能、大数据等自然科学和工业的不断进步,由于工业化、现代化、国际化的思潮的推动,人类进入现代社会,马克思主义与实用主义都成为这个时代的产物。

① 《共产党宣言》,载《马克思恩格斯选集》第一卷,人民出版社,1972,第154~155页。
② 《共产党宣言》,载《马克思恩格斯选集》第一卷,人民出版社,1972,第154~156页。
③ 《路德维希·费尔巴哈和德国古典哲学的终结》,载《马克思恩格斯选集》第四卷,人民出版社,1972,第226页。

　　第七，马克思主义与实用主义是 19 世纪同时代产生的现代西方哲学，它们不仅具有同时代性，而且具有许多相同的内容。马克思主义和实用主义都是对近代欧洲哲学的继承和发展，具有同时代性。它们还具有共同的自然科学前提，具有共同的工业化、现代化、时代背景，具有共同的欧洲哲学土壤；它们都实现了哲学革命的现代转变，具有科学主义精神和人本主义风貌；它们都具有现代哲学的功能和价值；它们都主张实现主体与客体、思维与存在、知与行、理论与实践的统一，实现了哲学的改造与革命；它们高举科学与民主的旗帜，都有关于人类全面而自由发展和社会进步的理想。如果只看到实用主义与马克思主义是两种根本对立的意识形态，看不到它们之间的同时代性和共同之点，那它们就根本无法对话交流。

　　第八，关于实用主义和中国特色社会主义现代化建设，这是一个很有意义的问题。过去，我们从"以阶级斗争为纲"的观点看问题，现在我们从以经济建设为中心，即从"工业化、现代化、全球化"的大时代观看问题，思维方式和观点看法就全然不同了。20 世纪 50 年代，我们批判美国实用主义，批判杜威和胡适，说实用主义是帝国主义反动哲学、主观唯心主义哲学、庸俗市侩哲学、诡辩论等，其理由是什么呢？后来认识到我们批判错了，又错在哪里呢？对此，我们缺乏反思。实用主义在美国形成和发展的历史，是伴随着美国资本主义工业化、现代化、全球化形成和发展的过程的，它有其存在的合理性。今天，中国正在实行工业化、现代化、全球化，既不能走"全盘苏化"的老路，也不能走"全盘西化"的邪路，中国必须坚持中国特色的社会主义道路，建立完善的中国特色社会主义理论。当然，也必须学习和借鉴美国工业化、现代化、全球化的经验教训，必须正确认识和理解美国实用主义理论。

　　第九，20 世纪中叶，随着实用主义创始人皮尔士、詹姆士、杜威的相继过世，美国实用主义越来越向实践方面发展，更加突出它的实践功能。当实用主义讲"大胆假设，小心求证"时，认识本身已经是实践动作的一种方式。在实验逻辑中，实验方法不同于思维方法，不仅要动脑，还要动手，要实际地去观察、去实验、去操作，这种实验动作思维，一直延续下去，形成了布里奇曼的操作主义、泰罗的管理科学、西蒙的决策科学等。

可以说，实用主义哲学已经渗透工业生产之中，成为管理哲学。随着智能化、数字化和计算机科学的发展，语言哲学诞生了。人们用语言指称对象，做出判断，进行思维，交流思想，如果没有语言，社会就无法存在，人类无法发展。实用主义语言哲学的发展，除了研究语形学、语义学、语用学、语言与行动，研究文本与读者、阅读与欣赏、说者与听者，还涉及教育、影视、传媒等多种行业，涉及信息社会的网络语言、计算机语言。随着信息社会中互联网、物联网、航空航天、航海技术的发展，实用主义的语言哲学的事业更宽广，内容更深邃。未来世界五彩缤纷，人类生活更加幸福，实用主义科学哲学、艺术哲学也将更加发达。

第十，过去我们讲美国帝国主义是反动的、腐败的、垂死的、没落的，作为美国国家哲学的实用主义当然也是没有前途的。这样，实用主义根本就无所谓历史地位和意义。多少年过去了，实践证明这是一个错误判断。马克思曾说资产阶级开创了一个新时代，创造了迄今为止最为强大的生产力。美国又进一步发展，实用主义哲学与美国工业化、现代化、全球化的过程是同步的。无端地批判实用主义，也就是否定了它的工业化、现代化、全球化的历史地位和现代意义。美国毕竟实现了现代化，生产力、社会财富居世界第一。实用主义就是在这种生产力水平、这种社会经济条件下产生的。肯定经济基础决定上层建筑，也就肯定了美国工业化、现代化、全球化对实用主义哲学产生的作用和意义。这就说明，没有美国工业化、现代化、全球化的历史背景，作为现代西方哲学的美国实用主义也是根本不会产生的。中国是一个农业社会，要实现工业化、现代化、全球化，就要弄清中国特色，弄清楚中国在经济、政治、文化、社会和生态等方面所表现出来的特点，沿着工业化、现代化、全球化的发展趋势向前迈进。美国全面实现工业化、现代化、全球化的经验和教训值得学习和借鉴，在这个历史条件下产生的实用主义，应当有它一定的历史地位和现实意义。

我想通过以上十个方面，从什么是实用主义，实用主义是现代西方哲学，为什么是现代西方哲学，实用主义与近代西方哲学的区别与关系，实用主义与美国文化实用主义是工业文明的文化，实用主义与新实用主义、实用主义与中国特色社会主义现代化建设，实用主义产生的时代条件，实用主义的历史地位和现代意义等方面来解读实用主义，以便给广大读者一个正确而清晰的认识。

2018年，当我步入83高龄，退休23年后，终于完成了《美国实用主义研究》的书稿，也算完成了自己的一个心愿。不管别人怎么议论，这是一件做出来的事情，是我历经坎坷，在特别困难的条件下完成的。

有友人送我三句话，第一句话是"上善若水，海纳百川"，要养成像水一样的品格，宽宏大量，包容一切。第二句话是"有容乃大，无欲则刚"，要养成敢作敢为，不为名利，在恶劣环境中也能生存的事业心。第三句话是"面向大海，春暖花开"，要养成如同大海一望无际的气度，困难总会被克服，光明总会到来。

我就是以这种精神鼓舞着自己不断前进，当然这里不只是我一个人，而是有无数的朋友、同事、同学支持我，有多位友人帮助我，没有大家的支持和帮助，我会一事无成。总而言之，不管怎样，一个人活着总是应当有不断的追求。

马克思说：在科学道路上没有平坦的大路可走，只有在崎岖小路的攀登上不畏劳苦的人，才有希望到达光辉的顶点。

目　录

第一章　美国实用主义产生的社会历史条件和思想理论渊源

前　言

美国实用主义不是凭空产生的，它有其产生的社会历史条件和思想理论渊源。但是长期以来，我们并没有认真地分析和研究美国实用主义产生的历史背景和思想渊源，因此也就很难正确理解和把握实用主义代表人物的基本理论。这样，也就很难对美国实用主义做出正确、恰当的科学评价。

"橘生淮南则为橘，生于淮北则为枳"，这是中国的一句古话。对于实用主义，我们曾依据自己的一知半解极为间接地介绍但又任性而彻底地批判。尽管批判自己竖起的稻草人也是阐释自己观点的一种方式，但是毕竟不是严肃的学术研究态度。而且这种方法极为"自欺"，并导致我们的狂妄自大。我们应该怀着学术的、历史的敬意对待现代西方哲学的兴起和转型，正确对待美国实用主义的产生、演变与发展。只有这样，我们才能够正确认识和理解美国实用主义的历史地位和现代意义。

在研究美国实用主义时，切忌把它产生的阶级根源等同于社会历史条件，用阶级根源代替社会历史条件。作为资产阶级哲学，美国实用主义的确反映了垄断资产阶级的利益，有其产生的阶级根源。但是，实用主义也是特定社会历史条件下产生的，必然反映其时代精神。在这一社会历史条件下，年轻的美国资产阶级艰苦创业，锐意进取，立国治国，使一个落后的殖民地国家迅速发展，在短短的二三年内走完了其他西方资本主义国家花费上千年走过的历程，在广阔无垠的茫茫荒原上建立一个工业化、城镇化、现代化、国际化的资本主义强国。在这一社会历史条件下，美国由农业社会向工业社会、由传统社会向现代社会转型，市场经济蓬勃发展，使作为认识主体的人发展成为实践主体的人，在商品交换中，商品所有者都是独立自主的交换主体，具有交换的自主权，因而具有冲破一切桎梏、依照自己的意志实现自由贸易、在交换中为获得最大价值而不可遏制的经济欲望，具有独立意识、平权思想、坚持不懈的商业精神，具有个人主义、功利主义、自由主义思想。正是在这种社会历史条件下，美国才能在政治上抛弃欧洲传统模式，在经济上大力发展资本主义的市场经济，在思想理论上反对绝对主义和独断论，从而为主张独立自主、积极行动、效用至上的实用主义哲学的产生提供了现实的社会基础。

在研究美国实用主义的思想理论渊源时，切忌否定和忽视社会心理的分析，把思想理论的继承简单化。实际上，思想理论的批判与继承，与人们的生活方式、思维方式和观念形态的变革直接相关，也与人们的民族心理和社会心理直接有关。美国实用主义，是在多元开放的文化背景下，在人们的独立意识、平权思想、不懈的商业精神的民族心理和社会心理基础上，从具有利害关系的、独立自主的行为主体出发，随着生活方式、思维方式和观念形态的不断变革而批判地继承以往人类社会历史的思想理论的。对于这个复杂的吸收和消化过程，我们切不可做简单化的解读。

实用主义的思想理论渊源，简单说来主要有四个方面。一是经验主义。包括英国和法国经验主义的传统、波格丹诺夫和马赫的"经验批判主义"、詹姆士（也译为詹姆斯，本书统一为詹姆士）的"彻底的经验主义"、杜威的"经验自然主义"、莫里斯的"科学的经验主义"，表现为一种经验主义的立场。二是进化论。英国的达尔文在其1859年《物种起源》中认为，生物是通过生存竞争和适者生存的自然法则而实现进化的。达尔文的学说对实用主义的兴起产生了直接的影响，同时也为实用主义带来了明显的生存性。三是以康德、黑格尔为代表的德国古典哲学。实用主义是以批判"绝对唯心主义"和"新黑格尔主义"为其哲学转变的特征的，康德的思辨理性与实践理性、工具理性与目标理性对杜威的影响很大。四是现代科学方法论和实验心理学。19世纪心理学发展成为一门独立学科，对实用主义影响极大。所以，研究和考察实用主义的产生和发展，必然要重视以上四个方面对实用主义的影响。

我们在研究中要把实用主义产生和发展的社会历史条件与思想理论渊源这二者有机统一起来，因为哲学思维总是随着自然科学的发展而不断改变其形式的。美国实用主义与达尔文进化论和实验心理学的进展、对英法经验论传统的批判继承、对黑格尔绝对唯心主义的批判有关，更重要的是与美国工业化、现代化、全球化的历史进程有关。无视这一社会历史时代中科学研究的进展，看不到现代哲学的转型，绝不能正确地理解和说明美国实用主义哲学的产生、演变和发展。

第一节　美国式的实践和美国的立国精神

一种哲学观点的产生，一个哲学流派的崛起，其背景怎样，根源何在？这是我们考察哲学观点和流派时必须正视的问题。一般说来，物质生活的生产方式制约着整个社会生活、政治生活和精神生活的过程。不是人们的意识决定人们的存在，相反，是人们的社会存在决定人们的社会意识。这一历史唯物主义的基本原理已成为我们考察复杂的社会意识现象所遵循的根本原则。社会意识的产生、存在、变化、发展是十分复杂的精神现象。历史舞台上出现的任何一种哲学学说，都有其深厚的社会经济土壤和广阔的历史文化环境，它同社会生活具有丰富而复杂的联系，其哲学范畴蕴涵着深邃的社会内容。被人们称为典型的美国哲学的实用主义就是如此。

实用主义是一种注重实效的实践哲学，它所反映的社会生活原型是美国的政治、经济关系的发展。美国人的生活方式和思维方式都与美利坚民族开拓美洲大陆这一基本实践活动密切相关，而美国文化则渗透着开拓者的创业精神。实用主义是在这一独特的美国式实践过程中孕育出来的哲学学说，是在开拓新大陆中急剧发展起来的商品经济意识的理论化，体现了浓郁的商业精神。因此，剖析它同开拓新大陆、同美国资本主义商品经济的血肉联系，是揭示实用主义的主要精神及其基本特征的根本问题。但是，社会意识对社会存在的关系并非亦步亦趋，社会意识因素也有其相对独立性和历史继承性。实用主义虽然深深植根于 19 世纪下半叶美国资本主义发展的土壤之中，但它同任何一种哲学学说一样，并不是对社会经济关系的直接反映，不能把它的哲学主张同当时的经济基础机械地联结在一起，把实用主义的哲学范畴、原则、命题当作美国资本主义商品经济的直观图式。

美国是在近代西方世界资本主义产生和蓬勃发展的历史背景下，在印第安人长期过着原始狩猎生活的、未经开发的北美大陆上，由欧洲移民开拓、创建，通过发展商品经济而一跃成为当今世界资本主义强国的。自哥伦布发现新大陆开始，西班牙、法国、荷兰、瑞典等国家就不断派员到南北美洲远征、探险。17 世纪初，英国在詹姆斯敦建立起第一块永久殖民地，荷兰、德国、法国的移民也相继来到东部沿海地区，一个世纪后初步形成美利坚民族。该民族 1700 年人口约 27 万，1760 年达到 60 万人，1790 年增至 400 万人。19 世纪上半叶开始，随着美国向中西部拓展，世界各地移民蜂拥而至，到 1850 年人口猛增至 2300 万。南北战争（1861～1865 年）后，美国经济迅速腾飞，1894 年工业生产跃居世界第一位，成为全球引人注目的"工业巨人"。实用主义就是在新生的美利坚合众国本土上产生的哲学流派，是在美国建国的历史长河中积淀出来的美国精神的结晶，深刻体现了年轻的美国资产阶级立国、治国的精神和发展商品经济的魄力，鲜明地反映了美国人在移民探险中，在争取民族的独立解放中，在开拓西部和资本主义的商品竞争中形成的生活方式和思维方式。正因为如此，它十分符合美国资产阶级以及各阶层人们的口味，受到人们的赞赏，在美国社会生活中颇具生命力。要理解实用主义的真谛，赋予它以应有的历史地位，对它做出中肯的评价，就必须在美国开国的历史长河中去探寻实用主义的产生根源，从美利坚民族在特殊历史条件下的美国式实践中去剖析实用主义滋生的土壤。

在人类发展史上，美国的历史是富有魅力的：一群弱小的移民在荒漠的大陆上迅速扩展，在短短的二三百年内走完了其他资本主义国家上千年走过的路程，在广阔无垠的莽莽荒原上造就了一个都市化、现代化的资本主义强国。这样惊人的历史步伐是怎么形成的？这个问题值得我国一切有志借鉴西方现代化经验的人们认真探究。美国历史巨变的原因自然是多方面的：广阔富饶的自然环境、源源不绝的廉价劳动力、国家的决策、科学管理和智力投资、科学技术的创造发明、迅速发展的社会生产力等。物质生产条件是一个社会存在、发展的基础和前提，这是无可否认的，但是，只要深入考察美国的历史进程就会发现这里有一个极其重要的因素，就是在独特的历史环境和美国式实践中培养出的创业精神，也就是年轻的美国资产阶级和开拓新世界的美国民族的立国、治国精神。这种精神使当时的美国成为一个充满希望、生机勃勃、深藏着巨大经济潜力的国家，它像磁石一般吸引着世界各地的移民一批又一批地涌向新大陆，实现自己所寻求的新生活的理想：财富、自由、冒险、光荣……正是这种精神，激励着来到新世界的人们在重重困难、挫折、艰险中，以自立自强、勤勉不懈的拼搏精神开拓和创业，将一个只有原始状态文明的，几乎没有工业的落后农业国变成了高度现代化的工业大国。人的观点、理想和追求像原子裂变般的释放出了巨大的改造自然和改造社会的威力，这是多么活生生的历史辩证法！当代美国文化界不少有识之士已深切省悟到，这样一种令美国人曾十分自豪的精神传统，这一份在建国时期曾经使美国充满生机和活力、给美国带来繁荣富强的珍贵遗产，有被现代化美国完全抛弃之虞。美国当代著名的逻辑学家、哲学家莫里斯说："使我们失望的并不是我们的传统而是我们传统的背叛者。我们需要担心的是不去完成已经十分自豪地开始了的'事业'。"①

只要人们打开美国的各种历史画卷，美国民族的创业精神跃然于字里行间，建国时代美国式实践培育起来的精神传统鲜明地呈现在人们眼前。归结起来，主要是"独立意识""机会均等与平权思想"和"对商业精神的不懈追求"。

"独立意识"或"自主意识"是立国时期美国人最基本、最突出的精神特征，这一特征的形成，与他们所处的政治经济环境密切相关。美国的疆

---

① 〔美〕莫里斯：《开放的自我》，定扬译，上海人民出版社，1965，第 146 页。

土原是英、法、西等国的殖民地，殖民主义者曾试图把欧洲封建主义移植到那里去，但从来也未能进行过有效的封建式的管理和统治。美国远离移民母国几千里之遥，幅员广大，交通闭塞。在竞争激烈的殖民地活动中，在异常艰险的拓荒生活里，移民往往得不到母国任何实际支持，仅靠自己的双手和勇气创造业绩，寻求立足之地。一批又一批的移民背井离乡，漂洋过海，到一个神秘莫测的世界追求自己的新生活，这一事实本身就体现出一种独立精神，到了新大陆他们又过着独立、自由、进取的生活，更加发展了他们自信。独立的、自主的社会意识就在这样的历史环境中形成。

殖民地人民争取独立的政治斗争，强化了美洲人民的独立意识。自发来到北美大陆开拓新国家的人们，身上旧社会的传统和习俗较欧洲民众少，他们摆脱了原来的经济地位和社会身份的种种约束，作为社会中独立自主的个体创造自己的生活，因此独立意识较强，政治上和经济上不屈从权势。然而，随着资本主义经济关系的发展，这种民族性格受到日益沉重的压抑。英国重商主义对北美经济实行高压政策，商业的垄断和控制，经济的掠夺，恶化了英国和殖民地人民的关系，激起了新大陆人民的愤怒和反抗，进一步激发和增强了人们的独立意识。加之，在法国大革命风暴的强烈影响下，自由、平等、博爱的呼声此起彼伏。独立自主的精神已广泛渗透在人们的思想文化领域，成为人们的普遍的社会心理，所以当革命爆发时，当资产阶级革命家、思想家托马斯·潘恩在他的《常识》小册子中发出同英国彻底"决裂"的革命号召时，独立的呼声像一团野火很快燃遍了整个北美大陆，摆脱母国的束缚、自己当家做主的强烈愿望在独立战争中得到鲜明的表现。

美国建国时期的观念形态所追求的美国形象，是一个渴望摆脱旧传统而走自己的路的新世界。在"'大陆会议'决议案"和《独立宣言》中，在林肯的演说和农民的书信里，美国是地球上一个"自由和独立的国家"，它在自己的土地上，"从事没有桎梏、没有束缚"的事业。早期移民虽然沿袭故国的政治观念，但是他们在实践中很快发现，欧洲观念和新大陆的实际生活是不相容的。在建国时期，美国人决意抛弃欧洲的传统，不仅在政治上打击封建特权和等级制度，而且不固守既有的原则和照搬现成模式，从实际出发，以独立创新的精神寻求适合本国的政治、经济、文化模式。在文化上，美国早期没有本土文学，多数是"进口货"。随着独立斗争的发展，独立意识的增强，种种反抗专横、打破传统枷锁的独立、自由的艺术形象被逐渐塑造出来。19世纪初期美国诗人威廉·卡伦·布赖恩特在一首题为《草原》的诗歌中写道："这些是荒漠里的花园。这些没有收割的田地，无边无际而又美丽，它们在英国的语言中从来没有名字。"这首洋溢着民族豪情的草原诗歌，号召人们摆脱欧洲的影响，表现了建立美国民族文化的热切愿望。1837年，美国散文作家、诗人、哲学家爱默生在哈佛大学发表了一篇"美国学者"的讲演，发出了建立反映美国生活特点的民族文学的强烈呼吁。他说："我们从属于别人的日子，我们长期学习其他国家文化的日子已经结束。我们对于欧洲宫廷文艺女神已经倾听得太久了。"这篇演讲被人们誉为美国精神上的"独立宣言"。在政治生活中，早在17世纪初就出现过弗吉尼亚的政治管理方式，这是美国历史上最早的代议制政治体制的类型。美国开国元勋的政治谋士在建立联邦体制时，研读过大量的历史、政治书籍，力图创建一个既照顾各州自治的传统，又强调国家统一的"三权平等"的联邦政府。联邦宪法虽然受到18世纪英国制衡原则的影响，但是他们并没有依葫芦画瓢，而是制定了独具一格的新宪法。美国经济的明显特点也是不受传统思想的束缚，抛弃行会的法规，实行放任政策，使生产不受阻碍地寻求最有效的途径和办法获得最快的发展。

这一切都表明，美国建国史就是一部敢于打破旧传统、富有独立创新精神的历史。有的西方学者认为："在遭受蹂躏的欧洲人民的心目中，美国成了人类具有打破传统的枷锁并通过理性和决心赢得胜利的能力的象征。"[①]可见，美国民族的独立意识是在长期的历史过程中形成的，早已深深植根于人的思想深处，并作为一种比较稳定的民族心理沉淀下来，对美国的意识形态和哲学思维有着深刻影响。

机会均等和平权观念 这也是美国独特历史环境的产物，是在其立国过程中起重要历史作用的精神因素。从早期殖民到南北战争，北美的大部分

---

① 〔英〕维尔：《美国政治》，何怀宏译，商务印书馆，1981，第3页。

土地是人烟稀少、百业待兴的莽莽荒原，未经开发的处女地，分散、闭塞的屯垦区，松散的行政管理，来自世界各地不同民族、不同阶级、不同职业、不同宗教信仰的人们混杂而居，不拘泥于旧制度的积习，富有独立自主精神和不屈从权势的传统，这种种因素造成一个经济上机会均等的社会环境。任何人只要拥有少量的资金，简单粗劣的工具，勤勉不懈就可自我立足，如果有足够的冒险勇气、善于适应环境又有创造才干，还会不断发展并开拓新的前途和命运。同时，从早期移民开始，这里就是一个商品经济比较活跃的地方，等价交换的商品经济规律在社会生活中起着日益显要的作用。这种社会存在反映到人们的观念形态上，自然形成了美国人特有的平权思想。种姓等级、财产关系、身世资历不再是衡量人的社会地位的标尺，唯一的根据是人们在激烈而充满风险的社会斗争和商品竞争中的才干和实力。这样的环境，虽然成为唯利是图的商人投机取巧的温床和冒险家的乐园，但也为一切天才提供了同等上进的机会。不论民族、阶级、职业、血统，只要善于钻营而又有强烈的事业心就有可能获得经济上的发达和职位的晋升，正是在这样的时代潮流里涌现出乔治·华盛顿那样乡村绅士型的开国元勋；也造就了林肯、安德鲁·杰克逊那样的来自小木屋的受人民爱戴的总统。来自大西洋彼岸、没有世胄门第荫庇的英国平民托马斯·潘恩因在创建美利坚合众国的战斗中的巨大贡献而被革命风暴推到险要地位；生长在西部边陲荒原小镇的没有正规学历的马克·吐温，浪迹河海，开矿淘金，巡回演讲，撰稿写书，在社会大学里历经各种折腾和磨难，终于成为饮誉全球的文学巨人。

在那开发新国家的年代，在许多人的心目中，美国是一个充满希望和机会的国土。艾默生曾经热情歌颂："亚美尼加啊，你是机会的同义词！""那里人人都有工作和面包，天上太阳天天照"的爱尔兰民歌四处流传。尽管表面繁荣的新世界神秘莫测，动荡不定，但是人们难于抗拒这块新大陆上机会的诱惑，冒着各种风险来这里编织寻金的美梦，寻求发财的机会。有些人一举成功，财运亨通，爆发致富；也有些人一败涂地，境况一落千丈，囊空如洗。但是，一种可能性实现了，更多的可能性又呈现在人们面前；一种机会失去了，新的机会又在向人们招手。财富起落，家道兴衰，司空见惯。只有碰运气，冒风险，挫折、失败之后再拼搏、奋斗。在许多人的眼里，人生就是一个永无止境、永不满足的，在冒险中寻求机会、碰运气的过程。

就是在这一过程中，北美大陆移民猛增，西部迅速开拓，铁路、河道、运河遍布全国，技术发明层出不穷，新工厂如雨后春笋般涌现。昔日穷乡僻壤的交易站、乡村小镇迅速成为兴旺发达、熙熙攘攘的大都市。这一切为新共和国的发展和繁荣奠定了基础。

对商业精神的不懈追求。美国是在浓郁的商业气氛中成长的年轻资本主义国家，它的历史从一开始就是沿着资本主义轨道发展的，没有经历过封建主义的发展阶段。马克思、恩格斯正是在这一意义上强调美国是"纯粹资产阶级制度"，是在"纯粹资本主义基础上发展起来的"这是相对于一般国家的历史发展来说的，但这并不意味着美国没有资本主义的前史。这个问题，对于考察美国历史的特点，理解美利坚民族的精神特征和把握美国哲学精神都是十分重要的。

从英国建立第一块永久殖民地到南北战争，美国基本是一个农业国。在两个多世纪里，美国辽阔大陆上占主导地位的是分散的、自给性的自然经济。独立战争清除了殖民者带来的封建主义的残余，自由农民土地所有制的确立和资本主义家庭大农场的出现，使美国农业经济沿着美国式道路迅速发展。但是，从生产关系看，经济关系的主体部分是以个体手工劳动为基础的自由农和少量以简单生产技术为基础、家庭劳动力为主的自耕农场，基本上是自给性的生产；生产水平低，分工不发达，几乎没有工业，农具粗劣，耕作方法原始、粗放；消费方式简朴；各州之间关税壁垒森严，交通闭塞，市场狭小，货币缺乏，交易量很小，资金积累有限；以雇佣劳动为基础从事商品生产的资本主义大农场为数不多。直到1860年南北战争之前，美国绝大部分疆土呈现出的都是这样一幅自给性的、自然经济的农村图景，这是基本的历史事实。

然而，美国的自然经济并非典型性的，它具有不同于欧洲大陆自然经济的特征，从一开始就具有强烈的资本主义倾向。欧洲殖民者在北美殖民时，其母国正处于资产阶级革命时期，封建主义迅速崩溃，资本主义急剧发展，资产阶级在政治经济上迅速得势，他们的殖民活动带有鲜明的资本主义色彩。早期移民探险者受雇于贸易公司，背后站着各宗主国的资产阶级，为争夺商业独占权进行着激烈斗争，导致多次战争。独立战争后，自由农大量涌现，在自由劳动和土地私有的基础上构成了一个广大的处于十字路口的不稳定的社会阶层。在国内外资本主义的政治经济势力不断扩展的社会环境中，它的自发的资本主义倾向受到强烈刺激，商品意识极为浓郁：热衷商品交易，积极钻营，盲目冒险，投机牟利……两极分化趋势日益发展，小农场主不断增多，雇工数量显著增大。尽管如此，在南北战争之前，美国的农业基本上仍然是自给性的自然经济，资本主义农业尚未成为主流。

19 世纪 60 年代，美国的历史面貌发生了急剧的变化。南北战争为美国的经济巨变创造了政治的和经济的前提。一系列土地政策的实施，使独立的自由农经济获得迅速发展，以雇佣劳动为基础的资本主义家庭农场普遍建立。尤其是地方主义关税壁垒被打破，横越大陆的铁路大动脉畅通，全国性统一市场迅速形成，商品流通不断加速，货币资本大量积累，整个国家的经济生活向着高度商业化的方向发展。在市场经济的猛烈冲击下，自由农的传统基础迅速崩溃，自给性的农业生产向专业化、集约化过渡。资本主义大农业的确立，使单一的农场向农工商一体化的农业综合企业转化。这一切，都加速了整个社会工业化、都市化的步伐。从独立战争到南北战争的近百年内，美国都处在农业时代。19 世纪中叶，资本主义的生产方式在全国范围内完全确立时，它仍然是一个农业国。当时，农业产值超过工业，约占生产总值的 60%。到 19 世纪后期，工业产值猛增。1889 年工业产值占工农业净产值的 62%。19 世纪末，美国已成为世界上最大工业国。它所开发的煤、钢铁、石油，铺设的铁轨，建成的工厂，比世界上其他国家都要多。

这个时代，是美国实行放任政策的时代。政府提倡和鼓励自由贸易和自由竞争，商业自由成为脱缰之马，竞争之风盛极一时。"美国的事情就是做生意。"卡尔文这一名言成为时代的格言。在美国经济土壤中早就培植起来的商品经济意识像酵母一样急剧膨胀开来，人们力图利用自己所能支配的一切资本谋求利润和财富，土地、矿场、印刷厂、报社等都成为商业冒险的资本。在激烈的商业竞争的世界里，在创造新的资产阶级共和国的过程中，年轻的美利坚民族充满活力和对商业精神的不懈追求，竞争意识，机会观念，讲求实效、积极进取的精神，勇于开拓、乐观自信的热情，崇尚科学知识的风尚，种种反映商品经济发展要求的观念形态，随着美国从自给性的自然经济为基础的农业国向资本主义商品经济高度发展的工业国过渡，日益成为创业时期美国资产阶级和美利坚民族的性格特征。经济的转型，商品经济意识的膨胀，需要相应的哲学思维方式。提倡积极行动，以效用至上为基本原则的实用主义就在这一历史条件下应运而生。

上述独立意识、机会均等和平权观念、对商业精神的不懈追求都是在美国近几个世纪立国过程中逐步形成的民族性格和民族心理，是推动美国历史发展的重要的精神力量。当然，这些精神因素不是自在自为的，不是超历史、超阶级的，是在一定的社会物质条件的基础上，在特定的政治经济环境中形成的社会意识现象。它们的产生、存在，同一定的经济关系相联系，具有一定的阶级背景。独立民主意识就是根源于美国商品经济土壤。在商品交换中，商品所有者都是独立自主的交换主体，具有交换的自主权，在交换中获得最大价值量的不可遏制的经济欲望，要求冲破一切桎梏，依照自己的意志实现自由贸易。托马斯·潘恩发出同英国决裂的独立呼声响彻北美大陆，宣称"人人生而平等"、每个人都有"生存、自由和谋求幸福的天赋权利"的《独立宣言》，震惊世界历史的独立战争，实质上都根源于年轻的美国资产阶级要摆脱母国的束缚，自由自主、无拘无束地发展商品经济，实现贸易自由，为资本主义的独立发展扫除障碍的愿望。

机会均等和平权观念同样是当时资本主义商品经济关系的产物。在人类历史上，民主、平等的意识都同商品经济的发展相联系，即使希腊奴隶制性质的雅典民主制也是当时雅典商品经济在一定程度上发展的结果，商品经济是平权意识产生的经济前提，商品经济活动必然形成平权意识。商品生产的出发点是交换，而商品交换要遵循等价交换的客观经济规律。在商品交换中，每一个商品所有者都是交换活动的主体，无论他们所占有商品的种类和数量有何区别，就他们都是商品占有者而言，他们都是平等的交换主体，在交换过程中处于平等的地位。他们的经济机会均等：平等地进入同一市场，受着这个市场的统治；在同等的竞争条件下，共同按照"自愿交易"的原则相互转让商品占有权；在同样的价值规律支配下，究竟获得多少价值量，也平等地接受这个市场的裁决。这就是平权意识得以产生、存在的深刻的经济根源。在美国这样一个没有深厚封建传统、商品经济兴旺发达、商品经济意识浓厚的国家，机会均等和平权思想自然成为人们的普遍的社会心理。南北战争之后，资本主义的商品交换迅速成为社会经济的普遍形式，资产阶级发展商品经济的平权要求在政治生活和思想文化生活中的表现也越来越鲜明、强烈，突出地表现在美国建国史上一直存在的州权和集权的激烈斗争中。在自由资本主义时代，体现新兴资产阶级民主精神的州权思想其势很盛，19世纪末进入垄断资本主义阶段产品经济取代资本主义经济之后，集权趋势普遍流行，州权思想逐渐失势。

可见，贯穿于美国立国治国过程中的独立意识、平权思想和商业精神归根到底来自美国式实践，根植于美国资本主义商品经济的土壤之中，显示出处于上升时期的美国资产阶级积极奋进的精神面貌，反映了社会生产力发展的要求，在美国各阶层人民中产生了广泛而深刻的影响，从而形成了富有自由主义传统的民族精神：面向实际，讲求效益，崇尚科学，不迷信权威，不固守抽象原则和书本知识，不拘泥于旧传统，富于创新，积极乐观。这就是西方学者常常称道的美国人的实用气质。在一些西方史学家那里：美国人是没有欧洲人书卷气的实干家，这种人不受过去时代的那种一本正经的学问的约束；美国是改革的化身，那种实用的富有创造发明，能迅速找到解决事情办法的性格，对于物质的东西能充分地加以把握。尽管艺术性不强，却能有力地达到伟大的目标。美利坚民族充满活力的性格和积极进取的精神，也为马克思主义创始人所称道。恩格斯曾赞扬说，美利坚是一个"比任何别的民族都要精力充沛的民族"[1] "一旦美国人开始做了，他们就会以巨大的力量和飞快的速度做下去，使我们欧洲人相形之下显得十分幼小。"[2] 1888年，六十八岁的恩格斯亲自赴美国考察后强调说，

---

① 《马克思恩格斯全集》第36卷，人民出版社，1974，第668页。
② 《马克思恩格斯全集》第38卷，人民出版社，1972，第316～317页。

为了迅速发展新兴国家，"需要有美国人那种狂热的事业心"。①

美国民族在商业时代的精神面貌，它在美国式实践中形成的情感、理想、道德风尚、审美情趣等民族性格和社会心理，为实用主义哲学的产生提供了丰富而生动的感性思想材料。实用主义虽然根植于美国资本主义商品经济的沃土中，受经济关系的决定和制约，但是它绝不是唯利是图、投机取巧的商人生意经的直接的简单移植。思想体系和社会经济基础的因果关系是间接的，思想体系反映社会存在必须经过中介环节，这个中介就是一定时代、一定民族、一定阶级或社会集团的社会心理。以"效用至上"原则为第一要义、强调行动的实用主义，实为上述种种美国民族精神和社会心理的理论升华。以人的行为的直接效果作为衡量真理是非和解决思想争论的唯一依据的效用原则，把知识看作适应环境的行动工具的工具主义，这些实用主义的基本主张，既反映了美国资产阶级追求现实经济利益的投机牟利的利己主义世界观，也深刻体现了美国民族不迷信权威和教条的独立、平权的民主观念和面向现实生活的求实精神。因此，要正确理解实用主义的范畴、原则，必须考察美国社会的全部历史过程，深入剖析在特定时代直接孕育它的民族精神和社会心理。

第二节　多元开放的文化

美国从诞生之日起，就是一个多元因素的"大熔炉"。政治、经济、文化呈现多元模式，给美利坚民族的观念形态打下了深深的印迹。美国是一个民族多元化的国家。在广袤的土地上，从世界各地涌入的多个民族混杂而居，使用着几十种语言的工业中心散布全国，有自己的"小意大利""小华沙""小法兰西"等不断增多的国际化城市。不同种族、肤色，不同文化习俗传统的人们聚集在一起。英国农夫、法国手工艺人、犹太商贾都在这里奋争、发迹。正如美国著名诗人沃尔特·惠特曼所说，美利坚"不仅是一个民族，而且是一个兴旺的多民族的民族"。在几个世纪自由移民过程

---

① 《马克思恩格斯全集》第 37 卷，人民出版社，1971，第 87 页。

中，多元的民族逐渐融合成一个既具有多姿多彩的非美传统，又具有统一的性格和精神面貌的新种族。

这种民族特征对美国的宗教生活有直接的影响。原住民印第安各部落就有与自己的生活方式相适应的宗教仪式，来自世界各地的移民又大多沿袭故国的宗教传统，这一历史状况使美国成为世界上拥有多种宗教信徒，宗教种类繁多、宗教活动庞杂的国家。在同一块国土上，抱有不同宗教信仰的男女信徒在共处中图求生存，在历次重大的革命运动中掀起一个又一个宗教浪潮，他们或者分裂为亲英派和抗英派、南派和北派，或者重新组合、建立形形色色的新教派。为了使自己信奉的宗教能够立足，各派教徒热情投身于社会政治斗争和社会改革运动。他们的宗教活动培育了美国人建立和发展新共和国的特殊使命感，为美利坚民族的精神生活和文化事业的发展做过不少贡献。但是他们的纷争和骚动也经常引起社会的紧张和不安。

经济生活也呈现多样性，这是美国社会多元化的又一显著特征。在早期移民时代，因气候、土壤、自然资源的地区差异构成了南、北、中部三个具有不同经济特色的殖民区，它们相距甚远，交通闭塞，形成分散、独立的经济区域。独立战争之后美国从东部沿海地区向西部边陲迅速拓展，随着拓居地的推进，美国又呈现出东西横向的新的经济格局。东部工商业集中，是工商业财团活跃的基地。西部是以自由农为基础的农业经济区。由于自然环境不同和移民生活方式与习俗的多样化，新旧开发区往往具有明显的地域性差异。南北、东西两种走向的区域性差异，促成了独立性较强、经济利益各不相同的地域性经济集团，这种经济地域的多样化，是地方主义、分散主义产生的基础，对美国政治、经济和精神文化生活有着重大影响。19世纪末20世纪初，美国资本主义从自由竞争向垄断资本迅速过渡，在阶级利益对抗的社会集团的基础上，地域性经济集团的性质也随之发生显著变化，在全国范围内逐渐产生了支配社会财富、操纵国家经济命脉、控制国家机器的各种垄断财团。在夺取势力范围的斗争中，它们的实力不断变化，进一步强化了地域性差异和发展的不平衡性，在不同的垄断财团支配下的经济区域也具有了新的特色。

不同的社会力量（民族的、宗教的、地域的、阶级的等）具有不同的利益和需求，它们的利害关系，尤其是不同阶级、不同经济利益集团的活动与要求必然反映到上层建筑的各个领域中。首先在上层建筑的核心部分即政治关系上强烈表现出来，在政治舞台上形成了错综复杂的多元化的政治力量和政治体制，使美国政治生活具有不同于欧洲的传统和特色：松散的联邦制贯彻分权原则和制衡原则，美国国会和政府部门的结构和活动体现了权力分散和决策多元化的特点，地方有较大的自治权，地域性的政治因素在整个国家的政治生活中起着巨大作用。美国的两党制实际上是体现各种集团利益关系的多党制，两个政党是具有各种不同目的要求的政党联合而成的两大政治联盟。这种多党制的结构和活动同样具有联邦制那种松散的性质和特点，美国的政治生活就是在这多元势力的政治压力下，在种种潜在分裂因素的交互作用中开展的。

民族的混合，宗教信仰的差异，地域的多样，利益集团的交叉重叠，阶级的对抗，政党的纷争，在诸多内在力量撞击下，沸沸腾腾的社会生活往往潜伏着分裂、动乱的危机，使年轻的美利坚合众国经常面临紧张局面和复杂棘手的问题。面对这一独特的国情，美国人在立国、治国过程中并不照搬欧洲传统，而是创造了自己的一套治理多元化社会的基本原则和社会模式，形成了使"合众为一"的共和国在多样性中求统一和稳定的宽松、豁达的精神传统，有效地促进了共和国的繁荣发展。他们的经验是成功的，成就令人慨叹。

差别、对立构成多样性的和谐统一，这是自然界普遍存在的客观辩证法。在社会生活中，多样的统一不能自发实现。新共和国为了把多元化力量结合为一个有机整体，不断进行了革新和创造。大量史料表明，开国元勋及其后继者，他们的政治谋士都十分注意多样性和一致性的关系，力图把二者结合起来，在社会生活的各个领域寻求多元力量的协调一致。政治上，美国的政治体制不过是诸多相互冲突又相互制约的社会力量取得均衡和协调的机构，有为的总统一般具有政治弹性，在党派纷争中至少在表面上持超然态度。政治机构的有效法宝是运用均衡术，对来自各方面的压力做出反应，使各种差别、对立联结为一个力量均衡、结构有序的统一体。

经济上，机会均等，土地政策宽松，推行放任主义和高额关税政策，创造了自由贸易和自由竞争的宽松经济环境。在宗教生活中，为使各种宗教力量在矛盾冲突中共处，政府推行宗教信仰自由，人们也尽量避免卷入宗教争端，在宗教信仰上比较随俗。美国总统托马斯·杰斐逊（1801～1809）曾写道："我的邻居说有二十个神道也好，说根本没有上帝也好，都无损于我一根毫毛。我口袋里的一分钱也不会少，我的腿也不会断掉。"[①] 在民族生活方面，美利坚力求成为民族大融合的熔炉，既允许不同民族不同的生活方式和风俗习惯，也不使民族感情和非美观点无限制发展，而是通过各种方式使之同化于美国的传统之中。总之，在多样性中求统一，在差异中求均衡，在对立冲突之中求妥协，在具有分裂性质的问题上走不偏不倚的中间道路，这就是美国社会生活的传统，是美国绝大多数人所奉行的行为准则。

在创业时代，这种同美国资本主义商品经济的发展相适应的较为宽松的思想气候，为弘扬人的个性提供了良好的环境。每当社会出现重大、紧迫的社会问题，各式各样的改革家就会蜂拥而出，无政府主义者、理想主义者、极端改革派、宗教狂热分子，保守的、温和的、激进的，他们依照自己的信念，掀起各种改革运动，提出改革方案，兴办社团，进行多种多样的试验。当然，年轻的共和国也不容走极端，它反对各种极端主义，竭力抑制可能导致严重分裂的偏执和过激观点，限制狭隘的地域观念和民族感情任意泛滥，积极维护社会稳定所必需的最低限度的一致性。在分歧、争端面前，人们喜欢不偏不倚，对某些无法取得一致的争论宁可束之高阁。极端主义的行为方式同这个社会的折中、调和的"妥协政治"和人们精神生活中"和事佬"的作风格格不入，往往招致人们的反感而走向孤立和失败。

对立中的统一，差别中的一致所构成的整体的和谐，是一个有机整体按照其内在结构和功能最优化的趋势和方向发展的基本条件，人类社会也是如此。一个社会只有真正成为协调一致的有机整体，才会富有生机，充

---

① 〔美〕卡罗尔·卡尔金斯主编《美国社会史话》，王岱等译，人民出版社，1984，第79页。

满活力，才能迈出稳健的历史步伐。美利坚合众国在立国治国时代实现多元化的统一，正是自觉不自觉地遵循着这一客观规律。虽然，内在固有矛盾使它经常陷于这样或那样的不协调，产生种种时弊，不断引起大大小小的动荡和危机。但是，它在一定时期，一定程度上和一定范围内所实现的协调一致，是这个年轻的资本主义国家呈现一派生机，飞速发展的重要原因。尤其是在这一历史过程中，美国在社会各领域寻求多元化统一的折中、妥协的政治传统，豁达、宽松的思想气氛，对美利坚民族性格和感情、社会心理产生了深刻的影响。

美国哲学的思维方式就是在这种多元、开放的文化环境和社会心态中形成的，实用主义堪称美国的典型哲学，不仅在于它是美国资本主义商品经济意识的理论概括，也是美国多元化和开放、调和精神的哲学表现。新实用主义者罗蒂与普特南等人明确集成詹姆士·杜威的观点，声称实用主义是一种新的生活方式，这种生活方式是在美国本土中生长起来的，真切地反映了美国人的生活方式和思维方式。这就决定了实用主义哲学的理论体系具有如下几个基本特征。

实用主义是一种调和主义哲学。一些学者评论说，实用主义思想表现了"我们当代没有偏见的态度"和"科学精神"。[1] 实用主义的理论体系采用了"灵活""圆滑"的手法，四面讨好，"八面玲珑"，调和了各种走极端的论调，使实用主义显示出"既是这样，又是那样""既主张进步，又反对过激"的"貌似公正的面目"。[2] 尽管人们褒贬不一，但是多元的、调和主义的思维方式确是实用主义的一大特色。这一理论形态的出现绝非偶然。如前文所述，多元力量的融合统一，是美国政治生活、社会生活的特色，对人的生活方式与思维方式影响极深，自然成为哲学家们进行哲学思考的突出特征。

美国社会是一个多元化的整体，而人们往往从个人实践出发看待周围世界，他们的思维方式不是整体主义而是独立自主的个体主义。正由于此，表现美利坚民族精神的实用主义十分强调宇宙的多元性，反对一元论，提

---

① 〔美〕宾克莱：《理想的冲突》，马元德、陈白澄等译，商务印书馆，1983，第 20 页。
② 高宣扬：《实用主义概论》，香港天地图书有限公司，1984，第 102 页。

倡多元力量和倾向于采取中间的、调和路线。实用主义创始人皮尔士（Charles Sanders Peirce，其中文版著作也有译为皮尔斯，本书统一为皮尔士）哲学中多元和谐、有序的思想十分突出，在阐述"宇宙存在"问题时，皮尔士强调"世界进程是由混沌的状态向晶体化有序的方向发展"。在他富于创见的科学哲学和逻辑思想中，"可误主义""概率逻辑"等，是经常讨论的基本论题。这些内容都反映了皮尔士对宇宙性质和社会现实的深刻哲学沉思。詹姆士更明确宣称，实用主义是遵循多元论的哲学，"一与多"的关系是他的代表作《实用主义》一书讨论的重要问题。他说，世界是"一"，也是"多"，是多元的"联合"。"宇宙，实际上像蛛网一样，连接在一起，而成为一个连续的整体""人们的努力，不断用一定的系统的方式，把世界日益统一起来"，在纵的方面联合在一起是"一"，横的方面则是"多"。以实用主义为思想基础的美国逻辑实证主义者莫里斯在20世纪60年代写的《开放的自我》一书，围绕多样性和统一性的关系和人的相应的生活方式，发展了实用主义的多元论。他说："多样化宇宙仍然是一个宇宙。只强调统一或只强调差别都是天真的，不正确的和有害的。不同的人们能够在社会理想上联合起来。"① 可见，实用主义多元论理论传统在美国哲学领域和精神生活中影响之深。

詹姆士还特别着力宣传实用主义的调和精神，他把皮尔士的实用主义原则解释成为一个充满调和主义精神的理论体系。在他看来，哲学信条的对峙和冲突造成了不正常的哲学空气，应该把"对立双方不可调和的东西混合起来，才能使人们的精神生活保有一个美好的、理智的良心"。② 为此，他把历史上各种哲学宇宙观的差别归结为柔性气质和刚性气质的差别，试图使它们的冲突、对立在实用主义中得到均衡，宣称"实用主义"就是"两种相反气质的混合物"，实用主义就是思想方法上的一种"中间的调和的路线"，而皮尔士的效用原理在他那里也就成为在唯物主义与唯心主义、科学与宗教之间充当"和事佬"的原则。怀特认为，詹姆士把实用主义界说为"柔性气质者和刚性气质者"两极之间的和解和"调和的哲学"，是对

---

① 〔美〕莫里斯：《开放的自我》，定扬译，上海人民出版社，1965，第101页。
② 〔美〕詹姆士：《实用主义》，陈羽纶、孙瑞禾译，商务印书馆，1979，第11页。

实用主义观点的"经典表述"。① 詹姆士说，只有实用主义的调和主义精神才揭示了宇宙的真实图景，科学与宗教、善与恶等这些对立本身都揭示了宇宙的和谐。

抨击绝对主义是实用主义哲学思维的又一特征。实用主义强调实践效果，反对脱离实际的玄想和空论，这一注重实效的哲学精神使它具有强烈的反对绝对主义的理论色彩。美国是一个具有资产阶级自由主义传统的国家，封建意识影响不深厚，人们的自主意识较强，以个人自由为根本的思维方式和行为方式，蔑视旧传统，信奉变革和创新。他们不仰赖权势或按照传统价值观去求得个人行为的价值认可，而是在个人行动的直接成效中实现自己的价值。正由于此，美国人对于集权主义、权威主义、保守主义、形而上学的独断论、绝对一元论抱有强烈的反感。实用主义自然要为美国人这种自由主义气质提供理论上的论证。

批评和否定绝对主义，是实用主义理论体系的基本脉络之一，皮尔士、詹姆士和杜威对各种形式的绝对论都进行了极其尖锐的批评。皮尔士毕生的哲学和科学活动，归根结底是对科学知识的探索方法的研究。他总结了科学史和哲学史的大量材料，考察了人们在确立信念过程中经常运用的"固执方法""权威方法""先验方法"和"科学方法"。他倡导"科学方法"，也肯定了其他三种方法有各自"独特便利"和"优越之处"。但是，皮尔士在阐述中十分强调，真正的科学知识不是基于权威，也不是基于纯逻辑的推理，而要像他所推崇的"科学方法"那样，基于外部的"实在的东西"，依靠事实。皮尔士认为，刻普勒对科学的最大贡献是向人们表明，"发展天文学所要做的事，不是满足于哪个本轮体系更好些，而是坐下来仔细研究，那些曲线事实上究竟意味着什么。"② 詹姆士对皮尔士的反独断论的科学方法论做了详尽的阐发。他说，在绝对主义看来，宇宙中所发生的一切都具有预定的永恒不变的秩序，它只有一个精装的、唯一正确的、不容任何改变的版本。事实上，世界不是一知百知，任何观念和信念都是经

① 〔美〕M. 怀特编著《分析的时代》，杜任之等译，商务印书馆，1964，第135页。
② Charles Sanders Peirce, *The Collected Papers of Charles Sanders Peirce* (Cambridge：Harvard University Press, 1931), p. 326.

验的积累，一切经验都是一个过程，所以没有一个观念是最后绝对的，世界的版本也是有限的。绝对主义把抽象的固定的原则当作解答世界固定之谜的唯一答案，奉之为至高无上的偶像和圣物，其实不过是石化了的苍白的幽灵而已。以理论、概念所产生的实际效果的差别判定理论、概念意义的实用主义与这种绝对一元论不相容。詹姆士认为："实用主义者坚决地、断然地抛弃了职业哲学家的许多积习。它避开了抽象与不适当之处，避开了字面上解决问题，不好的检验理由，固定的原则与封闭的体系，以及妄想出来的绝对与原始等等。它趋向于具体与恰当，趋向于事实、行动与权力。"并强调说，"要做一个好的实用主义者，我们就必须面向经验，面向事实。"① 实用主义者中，对绝对主义剖析最为系统、深刻，抨击最为激烈者要数杜威。他对自古以来科学和哲学的发展历史进行了详尽的考察，指出人类认识史上绝对主义思维方式的传统越来越与近代以来的科学技术潮流、现代工业社会的发展趋势以及现代人实际生活的经验世界的本性相悖。

杜威认为，形而上学的绝对论把统一的宇宙人为地割裂为二：一个是确定完满、永恒不变、统一和谐、至高无上的终极实在；一个是变动不居、动荡不定、不和谐、不完美的人们日常生活的经验世界。他说，这种宇宙论"把不安定和没有完成的东西贬黜到惹人怨恨的不真实的境界去，同时却有系统地把已确定了的和已完善的东西抬高为真正的'存在'。"② 在绝对主义看来，永久的东西使人安定，不断变化的东西是对人的挑战，使人烦忧不安。唯有借助稳定和恒常，才能对付变化和动荡。于是，它就把"自己所默认的道德观念或智慧变成了宇宙论，变成了关于自然的形而上学"，从哲学上沉湎于对"永久性""确定性"的寻求，并把它同人们的经验世界隔绝开来。杜威认为，这是绝对主义"最基本的哲学错误"。

杜威还说，这种宇宙论实际上把"存在的稳定性"变成了"避难所"，变成了哲学研究的唯一主题，变成了从事哲学玄想的"养老院"，它轻视人们在经验世界中的欲望和追求、恐惧和爱憎、胜败与苦乐……这是一个具有"冰冷心肠"的冷漠人的宇宙。在这样的宇宙面前，人的一切主动的选

---

① 〔美〕詹姆士：《实用主义》，陈羽纶、孙瑞禾译，商务印书馆，1979，第29、86 页。
② 〔美〕杜威：《经验与自然》，傅统先译，商务印书馆，1960，第45 页。

择、积极努力都归于无用，他只能依照固定的目标宿命地向前走。他强调，新世界的潮流要求打破绝对论，使人类从这一沉重精神羁绊中解脱出来。在这个问题上，作为爱智慧的哲学，担负着特别的重任。"哲学实质上就是批评"，① 而批判形而上学的绝对论则是哲学的一个特别的任务。要把哲学从绝对主义的超验抽象和玄虚的高空移植到活生生的人间世界，使哲学回到人的日常经验之中。按照杜威的观点，这种批评归根到底是要打破绝对论的价值观，为人们重新建立一个新的"价值界"。把一切由于人为的隔绝而被排斥于自然存在之外的宝贵事物，诸如人们日常经验中的"痛苦、幽默、热忱、悲惨、美丽、兴旺与挫折"都安置在"价值界"内。

杜威对形而上学绝对论的批评，虽未能揭示其社会本质，但对它的认识根源的剖析颇为深刻。他把绝对主义的要害归结为价值论问题，并把思维方式的变革与价值观的重构联结在一起，强调哲学研究应体现和发挥人文价值。这些都富于启发，引人深思。杜威的批判，集中体现了实用主义反对形而上学绝对论的实质内容，对于人们分析实用主义思想具有重要意义。但是，实用主义在批判绝对论的同时，却往往否定了认识的相对的可靠性和稳定性，否定了绝对真理的存在，走向了相对主义。

实用主义倡导改善论，提出与形而上学绝对论相对立的改善主义宇宙论和人生态度。实用主义认为，绝对主义的宇宙观把人引向两个极端：宿命的悲观主义和盲目的宗教式的乐观主义。乐观主义认为，真实的宇宙中一切固定完善、永恒不变，而变动、欠缺只是宇宙的虚幻外观，所以，宇宙中一切消极、否定的东西总是暂时的，它所固有的内在完美的价值终究能在最高实在中得到实现，宇宙最终将是一切生灵欣然安息的乐土。而悲观主义则认为，宇宙中的一切是既定的，人们日常生活的经验世界注定是不完满的，变化无常，虚幻不实。因此，人类为消除人生的不幸痛苦、灾难挫折的一切努力都只是徒劳无用，毫无意义，人只能够像赫胥黎描绘的那样"上满发条宿命地向前走"，对未来不抱任何希望，这就必然冷漠人生，陷于厌世主义。实用主义认为，在绝对论的宇宙面前，无论乐观主义

① 〔美〕杜威：《经验与自然》，傅统先译，商务印书馆，1960，第 321 页。

还是悲观主义，都从根本上否定了改善世界的一切努力和希望，这种人生态度自然为立国、创业中富于积极进取精神的美国资产阶级和开拓新国家的人们所鄙弃！

实用主义强调宇宙和人生具有可塑的、改善的性质，认为人们实际所处的世界并非既定的、已完成的、尽善尽美的，而是待定的、未完成的，可以改善的。为使实用主义改善论有坚实的理论依据，实用主义在对形而上学绝对论的"实在观""存在论"批判的基础上，对世界存在的本性进行了多方面考察。詹姆士的彻底经验主义认为，真实的存在是渗透着人的理解、人的主观性的"人化了的存在"，未经人经验或认知的存在是"死的存在"，是没有意义的存在。人的理解、意向不同，同一原始混沌的经验流可以从不同关系上显示不同的特征，具有不同的意义。在这里，经验或实在是意识与对象、心与物相互连接、相互作用的经验整体。人的活动既受经验整体的制约，又能动地创造着，不断丰富、创新和发展经验流。所以，实在是可塑的，并非注定要变成什么样，它没有什么终极的决定力量或超验的必然性。在这方面，杜威较之詹姆士做了进一步的论述和发挥。首先，杜威肯定存在是动荡不安的，"它包括了不安定的、不可预料的、无法控制的和有危险性的东西"，但它也包含有确定的、有规则的、稳定恒常的东西。绝对主义把它们粗暴地割裂成为两个绝对对立的极端，在哲学史上造成哲学家之间长期的激烈对峙。杜威认为，存在，就其固有本性来说两方面的特性兼而有之。我们生活在其中的这个世界，动荡的和确定的，不完备的和完满的、合理的，安全可靠和危险不安的东西，总是以各种不同的形式相结合，变化动荡之中有安定，不完满之中有完满的东西。"它既有充沛、完整、条理，使得预见和控制成为可能的规律性，又有独特、模糊、不确定的可能性以及后果尚未确定的种种进程，而这两方面（在这个世界中）乃是深刻地和不可抗拒地掺杂在一起的。"① 杜威认为，绝对主义那种固定和不变的存在又具有"不存在"的特性，体现了自然的调和和均衡，对于现代研究者来说，这正是现实世界的本色，也是任何人无法超脱的境

① 〔美〕杜威：《经验与自然》，傅统先译，商务印书馆，1960，第41页。

域。在这里，任何的否定性的"不存在"不会绝对持续，任何肯定性的"存在也不会绝对长存"。人们既没有理由把变动理想化，也没有理由把确定性奉为神圣。所以，实用主义强调，"改善论相信一时存在的特殊情势，无论其好坏，总是可以改善的"，而"生长、改善、进步的历程较之静的收成和结果更为重要"。①

在实用主义看来，在人们日常的经验世界中，偶然的和必然的东西，不完美的和完善的，动荡不变和稳定恒常的东西的结合，乃是人们惶惑、烦忧的根基，也是快乐和获得成就的根源。究竟它给人以欢愉和满足，还是使人陷于消沉、迷误，关键在于人生态度。改善主义的宇宙论要求有改善主义的积极奋斗的人生。在杜威的改善论看来，存在的动荡性的确是一切烦恼的根源，但同时它也是理想性的一个必要条件。一个纯粹稳定、绝对完善的世界，不过是一种纯存在，既不会有期望和追求，也不会有幻想和理想。恰恰是存在的欠缺、不定，世界的动荡不安、不可预测，才使人有着追求的满足、冲动的渴望，有着挫折失败的幽怨与懊丧，斗争和胜利的激动和喜悦。它激励人面向未来，使人沉思、探究、奋进，给人以机会为世界和人生增添新的内容，投进新的意义，在人生舞台上扮演多姿多彩的悲剧或喜剧的角色，演出一幕幕有声有色的戏剧。所以，问题不在于存在是否具有不安定性，而在于如何对待世界的动荡不安。形而上学绝对论通过哲学的思辨把确定性绝对化为超验本体，作为逃避和对付不安定的"魔术性的护身符。实用主义的改善主义则面向动荡的世界，主张以积极的态度理解、控制进而改善存在的欠缺、动荡，用智慧和奋斗追求满意的人生，拿杜威的话来说，用爱智慧的哲学"寻求生活行为的含义"和"人生的善果"。②

实用主义认为，追求人生的"善果"最重要的是"知识"和"行动"。人类赞赏和推崇知识，只是因为知识是人们"正确理解善果和有效地追求善果的智慧的一个必要条件"，知识对人们追求善果和避免恶果的成功或失败有重要影响。人们注重行动，只是因为善果不是一蹴而就的。存在的稳

---

① 〔美〕杜威：《哲学的改造》，许崇清译，商务印书馆，1953，第95、96页。
② 〔美〕杜威：《经验与自然》，傅统先译，商务印书馆，1960，第44页。

定与动荡、持久和流动、固定和不可预测等的复杂混合，不仅需要人去探究、设计，也需要人们置身于艰苦的斗争中，从事有效的活动，这就是詹姆士所说："用奋斗去换安全""通过科学，我们已经获得了一定程度的预见和控制的力量；通过工具、机械以及相伴随着的技术，我们已经把这个世界变得更适合于我们的需要，变成了一个更为安全的所在了。在我们自己和这个世界的危险之间，我们已经积累了财富和使自己安适的手段了。"实用主义认为，世界必须依靠知识和行动去打开和扩大自然的途径，在发展知识和积极行动中选择和努力。"在富于思想的观察和实验中去发现如何管理、控制存在"的未完成的过程和方法，从而"使脆弱的善果得以充实，巩固的善果得以扩大，而经常伴随着经验事物而来的尚在动荡的善果的期许，将更自由地得以实现。"① 总之，依靠知识，通过积极的行动，寻求人生满意的效果。"知识—行动—效果"，这是实用主义的基本范畴，也是其改善主义的基本逻辑。

由上述可见，实用主义的改善论强调宇宙的不确定性、不完善性和机遇性，强调人在宇宙中的主体地位，强调知识改造世界的巨大力量，表现了创业时期美国资产阶级思想家对世界本性的深刻哲学思考，反映了年轻的美国资产阶级的积极进取的精神。

调和主义、反独断论、改善主义，这就是美利坚民族和美国资产阶级在创业时代的立国、治国过程中，在多元的、开放的历史文化环境里形成的哲学思维模式和哲学精神。这是一条研究和考察实用主义思维方式和思想实质必须把握的思想脉络。

第三节　经验论的新综合

实用主义是历史的产物，有其滋生的社会土壤，反映了特定的社会存在，体现出一定历史环境中人们的社会心态。同时，就其具体的理论形态而言，又有它深远的思想渊源和科学背景。实用主义是在近代科学，特别

---

① 〔美〕杜威：《经验与自然》，傅统先译，商务印书馆，1960，第38、64页。

是在 19 世纪科学发展的基础上对传统经验论的改造和新的综合。从哲学发展的历史来看，实用主义的创始人及其主要代表人物，在把哲学传统与历史、科学趋势相结合实现哲学的重建方面，可以说是属于比较自觉的那一类哲学家。这在皮尔士、詹姆士、杜威等人的实用主义理论及其哲学活动中有着突出的体现。

实用主义者都直接或间接地标榜经验主义。皮尔士从经验论立场出发阐述其"实效主义"的实用主义，主张哲学必须以经验科学为基础，依据经验研究和解决问题。詹姆士承认，实用主义是一种经验主义。他说，实用主义代表一种在哲学上的经验主义态度，"不但比索来所采取的形式更彻底，而且也更少可以反对的地方"。① 他强调实用主义是哲学史上刚性的经验主义和柔性的理性主义两种不同哲学气质调和的哲学，而在具体论述中又经常将实用主义的基本精神与洛克、贝克莱、休谟的经验论联系在一起。所以怀特说，"他詹姆士认为他自己是一个继承洛克、贝克莱、休谟和穆勒的传统的经验主义者"②。杜威更是自觉地以"经验"概念为中心，依据近代科学的发展对传统经验论进行了批判的考察，强调实验自然科学的经验方法的哲学意义，并把传统哲学的种种弊端归结为采用了非经验的方法，隔离了人的经验与自然，而哲学的改造、哲学的生命有赖于唯一能深入自然、使人与经验和自然和谐一致的经验方法。所以，他把自己的哲学称作经验的自然主义或自然主义的经验论。实际上，杜威的"自然主义"也就是"实验主义"。杜威的学生 Joseph Ratner 说，"实验的方法，乃近代科学方法的精髓，这是杜威全部哲学所凭借的血和谛""杜威建设性的哲学的基础，便是他的对于实验的分析与估量。杜威全部哲学的主要名称便是实验主义，因为他的哲学的基础便是他的'实验的哲学'。"③ 在杜威哲学里，实验的、经验的、自然的、科学的，是同义的。他认为，采用实验方法，以经验为基础的哲学，才是能揭示自然奥秘，顺应时代发展的科学的哲学。

从美国哲学的历史看，实用主义可谓美国哲学经验论传统集大成者。

① 〔美〕詹姆士：《实用主义》，陈羽纶、孙瑞禾译，商务印书馆，1979，第 29 页。
② 〔美〕M. 怀特编著《分析的时代》，杜任之等译，商务印书馆，1964，第 138 页。
③ 〔美〕赖特纳：《杜威哲学》，赵一苇译，教育部出版，1960，第 149 页。

美国哲学的发展虽然像怀特海所描绘的，是在唯理论和经验论的相互对峙中曲折前进，呈现出一幅螺旋星云的图景。但是，总的来说，近代经验论的影响颇深，气氛甚浓，到 19 世纪末实用主义登台，则是这一哲学趋势的集中体现。在北美洲殖民时代，最早进入新大陆的哲学是以加尔文主义为依据宣扬神的绝对权威的清教主义。这种清教哲学在美国建国后一直统治着美国哲学舞台，这是美国哲学中的神学时期。然而其主要代表、清教主义哲学家江奈·爱德华却深受洛克经验论的影响，按照洛克的经验论阐述他的哲学主张，强调感觉经验的作用，力图摆脱清教主义、理性主义哲学的思辨传统。在美国建国前的一个多世纪里，随着资产阶级革命的深入和资本主义的发展，欧洲启蒙思想的传入，追求物质生活、讲求实效、以能力和才干衡量人的社会地位的价值观已逐渐确立，出现了以本杰明·富兰克林、托马斯·杰斐逊和托马斯·潘恩为代表的反映美国人创业时代资产阶级民主主义和推崇科学实验精神的经验论。他们强调人的天赋权利和个体独立自主的实践，倡导实用知识，注重经验效果。他们的哲学思想蕴含着实用主义思想的萌芽，堪称美国实用主义思想的先驱，他们的哲学一定程度上表现出美国式文化的自觉意识的早期觉醒。19 世纪 30 年代掀起了以爱默生、邵利、欠林等人为健将的先验主义运动。他们一反富兰克林、杰斐逊的哲学倾向，宣扬康德、黑格尔的唯心主义哲学和超验主义哲学。主要代表是爱默生，其思想有较深的德国唯心主义思辨哲学的印迹，然而尊重个性自由、捍卫自然权利与平等、维护社会进步的启蒙主义精神却一直是他的思想中颇具活力的组成部分。他发表了美国文学的独立宣言，林肯称赞他是美国精神的先知。

上述情况表明，美国哲学作为美国兼收并蓄的"熔炉文化"的一部分，同样是在外来哲学的影响下形成发展的。建国前的几个世纪里，哲学领域长期是由欧洲输入的清教主义及各种各样神学和宗教唯心主义一统天下。建国之后，德国的思辨唯心主义、超验主义曾一度盛行。然而，具有个人主义、自由主义、功利主义的近代资产阶级启蒙主义和经验论，却更能在美国这块新大陆上生根。富兰克林、杰斐逊早日播下的实用主义的思想种子，爱默生的独立自主的美国文化精神，在 19 世纪末终于在美国资本主义土壤上孕育出了反映美国民主自由和开放精神的实用主义的经验论。

19世纪70年代，美国人从英国吸取了斯宾塞的实证主义经验论和布拉德雷的绝对唯心主义。这两种哲学在美国思想界产生了一定的作用。布拉德雷的新黑格尔主义宗教味较浓，对于宗教意识较强的美国有一定的影响。斯宾塞的实证主义经验论宣传进化论的宇宙观，崇尚实证科学知识，顺应时代潮流，更为迫切要求发展资本主义、发展科学技术工业的美国人所欢迎。然而，这两种哲学都不能完全适应美国发展资本主义和思想文化生活的需要。因为当时美国的思想文化有两个突出的问题：一是科学和宗教的矛盾，需要新的调和形式；二是需要建立一种适合美国民族特点的哲学。斯宾塞的实证主义和布拉德雷的绝对唯心主义都难于满足这种需要。

如前文所述，美国是一个在独特的历史环境中形成的后起的资本主义国家，具有独特的思维方式和生活方式：一方面，美国无固有封建传统，较少保守思想，富于独立精神，崇尚科学和实用知识，注重行动，讲求实效；另一方面，美国拜金主义盛行，追求现实的物质享受，比较轻视理论思维。因此，由欧洲输入的实证主义和新黑格尔主义都不合美国人的口味。新黑格尔主义是英国人从德国移入，带有浓厚的思辨色彩，输入美国虽经哈里斯、罗依斯等人美国化，毕竟不能完全适应美国民族的精神传统。斯宾塞的实证主义虽然强调实证经验科学，但其理论形态具有浓厚的英国学院气派，而且他的不可知论对宗教否定过多。因此，美国人既不满意英国的经验主义，也不满意绝对唯心主义的哲学思辨。他们需要一种既能调和科学与宗教，又能适应美国人的思维方式和生活方式的哲学。于是就出现了把实证主义经验论功利化、宗教化的美国实用主义。

实用主义承袭传统经验论，在一定程度上也受着19世纪中叶英国复兴近代经验论运动的影响。在英国近代哲学史上，经验主义传统的根扎得较深，尽管经院哲学的唯理主义曾以唯灵主义、新柏拉图主义等各种形式与之抗衡，但从未失去其主导地位。随着近代科学的发展，社会历史的变迁，在18～19世纪之交，英国的经验论的优势曾受到唯理主义潮流的极大冲击，出现了以布拉德雷为代表的唯理主义的苏格兰学派，并一度占据统治地位。

但是随着实证经验科学的蓬勃发展，英国经验主义思潮又迅速复兴，在英国重新占据统治地位。在这个复兴经验论运动中起关键作用的人物是约翰·斯图亚特·穆勒。他把法国实证主义移植到英国，其方法就是用英国经验论的联想心理学阐发实证主义，以崇尚科学的实证主义的形式维护经验论传统，以此修补贝克莱和休谟的学说，使英国经验论与实证主义相结合，与科学潮流相协调。在这一运动中起重要作用的还有英国实证主义者斯宾塞。这一股英法实证主义经验论思潮在 19 世纪下半叶曾席卷整个欧洲，恢复和发扬了经验论传统，被人称为新启蒙主义运动。它反对黑格尔唯心主义和思辨形而上学，强调感性活动和面向经验事实，崇尚实证经验科学，注重实用知识。反抗超自然的玄思冥想，提倡理性的、独立自由地探索和科学自立，反对权威主义和教条主义，强调事物发展变化的多样性、偶然性和机遇性，反对一元的机械决定论和宿命论。相信社会日趋文明和进步，对人类未来持乐观主义。

实证主义经验论符合科学发展潮流，体现了一定的科学精神和时代精神，对于正处于创业中的年轻的美利坚合众国产生了重要而直接的影响。尤其是穆勒的经验主义、自由主义和功利主义在英国极为盛行，罗素、摩尔等著名思想家都十分崇拜穆勒。英国这一哲学倾向和学术氛围，随着南北战争前后大量移民涌向北美而渗透进美国，对体现美国精神的实用主义哲学产生了巨大影响，它们的许多主张是美国实用主义的有关理论的直接来源。实用主义者詹姆士，把穆勒奉为实用主义的先导。他把自己的主要哲学著作《实用主义》献给穆勒，在该书的献词中写道："我是在他那里最早懂得实用主义的思想的开朗性，要是他现在还在世的话，我极愿把他当作我们的领导者。"[1]

实用主义者承袭近代经验论传统，然而他们又不满意于历史上的经验论，自称他们的哲学是符合科学发展趋势的新型经验主义。实用主义经验论确与近代经验论有别。概括言之，主要有如下一些特征：第一，强调经验是动态的，批判传统哲学的静态的经验观，认为经验是人在适应环境中

---

① 〔美〕詹姆士：《实用主义》，陈羽纶、孙瑞禾译，商务印书馆，1979，第 2 页。

主体客体交互作用中的行动的经验，而非静观的、消极被动的认知。所以，经验、知识、真理都是适应环境的行动的工具。第二，主张经验是永无止境、面向未来的，而非传统哲学那样面向过去，仅仅把经验看作过去经验的累积记录而盲目遵从。它不受过去经验之约束，不迷信现有的教条和权威，而看重经验效果，创造新经验，以揭示新的事实和真理，这是实用主义的开放性的基础。第三，强调经验的能动性，否定传统的消极被动的感觉元素主义的经验观，认为理性与经验是互相渗透并非互相割裂的。在经验中，人与物、主观性与客观性、主体与客体联结在一起。正由于此，实用主义强调人化的实在、人化的自然、人化的世界。第四，实用主义经验论注重经验的人文价值，批判传统哲学冷漠人类日常生活的经验。在传统哲学中，经验变幻无常、倏忽即逝，同人的欲望、功利、烦恼联结在一起，因而是鄙俗低级的。而实用主义认为，经验包含着人的活动、成功、享受、爱与恨、忧与喜，包含人的一切真善美行动、感情、追求、渴望。人类的经验世界才是哲学探究的真正对象。哲学应从虚无缥缈、"庄严雄伟"的超验顶峰移向人们日常生活的经验世界，使哲学为改善人生和推进社会进步服务。

实用主义经验论的出现不是偶然的，是哲学发展与科学潮流相互结合的产物。实用主义者从美国人的思维方式出发，依据科学和社会历史发展的新潮流，赋予哲学的经验论以新的形式，使它富有时代精神。它汲取了现代自然科学和人文科学的新成果，在对自然科学理论和方法进行哲学反思的基础上，对传统的经验论进行了更新和改造。实用主义经验论就是对近代科学实验方法的概括和总结，并受到达尔文进化论和新的心理学等自然科学的直接影响。

19世纪是实验主义支配科学的时代，实验的方法受到科学家的普遍推崇。在各个科学领域中，丰富多彩、多种多样的实验使新的科学发现层出不穷，爱因斯坦、达尔文等伟大的科学家都是实验的天才；实验的方法在科学家心目中享有极高的威望，一切重大的科学发明之所以被人们确认为真理，都是由于提供了足够的科学实验的根据，并经受了实验的考验。燃素说、热素说、永动说都受到科学实验的沉重打击，它推倒了一个又一个形而上学和神学的教条，冲破了权威的独断。越来越多的人抛开了过时的传统信条，倾听自然和实验的呼声。科学实验向人们昭示：真正的科学权威，不是既有的原则教条，任何理论要确认为科学的知识，确立它的科学地位，必须经过实验的考验，依赖实验的最后效果。同时，科学实验是走向发现的有效途径，它引导人们不断探究自然的奥秘，促进知识的进步，这种进步是无止境的。

19世纪实验主义的时代精神通过实验心理学对美国产生了广泛而深刻的影响。19世纪中期在美国产生的实验心理学就是当时实验主义的产儿。实验心理学家认为，"科学之意即为实验的""作为科学就必须有赖于实验"。① 他们倡导实验研究，遍设实验室，实验心理学所到之处都建立了实验室。年轻的心理学家致力于实验研究，崇尚实际，不做空论。冯特是实验心理学之父，他正式创立了世界上第一个心理实验室，培养出了在实验心理学史中占据重要地位的美国第一代实验家。在实验心理学的影响之下，"设立实验室的潮流约由1888～1895年震荡全美"。② 美国学者都纷纷前往德国莱比锡师从冯特，回国后在美国心理学领域热心倡导实验主义，这种实验主义的学术时尚对美国实用主义的产生有着直接影响。

詹姆士和杜威都是实验心理学史上的著名代表人物，是美国新心理学家的前辈，他们十分推崇实验心理学。詹姆士把德国新的实验心理学——实验主义介绍到美国，并在美国设立了第一个心理实验室，提倡实验研究。他倡导的心理学学说在美国产生了深远影响。波林写道："詹姆士无疑是美国的第一流心理学家，虽然他只是一个半热诚的实验者，却助长了主要的实验趋势。"③ 杜威是美国机能主义的奠基人，他依据达尔文进化论强调心理活动是有机体适应环境的机能及其效用，与重视适应环境的行动经验，讲求经验效果与改革的美国人气质十分契合。实用主义创始人皮尔士虽然不是实验心理学家，然而他的富有创见的理论科学的天才思想，同他前期实验科学的生涯和对实验的科学方法的研究是分不开的。皮尔士从事化学

---

① 〔美〕波林：《实验心理学史》，高觉敷译，商务印书馆，1981，第362、575页。
② 〔美〕波林：《实验心理学史》，高觉敷译，商务印书馆，1981，第362、575页。
③ 〔美〕波林：《实验心理学史》，高觉敷译，商务印书馆，1981，第580页。

实验室工作有十年之久，对物理学的实验精神有深切的共鸣。实验科学多种多样的方法及其辉煌成果，使皮尔士对科学探索方法产生了浓厚的兴趣，并为此几乎贡献了毕生的精力。

达尔文进化论的创立和流行对实用主义的产生起了十分重要的催化作用。实用主义把达尔文学说的一些理论，发挥成为实用主义的哲学信条。19世纪中叶之后诸多自然科学的重大发明发现中，达尔文学说获得实用主义者的如此青睐，不仅是因为达尔文的生存竞争和自然选择的观念符合正在开发新大陆的美国人急于适应环境和谋求生存的需要，而且因为达尔文学说具有巨大的精神解放的作用。

生物进化论揭示了生物界在自然法则支配下不断演化的进程，这一伟大真理展示了人类发展未来前景的无限可能性，使人们树立了对进步观念的信仰，对未来的乐观主义信心。达尔文学说的精髓是生存竞争和自然选择，一切生物在环境的选择面前处于平权地位，适者生存，而存者即为适者，关键在于个体生命力在适应环境中的奋争。科学史学家丹皮尔所说"机会均等"，就是"达尔文式进步的本质"。[①] 按照达尔文的选择说，适应和生存的价值高于一切，最利于生存的东西就是最有价值的，最适于生存者最具有存在的权利。这就为人生的真善美追求确立了新的价值标准，人的高低贵贱不是造物主的安排，也不取决于血统和种姓门第，而是在适应环境中的生存能力的竞争和行动的成功。达尔文学说所蕴含的上述种种新观念天然地契合美国人的气质。美利坚民族在几个世纪开发新大陆的艰苦环境中，对于在竞争中求生存有实际而深切体会，"适者生存"早已成为美国社会生活的基调。因此，当《物种起源》一发表，就受到这个新国家的热烈欢迎，不少人成了达尔文的狂热信徒。美国心理学史学家波林说："新的进化论为精力充沛的美国人所接受，其情绪的热烈在某些学者如荷尔身上，就达到了宗教的热诚程度。"[②] 自然选择被当作科学信条运用到诸多学科领域。

实用主义是在达尔文学说传入美国而大大强化了美国人所特有的社会

---

① 〔英〕丹皮尔：《科学史》，李珩译，商务印书馆，1975，第845页。
② 〔美〕波林：《实验心理学史》，高觉敷译，商务印书馆，1981，第578页。

心态的背景下产生的，实用主义者都是进化论的热烈拥护者。19 世纪下半叶至 20 世纪初，斯宾塞、尼采、柏格森等许多西方哲学家的学说都渗透着达尔文进化论的影响，但是受影响至深者莫过于实用主义。实用主义者极其看重达尔文学说的革命意义，他们在自己的著述中都十分强调进化论在人类思想史上所引起的深刻变革。詹姆士热诚赞叹"达尔文打开了我们的眼界"，并欢呼达尔文主义的胜利。杜威在《哲学的改造》《达尔文对哲学的影响》等著述中，大力宣传进化论的哲学意义及其在实用主义形成中的作用。达尔文反叛传统宗教信条，反抗权威主义和形而上学独断论的精神，被融进实用主义体系之中，升华为美国哲学精神，为独立自信，不盲从权威和教条，不固守既有模式，反抗旧传统的美国民族所拥戴。达尔文学说的基本原理成为实用主义的哲学信条，有机体和环境的交互作用、个体与环境的和谐一致，成了第一位的哲学问题。由此形成了一整套实用主义的思维观、真理论和方法论。知识成为行动的工具，在适应环境中的人的活动及其主体观，主体与客体的关系，境遇、行动、效用与成功等成了实用主义哲学探讨的基本内容。

19 世纪下半叶，欧美新的心理学的兴起，尤其是美国机能主义的产生和盛行，对实用主义的形成有直接的促进作用。西方心理学的发展与达尔文学说的创立和传播是分不开的。在西方近代心理学史上，达尔文进化论占有十分重要的地位，达尔文在创立进化论的过程中，已看到生物进化论对创建科学心理学的重要意义。《物种起源》发表之后，他就在心理学领域进行过许多卓有成效的探索，并做出了重要贡献。达尔文把生物学引入心理学，从进化论角度考察人的心理的起源和发展，写了《人类的由来及性选择》《人类和动物的表情》《一个婴孩的生活概述》等重要的心理学著作。从某些方面为心理科学的研究奠定了科学的理论基础。恩格斯曾指出达尔文进化论在心理科学发展中所起的重要作用。他说，进化论的创立，"不仅有了可能来说明有机自然产物中的现存者，而且也提供了基础，来追溯人类精神的史前时代，追溯人类精神的从简单的、无构造的，但有刺激感应的最低级有机体的原生质起到能够思维的人脑为止的各个发展阶段。如果没有这个史前时代，那么能够思维的人脑的存在就仍然是一个奇迹"①。在达尔文学说的影响下，儿童心理学、动物心理学、比较心理学迅速建立和发展；心理遗传和个别差异，环境和遗传在心理发展中的作用等问题，成为心理科学研究的重要课题。

美国心理学是在达尔文学说的推动下兴起和发展的。美国心理学本来源于德国，第一批心理学家大多是冯特的得意弟子，他们回国之后积极开展心理学研究，促进了美国心理学的建立和发展。但是美国心理学并没有沿袭德国的传统，而是走向了机能主义。机能主义作为美国心理学的主导趋势，恰恰是进化论在美国心理学领域的衍生物。如波特所说，美国心理学的躯壳是德国的实验主义，而精神则得自达尔文。②

詹姆士和杜威都是心理学家出身的哲学家，曾长期潜心于心理学的研究，是美国心理学史上的重要人物。他们对美国心理学的影响，不仅在于他们是在美国积极倡导心理学研究的先辈、"元老"，更重要的是，在心理学研究的对象、内容、方法等方面，他们独立创新，敢于打破冯特式元素主义的内省心理学传统，"给新的心理学盖上了美国的印章"（波林语）。詹姆士、杜威依照达尔文的基本原理，开展实用的心理学研究，形成了颇能适合美国人心态与美国国情的机能心理学。以詹姆士为先驱，杜威为主要奠基人的机能主义代表了美国心理学的传统。值得注意的是詹姆士和杜威在心理学领域的科学实践，从一开始就带有实用主义倾向，其心理学理论包含有实用主义的思想。机能主义的基本特征就在于把心理作为有机体适应环境的一种机能。在理论上，机能主义注重心灵、意识适应环境的功用和意义，强调心灵对有机体的适应和生存的价值；在方法上，着重实验观察的事实与效果。詹姆士认为："意识和其他一切机能相同，也是因有一种功用才进化的——若说它没有功用，那就万难令人相信了。"③ 而心灵的功用就在于支持生存竞争，拿杜威的话来说，是求得有机体与环境的协调。杜威还强调，心灵、意识就是机体与环境相协调的工具。他们在心理学领域的科学活动和理论倾向，使他们在哲学上走向了实用主义。对于他们在

---

① 〔德〕恩格斯：《自然辩证法》，中共中央编译局译，人民出版社，1959，第176页。
② 〔美〕波林：《实验心理学史》，高觉敷译，商务印书馆，1981，第576页。
③ 〔美〕波林：《实验心理学史》，高觉敷译，商务印书馆，1981，第586页。

美国心理学史上的地位及其哲学道路，波林说，达尔文学说"使美国心理学走向机能主义，用效用和存在价值评估心理和心理活动。威廉·詹姆士就是用这个观点看待心理学的第一人，杜威支持了他，他们一同把机能的福音带进了哲学，叫作实用主义"。①

实用主义是以经验论为基础的哲学，通过对其经验论的哲学渊源和科学条件的考察不难看出，实用主义同近代经验论的自由主义、个人主义、功利主义的传统和19世纪新启蒙主义运动结合在一起，也与19世纪下半叶最新科学潮流息息相关，实用主义创始人及其主要代表既是功绩卓著的科学家，又是资产阶级的自由主义者和民主主义者。认真考察和研究这些哲学的和科学的背景，是理解和把握实用主义哲学的基本精神及其理论特征不可或缺的导引。

---

① 〔美〕波林：《实验心理学史》，高觉敷译，商务印书馆，1981，第273页。

第二章　美国古典实用主义哲学的
基本理论

前　言

实用主义诞生于 19 世纪 70 年代，迄今已有一百余年的历史。20 世纪 30 年是它的繁荣时代，实用主义曾被誉为美国的"国家哲学"，代表美国精神。直至今天，实用主义在美国和全世界仍然具有很大的影响。

从哲学理论上看，实用主义强调行动、行为、实践在哲学中的地位和重要意义，立足于现实生活之上，主张把确定的信念作为行动的出发点，把采取行动看作谋生的主要手段，把开拓、创新看作基本的生活态度，把获得成效看作生活的最高目标。因此，人们把实用主义称为"实践哲学""行为哲学""生活哲学"。它的核心思想是美国社会、美国精神的产物，是对近代西方哲学的超越，实用主义是现代西方哲学的主要流派。

从历史上看，所谓美国的古典实用主义哲学，主要是指从 19 世纪 70 年代皮尔士、詹姆士等人在美国马萨诸塞州的哈佛大学创建"形而上学俱乐部"到 20 世纪 50 年代杜威逝世期间，在美国实用主义运动中广为流行的哲学理论。从主要代表人物看，皮尔士、詹姆士和杜威三个人，被称作美国实用主义运动"神圣家族"中的苏格拉底、柏拉图和亚里士多德，而这三个人所创立的实用主义哲学，被称作美国古典的实用主义哲学基本理论。

第一节　皮尔士——实用主义哲学
基本理论的奠基人

查尔斯·桑德斯·皮尔士是实用主义的创始人。

他出生在美国马萨诸塞州的剑桥。他的父亲本杰明·皮尔士是在哈佛大学任教的数学和天文学家。皮尔士从小在他父亲的教育和熏陶下，对自然科学有着广泛的兴趣，抽象思维能力很强。这对他后来能够成为一个在数学、逻辑学以及化学和科学史等方面均有较高造诣的科学家，成为实用主义哲学的创始人影响极大。从 1861 年起，他长期在美国海岸观察站工作，也曾经在哈佛大学、约翰·霍普金斯大学讲授过逻辑史和科学史。但在当时的美国，他的多方面才华并未得到学术界的承认。他虽然撰写了大量的著作，但都未能出版，甚至在寻找职业和谋生上也遇到了困难。只是在他1914 年逝世以后，随着美国的自然科学和实用主义哲学的发展，他的著作才逐渐引起美国以及整个西方哲学界和思想界的重视。1931～1935 年，哈佛大学出版了《皮尔士文集》六卷本，1958 年《皮尔士文集》又增加了两卷。自此以后，皮尔士的声誉日益显赫。他在自然科学方面的成就，受到了越来越多的称赞；在哲学方面，他不仅成为实用主义哲学基本理论的奠基人，也被科学哲学、新实在论、逻辑实证主义、现象学、语言哲学等现代西方哲学流派视为先驱。有关论述和评价他的著作，也越来越多。

皮尔士的实用主义哲学思想，散见于他的大量论文和短篇札记之中，观点零散，文字晦涩，而且有许多自相矛盾之处。但是，只要深入研读，就可以看到，他的哲学视角新颖，思想独特而富有创意，在当时美国重视思辨哲学的气氛中，散发出一股难能可贵的清新气息。1872 年皮尔士在哈佛大学"形而上学俱乐部"所做的学术报告，以及他在《通俗科学月刊》上所发表的《信念的确定》《怎样使我们的观念清楚》两篇论文，集中表述了他的哲学思想的精髓，阐发了他的实用主义的基本原则。虽然后来他又发表了一些阐述实用主义的文章，但始终没有形成一个完整的哲学体系。他一生的著作主要是他的八卷本《皮尔士文集》。

一 "怀疑→探索→信念"的实用主义思维观

自古以来，无数哲人对人类理智活动的奥秘进行了持续不断的探索，提出了形形色色关于认识的理论：反映论和先验论，唯理论和经验论，独断论和怀疑论，直觉主义和宗教神秘主义等等。他们从各自的哲学立场出发，试图对人类思维的本质、来源，思维的过程和方法做出自己的回答。皮尔士对先辈们的哲学认识论和科学史进行了长期深入的研究和批判性的思考，提出了独特的关于思维的理论，对思维的本性和任务，思维的过程和方法做出了别具一格的阐发，为崇尚实用知识，体现美利坚民族精神的实用主义奠定了理论基础。

皮尔士思维观的基本出发点是力图摒弃传统形而上学的思辨的认识模式，跳出纯理性领域，指出研究思维的本质及思维活动应当遵循的途径。在他看来，人的思维在本质上不能与人的现实生活中的行为活动相脱离，思维过程就是因人的行动激起怀疑，经过探究而确立明确信念以引导行动的不断反复的过程，亦即"怀疑→探索→信念"的过程。"怀疑"和"信念"是皮尔士说明思维的本性和思维过程的两个最基本的概念。他说，人们在使用"怀疑"和"信念"这两个词汇时，通常都与宗教或其他重大的辩论相联系。"但是我在这里使用它们，无论是多大或多小都是指问题的产生和消除"，都与行动联结在一起。"比如，如果我在一辆马车上掏出钱包来找一枚铜币，那么当我的手伸进钱包时，我就要决定我愿以哪种方法来付车费，把这样的问题称为怀疑，把我的决定称为信念"。① 可见，怀疑产生了人们的行为，而当人们得到了信念，就已决定自己应该怎么行动了。

按照皮尔士的观点，怀疑和信念是思维的两种不同的认识活动。"怀疑"是由于人的行动遇到障碍，产生了问题，究竟如何行动取舍不定，犹豫不决，因而情绪上不舒坦、不满足，心神不安。这时，人的思维是模糊不清、暧昧不明的。"信念"则确立了清楚明晰的思想指导的行动方式，平息了怀疑的焦躁，获得了情绪上的平静、满足和愉快。这时，解除了疑问，

---

① 〔美〕皮尔士：《怎样使我们的观念更正确》，转引自《现代西方哲学著作选编》，北京师范大学出版社，1987，第508~545页。

是一种明确思维的状态。认识开始于怀疑的刺激，随着信念的获得而中止。皮尔士认为，在思维过程中，人们总是力图从怀疑状态摆脱出来进入信念状态。由于信念给人以安宁，人们往往固守自己的信念，所以信念又容易导致思维的静止、固定和僵化，使人的思维陷于惰性之中。皮尔士不赞成这种态度，他强调思维是一种活动，信念只是心理活动的"运动场"，信念平息了怀疑，只是达到一瞬间心理状态的平衡。然而，信念作为人们行动规则，它的应用又包含着进一步的怀疑和思考。所以，信念既是"思想的一个终点站，同时又是思想的一个新的起点站"。[①] 人的思维就是由怀疑的刺激而激动起来，由获得信念而平静下去的循环往复的过程。显然，皮尔士在这里所倡导的是不断怀疑，不断寻求明确信念的积极的思维活动，摒弃墨守成规，僵化的思维方式。对一切无动于衷、漠然处之、不做任何怀疑的思考和批判，以求内心之宁静的"皮浪主义式"的消极无为的怀疑论固然为皮尔士所不取，而囿于固定的原则、概念，把既有的信条奉为绝对权威的思维方式也是他极力反对的。在他看来，因循守旧是遏制科学探索的赘物和毒素，必须予以清除，这样才能使人类理智中的"概念"生机勃勃、繁衍不已，并以丰富多样的形式"到处传播"，以促进科学文化的发展，人的尊严的提高。

皮尔士强调怀疑和信念在思维中具有重要作用。信念指导愿望，促成人们的行动，是积极思维的目标。怀疑虽然不具有这样一种主动行为的效果，但是在思维过程中也起着不容忽视的积极作用。皮尔士同笛卡尔一样，把怀疑看作认识的第一个环节，认识从怀疑开始。但是皮尔士的"怀疑"不同于笛卡尔，笛卡尔强调怀疑的必要性，是要通过"怀疑一切"（普遍怀疑）来扫除确立"天赋观念"的种种障碍物，从而演绎推导出全部知识。这种与生俱来、不证自明的"天赋观念"就是思维的原始出发点。皮尔士的怀疑则要排除一切先验原则，依靠自我理性的探究活动以寻求明确的行动信念。他把怀疑当作思维的动力，是为获得信念进行努力的唯一动机，怀疑的刺激导致获得信念的努力，怀疑产生，探究的努力便开始。在笛卡

---

① 〔美〕M. 怀特编著《分析的时代》，杜任之等译，商务印书馆，1964，第144页。

尔那里，最重要、最可靠的信念是作为理性活动的基础和前提的"天赋观念"，而在皮尔士看来，最好的信仰必须引导行动从而满足愿望。怀疑是思维的起点，又是思维的推动力，探究在怀疑的刺激下开始，当怀疑消除，这种努力即停止。怀疑不断产生，探索的努力也不断进行，这是一个通过怀疑不断造成积极行动信念的思维过程。

皮尔士强调怀疑在思维中的地位和作用。但是在他看来，真正能刺激和推动人们积极地疑问，不是主观设定的，不是任意的，比如说口头的或书面的提问。他说，"必须有一个真正的、活跃的怀疑"。这种怀疑是人的行为活动的实际经验引起的，有外部世界的实在性根源，否则，全部的探索、讨论都将是徒劳的。这说明，皮尔士虽然深受笛卡尔的影响，但并没有沿袭笛卡尔的唯理主义，他的"怀疑→探索→信念"的理论遵循的是一条具有一定实在论倾向的经验主义的认识路线。不过，他从经验出发，但又不同于经验，因为皮尔士的"怀疑"渗透着积极的主动的理性思考，在一定程度上突破了经验论的感性直观的限制。这种动态的感觉经验论，带有很大的行为生物学和行为心理学的特性。

皮尔士的思维观的独特性，不仅在于它既有别于唯理论，也有别于经验论，更主要的还在于他对思维的本质、任务和功能所做的解释。"怀疑→探索→信念"理论并不注重思维怎样把握世界，如何获得对客体及其规定性的正确认识，而是强调思维对主体的功用和意义，亦即思维活动如何引导人的行动，不断给主体带来安宁、愉快和满意的问题。在这方面，皮尔士的主张与力图寻求知识的绝对可靠性、确定性的传统哲学认识论是不同的。皮尔士反复强调，思维的任务就是确立信念。他说，"思想不过就是这样的一个系统而已""它的唯一动机、观念和功能就是产生信念，而与这个目的无关的任何东西都属于某种其他的关系系统。……活动的思想把达到思想的静止作为它的唯一可能的目的：与信念无关的任何东西都不是思想本身的成分"。[1] 正由于皮尔士把寻求稳定的信念看作思维的唯一功能，所以信念问题就成为他热衷的课题。

---

① 〔美〕皮尔士：《怎样使我们的观念更正确》，转引自《现代西方哲学著作选编》，北京师范大学出版社，1987，第 508～545 页。

　　什么是信念？皮尔士说，信念具有三种特性：第一，它是某种被我们意识到的东西。第二，它平息了怀疑引起的烦恼。第三，它必然要在我们的本性中建立一种行动的规则或行动习惯。一句话，信念就是作为行为习惯或行动规则的思想。在皮尔士那里，信念并非纯主观意念，更非由上帝启示而来的实现灵魂与神合一的宗教神秘主义的信条，信念建立在理性思考的基础之上，是与行动相关的概念。信念是产生行动的前提，它本身包含着引导行动的因素，决定着不同的行动方式。"信念的本质在于一种习惯的建立，而不同的信念则是由它们所产生的不同行动来区别的""只要我们把思维的整个功能看成是产生行动的习惯"，那么，"……任何与思想有关但与思想的目的无关的事情，就是思想的一种附加物，而不是它的一部分"。① 在皮尔士看来，确立这样的信念是人的思维活动的根本目标。在思维过程中，当人们在各种可供选择的行动方案面前犹豫不决，就是处于怀疑状态，无法采取行动，情绪焦虑不安。一旦从怀疑经过探究确定了行动所要采取的方式，从而达到平静、愉快和满足的心境，认识的任务也就完成了。

　　实用主义强调行动，被人们称为行动哲学。美国学者宾克莱曾对实用主义的哲学特征做过如下概括性评论：实用主义所关心的并不是人生的终极意义的比较理论性的问题，而是要为现代人的现实生活"提供一个令人心悦的行动方案"②。皮尔士把确立指导行动的信念看成唯一的功能，强调信念与行动、认识与实践、知与行的统一，把脱离人的现实行为活动的形而上学抽象思辨视为必须从思想中剔除的赘物，突出地体现出他对崇尚行动、注重现实生活的实用主义行动的哲学精神所起的奠基作用。但是，皮尔士把思维的功能仅仅归结为使主体获得安宁、愉快和满足，只强调认识、信仰、概念、原则的实用性。实质上曲解了思维的本性，贬低了思维的作用，依照他的思维观思维要正确认识世界的任务就会从根本上被取消了。诚然，从皮尔士的整个思想体系来看，他并没有否认人类理智的认识功能。

---

① 〔美〕皮尔士：《怎样使我们的观念更正确》，转引自《现代西方哲学著作选编》，北京师范大学出版社，1987，第508～545页。
② 〔美〕宾克莱：《理想的冲突》，马元德、陈白澄等译，商务印书馆，1983，第20页。

相反，其科学哲学和逻辑学的理论，从根本上说都是旨在阐明探求科学知识所应遵循的正确途径和方法。这方面的问题，我们将在皮尔士有关科学逻辑的思想中做具体的探讨。然而必须看到，他的"怀疑→探索→信念"理论，的确主要强调的是行动信念问题。对于确立信念的认识论前提，皮尔士实用主义虽有一定的唯物主义实在论思想，却并未做充分的阐述，从总体上看还显得十分薄弱。理论上的这种片面性导致了人们的种种误解、批评，认为皮尔士的"怀疑→探索→信念"理论是只讲实用不求真知；也正是这一点，为詹姆士、杜威等实用主义主要代表所利用和强化，被片面发挥为一个只讲实用价值不讲认识价值的哲学。在实用主义哲学中，"人"不再作为认识的主体，而成为只讲求功利，追求主观满足的行为主体。

皮尔士把确立信念看作思维的唯一任务，因而十分重视对确立信念、寻求知识的方法的研究，他几乎为此倾注了毕生精力。他说，"从我开始能够思考直到现在，大约四十年，我都一直在研究探索的方法"。[1] 在对人类认识史进行深入考察的基础上，皮尔士论述了确立信念的四种方法。

第一，固执的方法。这种方法就是避开或拒绝一切异于自己的主张，固执地坚持个人的信念。按照皮尔士的观点，思维的本性是要寻求精神的平静、愉快，而"思想的未决状态"却往往使人烦恼不安。"固执己见"就是人们摆脱怀疑，追求安宁、快乐和满足的最简单的确立信念的方法。采取这种方法的人往往以此自得，蔑视别人在信念上飘浮不定。在皮尔士看来，这并不是确立信念的理想方法。稳定、恒久的信念固然可以带来心灵的平静，"一个稳定不变的信念会产生极大的精神和平"，但也会使人不敢面对现实而陷于盲目和迷误，就像鸵鸟面临危险时将头埋入沙堆一样，自以为得到了安全。同时，在社会生活中，人们的见解总是互相影响的，理性会促使一个人去考虑来自他人的有益的主张，除非他独处隐居，变成一个"隐士""理性对于人们非常自然，它不会令人固执下去"。[2]

第二，权威的方法。皮尔士认为，固执的方法是按个人意志来确立信

① Charles Sanders Peirce, *The Collected Papers of Charles Sanders Peirce* Vol. 1 (Cambridge: Harvard University Press, 1931).

② 〔美〕M. 怀特编著《分析的时代》，杜任之等译，商务印书馆，1964，第 151 页。

念。权威方法是国家意志取代了个人意志，即国家以强力确立整个社会完全一致的信念，严禁对立观点的传播，惩治一切持有异己思想的人。皮尔士认为，这种方法实际上是一种信念对另一些信念的专断的压迫。在这种情况下，"忠诚的观念……完全地代替了追求真理的观念。"因此，这种方法成了历史上一定阶级和教会维护政治统治和神学统治的主要手段。在神权统治的时代，"当权威方法盛行时，真理除了意味着罗马天主教的信仰外，并不意味着任何别的东西。"① "哪里有贵族、行会或其利益依靠于或被设想依靠于某些命题的一类人的任何集团，哪里就不可避免地会发现这种社会情感的自然产物的某些痕迹。残酷性总是伴随着这种制度；并且当这一制度被经常地实行时，那些残酷性在任何有理性的人的眼中会变成最可怕的暴行。"② 但是，皮尔士并不绝对否定权威方法的作用，认为权威方法在精神上和道德上较之固执方法有更大的优越性，它的成效也更大。因为它是整个国家的意志而不是个人的意志起作用。所以，这种方法虽然严酷，但历史地看，它却创造了不少具有文化价值的业绩。古埃及和欧洲有着像大自然杰作一样的雄伟建筑就是如此。不过，皮尔士认为，这种方法并非绝对有效。在时间和空间上不断扩大的社会交往终究会打开人们的眼界，使他们对禁锢自己思想的不变的信条产生怀疑，从而对这种信仰的价值，对人们处于这种信仰状态中的地位及其原因进行批判的思考。在这里，皮尔士看到了任何一种权力机构所实行的精神上的强力统治都不可能完全扼杀人的理性，表现了他对人类理性力量的推崇。

第三，先验方法或理性方法。皮尔士说，在传统哲学中，这种方法有"最完美的范例"。他指的是唯理主义哲学所采用的方法，这种方法不以可观察到的事实为依据，而是以"符合理性"的基本命题为思考的基本前提。唯理主义哲学家从这种前提出发推导出自认为是合乎理性的结论，并把这种结论当作最可靠的信念，而不管它是否与经验事实相一致。他认为，从理性的观点看，先验的方法较之固执法、权威法"更为理智得多，可敬得

---

① 〔美〕M. 怀特编著《分析的时代》，杜任之等译，商务印书馆，1964，第149页。
② Charles Sanders Peirce, *The Collected Papers of Charles Sanders Peirce* Vol. 4 (Cambridge: Harvard University Press, 1934).

多"。只要没有更好的方法可以应用，人们就的确应当遵循这一方法。但是，由于这种方法是从先验原则出发，进行演绎推理而不考虑经验事实，带有较大的主观性，往往以个人的偏好取代了对信念的探究，而个人爱好一般又趋于时尚，所以形而上学思想家也难于达到一致的信念。同时，先验方法依据理性原则进行演绎推理，可消除某些多变的偶然因素。然而，它与权威方法并无本质区别。采用这一方法虽然属个人自由选择自己的信念并未受到国家的干预，但归根到底，仍是外界非经验事实决定的，尤其是个人主观感情方面的偶然因素起重大作用。因此，人们怀疑以这种方式确立的信念的可靠性。

第四，科学的方法。皮尔士认为，上述三种方法都是主观的。科学方法以非主观的方式确立信念，"要消除我们的怀疑，必须找出一种方法。我们的信念可以不取决于任何属于人性的东西，而取决于外在的永恒性，即取决于不受我们的思想影响的东西。"[1] 为说明信念不是主观的范畴，皮尔士十分强调信念所依据的客观基础。认为信念并不是主观意志，也不是先验的理性原则，它受一种独立于任何个人或有限集体的意识的客观事物的支配。科学方法是一种经验观察的实验法，它从观察到的经验事实出发提出假设，进行演绎推理，最后由经验事实来检验。在这一过程中，人的认识经受外部世界的强制性的制约。它是一种不由人随意支配控制的事件或力量。这种强制性迫使人们相信知觉经验的对象不是人们的主观幻想或内在经验，而是独立于人的东西。正因为如此，不同的人在不同的观点指导下，用不同的方法进行研究，"他们的结果必将向着一个预定的中心点坚定地移到一起去"，[2] 从而对实在取得一致的结论。所以，科学方法所确立的信念就是真实的确定的信念。"存在着真实的事物，其特征完全独立于我们关于它的看法。这些真实的事物根据自然齐一律而作用于我们的感官，尽管人们的感觉会随着我们对于对象的关系不同而不同，但是通过知觉的规则，我们能够通过推理而确信事物的本来面目是什么样的；不论何人，只

---

① Charles Sanders Peirce, *The Collected Papers of Charles Sanders Peirce* Vol. 4 （Cambridge：Harvard University Press, 1934）.

② 〔美〕M. 怀特编著《分析的时代》，杜任之等译，商务印书馆，1964，第 152～153 页。

要他具有足够的经验并且对此推理充分，一定会得出同一真实的结论。"①
皮尔士说，这就是科学方法的基本假设。

皮尔士还强调，科学方法是经验和逻辑的结合。他既反对经验主义，也
反对唯理主义的纯逻辑推演。这是皮尔士在科学方法问题上一直坚持的主张。
他认为，人是逻辑的动物，对事物推理是人这种动物拥有的特殊能力，这就
是自然选择的结果。但仅此并不完备，人还具有非逻辑的倾向和习惯及超越
现实的欢愉和情趣，容易满足于脱离事实根基的推理而与事实相悖，并为经
验所挫。因之，自然选择的结果又保留了犯错误的可能。真正科学的方法是
公正的手段，必须反对个人的主观偏好，反对独断主义、权威主义和直觉主
义。这样才能客观地观察和解释经验事实。在这一前提下应采用合适的手段，
以经验事实为根据，并遵循严谨的逻辑秩序和正确的推理规则进行逻辑推导。
皮尔士认为，经验事实是重要的，但是经验并不告诉一切，还需要人们的推
理思考。历史上重大的科学发现都是事实和逻辑交叉结合的产物。

皮尔士认为，人们遵循科学方法，依靠研究者的共同努力，可以达到
为研究者所普遍同意的最后结论，即与实在符合的真理。他说，不同的人
尽可以从最对立的观点出发，但是研究的过程却必将用一种外在于他们的
力量，引导他们达到同一个结论。思维的活动并不把我们带到我们所希望
的地方，而是把我们带到注定的目的地。这正如命运的施为一样，不论怎
样改变所采取的观点，不论怎样选择其他事实以供研究，不论人们有什么
样的自然心向，都不能够使一个人逃避掉这种预先决定的意见。这一伟大
的法则是体现在真理和实在的概念之中的。这种注定要为所有从事研究的
人所一致同意的意见，就是我们所说的真理。而这种意见所表象的客体，
就是实在。② 可见，他相信实验的科学方法能够揭示出关于实在的真理。但
是，皮尔士在论述中把真理界说为普遍同意的结论，这就离开了他的实在
论的立场，表现出唯心主义的倾向。同时，他还认为只要经过充足的、无
限的研究，"没有不可能被最终解决的问题"，人们"最后是注定会达到对

① Charles Sanders Peirce, *The Collected Papers of Charles Sanders Peirce* Vol. 4 (Cambridge: Harvard University Press, 1934).

② 〔美〕M. 怀特编著《分析的时代》，杜任之等译，商务印书馆，1964，第 150 页。

于实在性的信仰的"，这是一种把实在与真理都看作具有终极性、唯一性的终极真理观。在皮尔士后来关于科学的逻辑和方法论的研究中，这种形而上学的真理观被极限真理概念所取代，认为科学认识是对实在的无限的逼近，它始终包含着需要不断修正的错误因素，任何真理性认识都不可能与实在绝对的一致。他的概率逻辑思想对此做了具体论述。

皮尔士"怀疑→探索→信念"的思维观基本上坚持了实在论，抛弃了从原则出发的先验主义，反对以主观意志取代客观实际的主观主义、权威主义、独断主义。它把怀疑看作认识的起点和重要环节，但不是怀疑论而是可知论，认为人们通过理性的思考可以克服怀疑，确立对实在的明确坚定的信念。这种观点肯定人类理性的认识能力，维护人类理性的独立自主，体现了人类认识史上积极追求知识和真理的可贵传统。它把思维过程看作人在现实的行为活动中不断怀疑、不断探究，从而不断确立行动信念的过程，显然是要打破形形色色的思辨信条对理性的禁锢，适应了当时美国社会要变革脱离实际的、陈旧僵化的封闭型思维方式的客观要求。皮尔士强调独立自主的行为主体的思维功能与意义，无疑为实用主义的新思维观开辟了道路。

二 皮尔士的实在观

皮尔士从"怀疑→探索→信念"的实用主义思维观出发，倡导一种"概念—效果""符号—效应"为前提的新型的思维方式，改称自己的实用主义为实效主义。他的实效主义的实在观大致具有以下几个特点。

第一，实在不是虚构。实在是指独立于个人经验以外的外部世界的现实存在；而虚构是个人想象的产物，带有个人思想的特性。皮尔士指出："存在着现实的事物，它们的特点完全不以我们对于它们的意见为转移。这些现实事物按照永恒的规律作用于我们的感官。……我们能够通过讨论来确定事物实际上和真正是什么。每一个人只要有充分的经验和思考，就可能得出同样真实的结论。"[1] 由于存在着不以我们的意见为转移的独立的现实事物，因而皮尔士又进一步认为："因此，我们可以给实在的东西下个定

---

[1] Charles Sanders Peirce, *The Collected Papers of Charles Sanders Peirce* Vol. 5 (Cambridge: Harvard University Press, 1935).

义，它的性质是离开任何人可以设想的情形而独立的。"① 在这里，皮尔士把事物的性质归结为诸如红色、坚硬和有待科学研究的为人所不知的各种事物的性质。这些性质都是客观实在的东西。这种性质是存在于现象之中的，哪里有现象，哪里就有事物的性质。从性质自身来说，性质在世界上客观存在，各有其可以区分的特性，绝不是单纯的感觉。从性质同具体事物的关系来看，性质又是一种具有潜在性的可能性。性质必须附着在现实的具体事物上才能由潜在性变为现实性。皮尔士把实在归结为外部世界的现实存在，把这种现实存在又归结为事物性质的存在，具有实在论的唯物主义倾向。

第二，实在与意识有统一性。皮尔士认为，实在与人的意识有关系，"因为由实在的东西所激起的一切感觉，都在信念形式下出现于意识中。"② 在皮尔士看来，所谓实在 "一方面，现实并不是必然地离一般的思想而独立，而只是离你或我，或任何有限数目的人们关于它所想的东西而独立；另一方面，虽然最后的意见的对象依靠那个意见是什么，可是那个意见是什么并不依靠你或我，或任何人所想的东西。"③ 这就是说，实在虽然不依赖任何个人的所想而独立存在，即它的存在是不以个人的意志为转移的，但是在现实中，实在并不能都成为人们的认识对象，它只有在人的经验、生活、实践中才能成为实在和认识对象，并且随着实践的前进而扩大，人们的认识水平也随着实践的发展而不断提高。在整个认识过程中，客观实在是具体事物和事件，主体则是作为生动活泼的社会成员的人，是具体的、有利害关系的人，在具体活动中认识和改变具体事物。认识的来源是由客观实在激起的，但认识的结果又受到主体的制约，有赖于人的意识。对同一事物，主体方面的肉体和精神条件不同，所获得的感觉和以此为基础所获得的认识、判断也不同。如果要知道梨子的滋味，就须亲口尝一尝，但

① Charles S. Peirce, *Chance, Love and Logic: Philosophical Essays* (New York: Routledge, 1956), p. 53.

② Charles S. Peirce, *Chance, Love and Logic: Philosophical Essays* (New York: Routledge, 1956), p. 54.

③ Charles S. Peirce, *Chance, Love and Logic: Philosophical Essays* (New York: Routledge, 1956), p. 57.

不同的人的味觉不同，因而所尝到的滋味并不相同。例如有经验的工人，可以凭借机器的转动声来判断有无故障，并准确指出哪个部件上出了毛病，别人则办不到。这就说明，主体对于意识对象，即客体的内容的认知并不是消极被动地摹写和反映，而是受到主体意识的制约的，也就是说实在与人的意识有关，实在与意识是统一的。离开人的意识的自然界，虽然具有优先地位，但对人却是没有意义的。

第三，实在是具有效果的。皮尔士认为，实在是人们可以感觉到的某种效果。"所谓实在，正如每一种其他的性质一样，就在于它具有实在性的事物所产生的特殊的可感觉的效果。实在的事物所具有的唯一效果在于引起信念，因为它们所激起的一切感觉都在信念形式下出现于意识中。"① 他又认为："这种注定要为所有从事研究的人所终于要一致的意见，就是我们所说的真理，而这种意见所表象的客体，就是实在。这就是我要解释实在的方法。"② 这就说明，皮尔士所谓的实在，就是指人们共同持有的对事物的某种信念。他把实在问题放到与人的关系中加以考察，强调人的经验、观察、实验等活动的真实性、实在性。这种实在观在当代西方的科学和哲学中产生了很大的影响，得到了赞同和拥护。爱因斯坦认为："实际上，关于实在物体的假设，一般说来，关于'实在世界'的存在这一假设，确实只有在同感觉印象相联系（在这些感觉印象之间形成了一种心理上的联系）时，才站得住脚。"③ 逻辑实证主义的创始人之一石里克也曾认为："关于某种东西是实在的或不实在的，只能通过日常生活的或科学的一般方法才能断定，这就是说通过经验来断定。"④ 由此可见，皮尔士的实在观已成为当代西方普遍接受的一种思维方式。这种思维方式从行为主体或经验者自身和实在性事物所产生的特殊的可感觉的效果上来解释实在这个概念，突出了"概念—效果"的意义。

① Charles S. Peirce, *Chance, Love and Logic*: *Philosophical Essays* (New York: Routledge, 1956), pp. 53 - 54、57.
② Charles S. Peirce, *Chance, Love and Logic*: *Philosophical Essays* (New York: Routledge, 1956), pp. 53 - 54、57.
③ 《爱因斯坦文集》第一卷，许良英、范岱年译，商务印书馆，1976，第 343 页。
④ 引自洪谦主编《西方现代资产阶级哲学论著选辑》，商务印书馆，1964，第 267 页。

第四，实在是同语言相联系的非语言的东西。皮尔士的实效主义以及全部实用主义，通过对意义的考察，揭示了四个方面的内容：首先，意义最初并不是语言性的，而是通过沉淀在语词中有目的的人的活动体现出来的。其次，客体不是通过表象建构的，因为表象存在于作为客体的外观现象的经验之中。再次，有形的客体不能仅仅被理解为多种多样性质的聚集物，因为有形的客体的"有意义性"这个概念本身包含着动态的具体物的有意义性。但无论有多少关于客体的性质，对它来说仍是没有穷尽的。最后，意义结构使认识者与被认识者二者相互作用并融合为一体。这样，我们就可以把实在理解为与语言相联系的非语言的东西。行为主体或经验者可以用语言指称对象，做出判断，进行思维，而作为非语言的客体又必须是能为说话者当下感知的。语言与外部世界的联系，对于传统的经验论和唯理论来说都是难以想象的，但对于用语言来表示"符号—效应"关系的皮尔士来说，却是很有意义的。实用主义从最高层次上，即从语言上对经验进行考察，使我们透过主体与客体、精神与物质、本质属性与外部属性、思想与事物的区别，看到了作为主体与客体统一的经验世界的丰富性和深刻性。

第五，实在是主体与客体交互作用的结果和产物。皮尔士实效主义的"怀疑→探索→信念"的方法，使观念更加清楚明白的方法，都指出存在着一个抽象的、纯粹理性的创造活动，一个认识者与被认识者之间的有目的有计划的、相互作用的统一体。在这个统一体中，主体是行动主体，是知、情、意三者统一的现实的人，而不是单纯的认识主体；客体也不是被主体简单地发现、反映和摹写，而是在已有的科学水平上部分地被主体建构、加工和改造。

总之，皮尔士关于实在的含义比较宽泛，不仅是指属于物理事物的性质所具有的实在性，而且包括为人所感受的意识性质，如抽象的一般即规律性和厌烦、崇高、恐惧等观念性的东西，也被列为实在的范畴。并且皮尔士认为这样的意识不仅是实在的，而且从经验常识上讲，它又是一种力量、作用。

皮尔士的实在观既不同于贝克莱、休谟的观点，也不同于马赫、毕尔生的观点。皮尔士从主体与客体的认识论关系上引申出来的实在观与传统哲学从物质与意识对立的本体论上引申出来的物质观，显然是有区别的。贝克莱认为存在就是被感知。休谟说因果规律性是心理习惯联想的产物。马赫坚持概念和抽象不过是方便行事的观点，规律是记述感觉印象的主观设计的观点。毕尔生坚持体现规律性的一般原则无非出自人的臆造，不能据以做出判断的观点。皮尔士不同意这些观点。他在《评述马赫的"力学"》一文中指出："马赫把这种观点推至这种程度，以致断言，科学只有节约经验的价值，思想也只能起这种作用，这是不能成立的。"他以对话的形式揭露了毕尔生否定规律客观实在性的虚无主义态度，从而强调一般实在性及其重要作用，肯定了规律的客观实在性。他说："可以设想，承认规律有实在性，是运用演绎法而能做出预断的前提。规律越准确，预断正确性的程度越高。如果规律没有实在性，没有规律可循，无由进行预断，那么，科学将丧失一份重要作用，科学研究将停留在经验范围内摸索，必将受到严重障碍。"

皮尔士的实在观也不同于机械唯物主义者的观点。皮尔士认为，像厌烦、崇高和恐惧等带有感情色彩的观念性的意识，也和规律性、物质性一样，具有客观实在性。思维意识的观念，一经产生和形成，作为存在就有与自然界、社会相似的客观实在性。思想意识观念具有它自己运动的客观规律性，而且也是不以人们的主观意志为转移的。所以，人们只能顺应其必然性，对其加以利用、限制和改造，否则，抹杀和否定意识观念形态的相对独立性及其发展规律，也必然会陷入机械唯物主义的泥坑。因此，只有明确认定意识、思想、观念的客观实在性，才能为探索意识的客观规律奠定哲学的基础。

皮尔士的整个实在观包括这样两层意思：一方面他认为实在具有"不以任何人幻想其如何为转移的特性"；另一方面他又认为实在同人的意识有关。在这里，他反对笛卡尔派严格划分心、物为两种不同实体的观点，提出连续性的原则，认为二者相互连接、不能截然分割开来。在人类出现后的世界上，物质与意识的交叉、渗透、结合是到处可见的。意识离不开物质，除原始物质以外的种种物质都不同程度地打上了"人类意志的印记"。

从认识论上讲，主体与客体的一致，不是客体自动地主体化，而是主体认识客体、改造客体，达到了主客体的对立统一。人在认识中的主导作用，就在于人这个行为主体架设了主客体统一的桥梁，自在之物转化为为我之物。人在自然物中实现自己的目的，或者人通过他所做出的改变为自己的目的服务，这实际上就是一个客体主体化的过程。皮尔士通过肯定作为具体事物存在的实在与人的意识的联系，所揭示的客体主体化的过程，不仅具有重要的理论意义，而且也为我们进一步从深度和广度上开发自然界，发展自然科学提供了科学的方法论，并且有重要的实践意义。

除此之外，皮尔士还强调实在与效果的关系。皮尔士说："像一切其他属性一样，现实性的东西在于享有实在事物所产生的一切特殊的可感觉的效果。实在事物所具有的唯一效果是引起信念。"[1] 皮尔士从"概念—效果"的关系中提出效果的范畴，并以此作为他实效主义哲学中的一个重要因素，其意义是很深刻的。

第一，效果概念的提出。皮尔士说，他首先考虑到人类生活中的一些情况，例如针对进化论问题，各家各派坚持己见，莫衷一是，有时一家之言被奉为至尊。自然神论者力图调和科学与宗教，把进化论的思想融合在教会的教义中，以表示对教会神学的信赖和对教会的忠贞而墨守成规，对自己的愚昧观点却始终未做出进一步的论证，甚至还往往出现门户之见极深、叛逆者遭受轻蔑以至残酷迫害的局面。作为科学家，皮尔士认识到这种局面有碍于真理的探索，无从判定明确的是与非，于是他提出了效果概念，让效果起检验的作用。这样，在各种辩论中，特别是有关是与非的辩论中，用效果予以检验，使辩论双方的命题都与可感觉的效果联系起来。

第二，效果的验证。皮尔士所说的效果验证，并非指某一个人的感觉效果，而是指依靠一定的科学手段所获得的社会效果。他说："这种注定要为所有从事研究的人所终于要一致同意的意见，就是我们所说的真理，而这种意见所表象的客体，就是实在，这就是我要解释实在的方法。"[2] "所谓

---

① Charles S. Peirce, *Chance, Love and Logic: Philosophical Essays* (New York: Routledge, 1956), p. 53.

② 〔美〕M. 怀特编著《分析的时代》，杜任之等译，商务印书馆，1964，第 148 页。

实在，正如每一种其他的性质一样，就在于它具有实在性的事物所产生的特殊的可感觉的效果。"① 皮尔士的实在与效果相联系的观点，肯定了实在即效果，有效果的才是能引起信念的，而能引起信念的才是实在的。例如，为了探测光速，一个人可以通过研究金星的移动和星辰的光行差来进行，当然也可以采用其他的方法来进行，尽管方法不同，却可以逐渐完善，研究过程也会随之改进，最后归结到一个共同点，取得一个共同的结论。这种结论就包含真理和实在。皮尔士的效果验证是一种经验证实的原则，在自然科学中，实验效果对证实一个对象的实在性有决定性的作用。

第三，效果验证的范围。皮尔士关于实在有赖于效果的论点，其所指的范围仅仅是现实事物。由于现实中的事物并不显示出这种或那种的效果，所以就可以用效果作为验证的充足条件。但是，并非一切事物的实在性都要靠效果来确定，因而效果只能作为验证的必要条件。像地球早在人类出现以前就存在，它的实在性同人可感觉的效果丝毫没有关系。由于生产水平和科学发展水平的限制，有些事物还没有为人们所发现和认识，因此它们的实在性也没有显示出可感觉的效果。所以，皮尔士所说的效果验证的范围，仅仅是指现实的具体事物。

第四，效果验证的意义。效果验证是很有意义的一个思想。在 19 世纪初美国的教会神学和绝对唯心主义哲学还占统治地位的情况下，皮尔士提出效果检验这一概念，是一个很新鲜的思想，具有一定的进步意义。在当时，它对于排除神学中烦琐的争论，降低教会神学的权威，反对绝对唯心主义的抽象思辨，反对机械唯物主义的消极无为和故步自封，促进科学技术的发展，以及对社会生活领域中具有现实意义的命题的裁决，都起了积极的作用。它直接推动了美国人民开拓、创新精神的进一步发挥。对我们来说，这一思想也有值得参考借鉴的一面。它可以启示我们注意命题与效果的关系，尊重科学实验效果的验证和实践效果的检验。因此，我们应当重视对皮尔士实效主义实在观的研究，不可把它全盘否定。

当然，皮尔士的实在观并不是完美无缺、无懈可击的。皮尔士曾经采

---

① 〔美〕M. 怀特编著《分析的时代》，杜任之等译，商务印书馆，1964，第 148 页。

用过两个有关词汇，即实在和存在，来表达他的思想。在论述实在与存在的关系上，皮尔士表现得比较混乱。在一般情况下，他并不区分实在与存在的含义，例如他认为宇宙是由非存在起源的，因而宇宙可以理解为由非存在（无）到存在（有）的连续生成。实在是可变的，规律是可以修正的，所以不能把实在、规律看作绝对不变的。在这里，皮尔士所讲的存在（有），具有实在和存在两种含义。在特殊情况下，皮尔士又试图把实在和存在区分开来，赋予二者以不同的含义。他说："凡是存在的东西，就真正对其他存在者施以作用，从而获得自我的同一性，它确实是个体。"① 而他说的实在，则表明另外一种情境。他说："任何真命题所论断的是实在的，不管你或我是怎样看待它，它总是那样。"② 据此，我们认为，皮尔士所讲的存在，似乎可以认为是具体事物或个体的独立的特性，表明这种事物占有一定的时间和空间，并确实证明有这么一个感性存在的东西；而皮尔士所讲的实在，却与存在不同，它除含有存在的特性外，还占有客观性、提示一般规律，但不占有任何时间和空间，因而它就成了一个抽象的、理性思维的东西。皮尔士认为实在是规律性，"在没有规律性和原始的混沌中，没有实在"③，就更证明了这一点。就此认为，皮尔士不是从物质与意识的两极对立的形而上学本体论出发，而是从主体与客体相统一的认识论中讲他的实在观的。他把认识仅仅局限在经验的范围内，以独立自主的行为主体的可感受的效果为基础，来讨论什么是实在的问题。因而他所谓的实在就包括了三个层次的内容：一是事物的性质，诸如颜色、香味、硬度等；二是单个的具体事物，诸如桌子、苹果、墨水瓶等；三是与个别相对立的一般，即存在与个别事物之间的关系和规律性。

值得注意的还在于皮尔士实在观的宽泛性，他把事物的性质、单个的具体事物，抽象的一般规律，甚至上帝都放在同一个水平上，都以实在充

---

① Justus Buchler, *Philosophical Writings of Peirce* (New York: Dover Publications, INC., 1955), pp. 263 – 265.

② Justus Buchler, *Philosophical Writings of Peirce* (New York: Dover Publications, INC., 1955), pp. 263 – 265.

③ Justus Buchler, *Philosophical Writings of Peirce* (New York: Dover Publications, INC., 1955), pp. 263 – 265.

当它们统一的规定性。这样就给上帝留下了一个地盘。皮尔士认为，凡属实在的性质，都不受人的看法的影响。不言而喻，上帝、神也具有这样的性质。上帝是实在的，上帝的实在性是一种本能的信仰。如果说上帝是存在的，那是一种偶像崇拜；如果说上帝具有实在性，则是合理的信念。肯定上帝的实在性，不仅可以填补人们精神上的空虚，而且可以在人们的社会生活道德修养中发挥重要的作用。上帝是惬意的伴侣，不再是无情的暴君。上帝与人同在。作为认识主体——人们所感受到的一种力量、作用之间的意义，上帝也是一种实在。

总之，皮尔士关于实在的理论，一方面声称事物的性质、单个的具体事物、抽象的关系和一般规律都是实在的，另一方面又承认上帝、神具有实在性，把这种观点和他的思维观综合起来看，从传统哲学的角度上讲，它既表现出唯物主义的倾向，又透露了唯心主义的气息；从实用主义把主体与客体统一起来的角度上讲，它以独立自主的行动者的眼光审视自然、社会和人生，强调客体主体化与主体客体化的双向运动过程，又表现为多元论的实在论观点。所有这些，是值得我们进一步深入研究的。

三 皮尔士的意义理论

皮尔士从实用主义的思维观出发，提出了反对思辨的形而上学，推崇实用知识的实效主义的意义论。他认为一个民族要在精神知识的每个领域达到伟大杰出的程度，必须付出不知疲倦的努力，使民族的文化精神彻底摆脱形而上学的束缚，而富有生机和充满活力。他在《怎样使我们的观念清楚》一文中，从清楚观念和模糊观念的区分入手讨论意义理论，就体现出这种反形而上学的精神。

皮尔士认为，清楚的和模糊的概念，明晰的和混乱的概念之间的区别，是近代逻辑学中的重要问题。这种区别被一些逻辑学家当作自己学说的精华，其实并未真正解决问题。在他们那里，清楚的观念仅仅是在任何情况下都能被清楚明白地辨认的观念。这不是理解的明确性，因为，建立在主观感情基础上的神秘观念也可以具有这种"清楚"辨认的属性。在皮尔士看来，尽管这些逻辑学家补充提出了清楚的观念应有"明晰性"，然而所谓

"明晰的观念"又被定义为一个不包含任何不清楚的内涵的观念。对于这种同义反复的界说,皮尔士同样予以反驳,指出这是用抽象术语给一个观念下精确的定义,完全是在主观观念范围内讨论意义问题,不可能真正解决思想的明确性问题。

按照皮尔士的观点,解决思想的明晰性问题,必须对思维的本性、功能有正确的理解。他自认为他那篇关于实用主义思维观和方法论的论文(《信念的确定》)已阐明这一理论前提。他说:"在第一篇论文中所阐述的原则能立即导向一个可达到比逻辑学家的'明晰'更为高级的思想明确性的方法。"① 该文阐明,思维的唯一功能是产生引导行动的明确的信念。既然思维的任务不是正确反映客观世界获得客观规律性的知识,而是确立行动的信念,那么,知识、概念的意义就不是以对象为依据,而是看知识、概念的行动效果,这样才能获得直接感知到的清楚明白的观念。

在《怎样使我们的观念更正确》一文中皮尔士提出,"考虑一下我们认为我们的概念的客体具有一些什么样的效果——可以设想这些效果具有实际的意义。这样,我们关于这些效果的概念,就是我们关于这一客体的全部概念"。② 他特别强调,一个事物只能是这个事物可感觉的效果的观念。要想在我们头脑中获得一个与事物的被设想的可感觉的效果毫不相干的观念,是不可能的。如果除去可感觉的效果去设想一个观念还附加其他什么意义,那就是欺骗自己。总之,概念的意义在于其可感觉的效果。这就是以实际效果确定概念意义的实效主义的意义论。

皮尔士对如何以效果判定概念的意义做了具体的解释。他认为,为了显示思想的意义,只需确定它产生什么样的行动习惯就够了。因为一个概念的意义只不过是与它相关联的行动习惯而已。要把一个概念的意义展示开来,有三个步骤:首先做出设想,使概念以感性表象形式显现出来,再根据这种假设施以相应的动作,最后观察这一行动所产生的可感觉的经验

---

① 〔美〕皮尔士:《怎样使我们的观念更正确》,载于北京师范大学哲学系编《现代西方哲学著作选编》,北京师范大学出版社,1987,第510~512页。

② 〔美〕皮尔士:《怎样使我们的观念更正确》,载于北京师范大学哲学系编《现代西方哲学著作选编》,北京师范大学出版社,1987,第518页。

效果。① 皮尔士以"硬力""重力"的概念为例,他说,我们说一种东西是"硬"的,它究竟意味着什么呢?假设它是"硬"的,那么当别的物体去划它时,它是不能被划破的。"关于这种性质的全部概念,如同每一个其他性质的概念一样,是依据它的可被设想到的效果。只要一个'硬'的东西和一个软的东西尚未受到检验,它们之间就绝无任何区别。"② 我们说一个物体是重的,仅仅意味着,在缺乏相反的力的条件下,它会跌落下来。在谈到关于"力"的概念的清楚含义时,皮尔士说,"根据我们的原则",就必须考察"力"的直接的效果是什么。"力"所显示的感性事实是物体的一种运动变化。假如让物体自己控制自己,没有外力的干涉,那么每一运动的速度和方向都会保持不变。而且,运动的变化也绝不会突然发生。按照皮尔士的解释,"力"使物体在自己的运动中"总得到一定的加速度"。所以"力"并不是某些哲学家所设想的抽象玄虚的"神秘的实体","力是一个加速度"或"力引起一个加速度"。他说,"这是力的概念所表示的唯一事实,任何决心不辞辛劳地明确地理解这个事实是什么的人,也就完全理解了力是什么"。③ 这就是力的效果,是关于"力"这个词清楚明晰的含义。

皮尔士这里所讲的"效果",主要是指科学实验的效果。首先,一个概念或命题的意义在于能否对其可感觉到的效果做出预先的设想,犹如对一个科学探讨的课题提出假设,可以预先设想具体的实际效果,才有可能显示其实际意义。否则,它们不过是一些空洞玄虚或意义含混不清的语词。其次,一个概念的意义与实验操作直接相关。概念或命题要有意义就必须能够引导人们依照设想进行实验操作对其进行检验,做出答案。如果不能进行实际操作则表明它们没有意义。最后,实验现象和效果就是概念或命题的意义。皮尔士说,"一个概念,即一个词或其他表述的唯理的意义完全在于它对生活行为的影响,这样,显然没有什么不是由实验构成的东西能够对行动产生直接影响,如果我们能够确切地规定那肯定或否定一个概念

① 〔美〕M. 怀特编著《分析的时代》,杜任之等译,商务印书馆,1964,第 412 页。
② 〔美〕皮尔士:《怎样使我们的观念更正确》,载于北京师范大学哲学系编《现代西方哲学著作选编》,北京师范大学出版社,1987,第 518~522 页。
③ 〔美〕皮尔士:《怎样使我们的观念更正确》,载于北京师范大学哲学系编《现代西方哲学著作选编》,北京师范大学出版社,1987,第 518~522 页。

所能蕴含的一切可以设想的实验现象，我们就会从中得出那个概念的完整的定义，在这个概念中绝对没有更多的什么内容了"。①

皮尔士以可感觉的效果确定观念的意义，被称为"效用原理"。这个原理为实用主义奠定了理论基础，成为实用主义遵循的一条基本原则。他的意义论主要是讨论科学概念的意义，以科学实验效果确定科学概念的具体含义，强调观念的意义与效果的关系。这种主张具有一定的实在论倾向。皮尔士强调一个概念的意义与可感觉的效果相联结，要把握概念的意义唯一的方法是寻求其可感觉的效果，这往往被人们看作一条主观唯心主义原则。其实，只要把这一思想放在皮尔士的理论体系整体中考察就可以看到，他的效果观与其实在观是联系在一起的。他认为，"实在的性质独立于任何人所认为它们是什么之外"。② 实在具有外在于人的力量，在科学探究中，不管人们有什么样的设想和采取什么方法，它都会把人们的研究引向一个预定的结论。而"所谓实在，正如每一种其他性质一样，就在于具有实在性的事物所产生的特殊的可感觉的效果"。③ 可见，皮尔士并未把实在仅仅归结为感觉的效果，而是把实际效果作为揭示实在的方法和手段：可感觉效果由实在性事物所产生，效果证实实在事物的存在。皮尔士主张以可感觉的效果作为判定概念意义的唯一根据，这就在一定程度上肯定了概念意义的客观基础，效果显示意义，效果检验意义。这种实效主义的意义论反对纯主观的虚构和形而上学的思辨，除了效果，不迷信任何权威，不固守既定原则，一定程度上，体现了尊重事实，尊重经验效果的科学精神，具有反先验主义，反独断主义和权威主义的倾向。

观念的意义与实验效果有关，但不能绝对化。皮尔士把概念的意义仅仅归结为实验效果，认为只要依据这种效果就可以得出一个"概念的完整的意义"，把效果和对象的概念完全等同起来，显然是错误的。因为，"效

---

① Charles Sanders Peirce, *The Collected Papers of Charles Sanders Peirce* Vol. 5 (Cambridge: Harvard University Press, 1935).

② 〔美〕皮尔士：《怎样使我们的观念更正确》，载于北京师范大学哲学系编《现代西方哲学著作选编》，北京师范大学出版社，1987，第 523 页。

③ 〔美〕皮尔士：《怎样使我们的观念更正确》，载于北京师范大学哲学系编《现代西方哲学著作选编》，北京师范大学出版社，1987，第 523 页。

果"以客观对象的存在为前提，效果是对象本身的客观性质引起的，先有对象本身的属性，然后才会产生一定的实验效果。金刚石具有不会被划破的效果，是因为它具有特殊的碳分子结构。所以效果不同于客观存在的对象，效果的概念不能等同于对象的概念，对象的概念是对象本身固有属性的正确反映。如果用关于效果的概念取代对象的概念，就在实际上否定了概念知识的客观内容。皮尔士的这种观点与他自己强调的知识基于客观世界的主张相悖，反映了其实在论的局限性。皮尔士的意义论的这一主观主义性质，为他的一些后继者所利用和发挥，詹姆士曾把它引向了极端，形成一个"效用至上"的原则。詹姆士虽然同皮尔士一样看重行动和效果，但他强调的是对人生有用的效果，是用对人的生活是否有好处来衡量理论、概念的价值，以有用规定真理的属性，用价值判断取代真理判断。这就背离了皮尔士实效主义的一些科学精神，受到人们的诸多批评。

皮尔士的实效主义意义论是在美国资本主义商品经济急速发展的背景下提出的。经济的效益，知识的功利，行动的效用成为人们现实生活中最关心的问题。然而学术领域里却充斥着脱离实际的空论。所以皮尔士称他所处的时代是"学究式的年代"，认为学者们注意的"是语言而非事物"，并把"形而上学"斥为无用的、知识的暗礁。皮尔士的意义论强调理论、概念的意义与实际效果的联系，倡导以科学实验为基础的经验方法，对冲击当时盛行的思辨形而上学的学术气氛和推进实用知识的研究起了积极的作用。

从现代西方哲学的发展来看，皮尔士的意义论为现代认识论和现代逻辑的研究开拓了新的领域，并引起了一系列的反响。布里奇曼的操作主义就直接源于皮尔士。他与皮尔士一样，把概念的意义和操作活动联系起来。认为任何概念不过意味着一组操作，概念与相应的操作是同义的。一个概念的意义由这个概念相应的操作活动来规定，凡是不能通过操作予以确定和检验的是没有意义的。布里奇曼正是依据这一操作概念阐述了操作主义的反形而上学主张，认为科学知识都是限于操作活动的范围，人类也只能在这个范围内认识事物。超出这个范围的知识，都是无法检验的，是形而上学的，无意义的。

四　皮尔士的真理观

皮尔士的真理观与他的意义理论是紧密相连的。真理的意义（meaning），即兑现价值、行为效果。要判定命题是否为真，首先要知道真理的意义。意义不是主观的理解，而是实际行动结果中所能感觉到的差别。由此决定了真理的实践性标准。信念的真与假，必须由经验验证，必须运用科学的方法（实验法：事实观察、假设、演绎、归纳）来达到对实在的揭示、表征和把握。真理不仅与实在、信念、意义有关，而且直接受到善与美的支配，对人的行为"有引导作用"，能满足人的利益需要和精神道德上的需要，得到令人"感觉满意"的效果。

皮尔士虽然没有就真理问题写出专门的论著，但他对真理的论述却很多，他从不同层次、不同角度对真理做了不同的表述。

第一，在一些场合下，皮尔士倾向于符合论的观点，认为"真理在于表象与其对象的符合"，① 即真理是命题与实在的符合。真理是人们可以说出的抽象命题的一种性质，它所表现的东西就是实在，而"实在是一种存在方式，通过这种存在方式，现实的事物才是它本来的那个样子，而不受任何心灵或者任何特定数量的心灵影响可能把它想象成什么样子"。② 皮尔士从主客体相统一的理论出发，赋予实在、表象和命题以新的含义，既强调表象、命题的普遍必然性和它与实在的关系，从而与传统的唯心主义划清了界限，又强调实在的客观独立性和它与人的表象与命题的关系，从而与传统的机械唯物主义划清了界限。同时，他所主张的表象与对象、命题与实在的符合，也不同于我们所理解的马克思主义的能动的革命的反映论，因而它常常被指责为主观唯心主义的真理观。笔者认为，皮尔士虽然把确定信念看作思维的唯一功能，把确定信念仅仅看作个人借以采取行动的前提和手段，而没有认识到思维的根本任务在于认识客观世界的规律，人们

① Charles Sanders Peirce, *The Collected Papers of Charles Sanders Peirce* Vol. 5（Cambridge：Harvard University Press，1935）.

② Charles Sanders Peirce, *The Collected Papers of Charles Sanders Peirce* Vol. 5（Cambridge：Harvard University Press，1935）.

探索真理的目的在于掌握客观世界的规律，从而改造世界和造福于人类。但是，他毕竟承认真理的普遍必然性，承认命题的真假取决于命题是否符合相应的事实，从而在一定程度上承认真理有其客观基础，并非我们所说的那种主观真理论。

第二，在另一些场合下，皮尔士又倾向于极限论的观点，认为真理在于抽象命题与理想极限相一致。在他看来，任何命题都不可能是绝对的真，它始终包含有或多或少的错误成分，因而总是需要不断修正的。在科学发展过程中，命题中的错误成分需要不断地修正或排除，使它们变得更趋近于真理。他说："真理是一个抽象陈述与一个理想极限的一致。对于这个极限的无限探索将导致形成一种科学的信念，抽象陈述通过承认自己不完全准确和有片面性而达到这种一致。这种承认也是真理的一个重要组成部分。"① 实在虽然是可以认识的，但认识它却又需要一个过程。一个命题被一个或若干个肯定事例所证实，并不能证明这个命题是绝对真的，因为这并不能保证将来不出现否定的事例。由于肯定的事例在数量上是无限的、不能穷尽的，因此只能说随着一个命题被越来越多的肯定事例所证实，命题的真实程度也就越来越高、越来越接近于概率数值1。在皮尔士看来，归纳过程的实质，就在于它具有一种不停顿地修正自己结论的倾向。"归纳过程的结论的概率仅仅在于，如果没有达到所要求的比例的真值，归纳过程就会延续下去，从而导致越来越向这个真值靠近。"② 在此基础上，皮尔士提出了他著名的"可错论"（fallibilism）。他认为，任何信念或科学结论都有可能因其错误而被推翻，即使是已经确立的真理也需要修正，科学知识总是在不断地被批驳、修正、补充甚至否定的过程中发展的。他说："科学精神要求人们随时准备着，一旦经验与他的信念相冲突，他就要把他的信念抛弃掉。求知的欲望禁止人们过分自信，以为他已经知道一切。"③ 对此，

① Charles Sanders Peirce, *The Collected Papers of Charles Sanders Peirce* Vol. 5（Cambridge：Harvard University Press, 1935）.

② Charles Sanders Peirce, *The Collected Papers of Charles Sanders Peirce* Vol. 1（Cambridge：Harvard University Press, 1931）.

③ Charles Sanders Peirce, *The Collected Papers of Charles Sanders Peirce* Vol. 1（Cambridge：Harvard University Press, 1931）.

内格尔曾在他为布迟勒的《皮尔士的经验主义》一书所写的前言中指出："没有任何结论可以免于不受批判，因为我们的知识没有一种终极性的'最后分析'，没有一种本质上无可置疑的基础，尽管并非所有的结论都是事实上可怀疑的。这就是皮尔士的可错论的实质。"当然，可错论并不认为科学结论都是不可靠的。科学结论在一定的历史时期内还是可靠的，否则就不能继续发展。它们之所以可靠，不仅在于它们是借助科学方法而获得的，也在于它们得到科学家的一致赞同。但是，随着时间的推移，陈旧的科学结论又会受到新经验的挑战而发生动摇，引起科学家的怀疑，从而通过科学检验，它们或者被修正，或者被推翻，为新的科学结论所取代。因此，皮尔士认为，科学的目的在于追求生气蓬勃的真理，而不在于追求一成不变的真理。由于皮尔士过分强调科学知识的可错性，否定知识的确定性，否定真理绝对性的存在，就使他无法把不确定性与确定性、相对性与绝对性辩证地统一起来，并使他的真理观带有很大程度的相对主义色彩。

第三，在一些场合下，皮尔士还把真理表述为科学研究最终引导人们达成的一致意见。皮尔士认为，科学研究是一个不停顿地寻求真理的过程。科学家在从事科学研究时，受到这样一种信念的鼓舞：只要把科学研究推进到一定的程度（包括宽度、深度），他们就能在其所研究的每个问题上，或迟或早地得出正确的答案。虽然科学家在研究某一问题时，各个人的出发点不同、所遵循的理论原则不同、所采用的方法不同，但是他们在长远的研究过程中最终必然会得到一致的意见。他说："研究的过程必将用一种外在的力量引导他们达到同一个结论。思维的活动不是把我们引到我们所希望的地方，而是把我们引到注定的目的地，正如命运所捉弄的那样。""这个伟大的法则体现在关于真理和实在的观念之中，所有的研究者最终注定会一致同意的那种意见，就是我们所说的真理，而这种见解所描述的对象就是实在之物。"① 皮尔士关于真理是科学研究最后引导人们达成的一致意见的观点，由于对科学研究的历史范围没有清楚的界定，所以无论说是

---

① Charles Sanders Peirce, *The Collected Papers of Charles Sanders Peirce* Vol. 5 (Cambridge: Harvard University Press, 1935).

某一历史时期的科学研究，还是非阶段性和长远的科学研究，都很难达成一致的意见。如果说是阶段性的、某一历史时期的科学研究，那么它必然要受到每一历史时期知识的局限，科学研究的一致意见只能是相对的；如果说是非阶段性的、长远的科学研究，那么它就更难确定要到多么遥远的未来才能达到一致的意见。而且像图腾崇拜、巫术迷信以及地心说、燃素说等，即使在过去曾经达成一致意见，也很难说是真理。

第四，在另一些场合下，皮尔士则又把"真理"与"满足"这两个概念联系起来考察，认为真理是认识中令人满意的、有效果的东西。他说："真的东西不过是认识中令人满足的东西"，"人们在采取行动时，特别在进行探索活动时，似乎他们的唯一目标就是产生某种感觉状态，当达到那种状态时，就不需要再努力了"。① 这就是说，皮尔士强调真理的效果，认为真理就是产生有用效果的观念，也就是导致行动成功的信念。认识活动的结果，就是使人们获得成功后的满足感。但这种满足感并不是仅仅使人在情感和利益上得到满足，而是采用科学的方法，达到认识上的目标。皮尔士说："真的就意味着达到探索所指向的目标"，而"说一个行动或者行动结果，这只不过是它与那个行动的目标是一致的"。② 因此，只有通过采用科学的方法而获得的信念，才是真信念。这样，皮尔士通过把满足感与认识活动的目的联系起来，一方面与詹姆士等人把满足理解为情感上和利益上的满足的观点相区别，另一方面又强调真理的价值和我们为什么要为真理而斗争的原因。虽然有用的并非都是真理，但是真理的确又是对人有用的。否则，我们为什么还要为真理而斗争呢？由此可见，皮尔士把真理看作认识活动中使人感到满足的观点，也并非完全错误，其中仍然包含有一定的积极因素。

第五，在一些场合下，皮尔士把真理又看作由怀疑走向确信的探索过程。他认为"真理"和"虚假"这一对概念的意义应当借助怀疑和信念来

---

① Charles Sanders Peirce, *The Collected Papers of Charles Sanders Peirce* Vol. 5 （Cambridge：Harvard University Press, 1935）.

② Charles Sanders Peirce, *The Collected Papers of Charles Sanders Peirce* Vol. 5 （Cambridge：Harvard University Press, 1935）.

规定，思想的任务就是确立信念，就是寻求稳定的信念，思维过程就是从产生怀疑到确立信念的过程，而真理也正是通过从怀疑到信念的探索过程获得的。因此，作为从真正的怀疑到稳定的信念的探索过程，其目的就是要用确立稳定的信念来克服合法的怀疑。皮尔士认为，这种合法的怀疑，既不同于休谟把怀疑看作人的认识的最后界限，也不同于笛卡尔把怀疑当作一种主观假定，而是主张把怀疑看作当人们面临新的经验事实或者处于新的环境时而缺乏信念和失去信念，以致无法采取行动的不平衡状态。这种不平衡状态使人们的行为受到阻碍，不能继续进行下去，人们为此感到不安，于是力求通过探索，确立新的信念，以便摆脱这种状态。因而信念就是人们采取行动的前提，就是从怀疑到行动的中间环节。探索真理开始于怀疑，结束于怀疑的中止，确立新的信念，以指导人们的行为方式。这种确立新的信念的方法，实质上也是探索真理的方法。总之，皮尔士关于由怀疑走向确信地探索真理的思想，不仅把真理与谬误、科学的方法与固执的方法、权威的方法、先验的方法对立起来，而且还强调它们之间的联系、转化和统一的过程。这种从怀疑和确信的角度考察真理与谬误的观点，从真理观上揭示了对立面的统一与融合的唯物辩证的思想，其中包含有许多合理因素，不可全盘否定。

第六，皮尔士也主张真理是通过科学实验、实证来证明假说的过程。为了以正确的科学方法来确立信念或探索真理，人们在探索时就必须遵守科学逻辑的某些规则，特别是推理规则。皮尔士把推理分为三种形式，即溯源推理（指大前提正确、小前提有问题的三段论推理）、演绎推理、归纳推理。在探索过程中，人们通常采用溯源推理，然后采用演绎推理，最后采用归纳推理。换句话说，人们在进行探索时，首先提出一种用以解释异常现象的假说，然后从假说中演绎出某种实验程序，最后通过实验来检验假说能否成立。如果实验结果与假说完全符合，那就证明假说是真的；如果部分符合，那就说明假说需要修正；如果完全不符合，那就证明假说不能成立。因此，在这一过程中，经验证实和科学实验起着十分重要的作用。

第七，在某些场合下，皮尔士还把真理看作是一个经验与经验相协调的真、善、美的统一整体。皮尔士认为，真理既受伦理的善，也受美学的目的（美、钦羡、好等并非感性的概念）的制约。这就是他所谓的规范科学（逻辑学、伦理学、美学）理论。皮尔士的"目的"是与"实在"的规律一致的，他在后期的进化宇宙论中强调行动是有目的的，即有目的的行为取得对实在规律的认识，达到思维理智的自控（真），并进一步做到伦理行为的自控（善），而且随着宇宙自身的进化，实在事物越来越受规律的支配（实在自控），最后趋向于真、善、美的统一，趋向宇宙的合理性。这样，真理也就突破了行为主义生物学和知识论的性质，成了真、善、美的统一整体。皮尔士的真理观也具有人本主义的性质，他强调实在是因人的行动而产生，而行动又是为了人的需要和目的，所以实在就具有人化性，实在与真理都包含有"人的因素"。因此，我们就必须从人的知、情、意和真、善、美的统一的高度来解释真理。

综上所述，皮尔士在不同的场合、从不同的角度和不同的层次上给真理下定义的方法，对我们是有启发的。他在主体与客体的双向活动统一过程中，强调行为主体独立自主的实践活动，从行为主体的表象或命题与其对象是否符合上，从行为主体的抽象命题与理想极限的接近上，从行为主体的探索过程最终引导人们达成的一致意见上，从能否给行为主体带来满足感的后果或效果上，从行为主体由怀疑走向确信地探索过程上，从行为主体通过科学实验、实证来证明假说的过程上，从行为主体知、情、意和真、善、美的综合统一上来揭示和解释真理。这种从多角度、多层次、全方位地揭示和解释真理的方法，较之于传统哲学从符合、一致上揭示和解释真理的方法无疑是一个进步。

在西方，从亚里士多德以来，真理一直被看作认识与对象的符合，但是西方的传统形而上学对这个"符合说"的解释却充满了直观性、机械性。近代哲学对人的主观认识能力进行深入探索，研究重心从本体论向认识论和知识论的转变，在英国经验论与欧洲大陆唯理论的长期争论中表现得比较突出。唯理论者看到了人类认识能力本身的主观能动性，深入分析了认识由感性、知性向理性深化发展的阶段、形式、功能，从而强调理性演绎的认识力量。经验论者主张认识必须从感觉外物的刺激开始，认识只有从经验中获得，经验的积累和整理是认识的可靠来源，从而强调经验归纳的巨大作用。但是，无论是唯理论还是经验论，由于它们都不理解人类认识的社会实践性和认识发展过程中的辩证性，所以最终都陷入极端的困境。经验论者由于把认识仅仅看作一系列具有恒常联系的感觉经验，最后导致了认识不能超出感觉和对外部世界真实性的怀疑主义结论，实际上就抽去了真理存在的基础。唯理论者强调认识在本质上是理性对自己本身的认识，实际上也就抽去了真理存在的基础。产业革命以来西方自然科学突飞猛进的发展，给了哲学认识论的发展以巨大的推动，向哲学认识论的发展提出了迫切需要解决的问题。在这种社会历史条件下，马克思主义的真理观强调真理的客观性、唯一性和终极性；强调真理是客观的，它具有不以人的意志为转移的客观内容；强调真理的辩证性，真理是发展的，是相对与绝对的统一；强调实践是检验真理的标准，实践检验是确定性与不确定性的统一。它对真理问题做出了自己的理论贡献。在现代西方哲学中，实用主义是在马克思主义产生之后第一个把生活、实践的观点引入认识论的哲学流派。皮尔士的真理观，不仅承认真理的客观基础，真理的终极性、注定性、普遍同意性和唯一性，而且承认真理对人的意义、价值、效果和它的相对性，他虽然从多角度、多层次上对真理下定义，但仍然主张用实践检验来证实真理。因此，实用主义者皮尔士对真理问题也做出了自己的理论贡献。由此可见，如果我们不加分析地把皮尔士的真理观也斥为"有用即真理"，那是何等的肤浅和错误。相反，我们应当开展对皮尔士真理观的深入研究，批判地汲取其中有价值的元素，发展马克思主义的真理观。

五　科学的逻辑

皮尔士重视科学方法论的研究，还表现在他的科学逻辑思想中。皮尔士是现代逻辑学的重要代表。在西方逻辑史上，其逻辑思想也很有特色，体现出他反对盲从权威和固定原则，倡导理性的独立自主的精神。他的科学逻辑注重逻辑推理形式的分类，强调不同逻辑形式的相互联系，既反对强调理性演绎而否定经验证实的片面的演绎主义，也反对看重经验而轻视理性的片面的归纳主义，在认识论上遵循一条从经验出发而又重视理性的能动作用的经验论认识路线。

1. 科学发现的逻辑

皮尔士的科学方法论十分重视科学发现的逻辑。与 20 世纪占据统治地位的逻辑实证主义、波普学派等不同，皮尔士认为科学方法论的任务不仅在于检验业已提出来的理论，而且在于提出科学理论。他十分崇拜笛卡尔、莱布尼茨在哲学史上的贡献，把莱布尼茨称作"伟大而卓越的天才"，但又激烈批评他们的唯理主义的演绎逻辑。同笛卡尔、莱布尼茨从公理出发的演绎推理相反，皮尔士认为，科学的方法是"从已知的和已观察到的事实出发，进而探求未知的事实"① "推理的目的是从我们对已知事物的思考发现我们未知的事物"，② 从而做出新发现，获得新知识。他批评说，像莱布尼茨那样认为凡是正确的命题其一切可能的谓词包含于一个主词之中，仅仅对定义进行分析，就永远不会得到任何新知识。这是因为，莱布尼茨不懂得"思想机器只能改造知识，而不能生产知识，除非它得到观察到的事实"③。他认为必须对笛卡尔、莱布尼茨那备受称赞的"逻辑装饰"进行批判的改造，使之成为"适合于现代用途的某种更有益的东西"。为此，皮尔士着重探索科学发现的逻辑。

皮尔士认为，推理的分类是逻辑的基本问题，逻辑学家的首要职责是给推理分类。他把逻辑推理形式分为"引申的"和"扩充的"两大类。前者为演绎推理，其结论不超出前提，亦即从前提中引申出结论知识，因而具有逻辑上的必然性，但不能使人们获得新知识。皮尔士心目中的科学发现的逻辑主要是指综合的、扩充的推理形式。他又将扩充的推理形式分为归纳推理和溯源推理两类。皮尔士认为，归纳推理和溯源推理都是或然推理，前提和结论之间的关系不是逻辑上必然的，却是科学发现的极好的工具。

皮尔士尤为重视溯源推理。他的溯源推理的主张源于亚里士多德。皮

① 〔美〕皮尔士：《信仰的确定》，载于北京师范大学哲学系编《现代西方哲学著作选编》，北京师范大学出版社，1987，第 531 页。
② 〔美〕皮尔士：《信仰的确定》，载于北京师范大学哲学系编《现代西方哲学著作选编》，北京师范大学出版社，1987，第 531 页。
③ 〔美〕皮尔士：《信仰的确定》，载于北京师范大学哲学系编《现代西方哲学著作选编》，北京师范大学出版社，1987，第 510 页。

尔士将亚里士多德三段论改造成为溯源推理，或称逆推理。他得出的具体逻辑形式是：

观察到令人惊异的事实 C；

假若 A 真时，则 C 很自然地是可解释的；

所以，有理由猜测 A 真。

比方说，我们看见电灯亮了（C），便推出有电流（A）。显然，若 A 真，则 C 便得到合理的说明。因此，我们有理由推测 A 真。这种推理亦被称为最佳说明推理。皮尔士认为，溯源推理是一种与归纳与演绎相区别的推理形式，这种形式的特点是从结果推出原因，或者说从给定的材料出发，推出一个说明性的假说。溯源推理与归纳推理是综合的、扩充的推理的不同形式。归纳推理是从已知的个别性命题出发推出普遍性、一般性的结论。归纳主义者认为科学发现完全是通过经验归纳上升的途径获得的，是从有限的个别性经验认识中概括出共同性、普遍性的东西。溯源推理则是依据一般性原则提出假说解释特例，依据这种推理，科学发现不是通过对有限个别的归纳上升为一般性结论，而是从某种奇特的事实出发依据一定的普遍原则揭示其因果关系，从而获得新知识。皮尔士曾对这两种扩充式推理的区别特别予以说明，他说："归纳是这么一种推理：我们概括了一定数量的情形，在这些情形中有某种东西是真的，进而推论出这种东西对于该类也是真的。或者说，我们发现某种东西对于一些情形在一定比率上是真的，我们进而推出，这个比率也适合其整个类。假说法是这么一种推理：我们发现了某种奇特的情况，这种情形只能依据这一假设来解释，即它是某一一般规则的特例，并且我们接受了这一假设，或者说我们发现两个对象在某些方面很相像，因而推出这两个对象在其他方面亦很相像"。① 皮尔士举了两个溯源推理的例子。例如，某人到土耳其某省旅行，在街上遇见一个骑骆驼的人，此人有四个骑士为其撑伞，于是他便做出如下说明性的假说，此人便是他所要见的总督。因为根据一般规律，只有总督才有人为其撑伞。又如，某地发现了一些化石，其骨骼与离该国很远的海里的某种鱼很相像。

---

① Charles S. Peirce, *Chance, Love and Logic: Philosophical Essays* (New York: Routledge, 1923), p. 153.

为了解释这种现象，人们便做出假说，该海曾浸泡过该地。

皮尔士的溯源推理与假说演绎法有某些相似之处。然而他认为从建立在经验观察基础上的溯源推理得出的假说具有一定的可靠性，比凭空提出的假说更可靠、更可取。因而溯源推理又可以作为一种推理形式而与演绎相区分。当然，他认为就其可靠性来讲，溯源推理比不上演绎推理，但它却能引导人们发现新的东西，这为演绎推理所不及。

皮尔士关于科学发现的科学方法论对后世影响颇大，对历史学派的奠基人影响尤甚。汉森曾根据皮尔士的思想，提出了一套完整的科学发现的逻辑。

皮尔士最初认为，倒推（溯源推理）① 是一种与归纳和演绎相独立的推理形式。后来他认为倒推、演绎和归纳是统一的科学逻辑的不可分割的组成部分。演绎推理无非是将一般的原则运用于具体情形之中的一种推理，而归纳推理是一种与演绎推理正好相反的推理，即从结果和具体情形推出一般原则的推理。溯源推理或假说法则有另一种推理形式，是从一般原则和结果推出具体情形。皮尔士将演绎、归纳、倒推三种推理形式用以下格式加以对照，说明三者的联系和区别。

演绎推理

一般原则：凡人皆有死

具体情形：张三是人

结果：张三有死

归纳推理

具体情形：张三是人

结果：张三有死

一般原则：凡人皆有死

溯源推理

一般原则：凡人皆有死

结果：张三有死

---

① 逆推、倒推、溯源推理或不明推理（abductive infeace），是指大前提正确、小前提有问题的三段论推理。

具体情形：张三是人

皮尔士为了揭示三种不同推理形式的内在联系，还讨论了两种与演绎推理有密切联系的非演绎推理。首先从巴巴拉三段论出发

一般原则：凡人皆有死

具体情形：张三是人

结果：张三有死

若否认结果而又承认这个一般原则，那么必须否认这个具体情形

否定结果：张三不死

肯定一般原则：凡人皆有死

否定具体情形：张三不是人

这个三段论式叫作巴洛葛。若否认结果而又承认这个具体情形，那么就必须否认这个一般原则

否论结果：张三不死

肯定具体情形：张三是人

否定一般原则：有些人不死

这个三段论式叫作波卡多。逻辑学家通常把巴洛葛和波卡多叫作间接推理。皮尔士认为，与巴洛葛相应的有一种假说法推理形式，与波卡多相应的有一种归纳推理形式。首先从下述这个具有巴巴拉形式的概率演绎论式出发

一般原则：这个袋子里的大多数豆子是白色的

具体情形：这把豆子是从这个袋子里拿出来的

结果：可能这把豆子的大多数是白色的

若否认结果但又接受这个一般原则，便得出

否定结果：这把豆子很少有白色的

一般原则：这个袋子里的大多数豆子是白色的

否定具体情形：可能这把豆子不是从这个袋子里拿出来的

由于这个推理不是必然推理，因而不属于演绎推理范畴，而是一种假说法推理（溯源推理）。如果否定结果但又接受这个具体情形，便得出

否定结果：这把豆子很少有白色的

肯定具体情形：这把豆子是从这个袋子里拿出来的

否定一般原则：可能这个袋子里的豆子很少有白色的

这便是一个归纳推理。

在皮尔士看来，演绎、归纳与倒推并不是彼此孤立、互不相容的，而是统一的科学逻辑活动中相互联系的推理形式。溯源提出假说，演绎展开假说，归纳检验假说。这样，皮尔士就把科学发现与检验的逻辑过程统一起来了，不像后来的逻辑实证主义人为地把科学活动区分"发现的范围"和"检验的范围"，并且割裂了两者之间的关系。

2. 概率逻辑思想

皮尔士的科学方法论的另一特点，是在知识的确定性、可靠性问题上，既反对独断论又反对怀疑论，提出了概率逻辑思想。他是现代归纳逻辑的先驱。他有关概率的思想对当代归纳理论有重大影响。

皮尔士关于概率逻辑的思想与他反对机械决定论的思想是联系在一起的。机械决定论认为自然界是整齐划一的，一旦我们发现了自然规律，那么这种自然律所描述的东西就是精确的、绝对的、不变的。皮尔士认为自然律是理论的抽象，只是自然规律近似的反映；自然过程是连续的、不间断的，不断变化的，科学理论对自然的描述也不是绝对精确、绝对不变的，只具有一定的概率。他说："我们来证实一下自然律，你会发现，你的观察越精确，它们越肯定表明不规则地背离了该自然律。"[1] 任何两个实验工作者都无法得到完全一样的实验结果。一个对科学涉足不深的人也许会天真地相信下列陈述是绝对真的："当氢和氧结合构成水时，它们的重量的比率是1∶8"，而在一个用精确仪器从事测量的实际工作人员看来，自然界从来没有表现出绝对的恒常性和简单性。因此，在皮尔士看来，科学理论只是大概地而不是绝对地或精确地描述了自然界的情况。因而科学理论的真也是大概地、近似地或概率真，而不是绝对、丝毫不差地真。

基于这种思想，皮尔士就把概率定义为一组命题中的真命题的相对频

① Charles S. Peirce, *Chance, Love and Logic: Philosophical Essays* (New York: Routledge, 1923), p. 86.

率，"概率就是正面例子对一切例子的比率"①。皮尔士认为，传统逻辑把一个推理的前提叫作前件，该推理的结论叫作后件，这里所谓的后件实际上也就是推断。根据这个划分法，可以认为，概率只属于推断，并且任何后件的概率都是前后件一起出现的次数除以前件出现的所有次数的结果。根据对概率的这一定义，皮尔士推演出如下几条概率规则。

（1）概率相加规则。给定两个有着相同前件但不同后件的推断（如果 A 那么 B，如果 A 那么 C）的各自概率，这两个数目之和便是从这同一个前件推出任一后件的推断的概率。

（2）概率的乘法规则。给定两个推断"如果 A，那么 B"和"如果 A 和 B，那么 C"的各自概率，这两个数目之积便是推断"如果 A 那么 B 和 C"的概率。

（3）独立概率乘法的特殊规则。给定两个有着相同前件的推断"如果 A，那么 B"和"如果 A，那么 C"的各个概率，假设这些推断具有如下性质：第二个推断的概率等值于推断"如果 A 和 B，那么 C"的概率，这两个给定的数目之积便等值于推断"如果 A，那么 B 和 C"的概率。

皮尔士举了一个掷骰子的例子以证明以上规则是有效的。掷一个六面骰子，其每一面的概率是多少？这里的前件为掷一个骰子，后件为六面均有机会。由于骰子有六面，每面的机会均等，因而每面的机会便是 $1/6$。这说明概率是独立的。并且，根据上面的规则，两个骰子的每面同时出现的概率为它们各自概率之积，即 $1/6 \times 1/6$。

皮尔士区分了概率论的两种观点：一种是把概率看作一类事件的出现为另一类事件的出现所伴随的次数的比率的实在论观点；一种是把概率看作赋予命题的置信度的概念论观点。皮尔士认为，这两种观点的差异在于："概念论者所谓的概率是指事件而言，实在论者则把概率看作一个种的事件，对于该种之上的类的事件的频率，因而赋予概率以两个项，而不是一

---

① Charles S. Peirce, *Chance, Love and Logic: Philosophical Essays* (New York: Routledge, 1923), p. 86.

个项。"①

皮尔士本人站在概念论一边,不赞成实在论的观点。他认为,所谓概率是指对于前提而言的推断的概率,亦即某个信念的概率,是关于某一经验类(例如 S 类)的个别分子将有某一性质(例如,是 P)的概率的陈述。因而概率论实际上是关于信念成真的机会的演算,概率演算所提供的是关于某些信念(陈述)的可相信程度或置信度。在皮尔士看来,传统逻辑中的真假二值(非真即假)只是概率推理的极限状况,而概率逻辑的值是多值的。因此,传统的二值逻辑过于简单,不宜用来评价科学理论,因为任何一个理论都不是绝对地真或绝对地假。能够给理论以适当评价的是他的概率逻辑。皮尔士强调,他的概率论最终所要解决的正是知识的确实性或者肯定性问题,由于人类无法达到绝对确实的知识,人们必须通过概率论这个工具对我们的知识(信念)做出评价,信念的置信度越大,越确实而可靠。反之,就越不确实、不可靠。

皮尔士的概率逻辑体现了时代前进的步伐和科学发展的趋势。19 世纪是自然科学发展的盛世,以牛顿为代表的古典物理学受到迅速发展的科学洪流的猛烈冲击,尤其是 19 世纪中叶以后,层出不穷的科学发现对牛顿理论所描绘的机械论的宇宙图像提出一个又一个挑战。人们的思维方式必须从古典力学的影响下解脱出来,与科学发展所揭示的宇宙图景相适应。正是在这一背景下,19 世纪末至 20 世纪初西方科学界和哲学界出现了一股强大的否定机械的因果决定论的思潮,皮尔士的概率逻辑理论就是这种思潮的具体体现。

皮尔士把概率论与归纳逻辑结合起来解决知识的可靠性和确定性问题,认为任何科学理论都不可能达到绝对精确的认识,人们只能用概率来陈述事实,而概率陈述也不是主观、随意的,它是对客观的自然规律的近似的反映。这种主张既避免了独断论又避免了怀疑论,特别是有力地反对了长期以来根深蒂固地占据人们头脑的机械决定论的传统观念。皮尔士把概率论用于归纳逻辑方法的数量化研究,实际上就是现代意义

---

① Charles S. Peirce, *Chance, Love and Logic: Philosophical Essays* (New York: Routledge, 1923), p. 85.

上的量化归纳逻辑。他在概率逻辑中关于"概率"的定义和概率推论的规则等，为当代概率逻辑做了十分有价值的奠基工作。可以说，皮尔士是现代归纳逻辑的先驱，实际上，20世纪的归纳逻辑是沿着皮尔士开创的方向前进的。

第二节　詹姆士——实用主义基本理论的系统化、通俗化者

皮尔士创立了实用主义的基本理论，他的学说日益受到后人的重视，但他在生前几乎默默无闻，实际影响并不大。实用主义成为一个强大的哲学运动，主要应归功于詹姆士。詹姆士详尽地阐述了实用主义方法，用以解决各种哲学问题，提出了比较系统的理论。而且由于他本人才智卓越，思想富有创造性，文章深入浅出、形象生动、富有感染力，所以成为实用主义运动公认的领袖。M. 怀特说："他是哲学界的一颗大星，在自己的轴心上旋转，而且把实用主义所有其他发光体（领导人）都吸引到他的有力的活动领域中来。他的实用主义有皮尔士倡导于前，又有约翰·杜威修正于后，但是，在实用主义运动中，他却毫无疑问的是中心的学术人物。"①可以说詹姆士是美国实用主义基本理论的系统化和通俗化者。

一　詹姆士的生平和哲学思想的发展过程

威廉·詹姆士于1842年1月11日出生在纽约一个资产阶级教会家庭。他的祖父是爱尔兰移民、加尔文派教徒，1798年到美国后，因经营伊利运河的运输业而发财致富。他的父亲亨利·詹姆士很有学识，是一个伦理与宗教哲学家，具有自由的思想气质，但没有固定职业，只是依靠祖父的遗产，过着闲居的生活。他研究神学，但不愿做教会牧师受制于一种固定的教义，而是倾心于瑞典神学家斯威登堡的神秘主义教派。他结交的朋友，也只是一班主张宗教和学术自由的人士，并且经常在他家中高谈阔论。詹

---

① 〔美〕M. 怀特编著《分析的时代》，杜任之等译，商务印书馆，1964，第155页。

姆士从小就从父亲的言传身教以及他父亲与其朋友们（其中包括爱默生等人）的自由讨论中接受了启蒙教育。他有三个弟弟，一个妹妹。最大的弟弟小亨利·詹姆士是美国的著名小说家。父亲对他们的教育很开明，不强硬灌输什么东西，不要求他们拘泥于某一种想法，也不主张他们过早地确定自己的志向，而是鼓励他们自己去思考、体验、探索，以便成为一个有创造性成就的人。詹姆士一生对宗教的热忱和对自由的酷爱，与他家庭对他的教育和熏陶很有关系。

1855～1860年，詹姆士随同全家旅居欧洲，相继在英国、法国、瑞士和德国接受教育。这使他很好地熟悉了法语、德语和欧洲文化。此时，他最感兴趣的是自然科学和艺术，特别是绘画。回国后，詹姆士曾一度从师学画，但是，他不久就发现自己缺乏做一个杰出艺术家的天分，所以他断然中止了做艺术家的幻想。但是在后来的学术生涯中，他始终保持着一种艺术家的眼光和气质。他的哲学思想，重在表达对世界的一种态度，而不追求对一系列问题的精确回答。他的著述总是将自己的意向发挥得淋漓尽致，而不顾及细节上的严谨，形象高于概念，生动甚于准确。在《彻底的经验主义》论文集的最后一篇文章里，他坦率地承认，他的哲学信仰是"属于审美一类的，而不是属于逻辑一类的"。

1861年詹姆士进入哈佛大学，开始读化学系，后来转到比较解剖学和生理学系。他受到实证科学方法的训练，学习了进化论。1864年，詹姆士又转读医学，学业断断续续，直到1869年才取得医学博士学位。其间，他还曾经参加过考察队，到巴西亚马孙河流域做科学探险，历时九个月，后因病折返。以后，他又赴德国留学一年半，师从赫尔姆霍茨、微耳和、伯纳尔、冯特等人，主攻实验心理学。在那里，他由于学习雷诺维叶的著作而开始对哲学发生了兴趣。

詹姆士体弱多病，从医学院毕业后的四年中，他一直在家中养病。1871年以后，他参加了皮尔士等人发起的"形而上学俱乐部"，经常同哲学家皮尔士、法学家格林、历史学家费斯克、哲学家和心理学家赖特、律师霍尔姆斯等人聚会，讨论科学、哲学和宗教问题。1873年，詹姆士应聘在哈佛大学任教，讲授解剖学和生理学。1875年起讲授心理学。1879年以后又讲授哲学。他先后任讲师、副教授、教授，1907 年退休。除了在哈佛任教之外，他还经常到美国和欧洲的一些大学去讲学。他的哲学著作大多是根据讲演稿而整理发表的，因此书中还保持着面向听众讲演的那种生动性和亲切感。

可以说，詹姆士的学术活动是从心理学走向哲学的。在这两个领域中，他是富有创造性的大师。他既是机能主义心理学的奠基人，又是实用主义哲学的创始人之一。他的学术成就和声誉，在生命的最后十年中达到了顶点。

1910 年 8 月 26 日詹姆士逝世，终年 68 岁。詹姆士一生著作甚丰，主要有《心理学原理》（1890）、《心理学简编》（1892）、《信仰的意志和通俗哲学论文集》（1897）、《人的不朽：对这种学说的两种可能的诘难》（1898）、《同教师们谈心理学和同学们谈人生理想》（1899）、《宗教经验种种》（1902）、《实用主义：某些旧思想方法的新名称》（1907）、《真理的意义——〈实用主义〉的续篇》（1907）、《多元的宇宙》（1906）等。在他逝世以后，《回忆与研究》（1911）、《几个哲学问题》（1911）、《彻底经验主义论文集》（1912）、《威廉·詹姆士书信集》（1920）、《詹姆士的论文和评论选集》（1920）等相继出版。

詹姆士的哲学思想，由他从小笃信宗教、偏重自然科学，到后来兴趣越来越转向哲学并最后创立了实用主义这一过程来看，主要表现在他对心理学和哲学的研究上。

心理学研究　詹姆士在美国开创了实验心理学研究，把心理学由传统的精神科学改变为一门自然科学，并创建了心理学的机能主义学派。他的心理学巨著是两卷本的《心理学原理》，于 1890 年出版。此书的出版使他赢得世界性的学术声誉。1892 年他出版了简写本《心理学教科书》，1899 年出版了《同教师们谈心理学和同学们谈人生理想》，这些书在美国都曾产生过很大影响。

詹姆士认为，心理学是对"意识状态的描述和解释"。意识状态是指感觉、愿望、情绪、认识、推理、决心、意志等一切可以自己觉察的心理活动。詹姆士对意识状态的描述，形成了著名的"意识流"学说；而对意识形态的解释，则又发挥了机能主义的观点。

以洛克、休谟为代表的英国古典经验论，把声、色、香、味、触等特殊感觉视为固定不变的简单观念。他们把观念分为简单观念和复杂观念两大类，简单观念是不可再分的，是构成知识的固定不变的、最简单的要素，复杂观念是由简单观念以各种方式结合而成的观念。由此他们认为，意识就是由这些类似简单观念的感性要素构成的。如同物理世界是由简单、不变的原子构成一样，心理世界也是由固定不变的简单观念构成的。显然，这是一种感觉原子主义的观点。旧式的联想主义心理学，以及在19世纪中期兴起的构造主义心理学，都是以这种观点为理论基础的。如当时最著名的心理学家、实验心理学和构造主义学派的创始人冯特就认为，心理经验内容都是由感觉、表象、情感三大类元素构成的。詹姆士反对这种感觉原子主义的观点。他指出，由于人们用语言符号表达意识，而语言符号是凝固的、可以分析的，因而就会导致认为有固定不变的简单观念。但是，在意识中并不存在这种简单的、固定不变的元素，意识乃是一种连绵不断的流变过程，所以他反对洛克、休谟以及冯特的观点，并且详细地描述了意识的几个基本特征。

第一，意识的个体性。詹姆士认为，每一种意识状态都是私人性质的。对一个事物的知觉，我和你不完全一样；对一个概念的理解，我和你必有差异。思想总是个人的思想，那种不属于任何人的纯思想、纯概念是无法证明的。詹姆士又认为："我们在自然的情况下所处理的唯一的意识状态，乃是得之于个人意识、心灵、自我、具体特殊的你和我之中。"① 他所谓"自然的情况"，就是指日常经验。詹姆士始终坚持经验主义的立场，他的心理学研究和后来的哲学研究也是始终诉诸个人的经验，即使谈论思维的抽象作用也不允许离开个人经验，超出"自然的情况"。由于他认为思想总是属于个人的，带有个人经验的特殊性，所以他肯定意识的个体性，这一观点与他后来在哲学中坚持唯名论、否认抽象观念和普遍真理的思想，也是完全一致的。他抹杀意识的群体性和共性，因为在他看来，既不属于这

---

① 〔美〕詹姆士：《心理学原理》选译本，唐钺译，商务印书馆，1963。

个人又不属于那个人的纯粹意识是无法证明的。

第二，意识的变动性。个人意识永不停息地变化着，任何意识状态一经过去就不能重复出现。即使是同一对象重新出现，由于观察的角度不同，或者人的心境不同，我们对它的知觉或看法一定会多少有所不同。"没有一种状态在一度消失之后，能够重新出现并且和它以前的情况完全相同。"①人不能两度发生完全一样的感觉，呈现出完全一样的观念。詹姆士指出，固定不变的简单观念是分析的产物，而意识本来是一种流变的过程或整体，每一个意识状态都是过程或整体中的一部分，受整个意识变化的影响，而不可能是固定不变的。

第三，意识的连续性。詹姆士用"没有间断、没有裂缝、没有间隔"来形容意识变化的连续性。按照常识来看，意识是非连续而有间断的。一种是时间上的间断，比如睡眠时，意识就中断了。另一种是内容上的间断，例如看书、写信、打球、吃饭……，不断地从一件事转向另一件事，其中就有意识的间断。特别是当一个人苦思冥想的时候，常常会从一件事情突然跳跃到另一件似乎毫不相干的事情上，就表现为意识的中断。詹姆士不同意这种说法，指出这里面其实都是有连续性的。他说，醒来的意识状态自然会与睡前的意识状态相衔接，今天和昨天是同一个人，因而这种连续性是显而易见的。关于从一种意识状态向另一种意识状态的转变，他认为"绝不会是完全突然的"。他分析到，意识的变化过程，有实质部分和过渡部分。实质部分是指每一种意识状态下直接意向的东西，是人自觉的并且能够明察的意识中心。但是，每一种意识状态下，还有意识的边缘部分，它们不自觉、不明显地潜伏着、骚动着，一有机缘便凸显出来，使意识中心转移，从一种意识状态过渡到另一种意识状态。所以他说，意识之流没有间断，各意识状态之间没有裂缝，意识并非由彼此间隔的片断连缀而成。詹姆士写道："意识本身并不表现为一些割裂的片断。像'锁链'或'列车'这样一些字眼并不能恰当地描述它最初所表现的状态。它并不是被什么连接起来的东西，它是在流动着的。'河'或'流'乃是最足以逼真地描

---

① 〔美〕詹姆士：《心理学原理》选译本，唐钺译，商务印书馆，1963。

述它的比喻。此后我们在谈到它的时候，就把它称为思想流、意识流或主体生活之流。"① 他的意识流学说，强调思想的连接或关系就在经验之中，是人可以反省觉察的。后来在哲学研究中，他就以此作为根据，论证经验世界多元化的统一，既批评了古典经验论的原子主义，也批评了唯理论用先验范畴统一经验世界的一元论模式。

第四，意识的指向性。詹姆士说："意识含有一种外在关系，而并不表示存在的一种特殊素材或方式。"② 它也是扮演两个不同的角色，既是东西的思想，又是所思的东西，它是一身兼二任的。我们把物理的东西和心理的东西重叠起来，就会"一方面看到一种精神状态，一方面又看到这种精神状态所指的一种实在，这恰好是许多行动中的一种。"③ 如果把主体作为意识者，把客体作为被意识者，那么意识的功能就可以称作"意识到"。这样，意识就必然有不以意识为转移的对象，意识总是关于不以它为转移的对象的意识。对此，詹姆士曾经这样说过："这在很多人听起来具有唯物主义的色彩。虽然如此，我对此也毫无办法，因为我也有我的直觉，而且我必须服从我的直觉。"④

第五，意识的选择性。意识的变化千姿百态，但又总是在人的主动选择下进行的。由于单纯的感觉给予人的是一个绝对连续的、没有区分、没有规定的混沌世界，所以人的意识"总是对它的对象的某些部分发生兴趣，而把其余部分加以排除，它始终是在进行欢迎和拒绝——一言以蔽之，始终是对它们进行选择。"⑤ 选择什么是由人的兴趣和意愿决定的，归根到底是由人的生活利益决定的。一件事物可能在一个人面前出现一百次，但没有引起他的注意；而有的事物在一个人面前只经历过一次，却使他终生难忘。詹姆士还举了这样一个例子：四个人同游欧洲，带回来的印象各不相同。"每个人都从所呈现的同一对象集团内，选择了那些合乎他的私人兴趣

---

① 〔美〕詹姆士：《心理学原理》选译本，唐钺译，商务印书馆，1963。
② 〔美〕威廉·詹姆士：《彻底的经验主义》，庞景仁译，上海人民出版社，1986，第13页。
③ 〔美〕威廉·詹姆士：《彻底的经验主义》，庞景仁译，上海人民出版社，1986，第19页。
④ 〔美〕威廉·詹姆士：《彻底的经验主义》，庞景仁译，上海人民出版社，1986，第19页。
⑤ 〔美〕詹姆士：《心理学原理》选译本，唐钺译，商务印书馆，1963。

的东西，并且由此形成了他的经验。"① 所以，他由强调意识的选择性，最后引申出自己的哲学主张，认为经验对象或实在是人创造的，世界是一个人化了的世界。

继对意识的描述之后，詹姆士又对意识状态进行了解释。这个解释，"包括关于它们的原因、条件和后果的研究"。首先，他肯定意识是人体的一种机能，尤其是大脑的机能。然而，这些机能发生作用还要有一定的条件，即人体各种器官活动的状况。如果机能受阻，例如头部受击、急性失血、癫痫发作、酒精中毒、高热昏迷，那么意识就会消失。如果人体活动状态改变，那么意识状态也会随之改变。例如，人将发怒的时候，如果默数从一到十的数字，让体内循环平稳下来，那么怒气就多半会消失了。因此，人对自己精神活动的感觉，其实就是对自己身体活动的一种感觉。詹姆士反对把意识神秘化，否认意识的独立存在，强调意识活动受制于生理活动，这都具有合理性。但是，他完全用生理活动来说明意识活动，用低级运动形式来解释高级运动形式，把心理学生物学化，这是错误的。虽然意识活动依赖于物质性的生理活动基础，但是，心理活动是比生理活动更高级的运动形式，所以不能把心理活动完全还原为生理活动。其次，詹姆士认为，意识活动不仅在事先受制于身体的生理过程，而且事后又导致身体的生理过程。因此，我们不仅要考察意识的原因、条件，而且要考察意识的后果。詹姆士汲取了生物进化论的思想，用有机体对环境的适应来说明这一切。人体感知和思维的机能"不是绝对地存在着的"，而是进化的产物，这种进化是通过它们对外部世界的各种反应的有效作用，才逐渐获得和完善的。也可以说，这些机能发生作用的条件，是环境对人体的刺激。而意识的这种机能，归根结底是一种生物性的刺激反应，是人适应环境的手段，其目的是产生适应环境的行为效果。詹姆士认为，追求未来的目的，产生行动效果，这对意识来说不是分外的事情，而是它最本质的内涵。所以，意识活动是合目的运动，它与物理的、机械的活动奉行决定论原则不同，"追求未来的目的和选择达到目的的手段"乃是意识活动的根本标志和

① 〔美〕詹姆士：《心理学原理》选译本，唐钺译，商务印书馆，1963。

准绳。这样，他就奠定了机能学派心理学的理论基础。

詹姆士机能学派的心理学，否认意识是对客观世界的反映，而主张意识（思想）是人适应环境的一种手段，由此而引发了他后来的实用主义方法论、意义论、真理论；他的意识流学说则引发了他的彻底的经验主义理论，即实用主义的实在论。在心理学研究中，他曾表示，心理学作为一门纯粹的自然科学，是无批判地接受经验观察的材料，而把深入研究这些材料的真实含义的任务留待哲学研究来完成。事实上，他对有待哲学研究的那些问题一直是十分关心的。当然，哲学问题对詹姆士的吸引力不仅是由心理学研究导致的，甚至也不仅是由一般科学问题导致的，在这里还有着更为广阔的文化背景和他个人的复杂动机。

哲学研究 罗素认为："威廉·詹姆士的哲学兴趣有两个方面，一是科学的一面，另一是宗教一面。在科学的一面上，他对医学的研究使他的思想带上了唯物主义的倾向，不过这种倾向被他的宗教情绪抑制住了。"[1] 这就是说，詹姆士是一个新教的自由思想家，主张民主自由，对宗教所沉思的对象没有什么兴趣，而是把宗教当作一种人间现象来关心。所以他的实用主义就更多地表现出一种人本主义的风貌。

《心理学原理》一书的发表，一方面标志着詹姆士运用生物学、生理学的方法研究心理学，并取代了运用物理学的方法研究心理学，从生存斗争的工具着眼来研究思想和认识，在心理学领域中创立了机能主义学派的理论，与传统的"心灵科学"和心理学领域中的构造主义学派的观点划清了界限；另一方面也标志着詹姆士由心理学研究向哲学研究的转变，从此他对心理学这个学科就不再感兴趣了，他最感兴趣的是自由的观察和沉思冥想的探索，他专心致力于研究上帝的存在和性质、灵魂的不朽、自由意志和决定论、人生的价值等问题。

在詹姆士由宗教心理学转向哲学的过程中，法国哲学家雷诺维叶的观点起了很重要的作用。雷诺维叶认为，意志能重建一个人的生活历程，改造其生活道路。詹姆士对这种意志自由论的思想极为赞赏，并把它当作他

---

① 〔英〕罗素：《西方哲学史》（下），何武、李约瑟译，商务印书馆，1981，第369页。

的人生向导，甚至通过个人的自由意志来治疗自己的疾病。詹姆士重视个人的精神生活，强调哲学的目的是赋予一个人的生活以意义，企图从个别的人、个别人的利益和需要的观点来解决一切哲学问题。这样，就使他的哲学的核心成为个人主义的了。

从哲学史的观点来看，詹姆士继承了休谟、康德以来的与不可知论相联系的经验主义路线。近代经验主义哲学的主要代表穆勒、斯宾塞、马赫，特别是皮尔士的哲学，是他的哲学思想的直接理论来源，而随着达尔文进化论的传播，柏格森、尼采的哲学也是他的哲学的重要理论来源。柏格森认为，智力不是为认识服务，而是为行动服务。智力的功用在于支配固体世界中有机体的行动，这些行动在于创造工具，人利用这些工具就能够创造其生活所必需的物质财富。尼采认为，认识是实现权力意识的工具。正确的判断是最有用和最有效的判断。真理就是有用。这种对认识和真理性质进行彻底修正的理论倾向，把智力活动看作为满足成功行动的需要和设计对外界作用最有效反应的观点，对詹姆士的实用主义影响也很大。

詹姆士的哲学研究，用杜威的话来说是"开创了新的实用主义运动"。他的哲学研究具有以下几个特点。

第一，反传统主义。从詹姆士的主要哲学著作《实用主义》和《彻底的经验主义》等书来看，它的反传统主义是非常明显的。詹姆士指责以往全部哲学的静观冥想、脱离生活、抽象和不重视人们的实际利益和需要的错误倾向，批评英国经验论的感觉原子主义、19 世纪机械唯物主义的"摹写"式的反映论、欧洲大陆客观唯心主义的"绝对观念"论，继承了美国早期移民重经验而轻思辨的思维方式，发扬了美国创业时期所形成的务实与首创精神，以及那种把进取心、行动和成功看成高于一切美德的美国风格，以"人的活动"——生活、经验、实践的观点为基础，改变了传统哲学的视角和立论基础，用独立自主的行动者的眼光审视世界和人生，因而形成了它明显的反传统主义。

第二，用独立自主的行动主体取代了无利害关系的纯认识主体。詹姆士把"人的活动"——生活、经验、实践的观点引入他的哲学，是同达尔文进化论思想的传播分不开的。詹姆士曾说："达尔文打开了我们的眼界"。① 达尔文进化论的自然选择和生存竞争的思想，为詹姆士运用生物与外部环境的关系是一种生存关系和利益关系的思想来重新规定主体提供了思想理论前提。由于生命有机体都是力图保存自己的有利害关系的存在物，它的全部活动是以趋利避害为根本目的的生命活动，所以他就以有利害关系的、独立自主的行为主体取代了传统哲学中无利害关系的纯认识主体。除此之外，19 世纪末科学技术的进步，不仅使资产阶级的物质文明大为改观，工业、农业、交通运输和城市建设的发展，人民生活水平的提高和生活方式的改变，都异常引人注目，而且还使资产阶级的政治、人口和文化方面也发生了一些新变化。这些新发展和新变化，既为达尔文进化论的传播提供了社会基础，又使哲学重新来思考人的活动的作用。人的活动不仅是人们在世界上生存的重要因素，而且对世界本身也是有意义的因素。尼采、柏格森成了认识论"达尔文化"的带头人，他们把含有利害关系的"权力意志""生命冲动"作为认识主体的本质规定，认为主体是为实现其功利目标而行动的活动者，其一切活动都是为构成主体的全部存在的最高利益原则服务的。这种思想倾向，在实用主义哲学中又获得了充分的发展。詹姆士认为："哲学的重心必须改变它的位置，人间事长久以来被上层以太的壮丽抛到阴暗中去了，现在必须恢复它的权利。"② 这就是说，人的现实生活应当进入哲学，成为哲学的基本课题。由于实用主义把"人的活动"——生活、经验、实践的观点引入哲学，并作为它的全部理论的出发点和基础，从而就使它建立起一种与传统哲学不同的、新的认识论的主体模式。詹姆士认为："生活是充满重要性、意义、成功与失败、希望和奋斗、向往和欲望，以及内在价值的。"③ 也就是说，"人的活动"首先是被维持人的生存和发展的需要推动起来的，目的是它的最大特征，最大效率的原则是它的根本原则。这样，"目的"这个概念就以"人的有目的的活动"的形式，重新成为实用主义规定主体性的主要根据了。所以，实用主义的

---

① 〔美〕威廉·詹姆士：《实用主义》，陈羽纶、孙瑞禾译，商务印书馆，1979，第 59 页。
② 〔美〕威廉·詹姆士：《实用主义》，陈羽纶、孙瑞禾译，商务印书馆，1979，第 66 页。
③ 〔美〕威廉·詹姆士：《彻底的经验主义》，庞景仁译，上海人民出版社，1986，第 101 页。

主体不再是存在于哲学家头脑中的不食人间烟火的抽象存在物，而是在一定环境中为生存而不断行动的生物之人；他不再是断绝了七情六欲的纯理性动物，而是具有各种欲望、需要和利益的非理性之人；他不再是渴望知识和真理的"古典"认识论中的主人公，而是对真理本身并不重视却强调其价值的功利之人，从而在主体观上实现了一个根本性的转变。

第三，用能力论取代单纯的知识论。詹姆士指出，由于在现实生活中进行认识活动的不是抽象的主体，而是具有各种欲望、需要和利益的活生生的人，所以他所认识的客体——世界是什么样子，对于他来说绝不是无关紧要的。他积极地干预世界，用可塑的经验材料造成他所需要而又能够做到的现实。我们把世界造成什么样子，我们愿意它成为什么样子，它就是什么样子。传统哲学强调知识论，认为行动应该依靠知识，知识就是力量。而实用主义则强调行动应以最大的效率为原则，认识活动、智力活动的任务就是要保证这种效率。为了使行动成功，并不一定需要真正的知识。在许多情况下，要取得行动的成功，需要的与其说是"知"倒不如说是"会"。至于理论知识，从辩证法的观点来看，它只是接近现实，它总是相对的，也就是说，任何理论都含有谬误的成分。因此，真正的知识在这里完全不是成功行为的必要条件。例如，以宗教思想和信仰为例，虽然它无疑是虚假的，但是在各个民族中，它还是顺利地行使着各种社会职能。所以，实用主义在知行观上强调行动，并企图用能力论取代单纯的知识论。

第四，用价值论取代或补充单纯的认识论。詹姆士在真理观上用"有用论"取代传统哲学的"客观论"，企图把真理从认识范畴变为评价范畴，用价值论取代或补充单纯的认识论。詹姆士从"概念的意义在于它所引起的效果"这一"皮尔士原理"出发，主张由知识在实际操作或行动中产生的后果确定知识的真假。这样，实践对知识来说，就具有双重意义：既要检验其真假，又要确定其价值。由于真理的双重属性，即客观性和价值性，是以实践的双重性质为根据的，所以真理的客观性和价值性好比一个硬币的两面，彼此相通，是同一过程产生的两种不同后果。詹姆士把真理与效果、有用混为一谈，贬低真理是认识与对象的"符合一面"，高扬真理对人的有用性的"功利"一面，否认了真理与客观对象相符合是其价值的必要条件，显然是很片面的。

第五，用心理学取代或补充传统的逻辑学。詹姆士重视心理学，轻视逻辑学，他认为纯粹经验的特点是不确定、不稳定的，说不出它们是什么东西，因而"只能感受，不能下定义"。他说："从我的方面说，我发觉自己最终不得不公开地、果断地和永不退缩地抛弃逻辑。……实在、生活、经验、具体性、直接性（随便用哪个名词都可以）超出于逻辑，不以逻辑为满足。""我宁肯径直宣称，即便实在不是反理性的，至少按其结构说是非理性的。"① 詹姆士把心理学的方法带入逻辑学领域，取代了传统的逻辑方法论，结果使整个认识论被心理学化了。他甚至用这样的方法把哲学家按照心理气质、性情来划分。他说，哲学是性情的表现，任何哲学都必须尊重人的性情。因此，他先把人分为刚性的和柔性的两种，前者接近现实、喜欢事实，后者则喜欢抽象的原则原理。然后再把哲学上的各种说法分别归入这两类，譬如前者是经验主义者，而后者是理性主义者；前者是唯物论者，而后者是唯心论者；前者是悲观主义者，而后者是乐观主义者；前者是非宗教的，而后者是信宗教的；前者是决定论者，而后者是意志自由论者；前者主张多元论，而后者主张一元论；前者是怀疑论者，而后者是独断论者，如此等等。詹姆士的这种否认客观物质条件，片面地从主观心理性情上划分哲学不同派别的方法，不仅是非理性主义的，而且也是缺乏逻辑意义的。

总之，詹姆士的哲学研究，由于把"人的活动"——生活、经验、实践的观点引进了他的哲学，用独立自主的、有利害关系的行为主体取代了无行动需要的认识主体，并且将这种行为主体有目的的活动作为整个认识论的出发点和基础，所以这一立论基础和观察视角的转变，就使他的哲学不仅把人置于世界的中心，而且也使他在哲学观、知行观、意义论、真理观、实在观、道德观、文化观、宗教观等一系列问题上得出了与传统哲学不同的新见解。詹姆士企图把这种心理学的方法加以扩展和推广，把逻辑学、伦理学、美学等规范学科统一起来，不仅要求真，而且要求善、美、

---

① 〔美〕威廉・詹姆士：《多元的宇宙》，英棠译，商务印书馆，1999。

幸福，显然，是走得过于遥远了。他的实用主义表现为对世界的一种态度，而不去追问一系列问题的正确结论，认为实践上的"行"比理论上的"知"更有价值，最终将导致他牺牲理论认识上的"真"。他所提出的主体论、能力论、价值论都很有意义，但他企图以能力论取代知识论，以价值论取代认识论，以心理学取代逻辑学，则是错误的。

二 实用主义方法

詹姆士说，实用主义是一些旧思想方法的新名称。那么，他的实用主义方法究竟是一种什么方法呢？

在《实用主义》一书中，詹姆士曾经指出："实用主义的方法，不是什么特别的结果，只不过是一种确定方向的态度。这个态度不是去看最先的事物、原则、'范畴'和假定是必需的东西，而是去看最后的事物、收获、效果和实在。"[①] 詹姆士从他的独立自主的、有利害关系的行为主体的生活、经验、实践的观点出发，指出所谓"确定方向的态度"，也就是独立自主的行为主体怎样采取行动的问题。而在独立自主的行为主体怎样采取行动的问题上，他又指出"不是去看最先的事物、原则、'范畴'和假定"，而是"去看最后的事物、收获、效果和实在。这样，他就突出了行为的效果、利益和价值的意义。詹姆士认为，在知与行、理论与实践的关系上，知和理论不是必需而重要的东西，而最必需和重要的东西是行动和实践。行动、实践以最大的效率原则为根据，而认识活动、智力活动的任务则要保证这种效率。这是一种对知行关系的新的哲学解释。

在詹姆士看来，实用主义是一种科学的方法。它的思想取向是以个人为中心的，以实效为依据的。它既不同于只凭个人意愿、坚持已有的信念，而不顾实践效果的盲目武断的"固执的方法"，又不同于失去独立自主的思考和自由探索精神，只是尊崇国家和教会的权威来确立个人信念的"权威的方法"，也不同于从理性原则出发用逻辑推论来证明信念、只讲求抽象的合理性而背离生活经验的"先验的方法"，而是一种崇尚个人生活实践，思

① 〔美〕威廉·詹姆士：《实用主义》，陈羽纶、孙瑞禾译，商务印书馆，1979，第28页。

想不是趋向在先的东西，而是指向未来的东西，即实践效果的方法。特别是他作为一个心理学家，从心理学角度讲实用主义方法，就更加具有人本主义的自由思想气质。这种方法，从一定意义上讲，揭示了科学研究中的一些必要的思维过程，强调行为主体的怀疑和探索精神，主张经验证实，反对盲从和主观武断，与近代以来的自然科学发展相一致。应当说，这种方法包含有一种不唯书、不唯上、独立自主的思考和自由探索的精神。

詹姆士的这种方法，除了受到阿伽西兹、奥斯特瓦尔德、马赫、毕尔生、彭加勒、杜恒等人的影响之外，主要是接受了皮尔士的观点。他在1881年和1898年所著的《信仰意志》和《哲学概念与实际的效果》两篇讲演中，都谈到他接受了皮尔士的观点。

然而，尽管詹姆士一再声称实用主义方法的发明应归功于皮尔士，但皮尔士却对詹姆士表示了不满，并把自己的观点重新命名为"实用化主义"，以便同詹姆士的"实用主义"划清界限。那么，皮尔士和詹姆士之间究竟存在着哪些分歧呢？笔者认为，皮尔士和詹姆士在强调概念的意义就在于它在人们的经验中所带来的实际效果这些问题上，并没有什么原则的分歧，而他们的分歧仅仅在于各有其不同的侧重点。首先，从"确定方向的态度""不是去看最先的事物、原则、'范畴'和假定"上看，皮尔士强调"怀疑→探索→信念"必须面向和依据客观实际，具有较多的科学和客观因素，而詹姆士则往往忽视甚至抹杀这一方面。其次，从"确定方向的态度"、要"去看最后的事物、收获、效果和事实"上看，皮尔士强调的是一定种类的事物同一定种类的行动、一定种类的经验之间的联系，而不是个人的反应，他的侧重点是科学的实验和概括；而詹姆士强调的则是事情的特殊性，是概念同个别人生活中的活动有关的那些经验，他的侧重点是概念在特定的个人的生活中的作用。皮尔士指责詹姆士是在极端的感觉主义心理学的影响下抛弃了一般而求特殊，成了一个唯名论者，其理由也在这里。实际上，詹姆士较之于皮尔士的确是更加突出强调概念的意义就在于它在人们的经验中所带来的实际效果这些原则，他的理论由于强调人本主义精神，所以也就更加直接地体现了资产阶级所追求的具体的和特殊的利益和效用。

　　詹姆士在具体阐述他的实用主义方法时，曾讲述了这样一个故事作为实例，以便说明他的方法是解决各种形而上学争论、要求各种理论导致实际效果的方法。这个故事说，他有一次和一群露营的人住在山上，当他独自漫步回来时，发现大家正在进行一场形而上学的哲学争论。"争论的主题是一只松鼠——一只活松鼠假定它攀着一根树干的一面，而又想象有一个人站在树干的另一面。这人绕着松鼠跑想看那松鼠，但是不论他跑得多么快，那松鼠总是用同样的速度跑到反面去，松鼠和那人中间总是隔着一棵树，一点儿也没有让他看到。最后，产生这样一个形而上学的问题：这个人是否绕着松鼠走？人的确是绕着树走，而松鼠在树上，但人是绕着松鼠跑的吗？"① 人群中对此形成了两种相反的看法，互不相让，都要求詹姆士来评判。詹姆士对此回答说："哪一边对，要看你们所谓'绕着'松鼠跑的实际意义是什么。要是你们的意思是说从松鼠的北面到东面，再到南面和西面，然后再回到北面，那么这个人显然是绕着它跑的；因为这个人确实相继占据了这些方位。相反的，要是你的意思是说先在松鼠的前面，再到它的右面，再到它的后面，再到它的左面，然后回到前面，那么这个人显然并没有绕着这个松鼠跑，因为松鼠也相对活动，它的肚子总是朝着这个人，背朝着外面。确定了这个差别后，就没有什么可争辩的了。你们两边都又对又不对，就看你们对'绕着跑'这个动词实际上是怎么理解的。"②

　　在这里，对"绕着跑"这个动词怎么理解，实际上就是对行为主体"人的活动"的"确定方向的态度"怎么理解。我们平时在夏夜迎着星空漫步时，也曾提出"月亮走，我也走"的问题。是我们跟着月亮走，还是月亮跟着我们走呢？如果把月亮看作静止不动的，那么我们的确是迎着月亮走；如果把月亮看作运动的，那么我们就不是跟着月亮走了。这里有一个"相对性原理"的问题。詹姆士关于人是否绕着松鼠跑的问题也是这样，如果把松鼠看作是原地不动的，那么你从松鼠的北面到东面，再到南面和西面，然后再回到北面，显然是绕着松鼠跑的；如果把松鼠看作相对活动的，人动松鼠也动，松鼠的肚子总朝着人，背朝着外面，那么这个人就不是绕

　　① 〔美〕威廉·詹姆士：《实用主义》，陈羽纶、孙瑞禾译，商务印书馆，1979，第25页。
　　② 〔美〕威廉·詹姆士：《实用主义》，陈羽纶、孙瑞禾译，商务印书馆，1979，第25页。

着松鼠跑。由于参照系不同，所以这个问题的实际意义和实际效果也就不同。许多人因为不了解这层含义，所以就抓住詹姆士所说的"你们两边都又对又不对"这句话，攻击他是搞相对主义和诡辩论。如果人们了解了这层含义，那么就绝对不会简单地得出这一结论。辩证唯物主义认为，物质具有运动和静止两种状态，运动着的物质的时间和空间又具有绝对和相对两种性质。欧氏几何学和非欧几何学在它们各自适用的范围内都是正确的。爱因斯坦的相对论又揭示了"同时性"的概念是随着物质运动状态的变化而变化的，没有绝对不变的同时性。因此，运用辩证唯物主义的观点来看，也不能把詹姆士关于"人是否绕松鼠跑"的观点不加分析地、简单地斥为搞调和折中。詹姆士关于"人是否绕松鼠跑"的观点，揭示了独立自主的行为主体应从不同方位、不同角度、不同层次看问题的方法，说明了在不同的参照系中，"人是否绕松鼠跑"的问题的具体的实际意义是不同的。笔者认为，这是正确的，应予以肯定。至于说詹姆士把实际意义归结为人们所需要的实际效果，进而把全部哲学问题也归结为对个人的实际效果问题，以对你我产生的不同的实际效果来划分哲学不同派别的方法是错误的。列宁曾经说过："从粗陋的、简单的、形而上学的唯物主义的观点看来，哲学唯心主义不过是胡说。相反地，从辩证唯物主义的观点看来，哲学唯心主义是把认识的某一特征、方面、部分片面地、夸大发展（膨胀、扩大）为脱离了物质、脱离了自然的、神化了的绝对。"[1] "人的认识不是直线（也就是说，不是沿着直线进行的），而是无限地近似于一串圆圈、近似于螺旋的曲线。这一曲线的任何一个片断、碎片、小段都能被变成（被片面地变成）独立的完整的直线，而这条直线能把人们（如果只见树木不见森林的话）引到泥坑里去，引到僧侣主义那里去（在那里统治阶级的阶级利益就会把它巩固起来）。直线性和片面性，死板和僵化，主观主义和主观盲目性就是唯心主义的认识论根源。而僧侣主义（——哲学唯心主义）当然有认识论的根源。它不是没有根基的，它无疑是一朵不结果实的花，然而却是生长在活生生的、结果实的、真实的、强大的、全能的、客观的、绝对的人类

---

[1] 列宁:《哲学笔记》，人民出版社，1974，第411页。

认识这棵活生生的树上的一朵不结果实的花。"① 在这里，列宁是在强调唯物主义与唯心主义根本对立的同时承认唯物主义与唯心主义之间的相互联系和转化的，而詹姆士则是在否认唯物主义与唯心主义根本对立的前提下，承认理性主义与经验主义、唯物主义与唯心主义、乐观主义与悲观主义、有神论与无神论、一元论与多元论、独断论与怀疑论等相互对立的理论都是可以调和的。或者说，只要这些相互对立的理论，都可以产生某种合乎你我需要的实际效果，实用主义就都可以加以接受。显然，詹姆士的这种实用主义方法，就必然带有一定的调和与折中的色彩。

詹姆士在具体阐述他的实用主义方法时，还曾引述和发挥了意大利实用主义者帕比尼的一个著名比喻。詹姆士说："实用主义在我们的各种理论中就像旅馆里的一条走廊，许多房间都和它通着。在一间房里，你会看见一个人在写本无神论的著作；在隔壁的一间房里，另外一个人在跪着祈求信仰与力量；在第三间房里，一个化学家在考察物体的特性；在第四间房里，有人在思索唯心主义形而上学体系；在第五间房里，有人在证明形而上学的不可能性。但是那条走廊却是属于他们大家的，如果他们要找一个进出各人房间的可行的通道的话，那就非经过那条走廊不可。"② 詹姆士借用关于"走廊"这个比喻，试图来说明这样两层含义。首先是"实用主义在我们的各种理论中就像旅馆里的一条走廊，许多房间的门都和它通着"。这就是说，实用主义具有开放性、多元性。詹姆士认为真实世界是开放的，他既反对普通经验主义所带有的那种唯物主义偏见，也反对传统唯心主义主张绝对和抽象的那种理性主义，他既愿遵循理性和逻辑，也愿遵循感觉和经验，甚至还愿考虑那种最卑微但有实际效果的纯粹是个人的经验。所以，他的实用主义方法就表现为一种开放性，主张在实用主义原则下兼收并蓄、包含和融合一切经验论的、唯理论的、科学论的、人本论的、多元开放的哲学文化。其次是"那条走廊是属于大家的""如果他们要找出一个进出各人房间的可行的通道的话，那就非经过那条走廊不可"。这就是说，实用主义具有综合性和实践性。詹姆士认为，无论你是在写无神论著作或

① 列宁：《哲学笔记》，人民出版社，1974，第411~412页。
② 〔美〕威廉·詹姆士：《实用主义》，陈羽纶、孙瑞禾译，商务印书馆，1979，第30页。

者信仰上帝，无论你是搞自然科学研究，无论你是思索唯心主义形而上学体系或者是论证形而上学体系的不可能，你都必须通过你自己的生活和实践。只要这种工作对你有用，能使你感到愉快，满足你的需要，会给你带来某种实际效果，实用主义就都可以接受。由此可见，詹姆士通过"走廊"的比喻，正是要强调他的独立自主的行为主体的实践，强调实践的主体创造性、丰富多样性、相对确定性，并非他故意搞折中主义和诡辩论。

詹姆士的实用主义方法，概括地说，就是一种行为探索的方法，或者用他自己的话来说，就是一种确定方向的态度。这种方法注重行动、注重行为的实际效果，因此，它与那种坐而论道、夸夸其谈、只说不做的方法根本不同，也与那些被皮尔士所批评的"固执的方法""权威的方法""先验的方法"根本不同。但是实用主义作为一种行为探索的科学方法，它"不是去看最先的事物、原则、'范畴'和假定是必需的东西"，确实有不从实际出发和轻视理论对实践指导作用的弊病，这显然是不科学的。但是，实用主义并非不要知识，实用主义还是主张在一定的目的指导下的行动，而不是盲目的行动。实用主义认为，在许多实际情况下，要取得最大的成就，需要的与其说是"知"，倒不如说是"会"。把知识与能力相比，更为重视能力。尽管如此，它在知行观上仍然是重行轻知，与马克思主义的知行统一、理论与实践统一的知行观是根本不同的。此外，它强调只是"去看最后的事物、收获、效果和事实"也确实包含有只是强调利益、效果和价值的片面性，这显然也是不科学的。但是，实用主义并非排斥全人类的利益，而仅仅主张个人的利益、效果和价值，为此他们曾经做过不少辩解，却又始终未能说清楚。马克思主义并非绝对不讲功利，而只是反对功利主义。马克思说："功利论至少有一个优点，即表明了社会的一切现存关系和经济基础之间的联系。"[1] 当马克思把实践概念第一次理解为一种包括社会的人的具体的感性活动和批判的革命活动时，就强调指出："任何人类历史的第一个前提无疑是有生命的个人的存在。因此第一个需要确定的具体事实就是这些个人的肉体组织以及受肉体组织制约的他们与自然界的关系。"[2]

---

[1] 《马克思恩格斯全集》第 3 卷，人民出版社，1960，第 484 页。
[2] 《马克思恩格斯全集》第 3 卷，人民出版社，1960，第 23 页。

实际上，这就是对人类活动的利益原则的肯定。所不同的是，实用主义是在否定行为动机、割裂动机与效果统一的前提下，只从行为的效果来谈论个人的功利，所以就不可避免地带有狭隘的、自私的功利主义的性质。

詹姆士的实用主义方法，从有利害关系的行为主体出发，强调主体与自然环境的交互作用，突出了客体主体化和主体客体化的过程，从而特别强调实践的主体创造性、丰富多样性、相对确定性。由于他是从行为主体——人的生活、经验和实践的观点出发来讲方法论的，所以他更侧重于研究生活、经验和实践的连续和发展，更侧重于研究行为主体实践的前进——追溯、否定之否定的辩证法。应当看到，这种行为主体的实践辩证法，与我们所理解的马克思主义哲学的唯物辩证法是根本不同的，却是值得我们深入研究的一个问题。

三 真理问题

詹姆士的真理观是很混乱的，但人们用"有用即真理"来概括他对真理问题的看法，也是不全面和不准确的。

詹姆士说，真理既不是事实，也不是一些抽象的观念，更不是非个人的科学虚构，真理是一个发生的过程，是一个观念在个人实践中证实和生效的过程。在现实生活中，人面对新情况，运用储备的知识，结合新事实，形成解决问题的方案、设想，照此去做成功了，即表明他的方案、设想和所依据的知识发生了效用，也就证实了是真的。真理的发生过程，要求我们把经验的一部分引导到另一部分，即用旧真理解释新事实，用旧经验解释新经验，或者说，把新事实嫁接到旧真理上，把新经验嫁接到旧经验上，使旧真理、旧经验和新事实、新经验保持连续性。当然，有的时候新事实和旧真理、新经验和旧经验要发生抵触，需要对旧真理和旧经验稍加引申或修正，以便容纳新事实和新经验。真理的发生过程，要"满足双重需要"，既要把握新事实、新经验，又要保持旧真理、旧经验的连续性。因而真理的发生过程，必须是这样一种"圆满、有效"的经验联络过程。在这个经验联络过程中，联络的终点是个人实践。一切观念、概念、思想、理论最终要落实到个人实践上来。正是在这一点上，詹姆士认为，"说'它是有用的，因为它是真的'，或者说，'它是真的，因为它是有用的'，这两句话的意思是一样的"。① 这就是说，由于詹姆士把认识论变成了个人实践的探索理论，变成了个人对周围的自然和社会环境反应的理智形式，所以他的真理论也就主要地变成了真理的价值论。从逻辑的观点看，事实判断与价值判断不同。事实判断是陈述事实的，它必须与事实相符合，比如"今天下雨了"这个判断就必须与"今天下雨"这个事实相符合，符合者为真，不符合者为假。价值判断则是评价性的，它必须与人的利益相联系，不同的人有不同的价值判断，比如今天下雨，对农民种田有利，农民就说雨下得好，而对旅行者游览不利，旅行者就可以说雨下得不好。在这里，真理与意义、价值和效用相联系。所以不能用价值判断去代替事实判断。从马克思主义认识论的观点看，真理存在于认识的形成过程和认识的实现过程。从认识的形成过程看，真理必须是人们对客观事物及其发展规律的正确反映。而从认识的实现过程看，真理却必须是有用的，是能使之生效、能确定、能核实的；反之，如果是无用的，是不能使之生效、不能确定、不能核实的，那就不是真理。由此可见，詹姆士的实用主义真理观，主要是从认识的实现过程来进行论述的。这是他从一个新的角度对真理问题的探讨，值得我们重视。

那么，詹姆士是怎样探讨真理问题的呢？

第一，詹姆士强调真理是观念而不是事实，说明了他反对把客体本身当作真理，同机械唯物论的反映论划清了界限，并进而否认真理是对客观对象的正确反映。

詹姆士从独立自主的行为主体——"人"的生活、经验、实践出发，强调行为的意义、价值和效果的原则，把认识论看作个人实践的探索理论，所以在他看来，真理就成了使经验与经验圆满地联系起来，对人的生活和实践有用，而且能使之生效、能确定、能证实的理论。由于他是从认识的实现过程讲真理的，因此他说："实用主义者和非实用主义者的争执大半是系于真理究竟应该做何解释这一点，……实用主义者所说的真理，只限于

---

① 〔美〕威廉·詹姆士：《实用主义》，陈羽纶、孙瑞禾译，商务印书馆，1979，第104页。

讲观念，也就是限于观念的'适用性'；而非实用主义者所说的真理，一般都是指客体而言。"[1] 他又说："实在事物并不是真，它们存在；而信念是有关它们的真。"[2] 大家知道，真理是一个认识论范畴，单纯从主体方面或从客体方面，都不能讲真理。从这个意义上说，客观事物本身的确是无所谓真假的，人们通常所说的真假问题，也都是指客观事物所引起的人们对事物的不同看法。詹姆士说真理是观念不是事实，也并非错误。

但是，问题远远不在这里。詹姆士既然把认识看作行为主体个人实践的探索过程，那么认识仍然是源于人的生活、经验和实践之中。但是他对经验的看法却又与普通经验主义者不同。他认为，纯粹经验是一个独立自主、首尾连贯、和谐而没有矛盾的自存系统。这个纯粹经验又可分为两类：一类叫作外在实在，另一类叫作内在思想。然而，不论是实在还是思想，又都属于纯粹经验中，只是类别不同而已。例如，现在见到一支笔，笔就在我的经验中，它的颜色、体积、形状、质料等构成它的外在实在，而它的性质、观念、意义等则构成它的内在思想。不管是实在还是思想，都不能超经验而独立，都是我的纯粹经验的一部分。詹姆士把这个由两个方面所组成的纯粹经验作为起点，把对联络新事实与旧真理的个人实践作为终点，这样，真理就成了把经验与经验圆满有效地联络起来的证实过程了。然而，把真理看作经验与经验的圆满联系性和有用性的证实过程，就必然要否定真理是观念和客观实在相符合的过程。这正是詹姆士错误的实质之所在。

詹姆士攻击非实用主义者把客体当作真理，其主要矛头是指向唯物主义反映论的。他使用的手法，首先是把我们通常所说的"符合""一致"同"摹写""临摹"等同起来，把"反映"做机械论的曲解，然后他进一步论证这种"摹写""临摹"的不可能性。他以墙上的挂钟为例，认为人们所想象出来的只是那钟面的一幅真实的图像或摹本，但对于钟的机件的观念就不足以成为一个摹本了。至于谈到钟的"计时功用"和发条的"弹性"等时，那就更难看出观念所能摹写的到底是什么了。而如果观念不能准确地

---

① 〔美〕威廉·詹姆士：《实用主义》，陈羽纶、孙瑞禾译，商务印书馆，1979，第 158 页。

② James, William, *The Meaning of Truth*：*A Sequel to "Pragmatism"*（New York：Prometheus Books, 1997），p. 196.

摹写观念的对象，那么所谓和那对象的符合又有什么意思呢？因此，他认为观念不仅是对钟的功能，而且对于诸如"过去的时间""力""自发性"等这样一类实在，都是无法摹写的。

既然詹姆士说他的所谓"符合"，主要不是指主观（观念）反映客观（实在），而是指一部分观念（新观念）"符合"另一部分观念（旧观念），是指观念具有某种"适用性"，即能符合人们的某种要求，那么他的所谓"符合"就变成一种经验内部的引导关系了。这种经验内部的引导关系是双向的。作为纯粹经验的观念与实在的"符合"，即思想与实在的"符合"，既要求把真理观念落实到个人实践上来，同时也要求把个人经验嫁接到大家公认的旧真理上来。这也就是把个人经验同社会的整体经验连接起来。由于这种连接始终是在个人实践中发生的事件，所以说真理总是有关个人的东西，但是又有社会性的一面。因为"旧真理的影响，有绝对的控制力"，[1] 不容许个人的主观随意性，因此把真理交由个人来评价或证实，个人的思想必然与社会经验相联系，使真理的探求显示出社会性的一面。这样，詹姆士以个人实践为基础的真理观，就以同意代替了强迫，以价值代替了反映，变成了个人经验与社会经验相互交往的探求过程，完全否定了真理是对客观对象及其发展规律正确反映的唯物主义反映论的观点。

第二，詹姆士强调真理是对人们确定信念引起注意、发生兴趣有实际效果的观念，是对满足人的需要、利益和愿望有用的观念，是能使人取得成功的观念，从而又同各种唯心主义、理性主义划清了界限，反对任何抽象的、绝对的观念。

詹姆士认为，人类之所以把追求真理当作首要任务，就是因为真理对人类生活具有非常明显的好处。如果"真观念对人生没有好处，或者真观念的认识是肯定无益的，而假观念却是唯一有用的，那么，认为真理是神圣和宝贵的，认为追求真理是人生的责任等等这些流行的看法是永远不会成长起来或成为信条的。在那样的世界里，我们的责任就会是回避真理"。[2]这就说明，詹姆士虽然把真理看作观念，但他是把真理看作对人有用的观

① 〔美〕威廉·詹姆士：《实用主义》，陈羽纶、孙瑞禾译，商务印书馆，1979，第31页。
② 〔美〕威廉·詹姆士：《实用主义》，陈羽纶、孙瑞禾译，商务印书馆，1979，第42页。

念，从而明确地反对任何抽象的、绝对的观念。詹姆士又认为，观念、概念、思想、理论是否具有真理性并不在于它们是否反映了客观实际，而是在于它们是否能够造成对人有用的实际效果，能否成为人们获得成功的工具。因此，有实际效果、有用、能使人取得成功，就成了真理的根本标志。

从哲学史上看，把真理同有用联系起来，并非詹姆士所独创，也并非实用主义真理观的基本特征。从培根以来的唯物主义者，特别是法国唯物主义者，都是把真理和有用联系起来考察的。法国唯物主义者霍尔巴赫在其所著《自然的体系》一书中就曾指出："真理的价值及其权利是建立在它的有用性的基础上的""最有用的真理就是最值得尊重的真理"。现代唯意志论的创始人之一尼采和经验批判主义者马赫，也是把效用、功用当作真理的唯一标准和准绳的，尼采说："真理的标准，其实只是这样——原则上是伪造的体系在生物学上的有用性""真理用什么来证明呢？……靠增强了的权力感——靠有用性……一句话，靠益处。"① 马赫也说："认识是生物学上有用的心理体验""只有成功才能把认识和谬误区别开来"。② 就是马克思主义哲学也并不反对真理的有用性，如果真理无用，焉能用它指导我们的行动呢？

但是，问题远远不在这里。列宁说："认识只有在它反映不以人为转移的客观真理时，才能成为对人类有机体有用的认识，成为对人的实践、生命的保存、种的保存有用的认识。"③ 这就说明，有用是真理的一个属性，并不是它的全部属性，真理之所以成为真理并不在于它的有用性，而在于它是对客观世界及其规律性的正确反映。詹姆士的错误并不在于他肯定了真理的有用性，而在于他把真理的效用同真理的客观基础割裂开来，片面夸大了前者而抹杀了后者。

从实用主义的基本理论和美国的具体社会实践看，讲求有用、价值和实效是有其认识论根源和社会根源的。詹姆士继皮尔士之后，强调认识主体不再是抽象的认识主体，而是具有利害关系的、独立自主的行为主体；智力不再是为认识服务，而是为行动服务；智力活动不再是用概念去再现客观现实，

---

① 〔德〕尼采：《权力意志》，张念东、凌素心译，海南国际新闻出版中心，1996。
② 〔奥〕恩斯特·马赫：《认识和谬误》，洪佩郁译，东方出版社，2005。
③ 《列宁选集》第2卷，人民出版社，1995，第139页。

而是去满足成功行动的需要，设计对外部世界作用的最有效的反应。这种基于达尔文进化论所产生的知行关系的新变化，为美国实用主义奠定了自然科学和认识论的基础。实用主义对行（实践）和知（理论）这个题目的深入研究，肯定了认识主体是具有各种欲望、需要和利益的活生生的人，而整个认识活动是行动，为了使行动成功，并不一定需要真正的知识，因为任何知识都含有谬误的成分，它不是成功行动的充分条件，人为了自身的利益或使自己的行动成功，需要的与其说是知识，不如说是能力。追求真理不再是绝对的目的，而是实现目的的手段。詹姆士说，实用主义首先是一种方法，其次是关于真理是什么的发生论。他把真理论与方法论结合在一起讲，其道理就在这里。詹姆士反对以往全部哲学的静观冥想、脱离生活、抽象和不重视人们的实际需要，反对国家和宗教教会的绝对权威以及神圣的宗教教条，反对所谓的"知识就是力量"，主张有目的、有计划的独立自主的行动主体的生活和实践，强调行动的成功、价值和效果，就是一个不难理解的问题了。除此以外，19世纪末美国科学技术的发展，不仅影响工业、交通运输业、城市建设等方面，还引起了政治、人口、文化、生活水平和生活方式等方面的变化。这些变化，是由独立自主的行为主体——"人"的生活、经验、实践造成的。因此强调行为主体人的实践，重视人的实践的价值、效果和功用就是很自然的事情了。詹姆士的实用主义真理观，从认识的形成过程过渡到认识的实现过程，集中阐述在认识的实现过程中，真理的意义、价值和效用问题，正是对美国社会现实的一种哲学反映。

第三，詹姆士强调真理是相对于人、相对于人的变化着的经验而存在的，它的存在及其性质是由人所决定的。他认为真理是按照人的需要创造的，又是以满足人的需要的程度来作为衡量尺度的，所以他就把真理与他自己所谓的人本主义等同起来，并对自然主义真理观和机械唯物主义真理观进行了批判。

詹姆士说，真理或者具有真理意义的观念、理论、知识，都是人造的，是人为了达到自己的目的而造出来的。[①] 詹姆士又说，真理"是由令人满意

---

① 〔美〕威廉·詹姆士：《实用主义》，陈羽纶、孙瑞禾译，商务印书馆，1979，第130~131页。

的意见来逐步代替不那么令人满意的意见的办法来达到的"，所以"满足是区分真和伪的东西。"① 这就是说，由于观念是人造的，而真理又是人们的某些观念的一种性质，所以真理并非自然的、天生的、永恒不变的东西，并非与经验事实相符合的"一个惰性的静止的关系"，② 而是具有人为的成分和具有相对性和变化性的东西，是一种经验内部的引导和证实的关系。在詹姆士看来，正是这种真理的人为性、相对性和变化性，说明了真理是"由人带到世界上来的"，没有绝对的、纯粹自然的"客观真理"，"纯粹客观的真理是哪里也找不到的"③。也正是这种真理的人为性、相对性和变化性，说明了真理会给人们的生活带来好处，"只要我们相信一个观念对我们的生活是有益的，它就是真的"，"如果神学的各种观念证明对于具体的生活确有价值，那么，在实用主义看来，在确有这么多的价值这一意义上说，这就是真的了"。例如，在一个人相信上帝以后，"上帝这个名称最少会给你一种精神上的休假日的好处"④。所以，他要以对人的需要的满足来作为区分真理和谬误的标准。

在真理观上，用真理的"有用论"取代了传统哲学的"客观论"，也就是说，把真理从认识范畴变为评价范畴。这样，由于把真理的本质价值化，就使他对真理问题产生了一些新的看法。根据这种新看法，一个知识之所以是真的，已经不是它所固有的、静止不变的性质，而是由它在人的活动中的后果的效用来检验和确立的，是在满足人的需要的活动过程中形成和演变的。因此，真理不是给予的、发现的，而是"制造的"。它在人的有目的、有计划的活动过程中产生、检验和完成，在对人的需要的满足中获得了现实存在的理由，它依赖于人的生活，参照于人的经验，取决于人的目的。没有人的活动就没有真理，真理成了人的活动的制造物。

应当承认，真理的确具有为人的性质。首先，任何真理都是主观对客

---

① 〔美〕威廉·詹姆士：《彻底的经验主义》，庞景仁译，上海人民出版社，1986，第135页。
② 〔美〕威廉·詹姆士：《实用主义》，陈羽纶、孙瑞禾译，商务印书馆，1979，第41页。
③ 〔美〕威廉·詹姆士：《实用主义》，陈羽纶、孙瑞禾译，商务印书馆，1979，第102、131页。
④ 〔美〕威廉·詹姆士：《实用主义》，陈羽纶、孙瑞禾译，商务印书馆，1979，第42~43、58~59页。

观的正确反映，离开了作为主体的人，真理问题是不可能成立的。其次，任何真理都是有用的，都与人的活动的目的性相联系，对人的活动具有指导作用。但是，绝不可将真理的客观性与价值性混为一谈，用真理的价值性去代替真理的客观性，从而把真理的价值性加以绝对化，抹杀真理的客观基础。詹姆士在真理问题上的重要失误正是在这里。

第四，詹姆士强调真理的具体性、过程性和事实性。他认为，真理是为了达到某种目的而采取的方便的手段、工具或者说权宜之计，是纯粹相对的，没有任何普遍的、绝对的真理，对绝对唯心主义的先验主义和理性主义进行了批判。

詹姆士说："真理的意义不过是这样的：只要观念（它本身就是我们经验的一部分）有助于使它们与我们经验的其他部分处于圆满的关系中，有助于我们通过概念的途径，而不用特殊现象的无限相连接，去概括它、运用它，这样，观念就成为真实的了。譬如说，如果有一个概念我们能驾驭，如果一个概念能顺利地从我们的一部分经验转移到另一部分经验，将事物完满地联系起来，很稳定地工作起来而且能够简化劳动、节省劳动，那么，这个概念就是真的，真到这样多，真到这种地步；从工具的意义来讲，它是真的。"而且"一个新看法的'真实'程度是与它满足把新经验吸收到旧信念里去的个人愿望程度成正比例的"，"我们思想的真实程度是和思想起媒介作用的成功程度成正比例的"。[1] 因此，"对于实用主义者，真理成为经验中各种各样确定的、有作用价值的类名"。[2] 这些都说明，在詹姆士看来，真理的意义只不过是使经验与经验圆满地联系起来。

当詹姆士说"真"是任何开始证实过程的观念的名称，"有用"是它在经验里完成了的作用的名称时，实际上他就把认识的形成阶段与认识的实现阶段区别开来了。在认识的实现阶段，他直言不讳地抨击"独立"的"客观真理"，批评了绝对唯心主义的先验主义和理性主义。詹姆士认为："要是说纯粹的客观真理在它建立之中，结合旧经验与新经验而给予人的满足的这种功能不起作用，那么这种客观真理是哪里也找不到的"，他又指

---

① 〔美〕威廉·詹姆士：《实用主义》，陈羽纶、孙瑞禾译，商务印书馆，1979，第32~38页。
② 〔美〕威廉·詹姆士：《实用主义》，陈羽纶、孙瑞禾译，商务印书馆，1979，第35~38页。

出："请看这两种不同看法的鲜明的对比，实用主义者坚持事实与具体性，根据个别情况里的作用来观察真理，并予以概括。对于实用主义者，真理成为经验中各种各样确定的、有作用价值的类名。对于理性主义者，真理仍旧是纯粹的抽象，……典型的极端抽象主义者十分害怕具体性。""理性主义的伟大假说是：'真理'的意义主要是一个惰性的静止的关系。当你得到了任何事物的真观念，事情就算结束了。"① 詹姆士对哲学史上的理性派和先验派的唯心主义真理观的批判也是十分机智的，抓住了它们把真理看作一个惰性的静止的观念，似乎得到了它，事情就算结束了的错误，强调更为重要的是实践，只有对人的生活、实践有用的、能够证明的，能够使人成功、有实际效果的观念，才是真理，这又进一步说明詹姆士不是在认识的形成过程，而是在认识的实现过程中阐述他的实用主义的真理观的。

詹姆士强调真理的具体性和事实性，主张用动态的观点来看待真理，强调真理本身是一个发展过程，所有这些思想包含有一些合理因素。但是，他在强调真理的具体性、特殊性和相对性时，往往抹杀了真理的抽象性、一般性和绝对性；他在强调真理本身是一个发展过程时，往往又抹杀了真理中所包含的相对稳定的、客观的内容。詹姆士认为，如同我们可以随意从意识流中划分出各种事物一样，我们也可以随意去肯定某一概念、命题的真伪，或者说，各个人都可以按照自己的需要和兴趣去对事物形成概念，做出判断。所以詹姆士的真理观，又带有很大的主观性和相对主义倾向。总之，他关于认识形成过程中的真理观点是比较混乱的，但关于认识实现过程中的真理观点是比较独特的，对人是有启发的。

詹姆士如同皮尔士一样，也是从不同角度、不同层次上给真理下定义的。概括起来，大致有这样几种：第一，真理是观念与实在的符合。詹姆士认为，"我们的观念必须同实在相符合……否则就会受到不断的矛盾与挫折的惩罚""真理是我们某些观念的一种性质；它意味着观念与实在的'符合'，而虚假则意味着与'实在'不符合"。② 虽然詹姆士对"符合"的解释不同，但他毕竟还是主张我们的观念、信仰、见解和它的对象之间的符

---

① 〔美〕威廉·詹姆士：《实用主义》，陈羽纶、孙瑞禾译，商务印书馆，1979，第38、102页。
② 〔美〕威廉·詹姆士：《实用主义》，陈羽纶、孙瑞禾译，商务印书馆，1979，第108、101页。

合就是真理。第二，詹姆士认为真理就是把经验与经验圆满地联系起来。他说："真理也接生在先前的真理上""有了先前的真理再遇上一些新的事实，我们就又发现了一个新的真理。"① 因此，真理的意义只不过是使经验与经验圆满地联系起来。第三，认为真理是有用的，有用的就是真理。他说："真实观念的实际价值基本上是由观念的对象对于我们的实际重要性而产生的。"② 这就说明有用是真理的唯一标志和准绳。第四，詹姆士认为真理是一个"证实过程"。他说："真观念是我们所能类化，能使之生效，能确定，能核实的；而假的观念就不能。"③ 这样，"证实"和"使之生效"就意味着真理有用。第五，詹姆士提出了"直接证实"和"间接证实"的方法。由于真理是经验与经验的圆满联系，而这种联系又是双向的，所以真理既要落实到个人实践上，同时也要把个人经验嫁接到大家公认的旧真理上，把个人经验同社会的集体经验连接起来，因此，他认为真理是自愿的统一。他说："真理的大部分是靠一种信用制度而存在下去的"，人们的思想和信念只要没有什么东西反对它们就可以使它们成立，正好像银行钞票一样，只要没有谁拒绝接受它们，它们就可以流通。于是"你接受我对这一事物的证实，我接受你对另一事物的证实。我们就这样在彼此的真理上做买卖。但是被人具体证实过的观念才是整个上层建筑的支柱。"④ 这样，他的真理也就成了大家自愿同意而不是被强迫接受的东西了。第六，詹姆士强调真理是人造的。他说："我们的名词和形容词，都是人化了的遗产。在我们把它们系统化起来而构成的各种理论里，一切内部秩序和排列，全部受人的考虑……支配。数学、逻辑学本身，就充满了人为的再排列。物理学、天文学、生物学，也大大依赖于人的偏好。……虽然有一个可感觉的实在之流存在，而它的真，从头到尾，主要是我们自己制造的东西""这世界的确是可塑的，是等着我们去给它最后修饰的。像天国一样，世界也

---

① 〔美〕威廉·詹姆士：《实用主义》，陈羽纶、孙瑞禾译，商务印书馆，1979，第153、104页。
② 〔美〕威廉·詹姆士：《实用主义》，陈羽纶、孙瑞禾译，商务印书馆，1979，第153、104页。
③ 〔美〕威廉·詹姆士：《实用主义》，陈羽纶、孙瑞禾译，商务印书馆，1979，第103页。
④ 〔美〕威廉·詹姆士：《实用主义》，陈羽纶、孙瑞禾译，商务印书馆，1979，第106页。

是服服帖帖地听凭人类亵渎的。真理全是由人产生到世界上来的。"① 既然
真理全是由人产生到世界上来的，那么就不存在所谓宗教的真理和唯心主
义先验主义所说的真理。强调真理的人为性，不仅使詹姆士的真理观带有
主观真理论的色彩，而且也带有反对宗教真理论和唯心主义先验主义抽象
真理论的性质。第七，詹姆士认为真理是情感上令人满意的观念。他说：
"科学里的真理是那些给我们最大限度满意的东西，其中也包括趣味在
内。"② 这样，他也就提出真理是一个真、善、美统一的整体论思想。詹姆
士从心理学出发，重视情感、趣味等一些非理性因素在认识和行动中的作
用，主张人是认识和思维的主体，同时又是有欲望和情感的，在人的认识
和思维过程中，往往要经历几个不同的心理状态，由最初的怀疑不安到解
决怀疑的决心，直到认识任务完成时所感到的满意，认识过程中始终伴随
着这样那样的情感因素。詹姆士笼统地以情感上的满足作为检验真理的标
准的看法是片面的、错误的，他不仅强调了认识和真理中的非理性成分，
把认识论中的"真"与社会伦理中的"善"简单地等同起来，而且也为宗
教信仰留下了地盘。正如他自己所说："如果神学的各种观念证明对于具体
的生活确有价值，那么，在实用主义看来，在确有这么多的价值这一意义
上说，它就是真的了。"③ 然而，尽管詹姆士对真、善、美这三者并没有达
到辩证统一的理解，但是，他从真、善、美三者统一的整体上说明和解释
真理的方法是值得重视的。第八，詹姆士认为真理是一个发生的过程。詹
姆士以思想引起的经验效果的满足性来解释真理，强调真理的有用性，用
真理的实际效果、有用、使人取得成功作为检验真理的标准，实际上就是
把真理看作一个发生作用的过程。他说，真理不是事实，而是发生的过程，
即观念在个人实践中证实和生效的过程。这就说明，詹姆士不是从认识的
形成过程，而是从认识的实现过程来说明和解释真理，给真理下定义的。

詹姆士在阐述他的实用主义真理观的产生时说："根据我理解的实用主

① 〔美〕威廉·詹姆士：《实用主义》，陈羽纶、孙瑞禾译，商务印书馆，1979，第131页。
② 〔美〕威廉·詹姆士：《实用主义》，陈羽纶、孙瑞禾译，商务印书馆，1979，第131页。
③ 〔美〕威廉·詹姆士：《实用主义》，陈羽纶、孙瑞禾译，商务印书馆，1979，第40、57、
68页。

义观察事物的方法，它的产生是和过去五十年来人们对科学真理所抱的旧观念的破产分不开的。……由于近几十年来各种理论的迅速大量增多，那种认为某一个理论真正比另一个理论更为客观的看法，几乎已推翻了，因为我们既然有许多几何学、逻辑学、许多物理假设和化学假设、许多科学分类，它们都只限于在一定场合适用，而不是对一切事物都适用，人们自然就发现，即使是最'真'的公式，也只是人的发明，而不是什么生存原型的绝对摹本。我们已听到有人把科学法则只看作一种'概念性速记'。它们的'真'的程度，只限于它们'有用'的程度为止。我们的思想已变得能容受'象征'而不一定强调'复制'，能容受'近似'而不一定强调'绝对'，能容受'变通'，而不一定强调'格'。"[①] 这就说明，詹姆士的真理观，是在实践发展的基础上，在反对传统真理观的斗争中产生的，由于他的哲学基础是个人的行为实践，所以他的真理观就带有明显主观性和相对性，但是他把真理看作一个能够证实、生效和使之成功的过程，从认识的实现过程上对真理进行探讨，是很有意义的，值得我们重视。

四　彻底的经验主义

詹姆士的彻底的经验主义，就是他的世界观。这种世界观用独立自主的个人实践的眼光看世界，以经验为基础，以经验所及的世界为范围，以经验的标准作为意义和真理的唯一标准，因而从总体上看，它仍然是一个经验主义的世界观。这种世界观把世界看成如同我们所经验的那样，是一个多元化的整体，它充满了偶然性和机遇，强调人的行为实践，人有选择的自由，历史是人为实现自己的目标而进行的创造活动，世界是由于人的努力而得到不断丰富和改善的世界，因而它又是一种与传统哲学不同的新的世界观。

既然詹姆士的世界观基本上是一种经验主义的世界观，又是一种与传统哲学不同的新的世界观，那么我们究竟应当怎样正确地理解他的这种世界观呢？

---

① 〔美〕威廉·詹姆士：《实用主义》，陈羽纶、孙瑞禾译，商务印书馆，1979，第191页。

为此，我们必须要了解詹姆士本人的叙述。他说："我把我的世界观命名为'彻底经验主义'。大家知道经验主义是和理性主义相对立的。理性主义趋向于强调共相，把整体放在部分之先，无论是在逻辑的次序上，或者是在存在的次序上都是如此。相反，经验主义把说明的重点放在部分、元素和个体上，并且把整体视为一个集合，把共相视为一个抽象。因此，我对事物的描述，从部分开始，并且使整体成为一个第二等的存在。我的经验主义本质上是一种镶嵌哲学，一种多元事实的哲学，和休谟和他的后继者哲学一样。他们既不把这些事实拉到实体上去，为它所固有，也不把它们拉到一个绝对精神上去，以为它所创造，作为它的物件。但是我的经验主义和休谟类型的经验主义有所不同，因此我把我的经验主义加上'彻底的'这个形容词，以表示它特点。"① 从詹姆士的这一段话中可以看出，他的彻底经验主义和休谟及其后继者的经验主义有共同点，但又有所区别。也可以说，这种哲学是同传统哲学中的理性主义和经验主义的斗争中所产生的一种新哲学。对这种哲学世界观的基本性质和特点，本文做如下的哲学分析。

第一，它反对传统哲学中的唯理主义。詹姆士坚持经验主义的立场，反对唯理主义，特别是反对黑格尔的绝对唯心主义。他在阐述他的彻底经验主义时，首先规定了哲学和科学的研究对象、范围和方法，其实质就在于强调只有可以用经验事实加以确切验证的问题，才是哲学和科学研究的对象和范围。他说："在哲学家中唯一可以展开争论的东西将是用可以从经验中抽出的项来说明的东西。"② 对经验世界的解释应当是"我们感觉到它是什么样子就把它当成什么样子，而不是关于它的抽象空谈"③。因而他反对先验理性主义者用所谓超验的原理和原则解释世界，把世界看作由绝对理念产生的、受必然性控制的、一元化的世界，把实在规定为一种理念、精神的范畴，把宇宙描绘成一个绝对唯心主义的理论体系，人被看作这个体系中被决定的、执行历史必然使命的一件工具。詹姆士通过对先验理性

---

① 〔美〕威廉·詹姆士：《彻底的经验主义》，庞景仁译，上海人民出版社，1986，第22页。
② 〔美〕威廉·詹姆士：《彻底的经验主义》，庞景仁译，上海人民出版社，1986，第26页。
③ 〔美〕威廉·詹姆士：《彻底的经验主义》，庞景仁译，上海人民出版社，1986，第26页。

主义者的批判，否认了把意识作为世界第一本原的资格，从而主张用所谓的"纯粹经验"把物质和意识、物理的东西和心理的东西、事物与思想等哲学和科学研究的对象连接和统一起来，避免了传统哲学中的"二元论"。这样，"思维和事物，就它们的质料来说，绝对是同质的，它们的对立仅仅是关系上和功能上的对立。我曾说过，没有什么与事物素质不同的思维素质；不过同一的一段'纯粹经验'（这是我给任何事物的原材料所起的名称）既可以代表一个'意识事实'，又可以代表一个物理实在，就看它是在哪一个结构里。"① 也可以说"纯粹经验"在一种关系中可以是物质，在另一种关系中可以是意识；在一种意义上是认识对象（客体），在另一种意义上是认识者（主体）。因而在它们之间就不再有何者为第一性，何者为第二性的问题了。其次，詹姆士在阐述他的彻底经验主义时，又批判了以布拉德雷为代表的黑格尔绝对唯心主义者用绝对的、先天的理性原则去建立事物之间的联系和统一性的观点。他在解释事物之间的关系，特别是整体和部分的关系上，诉诸"纯粹经验"。他认为："世界上只有一种原始素材或质料，一切事物都由这种素材构成，……我把这种素材叫作'纯粹经验'。"② 而所谓"纯粹经验"，是指尚未被经验主体加进任何理性或意识成分的、原始的、浑然未分的感觉材料，或"直接的生活之流"。这个"纯粹经验"，人们只能说它是一个独立于经验主体并被主体经验到了的东西，而这个东西却不能被说出来，因为说出来的东西总是已经有理性或意识成分渗透于其中，变成被理性或意识加上某种限定性的东西了。因此，詹姆士反对理性派唯心主义只见整体不见部分、企图用凌驾于部分之上的整体、绝对来解释事物的关系，并把这种关系都当作内在的必然联系。他认为用绝对的理性原则来解释事物之间的联系和统一性，纯系一种虚构，并不能说明事物之间的联系和统一性。

第二，它反对传统哲学中的经验主义。詹姆士的彻底经验主义，与休谟等人的经验主义一样，把哲学和科学以及人的全部认识限制在单纯的经

① 〔美〕威廉·詹姆士：《彻底的经验主义》，庞景仁译，上海人民出版社，1986，第74页。
② 〔美〕威廉·詹姆士：《彻底的经验主义》，庞景仁译，上海人民出版社，1986，第2、49页。

验范围内，从而排除了作为经验的基础和源泉的客观世界。因此，他所坚持的仍然是一条经验主义的思想路线。但是，当詹姆士把他的彻底的经验主义当作"多元的一元论"时，实际上是反对休谟等人把经验当作支离破碎的、孤立的东西，而主张经验是具有整体性、统一性和连续性的。也就是说，他是反对休谟等人的经验主义的。首先，他反对休谟等人用静态的方法理解经验，把经验分解和归结为孤立的、原子式的感觉或知觉，他按照意识流的学说来解释经验，把经验当作"纯粹经验""直接经验"，也就是说，用动态的方法把经验理解为"意识流""主体生活之流"。其次，他反对休谟等人只承认经验中的各个个别事物本身具有实在性，而否认事物内部的性质和事物彼此间的关系的实在性，特别反对他们把事物的性质和关系归结为主体观念的创造和观念上的习惯联想。他不仅肯定个别事物本身的实在性，而且也肯定事物内部性质以及事物之间彼此关系的实在性，肯定被经验的对象世界所固有的连续性和统一性。再次，詹姆士反对休谟等人把经验看作有观念制造作用在内的、有理性或意识成分渗透在其中的经验。他认为，休谟等人的经验主义有很大的片面性。在解释事物之间的关系，特别是整体与部分的关系上，休谟等人的经验主义只见局部不见整体，并把事物之间存在的各种内在的和必然的联系简单地归结为外部的和偶然的彼此并列或前后相继的关系。为了解释这种事物之间存在的内在的和必然的联系，他们不得不借助事物之外的主体的心理联想，而这种主体的心理联想，又是理性与经验的混合物，所以他们就不能真正克服先验唯心主义理性主义的片面性。因此，詹姆士主张用他的"纯粹经验"取代休谟等人的"经验"，即用彻底的经验主义来取代普通经验主义。

第三，它反对传统哲学中的唯物论、唯心论和"二元论"。如前文所述，詹姆士的彻底经验主义从"纯粹经验"出发，认为思维和事物，就其质料来说是绝对同质的，因而它们的差别仅仅是机能上和方法论上的差别，它们的对立仅仅是关系上和功能上的对立，而绝不是本体论上的差别和对立，所以它反对把思维看作一个实体和把事物看作另一个实体的二元论，反对区分唯物论与唯心论的哲学基本问题。在詹姆士看来，所谓实在，既不是思维，也不是事物，它是由这样三个部分构成的："实在的第一部分就

是我们的感觉流。"第二部分"就是我们的感觉之间……所存在的关系",
其中包括可变的、偶然的和固定的、根本的关系。第三部分"就是过去已
有的真理"。① 詹姆士认为,全部实在都融化在当前的与过去的"感觉流"
之中。所谓"纯粹经验",就是指尚未被经验主体加进任何理性或意识成分
的、原始的,浑然未分的"直接的生活之流",在这里既无物质和意识、事
物与思维之分,也无认知与所知、主体与客体之别。詹姆士根本反对独立
于人的意识之外的客观实在。他说:"如果说人的思维以外还有任何'独
立'的实在,这种实在是很难找到的……这种所谓实在,绝对是哑的、虚
幻的,不过是我们想象的极限。"也可以说,"独立的实在只是一块不抵抗
的原料,是让我们随意塑造的"。② 詹姆士从"纯粹经验"出发,以对"实
在"的理解为标志,把没有主体就没有客体和客体主体化的原理发展到了
淋漓尽致的地步,从而形成了他的主体性哲学。这种主体性的哲学,不仅
反对传统哲学中的唯物论、唯心论和二元论,而且也反对哲学基本问题,
把哲学基本问题也看作一种二元论的观点。所有这些,说明了詹姆士企图
用他的彻底经验主义来改造传统哲学和其他一切哲学,并创立一种与传统
哲学和其他哲学不同的新哲学。

那么,詹姆士的彻底经验主义,究竟"彻底"在什么地方?他到底提
出了一些什么基本观点呢?

根据詹姆士的论述,他的彻底经验主义主要有如下几个基本观点。

第一,它认为世界上的一切都毫无例外是经验,不能经验的事物尽可
以存在,但绝不能构成哲学研究的对象。

詹姆士说:"'思想'和'事物'这两个名称代表两类东西。这两类东
西在常识看来,总是相反的,而且事实上总要把它们对立起来。哲学着眼
在相反方面,过去对此曾做过多种多样的解释,今后可能还会这样。最初
'精神和物质'、'灵魂和肉体'曾代表一对对等的实体,在分量和重要性

① 〔美〕威廉·詹姆士:《实用主义》,陈羽纶、孙瑞禾译,商务印书馆,1979,第 124 ~
127 页。
② 〔美〕威廉·詹姆士:《实用主义》,陈羽纶、孙瑞禾译,商务印书馆,1979,第 125 ~
127 页。

上，完全相等。不过后来康德摧毁了灵魂，抬出了超越的自我，从此这种两极的关系就大大失去了平衡。"① 在这里，詹姆士说哲学着眼于相反的方面，就是指坚持唯物论或者坚持唯心论，而康德则开始摧毁了这种本体论上的"二元论"，但还不彻底。所以他又说："如果说新康德主义者排除了早期的二元论形式，那么如果我们能够连新康德主义也排除掉的话，我们就将把一切二元论形式都排除掉。"② 应当看到，詹姆士是在意识无权立于第一本原行列中的情况下，发现在经验的实在里面有着同意识的实用价值相等的东西，认识到"现实能够存在的最小单位不是主体，也不是客体，而是客体加主体。同时主体—客体的分别完全不同于心、物之间的区别，完全不同于肉体和灵魂之间的区别"③。因为在现实中存在着一个抽象的、纯粹理性的创造活动，这个创造活动体现在一个认识者和被认识者之间有目的、有计划的相互作用的统一体之中，所以主体和客体统一于纯粹经验之中，就成了现实能够存在的最小单位，因而也就成了世界的本原。詹姆士正是从这一点出发反对唯物论和唯心论在本体论上的所谓二元论的观点，并把这种二元论变为一种在关系和功能上的二元论的。詹姆士指出："在这里也可以以油彩为例。油彩在一个油彩店里的一个罐子里，和其他油彩一起，纯粹就作为可售的物质之用。把它涂在一块画布上，周围涂上别的油彩，那么相反，它在画面上就表现出一个相貌，行使着一个精神职能。同样，我认为一部分既定的、未分的经验，在一套联合着的组织结构里扮演知者的角色，精神状态的角色，'意识'的角色；然而在另一套结构里，这同一段未分的经验却扮演一个所知的角色，一个客观的'内容'的角色。总之，它在这一组里表现为思想，在那一组里又表现为事物。而且由于它能够在两组里同时表现，我们完全有权把它说成同时既是主观的，又是客观的。用诸如'经验''现象''感官材料'这样的一些具有双重含义的术语来表现的二元论——这些术语至少在哲学中越来越趋向于取代具有单独一重意义的'思想''事物'这样的一些术语……这样，它就不再是神秘不

---

① 〔美〕威廉·詹姆士：《彻底的经验主义》，庞景仁译，上海人民出版社，1986，第 1 页。

② 〔美〕威廉·詹姆士：《彻底的经验主义》，庞景仁译，上海人民出版社，1986，第 3 页。

③ 〔美〕威廉·詹姆士：《彻底的经验主义》，庞景仁译，上海人民出版社，1986，第 3 页。

可捉摸的，而是可以证实的、具体的了。这是一种关系上的二元论。"① 詹姆士既反对唯物主义的物质本原论，也反对唯心主义的意识本原论，他认为世界的本原是"纯粹经验"。他指出："世界上只有一种原始素材或质料，一切事物都由这种素材构成""我们把这种素材叫作'纯粹经验'"。② 由于"纯粹经验""作为一个整体来说，是自足的而不依靠什么东西"，③ 所以它可以成为现实存在中最小的单位，成为世界的本原。

詹姆士认为"纯粹经验"是世界的本原，哲学研究的对象就是经验，而休谟等人的普通经验主义却认为世界的本原是知觉，心、物是不同的知觉群，人所认识的世界、哲学研究的对象只能以知觉为限，知觉之外是否还存在什么，那是不可知的；詹姆士按照他的意识流学说把经验当作"纯粹经验""直接经验"，或者当作"意识流""主体生活之流"，而休谟等人的普通经验主义却认为经验是主体的孤立的、原子式的感觉和知觉；詹姆士承认物质和意识、物理的东西和心理的东西、事物和思想等的关系，承认它们之间的连续性和统一性，把作为哲学和科学研究的一切对象统一了起来，而休谟等人的普通经验主义却认为客观事物只是孤立的、原子式的感觉和知觉，其间是松散的，缺乏连续性和统一性，为了解释事物之间的关系，只好借助超乎事物的主观心理联想，因此詹姆士认为休谟等人的普通经验主义是不彻底的，而他的彻底经验主义把世界上的一切都毫无例外看作经验，不能经验的事物只不过是我们想象的极限，不能构成哲学研究的对象。

第二，他认为认知与所知、主体与客体是"纯粹经验"中的一端与另一端的关系，物质和意识都是由经验做成的。

詹姆士说："如果我们首先假定世界上只有一种原始素材或质料，一切事物都由这种素材构成，如果我们把这种素材叫作'纯粹经验'，那么我们就不难把认知作用解释成为纯粹经验的各个组成部分相互之间可以发生的一种特殊关系。这种关系本身就是纯粹经验的一部分：它的一端变成知识

① 〔美〕威廉·詹姆士：《彻底的经验主义》，庞景仁译，上海人民出版社，1986，第5页。
② 〔美〕威廉·詹姆士：《彻底的经验主义》，庞景仁译，上海人民出版社，1986，第2页。
③ 〔美〕威廉·詹姆士：《彻底的经验主义》，庞景仁译，上海人民出版社，1986，第2页。

的主体或担负者，知者，另一端变成所知的客体。"① 在这里，詹姆士把"纯粹经验"分解为认知与所知、主体与客体，就是说明了存在着一个独立自主的行为主体的创造活动，这个创造活动具体表现在一个认识者、知者与被认识者、所知之间的有目的有计划的、相互作用的统一体中，并且以日常经验的可靠性为基础，受经验的判定和检验，因而这是一个自我调节和自我修正错误的过程。这个过程一方面突破了笛卡尔的心、物两极对立的逻辑划分模式，认为心、物都离不开人，而人既非纯粹的心，也非纯粹的物，心、物皆统一于人。所以，作为主体的人就成了心与物的统一、灵魂与肉体的统一、心理的东西与物理的东西的统一。另一方面，从人与环境的关系上讲，也突破了笛卡尔的心、物两极对立模式，强调了人在自然界复杂活动中所创建的意义和内容，认为观念、事物皆离不开人，既无纯粹的观念，也无纯粹的物，观念和物都统一于一定时间和空间中人的经验，所以作为客体的事物、实在，就成了观念与事物、心理的东西与物理的东西，意识与物质的统一，实在被深深地打上了人的印记，成了人化了的东西。所以，主体与客体、认知与所知只是"纯粹经验"内部的划分，只是"纯粹经验"中一端与另一端的关系。

詹姆士从"纯粹经验"出发，认为物质和意识都是由经验做成的。在詹姆士看来，虽然意识是一个无实体的空名，无权立于第一本原的行列之中，但是由于意识含有一种外在关系，所以经验是"有意识"的，经验的实在里也有着同意识的实用价值相等的东西。而物质则是一种经验实在，它是像我们"所知那样"的东西，第一部分是我们的感觉流，第二部分是我们的感觉之间所存在的关系，第三部分是我们过去已有的真理，它们都融化在"纯粹经验"中。所以，"纯粹经验"在一种关系上是物质，在另一种关系上是意识；在一种意义上是客体，在另一种意义上是主体。这样，詹姆士就很容易地把物质和意识都统一于他的"纯粹经验"了。

第三，他认为经验就是直接的生活之流，就是彻底的经验主义所主张的"纯粹经验"。

---

① 〔美〕威廉·詹姆士：《彻底的经验主义》，庞景仁译，上海人民出版社，1986，第 2 页。

　　詹姆士从独立自主的行为主体的生活、经验、实践出发，根据他的意识流学说，把经验解释成"纯粹经验""直接经验""意识流""直接生活之流"。既然世界上只有一种原始素材，一切事物都由这种素材所构成，那么这种素材就成了世界的本原。詹姆士把这种素材叫作"纯粹经验"即"直接生活之流"，而这种"纯粹经验""直接生活之流"又是指一种尚未被经验主体加进任何理性成分或意识成分的、原始的、浑然未分的感觉材料，一种平实无华的、素朴的、未经限定的现实性或存在。这种浑然不分的感觉材料或现实的存在，既是物质又是意识，既是客体又是主体，既是物理的东西又是心理的东西，既是东西的思想又是所思的东西，既是事物又是思维，它是一身兼二任的。詹姆士说："经验作为是'主观的'时候，我们说它'表现'，作为是'客观的'时候，我们说它被表现。表现者和被表现者，这里在数目上是同一个，但是我们一定要记住：在自在的经验里并没有什么被表现和表现的二元性。经验在其纯净的状态中，换言之，当它被单独拿来看时，并不存在把它自己一分为二——一个是意识，另一个是意识'所属'的东西——这种情况。它的主观性和客观性只不过是职能上的两种属性，这两种属性只有当我们把经验拿来做两次'对待'，也就是说，当我们两次谈到它时，当我们通过一次新的回顾经验（这种回顾经验的新的内容是由过去的整个纷繁复杂的经验做成的）分别同它的两个不同的结构一起来考虑时，才实现出来。"① 这样，既定未分的经验，在一套结构里扮演知者的角色、精神状态的角色、意识的角色；在另一套结构里扮演所知的角色、有客观内容的角色、物质的角色。由于它们能够同时在这一组里表现为思想，在那一组里表现为事物，所以我们就完全有理由把它们说成既是主观的又是客观的。詹姆士就是以这种"纯粹经验""直接生活之流"作为世界的本原的，这也就是他的多元的一元论世界观。

　　总之，詹姆士的彻底的经验主义，是一种既不同于传统哲学中的唯物主义，又不同于休谟等人的普通经验主义，而是主张从独立自主的、有利害关系的行为主体的"纯粹经验""直接生活之流"出发，并超越唯物论和

---

① 〔美〕威廉·詹姆士：《彻底的经验主义》，庞景仁译，上海人民出版社，1986，第12页。

唯心论的一种新的经验主义。

詹姆士的彻底的经验主义和他的实用主义基本上是一致的。詹姆士曾经把"彻底的经验主义"视为一个独立的学说。他说:"我可以说,在实用主义(按照我所理解的那样)和最近我作为'彻底经验主义'提出来的一种学说之间是没有什么逻辑联系的。后者有其自己的立足点。人们可以完全反对它而仍然不失为实用主义者。"① 这就说明,当詹姆士强调实用主义是一种方法时,他可以不要自己的世界观,在他那里世界观和方法论不是统一的。但是,作为哲学的世界观和方法论毕竟是分不开的。所以詹姆士晚年就更为重视"彻底经验主义",认为它是比实用主义更为根本、更为重要的学说。从而他又突出了他的彻底经验主义的世界观。实用主义作为一种方法,强调独立自主的、有利害关系的行为主体的生活、经验和实践,彻底经验主义作为一种世界观则把这种生活、经验和实践解释为"纯粹经验""直接生活之流",解释为世界的本原,从而建立了它的以人为中心的形而上学。从美国的社会生活上看,彻底的经验主义与实用主义一样,都反映了重经验而不重抽象思辨、重进取开拓和行动成功而不重教条和空谈的社会风尚,因而也就成了与美国生活方式紧密相连的资产阶级的行动哲学。彻底的经验主义不仅符合实用主义的基本原则,而且为实用主义提供了世界观的理论基础。

五 詹姆士的社会伦理道德观和宗教观

詹姆士的社会伦理道德观和宗教哲学思想,是他整个实用主义理论体系的组成部分。然而,这些思想又是以他的彻底的经验主义世界观和实用主义的方法论为基础的。或者说,就是他的世界观和方法论在社会历史领域中一些具体问题上的推广和应用。

詹姆士从独立自主的、有利害关系的行为主体的生活、经验和实践出发,强调历史主体——个人的创造历史的作用,批判了英国的经验论和德国的绝对唯心主义思辨哲学,用独立自主的行动者的眼光去观察社会历史、

① 〔美〕威廉·詹姆士:《实用主义》,陈羽纶、孙瑞禾译,商务印书馆,1979,第4页。

审视人生，形成了他的社会历史观。他的社会历史观主张："社会的进化是两种完全不同的因素相互作用的结果。一方面是个人，……另一方面是社会环境，……这两种因素对于变化来说都是主要的。没有个人的冲动，社会就会停滞，而没有社会的同情，这种冲动也会消亡。"① 在这里，詹姆士把历史的发展归结为社会的进化，把社会的进化归结为个人的冲动和社会的同情。他所说的个人又主要是指伟大人物，而伟大人物的冲动，得到社会的同情，就会使社会进化。显然，这也是一种伟大人物创造历史的英雄史观。

至于伟大人物是怎样创造历史的，詹姆士的回答也是不正确的。他说："伟大人物的产生的原因，是在一个为社会学家所完全不能达到的领域内的。"② 在这个领域内，"达尔文的第一个成就就在于表明这些由（对外部环境的）直接的适应（对生物体构造）所产生的变化之完全无关宏旨，而无比的巨大的变化是由内在的分子的偶然性所产生的，而对此我们毫无所知"。③ 这就说明，在他看来，伟大人物的产生完全不取决于社会的环境，而是取决于生物学领域中我们对此毫无所知的"内在的分子的偶然性"。既然伟大人物的产生可以脱离开社会历史条件，不是时代召唤英雄、时代锻炼英雄、时代筛选英雄、时代造就英雄，而是取决于生物学和生理学上的因素，那么伟大人物的冲动就可以脱离开社会环境和历史规律而起作用，只需得到社会的同情就行了。伟大人物不必认识历史规律，因为历史规律本身就是"一种最有害和最不道德的宿命论"④。在这里，詹姆士仍然强调的是他的独立自主的行动者的创造作用，我们愿意把世界造成什么样子，它就是什么样子。也正是在这个意义上他贬斥平凡的人，认为："下等人的智慧是非常平庸的，这是一个最平凡的自明之理。他们是习惯的奴隶，他们做别人教会他们做的事，不能有什么偏离，干瘪、单调、平凡是他们的标志……他们把世界看作当然的东西，他们的唯一天赋是忠诚和老实，借

① James, William, *The Will to Believe* (Harvard University Press, 1927), p. 232.
② James, William, *The Will to Believe* (Harvard University Press, 1927), p. 225.
③ James, William, *The Will to Believe* (Harvard University Press, 1927), p. 223.
④ James, William, *The Will to Believe* (Harvard University Press, 1927), p. 227.

此他们有时能激起我们的称赞，但是，即使这种忠诚似乎也是有一种无机的痕迹，它使我们想到的与其说是那种善于做出抉择的坚强的人的意志，不如说是一块死材料的不变特性，如果我们在看野兽，它们的这些特性更加明显。"① 詹姆士贬斥平凡的人，认为其天赋低下，高扬伟大人物，认为其天赋高贵，都旨在强调个人创造历史的作用。在这里，他根本没有谈及群体的人——人民群众创造历史的作用。

应当说詹姆士强调伟大人物创造历史作用的英雄史观，与尼采的"权力意志""超人"的英雄史观是一致的。他们都是从人的问题和历史人物实践活动出发来建立他们的社会历史观。在西方，对社会历史的解释，本来就存在两种看法，一种是侧重于从客体方面解释历史，表现为对历史做宏观的考察，以探求历史发展的规律性，"科学的"记事描述式的"历史编纂学"和"思辨的""历史哲学"都可以被看作这一种观点的研究成果；另一种则是侧重于从主体方面解释历史，表现为对历史做微观的考察，以探求行为主体、实践着的个人对历史事件及其进程的创造性和建构作用，生命哲学与唯意志论都可以被看作这一种观点的研究成果。詹姆士的社会历史观，基本上是从主体方面解释社会历史发展的，这与他的彻底的经验主义世界观与实用主义的方法论是完全一致的。

詹姆士从独立自主的、有利害关系的行为主体的生活、经验和实践出发，认为个人应该如何行动是一个道德问题。这就是说，詹姆士是把他的心理学和认识论作为其伦理道德学说的理论基础的。

詹姆士认为，哲学不是孤立的、客观的、对绝对真理的追求，而是一种能赋予人的生活以目的和意义的世界观。哲学作为世界观，它比任何别的东西都更重要，宇宙似乎是十分冷漠而没有人的情感的，而哲学则能够把人从这个宇宙中的一种完全无意义的和荒谬的生活中拯救出来。所以，哲学作为道德力量，它决定着一个人努力的方向和意义。詹姆士从心理学出发，认为人性是善的，哲学是性情之表现，任何哲学都必须尊重人的性情，而不应当压抑人的性情。因此，他主张要从人的情感和欲望出发来探

---

① James, William, *The Will to Believe* (Harvard University Press, 1927), pp. 247 – 248.

讨伦理道德问题。这样，他的道德观就成了一种人本主义的伦理学。

詹姆士人本主义的伦理学，主要探讨了三个问题：道德情感的心理学起源问题、形而上学意义上的道德问题、决疑论亦即道德评价问题。

第一，关于道德情感的心理学起源问题。詹姆士在其《心理学原理》一书中，对人的心理情感问题做了详细论述。首先，他认为人的各种情感都是人身体中生理变化的产物，是人的骨骼、肌肉、内脏和其他生理器官的反应在心理和意识中的再现。生理活动是心理和意识活动的基础，离开人的生理活动就不可能理解人的情感。其次，他认为人的情感意识活动是由遗传得来的"有机的心灵结构"决定的，是由人的纯粹内在的心理力量决定的，与外部对象无关。再次，在"有机的心灵结构"内部，包括本能、情感、习惯。所谓本能是指个人心灵中的一种盲目的、自发的、不学而能的欲望冲动；所谓情感是指个人心灵中的一种与本能相联系、随本能而产生的情感冲动；所谓习惯则是指由本能和情感的连锁动作而产生的行为方式。最后，在"有机的心灵结构"内部，除本能、情感和习惯之外，还有信仰和意志。信仰是证明真理之所以为真的因素；意志是思想之父。詹姆士在其心理学中，无论是讲意识活动状态，还是讲意识之流，都旨在强调思想和理智是受本能、情感、习惯或者情感、信仰、意志决定的，也就是说，意识和心理活动是受生理活动制约的。

既然人的各种情感都与人的本能冲动相联系，都是生理和心理变化的产物，那么人的一切喜怒哀乐问题都可以归结为生理学和心理学问题，都可以用生理学和心理学的方法来解决。詹姆士用生理学和心理学的观点和方法来解释道德情感的起源问题，完全排除掉一切社会因素，否认道德是调整人们之间以及个人和社会之间的行为规范的总和，否定道德是一种依靠社会舆论、人们的信念、习惯、传统和教育来起作用的精神力量。

第二，关于形而上学意义上的道德问题，亦即关于善、恶、责任等道德范畴的性质问题。詹姆士认为，道德问题是属于人的问题，是与人的需要、利益、欲望等情感直接相关的问题。离开了人，根本谈不上道德价值的问题，只有当出现了人，出现了人的情感意识活动时，才会产生道德价值的问题。所以他拒斥一切超乎人的伦理学，并把自己的伦理学看作一种人本主义的伦理学。

但是，詹姆士又认为，人的个体性、个人的主观愿望是一切伦理学的最后根源。当一个人处于孤独境地时，他个人的愿望就是道德价值的来源。"他感受到某种东西是善的，便把它当作善的。"① 当第二个人出现时，也就是说当一个人与他人发生关系时，他们之间在道德价值问题上就会发生冲突，于是就需要协调他们的善恶观念，从而也就必然要提出各种道德观念。只有在这时，关于善、恶、责任等道德范畴才被提出来。然而，詹姆士拒绝谈论道德产生的社会背景，否认道德是一种社会意识，仅仅从人的需要、利益、欲望等道德情感上来谈论善、恶、责任等道德问题，不能说不是一种错误的观点。

第三，关于决疑论，亦即对道德的评价问题。詹姆士认为，最能体现"善"的本质的，莫过于满足人的需要。我们应当尽可能多地满足人的欲望和需要，使人取得成功。因此，满足需要便是最高的道德价值。詹姆士的这一观点，首先是与他关于认识和真理的理论相一致的。他说："真理是善的一种，而不是如平常所设想那样与善有区别、与善相对等的一个范畴。"②真理问题实际上就是属于道德上的善的问题。这样，道德就和真理一样，都成了满足人的需要的工具。其次，他否认道德原则和范畴的客观性和绝对性。他说："就决疑学的问题而论，伦理科学很类似物理科学，它不是从一个抽象原则推演出来的，它必须等待机会，必须准备经常修正自己的结论。""每一真正的两难选择严格说都是一种独特的情景，每一种决定所创造的实现的理想和愿望的理想的精确的结合总是属于一种没有前例的范围。对它们来说，并无令人满意的既有规则存在。"③ 这就是说，在道德问题上如同在真理问题上一样，詹姆士也是以所谓的具体性、相对性来否定客观性和绝对性的。以道德原则的具体性和事实性来否定道德规范和原则的客观性和绝对性，否认抽象的、一般的道德原则，否认道德规律，认为每一个道德原则都是独特的、没有先例的，都是相对于某一独特情景中的独特

---

① James, William, *The Will to Believe* (Harvard University Press, 1979), p. 190.

② James, William, *The Will to Believe* (Harvard University Press, 1979), pp. 208~209.

③ James, William, *The Will to Believe* (Harvard University Press, 1979), pp. 208~209.

个人而存在的。也就是说一切道德都是相对的。

由此可见，詹姆士的伦理道德观，与尼采的以"权力意志"的完成和"超人"的产生为转移的强者的道德观基本上是一致的。尼采认为，善就是勇敢、进取、刚强、冒险、勇猛；善就是权力、果断的智力、天才的高傲、无畏的进攻、残酷的战争。凡是能增进我们人类力量的东西都是善，与此相反，怜悯、同情、柔弱、谦卑、嫉妒等都是恶。所以他称颂英雄、强者的道德，力斥奴隶、弱者的道德。詹姆士从独立自主的行为主体——人的生活、经验、实践出发，强调真理是善的一种，强调人的欲望冲动，强调成功、效果和价值，称颂一切开拓、进取、勇敢创新的精神，实际上也是主张一种强者道德观。

詹姆士从独立自主的行为主体的生活、经验和实践出发，反对传统的宗教和神学教条，主张一种理性的道德宗教。他继承了康德的一个著名观点：人们的宗教观念是通过道德意识来达到的。在他看来，按照道德要求来形成的宗教，当然应当以满足人的欲望和需要、帮助人取得成功为目标。如果宗教和道德对立起来，甚至凌驾于道德之上，不能满足人的愿望和需要，不能帮助人取得成功，那么对这种宗教就应当予以抛弃。

既然宗教和道德一样，都是与人的生活、经验、实践以及对人的欲望和需要的满足相联系的，那么人的生活目标、道德、宗教就不是在人的生活、经验、实践之外，而是为人的活动所指向，并在人的活动中产生效果和发挥作用的东西。詹姆士正是从这个意义上论述了他的宗教观的。

第一，詹姆士的宗教理论与传统宗教的对立。詹姆士在其《宗教经验种种》一书中指出，人有两种不同的宗教经验，一种属于"病态的灵魂"，一种属于"健康的心理"。传统宗教从病态灵魂出发，主张人性皆恶，只有信仰上帝，祈祷悔过，才能得救，从而主张盲目信仰。詹姆士反对这种宗教观，他从健康的心理出发，主张人性皆善，他不乞求外来的人格——神的援助，也不愿贬损自己的人格而做神的奴仆。他不愿说"我如果信仰神，我就幸福"，而愿说"我信仰神，所以我幸福"。他是把宗教当成一种人间现象来关注的，因此他主张理性的信仰。詹姆士出身于一个资产阶级教会家庭，早年深受其父的宗教观影响，他反对宗教神学教条，对传统宗教所沉思的对象不感兴趣。他愿人们幸福，假若信仰神能使他们幸福，那就让他们信仰神好了。他使宗教从属于道德，使有健康心理的人避恶从善，具有一种符合道德的生活态度。

第二，詹姆士对宗教解释的新角度。詹姆士既反对自然主义者和唯物主义者用人的身体以及其他物质的原因来解释宗教，得出全盘否定宗教的结论；也反对唯心主义理性派独断论者借助某种神秘的启示和超时空的精神力量来解释宗教，得出全盘肯定宗教的结论。他认为这两种对待宗教的看法都是不正确的。与此相反，詹姆士从生活经验的角度，把宗教看作一种社会现象，看作一种与科学并行不悖的人的意识，从而得出了他对宗教的新解释。他认为，评判宗教同评判其他任何事物一样，最正确的方法是考察它们是否对人有用，是否有助于把人们从过去引向未来。而以实用主义的方法论和真理论为根据的、由宗教所构想出来的各种各样的假设，又都必须诉诸实验法庭，由实验法庭来评判它们是否对人有用和有效。

第三，詹姆士充分肯定宗教的社会作用。詹姆士认为，宗教信仰有时可以给予人们某种满足，使人们在不稳定的、甚至是面临毁灭和分解的世界面前，还能怀有希望，得到安慰，使人们有为未来而奋斗的勇气。至少宗教尚能给人们一种"道德休假日"，这种"休假日"像其他休假日一样，可以用于我们的目的，达到间接地影响工作日的效果。他说："上帝这个概念虽然不如机械论哲学中所流行的数学概念那样明确，但是最低限度，它有一个比它们强的实际的优点，那就是保证一个理想的秩序可以永久存在……这种永恒的精神秩序的需要，是我们心里最深刻的需要之一。""任何宗教的见解都能给我们精神上的休假日。宗教不但在我们奋斗的时候给以鼓舞，它也占有了我们的愉快、无忧无虑、充满信心的时刻，并且证明它们是理所当然的。"① 既然詹姆士认为凡是有用的、有效果的，就是实在，就是真理，那么宗教具有重要的作用，如此符合人的需要，当然就应当对宗教加以充分肯定。他甚至从心理学的角度，还证明宗教和科学是人类精神的不同机能，宗教信仰是一种原则上不属于科学范围的经验，因而在进

---

① 〔美〕威廉·詹姆士：《实用主义》，陈羽纶、孙瑞禾译，商务印书馆，1979，第57~58页。

化的法庭面前，宗教和非宗教是平等的。

第四，詹姆士心目中的上帝形象，只是一种希望，一种鼓舞力量，并不是一个绝对存在者。詹姆士认为，既然宗教是一种人间的现象，宗教信仰必须服从人的需要和目的，那么盲目的宗教信仰，崇尚神学的宗教教条，把上帝看作一种万能的、无限的、绝对的力量等，就都是错误的。单是现实世界中存在着罪恶和痛苦这一事实，就足以表明上帝是受到限制的，它绝对不是全智全能的。在詹姆士看来，首先，上帝不再是作为造物主和绝对精神的上帝，因为这样的上帝不能把我们引导到我们所希望的未来。传统宗教鼓吹上帝是造物主的创世说，那上帝创世以后再不能创造新东西，还有什么存在价值呢？其次，他认为上帝的存在，只是一种假设。人们假设在可见的经验世界之外，有一个为科学所不能达到和我们尚未认识到的理想世界，或者说有一个作为个人内心的情感和体验的对象世界，上帝的意义和作用，就在于他给我们以希望，使我们有信心去达到这个理想的世界。这样，上帝就成了我们的一种希望、一种鼓舞力量。我们说有没有上帝，就等于说有没有希望。"上帝存在"这句话的真实意义并不是指在任何形式上有上帝存在，而只是指这样说令人感到舒服。"改善主义，对于世界的得救，既不当作是必然的，也不当作是不可能的；而是当作一种可能；随着得救条件的增多，这种可能成为事实的或然性也愈大。"① 这也就是说，如果人们能够与上帝合作，或者请上帝保佑，去把世界变好，达到一个理想的世界，那么这个世界就可能变好，这个理想的世界就可能达到。但是，上帝不是决定力量，决定力量仍然是独立自主的、有利害关系的行为主体——人的实践，上帝的作用和意义只是在于他给人们以希望，鼓舞人们有信心去把世界变好，达到一个理想的世界。所以，詹姆士说，上帝存在的真实性，只能由上帝对人的效用来评判。他只是把上帝看作一种希望，一种鼓舞力量，而不是把上帝看作一个绝对存在者。

综上所述，在社会伦理道德观和宗教观上，詹姆士仍然坚持彻底的经验主义世界观和实用主义的方法论与真理论，也可以说是他的世界观、方

---

① 〔美〕威廉·詹姆士：《实用主义》，陈羽纶、孙瑞禾译，商务印书馆，1979，第146页。

法论与真理论在社会历史领域中一些具体问题上的推广和应用。由于他是从生物学、生理学和心理学上解释和说明社会历史现象的，所以从总体上看是错误的，但是他在一些具体问题的解释和说明上，仍然包含有一些合理的思想因素，值得我们深入分析。

第三节　杜威——实用主义哲学基本理论的集大成者

杜威是 20 世纪美国著名的哲学家，他与皮尔士、詹姆士齐名，都是实用主义的创始人。在詹姆士 1910 年去世后到第二次世界大战以前这段时期，杜威的思想对美国社会的影响比任何其他哲学家都要大。杜威一生写了 30 多本著作，900 多篇文章，在 13 个学院和大学中接受荣誉学位，多次从外国政府那里接受勋章，在美国的社会地位也很高。在 1950 年杜威 90 岁生日时，美国总统杜鲁门还亲自参加了他的生日宴会表示祝贺，美国《纽约时报》发表了社论，许多报纸杂志和出版社也发表了专刊专辑，表示庆贺。杜威被说成是"哲学家的哲学家""美国人的顾问和导师""20 世纪美国民主的真正声音""美国天才的最深刻、最完全的表现"。直到现在，在美国的一些大学里还成立有杜威研究中心，专门收集整理和出版他的一些著作。而杜威本人以其在哲学、心理学、教育学等方面的建树，在美国实用主义运动中成了实用主义哲学基本理论的集大成者。

一　杜威的生平和思想历程

约翰·杜威是美国著名哲学家、心理学家和教育家，与皮尔士、詹姆士同享实用主义创始人的荣誉，而他的学说的社会影响力则超过了其他两位。

杜威出生在美国东北佛蒙特州伯灵顿城，在那里度过了青少年时代。美国东北六州习称新英格兰，是美国开发最早、经济文化领先发展地区。它曾是美国独立战争的策源地，有深厚的民主主义传统。19 世纪初美国开始进行产业革命时，新英格兰是率先的，它较早实现了城市化，引来各国移民，形成更加开放、活跃的多民族文化。这些历史文化优势使新英格兰孕育出许多杰出人物，杜威就是其中之一。

杜威生于 1859 年 10 月 20 日。杜威的家庭世代务农，到了他父亲才趁着经济城市化的浪潮移居伯灵顿，经营起一家杂货店。少年时代的杜威仍有农家子弟的特色，喜爱劳动，为人谦虚，做事谨慎，在生人面前感到羞怯。他在母亲的影响下也喜欢看书，但是对学校的课程没有多大热情，学业平平。新英格兰生机勃勃的生活吸引着他，他更倾心于接触实际生活来增长自己的见识。

审慎的选择 1875 年，杜威和他的二哥一起进入伯灵顿大学，成为他们家第一代大学生。大学最初两年的课程是希腊文、拉丁文、古代史等传统科目，与实际生活距离较远，杜威不感兴趣，几乎要辍学。后两年学习自然科学、哲学、心理学、政治经济学等，才对他产生了吸引力。生物学的进化论思想，黑格尔哲学对人类历史的合理性的信念，孔德实证哲学改造人类知识以谋求社会进步的宗旨，印入他的心中，启发了他对社会的认识。他开始关注哲学和社会学说，意识到在推进美国社会民主化的艰难历程中，哲学是能够发挥重要作用的。

1879 年大学毕业后，杜威到宾夕法尼亚州石油城当中学教师，教拉丁文、自然科学和代数。两年后回到伯灵顿，继续在一所乡村学校教书。这期间他在伯灵顿大学托雷教授指导下读了许多哲学著作，越来越倾心于哲学，但是还不敢贸然决定。他写了一篇论文《唯物主义的形而上学假定》，寄给当时很有名气的《思辨哲学杂志》主编哈利斯，请他评价文章的作者是否适宜于进行哲学研究。哈利斯赞许和鼓励他，将他的文章发表了。这促使杜威拿定主意，于 1882 年到霍普金斯大学攻读学位，开始了他漫长的哲学生涯。

黑格尔的影响 霍普金斯大学云集了许多知名学者，杜威在这里大开眼界。他听过实用主义创始人皮尔士讲授的逻辑学，听过美国第一流的实验心理学家 G. 霍尔的课程，这些都对他产生了深远的影响。不过，当时对他影响最大的是在该校讲学的密歇根大学教授莫里斯，此人是美国新黑格尔主义的领袖之一。19 世纪 60 年代以后，新黑格尔主义成为美国最有影响的哲学流派,哈利斯 1867 年创办的《思辨哲学杂志》是传播康德、黑格尔学说的主要阵地,也是杜威涉足哲学的最初向导。此时他得到莫里斯的亲自指导,深入研究哲学史,专攻德国唯心主义,其思想更靠近新黑格尔主义了。莫里斯很赏识杜威,他返回密歇根时让杜威接替了他在霍普金斯给本科学生开设哲学史课程的教学任务。1884 年杜威以题为《康德的心理学》的论文获得哲学博士学位。莫里斯又介绍他到密歇根大学哲学、心理学系担任讲师。

杜威这一时期的哲学见解大致是将黑格尔的唯心主义一元论与赫胥黎进化论的观点糅在一起,把世界看作一个有机整体,认为理智做出的一切区分只有相对的意义,反对传统哲学把心和物、精神和自然截然分离开来的"二元论"。他认为这种看法具有指导人生事务的道德意义。人生活在自然之中,人自身的活动与人控制自然的活动是有机联系着的。若将人类控制自然的科学方法引入人类行为本身,理智地确定行为目标或价值,社会将产生重大的变化。人们感情上、理智上向往精神与自然的有机统一,在黑格尔哲学中得到了深刻的表现,也鼓舞了杜威去寻找二者之间的联系。

社会问题和心理学研究 1884～1894 年,杜威在密歇根大学执教整整十年。在这里他结识了爱丽丝·齐普曼,两人于 1886 年结婚。1888 学年杜威去明尼苏达大学做访问教授。莫里斯就在那年去世,杜威回来接替了他的系主任职务。

在密歇根期间杜威逐渐从新黑格尔主义转向实用主义。动因是两方面的,一是他对社会问题的关注,二是他对心理学的研究。杜威向来关注实际生活,这时他经常就一些社会、经济、政治、道德问题发表评论文章,观点相当激进。他曾支持一份具有社会主义倾向的刊物《思想评论》,不过这份刊物最终没有正式出版。他还卷入了密歇根地方的公共教育问题辩论。接触实际社会问题使杜威越来越不满意抽象的哲学思辨,力图寻找一种把哲学研究引向实际生活的方法。这种连接生活经验的哲学方法,他是从心理学研究中得到启示的。

杜威同詹姆士一样,也是机能派心理学的创始人。他的《心理学》一书发表于 1887 年,比詹姆士的《心理学原理》还早三年。接着他又与麦克莱伦合作写了《应用心理学》（1889 年）、《数的心理学及其在算术教学中的应用》（1896 年）。杜威最重要的心理学著作是《心理学中的反射弧概念》（1896 年），该文对整个机能派心理学有重大影响，也标志着杜威实用主义的心理学基础业已确立。文章用生物进化论观点指出，心理活动是生物有机体适应环境的工具，是刺激与反应之间不断相互协调的过程，心理过程不能还原为一些孤立的心理元素如感觉、表象等。

这些对心理活动的理解势必导致对心的作用和经验的看法的改变。心的活动，即思维，不是要摹写实在，而是为人提供有效地适应环境的信念或行为方法。经验不复是由感觉原子构成的、心理的东西，而是人和环境之间的相互作用，包含着人的行动及其遭遇或对象。杜威的工具主义学说和经验自然主义学说，就是由此建立起来的。后来他曾多次谈到，实用主义的产生依赖"两个因素"。一个是"经验在实际性质上的变化"，指实验科学和工业社会的出现；另一个就是"一种以生物学为基础的心理学的发展"。足见心理学研究在他思想形成过程中所起的重要作用。

实验学校和芝加哥派实用主义 1894 年杜威应聘担任芝加哥大学哲学、心理学、教育学系主任。他欣然接受了这一职位，认为这向他提供了把哲学引向应用研究的理想场所。教育问题是他最为关心的。在密歇根他曾批评传统教育不适应现代社会和心理学的最新发现。一到芝加哥，他就积极筹划、创办了一所附属芝加哥大学的实验学校，以贯彻和考验他的心理学、教育学理论。传统教育偏重传授知识，尤其是书本知识，学校教育脱离社会生活。杜威的实验学校注重对人的行为培养和实际操作训练，养成学生明智地参与社会生活的态度和能力，反对单纯地、教条地灌输知识。杜威本人经常到学校演讲。他早期的也是最重要的教育学著作大多是根据演讲写成的，如《教育与实验》（1896 年）、《我的教育理论》（1897 年）、《学校与社会》（1899 年）、《教育的状况》（1902 年）、《学校是社会的中心》（1902 年）等。办实验学校，深入探讨教育理论，使杜威的工具主义知识观、价值观日渐明朗，这也是他思想形成过程中重要的一环。

除了教育，杜威还关心其他社会问题。芝加哥有一著名的"赫尔大厦"，是在贫民区从事社会福利工作的一个团体于 1889 年创办的。杜威经常参加赫尔大厦的活动，在那里结识了许多工人、工会组织者和政治活动家，了解到由经济城市化、技术革命、移民涌入带来的种种社会问题，随时著文加以评论。

在大学里，他的周围形成了一个以他为首、有共同倾向的学术群体。其中有与杜威亲密合作的 J. 托夫茨，有实用主义的著名代表米德等等。他们协同研究有关心理学、逻辑学、伦理学的问题。杜威的工具主义认识论（探究理论）、方法论（实验逻辑）大体上形成于这个时期。他抛弃黑格尔主义的哲学思辨而转向经验主义，把哲学视为一种有效地解决实际问题的方法或智慧。1903 年为纪念芝加哥大学建校十周年，杜威及其伙伴将他们的研究成果汇集成《逻辑理论研究》一书出版。这本书被看作芝加哥派实用主义，即工具主义学派的宣言书。该书题词献给詹姆士，詹姆士称赞备至，预言书中阐发的思想将支配未来二十五年的美国哲学。

1904 年，杜威因为实验学校管理问题与芝加哥大学校长意见不合，辞职离去。他想进哈佛大学未成，失业一年。1905 年受聘于纽约哥伦比亚大学哲学、心理学系。

实用主义的系统发挥和应用　哥伦比亚大学为杜威阐发和传扬他日臻成熟的思想提供了极好条件。该校的师范学院是一个培养世界各地教师的教育中心，通过这个渠道，杜威的教育理论传播到世界各国。该校主办的《哲学杂志》于 1904 年问世，主编 F. 伍德布里奇与杜威交往甚密，这份享有国际盛誉的杂志就成为阐发和讨论杜威思想的主要阵地。据说从它创刊到 1952 年杜威去世，该杂志几乎每一期都有杜威本人撰写或是讨论杜威思想的文章。

杜威在哥伦比亚大学执教二十五年，这是他哲学生涯的丰收季节。这个时期他的哲学建树大致有三个方面。第一，阐述他的工具主义学说，即探究理论和实验逻辑。第二，为工具主义学说奠定哲学基础，提出一种既反对唯理论，又区别于古典经验论的新经验论，即经验自然主义。经验自然主义解释了工具主义，使理论和方法融为一体，完成他所谓哲学的改造。第三，把他倡导的哲学理论和方法贯彻到各个知识领域，做改造哲学、改造知识的建设性工作。这个时期他涉足的问题更加广泛，哲学、逻辑、伦理、心理、教育、社会、经济、政治、宗教、艺术、文化等，无所不及。他的著述内容博杂但自成系统，围绕着他整个学说的中心一以贯之，即把科学的方法推广应用到人生的和社会的事务上去。詹姆士和其他实用主义者没有做这样的工作，或者做得远不如他，这或许就是杜威的社会影响超出于他们的重要原因。

杜威的学术声誉日渐增长。他被推选为 1905 年度美国哲学协会主席。1915 年任美国大学教授协会主席。杜威在国外的影响也不断扩大。1919 年他访问日本和中国。他在东京帝国大学做了《哲学的改造》的著名演讲。杜威 5 月 1 日抵达上海时，正值五四运动爆发前夕。他本来计划在中国逗留两个月，但是中国的民主主义运动和悠远深邃的文化传统吸引了他，竟至停留了两年多，1921 年 7 月他才返回美国。他走遍大半个中国，做了一系列演讲。后来汇集成书的《杜威五大讲演》《杜威三大讲演》，在中国广为流传。另外，杜威还访问过土耳其、墨西哥、苏联，考察这些国家的教育状况。

在哥伦比亚大学时期，杜威的主要著作有《我们怎样思想》（1910 年）、《实验逻辑论文集》（1916 年）、《明天的学校》（1916 年）、《哲学的改造》（1920 年）、《人性与行为》（1922 年）、《经验与自然》（1925 年），《确定性的寻求》（1929 年）。

晚年的活动 1930 年，杜威以名誉教授身份退休，时年 71 岁。退休后他仍然精力充沛地继续写作和参与社会活动。阐述实用主义理论的工作，他在哥伦比亚大学时期业已完成。晚年的著述，或是进展到他以前涉及不多的领域，或是将以往的阐述做最后有系统的整理。主要的著作有《作为经验的艺术》（1934 年）、《普通的信仰》（1934 年）、《教育与经验》（1938 年）、《逻辑：探究的理论》（1938 年）、《估价问题》（1939 年）、《今天的教育》（1940 年）、《人的问题》（1946 年）、《认知与所知》（1949 年）。总计杜威一生的著述，共出版了三十多部专著，近千篇论文，是少有的多产哲学家之一。

杜威还是一位社会活动家。从他最初选定哲学事业起，他就抱有一种参与、改善社会生活的愿望。他的理论活动充分体现了这种参与意识，同时他本人也参与广泛的社会活动。这方面可以记录的事件很多，比较重要的如第一次世界大战后他参加非战运动，在其中发挥了重要作用。20 世纪30 年代他曾想参与政治，批评民主、共和两党，打算组织第三党但未能成功。1937 年他担任调查莫斯科审判的一个国际委员会的主席，该委员会最后发表了宣告托洛茨基无罪的调查报告。

由于他的声望，杜威 1932 年被选为美国教育协会名誉主席，1938 年被选为美国哲学协会终身名誉主席。他在国内外十三所大学享有名誉学位。他的七十、八十、九十寿辰，美国学术界都举行了庆祝活动，发表了大量纪念文章和文集。举国上下对他是一片赞誉之声，说他是"美国哲学界最杰出的人物"，他的思想体现和鼓舞了美国的民主主义精神。

杜威的妻子爱丽丝 1927 年去世。1946 年杜威与罗伯塔·路易兹再婚。1952 年 6 月 1 日杜威逝世，享年 92 岁。

二　经验自然主义

杜威的学说包括机能主义心理学、经验自然主义理论、工具主义方法，对人生事务的应用研究，如道德、政治、教育等。经验自然主义是他的工具主义方法及其应用研究的哲学基础，这一理论的建立又得助于机能主义心理学。

杜威的经验自然主义其实也是所谓彻底的经验主义，既反对传统理性主义，也批评近代经验主义，与詹姆士属同一类型。不过他们各有特点。詹姆士从意识流出发，描述个人所经验的世界，旨在讨论个人信仰和宗教问题。杜威从日常意识出发，描述人们所经验的常识世界，旨在把科学方法应用于日常生活。

经验自然主义讨论"经验对于建立一个关于自然的哲学理论的关系"。[①]杜威把世界看作我们所经验的自然，经验既是与自然合一的实在、本体，也是揭示自然的途径、方法。所以经验自然主义既是本体论，也是方法论。作为彻底经验主义者，杜威反对形而上学的本体论，反对离开经验去讨论

---

① 〔美〕杜威：《经验与自然》，傅统先译，商务印书馆，1960，第 2 页。

实在问题。他把本体或实在看作我们所经验的自然，即主体活动及其对象合一的整体，谈本体不离开主体活动和认识，把本体论、认识论、方法论融为一体。这体现了黑格尔对他的影响。

强调经验与自然合一，既是把经验自然化、客观化，也是把自然经验化、人文化。所以杜威称这种哲学为"经验的自然主义"或"自然主义的经验论"，也称作"自然主义的人文主义"。

经验对哲学方法的意义 杜威阐述经验自然主义的代表作是 1925 年出版的《经验与自然》，该书一开头就提出这个问题。他审视哲学的历史和现状，认为各派哲学的研究目标和任务极不相同，这取决于它们的方法，而哲学方法的不同在于对经验的理解和态度。

在他看来，除了实用主义，古往今来其他哲学的研究目标和任务都是"远离人生事务"的，其方法是"非经验的"，究其根本是"把人与经验同自然界截然分开"了。这主要表现为两种倾向。

一种倾向认为经验达不到自然的本质，经验"是把自然界从我们眼前遮蔽起来的一个帐幕，除非人能通过某种途径'超越'这个帐幕。因此，某种非自然的东西，某种超经验的东西，用理性或直觉的方式就被介绍进来了"。[①]

这是批评传统哲学。按柏拉图、亚里士多德的解释，经验是我们感官知觉的东西、记忆和习惯。经验在日常生活中是有用的，但也往往靠不住。因为经验是主观的知觉或意见，不是对实在的真知。认知实在必须超越感性经验，理性才是知识真正的来源。所以自古希腊时代以来，传统哲学用唯理的方法进行研究，全然没有经验的地位和发言权。哲学成为思辨的形而上学，其目标和任务在于获得关于比现实世界"更高的实在"的知识。于是哲学高高在上，离开了现实的经验世界和实际人生事务。

另一种倾向是认为自然处于人的活动之外，"完全是物质的和机械的"，不包含人的行为所要获取或拒绝的那些价值属性，"因而也就贬低或否认了经验所特有的高贵而理想的价值"[②]。这主要批评近代经验主义哲学。近代

---

① 〔美〕杜威：《经验与自然》，傅统先译，商务印书馆，1960，第 1 页。
② 〔美〕杜威：《经验与自然》，傅统先译，商务印书馆，1960，第 1 页。

经验主义论证了科学的经验方法，确认经验是知识的唯一来源和证明依据。但是杜威认为它对经验的解释仍然沿袭传统，认为经验达不到自然的本质或实在。不同的是，它反对理性超越经验去讨论实在问题，排斥形而上学。在传统哲学中，价值也被看作实在的属性来加以讨论。现在，价值问题连同实在问题一道被排斥在哲学研究之外。经验被等同于知识，只是纯认识性地报道物理事实而不涉及价值属性。于是哲学只剩下认识论的工作可做，专事揭示"知识的基础"。杜威把这种倾向称作认识论主义、主知主义或理智主义。他批评近现代认识论哲学在科学技术蓬勃发展的时代"忙于供给'知识的基础'"，却不关心科学技术应用所带来的现实问题，实在是一件怪事。"有用的知识越增加，哲学则越忙于完成其与人生无关的任务。"①

近代经验主义在否认经验对实在问题、价值问题的发言权上同传统哲学没有两样，它研究"知识的基础"同传统哲学研究"更高的实在"一样脱离实际生活。所以，杜威说近代经验主义只在"技术上和可争议的意义上是经验的"。② 就是说，它只是论证了科学的经验方法，却未能将经验方法移植到哲学中来，推广应用到人生事务上去。所以杜威将近代经验主义的哲学方法也判为非经验的。

杜威把哲学的非经验方法同科学的经验方法进行对比："经验的方法和哲学思考中所应用的其他方法之间的对立，以及由经验的方法所产生的结果和那些公开承认是用非经验的方法获得的结果之间，有着惊人的差异。"③非经验的方法使哲学研究成为抽象的，完全局限于它自己的领域而不与日常经验的事物相接触，理论得不到证实，也没有实际效用。其结果是哲学走进死胡同，哲学研究的问题是一些永远不能证实和解决的"困惑不解之谜"；同时，由于哲学无助于实际生活，自然也就遭到世人的冷落和恶感。科学却是另一番景象。科学的经验方法从经验中获得题材，研究结果回到事物中证实、产生效用并不断引起新的观察和研究。科学能够迅速发展、

---

① 〔美〕杜威：《人的问题》，傅统先、邱椿译，上海人民出版社，1965，第3页。

② 〔美〕杜威：《哲学光复的必要》，引自刘放桐《实用主义述评》，天津人民出版社，1983，第66页。

③ 〔美〕杜威：《经验与自然》，傅统先译，商务印书馆，1960，第6页。

造福于人、受人敬重，全在于它卓有成效的方法。

杜威坚决主张仿照科学的模式来改造哲学，使哲学研究完全建立在日常经验的基础上。为此，那些导致哲学研究采取非经验方法、脱离实际生活的哲学观念必须给予批判、彻底清除。核心的问题是对经验的理解，要克服旧经验理论的狭隘性，对经验获得一种全新的认识。

克服"二元论" 杜威认为以往哲学"把人与经验同自然界截然分开"，是犯了"二元论"错误，把本来是连续统一的东西截然分割开来：经验只被看作人的认识，与人的行为、活动、生活分割开来了；经验只被看作主体的知觉，与被知觉的对象、自然分割开来了；经验只被看作关于自然事实的知识，与价值属性或人的行为目标分割开来了；经验只被看作感性的东西，与理智活动分割开来了，等等。以往哲学对经验的解释包含着这一系列的分割、对立，就把经验限定在一个非常狭隘的领域，使之在哲学思考中没有多少发言权。无怪乎哲学总是要讲"超越"，诉诸非经验方法。

杜威指出，认识与行动（理论与实践、哲学与生活）、经验与自然（主体与客体、心与物）、事实与价值（知识与评价、科学与文化）、感性与理智（经验论与唯理论）等的对立，是哲学史遗留下来的传统观念，根深蒂固。他对经验做新的解释，就是要克服这些二元对立，重建"经验的连续性"，把这些分裂开来的东西统摄在经验之中。"经验的连续性"是杜威克服"二元论"、论证经验自然主义的基本原则。这个原则简单地说就是将经验概念无穷地放大，大至无外。一切都在经验之中，一切区分和界限如认识和行动、心和物、事实和价值、感性和理智等，都不过是经验的不同方面或不同作用，都要通过经验去揭示和说明。确立了这样"彻底"的经验概念，也就确立了"彻底"的经验方法。

这是杜威经验自然主义的中心思想。

顺便提一下，反对二元论是19世纪末20世纪初西方哲学的一种普遍倾向。这是现代哲学趋向于反思人所经验的世界、反对形而上学方法而提出的问题，不能简单地一概否定。各派哲学的论题和观点不尽一致，要说杜威在这其中有什么特点，那就是他反得更全面、更彻底。如马赫主义、新实在论、逻辑实证主义主要谈到心物二元论，现象学还谈到事实与价值、科学与文化的二元论对立，而经验与理智、认识与行动的二元对立就很少有人提及。这些杜威都提到了，都在他"克服"之列。他反对"二元论"的武器即经验连续原则，也比其他流派的要素一元论、中性实体说、现象学还原等学说，论域更宽阔，神通更广大。这表现了实用主义兼收并蓄、调和折中的特点。

什么是经验？杜威指出，以往哲学对经验的解释，其主要特点和缺陷是把经验只看作认识，各种"二元论"的观点均由此产生。他的经验论不同以往，主要在于不把经验只当作认识，而把经验当作人的行为。

他认为经验首先表示的不是认识，而是行动的方式和辛劳。"有两件事曾经使我们有可能对经验产生一种新的看法……第一个因素是经验在实际性质上所发生的变化，即实际活动的经验在内容和方法上的变化。另一个因素是一种以生物学为基础的心理学的发展，它使我们有可能对经验的性质做出一种新的科学表述。"① 第一个因素就是指现代工业社会和实验科学。他认为，广泛应用实验科学方法和成果的现代社会进一步改变了人和自然的关系，人显然不是消极地承受自然，而是积极地控制自然。现代生活中人主要是作为一个行动者和实行者出现，知识不是侧重纯粹的思考而是侧重实际控制。所以，以往那种对经验做纯粹认识性的解释已经过时，经验应该主要被作为人的行为、实践来看待。但是经验在实际性质上的变化只是产生新经验理论的必要条件，还要加上他说的第二个因素，提供一种关于经验的新的理论形式，才构成必要且充分的条件。这就是对经验的生物学解释。以生物学为基础的机能主义心理学是推动实用主义经验论产生的直接因素，所以杜威特别强调它。杜威的学生胡克也指出，生物学的影响对于杜威"也许是决定性的影响"。

生物进化论表明，"凡有生命的地方就有行为、有活动。为了使生命得以维持，这种活动应该是连续不断的，同时也应当与环境相适应。而且这种适应环境的调节作用并不是完全被动的，并非仅仅是有机体受环境的塑

---

① 〔美〕杜威：《哲学的改造》，载于洪谦主编《西方现代资产阶级哲学论著选辑》，商务印书馆，1964，第163~165页。

造……为了维持生命，就要改变周围环境中某些因素。生命的形式愈高，对环境的主动改造也就愈重要。"① 用生物学观点看，人的活动也是有机体的行为，即对环境的适应。适应活动是连续的，是有机体的主动改造和被动遭受互相影响的过程，即有机体和环境之间的相互作用。适应活动是杜威用以解释经验的基本范畴。

以往的哲学解释经验都把感觉当作基本范畴，认为经验是来自感官刺激的东西，是知识。杜威用适应活动来解释：环境对有机体产生刺激，有机体做出反应，这个刺激和反应的过程即有机体的行为，才是经验。他认为："按照正统的观点，经验主要被看作一种关于知识的事务。但是，如果不是用陈旧的眼光去看，它显然就是一个活人与其物理的和社会的环境所发生的一种相互作用。"② 适应活动是"连续不断的"，所以经验表现为过程、联系。人的行为是对环境刺激的反应，人对环境造成的变化又对人的活动起反作用。人受着自己行为后果的影响。"行动和遭遇之间的这种密切联系，就形成了我们所谓经验。没有联系的动作和没有联系的遭遇都不成其为经验。"③ 杜威反对感觉原子论，认为孤立的感觉，即没有联系的遭遇，没有经验意义。他举例说，比如意外地被火烫了一下，这里头没有什么东西可以称为经验、成为教训。另外，没有联系的动作也是没有意义的。如偶然地一阵肌肉抽搐，或者无谓地伸一伸手，这对生活不产生什么结果或影响，也无所谓经验。但是一个无知的婴儿把手伸向火，尝到烫的滋味，这个动作和遭遇联系起来，就提示了他今后应当警戒的许多事情，这就有了一项生动的经验。

杜威所说的"行为"，范围很广，无所不包。除了实际活动，还包括认识活动，以及非认识性的精神活动和意识状态。这使人感到他的经验概念在解释上有些混乱。但是杜威自有他的道理，就是所谓经验的连续性。生

① 〔美〕杜威：《哲学的改造》，载于洪谦主编《西方现代资产阶级哲学论著选辑》，商务印书馆，1964，第 163 ~ 165 页。
② 〔美〕杜威：《哲学光复的必要》，引自刘放桐《实用主义述评》，天津人民出版社，1983，第 66 页。
③ 〔美〕杜威：《人的问题》，载于洪谦主编《西方现代资产阶级哲学论著选辑》，商务印书馆，1964，第 165 页。

物学的解释把人的一切活动的本质归结为适应，一切活动都成了原则上同类的行为方式，并且互相连接、影响；各种行为方式的特殊意义及其间的差别变得无关紧要。借助这种生物学还原论，杜威把人的全部活动统摄在经验之中，认为每一种行为方式都是经验的一种形式，都是人的适应活动的某一个方面或片断。因为他着重讲连续而不大讲区分，所以没有对各种经验形式进行概括和分类。往往是随便谈起的时候杂乱地列举一些经验形式，如说经验包括政治经验、宗教经验、审美经验、工业经验、理智经验等。甚至列举一些事实和现象，如说经验包括梦、不适、疾病、死亡、劳动、战争、迷惘、语意双关、谎言、谬误、各种先验论体系和经验主义体系、巫术、迷信和科学。总之，生活中发生的一切都在他所谓经验之中。所以他说经验与生活是"同类语"，经验就是生活。

杜威通过对经验的生物学解释，把经验等同于生活、等同于常识世界，正是为了将日常意识转化为工具主义的哲学意识。工具主义把认识，或认识性的经验，只当作对生活经验的反省和为之服务的工具。

经验和反省认识是理智活动，在杜威看来也是一种生物性行为，经验的一种形式，称之为理智经验或反省经验。相应地他则把日常的、朴素的、直接的生活经验称作原始经验。这是他对经验形式所做的最重要的区分，但目的还是要把这种区分连接起来，把认识归并到人的行为、活动、生活之中。

他指出，人和动物不同在于人有理智。动物适应环境是本能的，人则是有目的的。环境对人的刺激令人快乐或痛苦、喜悦或厌恶、向往或逃避。原始经验的世界形形色色，充满各种可能性，有待人的选择和控制。人对各种事件做出反应之前会进行思考，设定自己行动的目标并制订实施办法。这就是认识活动。认识是对原始经验的反省，用以解释、控制原始经验的事物。原始经验提供反省的问题和素材，反省的结果要回到原始经验中发生效用并受到检验。所以，认识是生活经验的一部分，而不是什么独立的东西。原始经验的生活世界是本原的、实在的，认识即反省经验的东西则是派生的、工具性质的。如达尔文的工作是从饲养员和园丁们的家鸽、牲畜和植物开始的，他所得到的结论又作为指导观念，用于这些原始经验的事物。原始经验的实在性，反省经验的工具性，是显而易见的。

杜威认为常识、科学都同意关于认识的工具主义的观点，唯独哲学不是这样。其实哲学和科学的对象都是反省思维的结果，不同的是科学家懂得把他们使用的对象概念，如原子模型，当作工具或假设，回到原始经验事物中应用和检验；而哲学家却把他们使用的对象概念，如心与物，当作本原的、实在的东西。这是科学的经验方法与哲学的非经验方法的首要区别，即出发点不同。前者从原始经验出发，自然地把反省结果当作工具；后者从反省结果出发，混淆了经验的工具性和根源性。他认为彻底的经验主义哲学应当诉诸反省前的原始经验。

为什么以往的哲学都是只从反省结果出发呢？杜威分析了认识的和历史的根源。他指出认识虽然是派生的东西，但是"一旦确立，就有一种庇荫的作用"①，容易给人错觉或虚假的满足。如人的行动都是认识指导下进行的，看上去好像是认识在先，认识产生了行动，误把认识看作首要的东西。又如认识通过抽象、想象把现实的东西条理化、理想化，提供更满足人类理智、审美、道德需求的理想事物，这些理想事物或理念被认为是"高于"现实生活的东西。诸如此类，都可能导致把认识、知识看作高于生活、独立存在的东西。但是决定性的原因还在于旧时代的社会分工和阶级对立，使得理智活动成为少数人的专职和特权。这些人鄙视劳动阶级极其繁重、艰辛的物质生产活动，欣赏自己享有的精致、高雅的精神活动，夸大精神产品的意义和作用。这就使认识同实践分离开来，形成重理论、轻实践的传统。于是哲学家只是专注自己反省思维的结果，把他们使用的对象概念和用这些概念构造的哲理世界，看作本原的、实在的东西，而不诉诸反省前的原始经验世界。这导致了知与行、心与物等的二元对立。杜威认为，只要哲学思考诉诸反省前的原始经验，长期以来困扰哲学的这些二元对立均将消失。这种时机已经到来，因为实验科学已经卓有成效地提示了这种方法，而旧时代的社会分工和阶级对立已不复存在。

经验和自然　把经验等同于认识、知识而同自然对立起来，是从反省

---

① 〔美〕杜威：《人的问题》，载于洪谦主编《西方现代资产阶级哲学论著选辑》，商务印书馆，1964，第166页。

结果出发看问题。如果诉诸反省前的原始经验，那么经验显然是一个整体，它包括我们的行为和遭遇，即经验活动和被经验的自然，也就是主体和客体相互作用的过程。

杜威说："经验是一种同时具有动作和遭受的事物。"① 经验不仅是主体的动作，即主观的东西，同时也是所遭受的客体，即客观的东西。经验既是主体的行为、感受、认识，也是行为、感受、认识的对象。总之，经验提示着自然，经验与自然是连续的、同一的，是不可分割的整体。

所以他说："'经验'是詹姆士所谓具有两套意义的一个字眼。好像它的同类语生活和历史一样，它不仅包括人们做些什么和遭遇些什么，他们追求些什么，爱些什么，相信和坚持些什么，而且也包括人们是怎样活动和怎样受到影响的，他们怎样操作和遭遇，他们怎样渴望和享受，以及他的观看、信仰和想象的方式——简言之，能经验的过程。'经验'指开垦过的土地，种下的种子，收获的成果以及日夜、春秋、干湿、冷热等变化，这些为人们所观察、畏惧、渴望的东西；它也指种植和收割、工作和欣快、希望、畏惧、计划、求助于魔术或化学、垂头丧气或欢欣鼓舞的人。它之所以是具有'两套意义'的，这是由于它在基本的统一之中不承认在动作与材料、主观与客观之间有任何区别，但认为在一个不可分析的整体中包括它们的两个方面。'事物'和'思想'，正如詹姆士在同一个有关的地方所说的，乃是'单套头'的，它们仅指反省从原始经验中鉴别出来的产物而言。"②

按他的看法，实在不是物质，不是心灵，而是经验这个兼收并蓄的统一体，或者说实在就是我们所经验的自然。这样，形而上学的本体论问题，即心灵和物质何者是本原何者是派生物的问题被取消了；形而上学的认识论问题，即心灵能否认识外部世界问题也被取消了。剩下的就是这个统一体中经验与自然、主观与客观的连续性、同一性。实在世界既是自然存在的又是我们所经验的，既是客观的又是主观的。这是杜威经验自然主义的

---

① 〔美〕杜威：《哲学光复的必要》，引自刘放桐《实用主义述评》，天津人民出版社，1983，第73页。

② 〔美〕杜威：《经验与自然》，傅统先译，商务印书馆，1960，第10页。

世界观，这种世界观是人本主义的。它强调现实世界属人的性质或主观性，但并非把世界归结为自我意识的那种主观唯心主义。

杜威承认人和经验的存在是有限的，承认世界在有人类经验以前和在人类经验范围以外的存在。他说，没有一个忠实于科学结论的人会否认经验作为一种存在，乃是只有在一种高度特殊化的条件下才发生的事情，例如它是发生于一个高度组织的生物中，而这种生物又需要有一个特殊的环境。没有证据证明任何地方和任何时候都有经验。有了人和经验之后，每个时代人类经验的范围固然是有限的，但又向着无限的宇宙不断扩大，是一种有限的无限。"当经验发生的时候，不管它在时间和空间上所占的地位是多么有限，它就开始占有自然的一部分，而且这种占有的方式，使得自然领域的其他部分因而成为可以接近的。"① 如根据地质观察的资料"翻译"出地球的形成史，那亿万年前不为人知的事件就进入了人的经验范围。人类经验范围不断扩大，没有止境。尚未进入经验范围的东西固然存在着，但那是"无意识的存在"，什么也说不上，无从谈起。凡我们能够设想和谈论的东西都已进入经验范围，所以经验世界是我们唯一能够思考和把握的实在世界。

杜威并不隐讳这种观点的"主观性"或"主观主义"，即我们所经验的事物或自然的存在依赖于它们被我们经验的方式或状态。他说："我们发现了，我们之所以相信许多东西，并不是因为事物就是这样的，而是因为我们通过权威的势力，由于模仿、特权、教诲、语言的无意识的影响等等，而已经变得习惯于这样的信仰了。简言之，我们知道了，凡我们视为对象所具有的性质，应该是以我们自己经验它们的方式为依归的，而我们经验它们的方式又是由于交往和习惯的力量所导致的。"② 他认为这种主观性的发现"标志着一种解放"，把人在现实世界中所起的作用和负有的责任突出了。世界不是给定的、本来如此的，而是由人的活动所把握和塑造，并有待人进一步去把握和塑造。这样从主观的方面去理解世界，能唤起人对生活的批判态度和创造精神。我们的生活经验中渗透着历代反省的产物和偏

---

① 〔美〕杜威：《经验与自然》，傅统先译，商务印书馆，1960，第3页。

② 〔美〕杜威：《经验与自然》，傅统先译，商务印书馆，1960，第15页。

见，哲学作为对智慧的追求就是对偏见的一种批判。杜威经验自然主义所
表达的人本主义世界观的主导思想，显然是有积极意义的。但是他讲主观
性讲过了头，走向了相对主义。按照他的说法，一切被经验的事物都随着
被经验的方式之改变而改变，实在世界竟是一飘浮不定之物，那么世上的
事情和有关知识何言客观性、确定性呢？杜威没有考虑和回答这个问题，
他和詹姆士一样信仰相对主义而没有感觉到因此导致的理论困境。这个缺
陷是杜威以后的现代实用主义者设法弥补的。

经验和价值 抨击了心物二元论之后，杜威接着又批评了"理智主
义"。他指出，从反省经验即认识出发的哲学思维，把一切经验过程都看作
认识的一种方式或状态，把一切被经验的东西都看作被认知的东西。譬如
笛卡尔学派认为情绪只不过是模糊的思想，当它变得清晰而明确时，就是
认知。人们喜好、忧虑、厌恶、向往的东西是晦暗和模糊的，待通过解释
变得清晰而明确时，都不过是认知的对象。这是唯理智的观点，或叫作认
识论主义，对经验只做认识性解释，把认识对象和最后实在的客体等同起
来。真（知）就是实（在）。知识（对象）成为其他经验（对象）真实性
的标准。自然被精练为科学所规定的对象，价值对象在实在中没有地位。

"作为一个指责对象的所谓'理智主义'，就是指这样一种学说，它认
为一切经验过程都是认识的一种方式，而一切的题材，一切自然，在原则
上，就要被缩减和转化，一直到最后把它界说成为等同于科学本身精练的
对象所呈现出来的特征的东西。"① 这样，理智主义就不可避免地导致机械
论。实在世界被描绘成一个只有时空、质量、运动、因果、必然的机械的
物理世界，一个数理化了的骷髅，剥去了现实世界那种种令人喜爱的和可
鄙的、欣赏的和厌恶的、可敬的和可怕的东西的价值特征。

杜威指出理智主义和心物二元论密切相关，都是将反省活动孤立起来，
离开了原始经验中的事物。反省结果把认知的对象和认知的心灵分裂为二，
认知对象的数理特性被孤立起来而说成是唯一的最后的实在，价值特性被
排斥在实在之外，而归附于心灵。经验的对象与经验的主体之间筑起一道

---

① 〔美〕杜威：《经验与自然》，傅统先译，商务印书馆，1960，第 20 页。

墙，这道墙同时也把自然和价值、科学和文化（道德、艺术）隔开了。经验报道的自然只涉及事实，不涉及价值，价值乃是主观的东西。

为了避免关于自然的机械论和关于价值的主观主义，传统哲学被迫求助于非经验的方法，把价值属性也看成实在所固有的，把道德、审美评价的对象转变为认知的对象。当然，它所说的这种对象是超出经验范围的所谓"最高的实在"。近代经验主义哲学否定形而上学的对象，同时也否定了对价值对象的研究，坚持经验的科学方法只讨论事实不讨论价值。古今各派哲学对待价值问题的态度主要有这两种，而在杜威看来，不论是哪一种，都把价值问题排斥在经验方法的研究之外。

他认为，只要哲学诉诸反省前的原始经验，自然和价值、科学和文化之间的鸿沟就不复存在了。价值是自然固有的东西，"因为事物就是为我们所对待、使用、作用与运用、享受和保持的对象，它们甚至多于将被认知的事物。在它们是被认知的事物之前，它们便已是被享有的事物"①。换句话说，事物在显示被反省认识发现的那些事实特征之前，就已显示了被我们爱惜、向往、追求的价值特征。当事物被爱惜、向往、追求时，理智反省参与其中。后者是从属的工具性质的。认识性经验起源于非认识性经验，认知对象首先已经是价值对象。认知和享有、知识和价值没有截然界限。知识是用来控制原始经验的事物以达到目的价值的工具，它本身具有工具价值。

价值属于我们所经验的自然。我们无须像传统哲学那样建立超经验的价值标准，也不必像近代经验主义那样把价值问题排斥在科学领域之外，诉诸非理性的情意或信仰。杜威认为，科学知识的发现和价值观念的调节是经验过程中统一的东西，是手段和目标的关系。"目标和目的就是利用主动控制对象的手段在经验中所体现出来的更为可靠、更为自由、更为大家广泛所共享的价值，而对于对象的主动控制则只有借助于知识才是可能的。"② 目标调节着我们需要认知什么以及如何获得和运用有关知识，而进

① 〔美〕杜威：《经验与自然》，傅统先译，商务印书馆，1960，第20页。
② 〔美〕杜威：《确定性的寻求》，引自《资产阶级哲学资料选辑》第九辑，上海人民出版社，1964，第26页。

行认知的实践的程序和方法又调节着我们合理的行为目标。"从这个观点看来，哲学问题就是涉及在关于所追求的目的的判断和关于达到这些目的的手段的知识之间如何互相作用的问题。"① 这种彻底经验主义既把自然、自然科学人文化了，也把价值、人文科学自然化了，所以杜威称它是自然主义的人文主义。他指出，如何协调关于自然的知识体系和关于价值的信仰体系，是困扰近现代哲学并使之分裂（为科学理性主义和非理性主义）的一大难题。他的哲学解决了这个难题，消除了经验或自然与价值的二元对立，把经验自然科学的方法推广应用到人生事务上去。

经验和理智 将反省从原始经验中分裂出来，亦意味着理性认识活动与感性实践活动的分裂，理性世界（实在）和感性世界（现象）的分裂。杜威指出，这是传统哲学遗留下来的又一个根深蒂固的观念。经验只被看作感性的知觉，报道个别、具体、偶然、易变、缺陷的现象；理性思维把握普遍、统一、必然、永恒、完善的实在，则已超越经验范围。

对于这种分裂，杜威做了别具一格的分析，触及传统哲学的文化背景。他认为经验世界既是动荡的又是稳定的。"我们是生活在这样一个世界之中，它既有充沛、完整、条理、使得预见和控制成为可能的反复规律性，又有独特、模糊、不确定的可能性以及后果尚未确定的种种进程，而这两个方面（在这个世界中）乃是深刻地和不可抗拒地掺杂在一起的。"② 人们力图找出确定的秩序以控制这个世界，这有两条途径：一是实践的途径，借助科学技术实际地控制自然。二是自我的解脱，借助宗教幻想或哲学抽象的超越现实世界的秩序来安抚我们的心灵，主观上以为抓住了确定性，有了安全感，实际上是自我欺骗。在过去的时代，人类控制自然的能力薄弱，在动荡不安的实际状态中缺乏实际的确定性，人们就去培养那些给人以确定感的东西。宗教就是这种补偿心理的产物，而传统哲学又承袭了宗教的态度。这就使理性思维和经验活动分裂开来，实在世界和现实世界分裂开来。确定性或秩序与理性思维结合在一起，机遇或动荡与感性知觉放

① 〔美〕杜威：《确定性的寻求》，引自《资产阶级哲学资料选辑》第九辑，上海人民出版社，1964，第26页。

② 〔美〕杜威：《经验与自然》，傅统先译，商务印书馆，1960，第41页。

在另一边，经验的二重性被割裂开来成为一种二元论的对立。

杜威指出，这种二元对立既贬低了经验，也削弱了理智。经验被看作感性知觉的东西，那么它就只是接受"给予"的事物，消极地记载已经发生的一桩桩事情，没有联系，没有反省，不能产生主动控制的力量。而超越经验的理性思维也不能产生实际的控制。在二元论观念的支配下，一方面人们总是企求完善的确定性，这在实践领域中达不到；另一方面，理性宣称它把握了完善的实在，但这丝毫不影响实际生活，无助于实际的控制。

杜威强调经验包含着理智的反省，而不仅仅是感性知觉的东西，经验是人适应和控制环境的活动，一种改变已给予事物的努力，而不仅仅是消极地记载已经发生的事情，因而经验就包含着种种联系，能够产生控制的力量。总之，经验是连续的、能动的。正是经验中感性与理性、过去与未来，机遇与秩序等的连接统一，产生了现实的、能动的控制力量。哲学作为对智慧的追求，应当立足于经验，在观察和实验中发现控制实际事物、调节行为目标的方法。智慧不等于知识。智慧是应用知识去处理人生事务的能力。传统理性主义哲学把智慧的追求变成了知识的追求，追求一种超验的知识，一种虚假的秩序或确定性。这是自欺的安慰。真正的智慧是控制这既动荡又稳定的世界，哲学应当是生活的智慧，哲学的改造在于诉诸直接生活经验，而把理智反省只当作工具使用。

这样，杜威又回到哲学改造的主题上来。哲学的改造在于方法，确立哲学的经验方法在于克服种种二元论，对经验获得一种"全新"的理解。这种理解的诀窍，如上文所述，就是诉诸反省前的原始经验，而把反省认识当作工具。所以杜威的经验自然主义理论就自然地过渡到他的工具主义的认识论和方法论。

三　探究理论

经验自然主义阐明，人之适应环境依赖理智的反省，不断反省的经验是能动的、创造性的，世界因此而被不断地改造和重建着。理智反省就是认识。杜威专门讨论有关认识问题的学说，即探究理论和实验逻辑，亦发挥了同样的基本思想。他把认识看作一种适应行为，改造环境的工具，并强调其能动的创造作用。他的认识论、方法论称作工具主义。

行为探究 用杜威经验论的术语说，认识是经验的反省或反省经验，用他认识论的术语说，认识就是行为的探究或探究行为。杜威在著述中常常把经验、行为、生活、实践当作同义的概念使用。同样，他也交替地或重叠地使用反省、思维、认识、探究这些词，如说"反省认识""反省探究""探究或思维"，等等。他使用探究这个术语，是因为他吸收了皮尔士的探究理论。但是皮尔士的理论把探究解释为"怀疑—信念"的过程，偏重心理方面的描述。杜威极力把探究过程描述为一种自然发生的事件：从"有问题的情境"过渡到"问题解决了的情境"。

如前文所述，他认为我们所经验的世界是动荡的和稳定的。其稳定的一面，使我们逐渐形成各种习惯、传统、风俗，依靠这些经验我们得以比较顺利地适应环境。但世界又是不稳定的，偶然或意外的事情层出不穷，变化无常。"人发现他自己生活在一个碰运气的世界；他的存在，说得俗气一些，包括一场赌博。这个世界是一个冒险的地方，它不安定，不稳定，不可思议地不稳定。"① 世界不断发生变化并产生我们不可意料的事情，经常把我们置于"有问题的情境"。这种情境下，旧的习惯或方法已不足以应付；为了摆脱困境，我们必须求助理智的反省，弄清当下行动的条件、障碍、机会，设计出应变的对策或行为方法，以达到我们的目标。这就是认识。因为认识提供的行为方法或对策在结果得到检验以前，"从性质上说乃是试探性的，拿不稳的"②，一旦有了结果并验证了，这一认识过程也就完结了。所以认识始终是试探性的，即探究。

认识不是外在于实践行为的一种独立的活动。杜威指出，人之所以试图有所认知，那是为了生活而不得不如此。人只有对构成自己行为的手段、障碍和结果的环境进行研究，才能发现他应该怎么办。欲求获得理智上或认识上的了解，这只是被当作一种手段，在行动中可以用来获得较大的安全，除此以外别无意义。社会分工使有些人选择了认知作为他们的专门职

---

① 〔美〕杜威：《经验与自然》，傅统先译，商务印书馆，1960，第36页。
② 〔美〕杜威：《人的问题》，载于洪谦主编《西方现代资产阶级哲学论著选辑》，商务印书馆，1964，第175页。

业，但从根本上说他们的活动不是孤立的，单纯理论上的了解而不与实践活动有任何关系，是没有什么意义的。

杜威把认识解释为行为的探究，就是反对传统认识论把认识孤立起来，脱离实践活动抽象地研讨思维和实在或者主体和客体的关系问题。他认为，认识活动并非我们内在的心灵面对着外部的事物，以揭示外物的性质为目的。离开了认识活动所赖以产生的处境，不能解释认识的本质和目的。认识总是在特定情境中发生的探究活动，其使命提供成功的行为方法，把"有问题的情境"转变为"问题解决了的情境"。所以，认识本质上是实践的或实用的，这正是实用主义一词的含义。由于认识的任务，或者说思维的功能，提供控制环境的行为方法或手段，所以这种认识观又称作工具主义。

杜威要求人们正确理解工具主义的意义。工具主义把认识置于实践过程中探讨，或者说把实践置于认识的中心地位，并非把认识看作实践的仆从，单纯为行动进行辩解的工具。"实用主义的工具主义的实质是要把知识和实践两者都视为在经验存在中获得善果（各种优越的结果）的手段。"①

根据"经验的连续性原则"，杜威认为认识和实践本是一个统一的经验过程，这个过程就是要把"有问题的情境"转变成"问题解决了的情境"。对于过程的终点或目的、结果而言，认识和实践自然都降到了工具的地位。同时要注意，根据同一原则，目的或结果并不是在认识和实践之先、之外存在的东西，而是在认识和实践过程中产生和检验的东西。所以，认识、实践、目的是可以分析但不可以分割的。可以说经验过程包含着这三个因素，认识和实践都是实现目的的手段或工具。但是从连续的整体看，认识和实践是互相渗透的，工具与目的也是互相渗透的。若把相对区分的这三个范畴孤立起来，说认识是实践的工具，或者说是实现某种预先设定的目的的工具，都是杜威所不赞成的。

他对探究的解释体现了这个意思。他指出："把认识理解为行为的探究，是近现代实验科学革命改变了人们认识方法的结果。这种实验探究表

---

① 〔美〕杜威：《确定性的寻求》，傅统先译，上海人民出版社，2005，第 176 页。

现出三个突出的特征：第一个特征是一个明显的特征，即一切实验都包括有外表的行动，明确地改变环境或改变我们与环境的关系。第二个特征，实验并不是一种杂乱无章的活动，而是在观念指导之下的活动，而这些观念要符合引起积极探究活动的问题所需要的条件。第三个特征是最后的一个特征，它使得前两个活动具有完全的意义。这个特点就是在指导下的活动所得到的结果构成了一个新的经验情境，而这些情境中对象之间彼此产生了不同的关系，……形成了具有被认知的特性的对象。"① 第一、二个特征说明认识是观念指导下的实践过程，第三个特征讲的结果既是实践的收获也是观念的收获，而认识的目的意义在于此。

所以，在杜威看来，把认识解释为行为的探究，强调认识的工具性质，这并没有贬低认识的理论价值。工具主义只是指出理论对生活应负有的责任，而并非用什么狭隘的实际利益或目的来限制它。杜威说，"只有容许目的在探讨和检验的过程中得到发展的那种局面，才是能够充分刺激认识活动的局面。""只有当求知的兴趣有了高度发展，思维活动带来某种本身具有价值的东西，带来某种本身具有审美意义和道德意义的东西时，探讨才是自由的。"②

认识的对象　杜威指出，传统认识论的观点，包括唯物论和唯心论、近代经验论和唯理论、现代实在论，都把认识看作心灵或思想对外在事物的复制、反映或直观，都肯定了认识对象存在于认识活动之外、之前。他说这是心物二元论的表现。他的看法：对象是认识的结果，它不是给予的而是产生的，从事认识活动的人是产生所知事物的一个因素。

杜威竭力表明这种理解上的差别，不是形而上学的问题，只是方法论的问题。也就是说，不涉及事物在我们经验或认识之外存在的问题，只涉及我们对事物的理解和对待有关事物的知识的问题。传统的观点是在普通经验水平上，按日常意识接受事物的方式所形成的。他阐明的观点是实验科学方法所提示的。

他指出，经验中的事物都有双重身份：直接状态中的存在和关系中的

---

① 〔美〕杜威：《确定性的寻求》，傅统先译，上海人民出版社，2005，第62页。

② 〔美〕杜威：《人的问题》，傅统先、邱椿译，上海人民出版社，1965，第176、175页。

存在。直接状态中的事物是一特殊的个体、终极的存在。它是我们直接占有、享受、欣赏的对象，但不是我们认识的对象。存在的直接性是不可言传的，关于它我们毋庸对自己说什么，也无法对别人说什么，知识与它无关。而事物在关系中的存在，彼此相互联结、影响，便显示出种种有条理的顺序或规则性。这些顺序或规则成为事物呈现的条件，也提供了我们控制事物的手段，这才是我们认识的对象。

他说："科学研究总是从我们日常生活中所经验的环境中的事物出发的，总是从我们所看见、所玩弄、所享受和所忍受的事物出发的。这是一个通常定性的世界。但是实验探究并不认为这个世界的性质和价值（目的和形式）为知识提供了对象，使它们从属于一定的逻辑安排，反之，它认为它们为我们的思维提出了挑战。它们是问题的题材，而不是答案的材料。它们是要被认知的东西，而不是知识的对象。"① 后两句话相当咬文嚼字。他的意思是把事物和关系，即经验论中说的原始经验对象和反省经验对象，这里说的享受对象和认识对象区别开。日常经验中我们欲占有、享受的事物，成为"要被认知的东西"，出现在认识的开端。通过认识，将事物的前因后果、种种关系、控制条件弄明白了，获得知识才获得所知的对象（关系）。"知识的对象"出现在认识的终端，是认识的产物，即思维的对象或概念。

严格地说，认识的开端也不是日常经验的事物，因为它们只是刺激起认识活动，而不属于认识的项下。杜威指出，科学革命对认识方法做出的变革，就是用要素代替了事物或实体。实验分析方法将所观察的事物分解为各项要素，通过实验和数学分析，描述诸要素间的恒常关系，把自然表述为一系列数学公式。认识结果表达的才是知识的对象。

他说："科学对象就是关于这类相互之间的关系的陈述，这种科学对象就是我们控制事物的工具。科学对象是我们对于实在所进行的思维的对象，而不是实在实体固有的特性的揭露。"他提醒人们注意："不能把这种科学对象误认为是一种新的'实在的'对象，和通常的对象对立起来。"②

① 〔美〕杜威：《确定性的寻求》，傅统先译，上海人民出版社，2005，第75页。
② 〔美〕杜威：《确定性的寻求》，傅统先译，上海人民出版社，2005，第94、96页。

以上是杜威关于知识对象的基本思想。新黑格尔主义把经验分为直接经验、关系中的经验和绝对经验，称知识只是关系中的经验。杜威显然受此影响。不过他与新黑格尔主义不同，认为关系中的经验不是更接近实在，而是离开了实在，因为他是彻底经验主义者，只承认直接经验的东西即个体事物是最终的实在。他否认关系的实在性类似于否认一般或共相的实在性，因为他把"关系性存在"也看作"共同性存在"，认为一般的东西只是概念，是认识的结果，有工具效用而无实在性。这如同唯名论否认一般的实在性。但杜威又不纯粹是唯名论者。他谈到实际生活中事物的双重身份，"直接欣赏到的享受显示出在圆满终极状态中的事物，而劳动则显示出在相互联系中的具有效能、生产力，起着推动、阻碍、发生和破坏作用的事物。……在生产劳动中有规则性、有条理的顺序，把它自己在思维面前显现出来，成为一个控制原理。"① 这又承认了关系、规则、共性的客观存在，它们是由思维发现、显现的而并非由思维产生的。这些自相矛盾的说法，表现了杜威哲学的折中主义特点。

按他基本的思想或自觉的说法，认识的对象是认识的产物，是工具性质的而非实在的。他不隐讳"这是一种真正的唯心主义，一种与科学相容的唯心主义"。② 因为肯定对象是实验探究的产物，便是肯定探究或思维对于建设经验世界所负有的决定性的责任。而拒绝承认对象是外在地给予我们和我们必须服从或尊崇的东西，使思维不再受任何外在的限制。

认识是"行动" 杜威把传统认识论中思维和对象、主体和客体的问题，转变成活动及其结果的问题来讨论。对象是认识的结果，已如上述。而认识或思维亦并非在人的头脑中完成的心理过程，而是一种有外表动作的操作事物的过程。在此意义上他强调，认识是行动，或者说思维是操作。

他写道："探究是随着反省、思维进行的，但是这种思维绝不是旧日传统所理解的那种封闭在'心'内的思维。实验探究或思维指一种指导下的活动而言，从事一些活动以改变我们观察对象或直接享有对象的条件，把

---

① 〔美〕杜威：《经验与自然》，傅统先译，商务印书馆，1960，第 69～70 页。

② 〔美〕杜威：《确定性的寻求》，傅统先译，上海人民出版社，2005，第 102 页。

它们重新加以安排。"①

他指出，在实验科学产生以前，人们的认知方式是静观的，侧重纯粹的思考。而实验科学的认识方式是能动的，侧重控制或操作。"如果按照实验的模型来构成我们的认识论，我们就会发现认识是一种操作日常经验事物的方式，因而我们能够用这些日常经验事物之间彼此的交互作用，而不用这些事物直接呈现的性质来构成我们对于这些事物的观念。而且我们也会发现，因为我们对于这些事物的控制，我们按照我们的意愿来改变它们和指导其变化的能力，便无限地扩大了。认知本身是实践动作的一种方式，而且是使得其他自然间的交互作用从属于我们指导之下的唯一交互作用的方式。"②

实验方法不同于思辨方法，它不光要动脑，还要动手，要实际地去观察、去实验、去做。这是杜威反复强调要改变认识或思维观念、改变我们求知方法的原因。同时，他阐明这种见解时，也吸收了行为主义心理学派的观点。行为主义是继机能主义之后出现的心理学派，该派主张一切意识活动都是见诸外部行为从而可以观察的。杜威称他的认识论就是"一种关于思维和认识的行为主义理论"，③ 反复说明认识是一种见诸外部动作的行为方式。例如，"探究是一套用来处理或解决问题情境的操作""认知就是一种动作方式""认知乃是一种具有存在性质的外表动作""认知是一种改变在先事物的动作""思维乃是在促使有问题的情境过渡到安全清晰情境时所采取的一系列的反应行为中的一种方式；这种行为方式是可以在客观上观察得到的。"④

当杜威把认识规定为行动的探究时，强调认识不是外在于实践的。现在他把认识进一步解释为一种探究的行动或实验操作，说明认识和实践互相渗透，你中有我，我中有你，认识本身也是一种实践。"于是知和行的这种区别便消逝了"，杜威写道："因为我们明白了这一点，所以我们才有可

---

① 〔美〕杜威：《确定性的寻求》，傅统先译，上海人民出版社，2005，第 90 页。

② 〔美〕杜威：《确定性的寻求》，傅统先译，上海人民出版社，2005，第 78 页。

③ John Dewey, *Essays in Experimental Logic* (Chicago, 1916), p. 331.

④ 〔美〕杜威：《确定性的寻求》，傅统先译，上海人民出版社，2005，第 173、174、185、711 页。

能和必要来建立一种理论把知行紧密地结合起来。"① 知行合一是杜威认识论的基本思想。

认识和行动毕竟是有区别的。杜威原则上混淆了二者的界限，然而他不能不解释二者实际上的区别。他谈到实际操作和符号操作的关系时指出，所谓符号是指语言、文字、数学符号、模型、观念等，符号离开了直接存在状态中的事物，思维借助符号进行抽象、概括、推理，在想象中行动，预测行动的结果。符号操作是事物可能性的预演，一种思想实验，使我们不采取行动而有动作，事实上还没有结果而能够预见结果。杜威认为符号操作是从实际操作中逐渐分化出来的，特别是实验科学产生以后，数学分析成为一种强大的认知方式。科学发展程度越高，实验操作就越加符号化、形式化。但是无论符号操作达到怎样高度的抽象，它始终是实验性质的，是将日常经验事物加以分解和重新组合的实验操作或行动。

杜威声称，判明认识是一种动作或操作，就推倒了旧日那种"旁观者式的认识论"。认识并非一个封闭的"心"无为地去窥视那些与它无关的外在的对象，而是认知者有外表动作地进行实验操作以改变事物存在状态的过程。改变事物（实践）与获得知识（认识）是同一的。人的主动行动或参与，是获得有关事物知识的首要条件。

素材和观念　杜威指出，认识的动作或操作是感性材料和理智观念相互诱发、相互作用的过程。他说："从实验主义的观点来看，认知的艺术一方面要求有选择适当的感觉素材的技能，而另一方面要求具有联系性的原理或概念的理论。"② 他认为在实验操作中这两方面缺一不可，同等重要，并认为这种见解克服了旧的唯理派和经验派的片面性。他指出，它们的对立和争论的基本前提是错误的，即把认识和实践分隔开来，抽象地争执知识的来源和验证标准是感性还是理性。其实，离开实践或实验，无论感性还是理性，都不是知识的决定性来源或验证标准。

他以医生诊治病人为例，说明实验操作的活动机制。

医生面前的病人向他"提出了探究的问题"。病人的状况是"要被认知

---

① 〔美〕杜威：《确定性的寻求》，傅统先译，上海人民出版社，2005，第161、111页。
② 〔美〕杜威：《确定性的寻求》，傅统先译，上海人民出版社，2005，第127页。

的东西"，找出他的病因那才是认识的对象，是诊断的结果。医生对病人最初的感觉印象使他相信这个人确实患了某种疾病，促使他要进行诊断。换言之，感觉只是激起认识，但不属于认识的项下。

医生的诊断是"有指导的实验操作"。一方面他进行一些临床的操作：测听，轻叩，记录脉搏、温度和呼吸等，发现病人的症状，为他解释病源提供证据。同时，他诉诸他储备的知识，根据观察素材提示一种帮助他判定疾病性质以及正确治疗的观念。素材提示着观念的选择，观念一经提示出来便将素材有机地联结起来并引起新的观察：二者相互作用，直到他对病人做出确切的诊断和有效的治疗办法，并得到证实。

可见，在"有指导的实验操作"中，"可感觉的因素和理性的因素不再争夺等级的高低。它们是相互联系、相互协作，使得知识成为可能。把这两个分隔开来，就是表示把它们同与行动的有机联系中分隔开来。"①

杜威认为实验操作改变了素材和观念的性质。旧的认识论认为素材是感觉给予的东西，观念是揭示事物本质的东西。但是，他指出："在任何情况下，素材都不是原有对象的全部内容，这些素材只是为了用作证据和标志而选择出来的材料。"观察总是观念指导下的观察，感性素材不是"所与"，而是"被采取的"。同样，"在任何情况之下，一般的观念、原理、法则、概念并不决定着结论"，它们只是解释观察素材或解决问题处境的"一个假设"，而有待观察的验证。②后一点进而涉及杜威的意义理论。

以上杜威所谈的，只是从发生学的角度描述了科学和常识的认识过程，他自诩克服了传统唯理派和经验派的片面性，把二者融为一体，又完成了一次哥白尼式的重大的哲学革命。但是，现代哲学关于知识基础、知识结构、科学解释和证明等问题的研究，以及现代唯理派和经验派围绕这些问题的争论，杜威并未深入涉及。而且他对认识发生过程的描述也是经验主义的，尽管他承认观念的指导作用，但他认为观念仍然是经验的东西，是以往实验操作的结果和当下实验操作的假设。理智的作用不超出经验范围或者说经验本身就包含着理智的作用，这就是他的基本看法。

① 〔美〕杜威：《确定性的寻求》，傅统先译，上海人民出版社，2005，第126页。
② 〔美〕杜威：《确定性的寻求》，傅统先译，上海人民出版社，2005，第129页。

观念的意义 杜威较为详尽地讨论了观念的性质和作用问题。由于他把认识理解为对事物进行的操作，而不是揭示事物的本性，所以认为关于事物的观念、概念、理论只有操作的意义，没有实在的内容。

传统哲学各派都肯定观念的对象内容，用观念表达的对象界说观念的意义。但是杜威根据实验科学方法，认为观念并非描述对象本身，而是描述主体实施于对象的操作。他说："现代科学对于这个问题的立场可以陈述如下：'要发现一个对象长度，我们就必须进行一定的物理操作。当测量长度的操作手续已经确定了的时候，长度的概念便也被确定了；这就是说，长度的概念只包括这一套决定长度的操作手续。总之，所谓概念我们是指一套操作手续而言；概念和相应的一套操作手续是具有同一意义的。'"① 这段话中的引文出自著名物理学家、操作主义者布里奇曼的《物理世界的性质》一书。杜威认为操作主义用决定概念的实验操作手续去界说概念，与工具主义把概念看作我们操作事物时在理智上所运用的工具，是十分"近似"的；与詹姆士的实用主义见解也是相同的。但是实用主义的术语较为模糊，他说他宁愿用操作主义术语来阐述自己的观点。按操作主义看法，当我们说某物有三尺长的时候，"三尺长"并非指某物固有的特性，而是指我们用一把尺子去比量，正好量三次。没有主体的操作，说物体本身具有"三尺长"或诸如此类的特性，是不可思议的。

杜威完全同意这种看法，并做补充说明：观念描述主体实施于对象的操作，也就是描述我们借以操作对象的那些关系。他说："科学操作都有一个共同的特征，这是我们所必须注意的。它们都是揭示关系的。"用尺子去比量某个物体，这一操作"不仅固定了两个事物彼此间的关系，称之为它们的长度，而且也界说了长度这个概括的概念"②。

他指出，传统认识方法由于把事物当作认识对象，因而习惯地认为观念表达的就是事物固有的特性。这不仅表现在日常生活中，也表现在科学中，如物理学中的空间、时间、运动等，都被当作"实有"的内在特性。然而，实验科学方法不同于传统的或常识的认识方法，就在于它不关注经

① 〔美〕杜威：《确定性的寻求》，傅统先译，上海人民出版社，2005，第81页。
② 〔美〕杜威：《确定性的寻求》，傅统先译，上海人民出版社，2005，第92页。

验事物的直接存在状态，只关注事物发生状态的有关条件或关系。"如果我们发现这类相互之间的关系，我们就有可能去控制事物。科学对象就是关于这类相互之间的关系的陈述；这种科学对象就是我们控制事物的工具。科学对象是我们对于实在所进行的思维的对象，而不是实在实体固有特性的揭露。"① 实际上近现代物理学的空间、时间、运动等概念，是把物理世界当作一个相互联系的变化体系来描述的。这个描述系统中，早先被认为是永恒不变的"原子"及其固有的"坚硬性""不可入性"等观念已被废弃，改而表述为质量、惯性、力、加速度等；这些观念都是描述关系的，而不是指一种孤立事物的固有特性。

杜威正确地批评了传统认识论的形而上学性质，即相信认识对象是给定的，观念表达的是对象固有的特性。但是，他在反对观念论的"客观主义"、绝对主义时走向另一个极端，主张主观主义、相对主义。他认为根据实验科学方法，观念不是与外在事物相关，而只是与主体实施于事物的操作相关。片面夸大了认识的主体性而把认识的客观内容抹杀了。认识诚然是一种主动的活动，但是主体的能动性只能在给定的客观事实基础上发挥。离开客观基础来讲主体性，观念或思想就失去客观的对象内容而只有主观的操作意义了。所以杜威认为"思想，我们的概念或观念，都是我们所要进行的或已经完成的操作的标志。"② 我们只能根据观念的操作性来界说观念或下定义。

他举了一个通俗的例子："当我们判断说，这个对象是甜的，即说我们有了关于这个对象的'甜味'的观念或意义而未曾实际上经验到甜味时，我们是在预测：当我们去尝它的时候（把它从属于一种特定的操作时）它将会产生一定的后果。"③ 按照常识，"甜味"是对象固有的属性。实用主义把人们的常识意识转变为哲学意识，观念不与外在对象相联系而只与主体操作相联系，"甜味"就只有上述的操作意义。

杜威认为用实验操作界说观念，称得上是"思想史上三四个突出的功

① 〔美〕杜威：《确定性的寻求》，傅统先译，上海人民出版社，2005，第94页。
② 〔美〕杜威：《确定性的寻求》，傅统先译，上海人民出版社，2005，第101页。
③ 〔美〕杜威：《确定性的寻求》，傅统先译，上海人民出版社，2005，第101页。

绩之一"，有重大的理论意义。

第一，经验地说明了观念、思想的主动性、创造性。实验科学表明观念具有主动的、富有创造性的特性是很明显的，但是近代经验派哲学只考察观念与感觉的联系，把观念看成感觉的组合，只是被动地记录感觉给予的东西，这就无法解释观念主动的、创造的特性。德国唯理派的唯心主义哲学肯定观念的主动性，但是解释为心灵先天具有的能力，是先在于经验而使经验成为可能的先验范畴，一种超自然的绝对的思维形式。这违背了实验科学的认识方式。杜威认为，只要把观念同实验操作联系起来看，观念的主动性、创造性就会得到合理的解释，那就是观念在具体经验情境中具有的操作上的力量。在实验探究中，观念是过去完成的操作的标志，提示着当下所要进行的操作，其结果将使存在事物的条件得到改造。这样解释观念的主动性又回到经验主义立场，但已是一种新经验主义，优越于近代经验派和唯理派哲学。

第二，说明观念、思想的工具性、相对性。因为观念是同我们从事的操作相联系，而不是同先在事物相联系，所以在我们处理事物的探究过程中，有关的观念"并不是最后的结论而只是一些假设""它们是受这种操作的后果而不是受存在于它们之先的事物所验证的"①。杜威强调，科学探究是创新的活动，根据已知的东西去不断发现新事物，而不是仅仅将新事物、新经验同化到旧观念中去。对实验探究来说，观念、法则、理论永远是工具性、实验性的东西，是有待验证的。它们一经显示弱点、缺陷，就会受到修正、改造。没有什么绝对的观念，不变的教条。任何理论都是相对的。"在观念的有意指导下的人类经验便不断地使自己的标准和尺度演进着，而且借助于这种观念所构成的每一次新的经验，又为新的观念和理想造成了新的机会。"②

第三，说明实验唯心主义的合理性。因为"行动处于观念的核心"，观念以其导致行动后果为其特征，这就"避免了长期以来理论与实践分离的

---

① 〔美〕杜威：《确定性的寻求》，傅统先译，上海人民出版社，2005，第124页。

② 〔美〕杜威：《确定性的寻求》，傅统先译，上海人民出版社，2005，第124页。

现象"。① 观念指导下操作产生的经验结果，把本来是盲目的、晦暗的、零散的、意义贫乏的知觉对象同观念连接的其他经验部分连接起来，变成我们自觉利用的、明朗的、有机的、富有意义的享有对象。这样，观念指导下的操作使经验世界不断把我们智慧的成果吸收进来，获得越来越丰富的意义。换句话说，观念通过实验操作不断地创造着新世界。杜威认为"唯心主义哲学体系的动机是有道理的"②，那就是强调观念的主动的创造的力量。但是传统唯心主义对观念的主动力量做了超自然的解释，是反科学的。像他这样立足于实验操作来说明观念的创造力，才是"科学的唯心主义"。

立足于实验、实践来界说观念的主动性创造性，这无可非议。问题是杜威片面强调认识的主动性、主观性，而忽视认识的受动性、客观性。他的实验、实践概念等同于个人操作，而很少谈及个人活动的客观物质条件和社会制约性。这与马克思主义的实践概念是有区别的。

知识寓于结论 探究认识的终点是获得知识。什么叫知识？怎样才能够、才算是获得了知识？杜威汇总了他认识论的基本思想，阐述了一种知行合一、行主知从的知识观。

他说："每当我们实地去认识时，我们便有知识；换言之，每当我们的探究所寻到的结论解决了促使我们从事探究的问题时，我们便有知识。这个明白的道理是整个问题的终点——不过有一个条件，即我们必须按照实验的方法所提出的模式来构成我们的认识论。"③ 这是从个体认识发生学的角度说，要实地去认识才能有知识，要解决实际问题才算有知识。

根据他的"实验的认识论"，认识本质上是对行为的探究，其功能是将"有问题的情境"转变成"问题解决了的情境"。知识不是抽象的一般观念，离开具体实践就无所谓认识，求知是为了解决实际问题，"一切的知识都是特殊探究行动的结果"。④ 当然他并不否认学习前人经验、学习书本知识的重要性，但是强调知识问题必须置于其所发生的具体经验情境中来观察，

① 〔美〕杜威：《确定性的寻求》，傅统先译，上海人民出版社，2005，第124页。
② 〔美〕杜威：《确定性的寻求》，傅统先译，上海人民出版社，2005，第123页。
③ 〔美〕杜威：《确定性的寻求》，傅统先译，上海人民出版社，2005，第148页。
④ 〔美〕杜威：《确定性的寻求》，傅统先译，上海人民出版社，2005，第144页。

不能空谈。知识是用的东西。一个人即使熟知许多观念、法则，但是没有"实地去认知"，没有解决实际问题的能力，就算不上真正有知识。可见杜威的知识观首先强调具体实践或应用。

与此相关，他的知识观也包含着实验、实效的意思。实用、实验、实效，是他的工具主义理论的几个相关的侧面，意谓观念、理论要用之于实践，受到验证，产生效果，才算是真正的或完满的知识。他说："每一个成年人，无论他是不是科学家，在他的头脑里都有一大堆借助于早期的操作所认识的事物。当一个人遇到了一个新问题时，他便习惯地参照已经认识的事物，作为他处理这个问题的出发点。"但是，"取出或指向过去已知的事物并不算是知识"。已知的东西是当下新的探究的工具或假设，待到探究的结论解决了促使我们从事探究的问题，得到了验证，产生了效用，"才算是产生了完满的知识"。所以说，"知识是富于结论之中的"。①

归根到底，探究的结论体现着理论和实践、知和行的统一。传统的看法认为理论导向在先的东西，实践才指向未来的结果，把理论和实践分隔开来。但是知识并不是照镜子，而是有用的东西，是据已知的推测实践结果，故也是指向未来的。观念指导实验操作达到预期效果，这既是行动的结果，也是认知的结论，算是有了完满的知识。"按实验探究提供的模型来理解认知活动，知识乃是通过操作把一个有问题的情境改变成一个解决了问题的情境的结果。"② 知识起源于行动的探究，完成于行动的成功，正所谓"行乃知之始，知乃行之成"，知行合一。进一步说，杜威显然是主张"行主知从"的，因为他始终是用"行"来解释、评价"知"。这就引出了他的"真理即效用"的评价标准。

真理即效用 杜威同詹姆士一样，认为观念的"真"不是观念本身的特性，而是它工作的性质。一个观念指导实验操作产生预期的效果，它就被证实为是"真的"，否则就是"假的"。观念的真假要由它工作的效果来评价。

他指出，传统的看法认为观念是外在事物的映像或摹写，如同照镜子一般，照得像不像，真不真，是观念自身的特性。但是实验的认识论不是

---

① 〔美〕杜威：《确定性的寻求》，傅统先译，上海人民出版社，2005，第 139、141、143 页。
② 〔美〕杜威：《确定性的寻求》，傅统先译，上海人民出版社，2005，第 183 页。

把观念同独立于探究活动之外的事物联系起来，而是同我们对事物的操作联系起来，认为观念的意义不是揭示事物固有的特性，而是提示处理事物方法、计划和预期效果。观念提示的意义在受到实验检验以前是试探性的，是操作的假设或理智工具，不是肯定的结论或答案，没有资格自封为真理。"各种概念、理论、体系，不论怎样精雕细琢，自圆其说，都只能算是一些假设。只能承认它们是行动的出发点，受行动的检验，而不是行动的结局。看清这件事实，也就清除了世界上各种刻板的教条。……它们是工具。同所有的工具一样，它们的价值并不在于它们自身，而在于它们的功效，功效是显示在它们所造成的结果之中的。"①

杜威否认观念自身具有认识实在的真理价值，认为观念只有操作经验事物的工具价值。他用工具主义的观点改造了"认识""实在""观念""真理"这些概念的意义，把认识解释为操作，把实在解释为经验，把观念解释为操作工具，把真理解释为工具的效用。他用行动来解释和评价认识，所以他的真理论事实上是一种价值论，把"真理"这个认识概念等同于"成功""有效""好的"等价值概念。

杜威并不反对真理是"观念与事实符合"这个传统的和常识的说法，但是对"符合"的意义重新做了解释。他指出，如果把符合看作摹写，那么如何来验证摹写是真的呢？实在是哑巴，不能回答我们。那就只能凭人的直观、偏爱或武断来宣布观念是否符合实在，是否属于真理。这不是科学的方法。实验科学验证观念是否符合事实乃是求助于实验操作。"从操作的意义上把符合当作解答的意思，好比一把钥匙打开了一把锁所设置的条件，或者好比两个通讯员彼此答复；或者一般地讲来，好比一个回答是对一个问题或对一个批评的适当的答复——总之，好比一个解答，答复了一个问题所提出的各种要求。"② 他认为用操作效果来回答观念是否符合事实，是唯一可能的科学的真理符合论。胡克称杜威这种符合论是"对应论"。所

① 〔美〕杜威：《哲学的改造》，载于洪谦主编《西方现代资产阶级哲学论著选辑》，商务印书馆，1964，第175页。
② 〔美〕杜威：《人的问题》，载于洪谦主编《西方现代资产阶级哲学论著选辑》，商务印书馆，1964，第289页。

谓对应，就像一把钥匙开一把锁那样。

杜威的真理论宣布观念、思想、理论的正确与否，是一个实践问题，由实践的结果来评价。说到实践，他虽然不像詹姆士那样喜欢谈个人行为，而较多地谈科学实验和社会行为，但是这只是着重点不同，他对实践活动的理解如前文所述，看作一种生物性的适应行为，是个体的行动。所以，他的"真理即效用"的标准归根到底是由个人行动来解释和贯彻的。由个人实践来评价观念、思想、理论的价值，其积极的意义和消极的意义都是十分突出、明显的。

它的积极意义在于：杜威真理论的主旨是反对绝对主义或教条主义。他认为任何思想、理论都不是最后的定论，实际运用中必须看作假设，有待实践的检验和修正，容许人们探究、提出异议、批评。这是实验方法所具有的科学精神、民主精神。正如杜威所说，科学是创新的事业。科学探究从不墨守成规，迷信权威和教条，而是永远向前看的，看理论运用于实践的效果。科学探究从来是批判性的，问题、怀疑是新的探究的起点，实践效果是理论评价的唯一标准，每个探究者依据亲身的实践都有评价理论是非的发言权。杜威反复强调要把实验方法推广应用到美国社会生活中去，在他看来，就因为这种方法同美国"个人主义的民主主义"精神是吻合的，而后者又需要科学的方法来加以培养和提高。美国的观念、文化是多元论的，统一是多元的统一。这就是它的个人主义的民主主义精神。实用主义方法把评价是非的标准交给个人，尊崇生活经验和事实，尊崇个人探究和思考，人人对是非问题有发言权，完全体现了这种精神。这样看来，杜威的"真理即效用"的说法，确实画龙点睛，道出了美国人行为和思想方式的根本。他被誉为"美国人民的顾问、导师和良心"，他的学说，包括关于真理的看法，反过来对于促进美国文化的发展无疑起了巨大的作用。正如前国务卿基辛格所说，现代的美国人是在实用主义精神的熏陶下培育出来的。

杜威说："当真理被看作一种满足时，常被误认为是一种情绪的满足，私人的安适，纯个人需要的供应。但这里所谓满足却是观念的和行动的目的和方法所由以产生的问题的要求和条件的满足，这个满足包含公众的和客观的条件。它不为乍起的个人念头或个人的嗜好所左右。又当真理被解释为效用的时候，它常被认为对于个人目的的一种效用，或特殊的个人所着意的一种利益。把真理当作满足私人野心和权势的工具的概念非常可厌，可是，批评家竟将这样一个臆想归诸健全的人们，真是怪事。其实，所谓真理即效用，就是把思想或学说认为可行的拿来贡献于经验改造的那种效用。道路的用处不是以便利山贼劫掠的程度来测定。它的用处决定于它是否实际上尽了道路的功能，是否做了公众运输和交通的便利而有效的手段。观念或假设的效用所以成为观念或假设所含真理的尺度也是如此。"①

他强调，工具主义理论"很重视大公无私、无所为而为的研讨"。他说到要满足探究目的的要求和条件时，特别点出了与主观相对的"客观"和与个人相对的"公众"条件。主观的条件指过去的知识即观念、理论。客观的条件指所要处理的事物和有关背景。"有效"的操作结果应该满足两方面的要求，既验证了理论，又产生实际效果。换句话说，要在理论上说得通，又要解决实际问题。同时，个人的处理方式和见解，也要为公众所容纳。所以杜威一再表明，"真理即效用"的标准不容许主观随意性，不容许为狭隘的个人利益辩护。

但是许多人不理会这些辩解，还是以杜威所谴责的那种方式来理解和接受实用主义，这种倾向被称作"大众实用主义"。笔者认为，关于杜威以及其他实用主义哲学家所做的解释，应当认真看待，大众实用主义的倾向确实不是他们所主张的；但是大众实用主义的倾向也不能说与实用主义哲学没有一点关系，没有任何相通之处。把个人实践效果作为评价真理的尺度，就是其共同点。当然，杜威对这个尺度以及如何把握它，做了许多解释，也就是规定了必须满足的各方面条件。但是，满足这些条件只是一种理想性的要求，现实生活中人的思想或多或少地达不到这些条件是很自然的，那么把这个尺度作主观随意的和利己主义的应用，就在所难免。这可以说是真理效用论的消极影响。

---

① 〔美〕杜威：《哲学的改造》，许崇清译，商务印书馆，1953，第86页。

四 实验逻辑

杜威 1903 年与人合著《逻辑理论研究》，1910 年发表《我们怎样思想》，1916 年出版《实验逻辑论文集》，建立起了他的逻辑学理论。他的哲学一开始就是以科学逻辑或科学方法论的面貌出现的，但逻辑毕竟是哲学的一个分支，涉及有关逻辑本性的问题不能不追溯到哲学基础上去。后来很长一段时间他致力于阐述经验自然主义，给自己的哲学体系奠定基础。1938 年，他又发表了《逻辑：探究的理论》，对他几十年的哲学思考做了系统的整理。他依然认为，哲学是教人正确思考和行动的科学方法论，是生活的逻辑。不过哲学在教给人方法之前，不能不对方法本身，即逻辑的本性，进行反思。

逻辑来自探究 杜威说："一切的逻辑形式，都是来自探究的操作之中，就像那个探究须产生获有保证的主张一般，须牵涉到探究的控制。"[1] 逻辑从探究活动或方法中分析出来，用以指导或控制探究，保证它得以正确进行。换言之，逻辑是"探究的探究"，对探究活动进行反思，揭示探究的结构和方法。

这看法体现着杜威哲学的一些基本观点。

第一，逻辑是经验性质的。逻辑形式不是存在形式，不是来自对实在的形而上学研究，不是保证我们获得永恒真理的工具。逻辑形式也不是心灵先天具有的认识形式，像康德所说的那样，它们一劳永逸地加在感觉材料上，使经验知识具有普遍、必然的有效性。这些理论都把逻辑形式、规则看作外在或先在于认识活动的东西。其实，逻辑是从探究认识中分析出来的，包括那些超验的和先验的逻辑理论也是如此。凡在历史上发挥了作用的逻辑理论，都是"根据一个时代现有的探究中的最佳方法分析出来的。"[2] 因此，逻辑是不断前进的学问。杜威认为，生物进化论的出现改变

---

[1] John Dewey, "Logic – The Theory Of Inquiry ," *John Dewey Later Works* (New York, 1938), pp. 3 – 4.

[2] John Dewey, "Logic – The Theory Of Inquiry ," *John Dewey Later Works* (New York, 1938), p. 14.

了认识论，也改变了逻辑学。认识论成为生物性适应的探究理论，逻辑成为发生的逻辑，研究适应的过程，即有机体面对环境不断发生困难又解除困难的过程。发生的逻辑解决经验性探究中的问题，帮助人处理具体经验事物，应付变化无常的周围环境。它不像那些超验的或先验的逻辑理论，企图把握永恒、普遍、必然的知识。合理的见解就是：逻辑来自经验性探究，逻辑也只解决经验性探究中的问题。

第二，逻辑形式是假设性的。既然逻辑形式只是同经验性探究相联系，没有任何超验的或先验的性质，那么它指导经验探究的有效性就只能看作一种假设。事实上各种逻辑理论主张的逻辑形式和规则，是根据当时行之有效的探究方法分析出来的，都要接受人类经验的检验和修正。逻辑没有外在的根据，行之有效的逻辑形式和规则是一种约定，大家公认它只因为有经验的效用。如果经验验证认定它失效了，过时了，就修正它或抛弃它。没有哪一种逻辑理论能够逃避检验、不可动摇。杜威任何时候都反对绝对主义，反对僵化的思维模式。他对逻辑性质的经验主义和相对主义的看法，与当时大西洋彼岸逻辑实证主义的看法显然有别。

第三，逻辑是一种自然主义的理论。杜威根据实验科学方法分析出来的实验逻辑，不是描述观念之间联系的纯逻辑，而是描述观念的形成和作用的"发生的逻辑"。纯逻辑描述的观念联系是看不见的，只在意识之中。发生的逻辑描述的实验操作过程是有外表行动的，是认识和行动、观念和素材交互作用的过程，是可以观察和验证的。杜威又把实验逻辑称作行动的逻辑、生活的逻辑，总之是观念深入自然中发生作用的逻辑。这是杜威对逻辑的独特见解。实际上，他的实验逻辑是心理学、认识论、逻辑的混合物，主要是对认识方法的一种心理分析。在逻辑学家看来，这算不上是逻辑，但是杜威的实验逻辑作为一种科学方法，其实际影响却是不可忽视的。

探究的结构 杜威谈到探究的各种类型。日常性的探究，如寻找看不到的金钱，测量土地、医生诊断病情等。科学性的探究，如解释一种新奇的现象，在控制状态下改变事物等。还有道德问题的探究、社会问题的探究等。各种类型的探究有其自身的特殊性，但是基本结构是相同的。杜威认为实验自然科学的探究方法是最完善和最富有成果的，应以它为模型来揭示探究的结构，把实验逻辑推广应用到一切领域中去。

他把实验逻辑分为五个步骤。

第一步，困难的发生，这是探究的开端。所谓困难，即凭已有的知识不能解释新奇的事物，凭习惯的方法不能处理意外的事情，采取的手段不能达到预期的目的，等等，都是有机体和环境失去平衡，人面临"有问题的情景"。困难暗示着"有问题"。探究就是要解决或消除问题，把主客体关系的状况转变过来，从不平衡、不适应转变为平衡、适应。

第二步，说明问题。困难只暗示了问题，但是问题在哪，是什么样的问题，需要认真研究才能指明。这是观察材料和已有知识、素材和观念之间相互作用的过程。所观察到的情况启示我们动用相关的知识，从而进行有指导的新的观察，直到指明疑难之点在什么地方，是什么样的问题。

第三步，提出种种解决问题的设想。一切可能的解决方法、计划、决策、理论，在得到实施结果证实以前都是实验性质的，必须看作假设。这是实验逻辑最核心的主张，前文在解释"观念的意义"时已作了交代，这里不再复述。

第四步，假设的推论和选择。把各种假设加以研究，推想它们可能导致的结果，加以比较，看哪一种能更有效地解决问题。

第五步，实验。用选出的假设指导实验操作，看是否达到预期的效果。实验的结果，或者证实假设是真的可以信赖，或者证明它靠不住不能信赖。后一种情况，就需要寻求别的解决方法，甚至要回头去研究困难的情景，重新认识问题。

中国实用主义者胡适解释杜威的五步法是"暗示""问题""假设""推理""试验"，解释得比较准确、透彻。五步法以实验、观察为基础，同时强调理智的主动性、创造性作用。胡适将之概括为"细心搜求事实，大胆提出假设，再细心求证"。或者说得更简单，就是两句话十个字："大胆地假设，小心地求证"。这些言简意赅的解释，在过去的中国知识界广为流传。

五步法描述的实验方法的探究程序，与其他学派、学者论述的科学方法是接近的或可以相容的。五步法的第一、二步合起来看，就是讲"提出问题"。第三、四步合起来就是"做出解决问题的方案"。第五步是"付诸实践、贯彻执行"。这样去看，就与我们所讲的认识方法、工作方法近似了。若是把第一步包含在第二步中，变成四步：问题，假设，假设的辩论和选择，实验检验。试比较 K. 波普的"试错法"：问题、猜测、反驳、（经实验检验后产生的）新问题。不难看出这二者也是很相似的。这些都可以佐证五步法具有的合理内容。

实验方法的心理分析　引起争议的主要是杜威解释其方法的两个基本概念："情境"和"探究"。杜威称"探究"就是把有问题的"情境"转变成问题解决了的"情境"，个人"感到困难"就暗示着"问题情境"，经过有指导的操作，达到个人"满意"的效果和"信赖"的结论，就意味问题解决了。这样说来，构成问题的标准和解决问题的标准都是一种个人感受的状态。罗素曾尖刻地批评了杜威，指责他把"情境"和"探究"这些描述个人心理活动的概念当作逻辑的要素，使对知识或真理的讨论失去了严格的科学标准。

杜威申辩说："罗素的出发点首先是把怀疑境况变成为一种个人的怀疑，尽管我曾反复指出了二者之间的区别。我已经清楚地表示，个人的怀疑除非是对境况（它是成问题的）的一种反映，否则就会是病态的。"①"境况"（或"情境"）是有机体和环境之间的关系整体。"怀疑"是有机体自身的心理状态，"怀疑境况"是有机体受到、意识到的事实状态。杜威指出这才是他的实验逻辑的起点，他的方法绝非从主观随意的"个人怀疑"出发。

杜威主张的出发点并不是指单纯的心理状态，然而他的出发点又的确是从心理角度去分析或把握的。杜威所言的"情境"和转变情境的"探究"都是他所谓的"自然的过程"，但是他是用个人行动者的眼光，从心理学角度去分析的。他的实验逻辑是对实验方法的心理学分析，是描述个人行动中不断发生困难又解除困难的过程，思维过程（逻辑）、认识活动（认识

---

① 〔美〕杜威：《经验、知识和价值》，引自袁澍涓主编《现代西方著名哲学家评传》（下卷），四川人民出版社，1988，第 574 页。

论）、心理分析（心理学）交织在一起。

关于终点的问题是同样的。终点是个人"满意"的效果和可"信赖"的结论，也是从个人心理角度去分析或把握的一种情境。这"满意"和"信赖"不是主观主义，随心所欲，而是评价知识真理性的自然主义的标准。杜威这方面的辩论前文已经提到。

所以，不能简单地批评杜威的实验逻辑是纯粹主观的。对实验探究过程做心理学的分析描述，是与实用主义把个人实践作为认识论主体一致的，从个人实践出发讲认识论和逻辑，必然是从个人心理角度去体验和把握的。而从个人实践出发讨论哲学，则是整个美国文化背景决定的。从理论上说，对探究认识和实验方法做心理学分析，很接近人们的日常意识，比较浅显，易为人们接受，同时也往往被学者们指责为浅薄。这究竟是优点还是缺点，就看人们评价的标准了。理论上的另一个麻烦就是前文曾说过的：从主观方面来把握探究的问题和评价探究的结果，在实际中往往走向主观主义，把"个人的怀疑"当作问题，把"个人的满足"当作真理。

五 社会多元论和改善主义

19 世纪，实证主义创始人孔德将实证自然科学的方法推广到社会领域，开创了实证的社会科学。从那以后，"统一科学"成为实证主义所追求的一个重要目标。实用主义在这方面也做出努力，尤其是杜威，在实用主义哲学家当中，他是最注重社会研究的。他曾表示，他的探究理论和实验逻辑是根据实验自然科学所做的分析，但是其"真正的哲学力量"在于"把这种具有操作性的智慧方法推广到其他领域去指导生活的可能性"。

改造社会哲学 杜威认为，同实验自然科学卓越的成就和方法相比，社会研究还十分陈旧落后。实验自然科学已建立起"惊人数量的"操作性概念和理论，用以控制对象。社会学科则还停留在抽象的阶段，满足于"以一般的观念概括特殊的情境"。比如人的行动总是关联着他人和群体，如何处理这些关系，需要给予具体的指导。但是以往的社会哲学都把这种关系抽象化了，各自主张它们的"原则"。一种主张个体主义，个人至上，社会应服务于个人；一种主张整体主义，社会至上，个人要服从社会；一种主张有机体论，在社会和个人之间求得均衡、和谐。这些抽象原则可以用来辩护和抨击社会现象，但是没有可操作性，难以指导人们在具体情境中的行动设计和选择。

杜威指出，社会生活是人的活动，人的活动是具体的。"我们所要明了的是这个或那个集体，这个或那个具体的人，这个或那个特殊的制度或社会组织，而传统所接受的逻辑却以关于诸概念的意义和概念的相互辩证关系的讨论代替这种研究的逻辑。而这些讨论又是用'国家''个人'或所谓社会制度的性质等字句演述出来的。"① 这样就把社会研究变成了一种"形而上学"，把具体的人的问题变成了"哲学家的问题"。

他认为，抽象的社会研究不仅无助于指导人们的行为，反而有碍于社会的进步。因为抽象的原则代替了具体问题的探究，要么就是美化现实，掩盖了迫切改革的需要，要么就是空喊口号，煽起破坏性的社会革命。他要求社会研究由抽象变为具体，即把社会问题的形而上学研究转变为操作性研究。操作性研究就是说，不把具体问题抽象化，不是从"本性""原则"上去求答案，只着眼于如何有效地解决它。这是社会研究方法论的改造，也就是社会哲学的改造。这种"改造"，换一个说法，就是对社会问题由寻求本质的研究转变为处理方法的研究。

胡适在阐释实用主义思想时提出一个口号。"多研究点问题，少谈点主义"。这句话比较准确地表达了杜威改造社会哲学的本意。对于杜威的主张，应该从两方面看。他批评那些从概念、原则出发的社会理论和研究方法，应给予肯定。这种倾向过去、现在都有，都应该反对。在中国，由于我们没有经历过近代实验科学发展的那段历史，实证研究的传统薄弱，在社会、文化领域尤其如此。我们的社会研究和文化反思讲空道理的多，做实证研究的少，批评性多，建设性（可操作性）少。杜威所言有合理的成分，有积极的意义。但是，杜威的经验主义立场和工具主义方法使他在反对"形而上学"的同时，竟否定了对社会现象做本质的研究，否定社会研究必不可少的基本概念、原则的理论探讨，只是就事论事地讨论具体问题

---

① 〔美〕杜威：《哲学的改造》，许崇清译，商务印书馆，1953，第101页。

如何解决，这是很片面的。正如当年李大钊与胡适辩论"问题与主义"时指出的，必须切实地研究"问题"，但是探求"主义"也至关重要，因为说到如何解决"问题"时总是带上这个或那个"主义"的。其实，杜威本人也不是不谈"主义"，他只是反对别人的"主义"，尤其反对革命批判的学说，反对马克思主义，而主张自己工具主义的方法，主张多元论的社会历史观和改善（良）主义的政治、道德思想，以及贯穿这一切的核心和灵魂——他所谓的"新个人主义"。

社会多元论 杜威反对从本质上、总体上讨论社会问题，给社会研究立下一种固定的界说模式。他从语言角度分析"社会"一词的意义，来阐述他的观点。

他说："'社会'若不是一个抽象名词，就是集合名词。"[①]"社会"作为集合名词，指"处在彼此之间的联系中的许多个人"。[②]除了处在相互联系中的许多个人的生存活动，并没有一个社会本身或社会实体。所以杜威认为，谈论个人对社会的关系问题是"毫无意义的"。这就好像把字母表中的各个字母对字母表的关系，当作一个问题。其实，一个字母表就是一些字母。一个社会就是处在相互联系中的许多个人。

"社会"作为抽象名词，指各种各样具体的社会群体、组织。除此之外"没有一般的社会""在具体情况中，有许多团体、协会，无数种类的人群，各种不同的联系和不同的志趣。它们可能是一群流氓；一伙罪犯；体育、社交和酒宴的俱乐部；科学和职业团体；政党和它们内部的联盟；家庭；教门；做生意的合伙组织和股份公司；诸如此类，不胜枚举。这些社团可以是地方性的，也可以是全国性的和国际性的。由于其中没有一件可以称作社会的东西（只除了它们不确定地有部分相合之处），所以'社会'一词也就没有一个固定于它的不加限制地推崇的含义。"[③]

---

① 〔美〕杜威：《公众及其问题》，引自《哲学研究》编辑部编《资产阶级哲学资料选辑》第八辑，上海人民出版社，1966，第157页。
② 〔美〕杜威：《公众及其问题》，引自《哲学研究》编辑部编《资产阶级哲学资料选辑》第八辑，上海人民出版社，1966，第157页。
③ 〔美〕杜威：《公众及其问题》，引自《哲学研究》编辑部编《资产阶级哲学资料选辑》第八辑，上海人民出版社，1966，第157页。

这些话表明杜威是一个彻底经验主义者，唯名论者。只承认经验中可感知的个体事物是实在的，否认整体、一般、本质的实在性，认为像"社会"这样的整体概念、一般概念只是空名。

鉴于以上两点，杜威又用工具主义的观点来使用"社会"这个词，以不同的用法和所指说明"社会"一词的含义是无限多样的，并无一个固定于它的确定的含义。他说："社会是一个字眼，但它是无限多的东西。它包括人们由于联合在一起用以分享他们的经验和建立共同利益和目标的一切方式，如流氓群、强盗帮、社团、职工联合、股份公司、村落、国际同盟等。而新方法的效力在于拿这些特殊的、可变的、相对的（与命题和目的的相对，而非形而上学的相对）研究去替换一般概念的矜持摆弄。"① 凡是有共同利益和目标的联合群体，如经济的、政治的、宗教的、文化的、教育的等，都可以称作社会，都是"社会"一词的含义。那么，其中有没有一个决定性的含义，或者说本质的解释呢？杜威否定一元论，主张多元论。他承认各种社会活动、力量、因素的相互作用，不承认有决定性的力量或因素；他承认人们追逐各种利益和目的的价值，不承认有支配全社会的至高价值；他承认对社会可以做各种角度的考察和评价，不承认有固定的解释原则和评价标准。他说"把任何个别因素孤立起来，无论在一定时间内它的作用是多么重要，对于理解和理智的活动都是极端不利的。"②

杜威的社会多元论把考察社会历史的眼光投向个人及其活动，因为社会是联合起来的个人，历史是个人生存活动、探究认识、价值追求所构成和推进的。他反对社会整体论，反对历史决定论，认为这些理论贬低了人的地位和作用。他的社会历史观是人本主义的。但是杜威也不赞成那种个人中心主义的社会理论，强调社会文化对个人的影响力。个人对社会的作用和社会对个人的影响，都是通过个人活动，即各种各样的社会职业或个人事业来实现的。所以社会研究的镜头还是要对准个人。人性、人的行为、行为目的和道德追求是他要讨论的几个主要题目。通过个人行为的种种关系的展开、透视，论述到社会、历史的总题目上去。

---

① 〔美〕杜威：《人的问题》，傅统先、邱椿译，上海人民出版社，1965，第107~108页。
② 〔美〕杜威：《自由与文化》，傅统先译，商务印书馆，1964，第16页。

人性和行为　　进化论贯穿杜威全部学说。他用进化论讲认识和逻辑，认为认识和逻辑都是发生的过程。这里讲人性，人性也是生成的东西。

他认为，人是一个生物有机体，有天生的结构和机能。本能的欲望、冲动是人性中的第一个构成因素。这是先天的、不变的因素。

他说："我们应当首先承认在某种意义上，人性并不改变。我不相信能证明：人们固有的需要自有人类以来曾改变过，或在今后人类生存于地球上的时期中将会改变。所谓需要，是指人们由于其身体构造而表现的固有的要求，例如对饮食的需要和对行动的需要，等于是我们存在的一部分，因此，不可设想在任何情况下，这些需要会停止存在。还有其他不是这样直接属于身体方面的，而在我看来也仿佛同样植根于人的本性之中的需要。我可以举出以下的例子：对某种合群的需要，显示自己的精力并把自己的力量作用于周围环境的需要，为了互助和斗争与自己的同伴合作和与之竞争的需要，某种美感的表现和满足的需要，领导和服从的需要等。"① 杜威还提到同情、团结、友爱、占有、攻击、愤怒、恐惧等。这些东西显然不是人生来具有的，而是在后来的活动中逐渐获得或表现出来的，但杜威还是把它们列入先天的、不变的因素。他的想法似乎是这样：人作为生物有机体，在本能的适应活动中就会自然地萌发出这些情感欲望来。杜威讲人性总是与活动联系起来讲的，人性是在活动中表现的。如饮食的需要，也是饮食的活动。他讲的先天因素，统指"天生结构"具有和"天生活动"中萌发的东西。

人性中的第二个构成因素是使先天倾向获得表现形式的那些东西，即行为习惯和社会风俗等文化因素。这是后天获得的，可变的因素。

他说："承认了在人的本性的构造中有些不变的因素这个事实以后，我们容易犯错误的地方是从这个事实所做出的结论。我们假定这些需要的表现形式也是不变的……但是我亦曾说过，这些本性的因素的表现是可以改变的，因为它们常为风俗和习惯所影响。战争的存在并非由于人有战争的本能，而是由于社会情况和势力导引，差不多强迫这些'本能'走上战争

---

① 〔美〕杜威：《人的问题》，傅统先、邱椿译，上海人民出版社，1965，第184页。

的道路!"①

杜威对人性的结构分析是二元论的,即生物本能加文化形式,或者说,质料加形式。这与早期弗洛伊德学说对心理结构的分析相似。不过后者重在强调本能与文化的冲突,杜威则着重讲二者的结合。他的看法有几点值得注意。

第一,就人性的构成要素而论,本能活动是先天的和原始的,活动方式或习惯是第二性的和后天的。天生的倾向是人类活动的根基,人性的原料。如果人类没有饮食、自保的需要,就不会有生产活动,农工商业。没有情欲,就不会有恋爱、婚姻、家庭。总之,没有生物性基础就不会有人类文明。

第二,就人性的生成而论,"在行为中后天获得的东西是初始的。冲动虽然在时间上是首先的,但是在事实上绝不是首要的,它们是第二性的和从属的。"② 文化成了第一位的因素,地位颠倒过来了。因为一个人是从婴孩开始,而婴孩是完全依赖他人的。没有成人的养育他活不过几小时;没有成人的教养他的天生倾向就不会获得有意义的表达方式,可能只不过是野兽般的吵声和狂怒而已。"总之,天生活动的意义不是天生的;它是获得的。它取决于跟一种成熟的社会环境的相互作用。"③ 人的行为方式或习惯是从社会环境中获得的,人性的生成是社会化、道德化的过程。所以说,后天获得的东西即文化成了人之所以为人的第一性的和首要的因素。

第三,就人性的改变而论,本能的冲动又成为原动力。杜威说人性可变,就是指人类行为方式、风俗习惯的改变。习惯是个人的反应方式;风俗是个人活动必须把自身编织进去的文化模式;它总是并且到处为个人活动提供标准。风俗习惯是行为化了的人类文化。杜威认为风俗习惯具有最大的惰性。常可以见到,社会的政治、法律制度变了,但民众的思想和行为习惯仍固执地持续着。人的本能冲动却是最不安分的。"冲动是活动的重

---

① 〔美〕杜威:《人的问题》,傅统先、邱椿译,上海人民出版社,1965,第 186~187 页。

② 〔美〕杜威:《人性和行为》,引自《哲学研究》编辑部编《资产阶级哲学资料选辑》第八辑,上海人民出版社,1966,第 21 页。

③ 〔美〕杜威:《人性和行为》,引自《哲学研究》编辑部编《资产阶级哲学资料选辑》第八辑,上海人民出版社,1966,第 22 页。

新改组的枢纽，它们给旧的习惯以新的方向并改变它们的性质，因而是使活动越出常规的原动力。"① 任何冲动基本上可以依照它们同周围环境的相互作用而形成新的倾向，于是同习惯、风俗发生冲突。这种不断的生命冲动与既有文化模式的冲突，正是人性改变和社会改变的契机。"如果冲动停止起更新作用的话，生活便会僵化，社会便会停滞不进。"②

以上是杜威对人性（和行为）的社会心理学分析。本能与文化的二元结构，人性生成的社会化过程，人性进化的生命冲动论，这些看法在稍早的或同时代的其他思想家那里几乎可以找到相似的说法。但是他既强调社会文化的因素，又强调本能、冲动的因素，这个真正的二元对立始终出没在他充满矛盾的论述中。

行为与目的 社会风俗或道德认同的行为习惯，人们不大考虑。只有当行为受阻或与常规冲突时，人们便需要深思熟虑，慎重选择。人随时都有需要思考和选择的事情。于是理智成为人性和行为的第三个构成因素，使人性和行为具有道德意义。道德同行为选择有关，是理性控制的行为。那么，什么是理智的合理的选择呢？什么是好的目的或行为的善呢？

杜威告诉人们，首先要弄清目的的性质，目的和行为的关系。"目的并不像当前流行的学说经常所指的那样，位于活动之外而为活动所指向的东西。"如功利主义者把追逐利益，唯心主义者把实现人格，当作当下行为的目的。这种流行的看法，第一是把目的看作行为之外的一个固定目标，第二是把行为本身降低为单纯的手段。

杜威批判这种看法。他首先指出，目的是在探究活动中产生并在活动中发挥作用的东西。人们预见到事情各种可能的后果，喜欢某一些后果而不喜欢另一些后果，要达到或避免某些后果就成为目的。"这些后果当它们在深思熟虑之下时，便构成了活动的意义和价值。"③ 目的在活动中产生，

---

① 〔美〕杜威：《人性和行为》，引自《哲学研究》编辑部编《资产阶级哲学资料选辑》第八辑，上海人民出版社，1966，第23页。

② 〔美〕杜威：《人性和行为》，引自《哲学研究》编辑部编《资产阶级哲学资料选辑》第八辑，上海人民出版社，1966，第25~26页。

③ 〔美〕杜威：《人性和行为》，引自《哲学研究》编辑部编《资产阶级哲学资料选辑》第八辑，上海人民出版社，1966，第54页。

使活动具有意义并且鼓励和指导着活动的进程。可见目的不是在活动之外的固定对象，而是规定和深化活动的意义的方式，是指导活动的理智手段。

杜威反对把目的和活动分割开来，是根据他的经验连续性原则，认为这种分割是一种"二元论"，追求当前活动之外的目的是"非经验的方法"。彻底经验主义的方法，即实验探究的方法，应从当前的活动中树立起目标使活动富有意义，让有意义的现实活动或生活本身成为目的。这是杜威给行为选择确立的方法论原则，也就是根本的道德原则。

什么是善？ 杜威的道德哲学不回答具体经验情境中的善恶，只是给出回答的方法。他告知人们：好的目的或行为的善就是使现实活动或生活富有意义。这样的目的，第一是现实的，第二是充满理智的。

人的目标应该是现实的。理性主义哲学或理想主义者，总是提出一些很高的、完美的人生目标和社会政治理想。这样的目标和理想是超越现实、遥不可及、高不可攀的固定对象。它们十分美好，令人神往，但是只能供欣赏，对现实活动没有直接影响，因而是空虚的、没有意义的。人应该面向现实，从所处情境中提出合理的目标和要求。

但是，什么是既现实又合理的目标呢？合理性的标准是什么？杜威还是从行为及其目标、目的和手段的关系上来回答。他指出，在人的行为中本能欲望、风俗习惯、理智控制都在起作用，并且相互制约。但是理智控制才是道德的特征。理智不是欲望和习惯的奴仆，但也不是它们的反对者。理智的工作是在各种不同的欲望之间、在冲动和习惯的冲突之间取得有效的和谐。几乎每一种行为的后果是多方面的，必须公正地评估行为后果。

杜威说："即便我们承认，说谎将会拯救一个人的灵魂，不管这意味着什么，说谎将具有其他一些后果，也就是具有那些随着糊弄善良信念而产生的并使说谎受到谴责的通常的后果，这话仍然是正确的。紧紧地抓住某种受人喜欢的单一目的和后果，并且让自己由于看着这一目的或后果就把其他一切不被想望和不值得想望的后果从知觉中排除出去，这是故意任性的愚蠢。"① 这单一的后果被抽象出来，成为孤立、僵化、外在的目标，而

----

① 〔美〕杜威：《人性和行为》，引自《哲学研究》编辑部编《资产阶级哲学资料选辑》第八辑，上海人民出版社，1966，第 56 页。

用它的合意性来证明自己有理由采用任何手段达到它，是非道德的。杜威顺便提到："政客们……就几乎都是千篇一律地奉行这种学说，即认为他们自己国家的福利能证明任何的措施都是正当的，而可以不管它所产生的一切道德败坏。"①

杜威认为，这种非道德态度的特征是执着一种单一后果或外在的目标，究其根源是欲望所使，利令智昏，失去"健全理智的控制"。这种非道德行为的真正后果，是将行为降低为追逐一外在对象的手段。虽然一时一事得到某种利益，但是失去得更多。因为他的活动、他的工作和事业仅仅是手段，他失去了生活的意义，做人的价值。

杜威对比地说明"健全理智控制的行为"：公正地评估行为的可能后果，以达到和避免某些后果为目的；这目的作为处理当前问题情境的理智手段而发挥作用，激励和指导着行动过程，行动的效果则检验行为选择的合理性和道德意义。好的目的指导下的行为效果应该是：预期的目标达到了，人的经验、信念、力量、信心得到了肯定和增长，从而为进一步的行动创造了条件。事情办成了，自信"这一番努力值得"，打开了新的前景。这是验证好目的及其合理性的标准。可见杜威主张的好目的或善，完全是立足于现实的，是要将现在的生活、事业、环境、人性一步步向前推进或改善，是一种"当前的成长"。善不是某固定对象，而是当前成长的活动、过程。所以杜威有"活动的善"这种说法。

改善主义　杜威说他的看法得益于进化论的启发。"进化论的道德意义是巨大的"，它"宣传一种当前的成长的福音"，说明"进化是指变化的连续性"，只能采取"当前成长的形式"。② 这不仅可用来讨论个人行为方法，同样也可以用来讨论社会改造的方法。

道德是个人行为中的善，进步则是社会生活中的善。确立社会改造的目标，如同确立个人生活目标一样，这目标应该是现实的，是参与到现实

---

① 〔美〕杜威：《人性和行为》，引自《哲学研究》编辑部编《资产阶级哲学资料选辑》第八辑，上海人民出版社，1966，第56页。
② 〔美〕杜威：《人性和行为》，引自《哲学研究》编辑部编《资产阶级哲学资料选辑》第八辑，上海人民出版社，1966，第75页。

中发挥作用的。人不能空有宏大的抱负，生活也不会一下子改变好。问题只能一个一个地解决，社会只能一点一滴地进步。善是"当前的成长"，我们需要考虑的是什么构成眼前的善，下一步应该做什么。作为个人，把手头的、身边的事一件件做好，有助于环境的改善，就是他对社会所能做的贡献。人人做此努力，这世界的前途必然光明。

进化的思想与杜威的社会多元论是吻合的。他认为社会是相互联系和影响着的许许多多个人，社会的进步也就是由许许多多个人的道德努力造成的。他否认有任何起决定作用的社会力量，否认社会的革命性变革，认为社会由各种各样的活动、力量的相互作用构成，社会进步也只能由它的各个方面、各种因素的进步一点一滴地累积起来，如涓涓细流，百川汇海一般。

社会改造在杜威看来也是道德问题。个人的道德努力改变着社会环境，社会的改善为个人创造更好的道德环境。杜威对社会弊端的抨击涉及面很宽，经济、政治、文化、教育无所不谈，但是从根本上说是一种道德批判。他在《文化危机中的个人》一文中写道："从人类学的立场来说，我们是生活在货币文化之中。我们的物质主义，我们热衷于挣钱和得到好日子，都不是事情本身。它们是我们生活在货币文化中这一事实的产物；是我们的技术和工艺为私人利润的利益所控制这一事实的产物。这就是我们文化的严重和根本缺点所在，是深引人们注意的那些派生的、继发的、弊害的根源。"[1] 他指出，货币文化造成行为的社会价值和私人目的分裂，一方面生产、生活已进入联合化时代，另一方面各人追求私自的目的。这里杜威已触及资本主义社会化生产和私人占有的矛盾，但是他立即又退回来，回到价值观念上谈问题。他说："问题主要就是创造一种新的个人主义的问题，这种新个人主义，要对现代条件具有重大意义，正如旧个人主义的最好表现在其所处时代和地点曾是有重大意义的一样。"[2] 旧个人主义是反对中世纪专制制度的产物，强调个人独立、自主、自爱（私），是一种原子式的、孤立

---

[1] 〔美〕杜威：《人性和行为》，引自《哲学研究》编辑部编《资产阶级哲学资料选辑》第八辑，上海人民出版社，1966，第182页。

[2] 〔美〕杜威：《人性和行为》，引自《哲学研究》编辑部编《资产阶级哲学资料选辑》第八辑，上海人民出版社，1966，第183页。

的个人概念。新个人主义是联合化时代的产物，是一种联合起来的个人概念，把行为的私人目的和社会价值统一起来，为个人也为社会的观念支配着人的行动。杜威认为，这是社会改造的主要课题。他认为创造这种新的价值观念，就会从根本上铲除资本主义社会的弊端，这是很天真的想法。如何创造这种新的价值观念呢？那就是把科学的智慧，即他所阐述的实用主义方法，应用到社会研究和人生事务上来，让这种"智慧的方法"或"健全的理智"控制人们的行为。靠观念的东西创造观念的东西。

六　杜威的社会政治哲学

在实用主义哲学家中，杜威是把实用主义全面推广到政治、教育、伦理、宗教等领域中的第一人。

杜威的社会政治哲学　杜威从"经验"出发，谴责社会政治领域中一切超出"经验"的形而上学的东西，如上帝、唯物主义、唯心主义、客观规律、永恒真理、社会的目的、本质……他认为追求这些东西的真理性，就会使人们陷入永无休止的争论之中，变成同影子的一场战斗。

杜威认为，社会发展是无规律可循的，人们永远不能肯定资本主义之后会经过一个过渡时期到达共产主义，也没有根据来断言资本主义一定要灭亡。无论是法西斯国家的出现，或者是社会主义国家的出现，都是纯粹偶然的事情。社会是千变万化的，人们永远无法证明它当前所遇到的现象，以后会重复出现；人们也永远无法确切认识社会的本质和目的。各种思想和理论，各种制度和组织形式的假设，都只是人们应付环境的一种工具。思想和理论的有效性与真理性，在于它们是否能解决当前的问题。思想和理论越是抽象，其有效性和真理性就越少。杜威说："不论我们怎样描述现时代，它的特点，不是侧重纯粹的思虑，而是侧重控制。侧重把人类在这个世界上的领域开阔和丰富到超过以前任何时候，其他任何地方所曾达到的地步，至于人在世界中或对世界这一新态度的原因则于我们现在的目的无益。"① 因此，杜威认为，凡是从一般概念演绎出来的理论对人的行为是

---

① 〔美〕杜威：《人性和行为》，引自《哲学研究》编辑部编《资产阶级哲学资料选辑》第八辑，上海人民出版社，1966，第 8 页。

没有多大帮助的。人主要是作为一个行动者出现，他需要解决的是各种迫在眉睫的具体的问题，制定可行的方法和策略，而不需要高谈那些海阔天空的脱离实际的理论。

杜威进一步认为，从一般概念演绎出来的社会政治理论不仅是无益的，甚至是有害的。人们经常犯的错误是，把这种一般概念的意义和价值置于特殊的具体的情况之上，掩盖了实际问题的严重性，"隐蔽了迫切改革的需要""做了替现有秩序作理论辩护的工具"，杜威特别以黑格尔的理论为例来阐述这一问题。黑格尔的理论曾被认为是完善的典范和具有资产阶级性质的，但正是这个理论起了"敌视法国革命的作用"，"充当了为普鲁士反动政府辩护的工具"。

杜威认为，马克思主义的经济史观，即对各种制度所做出经济的评价是有价值的。在这点上他从来没有和马克思吵过架，而他所拒绝的，只是马克思关于社会和政治问题的解释，例如阶级斗争是社会发展的动力、劳动价值论等。

杜威认为马克思主义的社会政治哲学在一些基本点上是不正确的。

第一，杜威反对马克思主义坚信的社会发展的客观规律性。如同前文所说，杜威认为千变万化的社会是无规律可循的，客观规律是不存在的，科学社会主义只是一种空想。理论的真理，只在于它的有效性，能给我们的行动带来好处，帮助我们正确地应付环境。马克思主义所谓的客观规律性，只不过是一种长期的有计划的政策，它是不可能和眼前的情况相适合的。这种"由权威制定的有计划的政策，其结果只能是事与愿违，造成不可预测的混乱。"[①]

第二，杜威攻击马克思主义用经济决定论的观点来解释社会发展，否定了社会发展中人的作用。在杜威看来，社会是由人组成的，在社会生活领域里不能忽视人的因素。"我要批判那种尽量贬低人的因素而使其化为零的社会理论，它完全用环境的条件来解释事件和制定政策，马克思主义把交互作用和影响中的一个因素（经济因素）孤立起来并给予其至高无上的

---

① 〔美〕杜威：《自由与文化》，傅统先译，商务印书馆，1964，第62、75页。

地位，从而导致了绝对主义。"①

第三，杜威攻击马克思主义的革命学说。杜威宣称，首先，任何革命学说都是以形而上学的一般原则作为指导的。"没有革命的理论，就没有革命的行动"，但革命的理论本身的正确性是不可能被证实的，是值得怀疑的。其次，革命是一种暴力活动。这种活动是排斥理智的，一部分人对另一部分人的胜利，不是因为这部分人的看法更合理，而是因为他们有更多的暴力。再次，革命者总是许诺人们，在革命胜利后将保证其获得社会的安宁和平等。但事实恰恰相反，革命既然是一种暴力行动、一种阶级斗争，革命后他们就不可能获得社会的安宁和平等，暴力只能引起相反的暴力。

因此，杜威认为，革命和阶级斗争，对社会进步是毫无帮助的。社会的进步只能是针对存在的问题所进行的改良，"否则它就什么也不是"。社会中没有一成不变的东西，一切都是可以改进的，并处于不断改进之中，"正是改进就是进步，而且是人们所能设想和达到的唯一的进步"。②

社会的进步是指社会的前进发展，包括社会形态的更替，社会物质生活、政治生活和精神生活的进化和变革。社会历史发展的基本趋势是前进的上升的，是推陈出新、由低级向高级合乎规律的具体历史过程。在这一具体历史过程中，不仅有量变，还有质变。而杜威反对马克思主义的暴力革命，显然是错误的。

杜威的宗教观 杜威在捍卫"经验"原则，反对"形而上学"的口号下，也对教会所把持的有组织的宗教发起了频繁攻击。他认为，历史的知识已经否定超人的教主，揭穿了宗教的信条无非是人造的。有组织的宗教以教会或某一个神父作为人与神联系的纽带是骗人的。宗教所宣扬的各种"超世"的观念，当然也就是超经验的。关于上帝存在的种种证明，都是谎言，是令人作呕的。它不仅是因为康德的反驳失去了光彩，而且更重要的是科学的发展和普及，使神圣的造物主和无上权威的信仰，灵魂转世的传统观念，刻板的教规，神秘的天启……都在有教养的人们的心目中成为不

---

① 〔美〕杜威：《自由与文化》，傅统先译，商务印书馆，1964，第62、75页。
② 〔美〕杜威：《人性和行为》，引自《哲学研究》编辑部编《资产阶级哲学资料选辑》第八辑，上海人民出版社，1966，第282页。

可能。更令教会人士恼火的是，杜威还指责宗教在历史上"带来了可羞的残忍与放纵"，制定了"卑鄙而无耻的信条"。

但如果从上述理论中匆忙得出结论，杜威是一个彻底的反对形而上学的哲学家和绝对的反宗教的分子，就低估了杜威作为一个著名的社会政治活动家应付复杂环境的本领，也是低估了中国传统哲学的"中庸持平"的信条对他的影响。

杜威与一般的实证主义者不同，他从实用主义原则出发，并不完全否定社会政治领域所有形而上学命题的意义和价值。他认为，有一些形而上学的命题尽管无法证实，不具有科学真理的性质，甚至是非科学的，但在人们的实际生活中它对人们的行动却是有用的。

例如，社会主义，虽然不能作为"科学"而存在，也不是人类社会必然要经过的阶段，但作为一种追求社会公平、利益平均分配的理想，它却可以鼓励人们去为社会正义而斗争。杜威并不拒绝别人送给他的民主社会主义的称号，甚至说他之所以不把自己的社会政治哲学称为社会主义，是因为他担心会由此带来许多误解和麻烦。

对于宗教，他首先宣称，宗教所提倡的宽恕、和平、善良、平等、公道、慈爱、怜悯的观念在人们的现实生活中是非常有用的。教会和神甫在提高人类的价值方面是大有作为的。

其次，杜威认为上帝无非是人的现实生活的理想化的投影。"任何的活动，如果是为追求理想而发的，如果是以百折不挠的精神赴之的，都是有着宗教的品质的"。杜威赋予神一种新的解释，"神不是拟人的存在物，而是理想与现实之间的能动的关系，是一种无形的力量"①。我们称之为"上帝"的就是理想与现实的这一能动的联系。

杜威认为，"绝对"是人类心目中固有的要求，理想是人们活动的动力。如果人们相信自己是在追求一种神圣的理想，或是得到神的庇护，就能"激起情感的热力，放射理智的光辉"，就可以大大提高人们在竞争中的信心。在遇到各种挫折和艰难困苦时，"上帝与我同在"的信念，就能指示

① John Dewey, *A Common Faith* (New Haven & London: Yale University Press, 1934), pp. 50 - 51.

行动，产生不屈不挠的力量。而这一点，正是人们行动能否成功的一个重要条件。

再次，杜威认为，宗教在其发展的历史长河中，已经不断添加了许多世俗的内容，它已成为许多人日常生活中不可缺少的一部分，它把人的呆板的生活诗化了，艺术化了，它"赋予生活以新奇美妙的乐趣，抒情的魅力，爱的温暖"。这在被生活的快节奏压得喘不过气来和人情冷淡的西方社会是特别需要的。因此，杜威肯定了"宗教是干预生活的诗""宗教和富于诗意的信念得到了一定的社会的、政治的价值和功能"。①

最后，杜威还解嘲地说：宗教虽然不能作为科学真理而存在，但可以作为人的生活意义，是人的经验的一部分，人们仍然可以自由地把它看作真理。如有的人突然时来运转，柳暗花明，他们把这种好运气归结为神的护佑，其他人也许不这样认为，但是无法否认的。

杜威的结论是，以超世信仰为中心，被"科学、工业和政治中的事变的运动所摧毁的"，具有严密组织的宗教将要被废除，而以人的感情为中心的自然的宗教将会继续存在并发扬光大，"诗歌和宗教的感情将成为生活中不待催促而自然开放的鲜花"②。

社会政治哲学分类　杜威认为，虽然社会政治领域的情况十分复杂，各种学说同时出现，犹如繁花争奇斗艳，但社会政治领域的中心问题是如何处理个人和社会的关系问题。因此，可以把所有的社会政治哲学划分为三大类。

第一类是主张个人为社会而存在。个人必须遵奉社会为他所提供的各种目的和生活方式，个人必须为社会做出牺牲。

第二类是主张社会为个人而存在。人们的行动是从维护自己的利益出发的，社会必须服从个人。

第三类是主张社会是个人利益与社会利益相结合的有机体。"社会需要个人的效用和从属，而同时亦要为服务于个人而存在。"③

---

① 〔美〕杜威：《哲学的改造》，许崇清译，商务印书馆，1953，第7页。
② 〔美〕杜威：《哲学的改造》，许崇清译，商务印书馆，1953，第114页。
③ 〔美〕杜威：《哲学的改造》，许崇清译，商务印书馆，1953，第101页。

杜威对社会政治哲学的分类，是与他对社会的理解相一致的。杜威认为，所谓社会是一个集合名词，即处在彼此联系中的许多个人。此外并不存在一般的社会。所以，他就把社会政治哲学分为以上三类。而第三类观点就是他自己所主张的观点。这种观点，既不同于极端个人主义，也不同于极端社会主义。因此，杜威认为，只有按这种观点所建立的社会才是可取的。

按照第一类观点所构成的社会，扼杀了个人的生机勃勃的创造力，死气沉沉。它是取消了个人自由的极权社会。

按照第二类观点所构成的社会，必然分崩离析，充满了各种腐败、欺诈、暴力事件。这是陷入无政府状态的社会，人在这个社会中会失去安全感。

所谓民主社会　杜威认为，只有按照第三类观点所构成的社会，才能既发挥每个人的创造能力使社会生机勃勃，同时又避免社会分崩离析，陷入灭顶之灾，因而他把这个社会称为民主社会。

杜威告诉人们，只有民主社会是符合人性的。经验证明，人性本身同时具有分化和结合两种趋势，人既是自私的，他做任何事情不能离开个人利益的考虑，他总是谋求着实现与众不同的特殊的要求；但人同时又是利他的，人是社会的动物，他喜欢过群体生活，通过自己的活动给别人以帮助，给社会带来益处，这是人的快感的来源之一。并且人的成功需要有其他人的配合，人只有在社会中才能发展自己。"离开了相互间的共同关系，个人就会彼此隔离而凋残零落，或互相敌对而损害个人的发展。法律、国家、宗教、教会、朋友、制度、组织……都是个人发展获得特殊能力和职务所必需的。没有它们的援助、支持，人的生活只是如霍布斯所说，粗野、孤陋和污浊。"①

杜威大肆宣扬在民主社会中，个人利益和社会利益的和谐、一致。他说："在一个自由人的社会里，所有的人通过自己的工作帮助其他人解放和丰富他们的生活，只有在这样一个社会环境中，任何个人才能真正正常地

① 〔美〕杜威：《哲学的改造》，许崇清译，商务印书馆，1953，第102、110页。

成长到充分发挥他的才能。"① 杜威避免谈到个人与社会之间的矛盾和冲突，因为提出这种矛盾和冲突，必然使他处于两难的境地：在鱼和熊掌二者不可兼得的条件下，是牺牲个人利益服从社会利益呢？还是牺牲社会利益服从个人利益呢？

杜威认为，社会民主的基本原则主要有两个：其一，个人自由；其二，人人平等。杜威说："一切社会制度只有一个意义，一个目的，这个目的就是要充分发挥个人的能力，不分种族、性别、阶级或经济地位。也就是说，一个社会制度价值的考验，就在于它能在什么样的条件下帮助和教育每一个人，使他充分发挥他的可能性。"② 社会是由个人所组成，每个人的创造力都得到充分的发挥，社会作为整体的创造性也就发挥出来了。这是杜威立论的出发点。"自由之所以重要，是因为它是发挥个人潜力和促进社会发展的条件。"在杜威看来，在一个由集团或别人规定他做什么，他才能做什么，规定他说什么，他才说什么的社会，是不可能有个人的创造力的。因此，杜威断言，民主和自由是不可分的，个人自由是民主的首要原则之一。

但杜威又认为，这里所说的个人自由，不应当属于少数人或一部分人，而应当属于社会的一切成员。每一个人都有均等的机会，即便是竞争也是公平的竞争。这是民主社会和专制集权社会的根本区别，也是现代民主社会和古希腊民主制度的根本区别。杜威从做游戏的孩子身上得到了启发，认为只有这样的社会生活模式才是合理的、公平的，可以为社会的一切成员所接受的。

杜威认为，民主理论是他的社会政治哲学的基石，它应当毫无例外地推广到社会生活的一切方面。他认为民主包括几个方面的内涵。

民主，首先是一种政治形式。它意味着全体公民都有选举权和被选举权，坚信每个人都有选择的权利和能力，而不是把这种权利只给予少数人。"谁都知道自己的鞋子在什么地方夹脚。由全体公民选出的代表参与政治，被选举人有一定的任期，对政府官员人们有弹劾和罢免的权利。在所有这些问题上实行多数决定的原则。这些方面结合起来就构成了一套运行模式，

---

① 〔美〕杜威：《哲学的改造》，许崇清译，商务印书馆，1953，第102、110页。
② 〔美〕杜威：《哲学的改造》，许崇清译，商务印书馆，1953，第259页。

一方面使公众有可能通过非暴力的方式，限制政府的活动范围，罢免不称职的官员，使政府不至于变成为某一特殊利益集团服务的工具。"如果公众的官吏须依靠公民来得到官职和俸禄，他们的个人利益就会和一般人民的利益相一致——至少和那些勤劳经营和拥有财产的人的利益相一致。"另一方面，改变了历史上选择统治者的方式。"历史大体上表明，统治人物之进行统治，是由于某种有特权的显要地位。"政治民主的理论与实践"代表着一种努力，反对那些曾如此广泛地以偶然而不相干的因素来决定统治者的占有的力量"①。笔者认为，杜威在这里是想说，民主政治给了每一个人依靠自身的努力和才干平等竞争的机会，但无法说出口，因为他的这条理论原则和实际情况，包括被认为是民主国家典范的美国的现实，仍然存在着极大的反差。

民主，又是个人的生活方式。杜威指出，正像认识论上应当以自我为出发点一样，在社会生活上也应当是以个人自由为出发点的。他说，"民主的问题是个人尊严与价值的道德问题"，②凡是侵犯个人尊严，损害个人价值的，都属于不道德的。民主，作为一种生活方式，和以往的生活方式的根本不同，就在于它承认个人的私生活是不受干预的，意味着个人在言论和行动上有充分的自由，当然这种自由是在社会公德和国家法律所允许的范围之内的。然而，在美国现实生活中，这也并没有得到真正实现。

民主，也是教育的原则和方法。杜威认为，民主与教育是紧密相连的。没有一定的全民普及的教育水平，民主是不可能实现的。杜威说，"民主并不意味着随便"，不是个人想干什么就干什么，个人可以胡作非为，民主意味着"作为自由人的每个人应当承担起社会的责任和义务"。怎样使每个人养成这样一个责任感呢？杜威回答说："这样一个责任和义务感，必须通过各方面的努力，首先是学校的教育。"③

在杜威看来，教育要承担起这样一个历史责任，教育本身必须是民主

---

① John Dewey, *The Public and Its Problems：An Essay in Political Inquiry* (New York：Harcourt, Brace and Company, 1927), pp. 87, 77.

② 〔美〕杜威：《人的问题》，傅统先、邱椿译，上海人民出版社，1965，第 32 页。

③ 〔美〕杜威：《人的问题》，傅统先、邱椿译，上海人民出版社，1965，第 312 页。

的，人人都有受教育的权利。杜威是美国普及中学义务教育的最有力的推动者之一。他一再告诫人们，如果只让一部分人受到良好教育，大部分人处于缺乏教育的状况，这样的社会是不可能安宁的。

民主同时也是教育的方法，它意味着在各种问题上，每一个人都能把自己的意见公开地讲出来，都能进行公开的讨论和批评。

在教育中，教师和学生的地位是完全平等的，要让学生对教师的讲课提出不同的意见和批评。

杜威一反过去教师应在教学中发挥主导作用，学生应当跟着教师走的传统看法，他认为应当让教师跟着学生走。教育的目的是培养学生，按照民主的精神，应当让学生充分发挥自己的主动性和选择的自由，教师充当学生的保姆的角色是不适当的。

民主还是一种社会理想和道德理想。杜威认为，民主不可能一蹴而就，民主的实现是一个渐进的过程。在被认为是"民主国家"的社会中，同样还会有许多不民主的地方，如种族歧视，社会不公，等等。民主的实现受到统治者和被统治者双方的利益和水平的限制。民主运动的统一性，是在那种力求补救在先前政治制度祸害的努力中找到的，民主运动是一步一步地实现的。民主的目标，是要建立民治、民有、民享的社会，让每一个人的潜力都充分发挥出来，这个目标目前还没有变成现实，而是一个正在被争取实现的社会理想和道德理想。

马克思的历史唯物主义与杜威的社会政治哲学 在概述杜威社会政治哲学的主要内容之后，我们运用马克思主义的观点简略地做出以下几方面评价。

第一，杜威不是一个书斋中的学者，而是一个十分关心社会和政治的哲学家，社会政治哲学在杜威的整个学说中占有十分重要的地位。

第二，杜威的社会政治哲学不是凭空产生的，它有着鲜明的时代特征和阶级特征。两次世界大战，一系列社会主义国家的出现，经济的萧条和不景气，使资本主义社会遇到了空前的危机。杜威社会政治哲学在实践方面就是要克服这一危机。战后许多资本主义国家都相继采取了一些缓和社会矛盾的对策，例如，扩大就业范围，逐步消除种族歧视，法定工人工资的最低线，扩大选举权，对富裕阶层征收财产收入累进税和个人所得税，实行中学义务教育，宗教信仰自由，增加慈善资金和失业救济金，等等。这些措施的采取，从美国来说，是和杜威的社会政治哲学及他本人的活动密切相关的。有人说，杜威的社会政治哲学为美国社会 20 世纪 30 年代以后的改革指明了方向，这个评价是不过分的。但这些措施只能缓和资本主义的矛盾，而不能从根本上消除这一危机。这表明了杜威的社会政治哲学及他本人的活动实践的局限性。

第三，杜威的社会政治哲学，亦如他的整个学说一样，存在着一些理论上难以自圆其说的东西。杜威的社会政治哲学是从反"形而上学"出发的，否定一切"经验"之外的东西，但结果他自己却依然不能摆脱"形而上学"的束缚。当他企图指出，哪种社会、哪种道德理想，必然是好的时候，他就犯了他自己所指责的超越经验的"形而上学"的错误。正像他的学生胡克所指出的："在杜威的道德论中，有一个始终存在的困难：如果道德理想是作为假设那样起着作用，并且由它们所导致的结果来判断的，那么，如果我们的分析老实说要有意义的话，我们岂非必须事先知道什么是好的结果吗？如果是这样，杜威的论证就是循环的。"①

第四，杜威对马克思和马克思主义的几点指责都是歪曲的，不公允的。他指责马克思是"经济决定论"者，但马克思主义从来不认为经济因素是社会发展中唯一决定的因素。恩格斯说："根据唯物史观，历史过程中的决定性因素归根到底是现实生活的生产和再出产。无论马克思或我都从来没有肯定过比这更多的东西。如果有人在这里加以歪曲，说经济因素是唯一决定性的因素，那么他就是把这个命题变成毫无内容的、抽象的、荒诞无稽的空话。"② 马克思主义从来没有否认在社会历史领域的具有意识和激情的人的活动的意义，也没有否认政治、法律、哲学、宗教、文学、艺术等在社会发展中的影响。

马克思发现了社会发展的客观规律。尽管在社会中充满了大量的偶然

① 〔美〕胡克：《杜威在现代思想界的地位》，载于洪谦主编《西方现代资产阶级哲学论著选辑》，商务印书馆，1982。
② 《马克思恩格斯选集》，人民出版社，1995，第 695~696 页。

现象，但马克思指出，在这些偶然性背后，存在着一些必然性的东西。在整个人类社会的发展过程中，存在着生产力决定生产关系，经济基础决定上层建筑的规律，而在每一个具体的社会形态中，譬如资本主义社会中，又存在着它运行的特殊规律。但杜威一再否认社会发展有规律可循。

马克思非常重视革命暴力的作用。马克思认为，革命是一个大字眼，是不能随便使用的。只有当旧的上层建筑已经严重阻碍了生产关系的发展，而统治阶级的一些人不惜动武来誓死维护这一旧的上层建筑，阻碍进行改革时，革命才被提到日程上来。但杜威只是主张一点一滴的改良。

杜威的社会政治哲学的基石和目标是要建立和完善民主，但他所要建立和完善的只是资产阶级的民主；而马克思主义的社会政治哲学却是要建立和完善社会主义民主，这就是他们根本不同的地方。

第三章 "二战"前后实用主义的演变与发展和新实用主义的产生

前　言

　　"二战"前后，随着美国实用主义古典理论哲学家皮尔士、詹姆士、杜威、米德等人相继逝世，希特勒在欧洲迫害知识分子和科学家而使他们被迫逃往美国，分析哲学的许多著名学者，例如维也纳学派的主要代表人物卡尔那普、赖欣巴赫、亨普尔等人先后都移居美国，在美国高校任教、著书立说，有力地推动了逻辑实证主义在美国的广泛传播，成为美国哲学舞台上的主角，实用主义被排挤到了次要地位。在美国是实用主义占主导地位，还是逻辑实证主义、分析哲学占主导地位，这个问题一直延续到今天，还有争论。实际上20世纪40~50年代，是美国实用主义发展的中期。这个时期，实用主义的代表人物是布里奇曼、刘易斯、莫里斯、胡克等，他们认识到，实用主义之所以受到实证主义的排挤，一方面是老一辈实用主义哲学家相继逝世，另一方面是杜威、米德侧重于对社会文化的考察，忽视了对数理逻辑、相对论、量子力学等新兴学科的研究，也不善于利用精确严密的逻辑分析、语言分析方法对科学语言和哲学语言进行细微分析。面对当时知识分子崇尚的这些新事物，实用主义必须与逻辑实证主义、分析哲学相结合。布里奇曼的操作主义、刘易斯的概念论实用主义、莫里斯的指号学和"科学的经验主义"，都是实用主义与分析哲学相结合的产物，而蒯因则成为新实用主义的创始人。

实用主义哲学思潮，无论在它的黄金时代（皮尔士、詹姆士、杜威的"经典时代"），还是在实用主义大师逝世后的时代（布里奇曼、刘易斯、莫里斯、胡克的时代），都是很重要的哲学思潮。耶鲁大学的史密斯教授在《美国哲学的趋势》一书中认为，不管怎样，实用主义还是表现了一种新颖的与勇敢的研究趋向，实用主义是以往与美国生活不可分割的并表现了美国生活的一种哲学，从 1880 年以来，它就代表了美国哲学的主流。不过，他又认为，1930 年以后，实用主义的影响虽然没有消失，但对于大部分美国哲学家来说，实用主义已经不是那样有决定意义了。他认为，目前占主导地位的是逻辑哲学和分析哲学。但是，他的这种说法，也有许多人不认可。一般认为，实用主义从主流转为暗流是可以承认的，但要认定分析哲学成为美国哲学的主流，则是值得商榷的。美国存在主义哲学家威尔德就说过，根据分析哲学的探讨方式，一切实际的经验材料都属于这个或那个特定的科学领域。如果没有哲学的材料，留下的只是逻辑和语言分析，即对科学在进行它的研究和陈述它的成果时所使用的各种工具进行研究。美国哲学本身是模糊的，这是美国实用主义哲学的开放性、包容性造就的，甚至美国哲学家也难以说清美国真理的真谛。但是就在这种模糊的美国哲学中存在着一种精神，这种精神就是美国实用主义精神。史奈德在其所著《美国哲学史》一书中说，他在考察整个美国哲学后认为，在美国哲学中有一种模糊的但可触知的活力，美国哲学每逢碰到新观念时，便发挥出这种活力。当我们遇到一个新观念时，我们便半自觉地根据一个历史远景对照另一个历史远景来使这个观念具体化，以便发现用什么办法在什么场合下才能更好地利用和同化这个观念。史奈德所讲的这种活力，正是实用主义精神，这种精神注入其他思潮中，便使得后者显示出活力。

纵观和透析实用主义的演变与分化，以及它向其他思想领域的渗透，我们便可以看到：第一，当代美国的价值观念是以实用主义为基础的，强调个人主义，主张互利原则，尤以安·兰德的价值观为代表。第二，在知识论方面，刘易斯提出概念论实用主义，认为认识知识的首要意义就在于对行为的指导，强调知行统一，经验的知识在本质上是功利性的，是实用性的;第三,"二战"前后多种新思潮从欧洲流传到美国后,经过一个阶段的"较量",便都与实用主义融合,如果不融合,任何思潮便会失去活动场地。无论是逻辑经验主义还是存在主义、现象学,都离不开这种结合。第四,科学哲学在美国的发展也和实用主义不可分,无论是库恩、夏皮尔、劳丹,他们都明确地表示,他们是运用实用主义的。第五,实用主义渗透到每一种美国文化中。宗教、语言、教育、管理、心理学、艺术、人格主义等无不是以实用主义思想为基础。第六,美国的社会哲学、道德哲学也有实用主义的影子。本章将对这些问题逐一进行分析。

从 20 世纪 60 年代起,美国实用主义的发展又进入一个新的时期,即新实用主义时期。美国的新实用主义思潮,反映了美国社会由前现代到现代再向后现代,或者由农业到工业再向后工业社会发展的转型,也反映了"二战"前后以及后来欧洲哲学思潮传入美国后的演变与分化。新实用主义是实用主义与其他某些哲学流派的第二次结合。第一次是 20 世纪 30~50 年代,由布里奇曼、刘易斯、莫里斯实现的。当时由于实用主义在美国仍有一定的影响,逻辑实证主义、分析哲学刚刚传播到美国,尚未在此立足生根,因此实用主义仍占据主导地位。第二次是 20 世纪 60 年代以后,随着自然科学飞跃发展,数理逻辑、模态逻辑、相对论、量子力学等新兴科学研究的兴起,逻辑实证主义、分析哲学把实用主义排挤到次要地位,成为美国哲学舞台上的主角。20 世纪 80 年代后美国后现代主义也获得很大发展。因此,在后一阶段的结合中,分析哲学或后现代主义的观点就占据了主导地位。当然,实用主义仍然具有很强的生命力。

第一节 兰德的实用主义价值观

美国价值观念的发展可以划分为三个时期。第一个时期是美洲殖民地时期,代表人物是江奈生·爱德华兹。他是美洲殖民地时期的哲学代表,推动了美国哲学,推动了新英格兰文化,关心殖民地的宗教生活。他的思想代表了美国最初时期的价值观念。第二个时期应以爱默生为代表。爱默生是一个诗人哲学家。他认为文明价值从本质上讲就是一种诗。他把道德价值和宇宙价值联系起来，认为道德的原则就是宇宙的精神本身，道德是存在的基础，是上帝本质的表现。同时，他还主张，应当放弃生活的欢乐，把主要的道德原则归为人格内在的自我完善。他在作品中，一方面批判了资产阶级的实利主义，另一方面又阐述了一些实用主义的观念。价值观念发展的第三个时期就是实用主义了。

这是从总的方面划分，但并不排斥其他的价值观念，只是它们比起这三种价值观念影响是比较小的。美国的绝对唯心主义者罗依斯也认为，在19世纪中期之前是爱德华兹及爱默生作为美国文化的两个不同阶段的代表，第三个阶段的代表就是威廉·詹姆士。可见，詹姆士代表了美国实用主义的价值观，经历了一个多世纪，仍然深深地影响着人们的心灵。虽然当代出现了各种各样新的思潮，但存在主义、精神分析、现象学、阐释学等所表现出来的价值观仍然离不开实用主义。

实用主义价值观形成的文化背景　早在美国建国前的殖民地时代，大量的移民从欧洲各国来到美洲，他们除了带来各自国家的文化之外，其他几乎什么也没有。但是一到了美洲大陆，生活是一个现实问题，如何选择生活，是移民们最关心的问题。移民的选择标准就代表了最初的价值观念。虽然当时清教徒的思想占了统治地位，但已出现实用主义思想的萌芽。

第二次世界大战之后，美国的社会越来越复杂，发展速度也越来越快。人们在各个方面都面临着成功与失败、经验与教训，迫使他们对人与世界提出疑问。世界各地的思潮汇集到美国，各人接受的程度不同。虽然，当代的美国人还遗留着最初移民的思想传统，强调独立精神、反抗束缚与压迫，渴求个性的自由与解放，但由于其价值观偏向于主体的选择行为，各人的价值观念便有差异。在差异中，他们追求的总目标是一致的，如值得称道的道德价值应该是什么，这种道德价值的基础就是实用主义。

实用主义的价值观最突出的表现就是个人主义。法国学者托克维尔认为，个人主义这个词，就是为了表达一种新的思想和概念才被创造出来的。因为在美国建国时所提出来的《独立宣言》，就强调人生而平等的天赋人权观念。何况北美这块大平原山川正是实现人类追求个人自由与尊严之所在，连普通人都意识到个人的价值与作用。19世纪末开始的美国西部的开发，更使移民体会到个人自由的重要性，认识到个人的无限价值，相信自己是一切品德的结晶，任何人只有依靠自己，发挥自己的才能，整个世界才会围着自己转。接着，由于美国的工业化，美国真正成为机会的同义词，人的成功与失败会在一个夜里突然出现，一方面他们强调创业、进取、勤奋与竞争，另一方面他们强调机会均等，而这些正表现出了实用主义的思想。

在美国，个人主义的表现形式多种多样，但宗旨却是一致的，即人皆有权利与自由来选择自己的生活道路，反对别人的干涉与控制。但是，个人主义也在发展着，在新时期个人主义便具有了新的内容。

杜威认为："旧个人主义的全部意义现在已降低到变成一把衡量金钱的天平，不算言过其实，被认为和僵硬的个人主义分不开的美德，可能是口头上加以宣扬的，然而其所珍视的东西却是以它和私人营利企业中获致成功的活动的关系如何来衡量，那是不需要有很敏锐的观察力就能看得出来的。"①

当代美国的实用主义个人价值观具有新的特点。它强调注重实际，希望把需要做的事做成，不愿意抽象地泛泛而论。提出实用主义兑现价值是指获得实际效果，要获得实际效果就要强调个人主义，要强调个人主义就不能忽视互利原则。所以，当代美国实用主义的价值观就是互利原则。它相信个人竞争，承认每一个人都有权利来满足个人的意愿，有表现个人的权利。个人的目标就是获取成功，衡量一个人成就的标准是同别人的成就进行对比，和别人开展竞争，并从中取得成功。个人竞争、满足个人、个人成功成为美国人占主导地位的行动哲学。实用主义的互利原则价值观就是在这种理论基础上形成的，它把自我肯定、自我改善、自我进取放在首位，强调自我价值。

这种思想在当代美国最主要的代表人物是安·兰德。她出生于俄罗斯时代的圣彼得堡，1924年在列宁格勒大学毕业，1926年赴美。起初她在美国电影艺术界从事编剧工作。她写的一些文学作品，如1943年写的《源》，1957年写的《阿特拉斯的耸肩》都曾风行一时。20世纪60年代后，她辗

① 〔美〕赖特纳：《杜威哲学》，赵一苇译，教育部出版，1960，第410页。

转于耶鲁大学、普林斯顿大学、霍普金斯大学、哈佛大学以及麻省理工学院等处任教。她写了不少有影响力的理论作品，如《关于新知识分子》（1961）、《对客观主义认识论的介绍》（1967）等都引起了公众的重视，特别是她的《利己价值》影响最大。

兰德的利己主义的思想，从效果上看，是发展了实用主义的价值观。她强调每个人的发展都有自己的价值标准，这不是任意的狂想，而是有理性的根据。

"一种终极价值是那种最终目标或目的，所有较小的目标都是为达到它而采取的手段——它也是对一切较小目标进行衡量的标准。一个机体的生存就是它的价值标准：凡是增进它的生存的就是善，威胁它的生存的就是恶。"①

兰德所强调的是伦理学的客观标准，是人类生存的自身本性，不是超自然的东西，而是出于实在与生命的恩赐。她认为，人类自身生存的本性是为了以人的资格生存下来。她和亚里士多德的命题相一致，相信人的本质特征就是他的合理性。既然人类生存的自身本性是伦理学的客观标准，可见善恶和人的生存有关，对生存有益的便是善，对于生存无益或有害的是恶。兰德的说法更为清楚，不像杜威那么含蓄。兰德的说法可以划进自然主义说法中，她的观点又被称为客观主义的利己价值。

兰德的客观主义利己观引起了美国探求生活方式的一些人的注意。因为她认为，人的生命本身就是一个终极目的，为了要实现自己生命的潜能，一个有理性的人应当做出自己的选择，但是在做选择时，有三项指导性的伦理学基础价值，即理性、效用、自尊。她阐释道："客观主义伦理学认为，人类的善并不要求人类的牺牲，也不能由任何人做牺牲来达到。它认为人们的合理利益并不发生冲突——在并不想不劳而获，并不做出牺牲也不接受牺牲，彼此以交易者相待，用价值来交换价值的人们中间，是没有利益冲突的。"②

兰德所提倡的"自私美德"是和集体主义不相容的，也是与为他人牺

---

① Ayn Rand, *The Virtue of Selfishness* (New York: Signet, 1964), p. 17.
② Ayn Rand, *The Virtue of Selfishness* (New York: Signet, 1964), p. 17.

牲自己的举动、福利的立法不相容的。总之,她对一切利他主义的道德价值进行了攻击,认为利他主义是与赞美个人主义的资本主义的经济制度根本不相容的。人们目的就是生存,人又是以人的资格生存的。人与人之间的关系以平等交换为原则。这并非说兰德完全否定了帮助别人的美德,比如关心自己所爱的人应当属于一种私利合理的部分,应包括在他个人的价值体系之内。兰德说:"判断一个人什么时候或者是否应当帮助另一个人,适当的方法,是参照他自己的合理的私利和他自己的价值体系;他所给予的时间、金钱或精力,或者他所冒的风险,应当同那个人对于他自己的幸福所具有的价值成比例。"①

兰德还反对美国政府搞黑白人杂居,实施医疗照顾方案与战胜贫穷计划的立法。她认为政府唯一正当的合乎道德的作用,就是保护人的权利,保护人能免受暴力侵害,保护人的生命、自由、财产以及所追求的幸福的权利。如没有私有权,任何别的权利也是不可能有的。她认为,《独立宣言》早就宣布,政府的作用就是使人民获得权利,政府无权以征税的方法,使一些人帮助另一些人。在选择友人时,人们就要像选择满足自己欲望的产品一样,要考虑另一个人可以为自己提供什么价值,参加某个组织对自己有什么好处。这样,兰德便从道德上为自私的利己主义提出理由,成为合理的自利。她的理论便阐释了资本主义美国的实用主义互利价值观。在美国,人与人的关系正是以互利原则作为准则的,例如雇主和雇员之间的关系是合同式的关系,是在实用主义的互利原则基础上结合起来的。雇主之所以雇用他,因为他帮助雇主实现雇主的个人目标;他之所以愿意受雇,因为雇主可以帮助他发展自己,这就要求双方都要承担一定的义务。受雇者了解,他如果不能达到雇主的预期目标,他就会被解雇;他如果在这个雇主的环境中不能满足,他可去到别的地方,或去寻找其他机会。雇主唯恐好的雇员离开,便想法满足他。这里明显地表现出互利价值的特点。

———

① Ayn Rand, *The Virtue of Selfishness* (New York: Signet, 1964), p. 17.

第二节 刘易斯的"概念论实用主义"

詹姆士和杜威的彻底经验论倾向，使实用主义陷入困境而难以自拔，刘易斯则提出独具特色的"概念论实用主义"，试图解释一些难题，使实用主义重新获得生机。从一定意义上说，刘易斯的理论启迪了奎因（也有译为蒯因，本书统一为奎因）等后起的实用主义者，促成了实用主义和逻辑实证主义的合流。

刘易斯是美国著名逻辑学家、哲学家，也是继皮尔士、詹姆士和杜威之后颇有影响力的实用主义代表人物。他就读于哈佛大学，1906年获学士学位，1910年获哲学博士学位，1920年起在哈佛任教，曾担任皮尔士讲座的哲学教授。刘易斯在青少年时期已开始对哲学发生兴趣，曾是绝对唯心主义者罗依斯、新实在论者培里和实用主义者詹姆士的学生。他在《自传》中说，罗依斯是他心目中的哲学家典范。他很感谢罗依斯，因为罗依斯指引他去研究"绝对实用主义"。他认为"绝对实用主义"和他自己的"概念论实用主义"是基于同一基础的。

刘易斯的主要贡献是运用实用主义的方法开拓了模态逻辑，区别出实质蕴涵与严格蕴涵；又以知识论为出发点，考察了意义理论，用概念系统分析经验，并以经验的有效性作为取舍的标准。他最主要的著作是《知识中的实用主义》（1926）、《对知识和价值的分析》（1946）和《心灵和世界秩序》（1928）。

刘易斯所提倡的是一种哲学个体性。他认为，哲学的特征是每个人的事。对于个人来说，什么是善、正当、有效等，其价值观念都是属于本人的，不能把它推给别人。他主张在哲学家或个人的个体基础上，建立个人的价值体系。这一理论的意义在于揭示了，从遗传学、人类学、文化、环境方面来看，每个人是有不同的价值体系的。但是，他忽视了一个问题，哲学并非仅仅是个人的价值体系，也就是说，并非个人与自然的约定论。哲学应当有一个基本问题，而且基本上是统一的。

刘易斯认为，哲学家不是先知，必须以科学的进步作为基础。比如有关生命和心灵的本性问题，其中一部分是由生物、物理、化学、心理等学科提供新的资料。在他看来，关于本体论和宇宙论的问题，只有在它们是批判的和反思的范围之内，才是真正的哲学问题。不仅哲学，即使在任何一门科学中也有这类反思问题，正是这种反思才构成科学的哲学。他强调反思，因为反思就其承认一般经验为哲学的材料而言，是经验的与分析的。之所以是经验的，并不意味着经验是给予心灵的感官材料；之所以是分析的，也是意味着经验是完全的。反思不承认完全超经验的实在，刘易斯认为，真正的解释应遵循实践理性的线索。哲学和一般知识一样，是关于经验的，不是超人类意识的。仅从这一论点来看，它是一种唯物主义的倾向。

刘易斯的基本立场是实用主义，他在不同程度上继承了皮尔士、詹姆士和杜威的传统，受皮尔士的影响尤重，数理逻辑和认识论问题是他们的共同兴趣。但是，他提出的"概念论实用主义"又超越了前辈，带有自己的特色。如他所说："由于这个观点无论如何总会获得某个称号，我自己大胆地给它一个称号，称之为'概念论的实用主义'。如果没有皮尔士、詹姆士和杜威（特别是皮尔士）最早提出的那些观念，这个观念可能不会形成。可是，这些比较正统的实用主义者当然不必对这整个观点负责，也不必对其中包含的先天真理学说负责。"①

在实在观这个哲学的出发点问题上，刘易斯不像詹姆士和杜威那样矢口否认直接经验之外的实在对象，认为这样会使经验失去本原和根据，从而陷入窘态。他受到皮尔士思想的启发，承认经验有其外部源泉，即实在对象的存在。但又对这个实在对象做了实用主义的解释，即实在不是绝对独立的而是相对的存在，它是经验与社会意识的混合物，受人的认识的制约。他说："所与是某种实在的东西的呈象；被给予的东西（部分地给予）是这个实在的对象。但是，这个实在对象的所是包括了它的范畴的解释，众所周知，实在对象是被加诸它的这个经验之上的一个构造，而且包含了更多的在呈象中不被当下给予的东西。"② 这样，实在就带有两重性质：一方面，它在具体经验之外，并且赋予经验以实际内容；另一方面，它又是

① Lewis, Clarence Irving, *Mind and World – order* (New York: Publications, 1929), p. 9.
② Lewis, Clarence Irving, *Mind and World – order* (New York: Publications, 1929), p. 9.

心灵加诸经验的概念范畴的解释和构造。这种把实在相对化的观点既有主观唯心主义的阴影,又为从主、客体关系上把握实在打开了一条思路。

从哲学史上考察,任何一个哲学家,无论他是否建立某种体系,都涉及知识的本质与形式。刘易斯也毫无例外地进入他的知识论。在这一点上,他也受到了皮尔士的启发。

刘易斯在知识论的田园里进行特有的耕耘,他承袭贝克莱的经验主义因素,并且注进了实用主义的血液,把理论知识与人的目的、意向、计划、利益联系起来,而且还追随康德的先验论的观点,把知识的基本特征分析为形式和质料的、概念的和经验的,企图把唯理论和经验论综合兼并。刘易斯这一耕耘的收获物,就是"概念论实用主义",他又名之曰"异端的实用主义"。

刘易斯详细地探讨了什么是知识、知识的构成、知识的进展、知识的作用以及知识的评价等。他在《知识与价值的分析》中规定知识应当满足以下几个条件。

第一,知识必须是对于真的或者是关于事实的东西的一种把握或信仰,与假的或不是事实的东西相反。错误的把握是认识;真实与正确的认识才是知识。

第二,认识应有所指,是被信仰或被肯定的。当这种认识成为知识时,它必须和被意指的事物相应、相合。

第三,知识要有根据。无知的会碰运气获得知识,但没有证据。

第四,严格意义下的知识必须是确实的。

刘易斯对知识的规定把认识与知识严格区分。认识可以是正确的,也可以是错误的,而知识是正确的认识。也就是由认识而进入知识。知识应当是有证据的与确实的。

刘易斯的知识论不仅分析了知识,而且阐明知识的评价问题,把认识论和伦理学联系起来。他肯定知识与行动的关系,认为知识要为行动服务。知识能够指引行动,具有实用价值。因而知识与评价有联系,与价值观有联系。他说:"知识的首要的、贯通全部的含义就在于它对行动的指导。""知识明显的用途在于改善我们人类的命运,在经验中实现好的事情,避免坏的事情。"①

刘易斯也受到杜威工具主义的影响，他把经验知识的主要作用也看成是一种工具作用。正是这种工具使人们从出发点过渡到终点，从现实的现在过渡到一个被欲求的将来。而认识就是把握那些可以被行动所实现的将来。从本质上来说，经验的知识是功利性的与实用性的。刘易斯认为，知识的功用就在于它使人们通过恰当的行动来控制人们将来经验的性质。

知识的问题并不是很容易解决的。刘易斯认为，我们对于所谓知识的要求，在和我们毫无踌躇地说我们所知道的那些事物比较之后，便能在寻常人所注意不到的程度上很容易得出如下结论：知识大多数属性是借一种虚构造成的。还可以说，知识的阐述要求三个方面。一是知识必须是一种有所肯定的心理状态。也就是说，知识除了在心理状态之中发现的东西外，还另外意味着什么。二是这种信仰的态度真实。三是任何信仰的心理状态，除非有某种根据或理由，否则都不能算在知识之列。因为信仰有真实的与虚妄的两种。所以，这里要求的信仰，不仅是真实，而且信仰的态度也应是正当合理的。

一个人被认为是有知识的，就是有所知的人。所谓有所知，就该了解意思，了解指的事实与事态，对事物的肯定与否定的态度。刘易斯曾举一个例子说明。如果一个孩子问我们，哪一只手是他的右手，我们应当毫不迟疑地告诉他。但是他如果问，"为什么那一只手是右手？"我们可能恼火，其实是我们想不出适当的答案。这种恼火是大人的自负感受到伤害。事实上我们认为自己懂得，然而又回答不出，我们越确信自己所知的，就越不明白指什么，也就越不明白如何知道它。刘易斯认为，知识不是一个描述性的范畴，而是一个规范性的范畴，知识要求的是正确性，心理状态之所以被归类为纯真的知识，正是依据了这种正确性的假设。

刘易斯认为知识产生于限定判断，其形式是：

S 是给定的；

假设 A，则 E

---

① Clarence Irving Lewis, *An Analysis of Knowledge and Valuation* (Open Court, 1946).

其中 A 代表可能采取的行动模式，E 代表经验中所期望的结果，S 代表感觉暗示。可以用以下的例子做描述：在我的视野内有一块红斑，假使我把头转向左边，红斑便移到右边。这种判断在实现特殊条件后，红斑便会移到右边。这就是说，在存在一种朝前看的感觉的情况下，如果有一种把我的头转向左边的感觉，那么便紧接着可能有表示这块红斑各种情况的感觉。

刘易斯从证实了的限定判断中找到了确实性，是关于感觉现象的。他还认为，一切关于世界的知识都奠基于或源自于这类确实性。实际上他的这一论点比起传统的经验主义来，更值得怀疑。因为按这种说法，知识的直接对象是主观的与个人的，刘易斯的主要著作正是讨论这类中心问题，所以他要设法弄清认识论的内容、客观世界的经验知识，以及先验知识。

在刘易斯那里，知识论和认识论混合在一起。他的认识论的特点之一，是概念及范畴的可变性与效用性。

刘易斯的经验知识的范式是经验证明的限定判断，除此外的经验范式是非限定判断，而且表现出一种或然性，不能建成确实性。非限定判断只陈述事物，不陈述现象。非限定判断的或然性价值是由必要的限定判断的证明而获得的。对于非限定判断来说，一个必需的条件在任何程度上都是可证实的，是有意义的，需要限定判断的。任何一个现象以外的关于客体的陈述，都是非限定的、可证实的、有意义的与需要限定判断的。这些判断都只是关于现象的。这类陈述的整个意思在所需要的限定陈述中都是可描述的，因为此类描述仅涉及现象，如物理陈述的自身确与现象有关。

刘易斯提出了在他看来是现实主义的论点。他认为，虽然一条关于物理客体的陈述等值于一个限定陈述的无穷集，这个无穷集也可以归为现象主义。物理客体陈述中的词也真实地指出物理客体。因此有两个陈述集，即现象主义的陈述集与物理客体的陈述集。因为每一个物理客体都有一个故意等值于它的（无穷的）现象主义的集。因此，他认为在同等的可能程度上，也可确定等值的物理客体陈述。两者是根本不同的客体，是从现象的知识中导出物理客体的知识。

在知识问题上，意义显得十分重要。意义理论本来是分析哲学研究领域的一个中心问题。刘易斯哲学体现了实用主义和逻辑实证主义的结合，也反映在意义问题上。皮尔士把意义定义为一种实用关系，刘易斯采纳了这种看法，并且汲取了分析哲学的成分。他把全部知识区分为两类，一类是经验知识，另一类是分析知识，而意义正是这种区分的根据。他和逻辑实证主义者一致的是，认为分析知识的真理性不以经验为转移，而只能来自命题本身的意义。经验知识则来自感觉经验，其真理性有待经验的检验。他和逻辑实证主义者不同的是，他从实用主义出发强调分析知识中含有实用的因素。他不同意弗莱格及罗素等人把意义看作一种简单的命名关系。刘易斯强调内涵逻辑，不同于他们的外延逻辑，因为外延逻辑是实质蕴涵。从实质蕴涵来看，认为如果有两个命题，符合下列三个条件的任何一条，这两个命题之间便存在着实质蕴涵（material implication）：

1. p 真 q 真

2. p 假 q 假

3. P 假 q 真

刘易斯认为，这种定义会引起许多悖论。如一个假命题，在实质上蕴含着任何命题，而一个真命题在实质上又被任何命题所蕴含。所以他借用可能性与必然性的逻辑模态，认为如果不可能出现命题 p 真 q 假的情况，那么两个命题之间就存在着严格蕴含关系。这样他便提出严格蕴含的模态系统：

p. _3' q（p 严格蕴含 q）

如 Pt, qf 不可能，则 p. _3q 可定义为：

—◇（pA - . 7 q）

不过，刘易斯也没有完全否认外延逻辑。他只是提出内涵逻辑，并用内涵逻辑来补充外延逻辑，使意义的理论阐释得更清楚与更全面，应该讲这是刘易斯的贡献。

在西方哲学史中，有一些先验的科学，如数学、逻辑、哲学，这些都被称为古典理性主义的要塞。它们能生出知识，以理性直觉为基础，叙述世界的基本结构。大部分经验主义者认为，这一类知识仅属于语言内部的，由分析真理构成，可以说成是世界非信息的。

刘易斯赞成下述观点：一切先验真理在本质上都是定义的，从概念分析中产生的。他和许多经验主义者不同，他不满足于把先验知识仅看作分析。在他看来，概念与概念的逻辑关系，对世界结构及感觉材料的关系都很有疑问。他认为，概念、逻辑关系、生出的先验真理都和心理的特征一样。他把这些和给予的感觉经验资料对比，感觉经验资料是原始事件，不受概念结构的限制和作用。如果这些给定物没有由心理提供的各种先验标准，也是不清楚的。这种标准不仅包括对事物的谈论，甚至还包括客体的经验。可见概念的必然联系深藏于知觉之中。

一方面，刘易斯有和逻辑经验主义相同的地方，他十分强调分析真理与经验知识的区分。然而在另一方面，他认为一切关于世界的知识都是感觉给予的东西，与先天形成的概念相符合，看上去和康德的观点相一致。事实上他们只是在这方面才是一致的，即无概念的感觉材料则是盲目的，以及超出了人们可能的经验便无法认识。这种一致都是对的，应当承认具有唯物主义的性质。

刘易斯认为，基本的概念结构和先验真理都不是一成不变的或永恒的，它们是在决定的基础上形成了根深蒂固的倾向。他主张，卓越的逻辑体系是实用主义的，这就是他的先验范畴的效果性。他认为实用主义就是先验真理，而不是经验真理。他认为，不存在先天综合命题，纯数学命题是分析的，这方面和康德的理论不同。刘易斯选择的概念系统是适用于具体经验，以实用性为依据；而康德认为先验逻辑在实际科学中的效用性，是一个先天综合命题，而这正是刘易斯所反对的。

确定经验知识的真假，而辩明是指确定经验知识是否具有合理的可信性。刘易斯认为，从先验知识来看，不需要分开证实和辩明，因为这类知识的有效性和真理性是一致的。

刘易斯还认为，哲学是对心理的反思及批判的研究，其先验的原则是奠定在"我们知道的真实世界结构"基础上。经验中含蓄的东西从方法上讲是分析的与批评的，其功能不仅能形成概念结构、经验和思想，还可以加固与修正。哲学要求是分析，如"客观世界中有明晰的规则"这条陈述是分析的。因为"明晰的规则"是客观世界的基本记号。如果缺少了起码的规则，哲学就成为主观的与个人的经验，如梦与幻想。哲学的要求也是批评和修正的，可以弥补人们对范畴倾向上的某些变化，如"只有物理是实在的"。

刘易斯的先验理论是把概念的框架置于两套给予的中间：一是感觉的呈现，把概念运用于承认经验知识；二是价值，先验结构运用价值进行实用主义的试验。

刘易斯不同于其他的先验论者，他是实用主义的先验论者；也不同于其他的实用主义者，他是概念的实用主义者。用他自己的话说，他是异端的实用主义者。更切合实际地说，在一定程度上，他把康德的先验论和实用主义结合在一起了，把实用主义和分析哲学结合在一起了。

第三节　实用主义与欧洲新思潮的结合
——美国分析哲学的兴起

20 世纪 30 年代，继承了 19 世纪奥地利传统的维也纳学派，由于不能忍受希特勒纳粹分子的迫害，便移至美国，使美国成为逻辑经验主义的第二故乡。之所以说维也纳学派继承了奥地利的哲学传统，是因为奥地利的鲍尔查诺革新了逻辑分析，引起了当时维也纳小组的兴趣。

逻辑经验主义把分析哲学带到美国后，又把符号引进哲学思维的领域，运用语言分析方法来研究哲学，企图在美国哲学界掀起一场革命，挤垮实用主义，形成美国的分析哲学时代。

从现象上看，美国在第二次世界大战之后进入哲学的分析时代，但这并不意味着实用主义就失去影响。正如莫里斯在《美国哲学中的实用主义运动》一书中所分析的那样，逻辑经验主义、语言分析学派、现象学、存在主义从性质上来讲，和实用主义是协同一致的。逻辑经验主义与实用主义的一致从皮尔士就已开始，他强调形式逻辑以及科学上有意义的概念和假设的经验标准。后来，卡尔纳普、莫里斯、奎因等人都在协同一致方面做了努力。

一　实用主义指号学

刘易斯的实用主义哲学基本上还是从皮尔士、詹姆士、杜威实用主义主流分化出来的，但是在某些方面他违背了詹姆士的原则，所以他自称是异端的实用主义。莫里斯在实用主义影响下所形成的指号学，则完全可以称为实用主义的支流了。

莫里斯是以倡导指号学而闻名于美洲大陆的哲学家。早年受教于实用主义的社会心理学家米德，1925 年以一篇《符号使用和实在：对心灵的性质的研究》的论文，获得哲学博士学位。1931 年米德逝世后，莫里斯整理米德的讲稿出版。同时，莫里斯也受到逻辑实证主义的影响。卡尔纳普在他的思想自述中说过，1934 年莫里斯到维也纳访问过他，后来莫里斯又到布拉格访问了他。莫里斯被维也纳学派的哲学方法所吸引，把这种哲学方法介绍到美国。后来到了芝加哥，莫里斯与卡尔纳普的观点最为相近，并试图把实用主义的观点和逻辑实证主义相结合。卡尔纳普说他本人也是从莫里斯那里了解到实用主义的。

莫里斯于 1937 年出版了《逻辑实证主义、实用主义及科学的经验主义》，试图把逻辑实证主义和实用主义相结合。在该书的序言中，莫里斯写道："从历史上看，传统的经验主义在逻辑实证主义者眼中是和新的形式逻辑一样，而在孔德与实用主义之中是和新的生物科学与社会科学最彻底地属于同一条线的。"①

他认为，汉恩及卡尔纳普把数学分析和实用主义的解释结合起来，刘易斯把所强调的经验的重点与作为新方法论的符号逻辑的理性主义结合起来。所以莫里斯本人也顺着实用主义开辟出一条支流，即他称为的科学的经验主义。这种科学的经验主义能够把逻辑实证主义、传统的经验主义和批判的实用主义统一起来。

莫里斯认为哲学和语言的关系特别密切。而今日的语言学又有几种情况，被分为语形学、语义学及语用学三个方面。这是莫里斯首次提出的三个概念。语形学是研究诸指号相互之间的语形关系，不涉及指号与对象，或指号与解释者之间的关系，它是指号学所有分支中最发达的一个分支。语义学是研究诸指号和它们所指谓的对象之间的关系。语用学是指那种关

---

① Charles W. Morris, *Logical Positivism*, *Pragmatism and Scientific Empiricism*（Paris：Hermann et Cie，1937）.

于指号和它解释者之间关系的科学。

因此，指号具有三种类型的关系。其一，与对象的关系，这是自然科学家和传统经验主义者最关心的。其二，与人的关系，这是实用主义者及约定论者、精神病理学家、生物学家和社会科学家所关心的。其三，与别的指号的关系，这是语言学家和逻辑学家、数学家最为关心的。

与对象的关系是意义的存在方面，或称为存在意义；与人的关系是意义的实用方面，或称为实用意义；与别的指号的关系是意义的形式方面，或称为形式意义。

语用学是属于与人的关系。这是莫里斯的指号学研究的重点。莫里斯认为，语用学这个术语显然是参照实用主义这个术语而制造出来的，实用主义比以前任何时候都更加密切地注意到指号和指号的使用者之间的关系。

莫里斯认为，语用学这个术语，有助于表明皮尔士、詹姆士、杜威和米德等人的成就在指号学范围中的重要性。指号问题并不是一个新的问题，亚里士多德早在他的《解释篇》中就对词做了指号的阐释，认为词是关于人们所共同具有的思想的约定的指号。作为语言的指号，必须能够被人们自觉地用来完成交际作用。

同时，莫里斯认为哲学也是逻辑分析。把哲学看作澄清观念和提供应用一种方法的概念，是一直存在于实用主义中的。而且这点得到维特根斯坦、石里克及魏斯曼的肯定。皮尔士早就知道，热心澄清意义的必然结果便是发展出一个关于意义的一般理论，把逻辑本身看作一般的指号学。杜威也敏锐地感觉到符号对个人生活与社会生活的工具关系。他把理智看作为某种价值服务的工具，把科学看作经过调整和系统化的理智。人就是符号的动物。

实用主义与逻辑实证主义当然是不同的，实用主义强调生物与社会的范畴，逻辑实证主义强调逻辑分析。可是，实用主义正想把阵地扩展到形式科学和物理科学领域中去；而逻辑实证主义也越来越倾向于承认语言与分析的实用方面，于是便引起了两种哲学潮流的合作。莫里斯的指号学可以说是这两个近亲的一次尝试。另外，他的指号学不仅分析哲学与实用主义的结合，而且具有整体意义。从当前信息科学、系统科学以及行为科学的出现与发展来看，指号学是有相当意义的。莫里斯在研究指号学时，注意把人与其他动物的行为和指号联系起来。在一般情况下，人与动物有相同的特点，在饥饿时都可能会饥不择食。食是动物的一种本能，人不会例外。但莫里斯认为，在某种情况下，人可能不吃，即使在非常饥饿的情况下。比如一个甘地信徒，在某个时刻可能一点也不吃，或者他是一个虔诚的基督教徒、犹太教徒，在他们祷告之前也是不吃的。佛教徒在斋期时也愿挨饿。吃是一种行为，一个人的行为依赖于他的观念与思想，和动物有所不同。这便表现出指号的实用意义，指号和人的生活有特别的关系。因为指号学提供了一种普遍语言，它可以应用于任何特殊的语言或指号，也可以应用于科学所用的语言和在科学中所用的特殊指号。

莫里斯也接受了行为主义派心理学家的观点，认为人的行为要受符号的影响。人是突出应用指号的动物，其他动物不能达到人应用指号的高度。他认为人类的文明是依赖于指号及指号系统的，并且人类的心灵是和指号的作用不能分离的。

莫里斯特别强调指号的实用意义。指号就是符号。指号在生物的生存中有相当的意义，当然，在人类生活中的实用意义是更有价值的。在人类日常生活中，指号有以下几种性质的作用。

一是报告性质。报告性指号是指使人们了解某种具体情况，对人的行动和决策起到作用。比如列车时刻表，它向人们报告到何处去是什么时间，人可以据此进行抉择。气象报告使人们了解天气形势。这些报告对人的行为与生活都起到很大的作用。

二是反应性质。根据事物自身的反应，人们可以选择对自己有利的东西，如购买鸡蛋、橘子等，顾客总得从外表上仔细打量一番所要买的东西，看看新不新鲜，有没有虫眼。这些象征都是物品自身的反应。如果反应不佳，顾客便可以决定不买。

三是强制性质。是一种强制人们行为的指号。人们必须按照指号行事，这种指号等于命令。比如，交通口的红绿灯装置等。

语言本身就是指号。但要认识到这一点，并非易事。比如桌上有一张照片，一个人指着照片说："我朋友的照片。"这些声音符号使大家知道这张照片与说话人的关系。到这里为止，问题并未搞清楚。因为指号有层次，"我朋友的照片"，听者常常会受到愚弄，因为，"我朋友的照片"有几层意思。其一，这张照片上的影像是我朋友的像；其二，这张照片的所有者是我的朋友。这就好像"一个好的反面角色"一样，当然绝不会指这个反面角色的反面行为好，而是指扮演反面角色的演员演技好。一般在日常语言中，这类语言常会愚弄人，发生了误解连本人都不知道。

莫里斯从实用的角度，把指号分为三个层次，即前语言指号、语言指号及后语言指号。所谓前语言指号，是指产生语言之前的指号，如狗没有语言，闹钟对狗的关系就是前语言指号与狗的关系。巴甫洛夫的实验证明了这点，闹钟一响，狗表现出某种行为，狗的这种行为不是依赖于语言，而是前语言。而语言指号是语言自身起到作用，某一个语言成分（词）代表了一个具体的物，当人们讲到"闹钟"这个词时，我们就知道这个语言指号所代表的物是什么，它的形状、作用、特性等。后语言指号的情况比较复杂一些。可以理解为是一种物品的拟人化，如"闹钟"对我们来说，是一个语言指号。闹钟本身又是一个物品。有时人们对闹钟会自言自语，好像把闹钟当作一个交往的对象，使它与人的情感有联系。在这种情况之下，闹钟就成了后语言指号，它的意义超出了一般的语言。

指号和人们的生活连在一起，是不能分开的。卡西尔在他的《人论》中说过："人不再生活在一个单纯的物理宇宙之中，而是生活于一个符号的宇宙之中。语言、神话、艺术和宗教则是这个符号的各个部分。"所以，他认为应当把人定义为"符号的动物"，来代替把人定义为"理性的动物"。米德则认为，语言是人的标志。这些对莫里斯都很有影响。

为什么人各有喜好，有的皈依宗教，有的愿幕天席地呢？这是由于指号和人的情感交织在一起。事实上人的喜怒哀乐，无不和指号有关。但是，在指号的世界里，人应当控制指号，而不能为指号所控制，否则会坠入指号的陷阱。

从 1956 年开始，莫里斯在行为高级研究所工作，集中精力从实用主义出发把指号和价值结合起来研究。

莫里斯认为，英语 meaning 有两种意思，一是指意谓（signification），也就是所指；二是指意义（significance），也就是价值的意思。莫里斯根据意谓提出了指号学；又根据意思（价值）提出了价值学。

所谓指号学，莫里斯认为，是一种介于诸学科之间的科学事业。指号学的范围包括人、动物、正常人、病态人，包括语言的或非语言的、社会的或个人的。在莫里斯所描述的指号过程中，有五项关系。这五项关系可做如下表述：V 在某条件 Z 之下，在 W 中造成以某种方式 X 对某种对象 Y 所做出的反应倾向。其中 V 是指号，W 是解释者，X 是解释，Y 是意谓，Z 是指号在其中出现的周围条件。以蜜蜂为例，V 是跳舞；蜜蜂用跳舞这个指号来影响其他蜜蜂的行为。别的蜜蜂感受到跳舞，就要解释指号，所以这些感受到跳舞的蜜蜂是 W，即解释者。这些蜜蜂（解释者）以某种方式对跳舞做出反应的倾向（解释）是 X。这些蜜蜂准备以这样的方式对它做出反应的那个对象是指号 Y。Z 是指蜂窝的位置。

又如应用蜂鸣器引起狗的条件反射试验，蜂鸣器就是指号；狗是解释者；为蜂鸣器所引起的那个在某地寻找食物的倾向，就是解释；指号的意谓是一种可吃的对象，周围环境指蜂鸣器所指的地点。

指号的过程又称为指号行为。

莫里斯认为意味是三维的。他自称这个理论是来自米德。根据米德对行为的分析，莫里斯认为如果给予一个冲动，结果的行为有三个方面。其一，知觉的。知觉到在行为环境中的特点。其二，操纵的。即涉及的指号是主要规定的，意味着对象或情境应如何被反应。其三，完成的。主要是评价的，意味着对象或情境的完成性质，是指在顺利的情况下可达到能动性的结果。因为行为和对象是互为关联的。

根据米德的理论，莫里斯认为，如果把指号作为行为性的处理，就可以把其意谓关联于行为的三个方面，显示出三维性。可以把每个指号都看作三维的。但在不同指号的不同维度方面，有强弱之分。

行为的三个方面正和指号的三维相对应：其一，指示的。意味着环境或行动者的能观察的特点。其二，评价的。意味着某个对象或情境的完成特征。其三，规定的。意味着对象或情境是如何被反应，以便满足起支配作用的冲动。

一切指号都应该有解释。所谓解释,是指指号以某种方式做出反应的一种倾向。不同的维度相应地有不同解释,在正常情况下,行为者必须得到有关他要在其中行动的情境的情报。并且必须在诸对象中选择出他所偏爱的或给予正面偏好行为的对象。如某人口渴,这时他发现茶与咖啡,他便会加以选择。他如果偏爱茶,感到茶会有更佳效果,他就先饮茶。同时还要决定以何种方式饮茶,是快饮还是慢饮,是独饮还是共饮。

针对以上情况可做如下归纳。一是行动要求获得情报,是指示维,反应倾向决定于感觉器官,意谓对象的刺激特质。二是行动要求选择偏好的行为对象,是评价维,反应倾向决定于偏好的对象,意味着对象的加强特质。三是行动要求以特殊行为施于对象行动,是规定维,反应倾向决定于偏好的行为,意味着作为工具的行为。

学术界逐步对指号学发生兴趣,已经扩大到仪式、神话、道德、艺术、法律、政治、宗教等各方面。特别这些题材都和价值有关系,所以莫里斯进一步讨论了价值学。

价值学的范畴是对偏好行为的研究。

指号是 meaning 的一层含义,而价值是 meaning 的另一层含义。这里涉及的偏好行为,是指一个机体想保持一个对象或情境的呈现,对这种现象便展示了正面的偏好行为;如想离开、摧毁或阻止,便展示出反面的偏好行为。价值学就是研究这种偏好行为。莫里斯曾举过下面一个例子。有一个学生说,他非常不喜欢某一幅画。有人问他为什么,他说他不喜欢风景。于是便让他看一大批画,他对其中不少风景画做了高度的偏好评价。可见,即使他对不喜欢的那一幅画做了陈述,也是他对偏好行为的正确报告,但他给予这一行为的理由也是不正确的。莫里斯认为,可以预计,很多人类的偏好行为,都是属于这种情况的。

存在着各种价值,如社会价值和个人价值。从广义上讲,得到一个群体,例如大集团或小集团的某一职业圈、某一宗教组织的赞同,属于社会价值。和社会价值相对的是个人价值。如个人对艺术品、观念、书籍等的偏好行为,这一种偏好行为就属于个人价值。

价值的情境不同,所产生的价值也不同。有正面价值,也有反面价值,如"痛苦"从其本身来讲并不是一种价值。但得到反面偏好行为的反应，就可能成为反面价值；如果得到正面偏好行为的反应，便可能成为正面价值。

价值是属于主客体的，包含主体及对象双方，如"我喜欢（或不喜欢）×""我发现×是满意的（或不满意的）""×是好的（或坏的）。"

莫里斯划分出三种基本价值，一是操作的价值。对人及对动物都存在，指特定的个人在不同的价值情境中的偏好行为方向，如给某人看各种不同的画，假使此人专门看肖像画，而不看风景画，说明肖像画便是他的操作价值。二是设想的价值。无论正面的或反面的偏好行为，都可以赋予一种认为的对象或情境，如"乌托邦"，作为一种人们喜欢而没有经历过的生活环境，自然是不现实的，所以便成为一种设想的价值。三是对象的价值。有些对象或情境，支持某些机体对它们的正面偏好行为，而另一些对象则导致某些机体的反面偏好行为。可见，它们有这样一种特质，能够加强某些机体对它偏好行为的程度。

价值也像指号一样，存在着价值维。如果把价值作为系统来考察，可以看到一个系统对其他系统或对象的关系，有以下三种。一是依赖性。为了保持自身，需要从其他系统输入材料，这对其他系统或对象来讲，是可容忍的。二是支配性，即需要以一种保证对其他系统或对象的控制的方法来积极行动，如一个机体对可吃的对象是依赖的（某些植物），并且能找出这样的对象，而且使它们服从于它的保持（如动物所做的那样）。三是超脱性，即充分保持边界不受触动，不能对任何东西都容忍，也不允许其他系统以摧毁它本身系统特性的方式来支配它。

大体上说，一般系统都在不同程度上具有以上三种性质。

不同的阶段，产生不同的意谓维及价值维。这就部分地反映了科学家、技术专家、艺术家之间的区别。实际上意谓的维与价值的维是相对应的。两者可以做如下的比较。

知觉阶段，意谓维是指示的，价值维是超脱的。

操纵阶段，意谓维是规定的，价值维是支配的。

完成阶段，意谓维是评价的，价值维是依赖的。

比如，要在某条河上建立一座桥梁，就需从各方面来考察，要研究各种效果，有社会方面的效果，与选择地段有关；有消费方面的效果，与渡河的快速有关；有艺术方面的效果，和风景的观赏有关。这就能部分地反映出科学家、技术专家、艺术家的不同价值观，不同的价值对他们来讲就是不同的实用效果。

莫里斯还把人的生活方式与价值联系起来，他从人的生活方式中总结出五种因素。一是社会的束缚与自我控制；它的反面就是不受束缚和不负责任的享受。二是退缩与自责；它的反面是自我与社会融合，以求集团的享受。三是忍受与同情的关心。即对人与自然的忍受。四是享受和行动中的进取；它的反面是集中发展内在自我的生活。五是自我放纵或感官享受；其反面是把个人从属于社会。

莫里斯花费了许多精力建立他的指号学，是有目的的。在他看来，哲学是科学的皇后。哲学的任务就在于创立这样一种为全部材料所证实的一般性的概念图式。他的哲学就是指号学，而"指号学是所有科学的工具；因为每一门科学都要运用指号并通过指号来表述它的研究成果。"[1]

莫里斯的指号学是实用主义与逻辑实证主义初次结合的产物。他把指号作为一个整体来研究，他说过："实用研究法、语义学及语法在一种行为上定向的指号学范围内，都可以得到解释……说一个特殊的指号学上的研究属于实用研究法、语义学或语法，这是合法的，而且常常是方便的。然而，一般地说，最重要的是记住指号学的领域是一个整体。"[2]

莫里斯的研究工作是开创性的。他企图从整体论出发解决一些长期以来有争议的问题。他从语形、语义及语用三者统一的角度来研究意义与价值学说，对意义的理论是有贡献的。尽管莫里斯夸大了指号学的用处，但指号学确实是有时代感的，和当代的科学有密切的关系。随着科学技术高度的发展，无论是科学学、潜科学、哲学、时间学、未来学、系统论、心理学等，都和指号学有关系。

从某一个角度来讲，指号学可以作为科学学的一个分支。把语言当成

---

① Charles Morris, *Writings on the General Theory of Signs* (New York: George Braziller, 1955).

② Charles W. Morris, *Signs, Language and Behavior* (New York: Prentice - Hall, 1946).

指号来研究，是具有一定科学意义的，对于科学的发展，对于科学的综合交叉、繁衍发展也是有意义的。研究莫里斯的指号学，应当着重其合理部分。

二 逻辑实用主义

实用主义，在它的创始人皮尔士那里，就包含了与逻辑实证主义结合的种子，刘易斯的"概念论实用主义"开启了这一结合的"先河"。莫里斯在指号论的研究上，采取了实用主义和逻辑实证主义相结合的立场，但是这些还仅仅是一个初步融合。这两个潮流的进一步融合就是逻辑实用主义了，这无论在美国哲学或在西方哲学上都是一个重大的哲学事件。

分析哲学在美国引起了不少争论。比如，什么是哲学，为什么要拒斥形而上学，为什么必须有证实原则等等，争论了几十年。由于逻辑经验主义[1]从严格的数理逻辑着手，有一定的合理性，同时又由于其缺乏辩证法的观念，在对一些理论问题论述时便出现了不合理性，所以美国分析哲学的五十年历史就成了一个争辩的历史。争论的结果不得不从批判与抵制实用主义到吸收与融合实用主义。

分析哲学的主要人物是卡尔纳普。希特勒上台，使当时捷克的政治空气变得越来越难以忍受，而且纳粹的意识形态传播越来越广，卡尔纳普不得不在 1935 年 12 月从布拉格去美国。1941 年他成为一名美国公民。美国的分析哲学的发展与卡尔纳普很有关系。在去美国之前，他已认识了莫里斯与奎因，从莫里斯那里了解了实用主义，尤其对米德和杜威的哲学思想有比较深刻的理解。他曾在哈佛大学和罗素等人共事，而且当时罗素正主讲詹姆士的实用主义课程。他发现，在美国，在哲学家和循序渐进的教育运动中广泛盛行的是实用主义的思维方法，其中大多数是杜威式的实用主义。他感到实用主义的思维方式对于公立学校实际使用的方法具有重大的影响。无疑，卡尔纳普的观点也受到实用主义的一定影响，特别在语义学的研究中他非常重视语义的效益问题。

---

① 起初称逻辑实证主义，从 20 世纪 50 年代左右开始易名为逻辑经验主义。作者注。

在美国，逻辑实用主义（又称实用主义分析哲学）的主要代表人物是古德曼和奎因。

古德曼曾经师从刘易斯，并和卡尔纳普、奎因都有过交往与讨论。当然，与其说古德曼是一个逻辑实用主义者，不如说他是一个唯名论的逻辑经验主义者。但是在不少方面他强调了实用主义的意义。特别在他1951年写的《现象的结构》与1954年写的《事实、虚构和预测》中，都涉及有关实用主义的问题。他从阐释的角度来研究哲学，因为他不相信存在着一种独立的逻辑规律，他想设计一种理想的语言系统，既简单又精确，并且具有整体性的特点。他强调实际应用和明确方便的实用主义标准。像一些如意义、属性、可能性、必然性等一类的抽象假定物，是不能进行阐释的，这种抽象的东西只会在实际应用中产生矛盾。只有排除抽象的概念才能阐明，达到实用的标准。至于哲学上的道德问题，是没有什么清楚明确和方便可靠的标准的。哲学家可以自由地阐释理论语言系统，每人都可以根据个人的实用目的把系统看作最佳的。古德曼的一些观点与奎因相当接近，因此英美分析哲学界往往把他们两人并列为美国逻辑实用主义的主要代表。

逻辑实用主义主要源自奎因的理论。奎因是美国第二代分析哲学家。早年在哈佛大学怀特海指导下撰写博士论文。离开哈佛后，奎因曾先后访问过维也纳和华沙，还到布拉格拜访了正在布拉格德意志大学工作的卡尔纳普，使其思想认识受到深刻的影响。卡尔纳普在个人回忆录中也谈过这件事，说哈佛大学的奎因也为他的哲学方法所吸引，奎因还邀请卡尔纳普参加1936年9月举办的哈佛大学300周年校庆活动。奎因一直服务于哈佛，担任哈佛大学埃德加·皮尔士讲座的主讲教授。

奎因最初是逻辑经验主义者，在逻辑经验主义这条路走不通时，他才想起了实用主义，用实用主义弥补逻辑经验主义，开创出逻辑实用主义的道路。

逻辑经验主义者特别注重综合命题和分析命题的区别。他们认为一切理论可以用三种类型表示：一种是经验科学，如物理学、生物学、社会学等；第二种是数学和逻辑学；第三种是形而上学。而区分这三种类型的可靠方法就是综合命题与分析命题。在逻辑经验主义者看来，只要解决好综合命题与分析命题，一切问题便解决了。因为除去综合命题和分析命题外，其余的都是形而上学的命题。他们认为形而上学的问题是哲学中的虚假问题，他们只承认综合命题及分析命题是有意义的，而形而上学的命题是无意义的。奎因对这些问题提出了新的看法，他从实用主义观点来研究逻辑经验主义，在理论上出现了突破。下文来探讨一下奎因的逻辑实用主义。

逻辑经验主义或分析哲学的任务是通过语言分析清除形而上学。因为它们不承认形而上学命题。卡尔纳普说过，他在到维也纳之前已经发现，传统形而上学中大部分的争论是毫无结果与毫无用处的，甚至毫无认识内容。所谓形而上学，是指研究事物的本质的知识领域超出了以经验为基础的归纳科学领域，如费希特、谢林、黑格尔、柏格森、海德格尔的理论都是形而上学。

卡尔纳普认为，逻辑分析得出的结论是形而上学领域内的全部断言与陈述都是无意义的。比如有一串词，看起来像一串陈述，一旦进行逻辑分析，便原形毕露，原来是一个假陈述。也就是说，它既不是分析命题，又不是综合命题，或者，它既不是经验科学，又不是数学和逻辑学。

一般来说，假陈述不外乎有两类：一类是包含一个被误认为有意义的词，如"上帝""本原"等。另一类是指组成句子的词虽然有意义，但违背了语法，所以不能构成有意义的陈述。

要使得词有意义，就要注意词出现的方法。否则便会发现是形而上学的词，是没有意义的。卡尔纳普认为，比如形而上学喜欢应用"本原"这个词，英语"本原"是 principle，源自拉丁语 principium，这与希腊文 a'pxll' 是一致的。它的原意是"开端"。随着时代的发展，该词的原意逐渐消失了，又没有获得新意，便只剩下了一个空壳。这个词，只要不能把证实的方法描述出来，就不可能有意义。形而上学对"万物本原""存在本原""有本原"等是不可能提供答案的。从哲学史中看出，各家各派所主张的本原不同，有人讲水是本原，有的讲数、形式、生命、精神、理念、无意识、活动，或者善是本原，这些均是无法获得答案的。如果说"X 是 Y 的本原"，那么这个句子在什么条件下才是真的，又在什么条件下才是假的呢？实际上这里涉及分析命题和综合命题的问题。

分析哲学认为它的任务是进行逻辑分析，是运用科学的方法对经验科学的命题与概念进行逻辑分析。所以当形而上学者在回答"X是Y的本原时"，可能有以下的解答，如："Y起源于X""Y的存在依赖于X的存在"，或"Y由于X而存在"。然而这一类回答都是不清楚的，是模棱两可的。最主要的原因是这些都不能凭经验进行观察。

其他的词如"神"，用在神话中是有明确意义的，如希腊神话中的神。但形而上学者所说的神是没有意义的，是超经验的。凡是属于这一类的词，如本原、神、理念、绝对、无条件、无限、物自体、本质等，都是无意义的。因为这些词都没有所指，没有断言任何东西，因而所构成的句子是假陈述。有些假陈述一看便知，如"恺撒是和"，这违反了语法。因为"和"是一个连词，"恺撒"是主语，主语只能与谓语相连。谓语可以是名词，如"恺撒是将军"；谓语可以是形容词，如"恺撒是勇敢的"；谓语也可以是起句法作用的词或词组，如"恺撒在高卢"。但谓语不能与连词相连。

另一种假陈述，句法是正确的，但句子是无意义的，如"恺撒是一个素数"。这个句子之所以无意义，因为恺撒是人，人与素数不同类，人是一个生物个体，而素数只能是被1和这个数本身整除的整数，如2、3、5、7等都是素数。所以某一个具体的人不可能蕴含于素数之中。

卡尔纳普认为，在一些形而上学的作品中，常会出现一些假陈述，而假陈述是难以被发现的。比如海德格尔写了一篇《形而上学是什么》，此文有如下一段话，表现出从有意义过渡到无意义。

"要研究的只是有（being），——再没有别的了，只是有，再就——没有了；唯独有，有以外——没有了。这个'没有'怎么样？……'没有'之所以存在……"

仔细分析一下便可看清楚，"再没有别的了"中的"没有"是有意义的；后面的"这个'没有'怎么样"及"'没有'之所以存在"中的"没有"就没有意义了。这里的"没有"变成了名词，此其一，既然是"没有"，那么"没有"又怎么能存在呢？这就造成了矛盾。

卡尔纳普还举了一个例子来分析形而上学的命题，即关于be的模糊性。这种模糊性是西欧语言的特性造成的。be是一个系动词，处在谓语之前，如：

I am hungry（我饿）

在英语中，如果 be 后面没有谓词，be 便具有"存在"的意思，如：

I am

表示"我存在"。也就是说，在没有谓词的句子中，be 冒充谓词。康德在他的《纯粹理性批判》中，在对上帝存在本体论方面的证明反驳中就说过："存在不是一个实在谓词"，因为这个词不是外加于主词的，也不能扩大其意。所以卡尔纳普认为，自古以来大多数形而上学者在运用 be 时创造了 I am，God is 等假陈述。其中最有名的是笛卡尔，他的名言：

Cogito，ergo sum.

这是拉丁文，"我思故我在"。卡尔纳普认为这是典型的错误。① 分析其逻辑错误：一是"我在"（指"我存在"）其中的 be（拉丁文的 sum）指"存在"，后面无谓词。从逻辑上讲，be 只能与谓词连用，不能与主词单独连用。又如，"a 存在"这种形式（a 代表个体，如我存在，或我在等）本是没有的，而只有"存在着如此这般的东西"。二是从"我思"到"我在"，如果一定从 p（a）（意为：a 有性质 b）推断出一个表示存在的陈述，那么只能与 p（前提中的谓词）有关，而不能与 a（前提中的主词）有关。可见，从"我思"不能推出"我在"，只能推出"思维的东西存在"。就好像"我是一个中国人"不能推出"我存在"一样，只能推出"一个中国人存在"。

逻辑经验主义就是这样分析三类命题的。综合命题是可以用经验证明的，如"现在下着雨"，你要证明是否下雨，凭视觉、听觉、触觉都可以证明。而一个分析命题是不证自明的，如"明天可能下雨也可能不下雨"，在明天下雨与不下雨两个可能性中必有一个可能性成立，虽然它没有表示出任何内容，但符合逻辑。而形而上学命题"绝对是超越时间的""上帝是存

---

① 〔美〕卡尔纳普：《通过语言的逻辑分析清除形而上学》，引自洪谦主编《逻辑经验主义》（上），商务印书馆，1982。

在的"却无法证明。

在 20 世纪 50 年代之后，原来受到卡尔纳普影响很深的奎因发现第一代分析哲学家的理论存在着严重的问题，他于 1953 年写了一篇具有革命性的文章——《经验论的两个教条》，对它们做了猛烈的抨击。文章的一开始便说：

"现代经验主义，大部分是受到两个教条制约的。一个教条是：相信在分析的，或以意义为根据而不依赖于事实的真理，以及综合的或以事实为根据的真理之间有根本的区别。"

奎因的意思很清楚，即分析命题与综合命题不可能有那么严格的区分。他认为，所谓哲学史上的这两种命题的说法是没有充分理由的。逻辑经验主义者认为，经验真理是来自经验事实的归纳与综合，例如"摩擦生热"是一个经验真理，可以凭经验去证实，称为综合命题；而 – （_7p） + p 是一个逻辑真理，是重言式命题，不是凭经验可以证实的，这是分析命题。

奎因认为，分析命题可分为两类，第一类命题是逻辑上为真的，如：

没有一个未婚的男人是已婚的

这是一个逻辑真理，逻辑真理是重言式的命题，是同义反复的，它可以用符号来表示：

– （_7p） + p

它之所以为真，不仅照现在这样子是真的，而且给"男人"及"已婚的（男人）"以不同的解释也是真的。

还有第二类分析命题，如：

没有一个单身汉是已婚的

这类命题的特征是运用了同义词替换，即把"未婚的男人"替换为"单身汉"。奎因认为，问题就出在这里。根据卡尔纳普的假定，语言里一切其他的陈述，都是借助于熟悉的逻辑手段由其成分句按照这类方式构造起来的，即任何复杂陈述的真值就每一个状态描述来说，都是为特定的逻辑规律决定的。假如一个陈述在一切状态描述里都得出真的结果，那么这个陈述可以解释为分析的。奎因指出，卡尔纳普的理论是不可能的，如前述的"没有一个单身汉是已婚的"就不符合这个要求，它已不再是分析命题了，而变成了综合命题。

用"单身汉"替换"未婚的男人"，意味着把"单身汉"定义为"未婚的男人"。但是，是谁做这定义的呢？是什么时候做的定义？当然是词典的编纂者。奎因认为，词典的编纂者是一名经验科学家，他的任务是把已经发生的事记录下来。如果他把"单身汉"解释为"未婚的男人"，那么只是他相信在他编词典之前，流行着或人们爱用这两种存在着的同义词关系。然而，他只能是同义词观察的报道者，不能作为根据。事实上哲学家和科学家常常有必要给一个难懂的名词定义，也就是把它释义为较熟悉的词汇中的名词。语言学家的定义，通常是纯粹的词典编辑法，只是肯定了一个在现有说明之前的同义性关系。

所谓两个语言形式的同义词性，就是在一切语境中可以互相替换而真值不变。然而，奎因认为，同义词"单身汉"和"未婚的男人"在不同场合互相替换，其含义不同。从英语角度来讲，如在一切场合用"未婚的男人"来代替 bachelor（单身汉），就会改变原意，bachelor 加 of arts 就不是"文学单身汉"，而是"文学士"。如果一定要把两者确认为同义词，两者的外延应当一致，也就是说，"单身汉"和"未婚的男人"的外延一致依赖于意义。而不是单纯依赖于偶然事实。事实上有些单身汉是结了婚的，只是没有履行法律手续罢了。那么结婚又是什么意思呢？这是指举行一定的仪式，通过一定的法律手续。那么什么又是手续或仪式呢？一个定义用到另一个定义，以此类推，必然会陷入困境，除非把它看作一个依赖于经验的综合命题。

由此奎因得出结论：科学的分析真理必须以综合真理为基础，两者是互相依存的。分析真理并非必然真理，也是具有或然性的。所以一定要找出综合真理与分析真理之间的严格区别，是十分愚蠢的。

逻辑经验主义者是强调证实原则的，这是他们的基本原理之一。因为一切综合命题是以经验为基础的，所以综合命题应该为直接或间接的经验所证实，这才具有认识论的意义。也就是说，一个命题是否有意义，就要看能不能用经验去证实，或有没有用经验证实它的方法。卡尔纳普在他的

《可检验性和意义》一文中的第一句话就是："认识论的两个主要问题，就是意义问题与证实问题。"

卡尔纳普的证实理论比起维特根斯坦及石里克的证实理论来已减弱得多。卡尔纳普认为，对于综合命题来说，如果证实具有决定意义，并因证实最终确定才为真的话，事实上，从来没有任何一句综合语句是可证实的。所以他后来把证实理论改变为可确证性。所谓可确证性，他认为起码要符合两个条件，一是不可违反语法规则；二是所出现的一切描述性的词汇，必须仅以具有预测关联性的概念为其内容。

奎因对证实原理也做了致命的抨击，与此相连，奎因还批评了还原论，认为这是经验论的另一个教条。他说："另一个教条是还原论，相信每一个有意义的陈述都等值于某种以指称直接经验的名词为基础的逻辑构造。"

还原论就是经验证实原理。它把命题和经验之间的关系看作一种直接记述的关系，每个有意义的命题都可以翻译成关于直接经验的命题，即每个有意义的命题都相当于一个由若干与直接经验有关的词组成的逻辑结构。卡尔纳普等人一再强调，认为语句的意义在于它的证实方法，任何命题只能被经验证实，凡不能被经验证实的命题都是无意义的。奎因认为这也是一个教条，应当抛弃。

还原论把整个句子陈述当作意义的基本单位，并要求把陈述翻译为感觉资料语言。这种还原论的思想实际上隐含在意义的证实说中。因为科学的任务主要是发现其科学规律，如物理学就在于发现物理规律。但物理规律很难为人们的感官所证实，不仅因为高速与微观，不能被经验所证实，即使普通的东西也难以证实。奎因认为，感觉经验是没有确定性的。他认为面前的一张桌子和远处的一个干草堆一样，都是一团密集的振动着的分子，远远看干草堆也分辨不出一根根干草。可见感觉不可能为人们提供确实性。奎因认为，感觉经验与其说是知识的基础，不如说是引起我们去修正信念系统的刺激物。

在奎因看来，任何观察都必须在一定的理论观点指导下进行，不同的理论观点对同一事实可能得出不同的结果。任何科学命题的经验命题都不能被证实，只能被证伪。

奎因从整体性的角度批评了还原论。他强调知识整体，是一个人工构造物，整个科学是一个力场，它的边界条件就是经验，在场的周围，由经验冲突引起内部的再调整。在整体的科学网络中，从最偶然的地理或历史知识到最深层的原子物理学规律，最纯粹的数学和逻辑规则，组成一个整体。正因为知识是整体，所以，任何孤立的陈述是不能被验证的，要还原是不可能的。他的整体思想源于杜恒，杜恒早就提出不可能对孤立的假设进行经验检验的理论。奎因提出整体论的经验检验理论，已融入实用主义，这便标志着逻辑经验主义开始衰落。

奎因在否定综合命题和分析命题的严格区分以及否定还原论后，进一步认为形而上学不是无意义的，形而上学是科学的。因为形而上学讨论的是本体论，本体论是科学的。无论是唯物论、唯心论或二元论，虽然它们都是形而上学的，但它们的研究都是有意义的。奎因认为，无论哪一种本体论学说，只要能满足两个标准，便是可以接受的。一是本体论的承诺标准，也就是说，任何一种理论都承诺某些东西的存在。一般说来，理论概念都是类概念，在制定类概念时就要对这个类概念做全盘的考虑。

二是本体论的可容纳性标准。也就是说，能够确定它所指的变项值域中的一切值是共性的。能确定便是可容纳的，不能确定便是无效的，不可容纳的。

奎因煞费苦心提出的"本体论的承诺"，显示出了实用主义的精神。

逻辑经验主义者以剔除形而上学为己任，一般不讨论任何本体论问题。而奎因却有所不同，主张哲学应该讨论"有什么"的本体论问题，即讨论物体是否存在、共相是否存在的问题。他在《有什么》等论著中进行了阐发，提出了"本体论的承诺"这个概念。认为如果谈论一种事物，就有义务接受某种本体论的论断，承认该事物的存在，做出一种本体论的承诺。

唯物主义者从物质是存在着手，承认物质是本体；唯心主义者从精神是存在出发，承认精神是本体，二元论也有它的约定与承诺。至于物质与精神是否存在，在制定一种理论之前并无意义，任何理论都是虚构的产物，一旦理论确定，也就约定了这一理论中的概念所指事物的存在。

这种约定论成了通向实用主义的桥梁。他认为，把命题作为一种工具，对于应付环境来说是无所谓真假的，只能说是有用或者无用，只能研究其有效度的问题。所以，命题检验的标准只能是实用主义的标准，而不是证实的标准。这样，探究一个概念系统作为实在的印象的绝对正确性是没有意义的，评价概念的标准应当改变，不能是同实在相符合的实在标准，而应当是有效性的实用标准。奎因正是把这一原则运用到他的理论中去。他认为，科学家应当以本体论作为指南，在检验理论的真假时，先要着重于环境中的有用性，无论是唯物的还是唯心的，宗教的还是伦理的，只要在环境中有用，就是有意义的。可见奎因把实用主义的理论融进了分析哲学，并且声称，他所拥护的是一种更为彻底的实用主义。所谓彻底，就是指分析哲学与实用主义的结合，就是实用主义分析哲学。

奎因还认为，卡尔纳普及刘易斯等人在选择语言形式、科学结构的问题方面也曾采用了实用主义的立场。但是他们的实用主义在分析和综合问题之间的想象分界线上便停止了。而他自己却进一步使哲学实用主义化了。

总之，从当代美国哲学来看，奎因找出了逻辑实证主义的致命伤，否定了它的两个教条，把形而上学从无意义的枷锁中解放出来，具有革命的意义，标志着逻辑实证主义的转折。分析哲学发展到了新阶段，分析哲学与实用主义相融合的逻辑实用主义是一个显著标志，对现代经验主义的发展具有深刻的意义。当然，奎因对逻辑实证主义的批判，仍然奠基在一种更精致的唯心主义经验论上，不可能根本医治逻辑实证主义的痼疾。与实用主义的结合，虽然开辟了新的思路，但实用主义的弊病仍然束缚着它。到20世纪60年代中期，美国一些后起的分析哲学家如索尔·克里普克等人发展起来的模态逻辑和自然语义学就形成了一种取而代之的趋势。

三 实用主义操作论

操作主义起源于20世纪30年代，第二次世界大战之后风行于美国。它把实用主义运用于自然科学，特别是物理学。这个流派具有实用主义特点，又有实证主义的内容。

操作主义是美国著名的物理学家、科学哲学家布里奇曼创立的。这位哈佛教授在他 1928 年写成的《现代物理学的逻辑》一书中，叙述了操作主义及其创立的情况。他说，所谓概念，不过是一组操作而已，因此概念和相应的一组操作是同义的。他怀着一种经验主义的精神，观察了同事们的行为，发觉他们所说的"解释"，是把一个情境归结成为一些我们十分熟悉因而视为理所当然的因素。把这种情境归结为因素的过程是通过操作进行的。即使如此，在我们经验的周围还是围绕着一个朦胧模糊的地带，因为凡是经验科学都不能构成确切的陈述。在布里奇曼看来，物理学家的重大发现，特别是爱因斯坦革命性的关于相对论的成就，就是采用操作主义的方法对科学概念进行分析的结果。

"操作主义"这个词是布里奇曼最初在《现代物理学的逻辑》中提出来的。他认为物理学的概念必须更为精确，特别是相对论及量子力学领域中的新发现，要求对物理思想的基础重新审查。他写道："这种对概念的新态度是完全不同的。我们可以用长度的概念来说明。……为了判定一个物体的长度，我们必须完成一定的物理操作。因此，当测量长度的操作被规定了的时候，长度的概念也就定了下来。因此，也就是说，长度的概念相当于一组操作，而且仅止于一组操作；概念就是相应的一组操作的同义语。"①

他的这一论述不仅影响了哲学界，而且引起了心理学界的重视。不少人怀着很大的热情来运用他的原理。马尔库塞说："这种操作主义的新的思维模式今天已经是哲学、心理学、社会学以及其他领域里占统治地位的趋势。"② 荷尔顿认为布里奇曼思想的全部特色是在于"明彻、有效"。而且，布里奇曼的理论"对于其他科学家也一直是有效的自我认识的工具"。③

布里奇曼曾对操作有过比较具体的描述。他把操作分为两类：一是实验室操作，又称为仪器操作或工具操作。实验室操作的重要任务之一是测定各种物理量。因此他认为测量操作是实验室操作的主要部分。所谓实验室操作，简单地说便是科学实验活动，是物质的实践活动。但需了解，布里奇曼的仪器概念是广义的，他的仪器不仅包括实验室中所必需的仪器，

① Percy Williams Bridgman, *The Logic of Modern Physics* (New York: Macmillan, 1927).
② Percy Williams Bridgman, *The Logic of Modern Physics* (New York: Macmillan, 1927).
③ 〔美〕G. 荷尔顿：《关于布里奇曼》，载美国《原子科学家公报》1962 年第 2 期。

而且包括实验人的眼、耳、鼻、舌等感觉器官。并认为感觉器官是更为基本的仪器。因为一切实验仪器的显示，最终都是要通过人的感官而感知的。二是非仪器操作，这就是布里奇曼所讲的精神操作。他认为爱因斯坦在测量长度以及时间时，在其仪器操作分析中发现了那些被忽略的、作为狭义论基础的特征。因而一般总以为要给物理概念以意义的操作必须是仪器操作，布里奇曼说这是个明显的错误。他认为可以把全部这些非仪器操作不严格地归并在一起，称之为 Mental 操作。

Mental 操作就是指心灵操作，或智力操作。布里奇曼认为，智力操作有两种，一种是纸笔操作，如数学运算及逻辑运算。他特别指出理论物理学家在数学操作中所进行的全部符号处理工作，无论这些符号是否是数学的常用符号，都属于这类操作。另一种是言语操作。布里奇曼认为，学界通常都认为仅有两种操作便够了，即仪器操作和纸笔操作。但在纸笔操作之外，还有另外一种精神操作，其中最重要的是言语操作。除科学家的言语活动外，还有思维活动，但他认为思维活动也属于言语活动，因为思维是潜在的语言，甚至是一种肌肉与器官的运动。

布里奇曼认为："人们不仅做言语实验，而且要做与纸笔有关的实验，要发现那种有用的，或至少对我们适用的物理概念，通常在一定程度上是由言语需要决定的。物理学家所惯用的精神实验是一种使用概念化的物理仪器的高度观念化的实验。在许多场合下，不顾原则上不可能做实验的物理限制。例如，在洛仑兹经典电子理论中，对电子内部点上的静电力所给予的意义，按照同样的概念操作，就给出了普通宏观静电场的意义，而不顾一个物理事实：在测定和给予一定意义于场时，并不存在比作为试验物体的电子更小的电荷。在理论物理的许多场合，我们的意义是根据这类精神实验寻找出来的，虽然这并不是理论物理的全部情况。但是特别在波动力学的抽象场合，我们宁愿要精神实验和仅用数学符号的纸笔操作所提供的非形象化做法。"[1]

操作这个概念并不是布里奇曼独创的，他只是根据词或概念的物理参

---

[1]　Percy Williams Bridgman, *The Logic of Modern Physics* (New York: Macmillan, 1927).

照来确定其意义的。皮尔士早就提出操作理论的意义，认为概念或命题的意义在于一系列与之相关的科学实验操作（物理操作和化学操作）和经验行为过程。杜威也指出过，概念、判断、范畴等无非是由一系列操作构成的。特纳于1967年也说过，操作主义中的东西都可以从英国经验主义者的著作中找到。史蒂文森认为，从句子可以通过某些具体的程序而得到证实这一点看，操作主义和逻辑实证主义是一致的。亨普尔所说的逻辑行为主义和操作思想也是有联系的。所以，操作主义的出现不是偶然的，有历史的纵向与横向的渊源。

布里奇曼向科学的认识论提出的任务是，为知识寻求达到较大稳定性的基础，在这个问题上，他既不同于康德的"先验逻辑"，也有别于唯物论的实在观。

康德的先验哲学，主张知识之所以成为可能，就在于人的意识本身具有某种先天性的、超越经验的先验逻辑结构。布里奇曼针对此提出"宁要实验，不要先验逻辑"，认为20世纪以来，现代物理学和数学的成就冲垮了康德作为先天感性直观形式的时空理论和先验的知性原理。他认为物理学者的态度必须是一种纯经验主义的态度。他不承认有决定或限制新经验可能性的任何先验的原理。

但是，布里奇曼也反对把唯物论的"客观实在"或"物质"观念作为一切科学概念的基础，把它贬为"常识性的"观点，认为把这种常识性的判断引入与常识不同的科学中，会造成一系列错误。布里奇曼主张一切科学的概念基础只在于操作。

物或物理对象并不是存在于操作活动之外的客观存在，物理概念并不是客观现实的反映，它们都是由科学家自身的操作活动决定的，而且是科学家自身操作的总和。

布里奇曼在《现代物理学的逻辑》中认为，"任何概念都不是客观现实的反映，而不过是一组操作。"他把概念与操作当作同义词。在《热力学的本性》中他又说："我们认为属于物理实在的一切现象的总的特征，就是那些可以由该地、该时所进行的仪器操作来决定的东西。"

每个哲学派别总是在极力夸大自己，以布里奇曼为代表的逻辑经验主义学派也是其中一个。布里奇曼认为在操作之外争论物质与精神何者为第一性的问题，是毫无意义的形而上学。这也和其他逻辑经验主义者的看法一致。正如不少学者所指出的那样，操作主义、实证主义和实用主义是相互补充的。他们企图把哲学变成科学的婢女，一切认识对象只能用科学的方法研究。布里奇曼强调操作主义是科学的哲学，是超越唯心主义和唯物主义的。他在《一个物理学家的沉思》中认为唯物主义已经过时，在《几个物理概念的本性》中认为事物不能想当然地认为是存在的。他认为相对论及量子力学的出现，根本否定了承认物理对象客观存在的唯物主义观点。

布里奇曼的操作论，主要来源于皮尔士的"意义的操作理论"，同时也接受了罗素以及逻辑实证主义者的一定影响。比如重视分析方法，重视经验的证实，注意语言问题的研究等等。因此，操作主义在一定意义上也是实用主义和分析哲学相结合的产物。

四 存在主义、现象学和实用主义

存在主义和现象学都发源于欧洲，在第二次世界大战后传入美国，对美国的哲学、文学、心理学以及其他学科的影响相当深远。

存在主义思想早在古希腊时期就萌芽了。因为每一个个体在感觉到自己存在的同时，也存在着一种不安全感，即唯恐个体我的消失。但个体我的消失是自然规律，人本来对存在就有矛盾。特别是进入20世纪之后，两次世界大战相继爆发，世界经济、政治形势迅猛变化，这不得不使人们深思，严肃地考虑人生存的目的与生存的价值，使存在主义思想脱颖而出。

当代存在主义有几个来源，德国的雅斯贝尔斯、海德格尔，丹麦的基尔凯郭尔，俄国的谢斯托夫、贝狄也夫、陀思妥耶夫斯基，法国的萨特及卡缪。

存在主义辐射面相当大，和其他哲学的关系也很密切。比如从认识论上来看，存在主义哲学就吸收了尼采、柏格森、狄尔泰等人的非理性主义的生命直觉和直觉主义；在方法论上也采纳了胡塞尔的意向性直观本质的现象学。

最初存在主义并不受美国的欢迎，虽然萨特及卡缪的一些存在主义小说被陆续译成英文，在美国发表，也出现了一些关于存在主义的评论。但比起其他流派来，存在主义影响很小。布兰夏特就说过，美国哲学是赞成分析哲学而反对存在主义的，大部分美国哲学家抱有怀疑和反感来看待萨特及海德格尔的哲学。存在主义之所以一开始在美国不受欢迎，是因为欧洲的阴郁情调和美国人的乐观主义格格不入。后来，哲学家逐渐认识到存在主义哲学的意义，特别认识到存在主义和实用主义的关系，并且有融合的倾向。也正因为存在主义和实用主义的融合，才使它在美国有了生命力。

存在主义对美国的哲学、心理学、文学（如荒诞派戏剧等）、教育学都影响很深。比如，洛杉矶加州大学教授奈勒在他所写的教育哲学中就详细地讨论了存在主义教育哲学的问题。又如，斯科特及克拉夫特把存在主义运用于发展个人意识，为自由与合乎道德的选择提供机会，鼓励自我认识，发展自我责任感。

在美国出现了一批有影响力的存在主义哲学家，如威尔德、巴雷特、蒂利希、扬凯洛维奇等。美国的存在主义者是反对分析哲学，而接受实用主义的。

最著名的美国存在主义者威尔德就认为现代的分析哲学被一种强大的主观主义趋势支配着。根据这种哲学探讨的方式，一切实际的经验材料都属于这个或那个科学的领域。它给哲学的一切就是逻辑和语言分析，即对科学在进行经验研究时和陈述成果时所使用的各种工具进行研究。威尔德认为，存在主义所需要的是对客体世界的一种整体观点，而不是关于逻辑操作和语言工具的观点，不是另外一组特殊的客体。20世纪50年代中期，他写了《存在主义的挑战》等著作，对存在主义推崇备至，认为存在主义是一种反抗运动，是向现代生活和思想中的科学偶像崇拜、悠闲的乐观主义和懒散的唯物主义挑战。它是一种强烈的兴奋剂，把人们从种种舒适的幻想中唤醒过来，激起人们从事朝气蓬勃的活动。他声称：存在主义已经在欧洲大陆上成为居统治地位的哲学，这种观念是那样令人惊讶地适时而又贴切。它不仅在诗歌、剧本和小说中被栩栩如生地表现出来，在哲学论文中也得到明确的分析和论证。它具体地体现出西方文明的两大理想——自由与个人尊严。

美国另一个存在主义者别克斯勒认为存在主义注意到人类所关心的重大问题，帮助人们做了今日所急需做的事，把哲学从象牙塔中搬出来，放到市场上和战场上。存在主义哲学与别的哲学不同，是一种同实用主义差不多的实用哲学。存在主义者认为人的灵魂在被逼得必须做出决定时，在必须经受种种考验时的那种深深震撼的处境使得其他一切都成为无足轻重的事情了。

正因为存在主义是一种实用哲学，所以在目的上与实用主义很相像。如存在主义对待人的死亡，不研究其生化现象，不管死后的生命神学意义，不问生前的经历，它只涉及人在想到死时，特别想到"个体我"死时的心情，这实际上是一种科学的心理学，而且是一种情绪理论。美国学者西米特认为，选择是人生的一个重要问题。因为在涉及选择的局面时，有一种苦恼的因素，这是因为感到某种麻烦而产生的。首先，选择行为是属于我个人的行为，谁也不能代替我选择；其次，必须考虑到选择的后果，每个人总希望选择一种有某种效果的行为；最后，选择是我做的，总会担心没有把握，有一种责任感。不管人如何选择，应当存在这些现象。

巴雷特是美国当代存在主义哲学的代表人物之一。他写了一些介绍和评述存在主义哲学的论著，力图使欧洲的存在主义思想与美国的社会环境和哲学传统相适应。他于1958年在纽约出版了《非理性的人——存在主义哲学研究》，他在这本书中谈到了实用主义和存在主义的问题。他认为在所有的非欧洲哲学家中，詹姆士最应当被称为存在主义者，而不是实用主义者。比如，詹姆士的《宗教经验种种》一书的结尾部分，把个人经验压倒抽象思维而占据首位的情况，写得和存在主义者的理论一样鲜明。

存在主义和宗教有密切的关系。人类创造了爱的宗教思想。上帝的一种完善的爱对人类来说，意味着被理解。正是这种上帝存在感克服了人们的孤独。人类面对着选择的苦恼，人类相信有绝对价值。宗教存在主义就利用了根据神话和信仰而产生的心理平衡。蒂利希就是美国最有影响力的宗教存在主义者。他首先就是从美国实用主义精神开始来涉及存在主义的。他说，美国人具有敢于进取、敢于尝试、不怕失败、前赴后继的勇敢精神，无论是在知识领域或在行动方面，他们都敢于从事一种试验性活动，他们对于未来是开放的，敢于参加对自然和历史的创造性处理。

在他看来，要说明基督教与现代人的关系，必须运用存在主义，同时还要结合精神分析学、文学艺术，把历代基督教所传达的信息对当代人加以重新解释。他从当前空虚与无意义的烦恼中寻求一种存在的勇气，实际上是寻求一种有利的效果。烦恼本是从绝望中产生的，所以要从绝望中寻求不绝望，这也是一种出路。如果从实用主义的效用角度来阐释存在主义哲学，就会从悲观主义中清醒过来，珍视现实。他像尼布尔一样，强调每一个人都该有一个自己的宗教，那就是信仰。信仰学说正是实用主义的精华之一。

在美国，存在主义不是孤立的，它不仅和实用主义有千丝万缕的联系，而且和现象学也有千丝万缕的联系。如存在主义者威尔德就认为，存在主义的特点之一，就在于把现象学的方法用于考察通常被忽视的人的经验，即考察意识及其结构、感觉的各种方式、选择及其条件等，也就是考察人的生存及其状况。威尔德就是通过现象学走向存在主义的。

现象学是当代流传的哲学思潮之一。胡塞尔的现象学在 20 世纪初被介绍到美国时，遇到相当大的阻力。后来有些美国哲学家追随胡塞尔，醉心于现象学，这些人中间有霍金、哈茨霍恩、法伯及凯恩斯等。美国哲学史家施奈德教授也为现象学在美国落户做了许多努力。直到 20 世纪 60 年代，现象学在美国才站稳脚跟，并且形成了两派：一派以凯恩斯为代表的介绍派，他比较忠实地介绍现象学理论；另一派以法伯为代表的修正派，他认为胡塞尔的方法论是正确的，但本体论是错误的，提倡用自然主义对现象学进行修正。与凯恩斯的介绍派不同，法伯的研究是具有美国特色的现象学。所谓美国特色，与其说是自然主义的，不如说是实用主义的。

法伯几乎用了半个多世纪的时间，在美国致力于推动对胡塞尔现象学的阐释、发展和运用。1963 年法伯写了《第一哲学和世界问题》的文章，他写道："现象学之所以名声显赫，既由于它作为描述的程序取得了成就，也由于它对经验的描述哲学做出了贡献。正如在詹姆士的'激进经验主义'中那样，这里也有最初的形而上学含义；因为詹姆士抛弃了超验的实体，而胡塞尔的论题也是由经验和经验本身所指的那种东西组成的。在缔造体系方面，胡塞尔比詹姆士更雄心勃勃，他试图借助于纯经验的哲学去完成过去的哲学家至多只能完成一部分的事情。"①

现象学和存在主义一样，要在美国生存，就得和实用主义融合。现象学与实用主义本来就有关，它们的世界观基础都是主观唯心主义的，现象学的创始人胡塞尔和实用主义奠基人皮尔士都是以数学与逻辑学为基础跻身哲学界的。现象学的概念最初是由皮尔士提出来的，而且他早就读过胡塞尔的作品。詹姆士曾经写了一部《心理学原理》，胡塞尔承认他从这部著作里得益匪浅。施皮格尔伯格说过："没有一个思想家像詹姆士和他的《心理学原理》那样，对胡塞尔造成如此深刻的印象。"如胡塞尔的"现象学洞察"及"主体间性"就是受到詹姆士的"意识流"和"边缘说"的启发。概念论实用主义者刘易斯曾有意识地使实用主义与现象学融合。在这方面贡献最大的是法伯。

詹姆士的彻底经验主义和胡塞尔早期的现象学有许多共同之处，法伯本人的现象学就是在这种融合的基础上形成的。他主张在认识论上不受认识自我的限制，它的研究领域作为事实存在于一切自我之先，但有一个限制条件，即它的研究领域是由人类活动加上去的。

法伯认为，根本不存在原始的与前定的生命世界。生命世界只能发生在生命和经验的具体组织的无数形式之中。在对经验模式进行结构研究时，应当注意到在一个特定文化体系中感情与欲望受到制约的情况。如鲁滨孙在星期五来到之前与来到之后的情况就是例子，其伦理学的意义有所不同。

法伯还认为，如果以纯主观的语言探讨价值经验，就等于在检验时变成一种放在糕饼上的糖霜，要完善地描述价值经验就应当注意到存在和有关条件。各种虚构及抽象的特性与观念的对象是在其自身的背景中被考察的，只能看作一种辅助手段。

法伯在方法论上强调多元论，一方面追随胡塞尔的"经验的描述哲学"的方法论，另一方面又十分注重各门具体科学的描述程序和方法，把自己的"经验的描述哲学"和以皮尔士、詹姆士、杜威、刘易斯为代表的"美

---

① 中国社会科学院哲学研究所现代外国哲学组《当代美国资产阶级哲学资料》第2集，商务印书馆，1978，第148页。

国经验哲学传统"结合起来，这也说明他深受实用主义的影响。

五　实用主义与科学哲学

美国科学哲学的发展和实用主义是有联系的，而且越发展就越明显。菲利普·弗兰克在 1957 年出版的《科学的哲学》一书中，就很隐秘地指出科学哲学中的一个重要的新思想，即科学的阐释是为了控制事件程序。无疑，这就是一个实用主义的课题。事实也是这样，科学无法在真空中繁荣，科学研究的本身并不是目的，而是为了实用。这样，在科学与价值、科学与哲学、科学与可理解的原则之间就会有一个必然的环节。虽然弗兰克不愿意把它明白地讲出来，但他确实相信科学是为了实用。美国的科学哲学家，特别是早期的科学哲学家，尽管运用了实用主义的方法，却不愿意承认这一点。比如 A. 霍尔的《系统工程方法论经验》一书，就是一本运用实用主义来研究系统工程的科学哲学，被称为系统工程的工具主义。作者几乎运用了全部实用主义知识论的真理观来对技术知识进行方法论的论证，但是实用主义只是隐秘在书中的字里行间。作者非常忌讳引用实用主义的名言，而是借助确立论断的逻辑本身暗示出实用主义。

如果追溯科学哲学的历史，培根可谓科学哲学之先驱，他早就提出科学的目的是改善地球上人的命运，为了达到这个目的，就要通过有组织的观察并收集资料，从中推导出理论。科学是追求目的的，是讲究效果的。科学哲学真正的兴起与发展还是 20 世纪的事。先后出现了归纳主义的科学哲学、约定主义的科学哲学、科学发现的逻辑与证伪主义的科学哲学、科学研究纲领方法论等，但这些流派都产生在欧洲。科学哲学的中心移到美国后，出现了各种新理论，如范式论、趋同实在论、信息域理论、多元主义方法论、研究传统等，并且标志着由历史主义向新历史主义过渡的整个阶段。

科学哲学在美国，大致上经历了分析经验主义的传统科学哲学，历史主义学派及新历史主义学派，或科学实在论的发展阶段。

美国科学哲学的初期，是逻辑经验主义占主导地位的时期。包括以经验主义为认识论基础、以语言分析为哲学研究方法的科学哲学，在 20 世纪

50 年代之前，数理逻辑有很大发展，因为作为科学哲学研究的工具数理逻辑，成为了解科学的必要的逻辑形式。在第二次世界大战之后，出现了一批年轻的科学哲学家，他们开始批判逻辑经验主义的非历史观点。瓦托夫斯基认为，逻辑实证主义本来是一个社会政治运动。钮拉特主张科学是人类活动的结果，是历史决定的，包括语言也是社会环境决定的。

接着便开始了历史主义时期，这标志着实证主义科学哲学的危机。历史主义是一种研究人类文化知识的方法，这种方法强调历史状况和认识环境在认识论上的重要性。历史主义学派的主要代表人物有奎因、库恩、费耶阿本德等。

库恩是历史主义学派的带头人。他从 1947 年开始对科学史的研究，逐步形成了一套科学观。他最主要的作品是《科学革命的结构》和《必要的张力》。

1961 年库恩在英国牛津大学举行的一次科学史的讨论会上，首先提出了 paradigm 这个概念，与会代表对这个概念提出了许多质疑，同时也引起了国际同行们的注意。次年，他在芝加哥大学出版社出版了《科学革命的结构》，进一步阐述了 paradigm。这个词译成汉语为"范式"。范式，原文来自希腊文，含有"共同显示"的意思，由此引出模式、模型、范例等义。

库恩把范式放进科学发展的图景中去了解。这幅科学图景大致可以做如下描绘：最初是原始科学，当时学派之间互相争议，以正常方式相互批评，并不解决疑难。接着，由于某种显著的科学成就，便形成解决疑难的传统，等科学达到成熟时，就出现了常规科学，其目的是阐明与发展一个范式。范式是一个科学家集团的共同信念。过了一个时期，如果一个范式不再充分地支持一个解决疑难的传统，范式便面临危机。于是人们表示不满，求助于哲学的辩论，各种解题相互竞争，批评议论代替解决疑难，进行选择，这就是科学革命。当科学革命成功，危机过去，科学里选择了普遍可以接受的新范式，即出现了新常规科学。以后再出现危机，便再进行选择，形成连续的科学革命结构，这就是科学发展的动态模式。库恩很重视科学发展的社会因素，把科学家群体看作认识的主体，科学的发展是持续性的，由常规科学渐进性地量变到科学革命的间断性质变。

范式看上去是一种简单的概念，但要深入理解，就需要了解那种错综复杂的共同体与专业基体。各种专业基体不是截然分开的，尤其在今天，各种边缘学科如雨后春笋般蓬勃出现，许多科学分支既非互斥又非包含，而是交叉关系。自然科学在许多领域又向社会科学靠拢。所以一种科学的发展就会牵连到许多有关的学科。根据贝塔朗菲的说法，他的系统论就与物理学、化学、生物学、心理学、社会学，甚至政治学和教育学等都有密切关系。乔姆斯基的语言学、弗洛伊德的心理学都涉及许多有关学科。物理学中关于"熵"的概念以及库恩的范式概念也都不局限于一个方面，它们都像波纹一样在扩散着，不仅在自然科学中扩散，而且在社会科学中扩散。

关于共同体的成员，也很难说某一个人只属于某一个共同体，他可能属于多个共同体。这样，科学共同体或专业基体、共同体的成员以及范式便形成一种网络。网络关系越复杂，对科学的发展也越有利，形成的边缘学科也越多。

在范式发展过程中，即在新范式代替旧范式时，有一种竞争机制，科学家通常是在一个不可分解的混合中获得新的理论，这"就第一次明显地表明，为什么竞争范式之间的选择经常提出那些为常规科学的标准所不能解决的问题。……正如关于相互竞争标准的问题一样，（它）只能够根据完全位于常规科学之外的标准来解答。正是求助于外在标准这一点最明显地使范式辩论成为革命的。"①

库恩历史主义学派的理论核心是实用主义。亨普尔在他的《科学方法论的新争论》中就明确地指出，库恩历史学派是实用主义的，为说明这个问题，还需要进一步考察。

库恩不承认一种抽象的理性理论，他认为在科学革命中，虽然选择受到以往历史发展的限制，但他的范式为科学实践提供了一个选择。至于在选择中，要注意两个标准。一个标准是逻辑标准；另一个标准是整个社会文化环境以及科学家的个人经历与个性不同的特性。库恩强调理论的选择

---

① Kuhn, Thomas S. , *The Structure of Scientific Revolutions* (University of Chicago Press, 1962), pp. 108 – 109.

要注意其精确性、一致性、广泛性、简单性及有效性。理论选择是取决于客观因素及主观因素的混合，也就是共有准则与个人准则的混合。因为不可能存在一种绝对的永恒客观标准。如果有绝对的客观永恒标准，便否定了科学的不断发展，否定了对客观世界的不断认识，库恩的这种看法是正确的。

从科学发展史来看，库恩既反对传统科学的内部史，也反对传统科学的外部史。所谓内部史，是指各门科学专业都形成独立于整个文化环境的亚文化群，其成员有自己的专业知识、语言等，科学史正是这样由各门专业知识被不断证实，并按照内部逻辑自我发展的。所谓外部史，是指把科学的历史描绘成为科学之外的社会制度、社会经济以及其他文化因素的发展结果。库恩所主张的发展史观是以杜威实用主义工具主义为基础的。

在杜威的哲学中，进化论占有显著的地位。杜威认为，实在永远在发展变化之中，生命现象就是机体对于环境的适应。他把逻辑的、生物学的及历史的发展不加区分地混合在一起。库恩也像杜威一样，使科学进化与生物进化一致。这就是说，科学进化也像生物进化一样，只能在既定环境中通过竞争与选择而不断改进自己。范式实际上就是一种适应社会需要的工具，它对解释社会或科学是有利的。在另一个需要的时候，科学共同体便可以更换工具。哪一种工具肯定更好呢？没有标准的，要看它对解释的效果。

库恩的范式论可以说是一种属于实用主义体系的理论，但是，它对整个科学发展的意义，是不能低估的。一般传统的看法是：经验不断地被归纳为理论，或理论不断地被经验证实，或者通过经验的证伪使一种理论发展为另一种理论，当然这并不是一定的代替。在库恩看来，范式的重要性在于并不一定要有新证据，如哥白尼的理论开始时就没有新证据，爱因斯坦的相对论最初也遭到反驳，被认为是违反物理原理的。但是，如不违反旧的原理又怎能发展新的原理呢？当然，新的范式建立，不等于旧的范式都是错的，而在于新的范式有利于阐释问题，能获得比旧范式更佳的效果。劳纳德·考德说过："谁要是否认科学史上被取代了的'真理'（如托勒密天文学或燃素说）也是一种知识，谁就必然会在讨论到今天的知识问题时陷入严重的困境。"①

费耶阿本德也是历史主义学派的重要成员，但他是美籍奥地利人，成年以后才到美国，在他身上实用主义气息要少一些。然而，他像英国的波普、拉卡托斯一样，在著作中也表现出了实用主义观点。费耶阿本德的多元主义方法论或认识论的无政府主义，按其实质来讲，和实用主义思想是混杂在一起的。

费耶阿本德和库恩一样，不承认科学有客观的真理基础。他认为，科学并没有固定的和普遍的方法论规则可以遵循，假定科学成果的获得完全归功于正确的方法，没有任何非科学的成分，毫无偶然成分，这些假定都是站不住脚的。如医学的发展就是得益于草药学、巫医、接生婆和江湖医生的心理学，"科学处处为非科学方法和非科学成果所丰富"。

科学并不神秘，费耶阿本德认为，它只是被发明出来能便利地应付环境的工具之一。他认为在科学与非科学之间没有严格的界限，科学的发展无所谓规律。甚至于比任何理论家所想象的更没有规则，混乱与不合理性，即使是神话和巫术，都不能说对科学无利。正相反，一些科学的权威却常常阻碍科学的发展。在他的理论中，最重要的观点就是科学不存在方法论。他认为，如果有什么方法，就是对一切描述现存科学方法特征的尝试进行挑战，这个方法就是他的多元主义方法论。

另一个历史主义学派的图尔明虽然不赞成库恩的一些观点，但在科学进化理论方面，他仍旧是实用主义的。他认为可以把概念对应于个体生物，把科学学科对应于物种，把概念看作产生变异和生存竞争的实体。他认为，如果这种情况成立，便可以考虑创新因素和选择因素的相互作用是如何维持各学科的统一与连续的。在生物进化中，有益的变异获得保存；在科学中，创新和选择的依据就是要看能否更好地解决问题。无疑，所谓能更好地解决问题的，一定是方便的与有利的。

历史主义发展到 20 世纪 70 年代，使科学哲学进入科学实在论时期，或称为新历史主义时期。科学实在论是以普特南和夏皮尔为代表的。他们既

---

① 考德：《历史主义的认识论意义》，载美国《国际哲学季刊》1982 年第 6 期。

反对逻辑经验主义所持的拒斥形而上学的论点，又反对库恩等人的历史相对主义，他们强调客观世界的独立性、统一性与规律性。由此，美国科学哲学的面貌焕然一新。

如果说历史主义者库恩与费耶阿本德为了阐明科学哲学的理论，不得不运用实用主义观点的话，科学实在论者在继承科学哲学与科学史相结合的历史主义优良传统的同时，一方面批判其非理性主义的错误，另一方面也应用了实用主义。

夏皮尔科学实在论的中心是提出了信息域的理论。关于所谓"域"，夏皮尔在 1974 年写的一篇《科学理论与域》的文章中，提出了四个特征：其一，这种联结以项目之间的某种关系为基础；其二，这样联结而成的资料组合存在着疑问；其三，这些疑问具有科学意义；其四，科学已有能力来探讨这些问题。夏皮尔的信息域一方面是指从观察得来的经验事实，另一方面也包括该学科中的理论、观点、方法、原则和信念等项目。它们之间是互相联系、彼此渗透的，并且有机地统一。信息域便成为科学研究对象的有机整体。同时，信息域也在发展。夏皮尔是从科学的合理性出发，并在这个理论的基础上建立他的信息域的。

在 1984 年写的《客观性、合理性及科学变化》一文中，夏皮尔说："科学的客观性及合理性非但不要求摒弃一切预设，而且在科学构思与评价中，科学的客观性和合理性实际上依赖'预设'在科学中的运用，当然，只依赖那些满足一定条件限制的'预设'。"

所谓合理性，是指科学要符合理性。理性是根据理由进行的推理认识活动。夏皮尔认为所谓理由是指由三个条件构成的，一是关联性，是指论断要与主题有关联，如果没有关联，两者便没有联系。夏皮尔在《理由与知识的探究》中认为："科学的发展在于逐渐识别其研究对象，识别哪些是与研究对象直接相关的，哪些是无关的，抛弃某种被看作不相干的信念，采用某种我们认为是更加相关的新信念，完善我们想象和描述周围世界的方式，以更清楚更严格的方式揭示事物之间的相互联系。"二是成功性，是指论断要成为一个主题的理由，除与主题相关联外，还得在解释主题时有可靠的说服力，这就是夏皮尔所说的成功性。更具体地说，成功性是指信息域的变化，在某一个时期是成功的，成功的即合理的；另一个时期如不成功，就需要重组与改组。成功的标准属于人的信念范畴，可以以不同的方式发生变化，而无须假定一个超验的与不变的成功标准。可以用化学的例子来说明，从化学自身作为信息域来讲是没有变的，但在炼金术时期，其中心问题是如何把其他的物质转变为黄金，这在当时是成功的论断，是合理的。但到了18世纪后，化学的中心问题是研究物质的构成，以这一个成功的论断代替了前一个论断，而前一个论断变为不成功的了。三是无怀疑性，是指论断要成为主题的理由，一方面要说明主题是成功的、有说服力的；另一方面要使人感到它无怀疑性。如果论断令人怀疑，怎能成为主题的理由呢？夏皮尔指出两种怀疑，即科学怀疑与哲学怀疑。但普遍性的哲学怀疑在科学中是没有意义的。

夏皮尔所提出来的三个理由中，关联性是夏皮尔的研究成果之一；而成功性及无怀疑性都是重复了以往哲学家的论点。

夏皮尔认为，没有必要存在普遍必然有效的科学指导原则、方法或标准，但科学决策并不因此就必定是随意的、非理性的。他说，科学的指导原则、方法与标准等在指导科学的同时也随着科学知识而发展。所以要给理论寻找理由并非确证理论，理论的确证要通过人与自然的相互作用来实现，如观察与实验，而理由则影响对观察与实验的安排，操作与解释。

夏皮尔的科学实在论，是在吸收各种流派思想的基础上建立的。首先，他认为，传统的实在论是唯物主义的真理符合论，承认知识是客观世界的反映，真理是认识与客观世界的相符合。但是有两个缺点：一是它以原始直觉为基础，缺乏科学根据；二是它认为判断命题真假的标准不是命题本身，而是命题以外的客观实在。夏皮尔肯定了传统实在论的一个合理因素，即承认真理是表明外部实在的，体现了真理的无怀疑性。其次，逻辑经验主义提倡真理一贯性，即一个命题系统只要在逻辑上是一贯的，无矛盾的，便是真理。夏皮尔认为，这种说法没有涉及真理与外部实在的关系，会陷入相对主义。但它也有可取之处，即关联性这个合理因素。再次，夏皮尔认为实用主义的真理观，把真理当成一种根据主观需要可以任意改变的工具，这是明显的缺点。但是，实用主义有其合理的因素，它承认真理的有用性。有用的虽然不一定是真理,而真理一定是有用的。因此,夏皮尔认为实用主义的真理有用论证体现了真理的成功性。

可见,夏皮尔的科学实在论是在吸收三家之长的基础上建立起来的,一是真理符合论,具有无怀疑性理由,有描述性的认识功能;二是真理一贯论,具有关联性的理由,有解释性的认识功能;三是真理有用论,具有成功性的理由,有预见性的认识功能。

夏皮尔的科学实在论,从整体观出发提出信息域理论;从科学的理性出发提出了科学的合理性;从科学实在论出发提出了科学的客观性。而这些理论的一个重要基础是真理有用论这一实用主义观点。他能从各种理论中取其所长,舍其所短,这种研究态度是应该得到肯定的。当然,夏皮尔如果能自觉地运用辩证法去研究科学的内在规律,将会取得更大成就,这就是说,他的理论从目前情况来看,还不是一个真正合理的科学模式。

科学实在论的另一个代表人物是哈佛大学的普特南。他把科学实在论区分为三种:一是唯物主义的科学实在论;二是形而上学的实在论;三是趋同的科学实在论。他赞同第三种。他认为科学知识通过不断积累而增长的特征,有力地证明了理论是人们描述大自然的实在状态结构的尝试。这些理论一个接一个地给独立于心灵之外的实在提供了更好的说明。只有某些本体论深度的概念能调和科学的增长与变革的两个方面,又能说明科学作为偶然事件在历史进程中的层次。普特南发展了趋同实在论的观点。他认为在科学的历史运动中互相更替的理论越来越接近真理,后出现的理论包括了先发现理论的成果。

普特南的趋同实在论实际上维持了实用主义的立场。比如,趋同实在论的一个趋同是:不把那些命题看作必然真理,而只是看作对科学成功所做的科学解释的一部分。这一立场是与夏皮尔一致的,他们都主张科学是建筑在它成功的信念的基础上。

美国的科学哲学家起初运用了实用主义观点,而不愿意提到实用主义;后来夏皮尔也提到了实用主义,再接下去,明显运用实用主义观点阐释科学哲学的是拉雷·劳丹。

劳丹以新的姿态出现,认为逻辑经验主义、证伪主义都不过是从静态的观点出发，把科学理论看作只能各自被经验证实或证伪的孤立命题的集合观点。劳丹强调动态的观点，并主张应以此观点来研究科学发展的模式。

劳丹也反对科学实在论，认为科学实在论是一种毫无科学根据的形而上学神话。科学实在论承认正确科学理论的内容是表述外部世界的，因为表述了外部世界，在科学实践的应用中得以成功。劳丹认为这种说法不符合实际，从科学史来看，有被科学实在论者认为是未表述外部世界的理论却曾一度成功，如天文学中的地心说、化学中的燃素说等都是例证。尽管它们是错误的，却曾经成功地解释过许多经验现象。另外，有一些被科学实在论者认为是表述了外部世界的理论，却曾一度是不成功的，比如，光的波动说、热分子论等。可见这里有一个问题，这就是实用主义的真理论。虽然劳丹没有明指，而事实上他的提法和实用主义真理论是有一致之处的。

科学实在论主张在前后相继的科学理论之间存在着历史继承关系，理论总是继承与发展以往理论的合理内容。劳丹认为，从科学发展史来看，科学发展的事实并非永远如此。比如，光的波动说就没有继承光微粒论，而是在摒弃它之后才形成的。劳丹认为，许多理论并不能解释某些早先的理论，也并不能经常保留早先理论的内容，而往往是把它们当作废料处理。

在批判逻辑实证理论、证伪理论、科学实在论理论的基础上，劳丹提出了自己的研究传统理论，这个理论是实用主义的。

所谓研究传统，是指一个为具体理论的发展提供一系列指导原则的理论体系。劳丹说："一个研究传统是一组本体论上和方法论上的该做与不该做的规定。"① 他还认为，一个研究传统就是一个关于该研究领域内的实体和过程的一般假设，以及在这一领域内用以研究问题和建构理论的方法论体系。研究传统可能是科学的，也可能是非科学的，如哲学中的经验论和唯理论，神学中的唯意志论，心理学中的行为主义和弗洛伊德主义，伦理学中的功利主义与直觉主义，经济学中的马克思主义与资本主义，生理学中的机械论与活力论等。

科学哲学家创设了许多研究系统，如库恩的范式、拉卡托斯的研究纲

---

① Larry Laudan, *Progress and Its Problems: Towards a Theory of Scientific Growth* (Berkeley: University of California Press, 1977).

领、夏皮尔的信息域、图尔明的自然秩序理想，而劳丹又创设了研究传统。劳丹认为，范式及研究纲领明显有不少缺点，比如，它们没有看到概念问题在科学哲学中的作用，忽视了本体论与方法论在科学发展中的作用，不能解决系统间的关系（如范式及子系统之间的关系），理论体系过于僵化等。

劳丹认为，他的研究传统弥补了以上的缺陷。他的每个研究传统都有许多具体理论，都具有某种本体论与方法论的信条，并且每个研究传统都相对稳定。

劳丹的研究传统最大的特点就是实用主义性质，强调实用主义的真理观。他主张把唯物主义的真理符合论改为实用主义的有用真理论。他认为真理不是认识与客观相符合，而必须在应用中有用，只有在应用中有效并解决实际问题才是正确的科学理论。这样，实用主义的真理论便成为研究传统的哲学基础。也只有在这种哲学基础上形成的研究传统，才对具体理论有积极的启发作用与辩护作用。

劳丹还认为，在科学史中并不存在着库恩所说的"常规科学"时期，任何时期都存在着两个或两个以上的研究传统的竞争。他认为科学发展是比较接近于竞争理论长期共存、概念争论此起彼伏的画面。

劳丹所开辟的道路是肯定的，理论的有效性显示出科学哲学的活力。实际上如果忽视了理论的适宜性与有效性，就必然造成理论模式的僵化。当然，劳丹提出来的问题还只是一个方面，科学哲学的完善，还要经过更大的努力。

美国的科学哲学来自欧洲，但是，美国科学哲学家能面对挑战、勇于探索，不屈服于权威，大胆地把科学技术与哲学相结合，提出新颖的见解，开辟自己的科学哲学之路，已经做出了相当的成绩。尽管各位学者立足点不同，各有长处，也各有短处，但从科学哲学的总体来看，思路是可取的，是有生命力的。

第四节　实用主义与文化哲学

文化是一个复杂的综合体，它包括诸如语言、神话、哲学、科学、价值等各方面的知识、能力与习惯。实用主义作为一种体现美国民族精神的哲学思想，对美国文化的各个领域展开了广泛的渗透。这里，从哲学的角度论述实用主义与文化的联系，着重从语言、心理、艺术、宗教及人格等几个方面进行分析。

一 实用主义和语言哲学的新发展

语言问题，一直就是哲学家关注的问题。语言哲学已成为一个重要的哲学领域。分析哲学把语言哲学作为重要的课题，实用主义的一些代表人物也对语言问题有浓厚的兴趣。语言哲学在美国颇有市场。波兰裔美国哲学家柯日布斯基创立的普通语义学，在 20 世纪 30～60 年代的美国广为流传；日常语言学派作为一个独立的分析哲学学派，在美国也颇有影响。20世纪 60 年代以后，语言哲学又出现了值得注意的发展新动向，这就是以戴维森为代表的意义理论研究，以乔姆斯基等人为代表的转换生成语法学派的形成，以塞尔等人所倡导的对言语行为理论的研究，以克里普克等人为代表的模态逻辑语义学的兴起，以及罗蒂的新实用主义思想等等。这里，仅就实用主义与语言哲学结合的新发展做一些初步的分析。

关于言语行为的研究，最初要追溯至英国牛津日常语言哲学的代表人物奥斯汀，他在 20 世纪 50 年代逐渐涉及这方面的问题。根据奥斯汀的理论，他认为一个言语过程包括三个方面，即表现行为、非表现行为及超表现行为。

表现行为包括：（1）发声行为，是不同声者的组合，当然它必须符合一定的语言系统。（2）语法行为，是根据一定的语法规律组成的，如不同的声调可以表示出陈述句、疑问句、命令句、感叹句。（3）修辞行为，有些词表现出的不是原意，而是修辞上的意义，如隐喻就属修辞行为。可见，表现行为是指说话者所发出的一系列声音在外表上面的可能意义，如"天下雨"，是指一件客观事实，外表的意思是说正在下雨。

非表现行为就不同了，是指这一系列声音在表面上所没有表现出来的意思。如前文例子，"天下雨"，它可能具有没有表现出来的隐喻的意思。譬如，它可能表示说话者希望听话者离开此地，也可能希望挽留听话者，等等。

超表现行为是指语效行为，即说话者所说的话对听话者的影响。

从以上可以看出，语用学的特点是着重言语行为的效果问题，具有实用主义的性质。

柯日布斯基的普通语言学也是一种实用主义的语言理论，他特别强调语词的效能，认为只要解决了语词中的某些问题，人类社会就会迅速发展。所以他们主张要重新审查语词的语义。柯日布斯基的代表作《科学与健全思想》一书奠定了普通语义学的理论基础。他从实用主义精神出发，认为一般的语词是内涵定义。他说，内涵定义就是语词定义，如果用内涵定义而忽视外延，就会发生许多问题。比如，一般对狗的内涵定义是：狗是一种嗅觉听觉灵敏的、对主人忠实的哺乳动物。这里没有涉及各种狗的特性，如没有涉及某只狗去咬人，如果以它的内涵定义应用到会咬人的狗身上，便要上当。他在《科学与健全思想》一书中认为："本书尝试的这种研究，对安定人类事务，比起手持机关枪的警察、炸弹、监狱和反省院来，会从根本上做出更大的贡献。"他还认为，社会的弊病不在于制度，而在于患了语言抽象病。一些语词用高度显微镜是看不到的，所以语词不仅会造成情感上的混乱、社会冲突，而且会造成各种社会弊病。

桑德尔的思想交往场论也是典型的实用主义言语行为。桑德尔吸收了奥格登及理查兹的意义理论，融合了柯日布斯基的普通语言学及莫里斯的指号学，并且运用了墨菲心理学及维纳控制论中的一些观点，把人与人之间的思想交往和环境结合起来研究。他认为，我们是有意识地运用思想交往的技术以达到目的，这对于自我的内在组织作用便有了贡献。组织作用增进了，自我就更善于运用思想交往技术，而且这一过程是循环的。

思想交往场论由于看重效果，所以提供了语义技巧，并借此运用来达到目的。语义技巧包括前馈与反馈。这两种技巧通过语言形式的运用来发挥其最大效能。前馈是指运用一个具有连贯性和前进性的语言模式，使接受者预测整个模式所要形成的形式。思想交往的输送者有传达模式的责任，在他有意识地前馈时，他能做最有效地传达。反馈是有矫正作用的循环操作，它的效用取决于连贯的和前进的语言模式的使用。所以，在思想交往过程中，发声是有声思维，思维是有条理的工具，这个观点和杜威的理论是一致的。桑德尔认为，有效的讲话（能达到预期目的的讲话）全靠运用语言形式进行前馈和做具有矫正性的反馈。有效的倾听首先取决于发现其他的语言模式，然后取决于对另一种语言模式所做的评价。

20 世纪 60 年代言语行为理论有了较大发展，特别是美国的塞尔。他主要研究言语行为理论，写下了《言语行为》《词语和意义》等著作，编辑了《语言哲学》《言语行为理论和语义学》等论文集。他在许多问题上赞成奥斯汀的看法，认为通过言语行为使人产生信服、烦恼、高兴、害怕等行为，都属于言语效果行为。

塞尔认为，意义的概念是言语行为中的一个重要概念，"对于任何意义 X 和任何说话者 S 来说，只要 S 想表达 X，那么总可能有某种表达式 E 存在，E 就是 X 的确切表达式。"

到 20 世纪 70~80 年代，美国言语行为理论有了更大发展。

美国学者认为，在一般情况下，说话人的意向只是部分地被理解，而最成功的交际，是需要听者对说者的意向全面地理解。实际上在一个语言交际场中，说者与听者在交换信息时，能够相互完整地理解说者（说者与听者的位置是不断互变的），是不现实的。特别是有些说者，如政治家及商人，都常常转弯抹角地讲了许多，要捉摸他的意向是很困难的。自信与现实是两件事，自认为已经理解说者的意向，只是个人主观上的自信。巴克及哈里斯认为要取得言语效果，就要把语言交际看作一个推理过程。他们认为，听者对说者的话所做的推论或倾向于所做的推论，可以用以下的模型来表示：

a. 说者发出一个句子，听者接受说者的话。

b. 说者用他所发出的句子，有如此这般之意；听者根据 a 式及相互交际场的信念进行推论。

c. 说者正说如此之意；听者根据 b 式及相互交际场进行推理。

d. 说者正有如此之意；听者根据 c 式及相互交际场进行推理。

他们认为，这种推理形式就是言语行为的过程，而无论什么言语过程都是在确定的言语交际场中进行的。言语行为的目的是取得相互理解的效果。在言语行为中，还包含着一种预设与含蓄，如果理解了这些，便能达到更佳的效果。预设和含蓄是不同的。所谓含蓄是指在一句陈述中隐含了一些东西，其实也是一种未表现行为，巴克及哈里斯在他们的著作中举了这样一个例子：

A. C 住在哪儿？

B. C 住在法国南部某地。

在"C 住在法国南部某地"的陈述中，B 隐含了他不知道 C 所住城市的名字，或忘掉了。而预设是指在一句陈述中可能有一个预设，如：

a. 刻卜勒死于不幸。

b. 刻卜勒存在。

在 a 式"刻卜勒死于不幸"中预设了 b 式"刻卜勒存在"，a 式之所以预设 b 式，这是因为主语自身的延续。如果刻卜勒不存在，那么刻卜勒不会死于不幸的。

言语效果和言语环境很有关系。有可能某种效果并不是说话人所企望发生的。如某人夜里骑着马越过一片雪原，总算找到了一家旅店。当他投宿时，店主问他从哪儿来的，他说从那片雪原来的，店主惊讶地说：

"你越过了康斯坦丁湖？"

作为听者的这位旅客想起了汹涌澎湃的康斯坦丁湖，无边无际，勾引起心中的恐怖，在无法抑制的情况下，由于惊恐倒地身亡。说话的人没有估计到他的话会起到出乎意料的效果。店主的话也许是赞美旅客的勇敢，但旅客却进入恐怖之中。

当代美国哲学对语言非常重视，由于语用学的出现，特别注意语言使用的效果，如何使语言方便和有用。

罗蒂是 20 世纪 70 年代美国著名的分析哲学家，后来转向对分析哲学的严肃批判，成为一名新实用主义者。罗蒂在他编辑的论文集《语言学的转向》（1967）中，对语言哲学及其遇到的困难做了精辟的分析，并对哲学发展的前景做了展望。1979 年他在其成名之作《哲学和自然之镜》中，反复强调认识不是意识和外部世界对照的结果，而是多主体间的对话，即语言实践的结果，认识和真理只是在多主体间才确定下来，必须参照社会使我们能说的东西来说明合理性与认识的权威性，这就是罗蒂的"认识论的行为主义"。这里已透露出了实用主义的气息。1983 年，他在一篇题为《协同性还是客观性》的演讲中，把实用主义定义为"一种协同性哲学"，协同性不同于客观性，客观性应归结为协同性。罗蒂认为，坚持认为存在着独立于人类和社会的客观真理的实在论，是行不通的。"心""物""给定物""心添物"的界限是不清楚的，甚至连"心"这种东西的存在也还是一个问题，怎么能说"准确再现"呢？所以罗蒂主张打烂"自然之镜"，抛弃符合论，把客观性归入协同性之中。协同性，是某社会团体中人们兴趣、目标、准则的一致性，其落脚点是"社会共同体"和社会实践，这里的实用主义色调更加浓重了。

罗蒂于 1982 年出版了《实用主义的结论》一书，在其导论"实用主义和哲学"中，他试图考察美国实用主义哲学家对现代欧洲思想发展的贡献，从分析实用主义尤其是它的真理论中得出一些新的结论。罗蒂推崇詹姆士和杜威，一直致力于把以詹姆士、杜威等人为代表的美国实用主义和以尼采、海德格尔和德里达为代表的欧洲大陆哲学相结合。可见，在一定意义上，把罗蒂称为新实用主义者是可以的。

二　心理哲学的实用主义化

当代美国存在三种有影响的心理学，即行为主义心理学、新弗洛伊德精神分析学和人本主义心理学。实际上这三种心理学都注入实用主义精神，特别是马斯洛的人本主义自然实现理论，简直就是实用主义心理哲学，不仅是理论上的问题，而且是实际的问题。

行为主义心理学是华生创建的。他是杜威指导的研究生。虽然他自认为他不理解杜威，而且减少了对哲学的兴趣，却不等于说他完全没有接受杜威的影响。起初华生承认本能在行为中的作用，但后来他否定人类本能的存在，把学习理解为人类行为发展的关键。从这里就可以看出，华生是实用主义者。他强调了学习对人类行为发展的功用。而他的 S—R 联结（刺激—反应）也正是在这种实用主义理论基础上建立的。

华生强调学习在行为主义中起着主导作用。杜威早就说过:"这种感觉与其说是认识的、知识的,不如说是情绪的与实用的。"杜威举例说:"好像一个写字的人,在顺利时感觉不到笔在纸上或在手上的压力;在不顺利时,便有另一种感觉,就要换笔。所以,杜威认为,感觉只是调整动作的一个信号或刺激,是为动作对环境的适应服务的。"① 无疑,华生实际上受到了杜威的影响。

20 世纪初期,美国资本主义制度正进入垄断阶段,它要求充分发挥人的潜力,提高生产效率。为了提高利润,维持社会秩序,于是产生了具有实用主义精神的行为主义心理学,并不奇怪。特别是华生的理论,非常适合当时的经济环境,如华生说过:

"给我一打健康而没有缺陷的婴儿,并在我自己设定的特殊环境中教育他们,那么我愿意担保,随便挑选其中一个婴儿,而把他训练成为我所选定的任何一种专家:医师、律师、艺术家、商界首领乃至乞丐和盗贼,而不管他的才能、嗜好、趋向、能力、天资和他祖先的种族。"②

华生的话引起了当时人们的重视,《纽约时报》指出这些话标志着人类智慧史上的一个新纪元,《纽约先驱论坛报》评论指出,华生的著作是一部最重要的书,人们在一瞬间便被一个巨大的希望冲昏了头脑。

华生的这种理论表明,做父母的应该用一种健康的方法来教育子女,把一个健康的儿童训练成能适当地塑造自己的人。"我只是试图在你们面前悬挂一个刺激,这是一个言语刺激,如果你们能对这个刺激发生反应的话,那么你们就将逐渐地改变这个宇宙。"③

行为主义发展到斯金纳时,实用主义的轮廓便更明显了。他把实证主义、操作主义与实用主义混合一起。斯金纳认为,操作行为是行为的一个可识别的部分,而引起它的刺激是看不到的。斯金纳还修改了桑代克的效果律,他认为一个人之所以如此行为,是因为他必须遵循过去类似行为的缘故,这就是效果律及操作的条件反射作用。

---

① 〔美〕杜威:《哲学的改造》,许崇清译,商务印书馆,1953。

② Watson, John B., *Behaviorism* (University of Chicago Press, 1930), p. 104.

③ Watson, John B., *Behaviorism* (University of Chicago Press, 1930), p. 104.

斯金纳提出的强化作用很重要，运用强化可以获得控制人行为的效果。限制一个儿童饮水，便可以使他容易喝牛奶。他研究了强化和满足间的联系，并从进化过程中去考察。他提出原始强化物在生物学上的意义。比如食物、水、性接触、对伤害条件的逃避等，显然和有机体的生存有关。这样便致使人们认为，由行为所产生的其他形式的刺激作用，也相似地同生物学上的重要事件有关。强化和情绪也有关系，斯金纳认为，情绪反应是由反应结果或反馈机制所强化的。食物对饥饿的人是强化的。伤害对盛怒的人是强化的。实际上，斯金纳重复了一种论点：如果要获得更好的效果，就要改善强化。原始强化物和个体生存有关；当代的强化方式可以促使更大的成效，把生物生存的意义扩展到社会意义。比如，一个团体要促使人的因素向积极方向发展，就需要一种加强因素，一般称之为条件因素（激励因素）。也就是说，加强的条件因素可以使人的因素发挥较大的效用。

行为心理学是美国本土的，弗洛伊德心理学是外来的，但美国接受了弗洛伊德理论的许多东西。弗洛伊德理论早在 20 世纪初就流传到美国，当时的美国实用主义大师詹姆士及霍尔对弗洛伊德的思想就很感兴趣。后来，随着希特勒在欧洲的肆虐，许多学者纷纷从欧洲移至美国，也将弗洛伊德的心理学带入美国，出现了新精神分析学派。他们一方面修正弗洛伊德的某些理论，另一方面从美国精神出发发展了精神分析学。比如，恋母情结问题（oedi - pus complex），人类学家已经证明，这种情结对于各民族来讲不是同样的，在各种不同的民族文化里，情结所表现的形式也和弗洛伊德的理论有所不同。霍妮就认为，弗洛伊德的情结理论是毫无根据的。儿童确有倾向于双亲的行为，但她说她看不出有普遍性。每一件事物都取决于文化和社会环境的因素。

山福特在一篇文章中认为："在美国，我们对精神分析学的修正一直是企图使它更加美国化。"所谓美国化，就是指注入实用主义精神。胡克特别赞成弗洛伊德的观点，认为他是影响 20 世纪世界文化的三大巨人之一。

真正使精神分析学实用主义化的是弗洛姆（有译为弗罗姆，本书统一为弗洛姆）。他是德裔美籍学者，后来他成为美国最杰出的人本主义精神分析学家。

弗洛姆提倡人本主义伦理学。他把善和对人有好处看作同义词；把恶和对人有坏处也看作同义词。这种伦理学认为，为了知道是什么对人有好处，那么便要知道人的性质。人是什么呢？弗洛姆认为："人是一个动物，只有在劳动的过程中，人才慢慢地从大自然中解放出来。并且，在这一解放的过程中，选择了自己的理智和情感的能力，从而渐渐地成熟起来，成为一个独立的与自由的人。"①

弗洛姆认为，人是从生物需要终止时开始的，人类自有本身特殊的需要。动物在有机界的发展中，经历了个性化的过程，这个过程不断加强，在人的发展中达到了顶峰。人的个性化过程是在社会环境的各种复杂关系中实现的。后来人的心理在社会影响下起了很大的变化，个人的自由度扩大，孤单与寂寞感也同时加强。完全的孤独和寂寞能使人神经崩溃。

弗洛姆认为，人本主义伦理学是以理论上的"人的科学"为基础的，这是一门关于"生活艺术"的应用科学。可见，弗洛姆把实用主义的基本理论加进了伦理学，使他的新精神分析学和实用主义汇合在一起。

和实用主义结合最紧密的心理哲学是以马斯洛为代表的人本主义心理学，即所谓第三思潮。马斯洛认为第一思潮是弗洛伊德学派。弗洛伊德受到达尔文的思想熏陶，认为人在文明的发展过程中，成为动物的主宰，否定动物的理智，自认为是永恒的灵魂。弗洛伊德把从精神病人治疗中发现的问题赋予了普遍的社会意义，认为一切生命的目标是死亡。

第二思潮就是行为主义理论。这种理论把主要动机放在外在环境影响上，强调刺激—反应的学习过程，正与弗洛伊德派相反。因为弗洛伊德把主要动机放在内在的冲动与驱策上，强调人的内在冲动。行为主义者强调人的灵活性与可塑性和道德的无科学性。

马斯洛虽然没有全盘否定弗洛伊德派及行为主义派的理论。但是他认为，这两种学说都存在一定的局限性。

正是在这种情况下，马斯洛才发起了作为心理学第三思潮的人本主义心理学。这个思潮表明，有史以来我们一直没有给人类本性以足够的评价。人的形象改变应当是一场革命。第三思潮就是这场人的形象的革命。

---

① 〔美〕弗洛姆：《在幻想锁链的彼岸》，张丽译，湖南人民出版社，1986，第37页。

马斯洛最大的成就是从积极的意义方面探讨了人的自我实现的特点，也就是从健康人的角度来研究人。麦格雷戈曾经也提到过自我实现。他认为，人能够运用智力与体力，有责任感与实现目标。但马斯洛提出来的自我实现与之不同，它有更大的实用价值。

马斯洛说，有两类自我实现的人：一类显然是健康的人，但很少有甚至没有超越性体验；另一类是自我实现的人，自身的超越性体验是非常重要的。麦格雷戈理论强调第一种自我实现，马斯洛认为还要进入第二种自我实现。他在《人性发展能够达到的境界》中认为，第一类自我实现的人，是实际的与现实的、能干的人，他们更多地生活在现在的世界上。他们的世界观从根本上是以一种实际的、具体的、现实的实用方式，把人或物看作对自己有用或无用，有益或危险。所谓有用是指有助于生存，也有助于自我实现的发展，它意味着一种生活方式和一种世界观。他们讲求效率、实用、而不讲究审美。这种观点是典型实用主义的。

马斯洛认为，在这上面还有更高一层的自我实现的人，他们要生活在一种目的与内在的价值层次上。"他们更明显地为超越性动机所驱使，时常具有统一的意识和高级体验。"

三　实用主义和艺术哲学

在美国，实用主义哲学不可避免地影响艺术哲学，渗透到文学艺术中去，和它融合到一起。詹姆士在《论内省心理学所忽略的几个问题》（1884）及《心理学原理》（1890）中提出了意识流的观念，认为人类的思维活动是一种斩不断的"流"，而不是片断的衔接。意识流变化多端，错综复杂。意识流反映到文学中后，作家为使人物内心活动得到自然流露，便常采用内心独白的写法，让人物通过独白说出自己的心里话，从而取得作品的最佳效果。如 T. S. 艾略特所写的《阿·普罗弗洛克的情歌》就是意识流的代表作。他描述了一个虽有教养而又神经过敏的知识分子黄昏时分的求爱，怕这怕那，踌躇不前，刻画出人物思想的瞬息变化，充分展示出人物流动的意识状态。法国的普鲁斯特、英国的沃尔夫、美国的福克纳都是意识流文学创作的主要代表。

在实用主义理论的影响下，务实文学发展起来。这种文学大多描述贫穷的人，他们精力充沛，进取心强，有独立意识和改革精神，终于在坚忍不拔中获得成功。这种作品强调机会均等，正如爱默生所说，美国与机会是同义词。他们强调一个信念，凡具有信念与能力者最终皆能成功。这类作品如 S. 怀特的《森林征服者》、G. 洛里默的《白手起家的商人给儿子的书信集》等。

根据美国瓦萨学院的 M. 默里的看法，美国现代艺术哲学的新潮流是阐释学及结构哲学。所谓阐释学是指借用了古希腊神话中的 Hermes 这个词，而引申出阐释学（Hermenutik）的意义。赫尔梅斯在希腊神话中是众神使者，为众神传递信息，接引人间生灵进入黄泉，解释神的指令，使神的意向为人们理解。这样，阐释学的意思便从中引申出来。19 世纪末 20 世纪初，德国新黑格尔主义者狄尔泰将阐释学发展为人文科学的普遍方法论。20 世纪 60 年代以来，阐释学在存在主义和现象学的影响下，兼容了欧洲大陆哲学和英美分析哲学的特点，成为一种广为流行的哲学思潮，并逐渐渗透到文学、历史、社会学、宗教等理论研究中，因而阐释学的范围涉及很广，这里仅研究一下实用主义和阐释学的问题。

阐释学研究的一个中心问题，是描述理解如何才得以成为可能。从阐释学角度看，人就是自我释义的动物。伽达默尔认为，释义并不仅仅是对本文的理解，而且包括对文本主题的理解。阐释者如果对本文所谈的问题和症结没有理解，那么显然是没有理解文本。另外，伽达默尔的阐释学认为，保留文本视界与阐释者的视界这两者之间的分歧是对立统一的。

伽达默尔是倾向于实用主义的。他曾写过一本《作为实用哲学的阐释学》，详细地阐述了自己的实用阐释学。他认为理解与实用间联系的目的，是要将它当成一种哲学上理论与实用对照所形成的理论难题的矫正物。他也确实从传统哲学中去寻找更可行的实用概念。他认为，在亚里士多德那里，理论与实用的差异并不像现在这样，是一种思考与其他某个东西之间的差异。亚里士多德并不把实用当作理论的背反，因为理论本身是一种实用的形式。

伽达默尔认为，实用哲学的任务是把人类的突出特点引进到意识中来，这样人们便能在实际的喜爱与歧视的实践中了解喜爱、歧视与善之间的关系。他也认为，自己的实用阐释学在某些方面类似亚里士多德的实用哲学。因为两者都包括了普遍的思考，不过这种普遍性受到那种与实际照应相关需要的约束。

但是，伽达默尔的实用阐释学毕竟不同于亚里士多德的实用哲学。亚里士多德在《尼格马克伦理学》中所论述到的实用是道德行为；而伽达默尔在他的《作为实用哲学的阐释学》中认为实用是释义，不仅是对文本的释义，而且包括对经验和世界方面的释义。阐释学和实用哲学之间的共同点，是对不同形式的行为本质进行反省。双方在没有矛盾的情况下，都集中研究了实用的理论。

在伽达默尔看来，经验和认识并非大体上相对的。他主张理解本身就是经验，所以把阐释过去的活动说成是阐释学经验。也就是说在阐释传统的实际过程中，传统不仅作为已过去的东西被经验到，而且作为某种在目前仍然很重要的东西被经验到。古希腊悲剧家埃斯库鲁斯有一个短语，"从痛苦中学习"。伽达默尔分析了这个短语，认为埃斯库鲁斯指的是失败与反面经验可导致智慧和正确的行为途径。

向经验学习，向痛苦学习，这一类的阐释无非是为了有用。虽然伽达默尔本人是德国人，但他对美国的哲学界影响很大。美国的阐释学从某种意义上说是直接从他那里发源的。伽达默尔本人在美国执教十多年，其间美国不少哲学家都转向了阐释学，如罗蒂、泰勒、德莱福斯、哈里斯、荷依、科德尔等。不过他们的影响都远远比不上伽达默尔。

四　实用主义宗教哲学

在美国的各种宗教中，基督教（新教）一直占据主要地位。基督教在美国有其自己的神学思想体系。在 19 世纪居统治地位的是"自由主义神学"或"神学理性主义"，20 世纪初美国进入垄断资本主义时出现了"原教旨主义"，20 世纪 30 年代后，又出现了"基督教现实主义"，它是欧洲"新正统派"神学在美国的翻版。同科学技术的进步、美国新精神的发展相适应，这种宗教哲学是一种应用神学，以实用和有效的观点解释宗教，从现实意义上企图弄清当代宗教意识的危机原因，寻找解决与缓和危机的办法，因而在美国获得了新的市场。

尼布尔是"基督教现实主义"的主要代表人物，是美国当代最有影响力的神学家。他把实用主义思想引进了神学，逐步形成实用主义宗教哲学。尼布尔的主要著作有《宗教对社会活动的贡献》《讲求道德的人和无道德的社会》《对时代末日的沉思》《基督教伦理注释》《基督教和强权政治》《人的本性与命运》《信仰和历史》《基督教实在论和政治问题》《自我与历史的戏剧》等。

尼布尔认为，如果深刻地探讨人的宗教倾向，便会发现是来自自由。"这种自由使人们感到，无论用唯心主义或自然主义来表达的理性体系，都不能对人生的意义做出解答。"之所以如此，是因为他们觉察到一种超越理性的奥秘与意义。尼布尔所说的自由是指自我的自由；奥秘是指从因果链条关系可臆测到在最初的原因之上有一种创造的奥秘。他认为神学的最主要观念是超越，这个观念是以宗教为中心的。超越和世界有两种关系：其一，如果没有超越，世界就不会是一个统一的与一致的世界；其二，超越是生活的目的与圆满实现。人所趋向的目标是理想的世界，和现实里所看到的冲突与偶然对比，它的特征是统一与和谐。

在尼布尔看来，生活达到目的和没有达到目的是一回事，目标的实现与存在的根源是一回事。实际上，尼布尔的观念是：生活的目标是一个不可能达到的理想。

尼布尔认为，宗教不过是一种信仰。有公开的信仰与内在的信仰两种。内在信仰是自我，是具有宗教倾向的。这就是他的泛宗教观。他认为，从长远利益来说，人们不满足于内在的宗教，因为自我感到在可见的因果潮流之上、在自我与世界之中隐藏着一种奥秘。

当代社会上道德与政治的混乱，是因为对人类的本性做出了错误的解释。必须弄清楚，人类的行为和人类的本性不同，但行为是本性中的重要组成部分。

尼布尔认为在人性中存在着动物性，这种动物性表现在求食以保个体活命，繁殖以保集体延续。除此之外，人性中还存在着超自然的自由。这就是精神人性，是人的特点。在人类行为中，有自然人性及精神人性，两者是统一的。这是与弗洛伊德的观点相似的。

自然是无限的，而自然中的人会产生有限感，有限感可能导致消极悲观。如果从人的精神层面来理解，人虽说是有限的，但精神人性会超越自然界，具有一种自由精神。这就是尼布尔的观点。他认为人类不愿意成为自身冲动及环境的奴隶，但能依靠理性和记忆把个人从现实中解放出来。人类和动物的区别在于人类能超越自我，能够在自己的行为中观察与判断自己，并且能以理性作为手段，形成道德判断。

人之所以是人，因为人是自由的，自由是人类尊严的核心。自由既是善的本源，又是恶的本源。从道德上讲，自由具有双重性，人有性欲，这便构成了人的罪恶表现。可是从《圣经》上看，亚当与夏娃因吃禁果，才被打到人间，繁殖人类。而繁殖必需性欲。所以说，在人类的实际历史中，罪恶又是不可避免的。

尼布尔认为，恶不仅存在于个人，也存在于集体中。这表现出尼布尔的现实主义观点。他认为个人行为只不过是事件长链中的一环，每个人都要和集体保持一致。某种社会组织也会使人去干坏事，如黑社会就是明显的例证。

尼布尔是承认原罪的，人人都有罪，只是罪的程度有所不同。原罪对人类会产生一种效益，这种效益就是防止个人在道德上的傲慢，而且能引导人们悔改。至于个人与集体的关系，他认为应该重视集体道德与集体不道德。在集体中人们是相互依赖的，而统治权是社会秩序的前提。正因为有统治，所以才有层层的统治阶级。应该承认，在人类中有这种不平等。上层人物易于过高地估计自己，养成以权力摆布别人的习惯。理想主义者认为可以依靠道德说教来实现美好的社会，然而拥有经济实权的人却能主宰社会，所以应当组织工会，以权力来对抗权力。

新托马斯主义是一种独具特色的宗教唯心主义思潮，也是美国的主要教派之一。美国新托马斯主义者也是从实用主义的立场来研究神学的。因为旧神学在自然科学发展的情况下再没有生气，为了改变这种局面，他们利用科学知识来增进信仰，把神学同科学结合，提倡现代化与世俗化的方针，力图使科学与宗教、理性与信仰达成一致。

五　实用主义人格主义

人格主义是一种把人作为研究中心的哲学体系，是以人格作为根本原则的。美国是人格主义流传最广，影响最大的地区。从 19 世纪末开始，人格主义一直是美国一个重要的唯心主义哲学流派。美国最早的人格主义者是波恩，他阐述了人格主义的唯心主义。他认为"实在"是创造者上帝及被创造者的人所共同组成的。所以，人格主义一开始便混杂着宗教神学的意味，成为现代西方资产阶级宗教哲学的一个重要流派。波恩提出了有限人和上帝的关系。因为有限人是上帝创造的，上帝所创造的人是自由的，所以有限人在世界秩序中要努力实现自由。伦理世界也是上帝赋予的。波恩所说的宇宙是指人的领域。一方面是上帝有目的的行动的联合，另一方面是道德的联合。创造道德是为了使人们自由地响应理性、意志及对人的爱。

另一个人格主义者是郝维生，他自称自己的哲学体系是人格的唯心主义。在他看来，无论是无人格的一元唯心主义或是唯物主义，都与人们所经验的伦理自由相矛盾。他认为波恩人格主义的唯心主义和实在论的人格主义都是不确当的。因为它们使有限的人把经验依赖于无限的人格，并且很不明智地运用"从无创造"的学说为这个观点辩护。可见郝维生的人格主义是以他自认为的不可否认的事实作为基础。他认为自我决定的存在是不可创造的。

布莱特曼是美国第二代人格主义者，他不仅是波恩的学生而且追随过绝对唯心主义者罗依斯，并深受詹姆士实用主义的影响，他认为波恩的哲学包含了罗依斯及詹姆士思想的合理成分。布莱特曼对人格主义的阐释向实用主义更加靠拢了，他认为人格主义就是把人格用来解决一切哲学问题，无论是价值问题、认识论问题，还是形而上学的问题，都可以用人格来解决。他把人格作为解决问题的一种有效的工具。他同样强调人格主义与宗教的关系，甚至把哲学归结为宗教人类学。根据他的观点，任何科学知识都不能排除与人的理性密不可分的宗教。他认为科学应当以对超自然东西的信仰为前提，因为科学家常常遇到看不清的，不具有任何感觉和思维活动形式的某种玄秘的东西。

第二次世界大战之后，由于存在主义和现象学在美国流行，使人格主义显得有些暗淡。在这种形势下，人格主义和新流派相融合，特别和实用主义联系得更紧密，出现了当代的人格主义。

当代最出名的人格主义者是伯托西。他把自我和人格心理联系起来，研究自我、自己、个人或灵魂。伯托西是布莱特曼的学生，他对人格的观点基本上和布莱特曼是一致的。他认为凡事都取决于自我存在的人格。伯托西所认为的人格实际上就是宇宙精神。因为他主张宇宙是一种目的秩序，而目的秩序是由可共存的创造性的增长和满足这种目的来指导的。伯托西不承认他在为唯心论辩护，而是认为，上帝的意志是用上帝本身的存在所固有的理想和善的规范来指导的，换句话说，宇宙的人格享有一种不变的形式结构。这种结构在任何世界的基本统一和连续性中表现出来，所以宇宙的精神将永远不少于人格，也不多于人格。从伯托西的这一辩解可以清楚地看出，他说的宇宙精神就是人格。

另一个人格主义者魏克迈斯特提出了人格主义的价值观。他提倡等级价值观。他认为在人类的经验中所遇到的各种价值现象，都可以纳入一个包含某种等级序列的经验模式之中。他坚信，任何价值理论，作为价值关系的一种构图，都不能代替生活艺术。但对于生活中可牵涉的某些复杂的、引起争议的问题，价值理论能够比较明晰地澄清其关键所在。人和一切生物都力求维护自身，是不断生长与扩展的存在，是一种生的意志推动了生物进化与社会发展。社会是由个人所构成的整体。个人的价值承诺便决定了一个社会的道德风貌，构成一个时代的时代精神。人类成员的最高道德义务产生于人们对一种自由人性的最高理想的承诺。虽然这种理想自身并未充分规定。但是无论哪一种理想，都必须运用人类价值最终证明其正确性。从这里可以看出，他的人格主义价值观是符合美国生活方式的，具有实用主义性质的哲学精神，这就是他所说的时代精神。

波恩、布莱特曼等人的认识论中夹杂实用主义色彩，他们强调"经验"，认为经验虽不随人的主观意志而产生，却能被人的主观意志所创造、改造,事物和事物的观念是自我意志根据一定的目的或需要的创造物。在真理观上,他们也持有用即真理的观点。波恩曾宣称:真理必须是对于一切都有效的。他甚至以此论证宗教,说衡量神学上的意见的标准,就是看它在生活中有什么作用。

总之,美国的人格主义充满了宗教与神学气味,他们崇尚人格,并把人格神化,强调人格是唯一的,只有有了人格,才会有实在、真理、价值。人格是解决一切问题的有效工具,是检查社会制度的标准,是哲学的真正对象和核心。美国人格主义者极力粉饰他们的神学人本主义,表示"关心""尘世生活",强调资产阶级的个人自由和民主权力,自我标榜为"生活的哲学""自由的哲学"。

第五节 实用主义与社会政治哲学

与其他国家相比较,美国的政治具有不同特征。首先,美国是从独特的殖民地社会发展而来,偏重于地区的行为方式,被压迫者团结一致,以对付与自己有利害关系的其他地区。地区的团结是建立在实用主义的共同利益基础之上的。其次,政治活动力不同。各个政党的政治行为不趋于极端,政党是鼓吹者,不是掌权者,它既能满足全国不同地区的要求,又能投合不同阶级的心意。所以,从南北战争之后,再没有发生区域之间及阶级之间的内战。再次,多元化政治。把政治体制看作各有不同利益的许多集团的平衡关系。政府的任务似乎是担任仲裁,解决集团之间的纷争。最后,美国所采取的政治行为是个人主义。

美国的社会政治哲学对于公共利益或公共要求这些普遍性的概念,是采取否定态度的,认为它们是一种鬼怪。这就是实用主义社会学的特点。它排斥公共利益及与之一致的形而上学或认识论。像杜威、班特莱等人都认为公共利益是不存在的。只有在活动中才能产生公共利益,活动是共同利益的客观要素,而被交流的和使大家知道的见解则是利益的主观因素。用群体论的话来说,从群体中的相互作用,引起某种可以叫作规范或共有态度的反应。

在第二次世界大战后，美国的社会政治变动很快，理论庞杂，出现了诸如保守主义、自由主义、激进主义等各种学说。但是，尽管学派林立、观点纷杂，而它们都联结着一条实用主义的线，顺着这条线可以了解实用主义和社会政治哲学的关系。

当代美国著名的社会哲学家帕森斯创建了功能学派的理论。无疑，霍布豪斯、金斯伯格、马利诺夫斯基、涂尔干、韦伯以及弗洛伊德对他的影响很大，从他的理论中表现出不少他们学说的痕迹。然而，他的功能理论在某些地方也有实用主义的痕迹，也就是说，当时的实用主义思想不能不影响他。

所谓"功能"有几种意思。功能分析的基本观点在于试图阐释社会各部门与整体社会之间的关系，以及各部门之间的关系。这些关系对社会的平衡维持是有用的，所以功能的一个重要意思是"有用活动"。从功能学派的理论来看，社会生活中的一切活动都是由社会里的需求来决定的。也就是说，因为社会有某种需求，社会团体和组织才产生某种特质或活动。社会团体和组织的存在与活动的目的是满足社会的某种需要。

功能学派认为，功能是结构，而结构生出效果。为什么这样说呢？比如社会中有各种饭店酒楼，里面有许多人在工作着。但在研究时并不研究社会结构中的具体人，而是研究结构，正是这种服务的结构才能生出效果。所以，在帕森斯看来，研究效果就要研究结构，研究结构就要研究功能。阿布拉汉森认为，社会结构告诉人们社会现象是什么，而功能则告诉人们现象的效果是什么。可见功能派理论是研究有用的活动与效果的。当然，帕森斯的理论有一定的缺点。因为他个人认为功能派理论是没有价值偏见的，然而这是不可能的。他自认为从乐观的保守主义出发，提出整合与均衡想法，能够适应社会，不会带来破坏。但许多学者都认为他的理论是幻想，是一种新乌托邦。

米德本来就是实用主义的社会心理学家，他认为社会是一种非静态的动态实体，一切社会秩序都不是已完成的事实，而是一种形成过程。社会不断地在变，在修正与调整。他在《心灵、自我与社会》中认为，个人的行为只能依照个人在整个社会团体内的行为来了解，因为个人的行为一定涉及许多其他个人的社会行动。社会影响持续的交往、互动过程形成，人的姿态、语言、文字都直接影响社会的结构。米德认为自我的发展分三个阶段。

第一个阶段是准备阶段。从婴儿出生到能以他人的目光来处理自己的行为，模仿是这阶段的特点。这时的模仿只是无意识地模仿，不知道所模仿行为的意义。

第二个阶段是嬉戏阶段。开始了解别人对自己的评价，对人格的发展有重要意义，儿童开始有自我意识。学习扮演角色，如小女孩扮演母与女两人，并用母亲口吻称赞与责备做对或做错事的女儿。

第三个阶段是集体游戏阶段。自己成为社会一分子，并了解在集体中的责任。在集体中，互动行动便建立了，显示出人格的一致性，并了解到集体也是社会的一部分。

互动学说的实用主义意义是什么？这一学说能在社会里产生积极的效果。互动是可以相互影响的，就像戏剧一样。人与人之间面对面地互动时，个人行动常是采取"装给别人看"的方式，因而会产生效果。当然，这里只是从效果来研究，并不一定是善意的或恶意的，两种情况都有可能。如医生替病人诊断，医生一定要表示出很有信心，诊断很确切，不能犹豫不决。如果医生很果断，病人也就会稳定心情，减少痛苦；如果医生不能肯定，会增加病人痛苦。所以，"装给别人看"这种互动方式是有积极意义的。医生信心百倍，病人也信以为真，相信医生的诊断是有成效的，相信医生所开处方是有效果的。

互动学说的另一个意义表现在社会对行为的影响，即社会对个人的互动。早期社会理论仅把社会问题视为道德问题，把重点放在改革建议上。互动学说证明了，如果用前一种观点，不仅不能制止犯罪，而且会造成更大危害。美国历史上的禁酒法案就是明例，这个法案不仅没有制止酗酒，反而促成许多附带的犯罪行为。又比如，在平常生活中有这种人，做了一两次错事，别人批评与疏离他，他便"横下一条心，反正都一样"。社会对他的态度反而成为促成他进一步犯罪的原因。

互动学说存在不少缺点，如过分强调自我，忽略潜意识在互动中的影响；过分强调主观因素，忽略社会结构在互动中的影响。

美国的社会政治哲学突出地表现在自由主义和保守主义方面。古典自由主义在 19 世纪中叶就在美国形成，它作为反对封建主义思想的武器，起过进步作用。美国自由主义者运用边沁的理论，即利益与效用原则，对个人自由思想做了功利主义的阐释。这个原则表明，个人利益是人理智行为的尺度，公共利益是个人利益的总和，提倡机会均等与社会达尔文主义。第二次世界大战前夕，新自由主义代替了古典自由主义，它否定自由竞争原则，主张国家应干预经济，确保个人有发挥才能的机会。第二次世界大战之后，新自由主义立场有所改变，缓和了对政治制度的批判，否认冲突是社会进步的动力，对美国当前社会持赞成态度。在整个新自由主义发展的过程中，罗尔斯的思想可以说是一个典型。

约翰·罗尔斯自认为提供了一种定义的理论，所以他汇集了其十多年所撰写的文章，定名为《正义论》。罗尔斯说，他提供了一种可选择的系统叙述正义，比传统的占统治地位的功用主义要更胜一筹。他的正义论内容广博，包括诸如公平分配、教育机会平等、政治义务等内容，因而引起广泛的反响。他认为人是生而平等的，每个人都具有基于正义的不可侵犯性。正义不允许为了使多数人享受利益而强迫少数人忍痛牺牲。作为一个联合体，应使全体成员幸福，利益一致。互相合作比独自谋生更好。联合体的成员都希望多分到一些，所以要有分配原则，要执行一种有效的正义。

罗尔斯的正义论基本原则是，在一个良好的社会中，正义原则须对人人有效，大家都乐于接受，而各种基本的社会制度要普遍地满足这些原则。人虽然都有自私心理，但因为有了一个共同的原则，各人的自私心就会有所收敛，于是便培养了大家的公共正义感。这种公共的正义概念，就是人类联合体的宪法。

在善的概念方面，罗尔斯的阐释几乎和詹姆士的阐释一样。詹姆士认为，人们之所以追求善，是因为追求它是合算的。罗尔斯在他的《正义论》中认为，人的自身价值的自尊与自信都是善。把善用于人生计划，人生计划首先应是合理的（合算的）。一个人有很多计划，在特定环境下，必有一项计划与合理的选择原则相一致。此外，人的目的是合理的，正是合理的计划鼓励并提出这些目的。可见，善与合理性是一致的，善就是合理性，而合理性是指采用有效手段来达到目的。

罗尔斯这种混合了实用主义思想的正义论在美国受到广泛欢迎，尽管也有各种指责与批评，但是在资本主义的环境下提出这种理论，还是有一定进步意义的。

保守主义是和自由主义相对立的一种社会哲学。美国保守主义从渊源来讲，来自英国的伯克思想，和新教主义的目的论有关。主要是把社会看作一个固定不变的完整体系。它认为用革命手段来破坏人类精神是没有意义的。古典保守主义者认为，所谓自由，不过是服从最高法律，民主是对人类生存的威胁，所以恢复原罪是拯救人类文明的条件。美国保守主义与实用主义的功利原则及物质利益原则是密切相关的。第二次世界大战后，保守势力加强，当代美国保守主义者最出名的代表是贝尔。他作为一名社会与政治哲学家，认为美国是世界上把变革与创新纳入新文化的第一个大型社会，美国的主导思想是要创造一个崭新的社会，发展经济，提高人民生活水平，过上富裕的生活。正是这种信奉变革的思想，使得美国社会与欧洲社会大不相同。

贝尔特别欣赏杰斐逊的名言，"今天是属于活着的人们的"。所以，他以实用主义的精神提出了一幅改造美国的蓝图——后工业社会。他认为美国只要通过机能的转变及职务和财产的分离，资本主义便会从死亡中新生。他提出，正在形成的新社会中，主要阶级首先是专业人员，这个阶级是建立在知识基础上。社会管理制度不是掌握在作为接班人的专业人员手里，而是包含在政治制度中。贝尔还提出了后工业化社会的模式，也就是美国模式。

美国保守主义者除贝尔外，还有利普塞特、兰德等。利普塞特反对外来的社会主义，认为美国能够获得自己内部的社会主义。兰德否定以往学者如康德、黑格尔、尼采、边沁等人的学说，提倡他的利己哲学。

在美国的激进主义者中，不少人都直接受到过实用主义的影响。例如，米尔斯早年就深受实用主义的影响，他曾写过《社会学与实用主义》，该书于1966年出版，这本著作明显地表现出他的实用主义思想。米尔斯的思想中有一定的进步因素，他抨击了美国统治集团的上层，认为他们独揽大权，而中下层没有权力，遭到压迫。他的理论对具有革命情绪的青年一代有较大影响，追随他的年轻人曾经提出过反对现存制度的口号，把他视为新"左"派运动的思想先驱。

作为激进主义者的马尔库塞，是一个思想很复杂的美籍德裔哲学家。他接受过海德格尔、马克思的影响，到美国后又受到了实用主义的影响。在他看来，美国哲学中的"实用主义"这个词，比希腊的"实用"（实践、实效）这个词的含义广泛得多。它意味着理论服从于实践，思维服从于效用。

马尔库塞认为苏格拉底、洛克、贝克莱、休谟都是实用主义的精神祖先，霍布士是实用主义的真正祖先，尼采是德国的最大实用主义者。从理论上来讲，马尔库塞并不赞成实用主义，认为实用主义是缺乏热情的，但是他又认为，实用主义是"美国反封建的民主哲学"。

马尔库塞在研究当代美国社会政治时，运用了实用主义原则，他尽力宣传并提倡弗洛伊德式的马克思主义就是一例。他认为，马克思只注意到社会经济问题，但忽视了心理研究，所以弗洛伊德对人的研究正好作为马克思学说的补充。他是从真理的有用性这个角度出发的，马克思的社会经济理论及弗洛伊德的心理学理论是有用的，所以要把两者结合起来。

在马尔库塞看来，马克思的学说对古典的经济做了概括。但是从20世纪30年代开始，资本主义的美国有了变化，进入发达的工业社会，正如贝尔所说，进入了后工业社会。因此马克思主义所提出的关于资本主义过渡到社会主义的两个预言遇到了挑战。这两个预言是：

第一，随着资本主义生产的发展，资本主义经济日趋崩溃；

第二，随着资本主义生产的发展及资本主义的日趋崩溃，工人阶级的政治意识将日益加强，无产阶级的革命也日趋高涨。

马尔库塞认为，历史的发展证明，第一个预言的理论是正确的，但第二个预言的理论被否定了。他认为，之所以会出现这种问题，是因为马克思忽略了对人的研究。事实上在发达的工业社会中，由于实行高效生产、高消费政策，统治者对工人阶级的压制不再是经济的了，而转向人的心理。

人们一方面受到外部压力的压制，另一方面受到心理上的压制。心理上的消沉可能会导致人失去批判精神。他认为人的本质是本能的冲动，其核心是爱欲的冲突。幸福人的实质就是自由，所以不应批判资本主义的经济制度，而应当批判社会文明和技术理性对个人爱欲的压制。人类文化和科学技术本来就是与个人的自由与幸福相对立的，科学技术越进步，个人的爱欲与本性所受的压制也就越深。马尔库塞的这种见解与杜威的说法极为相似。

马尔库塞在他的《单面人》一书中认为，目前的美国社会对人的控制已达到无法反抗的程度，个人已被现代技术吞没了，大规模的生产与分配使人们不再去考虑怎么做，而是直接去模仿。所以，科学技术水平的提高带来了物质文明的发展，使无产阶级从资本主义体系之外进入资本主义体系，其否定作用消失，成为肯定性力量，维护资本主义制度。马尔库塞就是从实用主义观点出发得出这个结论的。在他看来，美国的工人阶级都是唯利主义者，毫无政治眼光，"既然在现存制度内，工人阶级能够丰衣足食，并在获得自己的住宅、汽车、电视机等方面有了保证，那它怎么会感到有必要进行革命呢？"① 因此，美国的工人阶级被同化到资本主义制度的体系中去了。

胡克的社会政治哲学可谓社会政治实用主义。胡克是杜威的学生，是实用主义末期的重要代表人物。年轻时他曾到莫斯科的马克思恩格斯学院学习过。几十年来，风风雨雨，哲学界对胡克的评价褒贬不一。美国一些学者认为胡克所写的《从马克思到黑格尔》是美国人研究马克思的一流著作。而在苏联，他却被视为共产主义的叛徒，为帝国主义内外侵略政策直接辩护。当然，这两种评价都太绝对化了。

胡克的博士论文《实用主义的形而上学》（1927），反映了他早期的实用主义思想。杜威为胡克博士论文的出版做了序，说胡克的论点已远远超越其在考虑实用主义时所常常出现的争论水平。胡克在这部书的封里谢词中说，他之所以能完成此作，主要应感谢三位老师，柯亨教授培养了他的

---

① 〔美〕马尔库塞：《当前革命斗争的问题》，转引自涂纪亮《美国哲学史》（第三卷），河北教育出版社，2000，第462~465页。

自觉性；杜威教授帮他建立了论点；伍德布里奇教授培养了他的观察力。

胡克在这篇论文的引论中说："鉴于有许多名称和多种趋向同实用主义联系着……这里所要讲的实用主义既不是席勒的个人的和安慰性的实用主义，也不是詹姆士的神秘的和唯名论的实用主义，而自始至终是皮尔士和杜威的社会的和科学的实用主义。"

所谓社会的与科学的实用主义，就是指他的实用主义社会政治哲学。按照他的说法，他的实用主义就是实用主义化，而实用主义仅仅是工具主义和实验主义。这三个名词可以看作同义语。

在胡克心目中，实用主义是思想史中的伟大哲学主题，柏格森曾经论述过"劳动的人"三大特点，首先，人是制作记号的动物；其次，人是使用工具的动物；再次，人是"有脑子"的动物。无疑，这三点与实践很有联系，正可以作为实用主义的出发点。他认为，实用主义伟大生命力之源泉是人类思维的创造能力。

胡克在去到莫斯科马克思恩格斯学院之前是一个工具论者。在马克思恩格斯学院学习期间，他大量地阅读了经典著作，对马克思主义有一定的研究。回到美国之后，他便着手用实用主义方法来研究马克思主义，甚至认为实用主义在某些方面超出了马克思主义。比如说，他认为杜威的哲学比马克思主义哲学更加自由与民主。

在美国，马克思主义受到不公正的待遇，胡克看到了这一点，他说，美国人往往还没有读到马克思的著作，就谴责马克思。1955 年，胡克在《马克思和马克思主义者》一书中，对马克思进行了实用主义的全面评价。

胡克认为马克思是一位革命活动家，一位不屈的雄辩家，但是马克思从事写作的时候，正是人们还没有把精确当作重大优点的时候，正是科学法则的统计学和概率论的概念刚产生不久的时候，也正是社会科学正自以为是地根据当时的物理学塑造自己的时候。因此，胡克认为，马克思的全部基本公式几乎是不明确的。

在胡克看来，马克思的根本错误在于他把在资本主义社会中所观察到的东西无批判地用外推法推及一切阶级社会，他忽视政治的、民族的和道德的力量对于作为一种经济制度的资本主义的发展所发生的巨大影响。胡克还认为，马克思大大低估了资本主义克服它本身的周期性危机的再生力量。在《理性、社会神话与民主》一书中，胡克认为，实际上马克思主义理论是不能加以证实的，只不过表现出一种理论的纯朴完整性。他企图用实用主义代替马克思主义。

胡克认为，20世纪人类文化受到了爱因斯坦、马克思及弗洛伊德三位巨匠的影响，爱因斯坦思想的成果使最无教养的人也相信杜威所说的一句话：思想是世界上最有用的东西，即真理；弗洛伊德引起了一场革命，弗洛伊德的词汇，今天大部分已成为西方人们的普通语言了。

胡克在《精神分析、科学方法与哲学》一书中认为核能的释放已使人类和社会的存在受到威胁，这是马克思社会学说所推导出的社会历史的结果，是马克思主义对自由世界提出的最可怕的挑战。如果十月革命不曾发生过，20世纪的人类社会历史将会大不一样。无疑，胡克不得不承认马克思主义对人类的影响。

胡克在批判马克思主义的同时，也批判了资本主义。但他的目的是使资本主义社会成为福利、友爱、和平、富裕和自由的社会。他认为马克思主义已经破产、崩溃与堕落。他认为美国的民主应该从杜威的哲学中设取营养。

胡克对马克思主义进行了全面而系统地攻击，在实践中造成了恶劣的影响，但他从实用主义方面向马克思主义提出来的种种挑战，又都是具有理论性的，不可轻视和低估，需要我们根据新的情况做出新的回答。

胡克临终前（已80高龄），再回首面对现实，他发现马克思主义不仅没有崩溃，而且有更大的发展，他写出了《马克思第二次降世》，感叹这是无法理解的奇迹。

第六节　新实用主义与后现代主义

一　奎因、罗蒂、普特南、布兰顿的新实用主义

正如中国有儒学和新儒学一样，美国也有古典实用主义和新实用主义。

美国古典实用主义者是皮尔士、詹姆士、杜威；新实用主义者是奎因、罗蒂、普特南、布兰顿、伯恩斯坦、戴维森等人。新实用主义是怎样产生的？它们的主要思想是什么？新实用主义与古典实用主义的关系是怎样的呢？

古典实用主义产生于 19 世纪 70 年代，繁荣于 20 世纪，成为美国国家哲学、美国精神和核心价值。20 世纪 60 年代后分析哲学实用主义化和新实用主义崛起，产生了逻辑实用主义，说明新实用主义是由分析哲学又回归实用主义的产物。美国新实用主义者奎因、罗蒂、普特南、布兰顿等人发表了许多研究成果，引起了世界关注。其中最有影响的是新实用主义三大家：罗蒂的语言实用主义、普特南的自然实用主义和布兰顿的分析实用主义。新实用主义是在古典实用主义与分析哲学的结合中产生发展的。

奎因是著名哲学家、逻辑学家、新实用主义创始人。在 20 世纪 50 年代以后美国分析哲学和实用主义的结合中，他起着关键性的作用。在大学期间，他是刘易斯的门生，深受布里奇曼、刘易斯、莫里斯的影响，其后，他与维也纳学派密切接触，与卡尔纳普长期交往，又深受罗素、卡尔纳普的影响。可以说他主要是在分析哲学的传统中成长起来的。20 世纪 40 年代末，他转过来猛烈批判逻辑实证主义的"两个奴隶"等传统观点。他的挑战在英美分析哲学家中间产生了巨大反响，引起了一场持续十多年的论战，动摇了逻辑实证主义的基础。不过，他没有完全背离分析哲学的立场，而是努力把分析哲学实用主义化，提出了本体论的承诺理论、自然主义认识论、行为主义理论等，有力地促进了分析哲学与实用主义结合，导致了新实用主义的产生，而他也被称为新实用主义的创始人。

罗蒂是著名哲学家，新实用主义的积极推行者。他力图把实用主义与欧洲大陆后现代主义哲学流派相结合，批判传统的"系统哲学""镜像哲学"以及其后的分析哲学，提倡"后哲学文化"。与奎因、普特南一样，他也是在分析哲学氛围中成长起来的，早期受教于卡尔纳普、亨普尔等分析哲学家门下，后来又接受奎因、塞拉斯、戴维森等人的影响，他明确表示他非常赞赏奎因对"两个教条"的批判和塞拉斯对"所与"神话的批判，把奎因、塞拉斯、戴维森等人的哲学观点，看作是他自己的哲学思想的一个重要来源。另一个重要来源就是杜威的实用主义，他对杜威的评价极高，强调把杜威的社会历史观与维特根斯坦和海德格尔两人的后期的哲学观点合为一体，形成一种与传统的"系统哲学"不同的"后哲学文化"。他把杜威、维特根斯坦和海德格尔称为20世纪西方哲学界中三位最伟大的哲学家。

罗蒂对传统哲学持激烈的批判态度。在本体论上，反对传统的再现论、符合论、反映论等观点；反对传统的主客体二元论；反对传统的基础论。在科学观上，反对分析哲学家和那些实用主义者主张的科学主义。所有这些与欧洲后现代主义者的观点基本一致，因此，他也被看作美国后现代主义的代表人物。他有时把自己称作"后尼采主义"，认为尼采主义也是实用主义的一个变种。有的学者研究称，罗蒂是语言实用主义。新实用主义由于有语言派和经验派，罗蒂继承了语言派的衣钵，用社会实践和语言内部的融贯性，解释语言的语义内容，于是，世界被抛弃，语言代替了经验，在此视界下，古典实用主义的经验受到了激烈的质疑和否定。这说明，罗蒂的哲学思想是丰富的，需要我们认真研究它。

普特南是著名哲学家，新实用主义的重要代表人物之一。与奎因不同，普特南明确地承认自己是新实用主义者，并写了许多实用主义论著，如《实用主义》（1955）等，对詹姆士等古典实用主义哲学家给予很高评价。他在老年时期受教于赖欣巴哈，在提出科学实在论时期，受到塞拉斯科学实在论的影响。20世纪60年代，他到哈佛大学任教后，主要接受奎因、古特曼等人的影响。他非常赞赏奎因的观点，特别是奎因对"两个教条"的批判、自然主义认识论、本体论相对性原理、翻译不确定原理，等等，认为奎因的这些观点，促使他后来转到新实用主义这个方向。20世纪80年代后期，他从科学实在论转向内在实在论，这种转变在其《带有一副人面的实在论》（1990）一书中表现得相当明显。在前期，他强调理论对象的客观实在性，强调科学知识的独立性，强调真理趋同论；而在后期，他则转而强调理论对象对人的依赖性，强调科学知识对认识主体、认识工具的依赖性，主张真理的多元论和实用论。后来，他又从内在实在论转向自然实在论，认为科学实在论和内在实在论都未能消除心灵与外部世界之间的"分界面"，为了消除这个"分界面"，他主张不要把心灵理解为一种内在的、与外部世界相对立的特种实体，也不要把外部世界理解为一个处于心灵之外或独立于概念的物质实体，而要把这二者看作是一个相互作用、相互渗透的整体。也就是说，要把心灵与外部世界、主体与客体统一起来。生活就是唯一的实在。这样，普特南就又回到了实用主义的立场。有研究者称，普特南是一位自然实用主义哲学家，他与罗蒂的分歧在于，罗蒂主张用谈论语言取代谈论世界，用融贯性取代客观性，成为新实用主义语言派代表；而普特南则主张通过对"经验"的改造重新召回"世界"，使语言和世界融为一体，成为新实用主义经验派的代表。然而，新实用主义的语言派与经验派，都是在"语言学转向"这一背景下产生的，他们都脱离不开语言这个主题。

布兰顿是罗蒂的学生，新实用主义的重要代表人物。布兰顿的思想是对罗蒂哲学的捍卫和修正，也是对新实用主义的进一步发展。布兰顿哲学一方面试图将融贯论和社会实践有机地结合在一起，这是罗蒂想做而未能做成的事业，因而受到罗蒂的高度赞赏；另一方面试图将融贯论和实在论统一起来，这一立场与普特南相接近，因而又受到罗蒂的反对。关于语言的意义，布兰顿对罗蒂的思路做出了重大改进，他汲取了从康德、黑格尔到维特根斯坦、弗雷格、塞拉斯、戴维森以及达莱特等人的成果，建构起推论语义学，将罗蒂的融贯论路线向前发展了一大步。有研究称，布兰顿是分析实用主义，他从罗蒂的立场出发，以一种精致而又系统的方式，将罗蒂的推论主义和对社会实践的强调推至极致，但同时他又赞成普特南的主张，不愿意放弃世界，试图将语言和世界统一起来。布兰顿的哲学，揭示了新实用主义的最新发展形态，即在语言转向的背景下，世界重新回到哲学家的视域中，分析哲学的实用主义在一个新的角度重新统一起来。

二　后现代主义的产生和基本特征

后现代主义作为当代世界性的文化思潮，不仅强烈震撼了欧美思想理论界，而且引起各国学者的关注，促使人们从不同方面对其进行价值判断。

（一）后现代主义产生的社会文化背景

1. 后现代主义是"后工业社会"的产物

从 20 世纪 60 年代起，西方社会进入了后工业社会。"后工业社会"是一个科技高度发达、大工业生产高效高能、以信息为工业对象、以科技产业为主要职业、文化观念不同于往昔的社会。

第一，后工业社会是一个不协调的复合体。资本主义历时两百多年的发展，已经在经济、政治、文化之间形成了根本性对立和冲突，三个领域之间的价值观念构成的矛盾更加尖锐。经济领域，其全部活动都严格遵照"效益原则"，以获取最大限度的利润为目标，人的丰满个性被压榨成冰冷冷的分工角色，而仅仅在选择就业和社会福利上得到某些补偿。在政治领域，管理方式带有技术官僚倾向，而且伴随着技术性问题的增多，这一趋势日益明显。官僚体制与平等原则之间的紧张关系构成当今社会冲突的格局。在文化领域，其中心原则是自我表现和自我实现，坚持个性化、自由化和反体制化精神，它独立无羁、以个人兴趣为衡量尺度，这样就与经济、政治非人化和类型化模式相反，从而不断发生冲撞。三大领域冲突和机制断裂，就形成了近两百年来西方社会的紧张和冲突。

第二，后工业社会暴露出社会文化矛盾。在后工业社会，文化本身也发生了尖锐矛盾。科技不断推翻陈说，标新立异，高歌猛进，而文化自身的积淀性和扬弃性，完全不同于科技革命性和创新取代性，它不能完全丢掉自己立足其间的历史和传统；技术、经济体系的变革是直线型的，但文化始终有一种回复，即不断转回到人类生存痛苦的老问题上去；现代主义文艺不断翻新，追求刺激，使得人们对其已毫无神圣感可言。总之，艺术家所培育的一种模式——现代主义，同大众文化所表现的种种乏味形式的制度化、市场体系促成的生活方式——享乐主义，三者相互影响，构成了资本主义社会的文化矛盾。

2. 后现代主义是现代主义发展的逻辑必然

后现代的"后"，其意有两重：一是超越和压抑现代主义本身，二是表明时代的线性发展已使现代主义显得过时。后现代主义同现代主义的区别，主要表现于以下几个方面。

第一，后现代主义文化达到空前的扩张。在古典时期，文化被看作高雅的精神活动，成为一种逃避现实世界浸染、确保灵魂纯真的重要载体。到了后现代主义阶段，文化已经完全大众化，高雅文化和通俗文化、纯文学与俗文学的界限基本消失。艺术作品成为商品，商品化的逻辑浸润人们的思维，也弥散到文化中了。至此，文化已从过去那种特定的"文化圈层"中扩展出来，打破了艺术与生活的界限，彻底进入人们的日常生活中，并成为众多消费品中的一类。

第二，语言和表达的扭曲。后现代人已不同于现代人，其原因是他赖以立身处世的语言发生了重大变化。在不断大众化的现代社会，语言被报纸杂志、商业语汇和工业化语言等一大堆语言垃圾所充斥，使得日常语言贬值，传统语言丧失生机活力。现代艺术家意识到自己并不真实地存在，因为已不可能用格式化语言来表达任何属于自己的感情，自己在思维、在创作、在表达，其实只不过在模仿那些早已被我们接受了的思想和语言，致使艺术表现出前所未有的危机。其结果表现在艺术家那里，则是昔日那种写出"真理""终极意义"的冲动，退化为今日的"无言"。

第三，后现代理论不再宣布发现真理是自己的天职和使命。在传统资本主义社会，其权威方式表现为"内在引导"。这个社会出现了一种新人（实业家），他们体现了新的伦理、新的目的和动力（赚钱与创新），从而产生个人主义和对自我内在权威的膜拜。他们从自身内在权威出发，只按自己的意志办事，相信自己的正确性，办事符合自己的标准即为正确。这个社会的唯一标准是"成功"，成功成为人获得拯救的标志。在后现代社会，随着电脑和信息的广泛使用，传播媒介的不断进步，社会越来越趋于整一性。其权威方式表现为"他人引导"，即你不能与别人有任何差别，只要存在差异，你将难以在一个群体中与他人和谐相处。在这种状况下，理论不再提供权威和标准，不再讨论什么真理、价值之类的话题，而是在一种"语境"中，谈论语言效果。从现代主义到后现代主义这一发展轨迹中，反映出西方文化流向的新变化，也标示出后现代主义对现代主义的"反动"和继承的逻辑必然性。可以说，后现代主义思潮孕育于现代主义的母胎中，并在"二战"后与母胎分离，成为一种毁誉交加的文化幽灵，徘徊在整个西方文化领域。

（二）后现代主义理论的基本特征

后现代主义作为当代文化思潮，是一种完全不同于传统观念的思维方式，在哲学、心理学、法学、美学、教育学等各个领域，都可以看到它的足迹。具体特征主要体现在以下几个方面。

1. "无镜式"的对话启迪是后现代主义理论的文化品格

过去，在理性的明晰要求下，心灵被认为是反映实在的镜子，而知识则被看作这种反映的精确化和系统化，哲学也因此成为对获得知识的方法所进行的研究、检验、修补和揩净镜子的活动，即知识是由于一种特殊的镜式本质而确立的，而镜式本质使人类能够反映自然。罗蒂认为，心灵并非平面单纯地反映自然现实，相反，如莎士比亚所说，心灵犹如一面中了魔法的镜子，满布着迷信和欺骗。而真正的哲学是"无镜的哲学"，是由对传统知识扬弃而出现的新解释学，是人类在对话中达到理解并增进共识的哲学。与传统哲学不同，后哲学放弃了对同一性、确定性的追求，而追求差异性和不确定性，使哲学不断进入文学、历史、人类学、政治学各文化领域。后哲学研究成为一种"文化批评"，哲学家变成了"文化批评家"。这类后现代"文化批评家"，从不打算提供解决一切问题的金钥匙，甚至也不可能在精确的论证和命题之间达成一致，他只是自然地宽容地看待事实、标准和争端。任何标准都不具有先验绝对性，任何结论都不可能一劳永逸地获得。后哲学文化打碎了千年形而上学的梦幻，从绝对理念、先验设定、终极价值走向了具体历史、个体经验、理解阐释。追求不确定性、可能性、价值多样性和真理的解释性，成为后哲学理论的文化品格。

2. 非中心性、无主导性是后现代主义的理论之境

综观西方哲学文化全景，西方思想家梦寐以求的是一套去差异求同一的整体性观念，而哲学就是这种把握变化之中不变者，辨析流动之中恒定者的思维方式。无论是古希腊的"爱智"，还是中世纪的宗教论辩，近代的形而上学，都围绕着这一轴心推演各自的谱系。然而现代哲学认为，今天，作为对科学、道德、艺术或宗教所提出的永恒性问题或认识问题的仲裁者的哲学已经终结。在新解释学与解构学声势夺人的今天，再认为存在一门只关心具有根据性问题的超级科学已值得怀疑；再抱持在人类生活的思想和艺术实践中存在着一种"第一原理"的看法，已显得陈旧过时；再固守着独立于历史和社会发展之外的"永恒不变的哲学问题"，似乎就有些冥顽

不化了。罗蒂坚持说，当务之急是转换视界，摒弃西方特有的那种万事万物归结为第一原理，或在人类、科学、政治、诗歌、哲学活动中寻求一种自然等级秩序的虚妄，走向与非历史的永恒模式相反的历史主义文化思考，并逐渐达到"后哲学文化"之境，即打破传统形而上学中心性、整体性，倡导非中心性、无主导性的哲学。

3. 反体系性、不确定性、内在性构成后现代理论的鲜明特征

反体系即反对任何人为设定的理论前提和推论，否定人能达到对事物总体本质即"总体同一性"的认识。在后现代主义看来，任何体系所赖以建成的一切概念都是与对象非同一性的，是人为虚假设定的。人因其有限性而不能超越自身去把握宇宙规律和世界整体，甚至不可能把握到生生灭灭、不断否定着的事物矛盾总体。人们所把握到的只不过是事物的假象。同时，个体经验和人们的生活永远是个别的、杂乱的、不协调的、否定的。因此，后现代主义批判一切建立总体认识和理论体系的企图，倡言改变传统哲学的思维定式，摆脱对概念的崇拜，而在言说中揭示"不可言说的"非概念性事物。为了充分地表达矛盾性（非同一性），力求采用逆向思维的、否定的、矛盾的方式表述，甚至使语言模棱两可，充满悖论，以逃避明晰性和体系规范性。这种反体系的结果，使后现代主义放弃了对终极真理的追求，而重视现实图景的表象和枝节，扬弃了指向中心性的交流和共识，从而走向差异和谬误，使言说的意义陷入莫衷一是之中。

不确定性这一范畴具有多重衍生性含义，诸如模糊性、间断性、异端、多元论、散漫性、反叛、曲解、变形等。正是不确定性揭示出后现代精神的品格。这是一种对一切秩序和构成的消解，它永远处在一种动荡的否定和怀疑之中。这强大的自毁欲影响着政治实体、认识实体以及个体精神——西方整个权力。与不确定性相联系的是"内在性"。这意味着后现代主义不再具有超越性，它不再对精神、价值、真理、美善之类的超越价值感兴趣，相反，它更注重对主体、环境、现实、创造的内在适应。马克思所说的哲学不在于解释世界，而在于改造世界的命题，在后现代主义那里已转换成："哲学不在于解释或改造世界，而在于内在地适应这个不确定的世界"。

后现代理论特征的核心是抗击理性，返回并沉湎于某种形式的前理性的自发中。其目的是通过对人的感觉方式革命，而对社会结构本身加以改革，以反文化的激进方式，使人对旧事物一律厌倦，而达到文化革命的目的。因此，后现代主义是一种以反文化为其内容的新文化，对传统文化而言具有特殊的历史内涵，它既是终结，又是开端。实际上反文化也被证明是银样镴枪头，它主要是一场青年运动的产物，试图把自由主义者的生活方式加以改造，推出一个现时逐愿、夸耀炫示的世界。

三　后现代主义的思维方式和哲学观

美国杜克大学弗·杰姆逊教授在其《后现代主义与文化理论》的演讲录中，把资本主义分为三个阶段，即早期资本主义时期、帝国主义垄断资本主义时期、晚期资本主义时期，与这三个时期相对应的有现实主义、现代主义和后现代主义三种文化理论，突出了后现代主义思潮是晚期资本主义、后工业化资本主义、多国资本主义时期的产物。这是从时代性上对后现代主义思潮的一种界定，说明了后现代主义是 20 世纪 60 年代后的一种文化思潮。

但是，许多西方后现代主义者，例如美国的伊哈布·哈桑，不同意这种看法。他们把"后现代"不是理解为现代之后，不是理解为时代化意义上的一个历史时期，而是理解为一种思维方式。这种思维方式是在对笛卡尔、康德、黑格尔和逻辑经验主义等近现代西方哲学思维方式进行批判的基础上产生的，它包括反基础主义、反视觉中心主义、反人道主义、解构主义、后现代解释学、非理性主义、认识论的无政府主义、非哲学等思潮，它具有强调否定性、非中心化、破碎性、反正统性、不确定性、非连续性和多元论等特征。后现代主义可以分为文学艺术上的后现代主义、社会文化上的后现代主义。作为哲学上的后现代主义即后现代哲学，其先驱是尼采、巴塔耶、海德格尔，其主要代表人物是利奥塔、德利兹、拉康、博德里拉、列维邓、福柯、费耶阿本德、德里达、罗蒂、瓦提莫等，他们提出了新的哲学观、新的思维方式。研究后现代哲学观和新思维方式，对于理解和把握现代西方哲学的走向，发展我们的哲学，具有重要的意义。

(一) 科学主义思潮——分析哲学

20 世纪上半叶，西方哲学出现了分析哲学运动，这基本上是一股科学主义思潮。它的矛头主要是针对西方传统哲学的，特别是针对黑格尔的绝对观念、思辨唯心主义、总体主义和逻各斯中心主义的。通过对语言的分析来澄清和取消传统的哲学问题，通过对自然科学的逻辑分析建立新知识论，其方法都是分析的。这里的分析，既有对客观对象、事件的分析，又有对语言逻辑形式的分析。语言哲学以语言（人工语言和日常语言）为对象研究能指与所指、说者与听者、语言与思维、语言与实在、语言与行为、语言与真理、语言场等问题，形成了语音、语形、语义、语用等人工语言和日常语言学派。科学哲学以科学为对象，研究什么是科学、科学划界、科学结构、科学发展的动态模式、科学的目的和社会功能等问题，形成了科学哲学的逻辑主义和历史主义学派。语言哲学，从弗莱格、罗素开始，把哲学研究的对象，从认识论研究主体心理状态（感性、知性、理性）转向了对公共的、客观知识的研究，从对观念的研究转向了对语言的研究，从对精神领域的研究转向了对业已存在的客观知识的逻辑结构和形式的研究，特别是对意义的研究，开创了语言哲学的时代。所以弗莱格和罗素强调逻辑是哲学的本质；维特根斯坦则更强调全部哲学就是语言批判；卡尔纳普认为哲学是科学的逻辑学，哲学的功能就是进行逻辑分析。日常语言学派赖尔把哲学称为逻辑行为主义；威斯顿姆把哲学定义为某种形式的语言分析。科学哲学，从实证主义、马赫主义、逻辑经验主义、奎因的逻辑实用主义、波普的批判理性主义，一直到科学哲学中的历史主义和科学实在论，出现了逻辑主义与历史主义的对立。这一对立反映了它们的哲学观与思维方式上的巨大变化。从研究对象上说，逻辑主义以各门具体科学知识作为研究的对象；而历史主义则强调把科学史实作为研究的对象。在研究目标上，逻辑主义力图建立一种科学的哲学以代替传统的不科学的哲学。例如，实证主义就主张建立一种科学哲学，即把哲学建立在确实、可靠、精确、肯定、积极、有用的基础上，反对传统哲学的抽象、思辨、绝对、二元论和形而上学，认为传统哲学是不科学的，哲学应当是总结各门科学知识的学问；而历史主义则主张建立一种有关科学的哲学，即建立一种与科学史实相结合的各门自然科学中哲学问题的哲学。从研究方法上说,逻辑主义主张用逻辑分析、语言分析和方法分析对科学进行理想的重建,进行横向静态的分析研究,注重理性在科学中的地位和作用,把科学看作一项理性的事业;而历史主义则主张运用历史考察和案例分析的方法,对科学进行纵向动态的分析研究,力图发现非理性在科学发展中的地位和作用,并把科学看作一项非理性的事业。在认识论上,逻辑主义强调人的认识(理性)的绝对性、不变性和科学知识的累积性;历史主义则强调人的认识(理性)的相对性、变动性和科学知识的突变性和革命性,强调不同的"知觉印象",反对基础主义、反对视觉主义、反对表象论。在方法论上,逻辑主义强调经验证实和证伪,强调逻辑分析和语言分析方法;而历史主义则主张方法论的多元化,"什么都行",其中包括选择的方法、历史回复的方法、非理性的方法等。

在哲学观上,实证主义认为哲学是研究经验事实和科学方法的理论,哲学的功能是在各种不同现象领域中进行探索的工具,哲学是自然科学知识的概括和总结,是最高层次的思想理论体系;马赫主义认为,哲学是科学方法论,是最新的自然科学实证主义,哲学研究的对象是感觉经验要素,哲学作为科学认识论不是研究认识如何反映实在,而是为了实践的目的描写符号、记号以及它们之间的关系,哲学的根本任务就是调节这种关系的原则;逻辑经验主义从逻辑是哲学的本质出发,主张建立严格的科学与非科学划界;而历史主义则从科学与非科学划界不清出发,反对建立严格的哲学科学体系。这样,对哲学的看法就发生了重大变化。从把哲学看作科学理论,到认为哲学不是理论而是活动,再到认为哲学是对话,是一种文化,反映了哲学观念之变迁。

科学主义哲学思潮的演变,使科学主义与人本主义的张力越来越小,促进了科学理性和科学非理性、分析与综合、科学主义与人文精神的统一,从而也就使哲学的形象和思维方式发生了变化,哲学不仅是理论,而且是活动,哲学不仅是对话,而且是不同范式之间的对话。过去分析哲学、科学主义哲学思潮被学术的高墙所阻隔,成为学院式的、高层次的科学哲学家所垄断的哲学,现在也要从哲学家的课堂和书斋中解放出来,变为大众分析哲学运动。

后现代哲学，表现出对现代西方哲学科学主义思潮的反叛，它拒绝对科学的明晰性和确定性要求，而追求不确定性、模糊性、破碎性、非正统性和内在性（反超验性），从而形成了与现代西方哲学不同的思维方式和哲学观。

（二）人本主义思潮——现象学和存在主义

20 世纪上半叶，西方哲学出现了现象学运动和存在主义运动，这基本是一股人本主义思潮。它的主要矛头是指向西方传统哲学特别是黑格尔哲学的。现象学大师胡塞尔继承了欧洲大陆特别是德国古典哲学的传统，坚持认为哲学是理性的、普遍的科学，但是他又反对传统哲学的形而上学和二元论。现象学从一个方面说，就是研究现象界，而不研究现象界背后的本质，即物自体界。康德把客观世界划分为现象和物自体，认为认识主体只能认识现象而不能认识物自体。叔本华依此出发，说世界是我的表象，同时又是我的意志。"这世界的一面自始至终是表象，因为另一面自始至终是意志。"现象的世界是相对于主体的世界，自在之物的世界是意志的世界，然而，它们又都统一于人的意志。科学理性认识的对象是意志世界，认识人生存在、领悟人生存在的意义和价值，必须依赖于非科学非理性的直觉。尼采比叔本华更彻底，他把意志世界从物自体还原为现象世界，鲜明地拒斥形而上学。现象世界成了相对于主体的世界，成了主体加工改造过的世界。在尼采哲学中，人的问题成了首要问题，哲学也主要成了伦理意义上的实践哲学。尼采高举非理性主义的大旗，与传统哲学的理性主义彻底决裂。柏格森提出了与科学主义和理性主义相悖的新见解，更高地举起了非理性主义的旗帜。他反对从空间观念上看世界，而主张从时间观念上看世界。他把时间分为科学的时间和真正的时间，认为真正的时间，是生命的本质。哲学不是具体科学的综合。哲学要认识真正的时间，就必须从生命开始，从时间中把握生命。他的生命哲学就是处在真正时间里的自我的绵延，纯粹自我的创造。

现象学从另一方面来说，是一种非经验的、非心理的，不以任何假设的本质为前提的达到必真的真理的方法。这种方法，具体表现为本质还原方法、目的论历史解释方法。本质还原或本质直觉的方法，是在现象学"中止判断"框架中进行的拒斥形而上学、把目光集中到直接显现的方面，即纯粹现象方面的一种方法，也可以说是一种以获得非经验的、无预先假定的本质和本质规律为目标的认识方法。胡塞尔说"每一种原初的给予的直观是认识正当的源泉，一切在直觉中原初地（在某种程度上可以说，在活生生的呈现中）提供给我们的东西，都应干脆地接受为自身呈现的东西，而这仅仅是就它自身呈现的范围而言的。"这就是说，我们面对的事物本身，不是什么物理事物，而是直接给予的"纯粹现象"。现象就是本质，不能到现象之外、现象之后去寻找什么隐蔽的本质。现象与本质同一，现象就是本质，本质就是事物向我们呈现出来的有关它是什么的方面。在这里，胡塞尔不仅拒斥了传统的本体论，而且提出了现象就是本质的新见解。先验还原法是解决形而上学问题的，也可以说是解决存在的问题，即有关存在本身的最一般规定的问题的。胡塞尔意向性理论认为，世界的本原是先验主体，世界是由先验主体构成的。纯粹自我有一个意向性活动的对象。纯粹自我是意向性活动的执行者，意向性指向意向性活动和意向性活动的对象。这样，在意向性结构中就提出了纯粹自我意向性的自明性，是纯粹自我的意向性活动照亮了纯粹现象的意向性活动的对象。因此，意向性理论就把传统哲学关于世界自在地、客观地存在的观点还原为世界是关于先验的主体而存在的观点。目的论的历史解释方法，既是对本质还原和先验还原方法的补充，又是胡塞尔从意识现象学向社会现象学过渡，理解在"生活世界"中显现出来的人生意义和人类根本任务的解释学。胡塞尔的解释学，包括解释者、被解释者和被解释的作品，他赋予解释者以特殊含义，认为只有那些受过伟大的哲学传统的熏陶、坚信普遍知识的可能性、敢为追求真理而献身的人，才真正有资格成为解释者；被解释者包括哲学史学家，被解释的作品包括整个哲学史。胡塞尔认为，当人们解释历史时，必然遇到解释学循环问题，解释学循环不同于逻辑上的循环论证，它不是在同一系或同一层次上循环，而是由理解的低层次向理解的高层次、从表面的历史事实深入它的内在意义和目的中。在这里，解释是以跟历史对话的方式进行的。在对话中必须注意说话方式，要避免科学的专门化的说话方式，而要采用朴素的生活世界的说话方式。胡塞尔认为有三个世界：一是科学和哲学的理念世界，二是实践活动的生活世界，三是纯粹自我和纯粹意识的世界。第一世界产生于第二世界，第三世界必须显现为第二世界，所以实际上只有一个实践活动的生活世界。在科学和哲学产生之前和之后，都存在一个生活世界。生活世界是唯一真实的世界，对生活世界的描述、谈话方式可以有多种多样，揭开科学与哲学给予生活世界的"理念外衣"，就可以还原为生活世界。胡塞尔认为，自然科学的理论和实践活动，虽然至今仍然是人类生活世界的一个必不可少的组成部分，但它的副作用却造成了物理主义和客观主义。在这种副作用的影响下，人们只看到客体的一面，却看不到主体的一面，主客体的分裂，使人生的意义、价值问题遭到忽视，失掉了对人生的终极关怀。因此，胡塞尔认为，必须以他的先验的主观主义代替物理主义和客观主义，遏制科学理性思潮的膨胀和泛滥，弘扬人文精神。

胡塞尔的现象学，反对经验主义，重视形而上学，重视意识分析和研究生活世界，关心人生意义、价值、人类历史目的等问题，既与实证主义、逻辑经验主义和科学主义哲学思潮相悖，又为存在主义的产生和发展提供了思想理论基础。海德格尔的《存在与时间》、萨特的《存在与虚无》、海格·庞蒂的《知觉现象学》，都与胡塞尔现象学有关系。尽管胡塞尔说哲学的根本任务是理性地认识人生和世界，但在实际上他却表现出了强烈的非理性主义倾向。

存在主义是一个从揭示人的本真存在的意义出发来揭示存在以及个人与世界关系的哲学流派。克尔凯郭尔首先揭露了黑格尔把思维绝对化并企图按照逻辑的规律由理性推演出整个世界的错误，主张从孤独的个人存在出发，研究人的非理性的精神活动。他认为，人是由灵魂、肉体和精神自我三部分构成的。传统哲学只注意到了人的灵魂与肉体，而忽视了人的精神，即人的情感和意志。所以，他把孤独的个人存在（生存）作为哲学的出发点。孤独的个人是一种非理性的存在，每个人都有独特的个性。也可以说你有你的世界，我有我的世界，它包含着痛苦、热情、需要、情欲、模棱两可、双关、暧昧不明、悖谬、动摇等情感。这一切情感只能依靠每一个人内在的心理体验才能领会到，既不能用语言来表达，也无法为逻辑所确证，还无法为理性所把握。他认为，哲学就是以这种孤独的个人存在为出发点的，因而就应当把对孤独的个人存在的情感的描述和揭示作为哲学的主要内容。

海德格尔早期哲学着重于对个人生存状态的揭示。他以烦着、畏着并面向死亡的个人存在作为哲学的出发点，用现象学的方法建立了以基本本体论为核心的哲学。他的晚期哲学则把本体论与语言学融合起来。语言被当作"在"的家，而个人的存在成了"在"的看守者，突出了真理问题和语言问题。海德格尔认为，传统哲学在没有了解存在物究竟怎样"在"之前，就肯定了它们的"在"，并把"在"当成现成已有的、具有规定性的东西，当作"在者"。这实际上是以对"在者"的研究代替了对"在"本身的研究。海德格尔把"在"理解为存在物的显现、在场，把"在者"理解为现成已有的存在物，强调"在总是在者的在"，"在"的本质仅仅在于它的"在起来"这一事实。然而如何说明"在起来"这一事实呢？海德格尔认为，只有个人的存在才能揭示"在者的在"的意义。而人作为这种"在者的在"的追问者发问者，就是"此在"。"此在"作为人的存在（生存），他具有存在者状态上的优先地位和本体论上的优先地位，它是打开通向一切"在者的在"的门户。"此在"的存在状态是"在世"，即在世界之中。"此在"与世界同在不是一种空间关系，而是一种时间关系，因而"此在"与世界浑然一体。这样，就批判了传统哲学的主客观二元论。"此在"，即人的存在（生存）的基本结构是烦，烦分为两种：烦心和麻烦。烦心是指"此在"与他物的关系状态，麻烦是指"此在"与他人的关系状态。烦是一个动态过程，它先行于自身的在、已经在世界中的在，依附于世界中的在者的在三个环节而构成，表现为一种将来、过去、现在的时间性。时间与"此在"共存亡，并指向将来。"此在"永远不会固定在某一个点上，而总是不断地超越自己，不断策划、设计、选择自己。人作为可能性的存在，既可成为本真的存在，也可成为非本真的存在。人的沉沦和异化，就会导致失去本真的存在。人要摆脱沉沦和异化，就会面对烦的展开状态——畏。畏与怕不同，它不指向某种确定的"在者"。畏是大怕，怕到什么也不怕，达到无所畏、大无畏的程度，以至无所畏惧、视死如归。个人的存在一旦面对死，达到"本真的为死""先行到死中去"就能领悟生，领悟"此在的本真的在"。同时，也就可以把一切烦看成是过眼烟云，从而彻底摆脱沉沦和被异化的困境。海德格尔反对传统哲学中主客分离的二元论哲学，研究"在者"是如何"在"出来的，研究真理是如何产生的。他的后期哲学强调哲学的出发点是"在"而不是人，强调"此在"的思维与"此在"的"在"是同一的。语言就是思中的"在"，把思中的"在"说出来。

由于海德格尔把思维和语言看作"此在"，把"在者"的"在"显现出来，所以语言就成了对"在"的直接呈现，语言成了"在"的家，而"此在"却成了"在"的看守者。海德格尔认为传统哲学的主要错误，就在于不是把思维和语言当作"在"的呈现，而当作知识和工具，从而把哲学等同于科学。这样，"知识产生了，思却消失了"。真正的哲学，绝不能丧失了思，遗忘了"在"。真正的哲学家应当成为一个谛听"在"的诗人。也可以说，哲学应当成为思加诗。

雅斯贝尔斯认为，哲学出自自由创造。哲学不是理论，而是活动。寻求新的道路就是揭示人生的存在的道路。萨特把"存在先于本质"作为其全部哲学的出发点，建立现象学本体论，把人的存在作为哲学研究的对象，这虽然与海德格尔把"在"作为哲学研究的对象有所不同，但他们却共同形成了一股强大的人本主义哲学思潮。

现象学与存在主义，把纯粹自我、纯粹意识、个人存在、情感、意志作为哲学研究的对象，提出了与传统哲学不同的新思路，表现了对人的深深的终极关怀。在研究方法上，他们都主张现象学的方法，把本质视为现象，把个人的存在与时间性联系起来。在认识论上，他们反对传统哲学的心理学观点，强调非理性的直觉、顿悟、灵感，再到体验在认识发生中的地位和作用，形成了非理性主义思潮。在哲学观上，他们从主张哲学是理性科学知识，到强调哲学不是理论而是活动，再到哲学是对话，哲学是思加诗，对传统的哲学观形成了巨大冲击。

（三）后现代哲学

后现代哲学作为 20 世纪末最重要的一股哲学思潮，在当今世界产生了广泛而深刻的影响。许多人认为，后现代哲学的思维方式，是以否定性、非中心化、破碎性、反正统性、不确定性、非连续性、多元性为特征的。也可以说是彻底的反传统、反权威的，它的矛头是对准传统哲学思维方式的。概括地说，它针对传统哲学的本质主义，提出了现象主义的表层理论；针对传统哲学的理性主义，提出了非理性主义；针对传统哲学强调中心问题，提出了非中心化思想；针对传统哲学的主客观分立二元论结构，提出了结构主义；针对传统哲学坚信存在一个"永恒不变"的知识基础，提出了反基础主义；针对传统哲学追求唯一正确的方法，提出了多元主义方法论；针对传统哲学认识事物的单一视角，提出了多视角、全方位视角主义；针对传统哲学视觉中心主义，提出了否定"视觉隐喻"、肯定其他感觉方式甚至宗教、巫术、神话等非科学的东西在认识中作用的观点；针对传统哲学占据了整个文化的基础的核心地位，提出了非哲学的观点；针对传统哲学的哲学史观，提出了现代哲学编纂学的观点等等。由此可见，后现代哲学思维方式，对传统哲学的思维方式进行了全方位的挑战，加速了人们思维方式的转变。后现代哲学具有代表性的思维方式有以下几个。

1. 表层论

传统哲学总是习惯于寻求世界万物之本原，追问隐藏在现象背后的本质。后现代哲学提出"表层论"，认为对不可言说者应保持沉默，形而上学"物自体"是未加解释的偏见。他们认为，本质就是现象，本质就是事物向我们呈现出来有关它是什么的方面。这种"本质"不是处于隐蔽状态，而是处于无遮蔽状态，其本身就是现象，现象和本质是同一的，都是意义的结构。这种观点，在分析哲学中表现为研究科学知识和语言表述的空间结构，在人本主义思潮中表现为个人存在与时间性结构。当代解释学主张不可解读性，反对解释，反对"文本"背后有本质，历史背后有本质，因而主张体验。

在本体论问题上，虽然科学主义思潮中奎因提出了"本体论承诺"，科学实在论者提出了"信念本体论""趋同本体论""本体论系统"，人本主义思潮提出了"基本本体论""现象学本体论"等，但是它们的本体论总是与人相联系的，与传统哲学的本体论迥然不同。表层论对传统哲学的本体论更是拒斥的。这一方面说明后现代哲学的反传统性，同时也说明了它们在解决本体论问题上的困惑。在西方，由于科学技术的飞跃发展，电视机、收录机、电脑进入家庭，使人们之间交往的空间距离缩短，时间变得更为充裕，人们更重视表层现实的交往与享受。表层论的流传和影响，使人们不去寻求本质、本原，失掉了理想和追求，这是不可避免的副作用，而哲学离开了对本体论的研究，也难以健康地发展。

2. 反基础主义论

传统哲学认为人类知识必有某种牢固的基础，知识的合法性即源于它。这种基础是直接的、非推论的、天经地义的。理性（公理）和观察命题（经验）就是一切知识的基础。然而，理性和经验何以能成为一切知识的基础呢？唯理论者认为人类知识来源于理性，分析命题不依赖于经验事实。经验论者认为人类知识来源于经验，综合命题依赖经验证实而不需要演绎和分析。奎因对逻辑经验主义的两个教条进行了批判，反对分析命题和综合命题的绝对划分，反对还原论，认为任何孤立的陈述既不能被经验证实，也不能被经验证伪，从而主张整体主义知识论的观点。罗蒂认为，传统哲学认识论的基础主义是由三个核心要素构成的：一是柏拉图关于真理与知识的学说；二是笛卡尔关于心灵的学说。三是康德的哲学观，认为哲学的使命是研究科学、艺术、道德和宗教文化的基础，基础裁决这些领域主张的是非。实际上，基础主义是一种主客分立的二元论。后现代哲学批判基础主义，强调社会连贯主义，强调某一信念或知识都是同它所隶属的社会集体的信念和行为方式一致的。

3. 非中心化论

基础主义受到批判，不仅冲击主体，而且冲击客体。传统哲学所说的宇宙中心、太阳中心、地球中心、世界中心、本原中心等客体中心，和自我意识中心、逻各斯中心、人类中心、种族中心、欧洲人中心等主体中心，都受到了批判。中心失去后的真空被语言填补了，用德里达的话来说，就是"在缺乏中心和本原的情况下，一切都变成了话语"。

非中心化，使德里达不是去寻找显示在"本文"中的意义与"本文"之间的联系，而是去寻找"本文"的裂缝、遗漏、边缘与"本文"之间的不一致性，非连贯性；不是去寻找"本文"中心的、可靠的信息，而是去寻找"本文"边缘的、不一致的、充满矛盾的信息。这样，就提出了"中心—边缘"问题，传统哲学研究中心问题，后现代哲学研究边缘问题，非中心化论构成了后现代哲学的一个总特征。"哥白尼革命"是近代第一次非中心化运动，达尔文进化论是生物学上的非中心化运动，弗洛伊德主义是在心理学上对人的意识的非中心化运动，人种学的产生是对欧洲文化种族中心主义批判的产物，新认识论和新知识论是对逻各斯中心主义批判的产物。

非中心化思潮既批判了作为中心的、封闭性的主体，又摧毁了作为中心的、封闭性的客体，为人们重新审视主体与客体的关系、人与现实的关系、思维与存在的关系提供了空间。

非中心化思潮对传统形而上学思维方式的冲击，对绝对真理和独断论的批判具有积极意义，反对封闭性的观点对西方的政治、经济和思想文化也产生了很大的影响。然而，失掉了中心，人无法存在，社会无法存在，人的认识也无法存在。

4. 后人道主义论

非中心化使主体中心、自我中心失落，导致了人的"概念"的消解，造成了"上帝的死亡"的时代正在被"人的死亡"的时代所代替。后人道主义首先发难的重点是传统的人道主义。"人类已经死亡"，主体不存在了，人类已经不符合最初的、单一的含义而分化成为一个感性存在体、理性存在体、语言存在体、经济存在体、生物存在体等，传统哲学所给出的人的"概念"已经瓦解。当萨特声称："存在主义是一种人道主义"之后，福柯大唱反调。他说，人生而就是不自由的，因为权力"无所不在""个人也成为权力的手段和工具。"人的一切都笼罩在庞大的权力之网中，自由也不例外。福柯在其《监视与惩罚》一书中指出，每一个主体都发现自己被一种惩罚的可能性所抓住，惩罚从而具有了普遍性。这一监视—惩罚之网，最终目的是使人成为驯服工具，以适应"合理的""高效的""技术的"社会的需要。人们生活在由教师评判、医生评判、社会工作者评判等的普遍权利之下，人生无自由。人们或者饱食终日、无所事事使消费成为生活中唯一的内容；或者争名于朝、争利于市，使自身成为"消费机器""权力的工具"和"金钱的奴隶",这些都是人性的异化和失落。

后人道主义针对"人从中心位置滚向一个 X",把绝对的人的存在"相对化"、多元化、复杂化了,同时也把世界变得"相对化"、多元化、复杂化了。后人道主义在方法论上之所以主张多元论,就是拒斥简单化地看事物,要求重新认识人在世界和现实中的地位,重新审视曾是"万物尺度"和"中心"的人,以及人们自以为了解得很清楚的世界。

5. 非哲学论

非哲学论是一种对传统哲学进行非难的态度。现代西方哲学人本主义与科学主义两大哲学思潮,最后都与当代解释学合流,产生了形形色色的后现代哲学。后现代哲学反对拥有最高权力的、独立自主的哲学,拒斥传统哲学封闭的、同一性的思维,倡导一种异质性的、开放性的思维方式。德利兹认为,多元论是哲学的思维方法,思维就是掷骰子,哲学的任务就是去发明新概念。德里达认为,哲学与文学的界线正在消失,从事哲学就意味着从事写作。罗蒂认为,哲学就是对话,即不同范式之间的对话,从事哲学就是从事解释游戏。他们都反对把哲学等同于科学,等同于政治。罗蒂还认为,"哲学"这个词也许永远不会终结,然而它必须改变自我形象和转换其活动方式。我们永远需要哲学家,但最好他们不要以先知和救世主的身份出现,而是做一个评论家或顾问。

这一切都说明后现代哲学的非哲学思潮并非不要哲学,而是渴望开放、理解、阐释、思考,渴望去创造意义,去投入行动。非哲学思潮是现代西方哲学的一次自我反思,它追问哲学本身的合法性,探讨思维本身的意义、结构和局限性,强调哲学本身的社会功能的发挥。它通过推崇"开放性""多元性""全方位""永恒运动"所闪现出来的辩证思维火花,对冲击机械、僵化、封闭的形而上学思维方式,对反对传统哲学中的教条主义、形式主义、经验主义,具有重要的理论和实际意义。

后现代哲学的思维方式,提出了许多与传统哲学相悖的问题。联系我国当前哲学贬值的状况,从现代西方哲学走向上和后现代哲学思维方式的变化上,思考它们所提出的问题,回应它们所提出的挑战,发展我们的哲学,这是我国人民特别是我国哲学工作者所面临的一项艰巨任务。

第四章 实用主义的现代转型：实用主义与近代西方哲学（上）

前 言

作为现代西方哲学的实用主义，是对近代西方哲学的超越和改造，或者说是"转型"。

近代西方哲学，包括英国经验论、欧洲大陆唯理论、德国古典哲学先验论和绝对唯心主义。恩格斯写的《路德维希·费尔巴哈和德国古典哲学的终结》，宣告了近代哲学的终结和新哲学的开端。

英国以培根、霍布斯、洛克、贝克莱、休谟为代表的经验论，从人出发，研究主体、研究物理世界，说明人认识世界是从感觉、经验出发的，世界是一个"感性存在体"，没有感觉和经验，就没有世界。感觉的差异性和不确定性，导致了不可知论。

欧洲大陆以笛卡尔、斯宾诺莎、莱布尼茨为代表的唯理论，与英国经验论不同，虽然也是从人出发，但不是强调感觉，而是重视思维和理性，认为人首先是一个"理性存在体"，没有人的理性思维，便没有世界。

以康德、费希特、谢林、黑格尔为代表的德国古典哲学，是西方近代哲学发展最高峰。应当说，西方现代哲学就是从这里发展起来的。康德强调主体人，把人的认识区分为感性、知性、理性，说明人能认识什么，不能认识什么；康德认为客体可分为现象与物自体，人们认识的对象是现象，信仰的对象是物自体。这样康德就写成了《纯粹理性批判》《实践理性批判》《判断力判断》，建立了一个真、善、美的哲学体系。黑格尔也强调认识的主体是人，把人的认识区分为知性、消极理性、积极理性，阐述了人的思维的辩证法；黑格尔认为客体即绝对观念，"绝对观念"本身内在地包含有同一、差别、对立、矛盾，包含着对自身的否定性，因而它又可以外化为客体，客体不仅限制和束缚主体，与主体相对立，而且还可以复归主体，达到与主体的对立统一。所以，"绝对观念"既是主体，又是客体，既是万事万物的本原和基础，又是自我运动、自我发展和自我创造的前提和表现。黑格尔以抽象思辨的方式，说明了主体客体化和客体主体化的矛盾自我运动的辩证统一过程。在此基础上，黑格尔形成了他的《逻辑学》《自然哲学》《精神哲学》的哲学百科全书体系。应当说康德、黑格尔哲学是西方近代哲学的集大成者。

作为现代西方哲学的美国实用主义，正是在批判近代西方哲学的经验论和唯理论，特别是批判康德、黑格尔的"主客二分"哲学范式基础上产生的。随着美国资本主义工业化、社会化、现代化的发展，随着现代自然科学和心理学的发展，从 19 世纪上半叶开始，哲学的发展要求突破"主客二分"的思维范式。一般说来，人们把现代西方哲学思潮分为人本主义思潮和科学主义思潮。人本主义思潮，要求从对外部自然界的研究转向对人的内心结构的研究，转向对主体本身内在的心理体验和非理性的直观的研究，转向对人的独特的个性和本能的研究，这样就形成了以唯意志主义、生命主义、存在主义、弗洛伊德主义、哲学人类学等为代表的人本主义思潮。另外一些哲学家，他们主张哲学应当研究以实证自然科学为基础的事物，反对哲学探求自然的本质，寻求事物的发展规律。因此，他们主张拒斥思辨形而上学，从而形成了以实证主义、逻辑经验主义、分析哲学、结构主义、科学哲学等为代表的科学主义哲学思潮。前者讨论本体论、形而上学、元哲学问题；后者讨论知识论、认识论、科学发展的结构和范式问题。在批判康德、黑格尔理性主义的同时，现代西方哲学还出现了非理性主义，强调情感、意志、信仰、欲望、需要、性本能等在认识和社会生活中的作用；还提出了科学知识的证明和证伪、科学知识的结构与科学范式的转化和发展问题，这些都是很有意义的。但是，科学主义和人本主义两者割裂了实证科学的知识论与追求宇宙人生根本原理的智慧，从而造成了西方哲学科学与人生脱离，理智与情感的冲突，由此而造成了科学主义与人本主义两者之间的对立。实际上，人本主义哲学思潮与科学主义思潮的划分，也不可能概括所有现代西方哲学流派。

马克思主义认为，推动哲学家前进的，绝不是像他们所想象的那样，只是纯粹思想的力量。恰恰相反，真正推动他们前进的，主要是自然科学和工业的强大而且是日益迅速的进步。美国资本主义工业化、现代化、城镇化、国际化的进程，不仅产生了实用主义，而且推进了实用主义的发展。

美国实用主义是一种现代哲学，它实现了从近代哲学范式向现代哲学范式的转变。实用主义重视实践、经验、生活，反对"坐而论道"，反对崇尚空谈，被称为实践哲学、行动哲学。所以，我们应当在弄清楚实用主义基本概念的内涵和意义的情况下，正确解读实用主义的基本精神和真正含义，重新认识和正确理解实用主义作为一种实践哲学、行动哲学的价值。

本章将按照实用主义的哲学改造、实用主义与近代西方哲学的心身理论、实用主义的主体经验论与近代西方哲学的感觉经验论来进行论述，说明实用主义的现代转型及其对西方近代哲学的超越。

第一节　实用主义的哲学改造

衡量哲学流派作用的一个重要标准，是看其在哲学的发展、改造、变革中起了什么作用，如何解决前人提出的或未解决的哲学问题，为后人留下什么启迪，引领了什么思路，尤其是在哲学主题的转换中扮演了什么角色。马克思主义哲学坚持辩证唯物主义和历史唯物主义的观点，实现了哲学史上的伟大革命变革，成为科学的、正确的世界观。但是，从古至今的很多哲学家、哲学流派，也在哲学的改造中起过积极作用，这是我们必须正视和应该深入研究的。

以美国工业社会为背景，以反映资本主义工业化、现代化为内容，以欧洲哲学为渊源的实用主义，本身就是现代精神冲击传统文化的产物。实用主义拒绝任何一种传统哲学立场，自称对哲学进行了前所未有的改造，杜威专门写了《哲学的改造》一书。究竟是什么样的改造？有何根据和意义？这就需要把它置于欧洲哲学发展的历史长河中加以考察。

一　欧洲古典哲学的主题及演变

（一）哲学的问世——宇宙论和本体论

哲学是自然知识和社会知识的概括和总结，是人们对自然、社会、人生思维发展的一般规律的认识。它的特点是理论思维、概念推理，所以思维和存在、精神和物质、主体和客体的关系问题成为哲学的基本问题。

马克思指出："哲学最初在意识的宗教形式中形成，从而一方面它消灭宗教本身，另一方面从它积极内容来说，它自己还只在这个理想化的、化为思想的宗教领域内活动。"① 这就是说，西方最早出现的哲学形态——古希腊唯物主义是从宗教神话思想中解放出来的。泰勒斯宣称水是万物的"始基"（本原），第一个提出万物中何者为第一性的问题，成为第一个哲学问题的代表。黑格尔说："从泰勒斯起，我们才真正开始了我们的哲学史。"② 泰勒斯宣告了古代神话宇宙观统治地位的结束，但他挣脱神学并不彻底，还认为万物有神灵。自此，在整个西方哲学史中哲学与宗教神学都处于既相互对立又相互渗透的微妙关系之中。

由于科学水平的限制，古希腊哲学流派进行最初的哲学探索是以外界事物为主题的。这种宇宙论的探究，归结一点，便是宇宙万物的共同本原是什么，宇宙论进而深化为本体论。在希腊文中，所谓本体论就是指现象之后本体的意思，即万物共同的本原或本体的意思。于是，本体论，便成为整个古代西方哲学（从古希腊至中世纪）的主题。

（二）分裂的种子——古典二元论的出现

古希腊哲学最初以朴素唯物主义的形态出现，正如亚里士多德所说："那些最早的哲学研究者们，大多仅仅把物质性的本原当作万物的本原。因

---

① 《马克思恩格斯全集》第 26 卷，人民出版社，1965，第 26 页。
② 〔德〕黑格尔：《哲学史讲演录》第一卷，贺麟等译，商务印书馆，1959，第 178 页。

为在他们看来，一样东西，万物都是由它构成的，都是首先由它产生，最后又化为它的（实体始终不变，只是变幻它的形态），那就是万物的元素，万物的本原了。"① 但是，由于他们的理论没有也不可能建立在实验科学的基础之上，含有大量的感性直观和想象因素，因而带有明显的朴素性和自发性，也包含着向唯心主义转化的可能。正如恩格斯指出的，他们"整个宇宙观具有朴素唯物主义的性质，但是在他们那里已经包藏着后来分裂的种子"②。

泰勒斯把水看作万物的本原，力图用自然界本身来说明自然，用感性的物质说明世界的本原，首先举起来了唯物主义旗帜。他把水理解为普遍的本质，这个命题已经是一定程度上抽象思维的产物，是哲学命题了。恩格斯评价说："在这里已完全是一种原始的、自发的唯物主义了，它在自己的萌芽时期就十分自然地把自然现象的无限、多样性的统一看做不言而喻的，并且在某种具有固定形体的东西中，在某种特殊的东西中，去寻找这个统一，比如泰勒斯就在水里去寻找。"③

阿那克西美尼和他的老师阿那克西曼德一样，认为自然的基础是单一的，而且是无定的物质因素，这就是气。他还说灵魂是气，这就包含着把物质与精神分离的可能，黑格尔敏感地察觉到这一点，他说："阿那克西美尼很明显地指出他的本质具有灵魂的性质，他仿佛标志着自然哲学之过渡到意识哲学，或原始本质之放弃客观形式。"

赫拉克利特认为，世界"不是任何神所创造的，也不是任何人所创造的，它过去、现在和未来永远是一团永恒的活火，在一定的分寸上燃烧，在一定的分寸上熄灭"。无疑，这就把古代唯物论和辩证法推进了一大步。列宁甚至赞誉说："这是对辩证唯物主义原则的绝妙的说明。"但是，他也认为一切都充满着灵魂和精灵，相信灵魂不死说，没有把物质和精神正确地区分开。他的学说中包含着唯心主义杂质。

---

① 北京大学哲学系外国哲学史教研室编译《西方哲学原著选读》上卷，商务印书馆，1982，第 15 页。
② 《马克思恩格斯全集》第 20 卷，人民出版社，1973，第 528 页。
③ 《马克思恩格斯全集》第 20 卷，人民出版社，1973，第 525 页。

毕达哥拉斯独辟蹊径，他是看到许多可感事物具有数的属性，便设想事物由数组成，数是万物的本原。毕达哥拉斯所说的数与数学上所说的数还有所不同，他是把物质的关系、物质的量的属性作为万物的本原，因此在大方向上没有背离古代唯物论的轨道。但是，数既有存在于可感事物之中的物质属性，作为事物量的规定性的抽象，又带有思维属性。所以，毕达哥拉斯的本原说孕育了古典二元论的胚芽。如果把抽象出来的一般（数）作为第一性的东西，就会导向唯心主义。

爱利亚学派的巴门尼德建立了"存在哲学"的本体论，他认为万物的本原和本质不是某种具体的可感事物，也不是各种事物中的数量关系，而是从事物中抽象出来的共同的统一的属性，即"存在"。他对存在的特征的诸多规定中，物质因素和精神因素更是混杂一体，二元论的倾向相当明显。由于他明确提出了思维与存在的关系问题，后来哲学家对这个问题的不同回答，鲜明地分裂为唯物主义和唯心主义两大派别。

这里，还有一段插曲。在这个插曲中，古典的二元论哲学问世了。

为了更好地说明世界的多样性，解决"一与多"的矛盾，恩培多克勒把前辈朴素唯物主义的本原说加以综合，提出水、土、气、火四种元素为世界本原的"四根说"，但在解释万物变化的动因时，又提出"爱"和"恨"的学说，可谓"六根"。在对爱和恨的解释中，恩培多克勒虽然说过爱有广延性，即有物质性的特点，却又主要强调这两种力量是神，万物都按照命运之神的意志而拥有理智。这种既有物质元素又有精神力量的本原论，乃是古典的二元论哲学。

阿那克萨哥拉也认为万物的本原不是"一"，而是"多"，不过不是四种元素而是无限多的与事物性质相同的微小颗粒，他称之为"同类的部分"或"种子"。但又认为在种子之外有一个动力根源"努斯"，"努斯"的含义是心灵、理智、精神。这种在本原中把物质现象和精神现象一并包含的观点，是古典二元论哲学。这种观点进一步揭示了精神与物质的对立，标志着人类哲学思维水平的提高，它为以后哲学的发展开拓了两个方向：就强调物质性因素而言，为德谟克利特的古代原子论奠定了基础；就强调精神作用而言，为柏拉图的理念论提供了思想酵母。

（三）两条对立的路线——德谟克利特和柏拉图

被马克思称作"经验的自然科学家和希腊人中第一个百科全书式的学者"的德谟克利特，继承和发展了前辈唯物主义的思想，创立了古代原子论，提出了原子和虚空是万物的本原。虽然当时没有自然科学的实验基础，但德谟克利特站在哲学思辨的高度上，指出原子是最小的、坚实的、不可分割的物质微粒。既然不可分割，就是完整的"一"，原子数目无限多，所以又是"多"，解决了一与多的矛盾。他认为原子能够运动，且虚空是原子运动的场所和必要条件。这就克服了恩培多克勒和阿那克萨哥拉乞求"爱""恨""努斯"的外因论。他用原子论解释磁石吸铁的现象，解决了自泰勒斯以来遗留的难题，排除了"物活论"。他利用原子说明人的生命现象，把灵魂当作由精细原子构成的，否定了灵魂不灭，这种观点虽然还没有正确揭示物质和精神、肉体和灵魂的区别与联系，但在本体论范围内排除了唯心主义，克服了二元论，确立了唯物主义。

德谟克利特力图用唯物主义回答巴门尼德提出的思维和存在，主观和客观以及感性和理性的关系问题，专门研究了认识论。他提出"影像"说，认为："感觉和思想是由钻进我们身体中的影像产生的，因为任何一个人，如果没有影像来接触他，是既没有感觉也没有思想的。"[1] 这就肯定了人的认识是由客观对象引起的，感觉和思想的内容是客观事物的反映。这正是唯物主义的反映论，对近代机械唯物主义认识论产生了深远的影响。

德谟克利特把世界分成本质和现象，相应地把认识区分为暗昧的认识和真实的认识，即感性认识和理性认识。他指出感性认识是理性认识的基础，为近代经验论提供了启示。他强调理性认识高于感性认识，说"当暗昧的认识在无限小的领域中再也看不到，再也听不到，再也闻不出，再也尝不到，再也摸不到，而研究又必须精确的时候，真实的认识就参加进来了，他有一种更精致的工具。"[2] 这个思想启迪了近代的唯理论。

① 北京大学哲学系外国哲学史教研室编译《西方哲学原著选读》上卷，商务印书馆，1982，第50页。
② 北京大学哲学系外国哲学史教研室编译《西方哲学原著选读》上卷，商务印书馆，1982，第151页。

与德谟克利特相对立，柏拉图建立了西方哲学史上第一个庞大的客观唯心主义哲学体系——理念论。柏拉图的理念具有多种含义，他把理念称作形式、种、原型、本原和原因。这就是说，理念既是决定事物的性质的内在形式，又是逻辑上所讲的种概念，还是创造事物所根据的原型，总之，是事物的原因和本原。理念是宇宙万物的本体，是客观独立的精神实体，万物则是"分有""模仿"理念而形成的，具体的物质世界是由理念世界派生而来的。理念是第一性的，事物是第二性的，这乃是典型的客观唯心主义。

柏拉图在理念论的基础上提出了他的知识论。他反对朴素唯物主义关于知识起源于感觉经验的观点，认为只有认识到理念即事物"本身"才是真正的知识，这种知识是与生俱来的，只有靠回忆才能获得，这就是先验唯心主义的"回忆说"。这种贬低感性经验，抬高理性知识的观点，开启了唯心主义唯理论的先河。柏拉图确立的客观唯心主义的本体论和认识论，不仅对古代、中世纪哲学造成重大影响，在近、现代唯理论哲学中也打上了深刻的印记。

至此，西方古代哲学播下了唯物主义与唯心主义分裂的种子，酿成了的德谟克利特与柏拉图两条根本对立的哲学路线，而唯物主义与唯心主义两条路线的对立统一，又贯穿于整个哲学史的发展过程中。

（四）"主体性"的胚芽——智者派和苏格拉底

从整体来说，古希腊哲学的主体是本体论，关注宇宙、自然、客体。早期希腊的哲学家往往把自己的著作称为《论自然》，而原子论的最后一个代表，罗马的卢克莱修也把自己的长篇哲理诗命名为《论物的本性（自然）》。但是，在这样的大潮流中也出现了新的趋向，这就是以智者派和苏格拉底为代表，开始把目光从对象转到主体，从客观转向主观。这就为后来的近代哲学从客体转向主体，从本体论演变为认识论的主体转换孕育了胚芽。

智者派的主要代表人物普罗泰戈拉提出："人是万物的尺度"，黑格尔称之为"伟大的命题"。这个命题，明显提出了主观和客观、人和万物的关系问题，把人置于尺度、标准的决定地位，高扬了主体的能动性。既弥补了自然哲学漠视人的偏向，又和否定人的宗教神学观念唱对台戏。联想到康德的"人为自然立法"，不能说没有受到智者派的启迪。但是，这个命题抬高个性，推崇感觉，夸大相对，又否认绝对，又不能不走向主观主义、感觉主义和怀疑主义。

智者派的另一位代表人物高尔吉亚推进了怀疑主义，提出"无物存在；如果有某物存在，人也无法认识；即使能够认识，也无法告诉别人"三个命题。这些命题，显然带有不可知主义和诡辩的色彩，但他进一步揭示了存在和不存在、思维与存在、思维与语言、语言与事物的矛盾，对逻辑、语法、修辞、诡辩术的发展做出了有益的贡献。

苏格拉底也不像自然哲学家那样争论事物的本体是什么，认为选择这种对象思考的人是愚蠢的。他关心的不是自然，而是人事，他把哲学研究的对象从自然引向人，引向心灵，引向道德问题。他专门研究各种伦理方面的品德，第一个提出了这些品德的一般定义问题，他研究什么是虔诚的，什么是不虔诚的；什么是适宜的，什么是不适宜的；什么是公道的，什么是不公道的；什么是明智的，什么是不明智的；什么是一个善于统治人者的品质等等。同样是弘扬主体性，和智者派不同的是，苏格拉底贬低个体，寻求普遍，排斥感性，崇尚理性。他说："如果我用眼睛盯着事物，或者试图用某种感官来把握它们，恐怕我等的灵魂就会弄瞎。所以我想不如求助于心灵，在那里去寻求存在的真理。"这就避开了智者学派的感觉主义、怀疑主义的关隘，把主体论建立在理性的基础上，给近代的唯理论和人本主义以更深刻的启示。为了贯彻重视人事、研究道德的思维原则，他还提出一系列的方法寻求普遍，这个思维方向指引了柏拉图，柏拉图沿着这个排斥个别、寻求一般的路子走下去，达到了理念论。苏格拉底的道德哲学或为自然哲学向理念哲学过渡的重要环节。

（五）古代哲学的综合——古典二元论大师

古希腊哲学各个流派对思维与存在、精神与物质、主体和客体关系的回答截然相反，各据一方，争执不下，客观上需要一种综合，把不同的倾向、不同的视角、不同的层次兼容并蓄、融为一体。"时势造英雄"，亚里士多德承担此重任，他成为古希腊哲学的集大成者，也是以后欧洲各种哲学思潮的开拓者。亚里士多德看到了两种哲学流派（唯物论与唯心论）在本体论方面的观点和各自的不足，希望克服和融合它们，但实际上他又无法摆脱和超越，于是陷入了二元论，竖起了西方哲学史上二元论哲学的旗帜，成为古代西方的二元论哲学大师。

亚里士多德的二元论哲学的基本特点是矛盾性或二律背反，即动摇于唯物主义与唯心主义、辩证法和形而上学之间。具体有以下几点。

1. 本体论的二律背反

亚里士多德明确了本体论的概念，建立了本体论为中心的哲学体系。他认为万物的始基是本体，他把客观存在的个别事物称作"第一本体"，在《范畴篇》中指出，如果没有第一本体的存在，就不可能有其他的东西存在，这显然是唯物论。正是由此出发，他批评了柏拉图认为个别事物以外还有理念存在，个别事物是"分有"理念的唯心主义观点。但是，他又认为作为事物的种属的"第二本体"可以"不存在于个体里面"，甚至还说"必然有一个永恒不动的本体"，这简直就是神，又陷入唯心论的泥潭。这就表明，亚里士多德的二元论并非指其哲学中既有唯物论成分又有唯心论成分（这几乎是马克思主义以前旧哲学的通病），而是说他在回答宇宙本体这个根本问题上坚持两种本体之说，从而陷入二元论。

亚里士多德综合了以前各派哲学家关于本体的构成及原因的学说，提出了"四因论"，二元论倾向也体现在这一理论之中。"四因"即质料因、形式因、动力因、目的因。他认为质料是构成事物的最基本的物质因素，它不依赖于别的东西，而万物却依赖于它。这是唯物论的见解。但他在解释形式与质料的关系时，却认为形式是第一位的，是物质的本质，是积极的、主动的，而质料是第二位的、被动的、消极的，有所谓先于质料，没有质料的"纯形式"，这才是宇宙万物的总因。这种纯形式，集形式、目的、动力三者于一体，是最高本体、第一推动者、最终目的，它以观念、理性的形式出现，实际上就是神。这又回到了柏拉图的理念论，陷入唯心论。这种在本体问题上的二律背反的回答是亚里士多德二元论哲学的最根本特征。

2. 认识论的二律背反

亚里士多德把第一本体看作个别具体事物，进而肯定客观物质世界是认识的对象，感觉是认识的基础。他反对柏拉图把理念世界作为认识的对象，认为这是徒劳无益的虚构，他也反对普罗泰戈拉的主观唯心论，指出："如果说，离开了感觉，引起感觉的物体不可能存在，那就是不可能的事情了。因为感觉不是对于感觉的感觉，而是在感觉之外有某种东西的存在，这种东西必然是先于感觉的。"列宁十分重视这种唯物论的认识论思想，评论道"这里的关键是'外在'——在人之外，不以人为转移，这就是唯物主义。"

但是，亚里士多德并没有把唯物论的认识论贯彻到底。由于他割裂了形式与质料，认为认识的对象只能是形式，而物质本身不可认识，并且否认感性认识的作用，夸大理性认识的作用，从而否定了唯物主义的基础，陷入唯理论和先验论。

3. 方法论的二律背反

由于本体论和认识论上的二元论观点，在方法论上亚里士多德也陷入了矛盾之中，即动摇于辩证法和形而上学之间。

亚里士多德在质料与形式、潜能和现实、运动和静止、质和量、必然和偶然、一般和个体等范畴的论述中，体现出了深刻的辩证法思想。如列宁所说："他到处，在每一步上所提出的问题正是辩证法的问题。"但是，这些辩证法思想又是"偶然的、不彻底的、尚未发展的倏忽即逝的。"他又总是陷入形而上学的泥沼之中，在辩证法和形而上学之间"兜圈子"。

亚里士多德，作为古希腊哲学家的综合者，企图调和唯物论和唯心论各派哲学于一体，他每前进一步都充满了探索、矛盾和混乱，陷入一系列的"二律背反"。他最显著的特征是"处处都显露出辩证法的萌芽和探索"，但是，受唯心论和形而上学的束缚，又使他"陷入稚气的混乱状态，陷入毫无办法的困窘和混乱"。

（六）哲学沦为神学的婢女——文艺复兴的曙光

中世纪的欧洲，宗教神学统治一切，哲学变为基督教神学的工具。"教会信条自然成了任何思想和出发点的基础。法学、自然科学、哲学，这一切都由其内容是否符合教会的教义来决定。"但是，这并不意味着哲学处于停滞状态，相反，中世纪的唯名论与唯实论，异端宗教与宗教神学的斗争，同样也促进了哲学的发展。物与心、人的存在与灵魂不死及其关系问题成了当时哲学的基本问题。

中世纪早期哲学家波爱修，就种和属即一般和个别的关系这个古希腊哲学研究的重大课题，提出共相是客观存在的，它不独立自存，而是存在于个体事物之中，作为心灵中的观念，它是集合个体事物的相似性的思想等看法，沟通了古代哲学和中世纪哲学的联系，成为中世纪唯名论的先驱。另一位哲学家伊留吉纳，则与教父学相对立，主张理性高于信仰，这对后来的异端思想家冲破宗教权威的束缚开启了先河。

在中世纪经院哲学内部，围绕一般和个别的关系问题的争论形成了两派理论。"第一个经院哲学家"安瑟尔谟和经院哲学的集大成者托马斯·阿奎那，除了提出关于上帝存在的"本体论证明""宇宙论证明"以对教义进行哲学论证外，还否认个别具体事物的存在，认为只有共相才是独立的、真实存在的。这就是唯实论。而以罗瑟琳、阿伯拉尔、罗吉尔·培根、邓司·司各脱、奥康·威廉等为代表的唯名论，坚持认为只有个别的、具体的事物才是真实的，共相只存在于观念之中，只是事物的名称。这两派的斗争同唯心主义与唯物主义的斗争有相似之处，归根到底是围绕着哲学基本问题进行的。

随着封建社会向资本主义社会的过渡，随着科学技术的发展和人类思维的进步，欧洲文艺复兴运动迎来了划破中世纪沉沉黑夜的新曙光。以但丁、薄伽丘、蒙田、爱拉斯谟等人为代表的人文主义学派，反对神权，要求"人权"，歌颂人的力量，赞扬人的价值；反对封建等级桎梏，要求意志自由、个性自由和平等；反对禁欲主义，要求现世幸福，大胆地提出了享乐的尘世要求；反对盲目信仰和崇拜权威的蒙昧主义，推崇理性，尊重科学知识。它既沉重打击了封建统治的思想体系，又为近代哲学的发展奠定了思想基础。以达·芬奇、哥白尼、开普勒、伽利略、库萨德尼古拉、特莱肖、布鲁诺为代表的自然科学唯物主义哲学，从世界观的高度上批判了宗教神学，为近代唯物主义摆脱神学唯心主义的束缚起了巨大的推进作用，它在人与自然的关系、物质与运动的关系、经验与理性的关系等方面开拓了新的视角，为近代唯物主义的发展以及经验论和唯理论的争论开辟了途径。

与上述两股思潮掀起的思想启蒙运动相辉映，遍及欧洲的宗教改革运动，成为资本主义与封建主义的第一次"大决战"，它体现为一个政治运动，为欧洲哲学史掀开了新的一页——近代哲学。

（七）实用主义论欧洲古典哲学

实用主义是整个西方思想文化发展的产物，它对欧洲古代哲学给予了一定的关注。詹姆士就曾说过："实用主义的方法，绝对没有什么新鲜之处。苏格拉底是用这种方法的老手。亚里士多德系统地运用了这种方法。洛克、贝克莱、休谟用这个方法对真理做出了巨大的贡献……但是实用主义的这些先驱者，只是零碎地运用了实用主义。他们只不过是作了一个开端而已。"以此论证实用主义与古代、近代哲学的联系。杜威在《经验与自然》一书中发表了对古希腊哲学的一些独到的看法，在《哲学的改造》第一章"哲学在变化中的概念"中则对古希腊哲学的产生、发展及其主题有集中的论述。

杜威在论及哲学的起源时认为，人类要生存就必须注意世界的现实，不能全然不顾环境，环境要求观念有最低限度的正确性。于是，保存和留传人类观察所得关于自然事实及其因果关系的知识的一个常识的概念和体系逐渐成长起来。然而，日益增长的实际知识与传统的信念存在着冲突。这就需要"发明一种研究和证明的方法，将传统信念的本质放在一个不可动摇的基础上，发明一种思考和知识的方法，纯化传统的而无损于其道德的和社会的价值，进一步更由纯化而增强其势力和权威"。① 无论是苏格拉底、柏拉图还是亚里士多德，都主张把两者结合起来，把它们置于一种不可动摇的哲学基础之上，为其进行了哲学论证。苏格拉底提出的"讽刺""助产术""归纳""下定义"的辩证方法，柏拉图确立的"理念论""知识论"（"回忆说"），亚里士多德的"实体论""四因论"，其意图无不如此。正如杜威所提出的，他们是"使从来靠习惯维系下来的东西不复依靠过去的习惯，而以实在和宇宙的形而上学为基础，使它复兴。形而上学是代替习惯而成为更高尚道德的和社会的价值的泉源和保证——这就是柏拉图和亚里士多德所发展的欧洲古典哲学的主题。"② 以本体论为主的关于实在和

---

① 〔美〕杜威：《哲学的改造》，许崇清译，商务印书馆，1953，第9页。
② 〔美〕杜威：《哲学的改造》，许崇清译，商务印书馆，1953，第9页。

宇宙的形而上学，这就是欧洲古典哲学的主题。

杜威进而论述了哲学的三个特质。

第一，哲学不是从公正不倚的源头发生，自始就定了它的任务。哲学的任务是要在合理的基础上辩护所继承的信念和传统习惯的精神。作为哲学家的柏拉图和亚里士多德曾对希腊的传统和习惯的意义进行过深刻的考察。没有希腊哲学、希腊艺术和希腊的国民生活，他们的哲学是不能成立的。

第二，哲学重视理由和证明。它提出抽象的定义和进行超科学的论证。哲学是必需的，因为一切特殊科学都不能达到终极的完全的真理。这里，杜威揭示了哲学和具体科学的区别。他引用詹姆士的"哲学是一种视力"的论断，强调哲学的认识论功能。

第三，哲学既要达到圆满的体系和必然的正确性，又要达到普遍性、概括性。但是，由于古典哲学没有解决哲学的概括和具体事物的关系，于是存在两个相区别的世界，"由形而上学描画成为至高终极的实在的世界"和"日常阅历的普通的、经验的、相对实在的现象的世界"。杜威认为，这种二元对立的观点是"影响关系哲学性质的古代概念最深的一个特质"。对此杜威提出了"哲学不是发源于理知的材料而是发源于社会的情绪的材料"的假说，并主张以此新的角度、新的眼光、新的态度来看待古代哲学，发现新问题，提出解决问题的新标准。他指出："如果谁能够虚心去研究哲学史，不把它当作一个孤立的事物而把它当作文明和文化史的一章去研究，如果谁能够将哲学的故事和人类学、原始生活宗教史、文学、社会制度的研究结合起来，那么谁就对于今天的讲话的价值必定能够下一个独立的判断。以这个方法去考察，哲学史就会加上一个新意义。"① 这里，杜威提出了一个研究哲学史的新的方法论。

二 欧洲近代哲学的主题及其演变

（一）新哲学精神的先驱——培根及经验论

弗朗西斯·培根，作为"英国唯物主义和整个现代实验科学的真正始

---

① 〔美〕杜威：《哲学的改造》，许崇清译，商务印书馆，1953，第13页。

祖"，①开辟了近代哲学经验论的新方向。实用主义者杜威给培根以很高的评价，他认为"培根是现代生活精神的伟大先驱。他作为新倾向的一个预言者来说，是世界知识生活中的一个杰出人物"。

培根以他提出"知识就是力量"的口号著称于世。培根生活在文艺复兴时期，作为英国资产阶级和新贵族的思想代表，他把改造和推进人类的知识，实现科学的"伟大的复兴"，建立一个能够促进资本主义生产和科学技术发展的新哲学，以便利用自然，造福人类，作为自己哲学和科学活动的主要目的。在培根的著作中，字里行间洋溢着对知识的推崇和对科学发明的赞颂。他指出："人的知识和人的力量合而为一，因为只要不知道原因，就不能产生结果。要命令自然，就必须服从自然，在思考中作为原因的，就是在行动中当作规则的。""科学的真正的与合理的目的在于造福于人类生活。用新的发明和财宝丰富人类生活……自然科学只有一个目的，这就是更加巩固地建立和扩大人对自然界的统治。人对自然界的这种统治只有依靠技术和科学才能实现。因为，人有多少知识，就有多少力量。"又说："科学的本质在于它是存在的反映……科学是真理的反映……世界上伟大的力量，最高的、最可敬的统治，就是科学的统治。"②培根对于当时知识领域的荒芜景况以及研究方法表示十分不满。培根认为满足于仅从古希腊获取知识是不成的，因为那只是知识的童年，它能够谈论，但是不能生育。它充满着争辩，却没有实效，而中世纪科学又几乎停滞不前。他写道：在发现新大陆、发明印刷术、火药、罗盘以后，继续躺在旧知识和旧发现上是可耻的。世界已发生变化，生活也在变革，知识也必须改造。

知识之所以陷于不景气的状况，是因为有各种阻碍科学和哲学发展的错误观念，培根把它归纳为四类假象，即种族假象、洞穴假象、市场假象和剧场假象。这些错误观念主要是由经院哲学违反经验、歪曲自然、专事神学虚构的唯心主义实质以及亚里士多德哲学抽象思辨带来的局限性。他也从认识论方面探讨了人的局限性，在感性认识和理性认识两个阶段都可能出现错误。这些，对后世哲学的发展起到了启蒙作用。

---

① 《马克思恩格斯全集》第 2 卷，人民出版社，1973，第 163 页。
② 〔英〕培根：《新工具》第一卷，许宝骙译，商务印书馆，1984。

培根认为上述假象并非不可避免、不可克服的。避免和克服的办法就是"必须首先给人类的心灵和理智介绍一种更完善的用法"①，这就是"用新的归纳来形成观念和公理，无疑是避免和清除假象的适当补救方法"②。培根十分重视方法或工具的作用，他认为亚里士多德的"工具"论已于事无补，必须创立一种"新工具"，即"真正的归纳"。他指出：寻找和发现真理的道路有两条，也只能有两条。一条是从感觉和特殊事物立即到达最普遍的公理，然后从它们作为原则和想象的不可争辩的真理的这些公理出发，得出和发现中间的公理。这就是现在流行的道路。另一条是从感觉和特殊事物出发，循序渐进地上升来构造公理，最后达到最普遍的公理。这是真正的然而还没有试过的道路。前一条道路是由亚里士多德开辟的，它根本不可能发现新的效果；后一条道路是培根认为他正在开辟的道路，它是发现真理的新的途径。培根的这一思想引起了杜威的高度重视，他称培根为"归纳法之父"，认为归纳法的真精神在于对未知事实和原理的无限的、不断的发现。

培根作为近代经验论的奠基人，对经验的地位和作用十分重视，他倡导的所谓改造知识，首先是改变科学研究的方向，使科学重新回到它的根基——自然和经验，变思辨的方向为实用的方向。他提出的新的科学研究方法——归纳法，也是奠基于经验之上的。值得注意的是，培根反对狭隘的经验论，主张不要停留在感觉上，要进行科学的实验。他说："感觉本身乃是一种不可靠和容易发生错误的东西，而用来扩大经验或使之锐利的工具，也不可能有太大的作用。但是一切比较真实的对于自然的解释，乃是由适当的例证和实验得到的。感觉所决定的只接触到实验，而实验所决定的则接触到自然和事物本身。"③ 更可贵的是，培根还主张把实验的力量和理性的力量真正结合起来。他的著名的蜘蛛、蚂蚁、蜜蜂的比喻就体现了

---

① 北京大学哲学系外国哲学史教研室编译《西方哲学原著选读》上卷，商务印书馆，1982，第345页。
② 北京大学哲学系外国哲学史教研室编译《西方哲学原著选读》上卷，商务印书馆，1982，第350页。
③ 北京大学哲学系外国哲学史教研室编译《西方哲学原著选读》上卷，商务印书馆，1982，第352页。

这一思想。

培根的经验论表明，他把哲学研究的重点放在认识论和方法论上，开创了欧洲哲学的主题由古代的本体论转向近代的认识论的历史。当然，作为开端，培根的学说还有不少缺陷和漏洞。

培根的后继者霍布斯，沿着培根开辟的方向前进，把培根的唯物主义经验论系统化了。他也非常重视哲学的实用价值，认为哲学的目的就在于为人类谋福利。他说："知识的目的是力量。应用定理是为了建立问题，最后，全部思辨的目标乃是实行某种活动，或者使事情做成。"① 他也把哲学的中心放在认识论上。但是由于他面对培根和笛卡尔的分歧，力图克服他们各自的弱点，因此既不像培根那样过分推崇归纳法，忽视理论思维，也不像笛卡尔那样，过分推崇演绎法，轻视感觉经验。他既肯定感觉经验是认识的唯一来源，又认为只有理性才能提供确实可靠的科学知识；既重视分析方法，又强调综合方法；他试图既避免经验论的片面性，又克服唯物论的片面性。当然，他并没有实现这一目的，不过他的思路却为后人提供了启示。

欧洲哲学的主题在由古代本体论向近代认识论的转化过程中，洛克是一个重要标志。他倾注全力研究认识论，论证由培根和霍布斯确立的唯物主义经验论，建立了近代第一个完整的认识论体系。他详细论证知识和观念来源于感性世界，又确认知识的确定性来自理性（直觉），力图把两种对立的原则调和起来。洛克的学说引起了实用主义的关注，詹姆士把洛克称为"调和主义者"，说他"对精神实体的观念给予了实用主义的批评，但又无意中默认了相信在意识的背后有一个实质性的灵魂存在这样的一种信念"②。

贝克莱哲学虽然也从感觉经验出发，却遵循着主观唯心主义路线走向了唯我论，他提出"存在就是被感知""物是感觉的复合"的原则，把培根等人的唯物主义经验论导向了主观唯心主义经验论。作为主观唯心主义流派的实用主义把贝克莱奉为先驱。詹姆士曾用赞赏的口吻说："贝克莱对于

---

① 北京大学哲学系外国哲学史教研室编译《西方哲学原著选读》上卷，商务印书馆，1982，第385页。
② 〔美〕詹姆士：《实用主义》，陈羽纶、孙瑞禾译，商务印书馆，1979，第49页。

'物质'的批判绝对是实用主义的。"

休谟也是英国经验论传统的继承者，他肯定观念来源于感受经验。他的认识论从感觉经验开始，但他"把感觉不是看作意识和外部世界的联系，而是看作隔离意识和外部世界的屏障、墙壁，不是看作同感觉相符合的外部现象的映像，而是看作'唯一的存在'"。① 他为了克服贝克莱哲学所包含的矛盾和避免贝克莱主观唯心主义所遭到的攻击，既不肯定物质实体的存在，也不肯定精神实体的存在，并对二者的存在都采取一种怀疑主义的态度，从而创立了欧洲近代哲学史上第一个怀疑论的哲学体系。他的怀疑论，当时曾起了一定的启蒙作用。康德正是在休谟的启示下，写出了《纯粹理性批判》等著作，包括实用主义在内的现代西方哲学诸多流派，也受到休谟哲学的一定影响。

（二）近代二元化哲学的产生——笛卡尔的唯理论

近代唯理论的创始人笛卡尔，在本体论上提出了二元论，在形而上学中宣扬唯心主义，在物理学中捍卫机械唯物主义，在认识论上提出了唯心主义的唯理论。

以认识论为主题的欧洲近代哲学家，着力寻找和创立科学知识的新方法。培根奠基于唯心主义唯理论，针对演绎法提出了归纳法。二者存在着本质的区别，但它们"殊途同归"——有着共同的目标：使科学从中世纪神学权威重压下解放出来，以一种可以得到确实可靠的认识方法取代被中世纪歪曲了的亚里士多德的逻辑。笛卡尔在《方法谈》中表述了这一意愿："可以用他介绍到哲学中的方法获得一种对生活非常有益的知识，找到一种实践哲学来代替学校中所讲授的思辨哲学，借助实践哲学，我们就可以像了解我们的手工业者的各种职业一样，清楚地了解火、水、空气、星球以及我们周围的其他一切物体的力量的作用，这样我们就能在一切适合的地方利用这些力量的作用，从而使自己成为自然的主人和占有者，并且促进人类生活的完善。"②

① 列宁：《唯物主义和经验批判主义》，人民出版社，1964，第38页。
② 转引自《资本论》第一卷，人民出版社，1975，第428页。

笛卡尔把他发现的新方法概括为四条原则：

第一条：决不把任何我没有明确地认识其为真的东西当作真的加以接受，也就是说，小心避免仓促的判断和偏见，只把那些十分清楚明白地呈现在我的心智之前，使我根本无法怀疑的东西放进我的判断之中。

第二条：把我所考察的每一个难题，都尽可能地分成细小的部分，直到可以而且适于加以圆满解决的程度为止。

第三条：按照次序引导我的思想，以便从最简单、最容易认识的对象开始，一点一点上升到对复杂的对象的认识，即便是那些彼此间并没有自然的先后次序的对象，我也给它们设定一个次序。

第四条：把一切情形尽量完全地列举出来，尽量普遍地加以审视使我确信毫无遗漏。①

这里，笛卡尔把清楚明白的确定性作为首要的前提，为了获得它，必须采用怀疑的方法，以消除各种偏见，把根本毋庸置疑的东西放到判断之中。笛卡尔的这一思想受到了实用主义的奠基人——皮尔士的重视。

笛卡尔是欧洲近代二元论哲学的典型代表。笛卡尔在形而上学中提出了三种实体：心灵、物体和上帝。他把物体和心灵看作两个并列的实体。物体的主要属性是广延性，心灵的主要属性是思想，两者各司其职，互不依赖，各自独立。这种二元论思想是贯穿笛卡尔哲学的一条红线。不过，他又认为上帝才是最高实体，心灵和物体都要依赖于上帝而存在，这使他最终滑向了客观唯心论。但是，笛卡尔在进行形而上学研究并获取寻求切实可靠知识的原则和方法之后，集中精神研究物理学，在这个领域中他坚持机械唯物主义的原则。马克思评价说："他把他的物理学和他的形而上学完全分开。在他的物理学的范围内，物质是唯一的实体，是存在和认识的唯一根据。"② 这一点，也充分体现了笛卡尔的二元论。

在认识论方面，在对待感性经验和理性认识的态度上，笛卡尔贬低感性经验，他称之为"骗人的感官"，片面夸大感觉的相对性，从而抹杀它的

① 北京大学哲学系外国哲学史教研室编译《西方哲学原著选读》上卷，商务印书馆，1982，第364页。
② 《马克思恩格斯全集》第2卷，人民出版社，1973，第160页。

客观内容。他推崇理性直观和演绎方法，认为这才是正确的认识途径，他认为这两种方法是获得知识的最可靠的途径，心灵不应采纳其他的方法。而理性直观和演绎方法都不是来自经验，它们是与生俱来的，即天赋的。这样，笛卡尔就以他的唯心论的唯理论与培根的唯物论的经验论相对峙，揭开了以认识论为主题的欧洲近代哲学中的唯物论和经验论两派之争的历史画页。

斯宾诺莎不满意笛卡尔把物质与精神两种实体割裂化的二元论。他坚持从世界本身说明世界，认为实体即自然，广延和思维是实体的属性，两者虽各自独立，但又是同一的，他指出："思想的实体与广延的实体就是那唯一的同一的实体，不过时而通过这个属性，时而通过那个属性了解罢了。"这就坚持了唯物主义一元论，在一定程度上克服了笛卡尔的二元论。在认识论上，斯宾诺莎否定感觉经验的作用，不把感觉经验作为认识的源泉，而是当成错误的原因。相反的，他认为理性演绎和直观所达到的认识则必然是真的，这说明他和笛卡尔一样，从唯理论的角度割裂了感性认识和理性认识的关系。不过他与笛卡尔不同的是，他否认天赋观念，而认为理性认识是客观世界的共同特质作用于我们的感官之后在人的心灵中形成的。这说明他的唯理论是奠基于唯物主义之上的。

另一位唯理论者，德国哲学家莱布尼茨，坚持笛卡尔的天赋观念论，反对洛克的白板说，这说明他奉行的是笛卡尔的唯心主义唯理论路线。但是，他把真理区分为来自理智的必然真理和来自经验的事实真理。他不仅把感觉经验看作事实真理的来源，而且也把它看作认识必然真理所必需的。这表明莱布尼茨力图把感性认识和理性认识统一起来，把经验论和唯理论调和起来。当然，从唯心主义立场出发，这个愿望是不可能实现的。

由此可见，欧洲近代哲学的主题转换到认识论之后，出现了经验论和唯理论两大派别的对立，其间又交织着唯物主义的经验论和唯心论的经验论、唯物论的唯理论和唯心论的唯理论的分歧，它们各自包含着真理的因素，又都存在一定的缺陷。一些善于思考的哲学家，面临这样的难题，试图把它们调和起来，康德就做出了极大的努力。

（三）主体和客体统一的研究——康德的综合

思维与存在、主体和客体的关系问题是哲学的基本问题，古代哲学把本体论作为主题，偏重客体的研究，近代哲学主题转换为认识论后，侧重主体研究。但是，由培根和笛卡尔开创的近代哲学，出现了本体论上的一元论和二元论、认识论上的经验论和唯理论、方法论上的归纳法和演绎法的对立的复杂局面。解决这个矛盾的出路是开展主体和客体的统一研究。

18 世纪法国唯物主义者做出了一定的努力，他们坚持唯物主义路线，在本体论实现了主体和客体的统一，但没有注意把本体论和认识论问题结合起来，也就不能克服感性认识和理性认识的分裂，不能把经验论和唯理论综合起来。

康德面对"纷争不息的战场"，建立了"批判哲学"的新体系。他认为，首先要判定主体的认识能力和界限以便克服以往各派知识论的缺陷。他把以往各派哲学划分为独断论和怀疑论两类。独断论就是在尚未判明人的认识能力之前，即肯定人类能够认识真理的理论。其中，认为人类凭经验就能认识真理的是经验论的独断论，认为人类凭理性就能认识真理的是唯理论的独断论。由于这两派争执不下，因而导致认为凭经验和理性都难以把握真理的怀疑论。康德认为，要克服它们的缺陷，解决它们争论不休的问题，必须先探讨人类认识能力本身，判断人类认识的界限。这就是说哲学的主题要由外部世界转向主体意识，要把本体论和认识论区分开来，使认识论独立。他宣布这种哲学是"先验哲学"，康德的"批判哲学"和"先验哲学"就是考察人类理性的能力、来源、范围和界限的哲学认识论。

康德认为知识要通过逻辑判断的形式表现出来，因此，他对判断进行了分类。

一类是先天分析判断，这种判断是先于经验、不依赖经验的。它的宾词的内容隐含于主词之中，因此这类判断是可靠的，具有普遍性和必然性，但它不能从经验中获得新内容，提供新知识。这里，实际上指的是唯理论的观点，唯理论主张根据理性原则演绎分析而获得知识，这样的知识具有普遍性和必然性，但由于排斥经验，不能使知识增加新内容。所以它有正确的一面，又有片面的局限性。

另一类是后天综合判断，这种判断依赖于感觉经验。它的宾词的内容并未预先包含在主词之中，而是对主词有所扩充，增加了新的知识内容。

但是，由于为其提供新内容的感觉经验，有其局限性，这种判断并不具有严格的普遍性和绝对的必然性。这里实际上是指经验论的观点，经验论主张依据经验原则归纳综合而获得知识，这样的知识增添了新的内容。但经验论拒斥理性，不能使知识具有普遍性和必然性。所以它有正确的一面，又有片面的局限性。

可见，康德对唯理论和经验论，既有肯定又有否定，并主张将二者调和起来，才能形成真正的知识，这就是后天综合判断。在这种判断中，既包括先天理性又包括后天经验，既具有普遍必然性又添加了新内容，形成真正的知识。康德就是这样试图在汲取唯理论和经验论的合理因素，并克服它们的片面性的基础上建立起新的知识论。

康德要论证"先天综合判断是怎样可能的"，也即解决认识的来源问题。康德一方面区别于唯理论，认定一切知识都从经验开始，感觉经验是综合判断的来源；另一方面又区别于经验论，认为并非一切知识都来自经验，理性就是先天判断的来源。从前一个来源获得知识的新内容，从后一个来源得到知识具有普遍必然性的保证。康德的认识论，着力探究的是先天理性来源、条件和作用等问题。

在康德看来，人的认识活动，就是用先天的认识能力（形式）去整理后天的感觉经验（质料），形成先天综合判断，是零碎的或然的感觉经验变成具有普遍性和必然性的科学知识。

康德指出，人必须具有三种先天的认识能力：感性、知性和理性。与此相适应，人们有三种学问：数学、自然科学（物理学）和形而上学（关于宇宙本体的学说）。

康德的所谓"感性"，是指一种借助经验而形成感性直观知识的先天认识能力或感性直观形式。时间和空间就是存在于人心中的两种先天的感性直观形式。这里，康德承认了感性直观的材料来自经验，承认了在人之外存在着刺激人们感官的"自在之物"，肯定了经验论具有合理的因素，具有一定的唯物主义倾向。并且指出感性直观得到的只是关于对象的现象的认识，而不是关于对象的本质的认识，揭露了经验论的片面局限性。但是，他把时间和空间仅看作先天固有的思想形式，这又是先验唯心主义。

康德的所谓"知性"，是指意识从其自身产生观念的能力，即一种对感性对象进行思维，把特殊的、没有联系的感性对象加以综合，使之成为有规律的自然科学知识的先天认识能力。这种先天认识形式就是范畴。康德强调只有把感性和知性联系起来，才能得到认识。这里，他既着力克服经验论只固守经验的片面性，又试图克服唯理论否认理性来自感性的片面性，在两者的结合上做出了一定努力。但是，他把范畴看作只是先天固有的思想形式，这仍然是先验唯心主义。

"理性"是康德认识论的最后一个环节，他说："吾人一切知识始自感官进达悟性而终于理性。"所谓"理性"，① 是指人先天具有的一种要求把握绝对的、无条件的知识的能力，即超越"现象世界"去把握"自在之物"的能力。这种先天的认识能力就是"理念"。但是，理念要追求绝对的、无条件的知识的任务是无法实现的。因为，理性的材料只能靠知性提供，而知性是有限的认识能力，他无法超越"现象世界"去把握"自在之物"。这就决定理性在认识"自在之物"时必然陷入二律背反的矛盾之中，"自在之物"是不可知的，而把现象界与"自在之物"对立起来，又使康德陷入了一种特殊形态的二元论哲学。

总之，康德力图调和唯物主义与唯心主义，调和经验论和唯理论，力图在认识论上解决感性和理性、主体和客体的统一问题，这就为哲学研究开辟了新的方向。但他没有也不可能真正解决这一问题，列宁对康德哲学的特征做了高度概括，他指出："康德哲学的基本特征是调和唯物主义和唯心主义，使两者妥协，使两种相互对立的哲学派别结合在一个体系中。当康德承认在我们之外有某种东西、某种自在之物同我们表象相应存在的时候，他是唯心主义者；当康德宣称这个自在之物是不可认识的、超验的、彼岸的时候，他是唯物主义者。在康德承认经验、感觉是我们知识的唯一泉源时，他是在把自己的哲学引向感觉论，并且在一定的条件下，通过感觉论而引向唯物主义。在康德承认空间、时间、因果性等的先天性时，他就把自己的哲学引向唯心主义。"②

---

① 〔德〕康德：《纯粹理性批判》，蓝公武译，生活·读书·新知三联书店，1957，第245页。
② 列宁：《唯物主义和经验批判主义》，人民出版社，1964，第193页。

（四）主体和客体统一研究的深入进展——黑格尔的"绝对理念"

康德试图在认识论范围之内解决主体和客体的统一问题，并高扬了人的主体性。但是，由于他承认"自在之物"是主体认识不能企及的，又陷入不可知论，所以没有真正实现主体和客体的统一。

康德的后继者费希特否认康德所讲的"自在之物"，不满意康德试图把唯物论（费希特称之为独断论）与唯心论调和起来的做法，认为这两个体系是绝对不能两立的。他否认唯物论，认为唯一可能的哲学只有唯心论，试图通过将客体归结为主体而达到主体和客体的统一。费希特片面夸大主体性，说："注意你自己，把你的目光从你的周围收回来，回到你的内心，这是哲学对它的学徒提出的第一要求。哲学所要谈的不是在你外面的东西，而只是你自己。"① 他提出"自我设定自身""自我设定非我""自我设定自身与非我"等命题，企图在主观唯心主义"自我"哲学的基础上解决主体和客体的统一。

谢林则从客观唯心主义出发解决主体与客体的统一，他提出一种超越主体和客体的绝对理性（绝对同一）才是主体和客体统一的基础的理论。他说："这种更高的东西本身既不能是主体，也不能是客体，更不能同时是这两者，而只能是绝对的同一性。"②

黑格尔肯定康德区分现象和"自在之物"、现象和本质是有意义的，但又认为康德把现象和本质割裂开来是错误的。他指出："康德只走到半路就停住了，因为他只理解到现象的主观意义，于现象之外去坚持一个抽象的本质，认识所不能达到的物自身。殊不知直接的对象世界之所以只能是现象，是由于它自己的本性使然，当我们认识了现象时，我们因而同时即认识了本质，因为本质并不存留在现象之后或现象之外，而正由于把世界降低到仅仅现象的地位，从而表现其为本质。"③ 黑格尔肯定康德在认识论中强调主体能动性的思想，并进一步发挥说："康德这种说法，已正确道出了

---

① 北京大学哲学系外国哲学史教研室编译《西方哲学原著选读》下卷，商务印书馆，1982，第 320 页。

② 〔德〕谢林：《先验唯心论体系》，梁志学、石泉译，商务印书馆，1977，第 250 页。

③ 〔德〕黑格尔：《小逻辑》，贺麟译，商务印书馆，1980，第 276 页。

所有一切意识的本性了。人的努力，一般讲来，总是趋向于认识世界，同时控制世界，好像是在于将世界的实在加以陶铸锻炼，换言之，加以理想化，使之符合自己的目的。"① 但黑格尔认为，这种能动性并不是自我意识的主观活动，应把它归结为"绝对精神"的力量。可见，在主体与客体的统一问题上，黑格尔又前进了一步。他不仅主张主体与客体的现象的统一，而且也坚持主体与客体的本质的统一。他在《精神现象学》中明确宣称："照我看来，一切问题的关键在于：不仅把真实的东西或真理理解和表述为实体，而且同样理解和表述为主体。"② 这种主体即实体的思想，说明黑格尔理解的主体和客体的统一，其原因在于主体能创造客体，主体使自己转化为客体。这里的主体并非指人的思维，而是指在世界之外独立自存的、唯一的、普遍的"绝对精神"。"绝对精神"是主体和客体统一的基础。

由此看来，从哲学基本路线上说，黑格尔是继承了谢林的客观唯心主义，但他不像谢林那样，把绝对精神理解为"绝对无差别"的"绝对同一"。而是把辩证法应用于反映论，把主体与客体的统一理解为矛盾发展、相互转化的过程。黑格尔的哲学体系——"逻辑学"、"自然哲学"和"精神哲学"，就是按照上述辩证思想建立起来的。"逻辑学"描述的是"绝对精神"在纯概念形式中的自我发展阶段，在这个阶段上，"绝对精神"表现为它的各个环节即范畴的推演；"自然哲学"则是"绝对精神"向自己对立面转化，"异化"为自然界；在"精神哲学"中，"绝对精神"扬弃自然界进入了人的意识并在人的意识中最终回到了自己，认识了自己。描述"绝对精神"自己运动和自我认识的历史，就是哲学认识的基本任务，他说："简言之，达到概念的概念，自己返回自己，自己满足自己，就是哲学这一科学唯一的目的、工作和目标。"③

值得重视的是，黑格尔把实践作为解决主体和客体统一的环节。在他看来，实践活动，可以既克服主体性的片面性，又克服客体性的片面性，

① 〔德〕黑格尔：《小逻辑》，贺麟译，商务印书馆，1980，第122页。
② 〔德〕黑格尔：《精神现象学》上卷，贺麟、王玖兴译，商务印书馆，1979，第10页。
③ 北京大学哲学系外国哲学史教研室编译《西方哲学原著选读》下卷，商务印书馆，1982，第385页。

从而达到真理。这种重视实践和行动的思想，对马克思主义认识论提供了启示，也为实用主义的实践哲学所重视。

总之，黑格尔哲学力图克服康德的二元论和不可知论，实现思维与存在、主体和客体的统一，尽管他的基于绝对理念的客观唯心主义哲学体系不可能真正实现这一目的。

费尔巴哈既批判康德的不可知论，又反对黑格尔的唯心主义的思维与存在同一说。他把人作为思维与存在、主体与客体统一的基础，指出："思维与存在的统一，只有在将人理解为这个统一的基础和主体的时候，才是意义，才是真理。"① 这是费尔巴哈人本学唯物主义哲学的主题。如他所说："新哲学将人连同作为人的基础的自然当作哲学唯一的、普遍的、最高的对象。"② 当然，由于费尔巴哈囿于机械唯物论，不了解"革命的""时间批判的"活动的意义，没有自觉地把辩证法应用于反映论，也就不可能正确理解主体和客体的统一，但是，他对德国古典哲学的改造，也给予后世哲学新的启迪。

（五）实用主义论经验的和理性的已变的概念

欧洲近代哲学的主题转换及其演化，纳入了实用主义哲学的视野。

皮尔士强调科学方法是一种经验观察的实验法，它从观察到经验事实出发提出假设，进行演绎推理，最后由经验事实来检验。他还强调经验和逻辑相结合，既反对漠视理性的经验主义，又反对理性主义的纯逻辑推演，为后来的实用主义开辟了思维方向。

詹姆士把他的世界观命名为"彻底经验主义"，这首先和理性主义对立了起来。他说："理性主义趋向于强调共相，把整体放在部分之先，无论是在逻辑的次序上，或者是在存在的次序上都是如此。相反，经验主义把说明的重点放在部分、元素和个体上，并且把整体视为一个集合，把共相视为一个抽象。因此，我对事物的描述，从部分开始，并且使整体成为一个

---

① 北京大学哲学系外国哲学史教研室编译《西方哲学原著选读》下卷，商务印书馆，1982，第 489 页。

② 北京大学哲学系外国哲学史教研室编译《西方哲学原著选读》下卷，商务印书馆，1982，第 491 页。

第二等的存在。我的经验主义本质上是一种镶嵌哲学，一种多元事实的哲学，和休谟和他的后继者们哲学一样。他们既不把这些事实拉到实体上去，为他所固有，也绝不把它们拉到一个绝对精神上去，为他所创造，作为他的物件"①，在表明这种经验主义立场的同时，詹姆士又把自己的哲学和传统经验主义区别开来，指出："但是我的经验主义和休谟类型的经验主义有所不同，因此我把我的经验主义加上'彻底的'这个形容词，以表示它的特点。"②

詹姆士之所以把经验主义加上"彻底"二字，就意味着"必须既不要把任何不是直接所经验的元素接收到它的各结构里去，也不要把任何所直接经验的元素从它的各结构里排除出去。"③ 所谓不应接收的不是直接所经验的元素，一方面是把认识限制在单纯的经验范围内，排除了作为经验的基础和源泉的客观世界；另一方面也排除了理性主义者所推崇的超经验的意识成分的因素。此外，还排除了休谟等人的习惯性的心理联想等说法。所谓不应排除的直接经验的元素，一方面，反对传统经验论者用静态观点把经验归结为孤立的、原子式的感觉或直觉，指出经验是动态的"意识流"，从而赋予经验以更丰富的内容；另一方面，也反对传统经验主义者只见局部、不见整体，只看到分离性、不见连接性，从而把事物的内部性质及事物之间的关系排除在经验之外的偏见，从而把整个对象世界看作一个统一的纯粹经验世界。

这样，詹姆士认为他的彻底的经验论，既克服了理性主义，也克服了传统经验主义的片面性。他自信地说："向后理解，必须承认这是哲学家们——无论是理性主义的哲学家们或者是通常的经验主义类型的哲学家们——的常有的弱点。只有彻底经验主义才强调即使是理解也要向前。"④

企图以改造以往哲学作为出发点的杜威，继承了皮尔士、詹姆士关于经验的新思想，提出了经验自然主义。杜威指出，以往哲学对经验的解释，

① 〔美〕威廉·詹姆士：《彻底的经验主义》，庞景仁译，上海人民出版社，1986，第22页。
② 〔美〕威廉·詹姆士：《彻底的经验主义》，庞景仁译，上海人民出版社，1986，第22页。
③ 〔美〕威廉·詹姆士：《彻底的经验主义》，庞景仁译，上海人民出版社，1986，第22页。
④ 〔美〕威廉·詹姆士：《彻底的经验主义》，庞景仁译，上海人民出版社，1986，第127页。

其主要特点和缺陷是把经验只看作知识或认识，而经验首先表示的不是认识，而是行动的方式和辛苦。[①] 他认为，这种关于经验的新概念的得出，有两个条件：一是经验的实际性质，即实际所经验的内容和方法的变化，即随着社会实践和实验科学的发展，经验的内容已远远突破了知识的范围，把经验的事物和经验的过程全包括在内。二是生物学和心理学的发达，这是新的经验观产生的坚实的自然科学基础。这种把经验看作主体和对象、有机体和环境之间相互适应作用的观点，是杜威对传统经验观改造的核心内容。

杜威认为，他对经验概念的改造，弥补了传统经验主义的根本缺陷，使感觉原子论全然解体了，于是结合诸感觉的超经验的理性的综合作用也不必要了。这就抵挡了理性主义对经验主义的攻击，避免了困境，也对理性主义来了个釜底抽薪，康德派和后期康德派为着综合经验的质料而设定的精致的先天概念和范畴组织也没用处了。这就从根本上实现了对理性概念的改造，并把它也囊括在经验之中了。

总之，实用主义哲学在一定程度上抓住了传统经验主义和理性主义在经验和理性概念上的各自的片面性，把"超越"二者传统对立作为哲学改造的归宿。但是，由于实用主义自身的缺陷，最终难以实现自己的目的。

三 实用主义对哲学观的改造

（一）哲学改造，势在必行

以认识论为主题的近代西方资产阶级哲学，无论是经验主义还是理性主义，在人类哲学思想发展的历程中均做出了重要贡献，较古代和中世纪哲学前进了一大步。

但是，由于近代资产阶级哲学自身的局限性和片面性，在解决存在与思维、客体与主体及其他一系列哲学问题上，哲学家又陷入了难以自拔的

---

① Dewey John, On Experiencn, Nature, And Freedom (New York: Bobbs - Merrill Company, 1960), p. 168.

困境。经验主义囿于主体所及的感觉、经验范围，无法把客体与主体、思维与存在统一起来，陷入了怀疑论，用杜威的话说是面临"感觉原子论全然解体"的危险。理性主义求助于天赋观念实现这种统一，除了染有神学色彩外，还陷入了绝对主义的独断论，正像杜威的批评的："唯理主义所持的理性不得不说是过于鲁莽、浮夸、无责任心和呆板——简单地说是陷入绝对论。"① 康德试图用先天综合能力来统一经验和理性，但他的现象世界与自在之物世界的分裂，又使得他难以成功。康德以后，从费希特到黑格尔的德国唯心主义者，试图凭借"绝对自我""绝对精神"统一主体与客体、思维与存在。但他们以主体为基石，在思维内部兜圈子，还是不能使问题真正得以解决。18 世纪法国唯物主义和费尔巴哈的人本学唯物主义，虽然正确解决了思维与存在何者为第一性的问题，但他们的消极的、被动的反映论，忽略了主体的能动性，也难以解决主体和客体、思维与存在的统一问题。

这一切都表明，以认识论为中心的近代资产阶级哲学，在基本的问题上陷入了矛盾的危机。

于是，从 19 世纪上半叶起，就有一些哲学家，试图改变哲学的发展方向，转换哲学的主题。

叔本华、克尔凯郭尔、尼采等人否定了以认识论为核心的传统模式，主张哲学的重心应由研究思维与存在、经验与理性转向研究人的内心结构、人的心理体验和非理性的直觉，提倡人生哲学，创立了唯意志论，这就是现代西方哲学的人本主义思潮或非理性主义思潮。这一思潮，先后由生命哲学、现象学、存在主义、法兰克福学派等承袭和发展。另一些哲学家，如孔德和穆勒，拒绝对传统哲学中的思维与存在关系这个哲学基本问题做出回答，强调哲学应以实证自然科学为基础，成为自然科学的方法论，他们把哲学的重心转到科学提出一系列问题上，而把传统哲学的世界观、伦理学、人的命运和价值等问题作为无意义的"形而上学"问题剔除出去。这就是现代西方哲学中科学主义或实证主义思潮。这一思潮后由经验批判

① 〔美〕杜威：《哲学的改造》，许崇清译，商务印书馆，1953，第 52 页。

主义、实用主义、逻辑实证主义、批判理性主义、科学哲学的历史主义学派等承袭和发展。

这样，源于近代西方哲学并突破近代西方哲学的现代西方哲学，就开辟了哲学研究的新领域，提出了哲学探索的新问题，确立了哲学学说的新观念，这就是哲学的改造和转向。其中，有两个令人注目的取向：一是把认识论问题深化为方法论问题，突出分析的方法，如逻辑分析、语义分析、操作分析、结构分析、价值分析等；二是突出人的问题，研究个人存在的意义、价值与尊严，非理性的情感、意志和心理本能活动。

实用主义哲学把自己置身于哲学激流的旋涡之中，它的浓厚的反传统的色彩，并且是在反对新黑格尔主义（黑格尔主义在新形势下的复活）为代表的思辨形而上学中形成的。它在哲学改造的两个取向中带有折中主义特色，即实证主义（这是其主要理论倾向）和非理性主义兼而有之。

（二）哲学改造中的历史因素

近代西方哲学把古代西方哲学作为传统观念，进行了变革，现代西方哲学，则对包括古代西方哲学和近代西方哲学的传统哲学，进行了变革，这些哲学变革，都是有其历史背景的，杜威在他的《哲学的改造》一书中设专章分析了哲学改造中的几个历史因素。

杜威把注意力放在当时欧洲工业上、政治上和宗教上发生的各种变化的趋向上，指出工业方面的新成就，减弱了传统信念的势力，提振了考察和开拓新世界的兴致，产生了新方法，把积极的观察和主动的实验贯彻到科学中去。这就不仅引起了工业的变化，而且引起了人们心理的变化，两种变化同时并起且相互助长，就发生了巨大的影响，"当新精神状态的发现和普遍的物质的经济的变化结合起来时，重大事件就发生了"。杜威还指出："政治上的巨大变化已经跟着新科学和它在工业上的应用而形成了。"①这就是封建制度的颠覆，资本主义制度的确立，政治上个人主义，以及宗教和道德上的个人主义出现等。

杜威认为，上述这些历史因素的变化，促成了古代西方哲学主题向近

---

① 〔美〕杜威：《哲学的改造》，许崇清译，商务印书馆，1953，第20～23页。

代西方哲学主题的转换。但是，他又认为"这个发展仅表示一个过渡的阶段，事至明显。结局不过是要把新酒盛在旧壶里"①。也就是说，近代西方哲学仍将宇宙合理性的传统观念和信赖个人精神的现代信念调和起来，结果，"陷于两难的境地"。哲学的改造必须继续进行下去。

现代西方哲学对传统哲学的改造，有其深刻的历史背景。从 19 世纪下半叶以来，西方社会历史的发展出现了重大变化。资本主义制度确立以后，它固有的矛盾和由此引起的各种社会弊端逐渐凸显和尖锐，经济危机出现。资本主义演化为帝国主义后，两次世界大战给西方社会带来了巨大的震动和变化，新的危机和问题无时无刻不在威胁着西方社会。科学技术革命虽然对传统的社会结构、生产方式、生活方式带来变化，但并没有从根本上解决资本主义社会的固有矛盾。这一切都给哲学的改造提供了历史契机。资产阶级确立了政治的统治地位后，失去了反封建的革命性，作为批判神学和经院哲学思想的唯物主义传统被抛弃，堆积如山的社会问题引起了人们对绝对化的理性主义体系的怀疑，现代自然科学的新成就也动摇了作为近代哲学基石的机械论和形而上学。无产阶级登上历史舞台及作为其世界观的马克思主义哲学的诞生和发展，也迫使资产阶级寻找"新"的思想武器与之抗衡。这一切都使西方资产阶级思想家力图摆脱传统哲学的发展模式，致力于哲学方向和主题的变革。

（三）哲学改造中的科学因素

哲学改造有其自然科学的背景。杜威指出："和经济的、政治的乃至教会组织的变化并起的是广泛的科学革命，关于自然、物性和人性的信仰几乎也都起了变化。"②

地球中心说的被推翻和机械力学的兴起，是近代自然科学的重大成就，也是促进近代哲学改造的自然科学动力。"新科学的一桩重要事件是以地球为中心这个观念的毁坏。固定的中心这个观念泯灭了，封闭的宇宙和天穹的困境那个观念也跟着消灭③。"当自然被看作一套机械的交互作用时，它

---

① 〔美〕杜威：《哲学的改造》，许崇清译，商务印书馆，1953，第 26～27 页。
② 〔美〕杜威：《哲学的改造》，许崇清译，商务印书馆，1953，第 28 页。
③ 〔美〕杜威：《哲学的改造》，许崇清译，商务印书馆，1953，第 35 页。

的意义和目的就完全丧失了。此外还有数学、物理学、化学和生物学的进步，科学革命与工业革命的相互促进都成为哲学改造中的自然科学因素。

关于自然的概念和认识方法的革命，必然引起一系列的变化："它引起了无限的可能，无穷的进展，自由的运动和不拘界限均等的机会，等等观念，而自成了一个鼓动想象的工具。它改造了社会制度，同时也启发了新道德。它获得了理想的价值。它可以变为创造的建设的哲学。"

但是以机械力学为基础和核心的近代自然科学有着很大的局限性，奠定于这个基础之上的近代哲学对古代哲学的改造，也很不彻底。19 世纪自然科学上的三大发现（细胞学说、能量守恒和转化定律、生物进化论），进一步揭示了自然界存在和发展的辩证性质，马克思主义哲学实现的对哲学的根本变革，就是以此为自然科学基础的。现代西方哲学要弥补近代哲学在哲学改造中的不足，目光必须转向自然科学的新成就和新方法。

现代西方哲学十分重视哲学改造中的自然科学因素。实证主义流派把自己的哲学看作现代自然科学的哲学，是科学的方法论。非理性主义流派虽然反对把科学当作哲学的基础，但实际上也把科学纳入了视野。就连现代宗教哲学也力图把宗教和科学调和起来。因此，分析现代西方哲学对传统哲学的改造时，必须对自然科学因素予以充分的重视。

在哲学改造中起了重要作用的实用主义，就是以生物学中的达尔文进化论和与此相连的机能主义心理学为其自然科学基础的。莫里斯指出："实用主义无疑是达尔文主义以后的哲学。它的经验主义是朝生物学方向演变的经验主义""怎样从进化论的观点来解释人心，人的认识、人的自我、人的道德，这是实用主义者最重要的问题。"[①]

杜威从经验的传统概念的变化说明这一点。按照传统心理学的理解，心的生活发端于感觉，这些感觉是个别地和被动地接受的。除了结合原子的感觉以外，心对于认识全然是被动的、顺从的。意志、行动、情绪和欲望是跟着感觉和心想而起的。但是，"生物学发达的结果倒转了这个场面"。有生命的地方就有行动、有活动。为了维持生命，活动就要连续，并与其

---

① 〔美〕莫里斯：《美国哲学中的实用主义运动》，孙思译，《世界哲学》2003 年第 5 期，第 7～8 页。

环境相适应。而且这个适应的调节不是全然被动的，不单是有机体受着环境的塑造，它也有所施于其环境，并有所施于它自身。这个转变的意义就在于经验变成首先是做事情，向着环境动作，而环境所产生的变化又反映到有机体及其活动上。这里，杜威是从有机体与环境的相互作用这个首要的事实出发的，这正是以达尔文的生存竞争和自然选择的生物进化论为科学依据的。

美国机能主义心理学也成为实用主义哲学改造的自然科学基础。机能主义心理学的基本特征就是把心理作为有机体适应环境的一种机能，在方法上，着重实验观察的事实与效果。波林曾深刻地指出："美国心理学走向机能主义，用效用和存在价值评价心理和心理活动。威廉·詹姆士就是用这个观点看待心理学的第一人，杜威支持了他，他们一同把机能主义的福音带进了哲学，叫作实用主义。"①

（四）实用主义与传统哲学不同的特点

实用主义以改造传统哲学的面目，活跃在哲学舞台上，它的主导思想体现出了与传统哲学相区别的一般特点，主要表现在以下几个方面。

1. 实用主义首先是一种方法

实用主义将哲学的主题由古代哲学的本体论、近代哲学的认识论改造和深化为方法论，用詹姆士的话说，实用主义"首先是一种方法，其次是关于真理是什么的发生论。""它除了方法之外，没有什么武断的主张和理论""真实的世界是开放的，理性主义却要制定出许多体系来，而体系总是封闭的。"② 这就表明，实用主义，与传统哲学不同，不重体系的构建而致力于方法的探求，把哲学的主旨归结为与世界观无关的科学方法论。

实用主义的奠基人皮尔士认为，哲学的使命不是认识世界，而是确定信念。实用主义主要是一种确定信念，即提出假设的方法，是一种科学方法论。在他的《信念的确定》一文中，表明"描写科学研究的方法是这一组论文的目的"，指出"科学上的每一主要的一步都是逻辑中的一课"。他

---

① 〔美〕波林：《实验心理学史》，高觉敷译，商务印书馆，1981，第273页。
② 〔美〕詹姆士：《实用主义》，陈羽纶、孙瑞禾译，商务印书馆，1979，第36、17页。

认为科学方法是确定信念的最可靠的方法，即通过探索，摆脱怀疑状态，达到确定信念，这种"怀疑—信念"的探索理论就是皮尔士的方法。皮尔士强调，这种科学方法是经验和逻辑的结合，既反对经验主义，也反对理性主义的纯逻辑推演，表现了对传统哲学的改造和综合。

詹姆士也把实用主义看作一种方法，是一个解决形而上学的争论的方法。关于这种方法，他做了如下的解释："实用主义的方法，不是什么特别的结果，只不过是一种确定方向的态度。这个态度不是去看最先的事物、原则、'范畴'和假定的必需的东西；而是去看最后的事物、收获、效果和事实。"①

方法论在杜威哲学中居重要地位，他把它看作一种实验逻辑、探究逻辑，因此他的方法论通常被称为"探索方法（理论）"或"试验—探索方法（理论）"。杜威把其探索方法归结为思想五步论，即感到困难、找到困难的所在和定义、对不同的解决办法的设想、运用推理对设想的意义所做的发挥、进一步观察和试验，它引导肯定或否定，即得出可信还是不可信的结论。② 这五步说，在一定程度上揭示了科学发现的逻辑，但是，五步说又被限定在他的主观唯心主义、非理性主义和经验理论内，因而并不是一种真正科学的方法论。

体现假设、实验和证实的实用主义精神的方法论，本身就是对西方传统哲学的一种改造。一方面，它批判了漠视经验、夸大理性的理性派哲学；另一方面，它也批判了对经验进行狭隘理解、否认理性的经验论哲学。

2. 实用主义是关注人的哲学

实用主义在哲学思想发展史上一个很突出的作用，就是提出了哲学重心或主题转变的问题，把人、"心的活动"引入现代西方哲学，并以其作为基本课题。詹姆士说，哲学的重心必须改变它的位置，人间事长久以来被上层以太的壮丽抛到阴暗中去了，现在必须恢复它的权利。杜威以《人的问题》命名了自己的论文集，在序言中批评了很多哲学家不去研究人的现实问题，而忙于构筑思想体系、追求"永恒"的知识，这是哲学陷入困境

---

① 〔美〕詹姆士：《实用主义》，陈羽纶、孙瑞禾译，商务印书馆，1979，第31页。
② John Dewey, *How we Think* (Lexington, Mass, 1910), p. 72.

的原因。要摆脱这种局面，关键是哲学面向人生，"从人生关系"上去探讨"哲学的现状"，正因为这样，席勒认为与其称作"实用主义""工具主义"，不如称作"人本主义"更贴切，更能体现实用主义的基本精神。

实用主义把人确定为哲学的主题，并不是古代和近代哲学的简单重复，它不主张在思辨推理中抽象地研究人，而是把人的本质看作人的生存活动。生存活动把生活与活动合一起来，活动成为生活的存在方式，"人的活动"便引入哲学领域，并成为其理论的立足点，詹姆士说："人生是充满重要性、意义、成功与失败、希望与奋斗、向往与欲望和内在价值的"，[①]"它趋向于事实、行动与权力"。人的活动，不再是单纯的认识，抽象的思辨，而是带有价值和功利的特点。作为主体的人，也就成为具有各种欲望、需要和利益的人。詹姆士则强调这种主体是适应其环境的活生生的具有非理性的生物；杜威直截了当地称其为"生物有机体"。这虽然带有非理性主义色彩，却对人的欲望、需要、利害给予充分的重视，富有人本主义精神。实用主义者相信这种人本主义精神会带来哲学的改造，詹姆士说，如果人本主义得势，显然整个哲学舞台就将在某种程度上改观。事物的重点，它们的前景与后果的位置，它们的分量和价值，就不是现在这样了。

把人的现实生活引入哲学基本课题的视野，不仅是对西方传统哲学的改造，也是对现代西方实证主义流派的超越，体现了实证主义与人本主义融合的趋势。

3. 实用主义是崇尚行动的哲学

皮尔士强调人和人的活动是哲学研究的出发点，是哲学思想借以建立的基础，这正是皮尔士开拓的与传统的思辨哲学不同的哲学方向。皮尔士指出信仰是行动的准则，而不同的信仰则由它们所产生的行动方式来加以区别的。要弄清一个思想的意义，只需断定这思想会引起什么行动，只需考虑它会有什么样的实际效果。詹姆士把这称作皮尔士的原理，也就是实用主义的原理。

詹姆士把"人的活动"即生活、经验、行动、实践的观点引入哲学，

---

① 〔美〕威廉·詹姆士：《彻底的经验主义》，庞景仁译，上海人民出版社，1986，第101页。

并作为理论的出发点和基础。他强调思维属于行动，认识必须为实践服务，也认为认识和思维只是为了人们的意志和行动才存在。他指出："掌握真实的思想就意味着随便到什么地方去都有极其宝贵的行动工具；我们追求真理的责任绝不是从天上掉下来的命令，也不是我们理智所喜欢的'技艺'，乃是可以用很好的实际理由来自我说明的。"① 于是实践、行动在哲学中有了决定性意义。莫里斯认为，对于实用主义者来说，人类行为肯定是他们所关注的核心论题。席勒也指出："实用主义的概念认为认识是行动的序幕，我们把所谓的'单纯认识'看作是整个过程的一个片断，其未被割裂的完整过程永远是以行动告终的，这种行动验证了它的真实性。"②

杜威承认其理论是"一种关于思维和认识的行为主义理论的"，并称其哲学为生活哲学、行动哲学、实践哲学。杜威反复论证认知是一种动作方式，探究是一种操作，他说："如果按照实验的模型来构成我们的认识论，我们就会发现认识是一种操作日常经验事物的方式，因为我们能够用这些日常经验事物之间彼此的交互作用，而不用这些事物直接呈现的性质来构成我们对于这些事物的观念。而且我们也会发现，因为我们对于这些事物的控制，我们按照我们的意愿来改变它们和指导其变化的能力，便无限扩大了。认知本身是实践动作的一种方式，而且是使得其他自然间的交互作用从属于我们指导之下的唯一交互作用的方式。"③ 按照杜威的理解，生活、行动、实践是指人作为生物有机体适应环境的行动，这也是实用主义哲学实践概念的基本含义。

在对待实践或行动的理解上，实用主义哲学对传统西方哲学进行了改造和发挥。

在古希腊哲学中，最初实践是一种道德上的实践活动。亚里士多德拓宽了实践范畴的含义，认为政治活动和道德行为属于实践活动，并指出了实践的目的性特点。但是，实践还没有被纳入哲学认识论的范畴。

中世纪和文艺复兴时期，经院哲学是漠视实践的，但随着资本主义生

---

① 〔美〕詹姆士：《实用主义》，陈羽纶、孙瑞禾译，商务印书馆，1979，第103~104页。

② 〔英〕席勒：《人本主义研究》，麻乔志等译，上海人民出版社，1986，第123页。

③ 〔美〕杜威：《确定性的寻求》，傅统先译，上海人民出版社，2005，第78页。

产关系形成和自然科学的崛起，罗吉尔·培根等唯名论者，强调了科学实验这种实践活动的意义，强调了它产生并检验真知论的重要性。达·芬奇则发表了一系列论文及实践和认识二者关系的言论，但他指的实践，仅限于科学实验、工艺技术及艺术活动。

近代唯物主义经验论的创始人弗朗西斯·培根主张"从那些与实践有关的基础上开始把各种科学建立起来"，他强调实践是认识的源泉，并在一定程度上认识到实践是检验认识的标准，但他理解的实践仍局限在直观观察和科学实验的狭隘范围内。唯理论者笛卡尔希望建立一种"实践哲学"来代替"思辨哲学"，以促进了解自然和利用其为人类服务。他认为实践哲学包括经学、机械学和伦理学，拓宽了实践的范围。法国唯物论者狄德罗对实践及其在认识中的作用做了较全面的阐述。但是，他们都没有能够对实践做出全面的界定，因而也就没有完整的实践观。

德国古典哲学是欧洲哲学史上的一场革命。在对实践范畴的理解上也达到了旧哲学所能达到的最高水平。康德写了《实践理性批判》，专门研究了理论的实践能力。他还强调理论与实践的统一，并认为理论从属于实践，不过，康德所讲的实践，仍是指人的道德修养活动，没有把实践引入认识论。

黑格尔在抽象思辨的形式下，对主体和客体的统一，对人类认识的能动性，对实践范畴及其作用，做了辩证的探索。他揭示了劳动、实践的辩证内容，揭示了人类实践活动的普遍性、必然性和规律性，分析了实践的特点和作用，并表达了实践高于理论的思想，猜测到了实践是检验真理的标准的道理。这些真知灼见，受到了马克思主义经典作家的高度重视。列宁指出："毫无疑问，在黑格尔的分析认识过程中，实践是一个环节，也就是向客观的（在黑格尔看来是"绝对的"）真理的过渡。因此，当马克思把实践的标准引入认识论时，他的观点是直接和黑格尔接近的"。① 当然，黑格尔仅是把实践看作理念活动中的一个环节，并没有把实践作为全部认识论的基础，而且他是在唯心主义前提下，在"绝对精神"的框架内论及实

---

① 《列宁全集》第 38 卷，人民出版社，1959，第 228 页。

践的。

现代西方哲学，无论是科学主义还是人本主义，在对德国古典哲学理性主义思辨形而上学的改造中阐发了对实践、经验、行动的新看法。

英国最早的实证主义代表穆勒，反对一切从概念出发的先验的认识论，强调一切人类知识起源于经验，哲学应该成为研究经验事实和科学方法的理论。穆勒的经验主义和功利主义，被实用主义奉为理论先驱。詹姆士把自己的主要著作《实用主义》献给穆勒，唯意志主义的代表人物尼采，反对以认识论为中心的传统理性派哲学，主张以人的生活和行为为中心的实践哲学。以柏格森为代表的生命哲学，把人的生命和生活作为理性对象。这些关于生活和实践的哲学见解，被具有开放性的实用主义所吸收、摄取，形成了具有特色的实用主义的实践观。实用主义不再把实践仅看作认识论的一个环节，而是看作认识论的基础，进而作为整个哲学的基石。在对实践概念的理解中，实用主义把非理性的内容囊括其中，尤其是把人适应环境的活动作为主要含义，这就把人的行动上升到"实践"的哲学高度，形成了一定意义上的实践哲学。实用主义，较早地在现代西方哲学中弘扬了实践观，为哲学发展开辟了一个新的领域。

众所周知，实践性是马克思主义哲学的根本特点之一，科学的实践观是马克思主义哲学的重要组成部分。那么，马克思主义和实用主义的实践观是否相接近或一致呢？回答是否定的。首先，马克思主义的实践观与实用主义实践观是有着严格区别的。马克思主义实践观是在肯定物质第一性、精神第二性的前提下提出的，在物质本体论的基础上指出实践是改造客观世界的一切物质活动。实用主义虽然声言回避物质与精神何者为第一性的问题，却把人的认识和实践过程看作纯粹是由主体按照自己的思想、观念、意志进行创造的过程，把实践、行动看作主体所采取的任何活动，包括那些纯粹主观的意识活动。甚至认为认识的对象在一定意义上说是实践的产物，这就陷入了唯心主义。其次，马克思主义实践观把实践理解为社会实践，其主体是人民群众，当然也包括个人，但"个人"实践只是社会实践的一部分。实用主义把实践简单地等同于个人的行为、活动和生活，并理解为生物有机体适应环境的"刺激—反应"，这就跳不出生物学和行为主义心理学的圈子。再次，马克思主义实践观，对实践的要素、特点、性质做了辩证的全面理解，视实践和理论为有机统一体。实用主义在批判"理性主义"和"绝对主义"的前提下，探索实践的相对性和丰富性，但倾向于重行动轻理论，带有非理性主义和经验主义的片面性。

4. 实用主义是一种价值哲学

19 世纪后半叶，西方古典哲学衰落之后，新康德主义者洛采等人，试图到价值领域中去重新寻找出路，唯意志论者尼采，提出了他的价值重估理论。自此，重新反省文化传统、价值观、价值标准和价值理想，成为现代西方哲学一些流派的"热点"，其中尤以实用主义价值哲学的色彩浓重。

实用主义反对传统哲学以世界是什么及如何认识世界作为认识论哲学的中心，而着力探讨意志和价值的问题，如杜威所说："哲学首先要跟价值——跟人为之而行动的目的发生关系。"① 这种以价值或意义为中心的哲学，是一种价值哲学或意义理论。

皮尔士提出了以实际效果确定概念意义的实效主义意义论。这一理论强调可感效果是意义的标准，这个效果应从行动、实验中去把握，感觉效果就是引起实验、行动的效果。他认为要把一个概念的意义展示出来，须经三个步骤：一是先将单称陈述翻译成假设的形式，即所谓假设主义；二是根据假设施行一定的动作，即所谓行动主义；三是有一个可观察到的经验证实效果，即实验主义。这显然带有行动主义和实验主义的特色。皮尔士有时干脆把意义标准归结为人们的行为习惯，认为一个概念或命题的意义在于有一套与之相应的操作。与这种意义理论相连，皮尔士的真理观认为真理的意义即兑现价值和行为效果。这种意义或价值观，不是同客观需要相联系，不是以正确认识世界和改造世界为前提，而是归结为人适应环境的行动效果和习惯，其主观唯心主义的性质是显而易见的。

詹姆士的价值观，主要体现在他的基本概念"效用"或"有用"上。他认为真理并不是认识论的概念，而是一个意义或价值概念。也就是说，真理并不在于与客观实在相符合，而是指对确定人们的信念有实际效果的

---

① 杜威：《人的问题》，载于洪谦主编《西方现代资产阶级哲学论著选辑》，商务印书馆，1964，第 165 页。

信念，是对满足人的需要和愿望有用的，能使人获得成功的观念，有效、有用、成功是真理的根本标志。这就是通常说的有用就是真理。这是詹姆士真理论的一个基本论点，也是他的价值论的基本观点。这里，詹姆士把"有用就是真理"和"真理是有用的"混淆在一起，包含着探索、矛盾和荒谬。其实，真理是对客观世界及其规律的正确反映，这是真理的本质规定。它能指导改造客观世界的实践活动并逐渐达到预期的目的，这只能是真理的一种基本属性即价值属性，而詹姆士却把它当作真理的本质规定和检验标准。有用是观念真理性的结果，詹姆士却把它作为真理性的依据。有用要以真理性为前提，詹姆士却把它当作真理性的前提。真理是有用的，但有用的并非都是真理，因为"有用"是带有主观色彩的，可以成为唯我论者满足需要的庇护所，利己主义，唯利是图的观念也能带来"兑现价值"，使人获得利益的成功，难道也是真理吗？詹姆士真理论和价值观的不足正在这里。

杜威针对詹姆士"真理＝有用"的逻辑所招致种种非难和困境，煞费匠心地提出工具主义，在有用和真理之间加上"工具"这个中间环节，认为所有的概念、学说、系统是假设，是工具，它们的效能和价值全系于成功与否，效用是衡量一个观念或假设的真理尺度。这样，还是否定了思想和理论是对客观世界的反映，否定了其客观真理的意义，回到了"真理就是效用"原点，用真理的价值属性，混同并代替真理的本质属性或科学属性，这也是杜威真理论和价值论的致命弱点。

概念论实用主义者刘易斯把价值分为四种：在有用性的意义上来看的价值；在手段意义上来看的价值；在目的意义上来看的价值；在作为整体的一部分来看的价值。这里，突出的仍然是效用性。他在《价值和命令》一书中，专门谈了"价值和事实"问题，在他看来，事实并不是指客观事物，而是指一种经验，价值是关于这种经验产生的事实。这也是否认价值的客观来源，仅把价值同主观经验联系在一起。

在价值和意义问题上，实用主义尽管没有跳出唯心主义窠臼，但它把价值和意义纳入哲学的视野，强调人通过实践活动给事物以价值的意义，这是有其积极价值的。

5. 改造的杠杆——"二元论"

二元论，就其本意来说，是指主张世界有精神和物质两个独立的本原的哲学学说。近代二元论哲学的主要代表是笛卡尔和康德。二元论徘徊于唯物主义和唯心主义之间，企图调和两者的根本对立。在哲学基本问题，尤其是物质与精神何者为第一性的问题上，有折中主义倾向，最终往往倒向唯心主义。

近代西方哲学，无论机械唯物主义和唯心主义，还是经验论和唯理论，都没有科学地解决精神与物质、心与物、现象与本体、思想与行动、经验与自然、感情与理性、理智与信仰、知识与价值的关系，把本来是统一的东西绝对对立起来，从而陷入困境。现代西方哲学的一些流派尤其是实用主义，把这种对立称为"二元论"，并以排除二元论作为普遍的哲学倾向，以反对传统哲学，进而否认哲学基本问题理论。

詹姆士认为经院哲学、笛卡尔主义、康德主义等，都主张基本的二元论。而且认为现代西方哲学的某些流派对二元论的批判不彻底。詹姆士谴责那些"竭尽二元论之能事"的常识和通俗哲学，都认为思维是一种实体做成的，而事物是由另一种实体做成的。詹姆士反对这种说法，他从彻底经验主义的"纯粹经验"出发，认为思维和事物就它们的"质料"来说，绝对是同质的，它们的对立仅仅是关系上的对立。它们都是"纯粹经验"，思维和现实是用同一的"材料"。做成的，这种"材料"就是一般经验的"材料"① 不过，同一段的"纯粹经验"既可以代表一个意识事实，又可以代表一个物质实在。这样，詹姆士就把物质和意识、事物和思维、客体和主体、所知和认识都仅仅是在实践上和职能范围内有所区别，而不是本体论范围的区别。这种混淆物质和精神二者界限的观点，会导致否认物质是精神的根源，倒向唯心主义。怪不得詹姆士竟说："如果说人的思维以外还有任何'独立'的实在，这种实在是很难找到的……这种所谓实在，绝对是哑的、虚幻的，不过是我们想象的极限。"②

---

① 〔美〕威廉·詹姆士：《彻底的经验主义》，庞景仁译，上海人民出版社，1986，第116页。
② 〔美〕威廉·詹姆士：《彻底的经验主义》，庞景仁译，上海人民出版社，1986，第127页。

本来是发现了传统哲学的割裂物质与精神的所谓二元论弊端，蓄意改造结果混淆了两者，并最终陷入了精神的陷阱，这是詹姆士哲学改造的悲剧。

杜威也是如此，他把传统哲学也归结为二元论，指出"心灵与物质，一个物质的世界和一个心理的世界的二元论，这个二元论自从笛卡尔时代一直到现在都支配着哲学问题的有系统的陈述"①。他要从事哲学改造，这种改造的主要内容就是超出包括经验论和唯理论、唯物主义和唯心主义对立在内的以往哲学中的所谓二元对立。

杜威认为，以往哲学陷入二元论，主要是因为它把人与经验同自然界截然分开，只把经验看作认识。这样一来，经验就限于精神领域，把自然、物质分割开来，这种把精神和物质看作两个领域的东西的观点就是二元论。唯物主义和唯心主义都属于这种二元论。唯物主义只承认物质的实在性，否认经验、精神的实在性，唯心主义只承认经验、精神的实在性，否认自然、物质的实在性。这两种片面性都不足取。

其实，杜威这里对唯心主义和唯物主义都做了曲解，唯心主义是只承认经验、精神的实在性，但它并没有把自然、物质看作是与经验、精神截然无关的东西，而是把物质、自然看作经验、精神的产物，从而否认了它们的客观实在性。诚然，唯物主义肯定物质、自然的客观性，但也没有把经验、精神看作与物质、自然截然无关的东西，而是将其视为物质、自然的产物和属性。哲学史上的唯物主义和唯心主义在解决物质和精神、自然和经验的关系上，确实是存在着割裂二者的形而上学片面性，并且出现了二元论。但由此把区分物质、自然与精神、经验的唯物主义与唯心主义都归结为二元论，从而否认哲学基本问题，就显得荒谬了。

杜威自称他的经验自然主义能够克服二元论，主要在于他不把经验只看作认识，不把经验当作独立的精神存在，而把经验当作行为，当作主体和对象，即有机体和环境之间的相互作用。这种经验使主体和对象，即有机体和环境、经验和自然成为一个不可分割的统一整体，或者说在它们之

---

① 〔美〕杜威：《经验与自然》，傅统先译，商务印书馆，1960，第16页。

间确立了连续性。正是这种"经验的连续性"把被二元论分割开来的物质和精神、自然和经验、客体和主体、行动和认识、事实和价值都统摄、包容起来。这就是被杜威认为能克服各种二元论的哲学原则。

杜威力图克服传统哲学的缺陷，把物质与精神、自然与经验、对象与主体联系起来，这种努力是值得肯定的。但他把它们的联系（连续性）绝对化，否认它们的区别与对立，并且否认这种联系的前提应是肯定自然、物质、对象的客观存在，这就使他最终倒向唯心主义。杜威承认他的实用主义"从经验上说是唯心主义"。

实用主义试图以排除二元论为突破口，实现哲学的改造，但它否认了哲学基本问题，企图超越唯物主义与唯心主义，最终还是实现不了真正改造哲学的目的。

6. 哲学的功用

以崇尚行动为主要特点的实用主义，反对为理论而理论，主张把理论用于社会生活和实际行动，认为只有这样，哲学才有生命力。就突出实践性、强调理论与实际的联系方面来说，在现代西方哲学流派中，实用主义是最为见长的。

詹姆士在《实用主义》一书的开篇中，就强调哲学在人类事业中是最崇高而又最平凡的。对于那种说哲学"烤不出面包"的说法，他不以为然，说哲学"能鼓舞我们的灵魂，使我们勇敢起来"。他满怀信心地声言："如果没有哲学远射的光辉照耀着世界的前景，我们是无法前进的。"他批评以往的哲学过于学院气，主要主张哲学要立足于生活，而生活是纷繁复杂、丰富多彩的，哲学要有更多的生活气息，即使以牺牲一些逻辑上的严格性和形式上的纯洁性作为代价也不足惜。哲学应该观点更现实、方法更有益，这是迫在眉睫的改革任务。他批评理性主义以及旧经验主义只是向后理解，而彻底经验主义强调的是面向生活、向前理解。他还把"纯粹经验"看作生活之流，而生活之流是不断发展的，哲学也要不断进取，不断实现其"兑现价值"。正如胡克所言："在这种文化里，人主要作为一个行动者和实行者而出现，世界对他提出了一连串挑战，这些挑战不能用退缩、忍受和祈求得到神祇来回答，而必须用深思熟虑的行动来加以克服。"① 就是说实用主义强调哲学的功用是通过行动，利用工具，控制自然，改造自然。

杜威主张哲学应该是改造社会、启发道德、实现价值的创造的建设的哲学。工具主义是杜威哲学的别称，其意是强调思想、观念、理论是人行为的工具，这也是杜威提倡的哲学改造的主旨。杜威认为，整个哲学要做的事情，就是改造道德、改造社会，而最重要的则是改造教育。不仅如此，杜威还把实用主义应用、推广到政治、科学管理、宗教、伦理、艺术等各个领域。他充满信心地说："哲学与事理相结合，并把日常生活的意义弄明白并加以凝结的时候，科学和情绪将互相渗透，实际和想象将互相拥抱，诗歌和宗教的情感成为生活中不待催促而自然开放的鲜花。"② 当然，这只不过是杜威的畅想，因为实用主义并非科学的世界观，它也就不能真正成为认识世界和改造世界的强大武器。

作为现代西方有影响的哲学运动，实用主义致力于哲学的改造，推动了现代西方哲学的发展变化。它开辟了哲学研究的新领域，提出了哲学所面临的新课题。但是，由于它的根本的局限性，尤其是它在排除二元论和反对形而上学的借口下，否认唯物主义和唯心主义的对立，否认哲学基本问题，使其理论失去了客观基础和科学依据，最终陷入主观唯心主义的泥潭，在推崇方法、人、行动、价值等哲学改造方面也陷入片面性。到头来，还是找不到挣脱传统哲学困境，开拓哲学改造新途径的真正出路。

四 实用主义与形而上学的历史命运

自从亚里士多德的《形而上学》一书问世后，形而上学这个范畴就成为西方哲学史上的哲学家十分关注并着力探索的哲学概念。这小概念的含义也经历了一个不同的演变过程。作为和"哲学"几乎是同义语的"形而上学"，是指对超经验领域对象的研究，即以事物本质和规律等本体论问题为主要研究对象的哲学。然而，到了黑格尔那里，形而上学被当作了一种带有抽象思辨性和片面性的方法论。马克思主义经典作家则进一步把形而

---

① 引自洪谦主编《西方现代资产阶级哲学论著选辑》，商务印书馆，1964，第201页。
② 〔美〕杜威：《哲学的改造》，许崇清译，商务印书馆，1953，第14页。

上学作为和辩证法对立的宇宙观、方法论。

形而上学的这两种意义，虽然有一定的联系，但毕竟是两种不同的意义。从古代到近代的西方哲学家，对形而上学的这样或那样的回答，主要指它的第一种含义。现代西方哲学，包括实用主义对形而上学的阐释，或拒斥或复兴，也是就其第一种含义而言。所以，本书阐述形而上学的历史命运及其和实用主义的关系，也限于它的第一含义的范围。

（一）古典哲学形而上学的内涵

亚里士多德并没有使用"形而上学"这个名称，有关这方面的知识，他称作"第一原理"或"第一哲学"，有时又叫作"智慧""神学"。他的弟子安德罗尼柯在编纂亚里士多德的遗稿时，先将有关自然哲学方面的论稿汇集成《物理学》，而将后编的关于第一哲学方面的论稿，命名为《在物理学后各编》，此后西方各国译文皆沿用这名称。此书最初介绍到中国时，有人据其含义，借用老子《道德经》所说的"道""玄之又玄，众妙之门"，为之取译名"玄学"，意为高深玄妙的学问。后来，大翻译家严复根据《易经》中的"形而上者谓之道，形而下者谓之器"译为"形而上学"，意思是研究超越具体事物和经验之上的、抽象的"道"的学问。

亚里士多德的《形而上学》一书，是一部哲学论文的汇编，是亚里士多德第一哲学的凝聚，也是他全部思想的理论基础。亚里士多德认为，哲学研究的内容是有不同层次的。一是研究事物的本原和原因，研究"作为存在的存在"，研究实体或物质，研究永恒不变的神圣实体——神，这就是第一哲学。它是关于智慧的学问，最崇高的、自由的学问。二是对自然界或可感觉世界中事物的具体性质或特性的考察，如物理学、数学等，被称为"第二哲学"或"次于'第一哲学'的哲学"。被称为第一哲学的就是形而上学或纯粹哲学。正如黑格尔所说：亚里士多德毫不含糊地把纯粹哲学或形而上学与其他科学区别开来，认为它是一种"研究存在之为存在的自在自为的性质的科学"[①]。

亚里士多德的"形而上学"或"第一哲学"的主要问题可归纳为四个

---

① 〔德〕黑格尔：《哲学史讲演录》第2卷，贺麟、王太庆译，商务印书馆，1960，第288页。

方面：原因论、存在论、实体论和神道论（或神学）。

亚里士多德所说的原因是指根本原因和本原。他认为第一哲学就是研究第一本原和根本原因的，这是一切事物存在和生成的根据和条件。他综合了前人的哲学观点，提出"四因说"：质料因、形式因，动力因、目的因，质料因是构成事物的根基，形式因是事物的本质，动力因是事物运动变化的源泉，目的因是事物生成和发展追求的目标。其中，形式因、动力因、目的因是同一的，所以四因实际上归结为两种：形式因和质料因。在阐述形式和质料的关系中，亚里士多德又提出了"潜能"和"现实"一对范畴。这里，亚里士多德进行着高于经验的哲学抽象，从事本体论的探讨，在寻找一切感性事物的形而上学根据。

亚里士多德总结了前人尤其是巴门尼德关于存在的学说，将存在区分为偶然意义上的存在（偶性）和本质意义上的存在，指出具体科学是研究存在的某个方面或部分，第一哲学则研究"作为存在的存在"，即存在自身。这就是说，第一哲学是研究超越具体存在的存在，即研究"是什么"，而"是什么"就是事物的实体。亚里士多德对"实体"概念进行了探讨，他把实体区分为第一实体（个别事物）和第二实体（种属）。进而把形式看作本质、客体，它"乃是最基本的东西，为其他事物所凭依的东西，乃是其他事物借以取得自己的名称的东西。"但是，在现实世界中，形式和质料是结合在一起的，于是，亚里士多德在思维中将二者分离，抽象出"纯形式"，第一哲学的任务就是"确定分离的纯形式的存在方式及其本质。"

亚里士多德追求一种和质料分离的纯形式，一种至高无上的存在，一种永恒不动的、和感性事物分离的最高实体。这就是神（上帝），从而使神成为亚里士多德哲学中的最高范畴。当然，这里的神，并非宗教意义上的人格化的神，而是一种哲学意义的理性神，于是，第一哲学和"神学"就成了同义语。

可见，从原因论、存在论、实体论、神道论的基本内容来看，亚里士多德是进行着高于经验和具体的形而上学探讨。而这一点，也为后世哲学铺设了形而上学的基本轨道。

中世纪神学哲学家托马斯·阿奎那说："一些思辨对象，在存在上并不依靠物质，它们能够离开物质而存在，因为它们有些是永远不在物质中，如上帝和天使，有些则有时在物质中，有时不在物质中，如实体、性质、潜能和活动，一和多之类。研究这些对象的是神学；其之所以称为神学，是因为它所研究的对象主要是上帝。它也称为形而上学，意思是超过了物理学，因为我们在物理学之后遇到这个研究对象，我们是必须从感性事物前进到非感性事物的。它又称为'第一哲学'，因为其他的科学都从它取得自己的原则，都跟从它。"① 这里，托马斯·阿奎那从神学唯心主义出发，把神学归结为形而上学的主要研究对象，把第一哲学等同于神学。

关于形而上学的内涵，古典形而上学主要是研究以下三个方面，即本原、存在、实体问题，神（上帝），灵魂（灵魂不灭）。

古典形而上学本体论的探讨是从本原问题入手的，所谓本原乃是万物所由以产生，并因之存在，最后又复归于它的东西。早期自然哲学家，虽然基于具体物质形态解决本原问题，但把它们看作处于现象背后的基础，是存在和生成的质料，这就是一种形而上学追求，而把本原归结为数或存在等具有唯心主义倾向的哲学家，更明显地体现了这种追求。柏拉图把绝对的、永恒不动的抽象理念，作为可感事物的根据和本原，他的唯心主义理念论就是形而上学本体论。亚里士多德企图把自然哲学和柏拉图两种对立的本原论结合起来，提出了四因说，以此作为一切可感事物存在和生成的形而上学根据和条件。

"存在"是古希腊哲学家热衷的概念，并逐渐有了形而上学意义，赫拉克利特把"存在"和"流变"联系在一起。巴门尼德却把存在与不变联系在一起，认为存在是唯一的不可分的、不动的，把其视作对可感事物的最普遍的肯定和最高度的抽象。德谟克利特批驳了爱利亚派割裂存在与非存在，否定非存在的观点，肯定了非存在的实在性，把宇宙的本原归为存在与非存在，即原子与虚空。智者派的高尔吉亚用逻辑论据揭露巴门尼德"存在论"的荒谬，从否定方面证明了存在和非存在的不可分割性。亚里士多德综合前人的观点，对"存在"范畴做了深入探讨，肯定了它的形而上

---

① 北京大学哲学系外国哲学史教研室编译《西方哲学原著选读》上卷，商务印书馆，1982，第 266 页。

学意义。

在亚里士多德之前，古希腊哲学家就开始探讨实体问题，但并没有明确提出实体概念，只是以万物的"始基"或"本原"的概念来表达。亚里士多德则明确提出这一概念，除《范畴篇》外，《形而上学》一书几乎一半的篇幅讨论和实体直接有关的问题，在他的十类范畴组成的范畴表中，"实体"被看作最基本、最核心的范畴，它是一切存在物的基础。这一范畴，一直为以后的哲学家所沿用。

在古代希腊人看来，哲学和神话是一对孪生姐妹。古希腊哲学家，即使是那些朴素唯物论的哲学家也都讲到神，但他们是自然神学家。苏格拉底和柏拉图的神学目的论色彩比较浓厚，但他们的概念中也体现着对神的形而上学理解。亚里士多德认为上帝是"纯粹的形式"——完善的理性这种哲学语言的概括，已经把神置于理性这个形而上学基础之上了。只是到了中世纪，由于神学吞噬了哲学，安瑟尔谟提出关于上帝存在的"本体论证明"，托马斯·阿奎那提出透过上帝创造物来证明上帝存在的五个证明，哲学被宗教化了。但是，经院哲学力图为基督教神学提供哲学基础，也证明它和纯粹的宗教不同，仍把神（上帝）作为形而上学的重要课题。

灵魂问题是绝大多数希腊哲学家关注的问题。泰勒斯哲学富有"唯灵论"色彩，毕达哥拉斯提出"灵魂不灭"，苏格拉底和柏拉图继承了这一思想。德谟克利特则用原子理论来回答灵魂的构成，后来的伊壁鸠鲁坚持否定"灵魂不灭"说。亚里士多德写下《论灵魂》一书，批判了前人关于灵魂的各种观点，提出"灵魂是一个潜在地具有生命的躯体的完全现实性"。这就肯定了灵魂的非物质性，并且揭示了灵魂和躯体的关系，论述了灵魂的功能。这种对灵魂是什么以及灵魂与肉体关系的探讨，是一种形而上学意义上的哲学探讨。

（二）近代哲学对形而上学的理解和批判

近代西方哲学对形而上学的理解，一方面是沿袭了古代和中世纪哲学的思路，另一方面也有所取舍、修正和发展。

形而上学的超验性，它不同并且高于作为一般经验科学的物理学，这仍是近代形而上学的理论支点。培根、笛卡尔、伏尔泰等人，都沿袭了古

代哲学的观点，认为形而上学所研究的是永恒的基本规律，形而上学研究
非物质的东西。康德对形而上学做了如下的界定："形而上学知识这一概念
本身就是说明它不能是经验的。形而上学知识的原理（不仅包括公理，也
包括基本概念）因而一定不是来自经验的，因为它必须不是形而下的（物
理学的）而是形而上的知识，也就是经验以外的知识。"[①] 黑格尔在对形而
上学做透彻研究的基础上，把旧形而上学概括为几个部分：第一部分是本
体论，即关于本质的抽象规定的学说；第二部分是理性心理学或灵魂学，
它研究灵魂的形而上学的本性；第三部分是宇宙论，探讨世界，世界的偶
然性、必然性、永恒性，在时空中的限制，世界在变化中的形式的规律以
及人类的自由和恶的起源；第四部分是自然的或理性的神学，它研究上帝
的概念或上帝存在的可能性，上帝存在的证明和上帝的特性。[②] 可见，黑格
尔也是在"超越知觉和经验的范围"的思辨意义上理解形而上学的。

　　由于思维与存在的关系这个哲学基本问题在欧洲近代哲学中获得了完
全的意义，在关于世界的本质的探讨中，物质与精神何者为第一性的问题
凸显，并且成为本体论首当其冲的问题。各派哲学无不做出唯物论或唯心
论的回答，尽管有的哲学家（如休谟、康德）被罩上一层不可知论的迷雾，
但近代西方哲学家并不回避这一问题的解答。这是近代形而上学的一个突
出特点。

　　关于上帝存在问题也是近代形而上学的课题。唯物主义经验论的鼻祖
培根，唯心主义唯理论的创始人笛卡尔、斯宾诺莎和莱布尼茨等人，都提
及了神学问题。康德对"上帝存在"这个旧形而上学理性神学的基本观
点表述了新的看法，他认为上帝这个理念只是纯粹理性的"理想"，要用
纯粹理性来论证上帝的存在是不可能的。比如本体论证明是从上帝的概念
推出上帝的存在，这正是把概念和存在的属性混同起来，"存在"是一个
知性范畴，它只适用于现象界，不能规定超时空的"上帝"，不能从某个
事物的概念推出某个事物的存在，这正像不能从一个人头脑里有一百元钱

①　北京大学哲学系外国哲学史教研室编译《西方哲学原著选读》下卷，商务印书馆，1982，
　　第249页。

②　〔德〕黑格尔：《小逻辑》，贺麟译，商务印书馆，1980，第79、102～106页。

的概念就推断他口袋里真正装有一百元钱一样。这样，康德就把上帝存在这个似乎天经地义的信条推到理性的审判台上，有力冲击了神学和形而上学，带有启蒙主义性质。但是，康德并不是真正否定了上帝，只是认为作为"物自体"的上帝是不可知的，并把上帝放逐到道德领域，从而为信仰主义留下了地盘。黑格尔也如是，他不否认上帝，但认为上帝能够认识自己，实现自己的理念，这和传统形而上学视上帝为最高的存在是大相径庭的。

关于灵魂不灭问题曾是古代和中世纪形而上学的热门话题。时至 18 世纪，虽然视灵者、催眠术者、炼金术者比比皆是，但伴随着近代科学的发展，正如黑格尔所说："现时，哲学里很少谈到灵魂了，而主要的是在谈精神。"康德指出，灵魂不灭说的理论支点是把灵魂看作一个独立存在的"实体"，而"实体"是一个知性范畴，它只适用于时空中的感性直观对象或经验对象。可是，旧形而上学作为理性理念的灵魂，只不过是一个空疏的概念，称不上什么"实体"，因而坚持灵魂不死的观点是站不住脚的。作为"物自体"的灵魂是不可知的。只有在"实践"中，出于道德的需要，可以假定"灵魂不死"。可见，作为形而上学的一个课题，灵魂不死问题失去了昔日的权威性。

意志自由作为形而上学的一个课题，在近代形而上学中突出起来，形成了意志自由论和机械决定论两种观点的明显对立。霍布斯肯定事物的客观必然性，批判了神学家和经院哲学家的"意志自由说"，宣称根本不存在自由意志，自由和必然成为互相排斥的东西；洛克承认人有自由，但否认意志是自由的，仍然用机械论的观点解决必然和自由的关系问题；休谟企图用怀疑论回答这一问题，但他否认了客观必然性，也难以做出圆满的解答；二元论者笛卡尔认为物理世界受必然性支配。人们的意志自由是自明的。斯宾诺莎批判了神的绝对自由和人有自由意志的观点，他认为一切事物的进程都被自然规律所决定，人不能决定自己的命运，但他反对把必然与自由绝对对立起来的观点；18 世纪法国唯物主义者霍尔巴赫和狄德罗也指出必然与自由的关系。康德试图克服机械决定论和意志自由论的对立，他把必然和自由看作分别属于现象和自在之物，认为现象界一切都是受因果必然规律支配的，不存在绝对自由。但从世界的整体看来，必须承认存在作为整个世界自发原因的自由，它是超出自然因果必然规律的，不可认识的自在之物。在道德领域里，康德提出三条道德律令，贯穿的一条红线是意志自由，即一切有理性的人的意志都是自由的，它不受感性世界因果性的支配，而是意志自己遵守自己所规定的规律。这就是人为自己立法。康德这种一方面把自由推向不可知的自由之物，另一方面又在道德领域中把自由理解为主观意志的自由的观点，仍然是把自由与必然置于对立的地位。黑格尔不满意这种割裂，他认为，康德以前的形而上学家总是认为自然现象受必然规律的支配，而精神则是自由的。这种区别无疑是很重要的，但他们把自由和必然看作彼此抽象地对立着。他主张，不包含必然性的自由，或者一种没有自由的单纯必然性，只是一种抽象而不是真实的观点，内在的必然性就是自由。黑格尔还明确提出"必然性的真理就是自由"①，把自由看作是对必然性的认识。尽管黑格尔仍然是在以绝对理念为前提的唯心主义范围内探讨意志自由问题，但达到了之前的形而上学从未达到的理论高度。

综上所述，可以看出近代哲学无论从深度还是广度上，都超越了古代和中世纪对形而上学的探讨。不仅如此，康德和黑格尔还对旧形而上学进行了批判和清算，揭开了欧洲哲学形而上学发展史上新的一页。

康德认为，自亚里士多德起两千年来，以灵魂、世界和上帝为对象，抛开经验从抽象的概念出发，应用抽象的逻辑方法进行分析和推论，根本没有解决上述问题，只是一些毫无根据，自欺欺人的"伪科学"。各种旧形而上学都算不上真正的形而上学。那么，是不是根本不需要形而上学呢？康德认为，世界上无论什么都要有形而上学，不仅如此，每人，尤其是每个善于思考的人，都要有形而上学。但这个形而上学应该是科学的形而上学，人们应该为未来形而上学做先导工作。

黑格尔对康德以前的旧形而上学也做了系统的分析和批判，将它们斥为"毫无思想性"的形而上学、"坏形而上学""坏哲学"，但他并不是要

---

① 〔德〕黑格尔：《小逻辑》，贺麟译，商务印书馆，1980，第105、322页。

抛弃形而上学，他认为真正的问题不是我们用不用形而上学，而是我们所用的形而上学是不是一种正当的形而上学，他比喻说："一个有文化的民族没有形而上学——就像一座庙，其他各方面都装饰得富丽堂皇，却没有至圣的神那样。"[①] 他主张把他的逻辑—辩证法引入形而上学。对此，马克思评论道："黑格尔天才地把 17 世纪的形而上学同一切形而上学以及德国唯心主义结合起来并建立了一个形而上学的包罗万象的王国。"[②]

（三）现代西方哲学——实用主义哲学对形而上学的拒斥和复兴

西方传统哲学（古代和近代），围绕哲学基本问题，相信并探究世界万物的本原，认为人类理性可以把握本原。这成为西方哲学的基石。

现代西方哲学中科学主义思潮，发端于由康德创立的实证主义。实证哲学的一个根本特点是摒弃形而上学对世界本质、万物本原的追求，"在实证阶段，人类的精神承认不可能得到绝对的概念，于是不再探索宇宙的起源与目的，不再求知各种现象的内在原因"。简言之，要以实证的知识代替形而上学的思辨概念。孔德的实证哲学，适应了当时自然科学的分化及冲破思辨形而上学自然哲学束缚的要求，有一定的积极意义。但它否定了哲学问题的意义，把唯物主义哲学对本体论的研究与思辨形而上学一视同仁，企图超越唯物主义与唯心主义的对立，这就由反对一种片面性而陷入了另一种片面性。

作为实证主义新发展的逻辑实证主义（也称逻辑经验主义）主要以维也纳学派为代表，它们提出的最著名的口号就是拒斥形而上学，认为形而上学是"伪科学"，没有意义，是语言的误用。石里克说："形而上学者的努力一向集中在这一荒野的目标上，要用知识来表达纯粹性质的内容（事物的'本质'），也就是要说那不可说的东西。性质是不能说的，只能显示在体验中，而认识是与体验毫无关系的。因此形而上学的没落并不是因为解决它的问题是人的理性所不能胜任的事（像康德所想的那样），而是根本就没有这种问题。揭露了这种错误的提问，形而上学争论的历史也就变得

---

① 〔德〕黑格尔：《小逻辑》，贺麟译，商务印书馆，1980，第 2 页。
② 转引自《列宁全集》第 38 卷，人民出版社，1959，第 27 页。

可以理解了。"① 卡尔纳普敌视形而上学的态度尤为鲜明，他斥责传统形而上学"没有效用"，论证形式"不得要领""模糊不清"，甚至没有认识内容只是一些虚假的语句。他认为形而上学问题，即唯物论和唯心论讨论的问题，"根本没有科学意义"，都是"伪问题"，并提出通过语言的逻辑分析清除形而上学的口号。艾耶尔则写下《关于形而上学不可能的证明》《语言、真理与逻辑》等，以拒斥形而上学为宗旨，断言："我们有理由下结论说，一切形而上学断定都是没有意义的。"② 这种否定哲学基本问题、摒弃本体论研究、拒斥形而上学的思潮，乃是对西方传统哲学的一种否定。

现代西方哲学中的人本主义思潮，既反对古典哲学把物质与精神、存在与思维的问题当作哲学基本问题，也反对实证主义拒斥形而上学。它们主张哲学应当研究本体论的形而上学问题，保留世界本原问题的探讨，但否认理性，要以非理性代替理性。它们要建立的形而上学并非传统的形而上学，而是从超出心物对立的人的存在出发，建立一种以人为中心的形而上学，这实质上也是对西方传统哲学的一种否定。存在主义者、德国哲学家海德格尔曾表示："没有任何一门科学的严格性赶得上形而上学的严肃性""哲学——我们这样称呼它——就是把形而上学带动起来，在形而上学中哲学才尽性，并尽其明确的任务。"③ 萨特就提出建立以人为中心的形而上学，并称作"现象学本体论"。

实用主义，一方面和科学主义思潮一脉相承，以反对形而上学为旗帜，否认哲学基本问题，回避对物质与意识何者第一性这个哲学基本问题的回答，抹杀唯物主义与唯心主义的对立，把哲学和人的认识局限于经验世界；另一方面，又继承人本主义的非理性主义观点，给经验赋予非理性主义的内容，否认理性可以认识世界的本质。从两个方面对传统哲学进行否定。但是，实用主义并不完全拒斥形而上学，而是对它进行了新的阐释。

皮尔士批判了传统的本体论形而上学，认为它的命题是毫无意义的、

① 〔德〕石里克：《哲学的转变》，引自洪谦主编《逻辑经验主义》上卷，商务印书馆，1984，第9~10页。
② 〔英〕艾耶尔：《语言、真理与逻辑》，尹大贻译，上海译文出版社，1981，第41页。
③ 引自北京师范大学哲学系编《现代西方哲学著作选编》，北京师范大学出版社，1987，第188页。

荒谬的胡言乱语，主张"避开"它们。他说："因为形而上学主要是一门好奇的而非有用的学科，而且有关这方面的知识也正如有关的暗礁的知识一样，其主要的作用在于使我们能避开它，所以现在我就不用任何更多的本体论问题来烦扰读者了。"① 皮尔士并非全然拒斥形而上学，而是主张用科学的方法去改造形而上学。在他企图建立的庞大的知识体系中，形而上学也占据了相当的地位，他把形而上学分为三类：本体论和宇宙论（一般形而上学）、精神或宗教的形而上学、物理形而上学（讨论时空、自然规律、物质等的性质问题）。这个分类说明皮尔士对形而上学概念的理解是含糊和混乱的。但他把下列问题当成典型的形而上学问题：是否有真正的个人存在？怎样解释情感的不同性质及它们同物质、时空的规定性的联系？感觉的各种性质体现什么外部实在？空间和时间是连续的吗？什么是意识和精神？等等，说明他还是进行着哲学探讨，而且并没有完全舍弃本体论形而上学，只不过不满意传统本体论形而上学的回答，想找出一个"超出"唯物论和唯心论对立的折中主义的"中间道路"。

在皮尔士改造形而上学的方案中，也体现出了这种折中性。一方面皮尔士强调形而上学应以经验的观察和实验为基础，甚至说"形而上学是关于实在的科学"；另一方面，又把关系逻辑当作形而上学的基础，由关于逻辑的结构引出存在的结构，用基本逻辑范畴说明本体论问题。实际上把逻辑范畴当作第一性的，这就使皮尔士的调和与折中还是陷入唯心主义。

皮尔士为其形而上学体系提出了三种基本范畴，即一位、二位和三位的概念。一位是不依赖任何其他的存在概念；二位是相对于其他某种东西的概念，即对其他某种东西发生反作用的概念；三位是中介概念，一位和二位借此而发生关系。②

所谓"不依赖任何其他东西的存在"的一位概念，是指事物的性质和人的精神感受，它作为潜在性（可能性，机会、自发性）的存在，具有独

---

① 引自北京师范大学哲学系编《现代西方哲学著作选编》，北京师范大学出版社，1987，第528页。

② Charles Sanders Peirce, *The Collected Papers of Charles Sanders Peirce* (Cambridge: Harvard University Press, 1935).

立存在的意义。所谓"相对于其他某种东西的存在、对其他某种东西发生反作用"的二位概念，是指具体事物，即具体的、现实的存在。所谓中介性的三位概念，是指连续性、规律性、普遍性，它调节一位和二位概念，即指关于性质的规律。皮尔士把上述一、二、三位概念作为建立其知识体系（包括形而上学）乃至整个世界存在的基础或基本框架。这里，虽然含有对实在与规律的有价值的思想，但把实在与概念混同，由逻辑范畴推出其他一切科学范畴以至整个世界的存在，这表现了皮尔士形而上学体系的矛盾和混乱，并最终陷入了唯心主义的泥沼。

詹姆士也反对传统的形而上学，尤其反对它陷于唯物唯心的二元对立。他宣称自己的哲学超出了这种二元对立，是一种挣脱了传统形而上学本体论的纯粹认识论和方法论。但他也不是一概拒斥形而上学，而是主张改造形而上学，建立"新的"形而上学基础。改造的武器就是实用主义理论。

詹姆士反对传统的先天形而上学，他称之为"学院派的理性心理学"。这种形而上学漠视经验和科学，用理性的思辨构造世界，对科学和人们的实际生活没有实用价值，应予排斥。但是可以建立后天的形而上学，即以经验作为基础，对科学做概括，这就意味着科学与形而上学相互接近、相互配合。詹姆士抹杀唯物主义与唯心主义的根本对立，他说"思维和事物，就它们的质料来说，是绝对同质的。它们的对立仅仅是关系上的和功能上的对立……同一的一段'纯粹经验'（这是我给任何事物的原材料所起的名称）既可以代表一个意识事实，又可以代表一个物理实在，就看它是在哪一个结构里"。[①] 他把物质与精神的对立，仅仅归结为经验内部的对立，只有机能和方法论的意义，不再有本体论的意义，二者何者为第一性，何者为第二性的哲学基本问题被取消了。

杜威以传统哲学的改造者自居，他批评传统形而上学"变成了一种神学，一种关于最后的和永恒的实体的科学，对这种最后永恒的实体只给予一些恍恍惚惚的说明"。主张"先应当注意脱离了无用的形而上学和无效的认识论"[②]。这就是说，他同皮尔士、詹姆士一样继承了反形而上学的实证

① 〔美〕詹姆士：《心理学原理》选译本，唐钺译，商务印书馆，1963，第137～138页。
② 〔美〕杜威：《经验与自然》，傅统先译，商务印书馆，1960，第16页。

主义的经验主义传统。他也同他的前辈一样，对形而上学不采取绝对排斥的态度，企图建立一个"新的"形而上学，以中性的经验为基础的关于宇宙的理论，即经验自然主义。

杜威认为，他的经验自然主义的一个突出特点，是超越了传统唯心论和唯物论的"二元"对立。但事实是怎样呢？杜威在自己的哲学中，还是认为自然对象的存在以经验为转移。他说："凡我们视力对象所具有的性质，应该是以我们自己经验它们的方式为依据的。而我们经验它们的方式又是由交往和习俗的力量导致的。"① 杜威在克服"二元论""形而上学"的口号下，对唯物主义坚决拒斥，对唯物主义本体论的基石——物质尤为反感。他说："物质不是事情或过程的原因或来源，不是在变化背后或下面的实质，物质这个名字系指一个活动着的特性，而不是指一个实体。"这一切都表明，杜威的貌似折中的形而上学实际上是唯心主义的，他自己也承认他的实用主义"从经验上说是唯心主义的"。

实证主义对形而上学的拒斥和实用主义对形而上学的改造中回避本体论的问题，蕴藏着难以克服的矛盾。于是一种新的理论便应运而生了。

逻辑实用主义者奎因也把传统哲学说成是形而上学，对它持批判态度。但奎因对逻辑实证主义反对传统哲学的理论前提发出了挑战。这个理论前提是划分三类命题：综合命题、分析命题和形而上学命题，并把最后一类形而上学命题排除于有意义的命题之外，视为无意义。奎因把综合命题与分析命题的区分以及由此引申出来的经验证实原则，看作逻辑实证主义的两大理论支柱，把它称作"经验主义的两个教条"，写专文加以批判，指出在综合命题与分析命题之间不存在绝对的区分，在二者之间划一条鸿沟"完全是经验主义者的一个非经验的教条，一个形而上学的信条"。奎因也反对把形而上学视为无意义的观点，指出哲学应研究存在（有）什么的问题，即本体论问题，这就是"本体论的承诺"。简而言之，当一个人谈论一种事物时，他就有义务接受某种本体论的论断。例如，当一个人说："有一张桌子"，这个人就做出一种本体论的承诺，即承认桌子的存在；一个人接

---

① 〔美〕杜威：《经验与自然》，傅统先译，商务印书馆，1960，第 16 页。

受一种理论，也就有义务接受一种本体论，这在原则上与接受一种科学理论相同。奎因说："一旦我们决定采用一个全面的、在最广泛的意义上把科学纳入其中的概念框架，我们也就决定了我们的本体论。"①

奎因认为，本体论问题归根到底是语言问题，是为科学选择一种方便的语言形式，一个方便的概念体系或概念结构的问题。人们之所以有义务承认物理对象的存在，是因为语言中有关对象的词在起作用。当人们构造某种理论的时候，可以在一定限度内自由地决定在这种理论中采用什么样的术语（例如，采用"原子"这个术语），而当做出这种决定后，人们就有义务承认这种实体（例如原子）的存在。

需要指出，奎因的"本体论承诺"观点是以相对主义的约定论为基础的。他认为，唯物主义者说物质存在，就是约定物质存在，承认物质是本体；唯心主义者说精神是实在的，就是约定精神存在；二元论者说两者都是实在的，就是约定物质和精神的存在。至于物质或精神是否存在，这是没有意义的，这三种看法到底哪一个正确，要看它们在对付经验（应付环境）中哪一种方便，有用。他认为，在科学研究中由于只需从经验材料出发，无须肯定经验之外还有物质存在，因而唯心主义是真理，唯物主义是谬误；在日常生活中，由于人们习惯于肯定物质世界的客观存在，因而唯物主义是真理，唯心主义就变成谬误了。他说："在这里有两个互相竞争的概念系统，现象主义（即主观经验主义）与物理主义（即唯物主义），每一个都值得发展，每一个都可以说是更为根本的，虽然在不同意义上。从认识论来说，现象主义是根本的，从物理上（即生活中）说来，物理主义是根本的。"② 可见，在奎因那里，本体论并不是以是否与客观实在相符合作为取舍的标准，而是以是否方便、有用作为取舍的标准，这说明他的约定论观点是与实用主义工具论结合在一起的。在本体论问题上仍然坚持主观唯心主义立场。

---

① Willard van Orman Quine, *From a Logical Point of View: Nine Logico-Philosophical Essays* (New York: Harper and Row, 1953), p. 44.

② Willard van Orman Quine, *From a Logical Point of View: Nine Logico-Philosophical Essays* (New York: Harper and Row, 1953), p. 17.

奎因的主观唯心论立场还表现在他所说的物理对象并不是唯物主义者所说的客观存在，而是一些根据常识和科学做出的理论假定，是为了使人们关于经验之流的报道完整化和简单化而设定的东西，仅是一个方便的假设。

综上所述，奎因虽然打起了复兴本体论形而上学的旗帜，但他认为本体论的问题仅是语言问题，与客观实在的存在无关；本体论哲学并不是探讨存在和意识、物质和精神的关系等根本问题，而只是虚构的理论。因而他的形而上学本体论没有实在的、科学的基础。

第二节　实用主义与近代西方哲学的身心关系问题

近代西方哲学的身心理论，表现和揭示了主体客体化的过程，亦即人对人自身不断认识的过程。这是近代西方哲学中人本主义倾向的一个大问题。实用主义继承了近代西方哲学的人本主义传统，不仅汲取了其中有关理论的合理因素，在一些问题上做出了自己的特殊贡献，而且激烈地抨击了那种认为知高于行、理论高于实践、观念高于物质的传统观念，产生了广泛的影响。

一　对近代西方哲学身心理论的一般考察

自文艺复兴以来资产阶级的一个显著特点，就是以人对抗神，以人性对抗神性，以人本对抗神本，以人道对抗神道，以人权对抗神权。这种对抗的结果，不仅使资产阶级取得了胜利，开创了一个新的历史时代，在哲学上也从对本体论的研究转变到对认识论和知识论的研究。随着这种变化，也就突出了他对作为知识主体——人本身的哲学研究。

（一）笛卡尔身心二元论的提出和问题

自笛卡尔第一次全面地、系统地提出了关于身与心关系的理论之后，从心理学和生理学两个方面对人自身的研究就开始了。笛卡尔的身心二元论，比较充分地揭示了身心关系上的矛盾与困难，为以后的哲学家分析和研究这个问题，提供了重要的思考线索和思维上的教训。

笛卡尔的身心二元论，主要是三个论点：首先，我是一个实体，它的本质即思维。这就是说，心灵是一个思考着的实体，它不占据空间。其次，身躯是一个实体，它的本质是广延。这就是说，身体是一个有广延、占据空间的实体。再次，我有一个与"我"紧密相连的身躯。这就是说，我的心灵与我的身体紧密相连。因此，笛卡尔把心灵、身体看作两个独立的、能自己存在的实体。

笛卡尔身心二元论的问题在于，他既然把心灵看作能思维而不占据空间的实体，把身体看作占据空间而不能思维的实体，那么他又如何能够使这个实体"联结"、发生相互作用呢？既然心灵和肉体是两种根本不同的实体，心灵没有任何质量和能量，没有任何形态、不在空间中占有任何位置，那么它怎么能够对身体产生因果的影响呢？而肉体既然是物质实体，它有质量和能量，有一定形态，占有一定的空间位置，那么它又怎么能够对心灵产生因果的影响呢？它们又何以能够"密切结合"为一个复合体呢？

对此，笛卡尔运用他那著名的怀疑方法，进行了反复的论证。

他说，如果我存在，我就知道我在思索。我知道我存在，但并不因此就知道我有形体。当我把一切都想成是虚假的时候，这个进行思维的"我"必然非是某种东西不可，不能想象一个纯粹的物理系统怎么能够随机应变地使用语言或者进行数学推理。因此，"我"本质上是一个思维着的事物，而并非在本质上是一个形体。"我"本质上就是我的心灵，它与形体根本不同，而且没有形体也可以存在。

他又说，我注意审视我自己究竟是什么，发现我可以设想我没有躯体，然而我不能设想我不存在。假如我停止思考，我就没有理由认为我存在过。于是，我得出的结论是：我是这样一个实体，它的存在的全部本质或本性就是思想，它的存在不需要占有空间，不依赖任何物质的东西。所以这个"我"，也就是心灵，正是由于它我才成其为我，是完全不同于躯体的，甚至没有躯体的存在，心灵也仍然不失其心灵。

分析笛卡尔的这些论证，可以得出以下几个论点：第一，就我知道我存在而言，我知道我思想；第二，就我知道我存在而言，我并不知道我有一个躯体；第三，所以我本质上是一个思维的东西，而本质上不是一个躯体；第四，所以我即我的心灵，它区别于我的躯体，并且不依赖于躯体而存在。

从这几个不同的论点中，反映出笛卡尔的思维方式是这样的：人有理性，动物没有。它从人是一个理性存在体出发，通过"我思故我在"一语来表达，就是他可以怀疑一切，但不怀疑他的存在。他的存在不是躯体，而是思想，从而高扬了人的理性思维，与自然的人相区别，又回到了人是一个理性存在体这种看法上。然而，这种看法很容易导致灵魂不灭。由于把心灵看作不依赖躯体而独立存在，所以，人们就很容易合乎逻辑地得出灵魂不灭这样一种神秘主义和宗教唯心论的结论。

人们也许会问，笛卡尔在自然观上是一个机械唯物主义者，他的物理学理论是 18 世纪法国唯物主义的重要思想理论来源，为什么会在身心关系上陷入二元论呢？他的身心二元论哲学对以后哲学的发展究竟产生了什么样的影响呢？

首先，笛卡尔生活在法国资产阶级萌发革命的时期。资产阶级反对封建宗教神学，张扬人的个性，产生了广泛而深远的影响，因而"人是什么"的问题，就成了笛卡尔哲学所要探求的一个重要问题。笛卡尔强调人的理性和思维，所以把人看作一个理性存在体。然而，由于当时法国的封建君主专制势力和宗教势力还相当强大，笛卡尔虽然对天主教经院哲学表示极大反感，并且受到天主教的迫害，但是他从思想上并没有摆脱宗教观念。笛卡尔把心灵看作一个独立实体，一再宣称它可以脱离躯体而存在，承认灵魂不死，可以说是他与宗教观念相调和的一种表现。

其次，笛卡尔的这种二元论，与当时生理学和心理学的不发达有关。当时的生理学只有解剖生理学，而神经生理学、脑科学的研究尚未出现。所以，笛卡尔既不能认识到神经系统的物理的、化学的过程，也不能认识到大脑的机能，而只能说"灵魂在大脑小松果球处的作用比在其他部位更加特殊"，至于"小松果球"为什么比其他部位发挥着更特殊的作用，他根本弄不清楚。当时的心理学，只是通过内省、联想来进行研究，但仅仅依靠内省的方法根本不能全面了解人的本性。所以，当人们把注意力集中于自己的意识时，并没有认识到生理机制的作用，这样就很容易产生心理的东西和物理的东西的二元论看法。此外，多种心理现象不可能用纯粹的物理学解释来加以说明，不可能归结或还原为物理现象或物理过程，因此造成了心与身二者僵死的对立。

再次，这种二元论与笛卡尔机械的、形而上学的思维方法有关。如果把人看作一个有机的生命整体，那么就会看到，灵魂与躯体是不可分割、内在统一的。脱离灵魂的躯体是僵尸，脱离躯体的是灵魂，是幽灵。僵尸与幽灵都不是现实的存在。然而，笛卡尔却看不到这一点，直到 1643 年 6 月 28 日他在给伊丽莎白的公开信中还说："对我而言，人们的心灵并不能非常清楚地而且在同时认识心灵、躯体以及它们的联结体之间的区别。要做到这一点，有必要认为它们就是一个单一的东西，然而同时又认为它们是两个东西，这是自相矛盾的。"笛卡尔摆脱不了这一矛盾，不能把心灵与肉体统一起来认识人，这正是他机械、形而上学的思维方式上的错误。

斯宾诺莎针对笛卡尔的错误，提出了实体、属性、样式的理论。他以"实体"的规定作为出发点。"实体，我理解为在自身内并通过自身而被认识的东西。"① 实体是唯一的，它有无限多的属性。"每一种属性都各自表现它的某种永恒无限的本质。"② 思维和广延只是它的两个属性。他反对笛卡尔的身心二元论，认为笛卡尔所谓的思维的实体和广延的实体，其实就是那唯一的同一的实体，不过时而通过这个属性，时而通过那个属性去了解罢了。他认为，思维与广延都统一在一个实体中。然而，这两个属性是平行的，思维不能引起肉体的变化，肉体也不能引起思维的变化，二者不能互相影响相互作用。由此可见，斯宾诺莎虽然肯定了心、身皆为同一实体的两种属性，但他却提出了"身心平行论"，用"同类相知说"，取代了笛卡尔的"交感说"。因而未能克服笛卡尔的身心二元论。相反，他又保留了笛卡尔身心二元论的色彩，表现出不彻底性。

莱布尼茨在判断笛卡尔的"身心二元论"和斯宾诺莎的"身心平行论"的基础上，提出了他的"单子论"，表现为一种唯心主义的"身心一元论"。

---

① 〔荷〕斯宾诺莎：《伦理学》，贺麟译，商务印书馆，1958，第 63 页。
② 〔荷〕斯宾诺莎：《伦理学》，贺麟译，商务印书馆，1958，第 10 页。

莱布尼茨从科学的分析出发，认为单子是一个精神实体，他与"力"、能动性原则相结合，不具有广延性，不占有空间，不可分割，但具有直觉和思维。与此相反，具有广延性，占有空间的身体，是由单子和心力构成的，是"一种用世俗的肉体联系把单子粘在一起的糨糊"（列宁语）。这样，心灵单子会思维，肉体单子占有空间，并分别由精神、心灵单子构成，心灵与肉体的关系就成了单子之间的关系。莱布尼茨虽然把能动性原则引入实体概念中，从运动上考察实体，并以微知觉、知觉、视觉、统觉、智慧区分单子的无生物、动物、人类、上帝等四个不同等级，用"异类相知说"和"先定和谐说"把它们都统一在单子这个精神实体中。从总体上看，这些观点与笛卡尔身心二元论观点差别不大。所以也就很难克服笛卡尔的身心二元论。

身心问题，在近代哲学史上是一个对作为认识主体的人自身的认识问题，显然它与古代哲学家探索世界的本原是一与多、普遍与特殊的问题不同，由于当时达尔文进化论的思想尚未出现，建立在现代实验科学基础上的生理学和心理学尚处于襁褓之中，所以无论是笛卡尔、斯宾诺莎还是莱布尼茨，他们都无法说明人是什么的问题，而只能在"人是一个理性存在体"的思想周围徘徊。

（二）洛克、贝克莱和休谟的身心理论

以洛克、贝克莱和休谟为代表的英国经验论，围绕着"经验"问题展开了对人的认识。他们所说的经验，首先是指感觉经验，其次是知识论上的经验。洛克的《人类理智论》，贝克莱的《人类知识原理》《视觉新论》，休谟的《人类理智研究》《人性论》，都是从经验论的角度写的认识论和知识论著作。

当时在英国盛行的生理学的"相对主义"和心理学的"联想主义"为经验论的认识论和知识论提供了自然科学前提。生理学相对主义认为，"外界的对象不是我们心理的对象，可是这个心理的对象也不是我们知觉直接得到的，而是经过我们的生理构造所改造过的。因此，我们所知觉的不是外界的对象，而是对象的代表。自然科学根据这种观点建立起科学的基本理论，认为人所听到的声音，从对象上来讲不过是声波经过感觉器官的改

造后的声音，我们听到的是声音，不是声波，但声音来自声波。伽利略说热是物理的一种运动，但热的知觉却犹如感觉上所有的痒一样，并不是在于物理的对象上有此痒"。[①] 心理学的联想主义认为，人的精神世界，是彼此严格划分的原子性的观念，知觉的总和，多种心理现象和经验事实就是根据联想规律类（类似律、接近律、因果律）构成了这些原子性的观念和知觉。

英国经验论者主张一切要以经验事实为根据，以感觉为基础。洛克批判笛卡尔的"天赋观念"论，主张心灵"白板说"，认为对象（object）这个字就是指的观念（idea）这个词，复杂观念是由简单观念构成的，而简单观念是来源于经验的。经验有两类：对外部事物的感觉和对心灵内部活动的反省。这样，他也就如同笛卡尔一样，承认了身与心的同时存在。他所提出的第一性质和第二性质的学说，认为物体的广延、形状、运动、静止等性质是物体的第一性质，这些性质可以脱离我们的心灵而存在，但我们的心灵能够产生关于它们的观念；声、色、香味等则是物体的第二性质，它们不是对物体性质的反映，完全依赖于人的感官。这个关于第一性质和第二性质的学说，与笛卡尔关于肉体的本质在于广延，心灵的本质在于思维的身心二元论观点，基本上没有多大差别。贝克莱从"经验是我们一切知识的唯一源泉"这一前提出发，反对洛克的第一性质学说，把"硬、软、冷、热、颜色、滋味、气味"都说成是感觉观念，认为这些观念完全依赖于心灵的存在，并不需要依赖肉体的客观存在。他的三个哲学命题"存在就是被感知""物是观念的集合""对象和感觉原是一个东西"，就突出地反映了他的主观唯心主义哲学思想。贝克莱认为，"客观世界""实在事物""物质"，甚至我们的身体，都是感觉观念，而感觉观念皆存在于心灵之中，这就肯定了他的精神实体的存在。因此，贝克莱的"我感觉我存在"，实际上与笛卡尔的"我思故我在"，也具有很大的相似之处。休谟同样也是主张感性知觉是人的认识的唯一对象，但是，他不仅否认物质实体的存在，甚至也否认自我精神实体的存在，他提出了所谓的"知觉丛束论"，认为我所

---

① 汤用彤：《关于英国经验主义》，引自《外国哲学》，商务印书馆，1983，第50页。

知觉的一切，包括我自己在内，都不过是一束束的知觉。"我们纵然尽可能把注意力转移到我们的身外，把我们的想象推移到天际，或是一直到宇宙的尽头，我们实际上一步也超越不出自我，而且除了实现在那个狭窄范围以内的那些知觉以外，也不能想象任何一种的存在。"① 因而我们能知觉的、所知觉的仅仅是"知觉"，我们的认识也只能停留在知觉的范围之内，知觉范围之外的一切都是不可知的。休谟从不可知论出发，反对自然界的因果规律，提出了他自己的因果观。他认为，在自然界所见到的只是一个现象跟随另一个现象而产生。当我们多次观察到这种情况之后，在我们思想上就形成一种习惯，以后再见到某一现象时就联想到另一现象，并且相信另一现象就会跟随出现。他说，这就是人们之所以形成因果观念的根源及其全部内容。这样，休谟就完全否定了自然界的客观规律和因果关系。

在身心关系问题上，英国经验论从洛克关于"物体的两种性质"的学说，到贝克莱的"存在就是被感知"，再到休谟怀疑论的"知觉丛束论"，他们始终都是在高扬理性的前提下，围绕着人的身体具有感性知觉来说明人是什么的问题的。他们把人的经验区分为外部经验和内部经验。外部经验通过认识把对象理解为知觉观念，内部经验通过内省把人的存在理解为直接意识到的感觉、情绪、知觉、思想的总和，他们"摧毁"了外部世界的客观实在性，希望把人的一切思想都投回到人本身的存在上来，但其结果仍然无法说明人是什么的问题，而只能在"人是一个感性存在体"的思想周围徘徊，强调心灵是一块白板，一切只能从经验知觉出发，知识范围以外的一切都是不可知的。

（三）18 世纪法国唯物主义者的身心理论

18 世纪法国唯物主义者，面对着身心理论上关于人是一个"理性存在体"和"感性存在体"的争论，他们一方面高扬理性，提倡用理性作为审视一切和衡量一切的标准，要求传播知识，普及文化教育；另一方面却又颂扬感性经验，认为人只有处在自然状态中才具有自保、自利、自由这些基本人性，所以卢梭就得出了一个"人生来是自由的，可是处处都受到束

---

① 〔英〕休谟：《人性论》，关文运译，商务印书馆，1981，第 84 页。

缚"的悖论。

法国唯物主义创始者拉美特里写了《心灵的自然史》和《人是机器》等著作，把心灵与肉体的关系问题作为他哲学研究的核心问题。他认为，人的机体是一架自动机器，心灵依赖于肉体，思维是大脑的属性；世界上只有一个实体，运动是物质实体的基本属性；感性与理性都是人体机器受外物作用的结果，感觉是认识的来源，所以感性认识最为可靠，理性认识不能脱离感性认识。爱尔维修把人的一切都归结为感觉，认为人之所以求乐避苦、趋利避害，都是由肉体感觉所决定的，从而以感性经验和肉体感觉来论证他的利己主义人性论。狄德罗在经验与理性问题上虽然主张一切认识起源于感觉经验，反对笛卡尔的"天赋观念论"和洛克的"白板说"，提出了对自然的观察、思考和实验三种方法，试图把经验与理性统一起来，但由于他不懂得人的社会性和认识对实践的依赖关系，错误地排除科学抽象的作用，所以他的认识最终也未能摆脱感性经验的局限。霍尔巴赫在身心关系问题上，主张心灵的作用就是脑子的作用，而心灵与肉体的对立只不过是用不同的观点去观察同一个东西——人，而人是自然界的产物，心灵与肉体归根结底也都是自然界的产物。当然，他强调人的自然属性，并不是把人归结为自然的本质。

在身心关系问题上，18 世纪法国唯物主义者坚持的身心一元论，反对脱离肉体而存在的心灵，反对灵魂不朽说，无疑是对笛卡尔身心二元论的有力批判。但是，他们在高扬理性的同时，又抬高感性经验的作用，认为感性认识可靠，理性认识不可靠。这样，他们就既不能解决感性与理性的对立，也不能揭示和说明心灵理性的能动的创造作用。人是什么的问题，仍然无法得到解决。

（四）以康德、黑格尔为代表的德国唯心主义哲学家的身心理论

以康德、黑格尔为代表的德国唯心主义哲学，在批判地继承欧洲大陆理性主义关于"人是一个理性存在体"和英国经验主义关于"人是一个感性存在体"的思想的同时，进一步探讨了人是什么的问题。

康德在唯心主义的思辨形式下，综合了英国经验论中的一些思想内容，写出了他著名的"三大批判"，把纯粹理性作为考察研究的主要对象，突出了作为认识主体的人的理性能动性和抽象社会性，开创了德国古典哲学关于人的学说的哲学研究。

康德深受法国启蒙主义者卢梭思想的影响，又受到怀疑论堵塞人类知识道路的启示。康德说，卢梭使他学会了尊重人，认识到哲学必须研究人。康德在《纯粹理性批判》中曾提出"我能认识什么？我应该做什么？我可期望什么？"等三个问题，晚年他又提出："人是什么？"这样一个大问题。康德说："第一个问题由形而上学回答，第二个问题由科学回答，第三个问题由宗教回答，第四个问题由人类学回答。归根到底这四个问题可看作是人类学，因为前三问与最后一问有关。"① 也就是说，只有从身心关系，从人类学上说明人是什么的问题，才能回答感性和理性、知识与道德、科学与信仰等这些矛盾的问题。

康德强调人的理性和自由，反对屈服于暴力和盲目依附于别人，这反映了德国市民阶级反对封建宗教势力的进步性。然而，康德又看到了在现实生活中诸多矛盾现象，如"有德者未必享福，而享福者实多恶徒"；人类创造了科学，而科学却给人带来了坏处；人类追求和平，而战争却促使社会进步；人应当是目的，但变成了手段等等，说明了人不自由，理性也不完全可靠。因此，康德在综合"人是理性存在体"和"人是感性存在体"的同时，又把人分为感性现象方面和理性存在方面。他认为，作为现象，人有感性欲望和满足自己感性欲望的权利，但无自由；作为主体，人有理性自由，无所谓感性欲望。"人自身实在有个使他与万物有别，并且与他受外物影响那个方面有别的能力，这个能力就是理性。"② 所以，人的理性就是人区别于动物的特征，因而理性就成了人的本质。康德所说的人，就成了理性的人。

在德国当时的社会历史条件下，康德树立人的理性权威，提出了"人为自然立法"的思想，用人自己的立法代替上帝立法，这不仅对德国的思想解放运动起到了启蒙作用，而且对以后自然科学和社会历史科学的创立和发展，也起了积极推动作用。在政治领域内，"人为自然立法"的思想，

---

① 〔德〕康德：《逻辑学讲义》，许景行译，商务印书馆，2010。
② 〔德〕康德：《道德形而上学探本》，唐钺译，商务印书馆，1959，第65页。

表现为人是不受传统权威和陈旧法律教条束缚的、具有政治自由的人；在社会历史领域内，"人为自然立法"，说明人是社会主体，表现为人不仅具有联合在一起的社会性，而且还具有追求个体感性欲望满足的非社会性；在认识领域内，"人为自然立法"集中表现了人的认识的能动性，人有理性，从而表示为能动性，这是康德哲学一大贡献；在伦理道德领域内，人自己立法自己遵守，表现为人必须遵守超越感性经验的、先验理性的"善良意志""绝对命令"，说明了"人是自己的目的，决不能把人当作手段"。

康德说："位我上者，灿烂星空；道德律令，在我心中。"科学知识和道德是人们经常思考和探讨的两个问题。对这两个问题越是深入持久地探索和思考，人们心灵中就越来越充满了惊奇和敬畏。然而，康德与苏格拉底不同，苏格拉底探求知识与道德的一致，认为善与知识是同时产生的，缺乏知识乃是一种不道德的表现。康德则进一步探讨了知识与道德的区别，认为道德不是从经验而来，它是先天蕴含在纯粹理性之中的。道德需要科学，并不是为了向科学学习，而是为了进一步确定科学的地位和作用，有知识的人并不一定具有道德，为了成为正直而善良的甚至是聪明而有德性的人，并不一定需要科学知识；道德产生于一切科学知识之外，它属于另一个领域。

因此，如果说康德的《纯粹理性批判》是讲认识不能脱离经验，由理性到知性，再到理性，寻求知识的普遍必然有效性，那么《实践理性批判》则是讲道德律令、善恶概念，再到善恶感情，从而寻求理性与意志、道德与行为的联系，肯定意志是纯粹理性的实践力量。实践理性高于理论理性，不可认识的主体可以作用于现象世界，道德律令可以指导有理性的人的行为。相比他的认识论，康德的伦理学提出了更为尖锐而深刻的社会问题，但人的本质都被抽象化、神秘化了。《判断力批判》是康德企图克服认识论与伦理学二者的截然对峙而架起的一座沟通的桥梁。一方面康德认为审美和艺术是与自然界相统一的，都是一个活的有机体；另一方面康德又认为目的性的原则是对活生生的自然和艺术创作所采取的态度。美学的任务就是要克服现象与本体、认识与经验、科学与道德的矛盾。康德的目的论考察的中心就是人，只有人才能给自己提出自觉而明确的目的，只有人才有审美评价能力。这样便产生了文化的世界。然而，人是社会的主体，没有人，目的也就毫无意义。"自然向人的生成"，其结果必然是人，而人又是自然界的"最终目的"。

人作为"感性存在体"和"理性存在体"的统一，是康德研究所谓人类学的主题。"我能认识什么？我应该做什么？我可期望什么？"这三个问题，都是属于"人是什么？"这个问题的。康德对人的本质的研究，经历了文化解决和社会解决两大阶段，在社会解决中又经历了宗教、伦理和法律解决几个小阶段，但最终也未能揭示出人的本质。康德不仅爱人、相信人，而且把希望寄托于人的理性、意志和崇高品质。他认为，人不是单纯地进行认识的人，世界并非作为人的沉默对象而有意义；人也不是自然感性的人，幸福并非创造世界的"最终目的"。人必须是"理性""文化""道德"的人，因为文化道德可以提高人的精神素质，摆脱自然欲望的束缚，克服感情偏执的专横，从而有助于高扬理性道德的力量。与笛卡尔一样，康德对人的探求，也给后人留下了许多必须回答的问题。

费希特继承和发展了卢梭和康德关于人的学说，把理性和自由看作人的本性，"不可让渡"的权利。费希特从主观唯心主义出发，清除了康德的"物自体"，强调"自我设定自身，自我设定非我，自我与非我的统一"。他把自我——人的主观意识看作唯一的实体，把非我看作不属于自我实在性的东西，由于自我与非我的对立，才产生了感觉、思维、判断、推理，才进入了经验世界，才体现了人的创造世界的作用。自我与非我的统一，才使心灵与肉体、主体与客体达到了统一。主体创造了客体，客体被主体化，又统一于主体，从而突出了人的理性的认识能力和创造能力。自我设定非我，是产生理性认识的过程；自我与非我的统一，是产生实践活动的过程。费希特主张要充分发挥主体的能动作用，他的行动哲学代表了德国市民资产阶级反对封建宗教势力的进步要求。他认为，人不仅是"感性生物"，而且是"理性生物"，理性生物即自由，理性生物必定要过社会生活，进行社会交往。离群索居、与世隔绝的孤立的人是不存在的。然而，所谓理性生物就是说人的本质仍然是理性，所以，费希特所讲的人，还是一个理性的、抽象社会的人。谢林从客观唯心主义出发，既批判了康德的"物自体"，又批判了费希特的"自我"，从而建立了他的人的学说。谢林"同一哲学"的绝对本原，是一个既非主体又非客体的绝对的无差别的同一性，这种同一性，他认为就是自然，而级次高的同一性则是自我意识。所以，他由这种同一性，提出了他的自然哲学。自然哲学是盲目的、无意识的创造活动上升到自我意识和理性，先验哲学是从自由、有意识的活动上升到绝对同一。谢林的《先验唯心主义体系》，研究了精神生活的活动过程，区分了理智的理论活动和意志的实践活动，既强调人的理性，又强调非理性，把人类社会区分为悲剧时期、意志决定理性自由时期、意志与理性自由统一时期，因而他对人的本质的理解，既有理性成分，又有非理性因素，但从基本上看，谢林的"人"仍然是一个理性的、抽象社会的人。

黑格尔从客观唯心主义出发，对人的精神现象做了全面而系统、深刻而具体的研究。黑格尔认为，人是一个有机系统，"割下来的手只是名义上的手"。说明了人的心灵与肉体是有机统一的。人虽然是自然界发展起来的最高产物，但是人的本质并不是"感性的东西"和"自然存在"，而是理性。"人类自身具有目的，就是因为它自身中具有'神圣'的东西——那便是我们从开始就称作'理性'的东西。"① 由于人的理性是区别于动物的特点，所以人的理性是社会的产物。只有在社会关系中，才能体现和理解人的理性是社会的产物。黑格尔认为，人与动物不同，他不是直接吃掉或消灭自然界，而是通过劳动，逐渐"抛弃自然界把它造成的状态"，而成为社会的人。人为了满足自己的需要，就必须进行劳动，通过劳动，使物成为人化之物。然而，人满足自己需要的劳动，必然同满足他人的需要分不开，并且只有在满足他人需要的同时，才能满足自己的需要。这就说明，人必然在劳动中与他人发生关系，形成社会性和社会联系的有机整体，而且人也只有在有机的社会联系中，才有可能进行劳动，所以劳动成了人的本质。

在此基础上，黑格尔为了说明人，又进一步考察了劳动异化。黑格尔认为：第一，在市民社会中，人们生产的目的是满足市场和社会的需要，劳动产品必须通过市场才能到消费者手中，而通过市场又受"客观供求规

---

① 〔德〕黑格尔：《历史哲学》，王造时译，生活・读书・新知三联书店，1956，第73页。

律支配",这就产生了"生产过多""财富过剩"和"缺乏相应比例消费者"的劳动与需求之间的脱节现象。劳动本身要求主客体统一,但结果使主客体、劳动与其产品疏远了。第二,由于劳动分工使财富增加,但劳动创造的财富却日益"集中在少数人手中",劳动者本身却日益贫困化。客体与主体疏远,甚至同主体的意志和愿望相对立,反过来支配和奴役主体劳动者,这是"市民社会的辩证法"。第三,由于分工的发展,生产工具机械化,劳动者的劳动日益简单化,结果使劳动者成为机器的附属物,劳动变成了使人厌恶的事情。第四,商品的价值、货币和资本都是劳动的产物,在这里人与人的关系隐藏在物与物的关系之中,从而产生了"拜物教"这种异己的、盲目的力量统治着人本身,人的本质被异化,人与人之间的关系也被异化了。黑格尔以他的理性的人反对封建宗教势力,主张人性的复归,建立"真正人的社会",使盲目的必然性转化为自由。然而他所谓的理性的、自由的、真正的人的社会,却只是资本主义社会。黑格尔的理性的、自由的人,虽然增加了一些劳动的、伦理的、美学的社会意义,但最终却仍然是一个抽象的"理性存在体"。

黑格尔从主体客体化和客体主体化的过程上阐述人的思想是很重要的。由于主体客体化,他不仅承认灵魂与肉体相统一的自然属性,而且还从劳动、从人与人之间的关系上揭示了人的社会性;由于客体主体化,他又肯定了从自然到人化自然的过程中人的创造力量。这些都是黑格尔在研究人的问题上的重要贡献。

总之,在身心关系问题上,德国古典哲学已经不是仅仅停留在"感性存在体"与"理性存在体"的对峙上,从灵魂与肉体、人的自然属性上揭示了人的本质,而是进一步从人的社会属性上,即从感性与理性、知识与道德、感情与意志、科学与信仰、理论与实践、目的与手段、个人与社会等一系列矛盾关系上揭示了人的本质。然而,由于它不懂得人类社会实践和历史发展的辩证法,所以还只能在抽象的"理性存在体"的思想周围徘徊,并不能真正揭示人的本质。

(五)实证主义和唯意志主义哲学的身心理论

与近代西方哲学有所不同,现代实证主义和唯意志主义哲学的身心理论，明显地强调人的非理性因素的作用。

实证主义主张以经验事实为根据，追求所谓"确定"的知识。它既反对唯心主义把心灵看作独立实体，也反对唯物主义把心灵看作物质的属性和产物。它认为，心灵就是人的各种精神，就是人的心理状态和感受。它把人的理性、感情和行动同实证主义原则统一起来，强调人的情感、欲望、本能的作用，贬低理性的作用，认为人的理智能力的高低是由人的情感、本能和冲动决定的，离开了人的情感、本能和冲动，也就无所谓人的理智能力。这就说明，实证主义在现代西方哲学中，在对人的研究问题上，是强调人的非理性力量的作用的。

唯意志主义强调人的生存意志、生命意志的作用。所谓生命意志，是一种无意识的意志，也是一种"盲目的、不可遏制的冲动"。在唯意志主义哲学中，占首要地位的是关于人的问题，即人的生命和本质问题。它们以人的生活和行动为中心，以进化论为依据，说明人是灵魂与肉体的有生命力的统一体。叔本华认为，人的本质不是理性和思维，而是意志、欲望和情感，人的一切心理现象、记忆力、性格、智慧，甚至肉体，都是意志、欲望和情感的产物。人与动物的根本区别，就在于人有自觉的意志、欲望和感情。这是一种无意识的、盲目的、不可遏制的冲动。它的基本特点是求生存，只要能求得生存，其他一切都可忍受；相反，如果不能生存，其他一切就会失去意义。叔本华的生存意志，把人的理智与认识贬斥为只是为适应生存而产生的，是充当生存工具的东西。因为人有反省和抽象意识，所以他就能清楚地了解到他所认识的一切事物并不是本身存在的东西，不是自在之物，而只是呈现于人的表象，"世界是我的表象"。因此，我们根本不能把它们当作确定的对象，不能纳入以主客体分立为特征的认识论范畴。认识的目的是认识主体区别主体本身，领悟人的绝对自由、自发性和随意性，领悟人的存在的价值和意义。为了获得这种认识，则必须借助非理性的直觉。尼采主张真正的哲学应当成为关于人的学说。他认为，人的思想认识以及道德价值观念都取决于人的非理性的生命力。人的生命是一种冲动、冲力、创造力，或者说是一个不断自我表现、自我创造、自我扩张的活动过程。生命的本质并不在于追求生存，而在于发挥其生命力；生命的意志就在于表现、释放、改善、增长和超越自在的生命力，亦即超越自我；权力意志决定了在人的生命中所表现的一切东西，从肉体的过程到最高级的精神活动，无不都是权利意志的表现。就是说，人的肉体和灵魂构成人的生命，有生命的个人是一种"全新的东西、创造的东西、绝对的东西、一切行为都完全是他自己的"①。世界是一个非理性的世界。所谓真实的存在，只能是一种倾向、活泼、冲动、激情、过程，只能是永无止境的在流动、变化的东西。因此，人们无法用理性、逻辑、概念的工具去认识，而只能诉诸非理性的直觉。

在身心关系问题上，无论是实证主义还是唯意志主义，都在把人的本质理解为"理性存在体""感性存在体""抽象的社会存在体"之外，增加了一个"人是情感、欲望和意志的存在体"。它们反对资产阶级传统的理性主义，强调人的非理性的意义和作用，把人看作一个有生命的个体，肉体与灵魂皆统一于这个有生命的个体之中。它们推崇人的情感、本能、欲望和意志的作用，把人的本质归结为非理性，然而人是什么？它们也没有做出正确的回答。

人是什么？在近代西方哲学史上，不同流派的哲学家提出了不同的看法。欧洲大陆唯理论者把人的本质看作"理性存在体"；近代英国经验论者把人当作"感性存在体"；18世纪法国唯物主义者把人看作是"一架机器"，一个"感性经验存在体"；从康德到黑格尔的德国古典唯心主义者，把人最终理解为一个抽象的、社会的"理性存在体"；孔德、穆勒和斯宾塞的实证主义与叔本华和尼采的唯意志主义，提出了人的非理性的问题，强调人的情感、欲望、本能和意志的作用，把人看作一个"情感、欲望、意志的存在体"。我们在简要地考察这些看法之后，便可以看出，身心关系问题是一个关于认识主体的重要问题，哲学家长期探讨这个问题，得出了不同的结论，又提出了许多问题，并为研究这个问题提供了重要的思考线索和思维教训。然而，人究竟是什么，哲学家并没有得出真正科学的结论。马克思主义哲学在关于人的问题上，既承认人是血肉之躯，是灵与肉的有生

---

① 〔德〕尼采：《权利意志：重估一切价值的尝试》，张念东、凌素心译，商务印书馆，1991，第456页。

命的统一，也承认人的理性特征；认为人在本质上是实践的，把人看作实践中的人；人处于一定的社会关系中，在人们的一切社会活动中，物质生产活动是最基本的活动，因而生产关系就是人们社会关系中最基本的决定一切的关系。马克思把人看作"一切社会关系的总和"，就揭示了人的本质的核心内容。在马克思主义哲学中，身心理论也应当占有相当重要的地位。精神与物质的关系问题，包含身心关系问题，但不等于身心关系问题，因此，要丰富和发展马克思主义，还必须认真研究它的身心理论，加深对人自身的认识。

二 实用主义对近代西方哲学身心理论的批判和研究

人是什么？自从富兰克林提出了"人是会制造工具的动物"以来，美国人便开始如同实证主义者一样，从理智、情感和行动上考察人。在美国当时的社会实践和对近现代西方哲学身心理论的批判继承基础上，实用主义把人的活动、行动、实践这一重要问题引入了现代西方哲学。在主体观上，用独立自主的、有利害关系的、动态的实践行为主体，取代了无行动需要和利害关系的、静态的纯粹认识主体；主张用行动的未来效果来证明思维的合理性，根据事实效果来修正信念，不是去看最先的事物、原则、范畴和假定是必需的东西，而是去看最后的事物、收获、效果和事实。由于它着重强调认识的实现过程，而不是认识的形成过程，所以就反对静观冥思、坐而论道，并带有强烈的反传统主义、反教条主义的倾向。应当看到，实用主义这一理论基础和观察视角的转变，不仅把人和社会置于世界的中心，继承和发扬了西方哲学人本主义的传统，而且在身心理论等哲学问题上形成了与传统观念不同的新见解，对于科学地认识人的本质很有意义。

下文分别考察皮尔士、詹姆士、杜威、米德、刘易斯等人的身心理论以及他们对所谓的二元论的克服，从而说明实用主义对实践行为主体——人的本质和特征的看法。

（一）皮尔士的身心理论

皮尔士作为一个实验科学家，又是通过康德之门进入哲学领域的，所以他在现代物理学、数学、进化论和心理学新成果的影响下，不仅把人看作具有逻辑思维的理性动物，而且还进一步把人看作具有实践能力、独立自主地进行实践活动的社会动物。他从对人的两种心灵状态——怀疑和信念的考察和审视中，既建立了他的新的思维方式，又建立了他的新的身心观。皮尔士不仅指出观察与推理、感性与理性的不同，而且还指出了人的行为方面和心理方面的诸多不同。他说，信念是断定被认为是真的命题：它是一个人愿意以某种确定的方式行动的东西；它标志着心灵的一种习惯，它是一种同怀疑相反的状态。如果说信念标志着断定或接受这个命题，那么怀疑表明出现了对命题提出责问，而不想断定或接受这个命题的积极的真实的心灵态度。信念是不可置疑的，信念与怀疑的区别不仅存在于一个人所经验到的内部情绪或感觉中，而且也存在于一个人的行为方式中。由于具有一个信念，即具有某种心灵的习惯，它使有信念者期望得到某种后果。在有关场合出现时，人们便以与信念一致的方式行动。相反，当一个人处于怀疑状态时，这个人的行为并不具有当他有信念时所具有的那种反应的有规则性。怀疑的特征是犹豫不决，摇摆不定，没有主见。如果一个人期待着某种应当出现或他应当观察到的确定的事情，那么他就会有某种特定的行为方式；而在怀疑状态，恰恰没有这种行为方式。因此，信念指导我们的愿望，规范我们的行为。每一个信念都有这种作用，只是程度不同，而怀疑则不会有这种作用，怀疑与信念相互区别，又相互联系和转化，"由于经历一种真正的怀疑状态是令人不快、使人烦恼的，因此处于这种状态的人就渴望和需要一种信念，以克服他的犹豫、彷徨和不安。从心理学上看，具有信念比处于怀疑状态要优越得多。因此摆脱怀疑状态的需要就促使人去寻求克服怀疑、消除紧张状态的方法。'对怀疑的烦恼是争取信念的唯一直接的动力……因此，奋斗从怀疑开始，而以怀疑的平息告终。'"①这就是说，由于信念与行动相联系，从怀疑到探索，从探索到确定信念，最后趋向于行动。所以，在"怀疑—探索—信念"这一人类活动的连续过程中，作为表示获得信念和证明自己有信念的方法必然是：怀疑是起点，

---

① 〔美〕穆尼茨：《当代分析哲学》，吴牟人、张汝伦、黄勇等译，复旦大学出版社，1986，第38页。

探索是手段，确定信念是中间环节，而行动则是探索所要达到的最终目的。虽然人们要确定了坚定的信念，便可以据此而采取行动，并达到人们所预想的效果。然而，任何一个可以称为真理的假设都需要改进，任何信念的确定性都是相对于其证据而言的，随着新证据的发现，这些信念也可以改变。任何经验命题都不是绝对可靠的，甚至数学和逻辑的推理也不能排除错误的可能性。这就说明，虽然人们承认信念是不可置疑的，但由于信念规范行动所达到的真理只是相对的，所以由怀疑到信念，再到新的怀疑，新的信念，这是一个川流不息、不断相互转化的过程。由此可见，皮尔士对"怀疑—信念"这两种心灵状态的阐释，既揭示了它们与作为灵魂的知觉、心理和逻辑、思维的联系，又说明了它们与作为肉体的生理活动与行为方式的联系。这样从身心关系就进一步引出了生理与心理关系问题。

皮尔士描述了心灵的怀疑与信念的两种心理变化，阐述了从心灵未觉状态到心灵具有信念、采取行动而达到效果的过程，从而把思维与肉体的活动统一了起来。在这里，皮尔士研究方法的主要根据是心理学，他强调其感情需要占支配地位的个人行为和态度，就带有强烈的心理学因素。他认为，人们对逻辑推理所具有的敏感性或明智感，人们的个人心理与社会心理的差异，人们受权威意志的控制和受非经验性的先验意识的制约，都影响正确有效地确定信念，所以他特别强调要运用科学的方法来确定信念、指导行动和获得效果。

应当说，皮尔士的科学研究方法，无论是讲实用主义、批判的常识主义、可错论、指导论（指号学），还是讲科学分类法、科学推理形式（溯源推理、演绎推理、归纳推理）的理论，都是旨在以某种形式、从不同方面揭示确定信念和使观念更加清楚明白的方法与途径。皮尔士认为，心灵在确定某一种信念时，一定要摆脱一切个人的无端和专横的局限。逻辑作为一种规范学科使信念符合科学。信念是心灵的习惯，是引导我们在有关情况下从事某种行动的东西，而且只有行动才能获得效果，因此，实用主义并不是"为行动而重视行动的哲学"。① "纯粹为行动而生活，把行动当作生

---

① 〔美〕穆尼茨：《当代分析哲学》，吴牟人、张汝伦、黄勇等译，复旦大学出版社，1986，第 73 页。

活而不顾行动所贯彻的思想，那就等于说没有理性目的这样的东西"。① 因此可见，心灵与肉体的统一就表现为思想与行动、语言与行为、理论与实践的统一。

皮尔士认为，他的研究方法的重要性和优越性就在于，人们一旦使用了它，它就会引导人们达到真理，达到关于实在的知识。首先，他认为逻辑是关于真理、真理的性质以及发现真理的方法的学说。他的科学逻辑，主张溯源提出假设、演绎展开假说、归纳检验假说，不仅把归纳与演绎统一了起来，而且还把理性的认识逻辑变成了个人实践的行动逻辑。他的概率逻辑不仅是对传统的二值逻辑的批判，而且是直接体现了时代前进的步伐和科学发展的趋势。概率逻辑在说明知识的可靠性和确定性时，认为任何科学理论都不可能达到绝对精确的认识，人们只能运用概率来陈述事实，而概率陈述也不是主观随意的，它是对客观的自然规律的近似的反映。这样，就避免了独断论、怀疑论，特别是那种根深蒂固地统治人们头脑的机械决定论的传统观念。因此，他把引导我们达到真理、达到关于实在的知识的方法，看作一个重要问题。其次，皮尔士说，实在与虚构物不同，实在是可知的，不是"自在之物"。实在代表那些注定要向一个研究者社团表明其特征的东西，而虚构则是一种并不为他人共有的心灵状态的产物。因此便可以说，既然实在是可以被思想所认识的，可以用语言表达的，那么离开人类所特有的信念去谈论真理与实在，肯定是白费力气。

皮尔士把"实在"的观念与"思想"的观念联系起来，相应地也把"实在"的观念与"真理"的观念联系起来，认为一个外部的、独立的实在能够引起心灵中的某些观念，或者说它可以被思想所认识，用语言来表达。这是运用了近代笛卡尔主义、英国经验主义和康德、黑格尔主义中关于主体与客体二元论的模式，但是他又站在传统哲学的对立面，用心灵与肉体、思想与行动、语言与行为、主体与客体、理论与实践的"融合"或统一的观点来克服这种二元论的模式。皮尔士的意义理论，正是把探求的逻辑用来澄清我们观念的多种技术，以便使我们的观念更加清楚明白。皮尔士用

---

① 〔美〕穆尼茨：《当代分析哲学》，吴牟人、张汝伦、黄勇等译，复旦大学出版社，1986，第 73 页。

以澄清观念意义的实用主义，既反对英国经验论的"内省"法，也反对笛卡尔式的"先天之明"法，而是以大家都能从事或实现的操作、行动、作业、实用和观察为根据，也就是说，它要有外在的行为，重视实际的效果。皮卡尔强调信念是心灵的习惯，是引导我们在有关情况下从事某种行为的东西。信念的意义问题，首先是这样一个问题：一个特定的信念将引导我们从事什么样的特定行动，并取得什么样可感觉到的效果。例如，一种东西是"硬"的，其意义在于经过操作，这种东西不会被其他东西所划破；一种东西是"重"的，其意义在于经过操作，这种东西在没有相反的力支撑下会跌落下来。由此可见，皮尔士的意义理论，是依赖于某些预见到的或期望有的实际效果，因而只要有这些实际效果，就可以当作真并且是有意义的。只不过是，在一种情况下，他感兴趣的是要确定信念中使用的概率的意义；在另一种情况下，他感兴趣的则是要决定整个信念的真假。

皮尔士探求主体人的结果，深化了对人作为实践行为主体的认识。他把主体客体化，提出了心灵与肉体、心理与生理、语言与行为、思想与行动、主体与客体、理论与实践等一系列问题，强调了这二者在人的实践行动中的统一，从而既表达他对人的看法，又阐发了他的身心理论。人是通过心灵与肉体的统一去认识事物，而不是仅仅通过心灵认识事物，所以这种认识实际上就是一个人与自然交互作用的过程。关于事物、对象的形而上学问题，皮尔士有他自己的看法。他主张要由许多研究者通过合作进行探究，为此，皮尔士花了大量的精力，勾画了他设想的科学形而上学的特征，希望建立一门现象学的科学的形而上学。[1] 但是，他未曾对这些问题做出最后的、全面系统的阐述。

（二）詹姆士的身心理论

詹姆士是笛卡尔二元论的坚决反对者，他既反对从肉体、生理上解释高尚纯洁的精神现象，也反对把精神现象缩小到彻头彻尾幽灵般的状况。他主张把肉体与心灵统一起来，进而把心理与生理、思想与行动、语言与

---

① 〔美〕穆尼茨：《当代分析哲学》，吴牟人、张汝伦、黄勇等译，复旦大学出版社，1986，第70页。

行为、主体与客体、理论与实践、意识与物质统一起来。他说："最初'精神和物质''灵魂和肉体'曾代表一对对等的实体，在分量和重要性上，完全相等。不过后来康德摧毁了灵魂，抬出了超越的自我，从此这种两极的关系就大大地失去了平衡。目前超越的自我看来在唯理主义者那里代表一切东西，而在经验主义者那里却几乎什么都不代表。"① 在詹姆士看来，意识、精神"它是一个无实体的空名，无权利位于第一本原的行列中。那些死抱住意识不放的人，他们抱住的不过是一个回响，不过是正在消失的'灵魂'遗留在哲学的空气中的微弱的嘘声而已。"② 因此，"现在我们觉得把意识公开地、普遍地抛弃掉的时机已经成熟了"③。然而，詹姆士并非完全否定意识，它只是说意识这个词不能代表一个实体。相反，他却极端强调意识作为一种职能的作用。

詹姆士认为，物质的东西是用存在的原始素材或性质做成的；而思想与此相反，没有什么存在的原始素材或性质来做成它们。这与笛卡尔所说的物质的肉体有广延，精神的心灵没有广延基本上是一样的意思。但是，他却要排除这些二元论。詹姆士反对心、物两极对立的逻辑划分模式，认为心与物皆离不开人，而人既非纯粹的心，也非纯粹的物，心与物皆统一于人。在心灵与肉体的对立中，他既反对脱离开心灵的肉体，也反对脱离开肉体的心灵，他以心理学为基础，把心灵、意识的存在看作一个心理事实，赋予它一种职能上的意义。心灵、意识只有在它同肉体的关系中才能存在，脱离开肉体的心灵活动是不存在的。因此，詹姆士说心灵、意识含有一种外在关系，与肉体相联系而存在，并不表示存在的一种特殊素材和方式。例如在日常生活中，油彩在商店里是可供销售的物质——商品；但把它画在一幅油画中，它扮演的角色就成了一个精神职能。在传统的认识论中，认识的一端是主体——知者，认识的另一端是客体——被知者，然而在詹姆士看来，知者与被知者二者是统一的，它既是东西的思想，又是思想的东西。因而主体就是客体，心理的东西与物理的东西的对立不是绝

① 〔美〕威廉·詹姆士：《彻底的经验主义》，庞景仁译，上海人民出版社，1986，第1页。
② 〔美〕威廉·詹姆士：《彻底的经验主义》，庞景仁译，上海人民出版社，1986，第1页。
③ 〔美〕威廉·詹姆士：《彻底的经验主义》，庞景仁译，上海人民出版社，1986，第2页。

对的，而应当找出它们之间联系和统一的中介。

詹姆士说："笛卡尔第一次地把思维定义为没有广延的东西，后来的哲学家都是把这种描写作为正确的接受了下来。"① 既然说身体、物是有广延的，广延性不能归到我们的思维上来，那么这种观点就是错误的。因为客观的广延和主观的广延的区别，只是对一个结构的关系不同。任何一个有广延的物体的适当的心理图画，都必须具有物体本身的全部广延。因此，如果说"外在的东西"有广延，而"内部的东西"即内部经验是绝对没有广延的，那么必然是错误的。例如我们说火是热的、水是湿的、小刀是锋利的、三角板是尖的，在物理系列中是这样的，但在心理系列中却并不如此，心理的火点燃不了实在的木柴，心理的水也浇不灭实在焚烧着的火，心理的小刀尽管锋利也不能割实在的木头，心理的三角板尽管是尖的也不能扎人，然而由此并不能证明心理的东西没有广延。因为心理的东西与物理东西一样，它也有许许多多所思的配合物，带有许许多多的所思的东西，它也是连续的，具有并存在关系的。

詹姆士说："达尔文打开了我们的世界"②，他在生物学、生理学和心理学的演讲中，强调身体的结果，强调各种生物与环境的适应及其所产生的结果，认为心灵、意识是自然界长期发展的结果，认为心灵、意识脱离开肉体、身体而存在的观点是错误的。在这里，詹姆士提出了"人性"问题。詹姆士认为唯灵论和唯心论肯定精神秩序的永恒性，关心世界的终局，不把眼光放在现实上，是歪曲了人性；唯物论和实证论注重物质宇宙的扩大，缩小了人的重要性，也是歪曲了人性。实用主义从强调人的身体活动、强调实践行为主体的行动出发，认为灵魂、生命、气息是不可能真正切地区分开来的，心理上的东西，是我们机体里面的某些活动，例如脑袋上和喉咙上的肌肉紧张、呼吸的停止和通过、充血等感觉的反应。感觉、知觉、情绪、注意、影像、记忆等心理上的东西，它们都是借助我们的身体来作用于物理世界的，因而它们也似乎是属于我们的身体。生理活动是心理活动的机制，它们二者是同质的。因此，研究"人性"问题，必须把心理的

① 〔美〕威廉·詹姆士：《彻底的经验主义》，庞景仁译，上海人民出版社，1986，第16页。
② 〔美〕詹姆士：《实用主义》，陈羽纶、孙瑞禾译，商务印书馆，1979，第50页。

东西与生理的东西即灵魂与肉体统一起来，重视无意识的东西，例如怀疑、信念、情感、意志等心理因素和人的行为活动的意义和作用。

与皮尔士一样，詹姆士除了探讨作为实践行为主体——人的身心关系理论之外，也探讨了心、物关系的理论。这是两个不同层次的问题。第一个问题——身、心关系问题，经过主体客体化后，人不仅是主体，同时也是客体，如果否认这一点，就不可能对人自身进行深刻的认识。虽然詹姆士是从心理学的角度来进行认识的，但也是一种值得称道的哲学研究的进展。第二个问题——心、物关系问题，经过客体主体化后，物不仅是客体，同时也是主体，如果否认物是由概念、范畴、语言所表达的东西，否认自然、物的人化过程，那也就不可能对物本身进行深刻的认识。詹姆士的错误并不在这里，而是在于他脱离开人的社会性、脱离开社会历史孤立地从主客体关系上来研究人。詹姆士说，经验主义趋向于具体与事实，理性主义趋向于抽象与概念；经验主义强调科学而情愿不要形而上学，理性主义强调形而上学，追求一种很原始的东西，而又情愿不要科学，这样就使科学与形而上学形成了矛盾。实用主义在康德之后，正是为了使"科学与形而上学""更接近"和"在事实上完全携手并进"而反对把心灵当作一种完全禁闭起来的幽灵，把身体活动完全看作听从原野的呼唤的结果，反映出一种企图调和以上两种思想方法的中间路线。

（三）杜威的身心理论

杜威在《经验与自然》《确定性的寻找——关于知行关系的研究》中，比较集中地表达了他自己的身心理论和他对近现代西方哲学身心二元论的克服与改造。

杜威说："在圣保罗的基督教义以及其后继者中肉体是尘俗的、情欲的、贪婪的、激情的；精神则是神圣的、永生的；肉体是可以朽坏的，而精神是不朽的。人们用一种带超自然宗教的色彩的道德上的蔑视眼光来理解肉体。既然身体是物质的，那么凡物质的东西便都是罪恶的了；柏拉图和亚里士多德在形而上学上对于物质的贬值，在禁欲主义的思想中就变成了一种在道德上和本质上的贬值……因而在精神和物质之间便呈现出一个充分的对立。然而，尽管存在着这样一个对立，它们却在人的身体中结合在一起了。精神是简单的、唯一的、永恒的和不可分解的；物质是多样的、变化的、可以分解的。这样两个相反的东西怎么可能结合在一起呢，这便成为一个问题了。"① 杜威认为："问题主要不在于这些解决的方面，而在于决定这个问题提法的因素方面，那么避免纠缠在这些解决之中的办法，就是对于这个问题所借以存在的那些概念重新加以考虑。"②

杜威是怎样重新加以考虑的呢？

他认为，人是一个有生命的精神。生命、感觉和思想是永远离开物理的事情而存在的。一个有生命的精神的东西与一个无生命的物理的东西的区别就在于，前者的活动具有需要、主动要求满足需要的努力和需要得到的满足等特征，亦即它具有"需要—要求或努力—满足"的特征。后者的活动则不具有这些特征。从生物学的意义上来看，"需要是指精力的这样一种紧张的分配状态，以致机体处于一种不安或不稳定的均衡状态之中。要求或努力是指这个事实而言，即这种状态表现在行动之中，这些行动在这样一些方式之下改变着周围的物体，致使它们又反作用于这个机体。而最后又使得它所特有的那种主动的均衡状态的样式得到恢复。所谓满足，系指这种恢复均衡状态的样式而言，而这又是环境和机体的主动要求相互作用时所发生的变化所产生的后果"③。在谈及如何理解环境与机体的关系时，杜威又认为："一个有机体的每一个'部分'本身是组织起来的，而这一部分的各个部分也是组织起来的。所以在它和周围的事物的交互作用中它所具有的这样选择性的偏向既是为了继续维持它本身的存在，同时也是为了维护它所属的整体的存在。"④

由此可见，杜威把对身心问题的看法与对人的看法直接联系起来。他反对传统哲学简单地把肉体和心灵彼此分隔开来，把它们当作两个存在的领域，这种孤立的、静止的观点不仅不能正确地认识人，而且由于灵魂没有广延，不占有空间，还会得出有神论的错误结论。杜威从机能实体出发，

---

① 〔美〕杜威：《经验与自然》，傅统先译，商务印书馆，1960，第 209 页。
② 〔美〕杜威：《经验与自然》，傅统先译，商务印书馆，1960，第 202 页。
③ 〔美〕杜威：《经验与自然》，傅统先译，商务印书馆，1960，第 203 页。
④ 〔美〕杜威：《经验与自然》，傅统先译，商务印书馆，1960，第 203 页。

亦即主体客体化的高度出发来认识主体。他说，物理的、精神物理的和心理的区分乃是自然的事情，但由此而推断出物质肉体、生命和心灵分别代表三种"实有"的观点，也是一种孤立而静止的观点。因此他从机能主义出发，进一步把主体客体化理解为机能实体化，他强调用静态的横向联系和动态的纵向发展的观点来研究身心问题。杜威认为，从机能实体化的观点看来，所谓"物质"或物理的东西，乃是事情发生在一定的交互作用水平上所具有的一种特性，它本身并不是一件事情或存在。把"心灵"当作意蕴，而把"物质"当作存在的见解乃是迷信。它不仅是一个单纯的意蕴，因为它是属于许多事情交互作用所形成的一个特殊的场所所具有的一个特性。但是当它在科学中呈现出来的时候，它正和加速度和负一的二次方一样，是一个意蕴。在这里，意义也表达在交互作用中的事情所具有的派生出来的特性。结果我们主张生命、感触和思想永远不是离开物理的事情而独立存在的这个学说，也会被贬谪为唯物主义，但同时它也可以被认为恰恰是相反的。因为我们有理由相信：关于自然存在所具有的基本特性，只有当它的特性最完全地被揭示出来的时候，它才能够最恰当地给予界说——而这一条件的能否满足，乃是以所实现的交互作用的范围和密切程度为转移的。① 从杜威的论述中，我们可以看出，他对笛卡尔抽象的二元论持批判态度，认为把人分解为灵魂和肉体的学说是错误的。他强调指出："如果生命和心灵没有任何机制，那么教育、有意义的变更修正、防止以及建设性的控制就都是不可能的。"② 要找出灵魂与肉体联系的中介和机制，就必须运用生物学、生理学、高级神经生理学、心理学、语言学等，对灵魂与肉体的关系做统一的动态的考察和理解，反对从灵魂与肉体的实体和性质上做孤立的静止的片面的考察和理解。

杜威说："当行动在（感触）质量上的差别被用来作为业已从事过和将来从事的行动的指标时，这些动作在（感触）质量上的差别具有了某种意义；而这些（感触）质量上的差别直接地具有这个意义，意义是按照这些差别所具有的特性而被享有着的。感触产生意义，当它们是事情和对象的

---

① 〔美〕杜威：《经验与自然》，傅统先译，商务印书馆，1960，第210页。
② 〔美〕杜威：《经验与自然》，傅统先译，商务印书馆，1960，第211页。

直接意义时，它们就是感觉，或者比较适当地说是感觉所与，如果没有语言，机体行动所具有的性质，即所谓感触，仅仅是潜在的和没有预示性的痛苦、愉快、气味、颜色、杂音、声调等。有了语言之后，它们就被区分开来和被指认出来了。于是它们就'客观化'了：它们成为事物所具有的直接特性了。这种客观化并不是从这个有机体或灵魂神秘地向着外在事物有所投射，也不是虚幻地把一些心理的实质赋予物理的事物，这些性质从来也不是在有机体之内的，它们总是机体外的事物和有机体共同参与的各种相互作用的情况所具有的多种性质。当它们有了名称时，它们就使这个有机体能够认识和区别事物所有的性质。为了控制的便利起见，我们可以说它们是这个事物所特有的。"[1] 对此，杜威又举例加以说明："当感觉性质通过语言而被用来当作是一个记号的系统，例如，当机体和环境之间的积极关系所具有的一种性质被称为饥饿时，它就被视为有机体寻求一个体外对象的一种要求了。把一种性质称为饥饿，给它一个名称，就是涉及一个对象，涉及事物，涉及将会满足这个要求的那个东西，就是这个积极的情绪所倾向的东西。"[2] 这些都说明，杜威是从身与心、有机体与环境的交互作用的关系中来探究的。如果离开了这种交互作用，询问心灵在何处以及得出心灵也是一个独立的存在，并且用身体所占有空间的观念，推导出心灵在神经系统和大脑皮层中，从而确定心灵的位置，那也是错误的。因为，在杜威看来，有机体不仅是一个结构，而且是一种独特的交互作用的方式。

从意识的角度看，杜威认为，传统哲学关于心灵和心的认识器官的理论断绝了心灵和自然界的连续性，使得心灵及其器官变成超自然的或在自然之外的东西，于是不可避免地又产生了身心问题。身心关系这个形而上学的问题，在这里变成了把动作严格分化成属于生理上的动作和心理上的动作的问题，由于把生理的东西与心理的东西截然二分，心灵被置于自然之外，所以当心理认知自然时，心灵和自然之间的关系便成为不能解决之谜。与此相联系，把真实的与表面的、主体与客体、物理的和心理的、理想的和现实的截然二分，也会产生一些不可解答的问题。所以，杜威又说：

---

[1] 〔美〕杜威：《经验与自然》，傅统先译，商务印书馆，1960，第 208 页。
[2] 〔美〕杜威：《经验与自然》，傅统先译，商务印书馆，1960，第 208 页。

"就人类来说，如果我们把思维当作身体以外一种的'理性'所发生的作用，而这种理性，借助于纯粹逻辑的操作，便求得了真理，那么我们就有了实验程序的模型而且已经明白了有机体动作在一切心理过程中的作用，这时候上述那种旁观者式的认识论便是一种具有时代性错误的东西了。"① 因此，杜威强调指出："知识与行动的关系内在于我们改变对行动的看法。行动是解决问题情境的手段。过去我们在理论和实践之间所做的区别，实际上乃是两种行动之间的区别：一种是盲目的行动，而另外一种是明智的行为。智慧的行动就是有目的的行动。如果这种有目的的行动，是在自然界中发生的，那么目的和智慧一样，也属于自然以内的事情。因此，目的是一个具有客观地位和客观有效性的'范畴'。目的之所以是进行的操作所决定的，就是因为人类所有的行为都是具有意向和目的的。"② 由此可以看出，杜威强调有目的的行动，自由的行动，智慧的行动，就是把心灵与身体在动作或有意操作的基础上统一起来。

为此，杜威对传统的机械论和目的论都进行了批判。他认为，机械论的形而上学是用物质的、身体的东西去解释心灵的存在，即用低级的机械的物理的运动形式去解释高级的理性和思维的精神运动；而唯心的形而上学则是强调在心灵出现以前的事情都是为心灵的发展做准备的，而后来的东西似乎从一开始就早已"隐蔽的""潜在的"存在着。这些批判进一步说明了灵魂与肉体、心灵与机体的统一，从而为克服二元论的严重错误做出了他自己的贡献。

（四）米德的身心理论

米德在其《意识自我和社会》《行动哲学》中阐述了他的身心理论和对二元论的批判。

米德的行为主义与华生的行为主义不同，他是一个社会行为主义者。他着重研究个人有机体与他所从属的社会集团的关系，认为解决社会问题的关键在于分析个人机体的行为，然而对这种行为并不是进行孤立的考察，

---

① 〔美〕杜威：《确定性的寻求》，傅统先译，上海人民出版社，2005，第185页。
② 〔美〕杜威：《确定性的寻求》，傅统先译，上海人民出版社，2005，第189页。

而是从不同的具体场合、不同的社会行为上进行考察的。他否定意识的实体性质，不承认内省具有重大的认识作用，强调动作、行动或行为乃是对意识最初唯一科学说明的最高原则。从进化论的观点来看，意识有其发生过程，但它却只是行为的一个侧面或方面。

米德认为，人是个体有机体，它与"自我"不同。只有当人的个体成为它自身的客体，成为所谓"主体—客体"时，亦即主体客体化时，"自我"才能出现，换言之，只有人在开始把自己作为客体来对待时，人才能成为真正的人、个性、"自身"或"自我"。但是，人之所以成为自身的客体，唯有在他开始像别人对待他那样对待自己的时候，才能达到主体客体化的过程。因此，"自我"不可能脱离他人而存在。"如果我们希望有我们本身的自我，那就必须有其他的自我。""自我只存在于同其他自我的关系之中"。当一个人采取任何一个他人或一个一般化了的他人立场时，他就在一定意义上以各种角色的身份与自己打交道，因而他也获得了个性的统一。由此可见，"自我"不是单个有机体的个人所有物，而完全是社会性的，"自我"只可能存在于社会和人的交际过程中，而社会和人的交际过程又离不开语言符号，所以，语言符号对自我的形成有决定性的作用。然而语言符号并非从来就有的东西，它是进化的产物。语言符号的原始形态是手势，手势是行为的要素，即行为和动作的开始阶段。在这个阶段，手势没有社会的约定意义。当它具有社会约定意义时，就出现了有声手势和词语。所以，米德说："有声手势具有特殊的意义，因为它对它的发出者和对其他人所发生的影响是相同的。"这样，作为个体有机体的人便可以像别人一样做出反应，像别人那样对待自己，即成为自己的客体，有了自我意识。

米德提出个体有机体和"自我"的区别，实际上就是对自笛卡尔以来欧洲近代哲学身心理论的一种批判，而且在这种批判中阐发了他自己的身心理论。在米德看来，人的个体有机体是生物进化的结果，是血肉之躯，有感官知觉，但没有自我意识。人作为自然的一部分，在动物有机体的水平上，会表现为本能、欲望和冲动；人的社会行为，在个体有机体的水平上，表现为动作、举止和行动，表现为主体。这实际上就是笛卡尔所谓人的身体。米德否认心灵、意识的实体性质，认为不应当以人的心灵、意识来说明人的行为，相反，应当以人的行为来说明人的心灵、意识。这样他就不仅否认了身、心对立的二元论，而且从身、心的联系和统一上对心灵、意识、"自我"做出了新的解释。他以幼儿园为例，说明"自我"的形成，依赖于人的神经生理结构，依赖于人的语词和手势，依赖于人借助语词或符号进行的社会交际，依赖于主体客体化。因此，他说，只有当人的个体成为他自身的客体，成为所谓"主体—客体"时，"自我"才能出现。这一观点特别强调人的神经生理结构是"自我"出现的条件，语言对"自我"的形成起着决定性作用，对符号意义的意识是"自我"形成的决定性环节。这样，传统的心灵、意识就变成了既有意识又有自我意识的个体理性行为者。

米德为了说明这一个体理性行为者，又对"自我"的结构做了进一步的分析。米德认为，"自我"有着复杂的结果，从横向上看，由于"自我"具有社会性，是在社会经验中成长的，所以它必然反映社会经验的复杂性和构成社会经验的种种关系的多样性。例如，我们在一个人的眼里是一种人，而在另一个人的眼里却又是另一种人；我们和一个人谈论政治，又和另一个人谈论宗教。随着我们置身于其中的情境和关系的不同，我们仿佛可以分成许多不同的"自我"。这样，"自我"也就具有了多样的个性。从纵向上看，"自我"的基本结构又具有二重性，亦即表现为"内在的自我"与"外在的自我"，米德称之为"I"和"me"。"me"——"外在的自我"表现着为个人所接受和领会的社会性宗旨、规范、姿态之有组织的总和。也可以说，这是指日常可见的人，他和其他人相互影响，做着和别人相同的事，具备所有人有的习惯和反应，因而成为团体中的一个成员。他直接存在于我们的经验中，是意识中的"自我"，是其他人们组织起来的宗旨的内在化。"I"——"内在的自我"表现着某种特殊的、自生的、不可预测的但又并不一定是反对团体之间有组织的宗旨的总和。也可以说，这是指个人的、因人而异的一种自我表现形式，类似于弗洛伊德的"本我"，他并不直接存在于我们的经验中，他给人以自由和创造性的感觉。我们究竟说出什么或做出什么，我们只是在经验之后才会知道。从横向和纵向的关系上看，"自我"作为某种整体而起作用，必须重视由"I"和"me"构成统一的"自我"两个方面、部分或阶段。一方面，米德从主体客体化的高度，肯定了只有当人的个体成为他自身的客体，成为所谓的"主体—客体"时，才能形成"自我"，而且"自我"总是在同别人（另一个自我）的关系中才能存在。从"自我"在同别人的关系中，米德形成了他著名的角色论，强调了集体的要求、习惯和社会的宗旨、法则。另一方面，从"自我"的形成过程、意识和思维的产生过程的角度，米德又肯定了人的生理、神经生理、语言符号、无意识心理与人的心灵、意识和思维的联系，意识的深层结构与表层结构的关系。由此可见，米德企图通过对"自我"的分析，克服笛卡尔的身心二元论不足，建立他自己的身心理论。米德的身心理论，贯穿了心灵与身体、心理与生理、思维与行动、语言与动作、主体与客体、知与行的联系与统一的思想，但由于他从根本上脱离社会历史考察人，所以他对人的认识仍然是片面的，并不能揭示人的本质。

（五）刘易斯的身心理论

刘易斯在《心灵与世界秩序》《关于知识和评价的分析》中，阐述了他自己的身心理论，并把身、心关系问题转换成直接经验与概念的关系问题，把自己的理论主要用于确定认识过程的总方向以及认识过程的概念方面，提出了他自己的"概念论的实用主义"。

刘易斯认为："思想伴随着行动"，人类若不行动，也就不会开始思想。知识范式产生于行动之中，又对行动有指导作用。所以，他又认为，知识的效用正是在于通过适当的活动，使人们能够预测未来的经验、控制未来的经验，因此人们要求那些被称为知识的东西必须是真实的、具有确定性的、能指导行动和获得效果的东西。从这个意义上说，刘易斯把知识分为直接经验、分析判断和事实的经验判断。所谓直接经验，是指以"所与"（the given）为先决条件，同时又与"解释"的因素相联系的一种经验。"所与"是具有认识意义的那种"发觉""直接展现出现象学的性质"，通常作为核实客观关系而为人们所接受，它表明那些有认识意义的经验，因此"所与"是领悟物理对象的基本因素，它是由感觉材料构成的。"所与"是某种实在的东西的表现、观念，而对于这个实在对象的所事（whatness）则又包括了它的范畴的解释。由此可见，既然所谓直接经验，是以"所与"

为先决条件，同时又是与解释的因素相联系的一种经验，所以，刘易斯认为它虽然可以给予确定性，但没有根据或理由，本身并无所谓真假之分，因而很难恰如其分地把它称为知识。

所谓分析判断，相对于"所与"来说，它是经验知识赖以建立的第二个根据。虽然分析判断在本质上是确定的，可以有足够的根据，并且也有真假之分，但是，它们却不能被称作表示或意指经验之外的、独立于认识经验本身的任何东西，也只能在限定的意义上把它称为知识。

刘易斯重视逻辑、数学、理论物理学的成就，并且从逻辑的方面去补充、更新实用主义。他认为，数学和逻辑具有一种精确性和分析的性质。这种性质与经验事实没有必然联系，是一种任意选定的抽象概念，但它却又说明了彻底经验论的缺陷所在。刘易斯认为，按照逻辑实证主义的观点，所有的命题可以分为分析命题与综合命题，这两种命题包括了全部有意义的命题。形而上学命题则是在逻辑上、语言上没有意义的命题。刘易斯正是由此出发来探讨分析判断如何在限定的意义上可以称作知识的。

刘易斯谨慎细致地分析了意义的种类，形成了他的意义理论。他认为，意义先于语言，并具有语言形式。因此，分析判断必须先分析语言符号、词语和命题的意义。首先，语言符号包括：记号和声音；用于表达或交往目的的记号或声音的可辨别形式；既包含符号又包含意义的"单词和语句"；被表述的意义。意义原来就是具有意义的词语，而与常识相反，在可理解的命题中，每一语词都必须具有意义。与认识直接相关的意义是命题的意义，每一语词、命题的功用或命题在四种范式的每一种中都具有意义。其次，语词的意义包括：一个词语的外延是指该词语所适用的所有现实事物的集合；对一个词语的理解是对该词所适用的全部可能的连贯思考的事物加以分类；一个词语的意思是指事物的一种性质，这种性质存在表示该词适用，这种性质不存在表示该词的不适用；从形式上考虑，一个词语的内涵是指该词与所有其他词语的联结相一致，这些语词中的每一个必须适用于给定的词语所适用的任何事物。再次，命题的意义包括：命题的外延所指的是假若该命题是真的，它就是实在世界中的一个集合，假若命题是虚伪的，它就是空集；一个命题所理解的是任何可连贯思考的世界，这种世界把它表示的事物状态结合起来；命题的意义是它所提及的事物状态；一个命题的内涵包括该命题所蕴涵的一切结论，或对任何可能的世界来说都是真的命题，使得该命题也是真的或适用于它。

刘易斯指出，分析判断之所以能构成经验知识的框架，从根本上说正是依赖这种意义的内涵方式。这种意义的内涵方式又与语言的、非语言的意义种类相联系。一个表述的语言意义，其性质就是它的内涵，具有这种内涵的所有表述可以和该表述置换，而不改变任何陈述的真假，或不改变该表述应该成为其中一个成分的语境的含义。一个表述的内涵意义的非语言种类，被当作与"词语意义"相应的"感觉意义"，感觉意义包含特定的操作，也包含意象活动、想象的感觉结果。虽然意义的内涵方式与语言的、非语言的意义种类相联系，但由于语言的意义种类不能产生任何很重要的东西，所以意义的内涵方式主要是由感觉意义或心灵中的标准构成的。这样，刘易斯就指明了一般分析判断基本确定性的依据和基础，与传统理论相一致了。

所谓事实的经验判断，是指以直接经验和分析判断为基础的判断，因而它在这两个基础上得到了确定性的支持，加之它本身具有知识的其他所有特点，因此，这种判断最有希望表达"知识"一词的意义，人们实践行动的决断通常就是以这种判断为依据的。刘易斯所强调的知识的证实或证明问题，在这里也表现得最为突出，因为这种判断正是要解决关于物理客体的客观经验知识的两个主要问题：一个是关于阐述此类知识的陈述的特定意义或概念分析问题；另一个则是此类陈述的证实或确认问题。

由于刘易斯认为理解经验知识所必需的方式是内涵方式，而内涵意义的决定方面是在被称作"感觉意义"并指明心灵中的标准或检验方案的概念方面，而不是语言方面，因此，刘易斯提出与理解经验相关联的两种不同类型的综合判断：一种是终端判断，另一种是非终端判断。所谓终端判断，即限定判断，这是指如果采取某一行动方式，则某一经验结果就跟随产生的判断。例如，在某一感觉材料 S 面前，如果某一行为 A 似乎在进行，那么，某一感觉结果 E 便会产生。也可以说，由于 S 是给定的，所以假设 A，则 E。所谓非终端判断，即物理客体的判断或客观事实的经验判断，这是指那种原判断蕴涵着，如果某一感觉材料 S 是现存的，并且采取某一行动 A，那么一定的感觉材料就将作为结果 E 而产生出来。例如，如果用 P 代表关于物理客体的判断，S 代表现存的感觉材料，A 代表采取行动，E 代表所产生的感觉结果，那么，一个物理客体陈述的感觉意义（只要随后加以修正），就可以用下列公式来表示：

$$P < :S_1 A_1 \rightarrow E_1$$
$$P < :S_1 A_2 \rightarrow E$$
$$P < :S_2 A_1 \rightarrow E_2$$

在上述公式中，至少有三个问题，即"<"所表示的第一种关系的特征问题，"→"所表示的第二种关系的特征问题，我们提出关于物理客观判断的方式问题。这三个问题都涉及所蕴涵的意义。一是因为一个无穷系列的终端判断与客体陈述 P 有相同的意义，其符号关系在逻辑上是等值关系，所以，关系式右边的每一终端判断全是左边陈述所"意指"的一部分。[1] 就整体而言，这一公式代表了一个表明某一物理客体判断之内涵意义的分析判断，第一种关系就是刘易斯在其符号逻辑中称为"严格蕴涵"关系的实例。这种关系是这样的：如果这种关系的前件是真的，那么说后件是假的，即 P 真 q 假，这样就造成了不一致或不可想象，因而这种说法本身就成了假的。根据这种要求，不必进一步参照经验事实，只从前件之真便可得出后件之真，即 P 严格蕴涵 q（P→3q），如果 Pq 不可能，则 P→3q 可定义为（P→q）。例如，在我们面前有一张白纸，这就意味着或者说严格蕴涵着，我在纸上写写画画，就会立即出现某种记号；我把它撕了一下，它就会破，如此等等。二是用"→"表示的从属关系，它把初始材料具有预想结果的行动联系起来，强调由于 S 是给定的，所以假设 A，则是 E 的关系。在这里，它既不像严格蕴涵那样强，因为倘若预想的结果没有跟随产生，也不能认为是不可想象的，并且也不可能从前件条件中推导出预想的结果；[2] 也

[1] Clarence Irving Lewis, *An Analysis of Knowledge and Valuation* (La Salle, Illinois: The Open Court Publshing Company, 1946), p. 216.

[2] Clarence Irving Lewis, *An Analysis of Knowledge and Valuation* (La Salle, Illinois: The Open Court Publshing Company, 1946), p. 212.

不像罗素等人所创导的实质蕴涵那样弱，因为除了说前件之真实质上并不伴随后件之假以外，人们还试图说出更多的东西，但人们肯定前件之假一定保证有关这一关系的命题必真。[①] 对于这类命题，人们所能说的并不是前件必不真；而是前件的真假并不决定命题的真假。三是我们对物理客体所做出的判断，怎样才能成为蕴涵或意指用来解释它们的终端判断呢？根据有关的意义的联系，所说的终端判断蕴涵于物理客体陈述之中，或者说，作为经验知识的物理客体陈述是分析判断和"所与"的结合。物理客体陈述的外延是整个世界，而不是它的一个特殊部分。分析判断是终端判断，终端判断的蕴涵不仅涉及概念和命题的初始选择，而且也可以在与经验没什么关系或者没有机会得到证实的情况下选择命题。我们选择概念和命题，以对指导我们的行为有某些效用为原则，或者至少部分地以实用考虑为基础，从而使"现象的分类和规律的发现……得以共同发展"[②]。终端判断是预期的，当"所与"符合这些终端判断中的某一种时，我们的客观经验判断就在某种程度上得到支持；当这种支持足以使接受这些判断有充分理由时，就可以说这些判断已知为真，或者至少是已知为或然的。刘易斯说，客观经验判断的充分证实和充分证明是不可能的，因为这种判断蕴涵着，如果在一定的感觉情况下，似乎采取了一定的行动，那么一定的感觉结果将"多半"会跟随产生。所以，对这种判断只能确认，然而，确认又具有功用性和价值性。这样他从实用主义出发，经过逻辑经验主义，又回到了实用主义。

综上所述，刘易斯在论述事实的经验判断时，把对物理客体的陈述与分析判断和"所与"结合起来，用人的身体的感觉与心灵的概念去解释物理客体，或者用身体的直接经验与分析判断去说明客观实在，从而把由主体客观化出发，对身与心问题的探讨，转变成从客体主体化出发，对人与物的问题的探究，反映出他对"本体论承诺"的趋势。在西方哲学中，刘

---

① Clarence Irving Lewis, *An Analysis of Knowledge and Valuation* (La Salle, Illinois: The Open Court Publshing Company, 1946), p. 213.

② Clarence Irving Lewis, *An Analysis of Knowledge and Valuation* (La Salle, Illinois: The Open Court Publshing Company, 1946), p. 263.

易斯的实在观，既不同于传统唯物论那种绝对客观的、非人化的自然和物质本体，也区别于唯心论那种绝对的自我创造物，而且还与康德那种"现象"和"物自体"难以调和的二元论相去甚远。它强调实在本身与认识和实践同存并进双向发展的观点。具体说来，刘易斯抛弃了作为传统哲学开端的实体观念，从身、心和人、物关系上来进行考察，因为在他看来，这种实体观念的绝对的超自然独立性和非人性，即使是可以设想的，但在人的认识和实践中却是根本不存在的。任何经验之外的绝对存在都是形而上学的虚构，它的存在对理解人的认识并无多大的帮助，反而会构成障碍，因而必须给予拆除。清除了这个"实体"之后，人的视野里便只留下了经验这个瞬时性存在。然而人们在经验中知道，经验不是主观自身的，而是被给予的。那么，这个主动的给予者（所与）是什么呢？对这个问题的回答，使众多的近现代西方哲学家歧路自出，分道扬镳。刘易斯采取了一种与众不同的做法，他既不断然否认，也不绝对肯定实在对象，而是后退一步，离开本体论范畴，把实在问题与认识问题联系起来考虑，将实在看作是一个在经验背景中若隐若现的复合构成体，它在具体经验中部分地给出自己，同时又带着被人化、符号化、概念化的经验标记，一个实在对象既是它在经验中的表象，同时也包含了社会所赋予它的共识标志。所以在刘易斯看来，实在就成为社会意识的产物，它既与"所与"相联系，又是概念对经验的主观构造。其中隐含了把本体论问题归结为理论的终极要求，而非实在性问题的逻辑前提，表现出一种对"本体论承诺"的趋势。

（六）结论

实用主义者声称，哲学要关注人生，注意解决与人生有关的"事物"。如果哲学不关注人生，民众不信任哲学，哲学也就无所作为了。实用主义以人为中心，注重人的生活、人的关系、人的行为、人的价值、人的行为后果，这在身心理论上表现得尤为突出。他们的探讨虽然没有也不可能解决"人是什么"的问题，但给人们以新的启迪，并且为我们继续分析和研究这个问题，提供了重要的思考线索和思维上的教训。

实用主义即是近代欧洲哲学传统的继承者和批判者。他们批判了自笛卡尔以来欧洲哲学中的身心二元论，创立了他们自己的身心理论，深化了对人的认识，促进了人们认识的发展。

皮尔士不仅把人看作具有逻辑思维的理性动物，而且还把人看作具有实践能力、能够独立自主地进行实践活动的社会动物。他反对笛卡尔主义、英国经验主义、黑格尔主义中关于心灵与肉体、主体与客体二元对立的模式，并用心灵与肉体、思想与行动、主体与客体、理论与实践的"融合"或统一的观点来克服这种二元论。他深化了对人作为实践行为主体的认识，提出心灵与肉体、思想与行动、主体与客体等都是在人的实践行动中统一的思想。他不仅把理性的认识逻辑变成实践的行动逻辑或科学发现的逻辑，而且还通过对传统二元论逻辑的批判创立了概率逻辑。他运用生理学和心理学的研究成果，阐发了自己的身心理论。而关于事物、对象、实在的形而上学问题，皮尔士主张要由许多研究者通力合作、共同探讨，这反映出他作为一个科学家的实证主义的倾向。

詹姆士特别强调独立自主的、有利害关系的实践行为主体——人的生活、经验和实践，主张人的心灵与肉体的具体而活生生的统一，从而他既反对把心灵、意识、精神作为实体，也反对把肉体、物质作为实体；既反对从物理的、生理的方面看人，抹杀人的高尚纯洁的心灵，也反对从思想的、精神的方面看人，漠视人的感性经验的身体活动。他主张心灵与肉体、思想与行动、主体与客体、理论与实践在人的经验活动基础上的统一，克服传统哲学中的二元论。他认为，传统哲学中笛卡尔说心、身是两个独立的实体，其实，心、身皆统一于人，心灵只有在它同肉体的关系中才能存在，脱离肉体的心灵活动显然是不能存在的。心与物的关系也是如此。在詹姆士看来，传统哲学的认识论认为，认识的一端是主体——知者，认识的另一端是客体——被知者，然而知者与被知者二者是统一的，它们既是东西的思想，又是思想的东西，因而主体也是客体——主体客观化，客体也是主体——客体主体化，主体与客体、心灵的东西与物理的东西，对立不是绝对的，而应当找出它们之间联系和统一的中介。如果否认这种统一，就不可能对物本身进行深刻的认识。

杜威从机能实体化，亦即主体客体化的高度，来阐述实践行为主体人。他认为物理学、精神物理的、心理的区分乃是自然的事情，但如果因此而推断出物质肉体、生命、心灵分别代表三种不同的"实有",那么肯定是一种孤立而静止的片面观点。他反对笛卡尔以来的传统哲学从实体和性质上去理解心灵与肉体,主张从心灵与肉体的关系或机能上理解它们。他认为,如果把心灵和肉体分割开来,把它们当作两个存在的领域,就既不会正确地认识人,也会因为灵魂没有广延,不占有空间而得出有神论的错误结论。因此,他从机能实体化的观点出发,强调人与环境的交互作用,运用横向静态的联系(个人与他人、集团、社会)和纵向动态的发展(物理的、精神物理的、心理的)观点来研究身心问题,对心灵与肉体的关系做统一的考察和理解。值得一提的是,杜威创立了探索逻辑或实验逻辑,把人的行动区分为有目的的行动、自由的行动、智慧的行动和盲目的、摇摆不定的、极端任意武断的行动。他明确指出,只有当人们在知识中把不确定的因素同所认识的稳定的因素(关系)结合起来,从而有可能进行预测并为可能达到的后果做好有意识的准备时,自由才是一种现实;凡有自由的地方,必然有"限制"的存在,世界上"没有绝对的自由",因为任何时候存在的自由系统总是在那个时候存在的限制或控制系统;个人只有同别人互相结合才能获得作为自由的前提条件的安全和保护——然后,人们为了使这种结合有效,就要形成组织,而这种组织又限制人的自由。由此可见,杜威已经认识到偶然与必然、自由与制约、个人与社会的关系。

米德作为一个社会行为主义者,认为人是一个个体有机体,从属于社会集团,因而应当从不同的具体场合、不同的社会行动上对人进行考察。他说,人作为个体有机体,与"自我"不同。只有当人的个体成为他自己的客体,成为所谓"主体—客体"时,"自我"才能出现。也可以说,人只有在他开始把自己作为客体对待时,人才能成为真正的人。否则,人仅仅把自己作为主体,尽管他可能有意识,却不可能有自我意识和理性行为,因而也就不可能成为真正的人。"自我"不可能脱离他人而存在,所以,"自我"不是哪个有机体的个人所有物,而完全是社会的,"自我"只能存在于社会和人的交际过程中。同时,语言符号是进化的产物,它对"自我"的形成具有决定性的作用。人用语言符号不仅可以同别人说话,也可以自己与自己对话。因此,人作为个体有机体,也是进化的产物。人在动物的水平上，表现为动作和社会行为；在人的"自我"水平上，表现为自我意识和语言符号。在此基础上，他又对"自我"的结构做出了分析：从横向上看，由于"自我"具有社会性，是在社会经验中成长的，所以它必然反映社会经验的复杂性和构成社会经验的种种关系的多样性，因而"自我"也就具有了多样的个性；从纵向上看，由于"自我"的"内在自我"与"外在自我"的二重性，表现为意识的深层结构与表层结构，所以米德又阐明了人的人体生理、神经生理、语言符号、无意识心理同人的心灵、意识、意义、思维的联系。总之，米德是在批判欧洲近现代哲学身心理论的过程中，建立他自己的身心理论的。

刘易斯的身心理论，强调思想伴随着行动，认为人类若不行动，便不会开始思想。知识的范式产生于行动中，由于知识具有功用性，所以对行动有指导作用。他把词语、概念分解为声音、符号和意义，把意义的内涵形式又分为感觉意义和语言意义。由于他强调感觉意义的作用，又强调概念体系和分析判断在认识中的作用，所以他更强调从心灵与肉体相统一的人及其实践来解释"所与"实在，把物理客体的陈述和"所与"结合起来，用人体的感觉与心灵的概念去解释物理客体，或者用身体行动的直接经验与心灵的分析判断相结合去说明实在。这样，就由主体客体化，对人自身心灵与肉体的探讨，转变成客体主体化，对人与物关系的探讨。在实体观上，刘易斯虽然表现出了对"本体论承诺"的趋势，但他却始终都是在对笛卡尔身、心二元论进行批判，并建立他自己的身心理论的。他认为直接经验，具有确定性，但因没有根据和理由，不分真假，所以不能称为知识；分析判断虽然本质上是确定的，可以有足够的根据，并且也有真假之分，但是，由于"它们却几乎不能被称作表示或意指认识经验之外的、独立于认识经验本身的任何东西"，所以它也只能在限定的意义上称为知识。这就说明了无论是直接经验，还是分析判断，它们都不能满足知识的条件和标准，因而都不能表达"知识"一词的意义。只有事实经验判断，才是最有希望达到表达"知识"一词的意义的判断，它以直接经验和分析判断作为自己的两个基础，借以弥补自己缺乏确定性的不足，而其本身又具有知识的其他所有特点，所以它能够用人体的感觉和心灵的概念相结合，去陈述和解释物理客体，并能以人的经验予以确认。这就是刘易斯以概念论为特征的新实用主义的身心理论。

概括地说，从皮尔士、詹姆士、杜威、米德到刘易斯的实用主义身心理论，都是强调身与心、思想与行动、主体与客体、理论与实践在人的实践行为基础上的统一的。他们通过心灵与肉体的统一，克服笛卡尔式的身心二元论，建立他们的以人为中心的主体哲学。但是，由于他们脱离人的历史发展，脱离人的社会关系来考察人，所以最终还是不能说明人和人的本质。

应当指出，对人自身以及人与外部世界关系的研究，是人类文化研究的轴心，也是哲学思想发展的一个核心问题。如何研究人自身呢？必须通过客体主体化这一环节才能研究人自身，人自身的理论，主要就是身心关系的理论。如何研究人与外部世界的关系呢？必须通过客体主体化这一环节，人与外部世界的关系理论，主要就是认识论的理论。显然，要研究认识论的问题，不研究人的身心理论是不行的，事实上，每一种哲学，都有它自己的身心理论。这样，研究人自身以及人与外部世界的关系，就必须重视研究主体客体化和客体主体化的关系。

从西方哲学史来看，对人的问题的评价和探讨，有一个历史过程。古希腊时期，哲学研究主要从客体入手，提出万物始基是什么，这是一个哲学问题，也是一个科学问题。从苏格拉底开始是一个转折点，他认为认识自己是智慧的起点，道德问题得以突出，目光转向主体即人。具有启蒙色彩的代表人物普洛泰戈拉提出"人是万物的尺度"，强调主体的能动作用，开辟了新的视角。但是对人的本性、价值、道德、能动性的探究还处于朴素、直观的阶段。中世纪宗教神学，对哲学、科学和人进行了践踏。近代文艺复兴时期提倡人权从而形成人本主义思潮。尽管这时候哲学关于人的问题的探究还停留在感性的、形象化的水平上，但是对于后世的启迪却是巨大的。16~18世纪英国经验论和大陆唯理论，18世纪法国哲学，关于人的哲学探讨上升了一步，从认识活动、道德实践、意志能力等方面考察人的本质，成为批判封建神学蒙昧主义和禁欲主义的思想武器，但由于形而上学、唯心论和唯心史观的束缚，对人性和人的本质的认识仍限于抽象的议论，没有确立以人为中心的哲学。19 世纪德国古典唯心主义，在辩证思维的基础上，从认识能力、道德行为、社会价值等方面对人和人的本质，做了深入探讨，把理性归结为人的本质。这种具有特色的人本主义，成为德国新兴市民资产阶级反对封建神学的思想旗帜。

现代西方哲学继承了近代西方哲学的研究成果，而且大多是从批判以黑格尔为代表的德国古典唯心主义开始的。在人是什么的问题上，他们不满意把人归结为理性的动物的看法，于是从非理性、行为实践、语言符号方面来阐释人。从当代分析哲学的观点来看，逻辑经验主义者石里克认为，笛卡尔及其追随者把心灵、意识与广延对立起来，这就造成了一个严重的困难：不占空间的心灵和占据空间的肉体是怎么相互作用的？感觉和感性特质存在于什么地方？笛卡尔派哲学家把广延性看作物质实体的主要特质，然而他们又未能对广延性和空间性的不同意义进行分析，所以，他们就不能把物理空间和心灵空间做严格的区分。他们只承认物理对象的空间，而对于心理对象的空间，如视觉空间、触觉空间等则予以否定，这是错误的。心灵与肉体不是两种根本不同的实体。物理词汇和心理词汇所指的事件和过程是相同的。精神事件同大脑中枢神经事件有规律地联系着，而且精神事件从根本上就是物理的东西，心理状态或过程实际上就是脑的状态或过程，因此如果把心灵与肉体截然二分，看作两种根本对立的实体，那是不可能通过任何经验加以证实的，因而是无意义的。英国日常语言学派哲学家赖尔在他的《新的概念》一书中，把笛卡尔的二元论称为"神话"。他认为，笛卡尔派哲学家把人的肉体看作一架物质的机器，而精神则成了藏在肉体中看不见、摸不着、不受自然规律支配的虚无缥缈的幽灵，这种观点的错误是一种"范畴错误"。这种错误的实质就在于不能把心灵与肉体看作同一范畴内部的不同事物，而硬要在活动之外去寻找什么精神实质。赖尔认为，并不存在单独的精神过程，谈论一个人的精神也就是谈论这个人在做某些事情时所表现出来的能力、倾向和爱好。一个人的理智、聪明、机敏等，是可以通过他的行为观察出来的。赖尔断言一个人的聪明，就要看他在面对各种不同的任务时做什么，怎样做，而不是去研究什么精神状态。维特根斯坦在批判所谓的"私人语言"时也明确指出，笛卡尔派的哲学家承认有一种独立的精神实体的存在，就预设了私人语言和内心的精神过程的观点。因为所谓私人语言，就是指除了说话人自己以外其他任何人就不仅不能理解而且也不可能理解的语言。这是一种无法告诉别人也无法进行交流的语言。与此相联系，主张私人语言的人，又都认为语言活动同内心的一定的精神过程相联系，我们说出来和写出来的语词和句子，只是一定的声音和墨迹，只有我们内心的精神活动才赋予这些声音和符号以一定的意义。说出来和写出来的东西，是外部表现，是物理过程；而内心的精神活动，乃是内在的本质。实际上，这种把精神活动作为内在本质的看法，就是把肉体活动和精神活动看作两种不同的东西，就是笛卡尔身心二元论的一种表现，因此应当予以批判。现代西方分析哲学对身心理论的研究，从另一方面也说明了实用主义批判笛卡尔式的二元论和对身心理论做进一步研究的意义。现实身心理论，包括身心同一论、行为主义、功能主义、新的副现象主义等理论，在脑科学、遗传工程、心理学、计算机、人工智能和控制论等现代科学的研究中，在实践行为主体和认识论等现代哲学的研究中，都取得了不少成果。无视这些研究成果，不批判地汲取这些研究成果，既不能正确地理解和评价实用主义，也不能丰富和发展马克思主义的身心理论。因此，我们必须加强对实用主义身心理论的研究。

第三节　实用主义实践行为主体的新经验论
与近代西方哲学的原子
主义的感觉经验论

实用主义所讲的实践行为主体的新经验论，与近代西方哲学所讲的原子主义的感觉经验论是根本不同的。因而，我们切不可把它们混为一谈。近代西方哲学上的经验论，既有唯物主义的经验论，又有唯心主义的经验论。唯物主义经验论主张人们通过自己身体的感觉器官直接接触外部世界，从而获得对各种事物表面现象的认识。它们认为感性经验是认识的基础和来源，有的甚至认为感性认识最为可靠。唯心主义经验论，主张人们对外部世界的认识要通过自己的心灵知觉，外部世界的"对象"这个词就是指知觉、观念，它不是物质对象，而是经过人们的生理构造改造过的心理的对象，因此它们认为"存在就是被感知""物是观念的集合""对象和感觉原是一个东西""对象就是知觉丛束""在感觉经验之外的一切东西不可知"。作为近代西方哲学中的经验论，无论是唯物主义的经验论和唯心主义的经验论，都是一种原子主义的感觉经验论。

实用主义的新经验论却与此不同。它们主张从独立自主的、有利害关系的实践行为主体出发，经过主体客体化，实践行为主体（人）被分为心灵与肉体、思想与行动、语言与行为两部分，由于心灵、思想、意识指导行为，所以行动就成了有目的的、自由的、智慧的行动；经过客体主体化，实践行为客体（物）被分成观念与物两部分，由于观念与心灵相联系、人与物相联系，所以实践客体就成了一种被人化了的东西。因此，实用主义是在主体客体化和客体主体化的基础上，亦即在主体与客体乃至人与物、人与环境的交互作用的基础上，创立了实践行为主体——人的新经验论，并抛弃了近代西方哲学那种孤立的、静止的、片面的原子主义的感觉经验论。实用主义的这种新经验论，不仅强调经验是一种动态的行动，而非静态的、消极被动的认知，而且还强调指出，这种经验又是能动的。它之所以称为"彻底的经验主义""工具主义"，就是旨在否定传统哲学中那种静态的、消极被动的、原子主义的感觉经验观。它们把人们的经验世界看作哲学探究的真正对象，从而反对一切脱离人的哲学理论体系。

实用主义强调它们与近代西方哲学和古希腊哲学传统的连续性，但又强调它们对近代西方哲学的"哥白尼式的革命"，那么实用主义究竟是如何承袭近代西方哲学中的感觉经验论，又是如何创立它们自己的实践行为主体的新经验论的呢？这正是本节将要着重阐述的问题。

一　对西方哲学传统经验论的一般考察

如果从亚里士多德算起，西方传统经验论的发展和演变，经历了一个漫长的过程。对这一历史过程进行哲学观察，不仅可以使我们认识到人类认识总是随着自然科学和社会实践的发展而发展的，而且也可以使我们比较清楚地认识到近现代西方哲学传统经验论的局限性以及实用主义用新经验论取代它的缘由，从而正确地理解和评价实用主义的新经验论。

（一）古希腊亚里士多德的经验论与晚期希腊怀疑主义学派对经验论的诘难

在西方哲学史上，亚里士多德曾特别强调经验在认识中的地位和作用。他说："求知是人类的本性。我们乐于使用我们的感觉就是一个说明；即使并无实用，人们总爱好感觉，而在诸感觉中，尤重视觉。无论我们将有所作为，或竟是无所作为，较之其他感觉，我们都特别爱观看。理由是：（观看）能使我们认知事物，并明了事物之间的许多差别。此于五官之中，以得于视觉者为多。"① 在这里，亚里士多德从感觉，特别是从视觉开始，阐述了人类的认识由感觉、记忆、经验、积累智慧以建立学术，而哲学尤为宝贵的道理。哲学是爱智慧，感觉经验不是智慧，但我们在认识中又必须以感觉经验为基础，特别是以视觉"观察"为基础，重视视觉，把思维当作"观看"，把观念一词也看作源于"观看"一词的直观表象。亚里士多德虽然是概念推理形式的发现者，但他却经常用形象的方法——举例子、打比方来阐释自己的论点，而很少用抽象的概念推理，这一切恰好都说明早期希腊哲学是多么重视感觉，特别是视觉的作用。

亚里士多德认为："经验很像知识和技术，但实际上是人类由经验得到知识与技术。"在亚里士多德看来，感觉的主体是一种有体积的东西，而感觉能力和感觉则没有体积；感觉的对象是外在的，现实的感觉是个别的，知识是普遍的，普遍的东西存在于灵魂之中。从潜能与现实的关系来说，"我们说的感觉有两层意思，一方面，是作为潜能的听和看，即使碰巧睡着了，也仍有听和看的能力；另一方面，是现实的看和听，所以，感觉一词也会有两层意思：潜在的感觉和现实的感觉。感觉的对象也是如此，既有现实的对象，也有潜在的对象。""感觉就是撇开感觉对象的质料，而接受其形式，正如蜡块，它接受戒指的印迹而撇开铜或金，它所把握的是金或铜的印迹，而不是金或铜本身。"② 由此可见，亚里士多德是把人分成灵魂

---

① 亚里士多德：《形而上学》，吴寿彭译，商务印书馆，1959，第 1 页。
② 苗力田主编《古希腊哲学》，中国人民大学出版社，1989，第 489~491 页。

和肉体两个部分，感觉与肉体的感官相联系，理智与灵魂的思维相联系；感觉只能认识感觉对象的形式，理智则能通过思维认识事物的本原和原因；感觉是经验的前提和基础，经验则是感觉的积累和升华。他把感觉作为认识之起点，认为感觉是对外物之反映，感觉和记忆的积累形成经验，由经验继而发展成为技术和理论。他明确指出，从经验到技术和理论的过渡，是认识从个别到一般的升华。亚里士多德的经验论，可以说是一种感觉经验论。

这种感觉经验论，经过伊壁鸠鲁、卢克莱修而走向极端，发展成为一种感觉经验主义。伊壁鸠鲁认为，一切感官都是真理的报道者，没有任何东西能够驳倒感性的知觉。在认识论上，他说："我们由于心灵或感官的认识活动而得到的每个影像，不拘是关于形状还是性质的影像，都是具体对象的形式或性质，这是由于影像不断重复或留下印象而产生的。""听觉也是由于从对象跑出来的一种流，这对象就是说话、发声、发噪音或以其他任何方式引起听觉的对象。""嗅觉正如听觉一样，若不是从大小适合的对象跑出某些微粒来激动感官，是不会引起任何感觉的。"①这些话说明伊壁鸠鲁是把感官作为认识的基础和出发点的。但是，他在肯定客观物质对象（客体）对人的感性知觉（主体）的作用的同时，却贬低了人的能动性，在一定意义上否定了理性认识的重要性。伊壁鸠鲁坚持认识起源于感觉，并把感觉看作认识真理性的标准。他说："如果你排斥一切感觉，你就连你所能指称的标准也不会剩下，这样，你就会没有可以用来判定你所指责的错误的东西了。"②"永远要以感觉以及感触作根据，因为这样你将会获得最可靠的确信的根据。"③按照伊壁鸠鲁的看法，不仅事物的形状、大小具有客观的性质，而且事物的声色香味也同样具有客观的性质。他认为，感觉本身无所谓正确与错误的问题，错误仅仅存在于我们对感觉所做的解释和判断之

① 北京大学哲学系外国哲学史教研室编译《古希腊罗马哲学》，商务印书馆，1982，第354页。

② 北京大学哲学系外国哲学史教研室编译《古希腊罗马哲学》，商务印书馆，1982，第345页。

③ 北京大学哲学系外国哲学史教研室编译《古希腊罗马哲学》，商务印书馆，1982，第358页。

中，而且它又总是可以通过重复的观察，或借助别人的经验来加以纠正的。所以，他把感觉绝对化，以至于成为感觉经验主义。在伊壁鸠鲁看来，所谓概念、理性认识，那是必然依赖于感性知觉的。我们必须根据感觉的证明，运用推理，来对不能感觉的东西下判断。因而概念是感觉多次重复的结果，是感觉的总计。人们经过多次重复的感觉在记忆中保存下来，就成了概念和理性认识。因此，他认为感觉是绝对真实的结论。卢克莱修在认识论上仍然是一个感觉主义的经验论者。他认为，感觉是从事物、对象（客体）流射出来的，影响并作用于人（主体）感官的结果。感觉是一切认识的基础和源泉。感觉不会错，正是感觉最先创造出了真理的概念，感觉是不可反驳的。任何时候，任何东西，对这些感官的显示是怎样的，它就真是那样。至于理性认识，那是比引起感觉的影像精细得多的影像。它企图穿过身体的小孔，在内部搅动心灵的精细的本性，这样便产生了思想。理性认识也是感性的。因此，卢克莱修与伊壁鸠鲁一样，也是把感觉绝对化了。

由于伊壁鸠鲁和卢克莱修把感觉经验绝对化，所以就引发出晚期希腊把感觉经验相对化的怀疑主义观点。怀疑主义是一种对准确地认识客观真理表示怀疑的哲学派别。怀疑论常常以不可知论的形式出现，而不可知论，是怀疑论在认识论上的一种表现。怀疑论夸大感觉经验的相对性、不确定性，抹杀在特殊情况下所产生的错觉、幻觉同正常感觉的区别和界限，认为世界不可知，感觉不可靠，从而否定人们有获得客观真理的能力。晚期希腊的怀疑主义既不相信感觉，也不相信思维，对一切事物不做判断，保持沉默，以此来达到心境安宁。但他们为摒弃独断论哲学所提出的大量论证，不仅详尽地批判了独断主义的武断和轻率，而且也从反面刺激了哲学思维的发展。

总之，从亚里士多德承认感觉经验是认识的前提和基础，到伊壁鸠鲁和卢克莱修的感觉经验绝对主义，再到晚期希腊怀疑论对感觉经验绝对主义的批判，这应当看作西方哲学史上的一个"圆圈"。这个"圆圈"揭示了感觉经验主义和反感觉经验主义的斗争，说明了把感觉经验绝对化和相对化都是错误的，从而提出了应当怎样正确对待人的感觉经验的问题。

（二）中世纪基督教托马斯·阿奎那的信仰和文艺复兴时期蒙田怀疑主义的诘难

马克思说过，每个原理都有其出现的世纪。例如，与权威原理相适应的是十一世纪，与个人主义相适应的是十八世纪。奥古斯丁曾说：圣经的权威远远超过人的头脑，因此一切都应以圣经为标准，决定取舍。这样，就历史地造成了信仰高于理性、宗教高于哲学的社会历史状况。既然信仰高于理性，那么基督教为什么还要诉诸理性呢？这说明理性对基督教仍具有两重作用：一是论证教义；二是驳斥那些坚持理性高于信仰的人对基督教提出的疑问。

托马斯·阿奎那首先把人看作肉体和精神的构造物，而精神、灵魂是一个独立自为的实体。他说，人的本质只是灵魂，只有人的灵魂才是真正的人，而肉体只是灵魂的一个器官，不是人的本质的构成部分。他依据亚里士多德的形式质料说，把形式区分成实体形式和非实体形式，实体形式是精神和灵魂的存在，而非实体形式则是指人之外的一切自然物，包括人的肉体的存在。非实体形式是非理性的存在，它只是物质的形式，只与物质相联系而存在，没有自身的独立存在。当构成物破坏之后，这种形式也就不存在了。而作为实体形式的精神、灵魂的存在则不同，它具有精神性和实体性这样的根本特性，因而也就具有不灭性和不朽性。灵魂既不能被另外的事物所破坏，又不能随身体的死亡和肉体的腐朽而消灭；也不能由灵魂自身而消灭，因为它本质上是一实体形式，不能与自身脱离，实体形式是永远存在的，所以灵魂是不朽的。

托马斯·阿奎那认为，谈到认识，就有一个认识者（主体）与被认识者（客体）的关系问题，只有一个方面是不能构成认识活动的。认识就是认识主体与认识对象的同化。因此，认识活动不是纯粹的主观活动，而是主观接受或把握对象的活动，认识有外在的内容和来源。他认为，从被认识者（客体）方面讲，存在着两重世界，一个是感性的、自然的世界；一个是超感性、超自然的世界，即上帝的王国。从认识者（主体）方面讲，心灵实体是认识主体，心灵有五种认识能力，即生长能力、感觉能力、欲望能力、自由运动的能力、理智能力，其中感觉能力和理智能力好似人的认识能力。那么，人是怎样认识自然的世界和上帝的王国的呢？托马斯·阿奎那认为，人对这两个世界的认识，情况是根本不同的。就人对自然的认识能力而言，自然的世界是人类认识的界限，人可以认识自然事物的本质，获得自然的真理，但是人的认识自然的能力却达不到超自然的领域。要想获得超自然的知识和真理，只能通过神的启示和信仰。这样，他就主张有两种真理，即自然的科学真理和超自然的信仰真理。然而他并不把这两种真理绝对对立起来，而是企图采取一种调和信仰和知识、真理的方法来阐述他的认识论。他认为，首先，关于上帝，有两方面的知识或真理，一方面是人的认识能力根本达不到的真理，例如，三位一体的真理；另一方面，人的认识可以达到的真理，例如，上帝是存在的。因而，人对于上帝、对于超自然的领域，也并不是绝对无知的。当然，这些人的认识能力能够达到的关于上帝的知识，在很大程度上也是启示和信仰的主要内容，也要依靠启示和信仰加以确定和巩固，这就说明，尽管人们用自然认识的方法可以得到一些关于上帝或超自然领域的知识，但是，只有信仰的方法才能得到确实可靠的超自然的真理。其次，超自然的真理、基督教的真理，是超理性的，不是无理性的，因而，在自然真理和信仰真理之间是没有矛盾的。上帝是一切事物的共同根源和创造者，所以信仰与知识、信仰与理性之间就是协调一致的，它们都是以信仰主义为原则的。理性既可以论证上帝的存在，又可以使教义更加清楚和条理化，还可以去驳斥那些反信仰者和无信仰者的种种理论。

托马斯·阿奎那非常重视认识论史的研究，并把古代希腊哲学家的认识论归结为三种：以德谟克利特为代表的感觉经验论；以柏拉图为代表的理念论；以亚里士多德为代表的将感觉经验论与理念论融合为一体的认识论。他根据亚里士多德的观点，认为感觉经验只是个别的知识，理性认识却是关于共相或普遍必然性的知识。但是怎样才能够从个别的东西中抽象出普遍必然的或一般的知识呢？他认为，这种具有抽象能力的理智，就是所谓"能动的理智"，是上帝在我们的灵魂中创造的"理智之光"，在"理智之光"的协助下，就能够从个别的知觉中抽象出共相或一般的知识。然而，人类灵魂的"理智之光"不能完全分有上帝的理智之光，因而人类理智的认识总是有限度的，不能达到超自然的领域，只能对现实的事物形式和概念进行判断，而要认识超自然的领域，则必须依靠信仰。

在教会统治力量比较薄弱、世俗王权经济力量日益发展的英国，市民阶层代表为发展生产和实现科学的利益和要求，冲破神学唯心主义的羁绊，对托马斯·阿奎那的宗教信仰主义展开了激烈的批判。在这场批判中，最著名的代表有罗吉尔·培根、邓斯·司各脱和威廉·奥康。

罗吉尔·培根认为，要获得真正的知识，决不能从祖先的智慧、不适当的权威、旧习惯或共同的信仰出发。这些只能产生愚昧和罪恶。因为坚持这些谬误的人，"对于智慧的最有用的、最伟大的、最优秀的科目，和一切科学与艺术的奥秘，都是无知的。"① 罗吉尔·培根把理性、科学、真理和信仰区分开来，把科学研究看作人类幸福生活的基础，因而他痛斥愚昧无知，颂扬以实践科学为基础的科学研究。在认识论上，他认为，认识必须从实在的具体事物出发，人类知识的自然的途径是从感官知识到理性知识，通过感觉验证的知识才是真实可靠的知识。他认为有两种认识方法，即推理和经验。推理做出结论，使我们承认这个结论，但并没有使这个结论确实可靠，也没有消除怀疑，使心灵可以安于对真理的直观，除非心灵通过经验的方法发现了真理；人们对于能够认识的东西有许多论证，但是因为他们缺乏经验，便忽视这些论证，因此既不知道避害也不知道趋利。所以，只有推理是不够的，还要有经验才充分。这就说明了罗吉尔·培根不仅从认识的发生和途径上，而且从认识的证明和验证上，强调感性经验的重要性。在他看来，所谓感性的"经验"指的就是认识者本人亲身的、直接的观察，实验和感觉的证实，显然这具有唯物主义的成分。罗吉尔·培根认为，要获得真正的知识，必须排除四种障碍：一是对毫无价值的权威的崇拜；二是习惯的影响；三是流行的偏见；四是由认识的虚夸而造成的无知。罗吉尔·培根所指出的这四种障碍以及所进行的批判，对于当时占统治地位的托马斯·阿奎那的经院哲学，无疑是一个重大挑战，同时，他也为自然科学从神学中解放出来开拓了道路。

---

① Richard Mckeon, "Selections from Medieval Philosophers", *Modern Schoolman* 4 (1932).

邓斯·司各脱作为当时正统神学家托马斯·阿奎那的劲敌，认为哲学与神学不同，它的认识对象是实物的世界，因而它是一门独立的科学。在认识论上，邓斯·司各脱主张认识开始于感觉，在正常的情况下，通过感觉完全可以得到正确的认识，"如果感觉的官能没有妨碍，那么，感觉的表象所描写的事物不会错误"。理性的知识是从感觉知识中概括出来的。"心知无从知道单纯的物体，除非从感觉接受那种知识；但在接受这样的知识以后，心知可以凭其本身的权力，把单纯的成分集合起来"。这就是说，感性知觉是对个别的或局部的认识，理性认识是在感性知觉的基础上形成的种或类的一般概念。罗吉尔·培根虽然重视感性认识并强调感性认识与理性认识是密切联系的，但是他又指出，感官与理智、感觉认识和理性认识是不相同的。感官直接经验（体验）外部事物，感觉经验是混乱的简单的和表面的；理智则形成关于外部事物的概念，这个概念是外部事物的抽象。理智之所以高于感性认识，不在于用自己创造的抽象来代替感官感受到的事物，而是比感官更深入事物的本性之中。而真理就是由认识本质而产生的。比如"每一个整体大于它的局部"的命题，不是指具体的石头、木材等，它是一种抽象。邓斯·司各脱从人的实际活动、感性认识出发来探求获得知识的方式，是一个重要贡献。他的这些思想，对当时占统治地位的托马斯·阿奎那的经院哲学无疑是一个重大的冲击。

威廉·奥康对托马斯·阿奎那的正统经院哲学展开了激烈的批判。他认为，单个事物是真实的，而"一般"不是单独的存在，一般根本不是物，不是实体，而是人们关于事物的知识，因此不可能在物先或在物中。他把表示一般的概念称为"符号"，他说："当理智在灵魂之外知觉到了一个事物时，它在心灵中形成一个相似的表象，……这个表象乃是一个概念，这概念作为在灵魂之外的事物的符号（主观地）存在于心灵中（正如说话所用的语言是事物的符号，人为地制造出来用以标记所指谓的事物）。"① 威廉·奥康说，人们运用智力可以获得知识，首先是关于真实存在的个别事物的认识。个别事物是"感官的第一对象""个别事物首先被认识"，因此，

---

① 北京大学哲学系外国哲学史教研室编译《西方哲学原著选读》上卷，商务印书馆，1982，第393～395页。

一切知识都起源于感觉。"首先被获得的是关于个别事物的这种单纯的特有的认识，我认为是直观的认识。这种认识是第一位的。"① 在由个别事物引起"直观的"认识之后，抽象的知识才有可能产生。形成抽象的认识，必须以对个别事物的认识为前提。抽象的知识从感性而来，但又不同于感性经验，"共相在适当（作为理智的对象的适当）的序列中是一个对象，但不是认识的起源的第一个对象"。②在这里，威廉·奥康虽然没有阐明从感性经验到抽象理性的辩证发展过程，但他肯定了在感性经验的基础上经过理性抽象而得到科学知识，这种观点无疑是正确的。威廉·奥康认为，既然真实的存在的只是个别事物，我们获得知识也就只要去认识个别事物就行了，那么实在论者所提出的在物质后面还要寻求"形式""隐秘的质"等的说法，无疑就成了人们获得知识的无用的赘物了，因此，他主张为了节省时间和精力，应该运用"经济原则"这把"剃刀"，把这些无知赘物通通剔除。在西方哲学史上，这就是著名的"奥康剃刀"。"奥康剃刀"对于托马斯·阿奎那正统经院哲学中那些唯心主义的无用赘物，提出了尖锐的挑战，对于理论思维的发展产生了深远的意义。

在中世纪经院哲学中，以罗吉尔·培根、邓斯·司各脱和威廉·奥康为代表的唯名论与以托马斯·阿奎那为代表的唯实论的斗争，不仅使封建神学和经院哲学面临崩溃的局面，而且为 15～16 世纪文艺复兴运动的产生直接奠定了基础和提供了条件。托马斯·阿奎那调和信仰与理性、真理的对立，罗吉尔·培根、邓斯·司各脱和威廉·奥康则是揭露信仰与理性、真理的对立。虽然他们都承认感性经验和理智思维是人的两种认识能力，但是他们又都不能科学地说明这两种认识能力以及如何从感性经验向理智思维"飞跃"。他们在理性与信仰、一般与个别、肉体与灵魂、理智与意志、政权与教权等问题上进行激烈的争论，构成了经院哲学内部唯实论与唯名论的斗争，但最终也不能正确地认识人，阐明人的正确思想是从哪里

---

① 北京大学哲学系外国哲学史教研室编译《西方哲学原著选读》上卷，商务印书馆，1982，第 393 页。

② 北京大学哲学系外国哲学史教研室编译《西方哲学原著选读》上卷，商务印书馆，1982，第 296 页。

来的。

文艺复兴时期的人文主义者、自然科学家和自然哲学家从人出发，反对禁欲主义和对人性的压抑，肯定现实人生的需求，提倡个性解放，赞美人的力量，重视人的知识的作用。在认识论的领域中，人文主义反对基督教的神学统治，又集中表现为怀疑思想，蒙田是人本主义怀疑思想的最著名的代表。

蒙田以怀疑为思想武器，同当时的迷信、偏见、经院哲学和神学做斗争。他认为，人要认识他物，必须首先认识自己，弄明白自己究竟能够知道什么。他深受苏格拉底和古代怀疑学派毕洛和塞克斯都·恩披里柯的影响，以"认识自己"和"我知道什么"作为认识论的指导原则。他说，要获得知识必须从认识自己开始，一方面是因为自己最熟悉自己，容易得到正确的认识；另一方面是只有对自己有了正确的认识，才能够正确地认识其他事物。在蒙田看来，人不可能得到关于自己和关于事物绝对确定的、永恒不变的知识，所以人及人的知识都是相对的、不确定的和变化的。因而"独断和固执己见是愚蠢的确实标志"。然而，他认为，虽然所有的知识是由感觉传给我们的，理性是依赖感觉并在感性知识的基础上形成的，但是，感觉却经常欺骗我们。所以，感觉不是绝对可靠的，在感觉基础上形成的理性认识也就不是绝对可靠的。在这里，蒙田一方面肯定了感觉是认识的开端和认识的源泉，另一方面又否定了感性知识的可靠性，从肯定人的认识能力到否定人的认识能力，明显带有相对主义和虚无主义的色彩。这样，人虽然有理性，但理性是在感觉的基础上形成的，既然这个基础不可靠，那么在这个基础上形成的理性也只是盲目的、软弱无力的。这就是蒙田对认识者——人的看法。而被认识者——对象又是怎样的呢？他说，作为认识对象的事物，总是处在不断的运动变化之中，这样，在不同的时间里，对同一事物就可以有不同的认识。不仅如此，作为认识对象的事物，还具有差别性和质的多样性。人是有差别的，所以对于同一事物，两个人不能做出完全一样的判断；同一个人在不同的时间里，产生两个完全一致的观点也是不可能的。从认识论上看，亦即从认识者、认识对象上看，蒙田说，虽然人们都很自信，但实际上不能得到任何绝对不变的知识，宣称自己得到绝对不变的知识的人，其实只能表明他的无知和傲慢。蒙田的认识论虽然具有怀疑主义与相对主义的特点，但它不是一种纯粹的不可知论，目的不是简单地、消极地怀疑，不是抽象地否定一切知识，不是鼓吹蒙昧主义，而是以怀疑和相对的思想作为立足点，强调人的无知，促进人去求知；强调知识的变化性，使人永不满足，永无止境地去探索新知识。也可以说，蒙田是把怀疑论看作一种思想武器，用它来反对中世纪的经院哲学，否定以绝对真理自居的神学权威，为人类的认识扫清障碍，因而他的怀疑哲学的实际意义是积极的。蒙田强调人们应当从实际中，从个人的经验和亲身体验中学习，特别是要从自己的经历、遭遇和错误中学习，从而认识自己，取得知识。他的认识论的感觉主义具有明确的理论形式，在当时具有进步意义。

总之，从托马斯·阿奎那以信仰为前提，调和信仰与理性、真理的矛盾，承认人有感性和理性的认识能力，到罗吉尔·培根、邓斯·司各脱和威廉·奥康揭露信仰与理性、真理的矛盾，反对盲目的信仰，强调人的感性认识和理性认识的力量，再到蒙田以怀疑人的感性认识和理性认识能力，反对宗教信仰和神学教条，提倡认识论的感觉主义，这应当看作西方哲学史上又一个"圆圈"。这个"圆圈"揭露了信仰与理性、真理的矛盾，既然人们的知识是相对的、不确定的、变化无常的，感性认识不可靠，在感性认识基础上形成的理性认识也是盲目的，那么托马斯·阿奎那主张用理性论证上帝存在、阐释教义和驳斥反信仰与无信仰的种种理论就彻底破产了。

二 英国原子主义的感觉经验论

在西方哲学史上，英国经验论的传统源远流长，影响很大。英国的原子主义的感觉经验论，是美国的实践行为主体的实用主义经验论的一个重要思想理论来源。只有弄懂了前者，才能更好地理解和把握后者。

（一）英国原子主义的感觉经验论产生的历史背景

16世纪末到18世纪的英国，是自由资本主义发展的时期。随着地理大发现，欧洲的商路和贸易中心从地中海沿岸转移到大西洋沿岸，英国大规模的、集中的手工工场出现，圈地运动加剧进行，垄断性海外贸易公司相继创办，英国的资本主义经济得到了迅速的发展。资本主义经济上的变化，又引起了阶级关系的新变化。新兴资产阶级迅速成长，一部分封建贵族被分化成了资产阶级的"新贵族"，资产阶级和"新贵族"为了求得自身的进一步发展，联合起来，共同反对封建制度，爆发了资产阶级革命。资产阶级革命的成功和资本主义经济的发展，又大大推动了自然科学的发展。以哥白尼、开普勒的发现为代表的天文学，以伽利略、牛顿的发明为代表的物理学，在16世纪以后都已经达到了相当完善的程度。"英国的产业革命，这是人类经验中的一种全新事物"①"它不仅促使全体居民受到教育，导致资本主义工业大规模改组，而且使资本主义生产力蓬勃发展，导致了一种新的特殊的思想体系的诞生"，②科学技术与生产力相结合，创造了巨大的社会财富。

16～18世纪的英国经验论哲学，就是在上述的经济、政治和自然科学的发展状况下产生的。这样一些特定的历史条件使英国经验哲学具有以下一些特点。

首先，这个时期的英国经验论哲学家已经比较重视哲学的实际效用。在英国资本主义和自然科学迅速发展，给社会带来巨大财富的条件下，他们不仅对经院哲学展开了深入批判，而且明确宣称研究哲学的目的主要是改造自然、造福人类。近代哲学的创始人之一——弗朗西斯·培根提出了"知识就是力量"的响亮口号，其目的就是要关心自然科学的发展。培根不仅直接从事自然科学研究，还亲自做实验，取得了不小成就。另外一些哲学家也非常关心社会政治问题，为社会的进步提出了种种方案，并直接参加社会政治活动。由于经验论哲学家注重观察现实、观察事实，从事实出发，所以培养了分析哲学的实证主义传统。因此，英国经验论哲学既不像古希腊罗马哲学那样，主要是为了解释世界，也不像中世纪经院哲学那样，为宗教服务，而主要是为了改造自然，造福人类。这就是英国经验论哲学

---

① 〔英〕赫·乔·威尔斯：《世界史纲》，吴文藻、谢冰心、费孝通等译，人民出版社，1982，第1041页。

② 〔英〕赫·乔·威尔斯：《世界史纲》，吴文藻、谢冰心、费孝通等译，人民出版社，1982，第1045页。

以主体认识论哲学来代替思辨哲学的一个主要特点。

其次，英国经验论哲学研究的重心，由本体论转向了认识论。哲学家把注意力从离现实比较远的关于世界的本原、实体的探求，转向与社会生产、自然科学紧密相关的对物体性质及规律的认识，哲学研究的重心由本体论转向了认识论。在总结过去已有的认识理论和方法的基础上，哲学家提出了创立新的认识理论和方法的任务。他们希望创立一种能够达到确实可靠的真理的认识论和方法论。培根和霍布斯都强调感觉经验是认识的唯一源泉，把感性认识和理性认识在实验的基础上统一起来；洛克在哲学上的重要贡献，就在于他能够运用机械力学、光学、医学、数学的科学成就，倾注全力研究认识问题，建立了近代第一个完整的认识体系；贝克莱提出"存在就是被感知""物是观念的集合""对象和感觉原是一个东西"，从而肯定了心灵或"自我"是唯一的实体；休谟的怀疑论从经验论的原则出发，把经验看作"唯一的存在"，经验之外的一切，都成了完全不可知的东西。

再次，英国经验论哲学，在对人的感觉经验、人的认识、人的知识的研究中，突出了对人自身的研究。认识主体（人）可以分为心灵与身体两部分，认识客体（对象）可以分为观念与物两部分。唯物主义经验论者认为，人的身体器官接触到特殊的个别事物，产生了感觉。一切知识都来源于感觉，认识的过程就是由感觉器官进到理智知觉的过程。由于感觉并非完全可靠，所以还必须经过理性的加工。唯心主义经验论认为，人的心灵的知觉接触到事物、对象的观念，产生了认识。一切知识都来源于感觉，认识的过程就是由一个能感知的主动实体，亦即所谓的心灵、精神、灵魂或自我，去认识那个只能存在于主动实体之外的事物的观念。例如某种颜色、味道、气体、形状和硬度，如果常在一块儿出现，我们便会把这些观念当作一个单独的事物来看待，并用某个名称来表示它。所以说，"存在就是被感知""物是观念的集合"，除感觉之外一切东西不可知。英国经验论哲学，把认识主体（人）的心灵与身体，认识客体（对象）的观念与物，分割开来，进行孤立的、静止的、片面的研究，从而也就构成了它们哲学的一个特点。

最后，英国经验论哲学还受到心理学上的联想主义和生理学上的相对主义、心灵主义和数学宇宙观等思想的影响，提出了原子主义的感觉经验论。总之，自然科学的发展，为这一时期经验论哲学提供了科学方面的前提条件，但是，机械力学等自然科学所使用的分析方法、综合方法又给这个时期经验论的哲学造成了特有的局限性，即形而上学性和机械性。

（二）英国原子主义的感觉经验论的主要思想

1. 洛克关于知识的起源、确定性和范围的论述

洛克在其《人类理智论》一书中公然声明，他撰写这本书的目的就是要"探求人类知识的起源、确定性和范围，以及信仰的、意见的和同意的各种根据和程度"。① 由于对认识问题做了深入研究，所以他建立了近代第一个完整的认识论体系。洛克不仅继承了古希腊亚里士多德的经验论，而且又直接继承了培根、霍布斯的经验论原则，批判了笛卡尔和英国剑桥学派天赋观念，提出了"白板论"。他认为，知识不是先天就有的，而是后天获得的。人的心灵原本是"一块白板"，上面没有任何记号，没有任何观念。后天的一切观念、一切标志及知识，都是由于经验的作用在心灵上刻下了印记。我们的全部知识是建立在经验基础上的，知识归根到底都是源于经验的。

洛克认为，经验是一切知识的来源。经验有两项，一项是通过感官从外界事物得来的外部经验，另一项是通过反省内心活动得来的内部经验。从感觉和反省直接得到的观念是简单观念。为了考察感觉观念的来源和性质，他进一步分析了物体的性质，发表了著名的两种性质学说，第一性质是不能和物体分离的广延、形状、动、静、数目等，第二性质则不是存在对象本身中的东西，只是在人们心中产生的颜色、声音、气味等简单观念。第二性质依赖于第一性质。由于两种性质的不同，它们产生的观念也不同，第一性质的观念是其肖像，而第二性质的观念则不是其肖像，而只是一种符号。简单观念仅仅是构成知识的最基本的材料，经过理智加工，由简单观念可以形成复杂观念，由简单观念和复杂观念再构成知识。洛克论述了知识的性质、范围、确定性等问题，提出了"洛克本质"和"实在本质"

---

① 〔英〕洛克：《人类理智论》，陈修斋译，商务印书馆，1983，第1页。

的区分，其中包含有不可知论的因素，直接影响了贝克莱、休谟哲学。

2. 贝克莱关于知识的论述

贝克莱在其《视觉新论》《人类知识原理》和《视觉论解释》等著作中，论述了他的"物是感觉的复合""存在就是被感知""对象和感觉不是一种东西"的原子论感觉经验主义的观点。由于感觉经验获得的观念是知识的对象，就是说人是主体，人有眼、耳、鼻、舌、口五官与之相对应，人也具有视觉、听觉、嗅觉、味觉、触觉，能够反映事物的颜色、声音、气味、滋味、形象，把这些感觉综合起来，就是对事物的认识。举例来说，看起来是红色的，嗅起来是香的，吃起来是甜的，咬起来是脆的，拿起来是重的，我们把这些感觉经验综合起来，就可以将以事物命名为苹果。苹果作为一个观念，是由主体感觉经验产生的。这就是原子主义的感觉经验论。

贝克莱认为，各种可感事物并不是真实的存在，仅仅是颜色、广延、形象等多方面观念的集合，这些观念的集合又只能存在于对它们进行感知的心灵之中。贝克莱的感觉原子主义经验论对休谟和以后的实证主义都产生过深远影响。

3. 休谟关于知识的主要论述

休谟在他的《人性论》《人类理解研究》著作中认为，哲学是关于人性的科学，人性主要包括人的知性（或理性）和情感。哲学要在经验的基础上，用经验的方法，把人类知识的性质、范围和能力加以分析研究，以免追求那些超越经验、超越知性能力限度的问题。这是他的不可知论的逻辑前提。他认为，认识来源于感觉经验，经验的基本要素是知觉，知觉又分为印象和观念两种。印象是当下直接感觉到的知觉，它是一切知识的最初来源；观念来自印象，是印象在心中的再现，是印象的复合、变换、扩大或缩减。因此，休谟提出一种意义理论，一个不直接代表印象的词，只有当它能提供可以通过心理过程从印象得出观念时才有意义。感觉印象的最终来源是不可知的，因此，他提出了因果关系说。他认为，世界上并无客观的因果关系，人们关于因果关系的知识都是从经验中总结出来的非先天的逻辑推理，因果关系是对现象间一种经常性、齐一性关系的知觉，因果联系的根源是思想中习惯性的联系。在西方哲学史上，休谟是近代怀疑论、不可知论的创始人。他的不可知论把独断论的弱点充分地暴露出来，从而动摇了包括唯物主义和唯心主义在内的整个哲学的基础。休谟哲学对后人影响很大。他对因果关系的批判启发康德创立了批判哲学，推动了 19 世纪法国哲学家孔德等人提出实证主义哲学。

三　从实证主义、经验批判主义到逻辑经验主义

从亚里士多德到英国经验论，再到逻辑经验主义，沿袭了西方经验论哲学的传统。这一传统，是美国实用主义哲学产生的一个思想理论前提。

英国洛克、贝克莱、休谟的原子主义的感觉经验论，导致了实证主义的产生。实证主义是现代西方哲学科学主义思潮的最早代表。实证主义有三种形态：第一种形态产生于 19 世纪 20 年代，其创始人和代表人物是法国的孔德、英国的穆勒和英国的斯宾塞。他们提倡实证主义哲学，标榜实证精神，宣称实证的知识是现实的、有用的、确定的、正确的，要求以实证精神把一切科学部门统一起来，建立一个统一的科学体系——实证主义哲学。第二种形态产生于 19 世纪末的经验批判主义，亦称马赫主义，其创始人和主要代表是奥地利科学家马赫和德国的哲学家阿芬那留斯的传人。他们创立了"原则同格论""要素论"，主张物质与意识的统一，反对物质与意识的对立。阿芬那留斯与马赫的观点是一致的，他们断言："只有感觉才能被设想为存在的东西""存在着的东西就是赋有感觉的实体"，实体消失了，感觉依然存在，因此我们应当把存在着的东西设想为感觉。第三种形态产生于 20 世纪 20 年代，叫作逻辑实证主义，或逻辑经验主义，其创始人或理论代表有英国哲学家罗素、奥地利哲学家维特根斯坦、德国哲学家卡尔纳普的传人。他们认为哲学不是科学，不是理论，而是一种活动，一种逻辑分析方法。在科学与伪科学的关系上，凡是可证实的，都是有意义的，凡是不可证实的，都是无意义的，意义就是区分科学与伪科学的标准。

逻辑实证主义反对研究本体论，回避对思维与存在、精神与自然界谁是第一性问题的回答，反对哲学脱离生活常理和自然科学所肯定的现实世界，而去寻找"地域的实在""超越的真理"的做法，把人们的注意力从康

德的彼岸世界引回此岸世界，从黑格尔思辨引向现实的人间，显示了现代哲学的精神，这无疑是很有意义的。

（一）实证主义的主要思想

实证主义是以强调感觉经验、反对形而上学为基本特征的哲学流派。19世纪30～40年代产生于法国和英国。创始人是法国哲学家和社会学家孔德，主要代表人物还有英国哲学家斯宾塞和穆勒。"实证主义"一词是19世纪空想社会主义者圣西门首先使用的，孔德赋予了实证一词"实在""有用""确定""精确""有机""相对"等意义。在他看来，只有经验事实，即现象和关于经验事实的知识才具有这些品质。因此，实证主义是一种关于经验事实而不是超验的东西，关于世界的现象而不是世界的本质或本体的哲学。

实证主义哲学认为，人们能够感觉和经验到的现象或事实，是最实在的东西。它不明确指出现象或事实是主观的还是客观的，力图用这种含糊的观念来消除主观与客观、物质与精神的对立，超越唯物主义与唯心主义。实证主义者中也有人把现象主观化，如穆勒认为，外部世界、物质是一系列的感觉，是"感觉的经久可能性"。至于现象后面的本质或本体，孔德避而不谈，穆勒和斯宾塞则承认其存在，认为它是现象、经验事物的原因和基础，但同时认定它或是模糊地意识到的，或是不可认识的、不可理解的。实证主义都认为，分析仅仅限于现象领域，经验事实是认识的唯一源泉，哲学和科学的任务是描述经验事实，找出它们之间的规律，即它们不变的先后关系或相似关系，把这些规律的数目压缩到最低限度。从事实出发，从感觉经验出发，观察、实验、推理等，是获得实证知识的根本原则和方法。宇宙的起源、目的、万物的本质、绝对等，超出人的感觉经验范围，关于它们的问题是人们不能解决的，是没有意义的形而上学问题。这些问题应当让神学家去想象，或交付给形而上学家去做烦琐的论证。

实证主义主张经验论、反对形而上学的主要思想和原则，直接为经验批判主义，即马赫主义和逻辑实证主义所继承，因此有人把它们分别称为实证主义的"第二代"和"第三代"，也有人把逻辑实证主义称作新实证主义。实证主义对实用主义、实在论，以及各种各样的分析哲学、科学哲学都产生了影响，因此可以说它推动了现代西方哲学中的实证主义或科学主义思潮的兴起与发展。

（二）经验批判主义或马赫主义的主要思想

马赫主义，即经验批判主义。它是产生和流行于 19 世纪 70 年代至 20 世纪初德国、奥地利、俄国和欧洲其他一些地区的一个实证主义新哲学流派。它的创始人是马赫，所以称作马赫主义，另一个创始人是阿芬那留斯，他主张对经验进行批判，因此又被称作经验批判主义。马赫主义与经验批判主义的思想是一致的。经验批判主义的主要代表还有英国的毕尔生，法国的彭加勒，德国的彼得楚尔特、维力，俄国的波格丹诺夫、巴扎洛夫、尤什凯维奈等。

马赫主义继承了贝克莱、休谟的原子主义感觉经验论和孔德为代表的实证主义哲学。马赫主义把感觉经验，即要素说中的要素看作世界上唯一真实的存在，万物的基础。马赫说，世界的真正要素不是物（物体），而是颜色、声音、压力、空间、时间等，即我们经常称为感觉的那些东西，世界仅仅是由我们的感觉构成的。阿芬那留斯说，我们应当把存在着的东西设想为感觉，在它的基础上没有感觉以外的任何东西。他们把感觉经验或要素说成既非心理也非物质的东西，而是心物同一的"中性的"东西。世界上的一切事物，无论是物理的还是心理的，都是由同类的要素（感觉经验）构成的。物体、物质、自我等都是感觉经验的复合，事物之所以有物理的和心理的区别，是由构成它们的要素联系方式的不同造成的。在感觉经验之外没有任何东西，感觉经验之外的"实体""物质""心灵""自在之物"是形而上学的"虚构"。他们以为这样说明世界，就消除了唯物主义与唯心主义把物质与心灵（意识）对立起来的"二元论"，超越了唯物主义与唯心主义。

马赫主义者认为，认识不能超越感觉经验的范围。科学知识的任务是描述事实，即经验感觉，是找它们之间的联系、关系，其目的是用思维中对于事实的摹写和预测来代替经验或节省经验，科学研究应遵循"思维经济原则"，即力求花费尽可能少的思想，对事实做出尽可能完美的陈述。科学中的物质、原子、因果等概念和规律，不是对客观事实的反映，而是人们根据实用目的而提出的"假说""符号"。一切理论体系都是假设，它们的真实性不在于它们反映客观实际，而在于它们的实用性。

马赫是一个伟大的物理学家，他对牛顿绝对时空观的批评和关于惯性的新见解，对爱因斯坦的相对论有很大的影响。实用主义、实在论、逻辑实证主义等哲学流派，都从马赫主义汲取了思想营养。

（三）逻辑实证主义的产生和它的主要思想

逻辑实证主义，亦称逻辑经验主义，是 20 世纪 30~50 年代流行于西方的一个现代哲学流派。逻辑实证主义是以反传统哲学的面貌出现的。它认为，传统哲学的命题既不对也不错，因为这些命题从根本上讲是无意义的，在认识论上，它坚持"可证实原则"，认为科学的认识都是可证实的。逻辑实证主义认为，哲学的任务就是逻辑分析和语言分析，哲学家不应该研究传统的本体论问题，而应该研究物理语言的问题，建立统一的科学。

"二战"以后，逻辑实证主义传入美国，产生了直接影响。以逻辑实证主义为代表的分析哲学与美国实用主义相结合，在美国实用主义占统治地位的情况下，产生了刘易斯的概念论实用主义，布里奇曼的操作主义，奎因的逻辑实用主义，反映了逻辑实用主义与实用主义相结合的成果。

四 实用主义的实践行动主体的新经验论

实用主义不仅继承了英国的原子主义感觉经验论，而且继承了实证主义、经验批判主义、逻辑实证主义所主张的感觉经验论，并且在美国工业化现代化的立国与建国实践中，提出并发展了自己的实践行为主体的新感觉经验论。

实用主义哲学，产生于 19 世纪末 20 世纪初，是流行于美国的一个现代西方哲学流派。该学派的主要特点是：推崇经验，注重行动和效果，它集中体现了美国生活方式的特点，被称为"真正的美国哲学"。

实用主义者反对传统哲学把绝对、原始、客体等超经验的东西当作研究对象的做法，认为只有经验才是哲学研究的对象。在他们看来，世界就是经验，实在的必定是经验的东西，只有经验的东西才是实在的。他们一般不明确否定经验之外的东西的存在，但否认它们是哲学研究的对象，认为它们的存在对哲学家来说是没有意义的。实用主义者对经验的理解不尽相同，詹姆士提出了"纯粹经验"的观点，"纯粹经验"又叫"原始经验""直接的主观生活之流""意识流"。它是一种由感觉、知觉、印象、思想、情结、感情等意识因素相互交流、密切联系而成的一个模糊不清、不可分析的精神统一体，它"只能感受不能下定义"。在"纯粹经验"之中，主体与客体、精神与物质尚未区分。同一"纯粹经验"从一个角度看是心理的，从另一角度看是物理的，"纯粹经验"是非心非物的中性的东西，它是构成世界万物的"原始素材"，万物是对它反省分析的结果。杜威把经验说成是人作为生物机体适应环境的活动，人与环境的相互作用。他强调人和环境的连续性和统一性，由此他又把包括人、人的活动和活动对象在内的"兼收并蓄"的整体叫作经验。杜威虽未把自然或活动对象化为精神性的东西，却认为它们的存在和状况是以经验为转移的。实用主义者的经验观在基本点上是一致的，他们意图以统一的经验与物质和精神对应，以经验论取代把世界区分为物质和精神的"二元论"，超越唯物论与唯心论之根本对立。

实用主义者强调实用主义是一种方法，詹姆士明确指出，实用主义不是什么系统的哲学理论，而是一种方法。这种方法的基本特点是，它不以对宇宙做出某种形而上学的解释，获得某种不变的理论体系为目的，它不从抽象的原则出发解决问题，而是以获得有益于人的生活的某种实际结果为目的，从具体的经验的事实出发解决问题，它注重行动的后果。运用这种方法意味着用行动的效果确定概念、意见的意义，从而可以消除理论和现实生活中的一些问题及其争论。实用主义认为在世界是物质的还是精神的、自由的还是宿命的、一元的还是多元的等问题上采取哪种观点是不重要的，重要的是持哪种观点会给人的生活带来更大的益处。

实用主义主张工具主义的认识论和真理观。它的主要代表人物都认为，认识的作用是提出有用的假设，作为行动的工具，以帮助人的行动达到某种有意义的目的。概念、理论、意见是否反映客观实在并不重要，重要的是它们能否帮助人们达到预期的效果。效果是判断价值的唯一标准，能带来满意效果的观念就是好的，即真理，反之即是假的。詹姆士甚至宣称，正常的观念对生活有益，也是真的。真理不是认识的范畴，而是价值观念，真理是善的一种。实用主义者都不否认真理问题上的"符合说"，但他们把"符合"理解为概念的一种引导作用，最终把人引导到预期的后果。他们还认为，观念的真理性或有效性不是绝对的，而是相对的。

实用主义者否认社会历史有客观规律，反对经济因素在社会生活和历史发展中起决定作用的观点。杜威认为，社会是由多种多样的经济事实构成的，这些经济事实之间不存在有机的联系，谁也不决定谁，社会状况和历史发展是由人性和文化以及二者的交互作用决定的。詹姆士认为，社会历史是由"伟人"和"豪杰"的意志和主动精神决定的。人民群众在历史发展中是一种守旧的、惰性的力量。杜威拥护社会进步，但反对用暴力的方式彻底推翻旧制度，主张用民主方法来实现。

"经验"是实用主义哲学的一个核心概念，皮卡尔、詹姆士、杜威对于这个"概念"做了重点论述。

（一）"皮尔士原则"——实用主义的基本原则

皮尔士是美国实用主义的奠基人。皮尔士反对传统哲学和神学的形而上学或本体论，主张形而上学应建立在经验观察的基础上，以经验为根据。他根据这一原则建立了自己的形而上学，即关于实在的学说，企图把本体论与现象统一起来，把自己的形而上学说成是按照现象本身的样子来思考现象。皮尔士说的现象不是人们凭感官直接感知的现象，而是一切经验事物中所包含的不能再还原为其他东西的基本要素，他称之为范畴。范畴既是思维的原则，又是存在的原则，二者是统一的。范畴共有三种：一是性质，它包括各种物理的和心理的性质，表现为颜色、声音等；二是事实；三是规律，即事物间的关系和中介，包括现实事物间的关系也包括可能事物间的关系。这三种范畴构成实在的全部内容。有时他把实在等同于主观实在，有时又把它说成是经验中的存在。"大家的意见""一般的思想"，表现出很多矛盾。

皮尔士最重要的思想内容是"实用主义原则"。他认为，哲学应当是确定或澄清理智观念的意义的方法或技术。这种方法就是把观念的对象与某种行为联系起来，考察行动产生的实际效果，认定这种效果的意义。他说，为了弄清楚一个理智观念的意义，人们应当考虑从这个概念出发必然会产生什么可能的、实用的结果，而这些结果的总和将构成这个概念的全部意义。如果一个概念不能用这种方法来确定其意义，它就没有意义。这种用事后的效果来说明概念的意义的方法，就是皮尔士著名的意义理论，或"皮尔士原则"。

（二）詹姆士的"彻底的经验主义"

彻底的经验主义是詹姆士的世界观。他反对传统哲学的形而上学理论，主张经验主义。他认为，像休谟及其追随者的经验主义那样，只承认事物是经验的，而不承认事物之间的关系是经验的，就会给形而上学留下可乘之机。因此，他不仅主张事物是经验的，同时还要承认事物之间的关系也是经验的。他对彻底的经验主义做了如下的概括：彻底经验主义首先包括一个假定，接着是一个事实的陈述，最后是一个概括的结论。假定是指：只有能以经验中的名词来解释的事物，才是哲学上可以争论的事物。事实的陈述是指：事物之间的关系，不管是连续的还是分离的，都跟事物本身一样是直接的、具体经验的对象。概括的结论是指经验的多个部分靠着关系而连成一体，而这些关系本身就是经验的现成部分。总之，世界就是全部的经验。凡实在的东西都是经验的，只有经验的东西才是实在的。彻底的经验主义还认为，"纯粹经验"构成的主体与客体、精神与物质，只有关系上和功能上的差别，没有质料或实质上的区别。同一段经验，在一种关系上是物理的东西，在另一种关系上则是心理的东西。"纯粹经验"是原始的、混沌不清的感觉、知觉和思想。它是"只能感觉而不能下定义的"，它像一条连绵不断、流动不息的河流，因此叫作"感觉流""思想流"或"意识流"。实在的事物是人根据自己的兴趣和愿望，从这个"意识流"中截取出来的片断。

（三）杜威的"经验自然主义"

杜威认为，传统形而上学把世界划分为两个根本对立的领域，一方面是主体、知者、心灵，另一方面是客体、被知者、物质；把哲学的任务归结为调和这两个不同的领域，但又不能把二者统一起来，因而都是二元论的。为了克服传统哲学二元论的缺陷，杜威提出了经验自然主义。他认为，世界是一元的，即统一的经验，经验是由人、人的活动以及活动的对象和环境构成的一个连续的统一体。他指出，经验不仅包括人们做些什么或遭遇什么、追求什么、爱些什么和相信与坚持些什么，也包括人们怎样活动和受到影响，怎样操作、怎样享受以及他们观看、信仰和想象的方法。经验既指开垦过的土地、播下的种子、收获的成果以及日夜、春秋、干湿、冷热等为人们观察、畏惧和渴望的东西，也指工作、希望、畏惧、沮丧和欢欣的人。经验是一个整体。有时杜威把经验说成是人的活动、行动，把人的活动环境和对象叫作"自然"。有时把经验说成是人（有机体）对环境的适应和改造以及二者的"交互作用"。但是，无论在哪种意义上使用经验的概念，杜威都强调人、人的活动以及环境与对象之间的连续性、统一性、整体性。这种把经验说成是由经验者、经验过程和经验对象（自然）构成的连续的、不可分的统一整体的理论，就是经验自然主义。

应当看到，杜威在 19 世纪末 20 世纪初自然科学，特别是达尔文进化论和心理学优秀成果的基础上，用主体与客体统一的观点看世界，尽管存在这样那样的缺点和不足，但毕竟是一种进步。杜威经验自然主义的世界观，强调经验与自然的连续性，即把人、人的活动和活动对象看作一个连续不断不可分离的统一整体，用这种一元论的世界观取代传统哲学，把主体与客体、物质与精神相分离相对立的世界观，实现了现代哲学对传统哲学的转型，是应当给予肯定的。

第五章　实用主义的现代转型：实用主义与近代西方哲学（下）

前　言

实用主义与近代西方哲学不同，在认识论方面，它不赞同把人的感性认识与理性认识、理性认识与非理性认识割裂开来，主张把感性经验提升为实践经验，把理论理性提升为实践理性；把认识形成过程终点的真理观变为认识实现过程的起点的真理观，赋予真理以效用的品格；研究认识实现过程的真理论，探索理论"思维五步法"，即"大胆假设，小心求证""从有问题的情境到问题解决了的情境"，突出分析问题、解决问题的方法论；研究与思维方法不同的实验方法，研究与思维逻辑不同的实验逻辑，引导创新思维理论，引导操作主义，在"行为""干""做"字上下功夫。在价值论方面，实用主义批评了传统哲学中的认识论主义，即理智主义，侧重于认识的实现、应用与创新；侧重于方法论问题的研究。这应当说是实用主义认识论中最重要的贡献。

笛卡尔把知识看作清楚明白的东西，而把情绪（喜好、忧愁、厌恶）看作晦暗模糊的东西，把真理看作认知与对象的一致、符合。这样就把真理与价值割裂开来了。杜威在其《经验与自然》中说，理智主义认为，一切经验过程都是认识的一种形式，而一切的题材，一切自然，在原则上就是被缩减和转化，直到最后把世界说成等同于科学本身精炼的对象所呈现出来的东西。这样，理智主义就不可避免地导致机械论。实在世界被描绘成一个只有时空、质量、运动、因果必然的机械的物理世界，一个数理化了的骷髅，剥去了现实世界那种令人喜爱的和可鄙的、欣赏的和厌恶的、可亲的和可怕的价值的特征。杜威指出，理智主义与心物二元论密切相关，都是将反省活动孤立起来，离开了原始经验中的事物。反省结果把认知对象和认知的心灵分裂为二，认知对象的数理特征被说成是唯一的最后的实在，于是价值的特征就被排斥在实在之外，而归附于心灵。经验的对象与经验的主体之间筑起一道墙，这道墙同时也把自然与价值、科学与文化（道德、艺术）隔开了，经验不涉及价值，价值乃是关于主观的东西。为了避免关于自然的机械论和关于价值的主观主义，传统哲学被迫求助于非经验的方法，把价值属性也看作实在所固有的，把道德、审美评价的对象转变为认知的对象。当然，它们所说的这种对象是超出经验范围的所谓"最高的实在"。近代经验主义哲学否定形而上学的对象，同时也否定了对价值对象的研究，坚持经验的科学方法只讨论事实不讨论价值。古今多个流派讨论价值问题的态度主要是这两种，它们都把价值问题排斥在经验方法论的研究之外。杜威认为，只要哲学诉诸反省前的原始经验，自然和价值，科学和文化之间的鸿沟就不复存在了，价值是自然固有的东西，价值是属于我们的经验的自然。杜威认为，科学知识的发现和价值观念的调节是经验过程中统一的东西，是手段和目标的关系，目标和目的就是利用主动控制对象的手段在经验中体现出来的更为可靠、更为自由、更为广泛的共有价值，而对于对象的主动控制则只有借助知识才是可能的。目标调节着我们需要认识什么，以及如何获得和运用有关知识，而进行认知的实践的程序和方法，又调节着我们合理的行为目标。从这个观点看来，哲学问题就是涉及在所追求的目标的判断和达到这些目的的手段的知识之间为何相互作用的问题。彻底的经验主义，即实用主义，把自然、自然科学人文化了，也把价值、人文科学自然化了，所以杜威被称作自然主义的人文主义。杜威指出，如何协调关于自然的知识体系和关于价值的信仰体系，是困扰近代哲学并使之分裂为理性主义与非理性主义的一大难题，而实用主义则解决了这个难题。

在伦理道德领域中，实用主义道德哲学直接继承近代哲学的经验主义和功利主义，又根据美国资本主义商品经济的发展而加以改进。虽然在基本立场上，实用主义仍然坚持经验主义和功利主义的立场，但是它反映了美国资本主义发展的要求，集中体现了 19 世纪末 20 世纪前半叶美国人的价值观，对美国人的日常生活和伦理道德观念有深刻影响。20 世纪 60 年代，由于美国生产力飞跃发展，伦理道德危机越来越严重。实用主义哲学强调哲学与伦理价值的统一，主张把科学与伦理价值问题联系起来，用科学的方法解决伦理价值问题。实用主义还强调道德的相对性和道德目标的改善主义，反对西方传统哲学所追求的永恒道德价值和终极目的。实用主义的这些主张适应了资本主义工业化和现代化条件下美国人生活方式和价值要求的变化，同时也体现了西方资本主义发展的新特点，在西方社会有一定的代表性。

在社会领域中，实证主义创始人孔德将自然科学的实证方法推广到社会领域，开创了实证的社会科学。从那时起，"统一科学"成为实证主义所追求的一个重要目标。在实用主义哲学家当中，杜威是最注重对社会进行研究的。杜威认为同实验自然科学卓越的成就和方法相比，社会研究还十分陈旧落后。实验自然科学已建立起"惊人数量的操作性概念、理论，可以控制对象"，社会科学还停留在抽象的阶段，满足于"以一般的观念，概括特殊的情境"。实用主义社会学的基本观点是：人是社会之本，社会由个人组成。因此，从可观察到的事实出发，就是从活生生的个人出发，从个人和社会的关系出发。在这一基本出发点上，实用主义也像其他社会哲学一样，是把个人与社会的关系作为社会哲学的基本问题。无论对"个人""社会"还是对"个人与社会的相互关系"，实用主义都提出了不同于传统哲学的新见解。所以，实用主义社会哲学体现出人本主义、民主主义和多元主义的特色。实用主义十分强调个体行动者的创造性和人的积极能动的生命活力。不像旧哲学那样，把个人看作"受动的"，只能被动地接受外界的支配。在实用主义看来，人之所以值得尊重，不在于他能用奇术来构造世界，而在于他能用创造性行动和发明的灵巧去改造世界，用坚忍的意志和力量去增添宇宙的色彩。实用主义所讲的"社会"是同关于"个人"的观点相联系的。社会是由个人组成的，社会是个人在不同的利益和目的基础上结合起来的各种社会形态。社会只是个人与个人之间交互行为及各种关系，除开这些行为和关系，别无超乎个人之上的社会存在。人与人之间的交互行为和关系结成了政治的、法律的、工业的、宗教和教育的等处于不同变化之中的各种不同的具体关系，社会是多元的，是各种不同的组合。实用主义讲的"个人"与"社会"的关系，就是主张个人与社会不可分，社会离不开个人，个人存在于社会之中，人是社会之本，社会以人为中心。实用主义看到了西方世界的矛盾、动荡，看到了社会对人性、对人的积极的能动性的压抑，揭露了在社会物质生产发展的同时，人的价值受到贬损的状况。在个人与社会的关系问题上，实用主义反对传统的社会哲学的三种主张，一是以社会否定个人，把社会凌驾于个人之上；二是以个人否定社会，把个人凌驾于社会之上；三是主张个人与社会是相关的，把个人与社会关系看作契约关系。实用主义主张个人与社会的关系是目的与手段的关系。人是目的，社会是解放和实现人性的手段，社会的发展应当促进人性的发展、人性的展开和解放，社会的变革也应当成为创造人格的一种手段。从以上论述中可以清楚地看到，实用主义是对近代西方哲学的超越，是一种现代西方哲学。

第一节　实用主义个人行为主体的认识论

一　实用主义认识论的基础

实用主义哲学认识论的基础，无疑是经验、生活和实践。皮尔士、詹姆士和杜威都强调经验的重要性。那么，如何理解经验？经验不是一种与主体有关的感觉活动，也不是一种只关注实体对象性的事件，而是与其实体的相互融合、相互影响、相互造就密切相关的事件。经验干脆地说，就是"做"，经验，就是人们的生活经验，就是人们的实践。实用主义的认识论是立足于"做"，立足于生活经验和实践的哲学。

（一）人、生活、经验、实践是认识的基础

一般来说，古代哲学研究本体论，形成了对世界总的根本看法，形成

了世界观。近代哲学研究人的知识的产生，形成了认识论。现代哲学超越了对主体与实体的分别研究的"二元论"，走向主体与实体的统一，形成了方法论。这种方法论表现在认识论上，就是要解决各种问题。

皮尔士主张"怀疑—探究—信念"的思维观，他认为，思维的功用在于确立信念或产生行为的习惯。人的意识有两种基本状态，即怀疑和信念。通常人们按照习惯行动着，意识处于信念状态；当环境发生变化时，人便不能按照旧习惯行动了，意识陷于怀疑状态；这时思维就开始了，经过探究过程平息了怀疑状态，重新建立了信念或行动的习惯，思维也就终结了。从皮尔士"怀疑→探究→信念"的思维方式上看，实用主义已实现了从抽象到具体的转型。詹姆士强调实用主义是一种方法，他的特点是，拒绝固定不变的理论体系，反对用抽象的原则解决问题，推崇经验，宣传彻底的纯粹的经验主义，注重行动和效果。詹姆士还把实用主义说成是一种关于真理的学说。他否认认识反映或描写了事物，认为观念（概念、科学、理论等）是"行动的工具"，效果是判定观念真伪的标准。有利于行动，能带来满意结果的观念就是真的、对的，即真理；反之，就是虚妄的观念。观念的真理性取决于它的证实过程，没有永远不变的真理。真理不是认识论的范畴，而是一个价值概念，它是善的一种。杜威反对传统形而上学，认为传统哲学研究的形而上学是没有意义的。他认为，认识是行为的一部分，其作用是引导行为达成思想的结果。认识、思维的过渡被称作"探究"，它消除人在生活中遇到的问题及在主观上引起的怀疑状态，达成问题的解决。一切概念、计划、理论都是在行动中用以解决问题的假设、工具，它们的价值由行动的后果来确定。他把这种思想叫作"工具主义"。

从以上叙述中可以看到，实用主义的认识论不同于传统的认识论。传统哲学研究认识的形成过程，旨在说明世界和解释世界；现代哲学则研究认识的转化和实现，旨在改造世界和改变世界。这是两种不同的认识论，我们必须肯定实用主义哲学转型的意义。

（二）认识的主体和客体统一于生活实践

所谓主体就是人，就是社会的现实的人。认识主体，首先是实践主体。没有实践，也就不会有人的认识。实用主义所说的主体，是指有利害关系和实践行为的人。

在西方哲学史上，古希腊哲学关于认识主体的研究，主要是在对灵魂的探讨上。毕达哥拉斯学派最先探讨了认识主体，他认为灵魂和人的身体一样，也是由原子构成的。苏格拉底和柏拉图则把灵魂和肉体完全对立起来，认为灵魂是不朽的实体，在灵魂的诸多功能中，他们强调理智，而贬低感觉和欲望。亚里士多德则认为灵魂中有两种理性，即被动的理性和能动的理性，被动的理性执行认识的功能，而能动的理性则是被动理性的认识功能得以实现的前提条件，它是不朽的。古希腊和古罗马的怀疑论者揭露了感知主体本性中的矛盾，并以此作为怀疑论的主要论据。

在近代哲学中，主体成为一个极为重要的哲学范畴。笛卡尔把认识主体——自我提高到实体的地位，认为心、灵魂可以脱离身体而存在，思维是它的根本属性，提出了"我思故我在"的命题。他所说的思维包括理智、想象、感知和技艺等认识能力，其中理智（直观、演绎）活动能够获得真理。康德批判了把灵魂视为实体的观点，他认为自我作为感觉一切属性的主体，同时也是一个对象。黑格尔认为理念是主体，提出"实体即主体"。他认为，实体既是客观的、唯一的绝对，又是能动的主体——绝对精神。他把人作为理念主体的承担者，探讨人的认识和实践活动，但他的主体仍然是精神和思维，而非感性实践的人。费尔巴哈反对把主体归结为精神，主张把人的有机实体看成主体，精神、意识不过是主体的特性，真正的主体是"实在的完整的人"，人是自然界的一部分。

在现代西方哲学中，科学主义、人本主义、分析哲学、存在主义和现象学等流派都关注主体与客体问题。实用主义的显著特点，就是拒斥主体与客体二元分立的传统形而上学，要求哲学和科学把注意力转移到现实生活世界（经验世界），应使哲学成为一种关于人的现实生活、实践的方法论。

所谓客体，即对象，指主体在认识和实践活动中与之发生相互作用的东西，与主体相对而言。实用主义所讲的客体是指经验，生活实践中存在的事物，而且是与主体不可分的相互统一的。

东西方哲学史上，哲学家最初只涉及认识的客体。柏拉图把认识客体区分为可见的和可知的两个世界，可见的部分包括具体事物及其影像，对它们只能形成意见；可知的部分包括数理对象和理念，对它们可以形成知识。他作为理念论者，实际上是把理念作为认识的客体。亚里士多德同样把认识的对象区分为两个部分，认为感觉认识的客体是个别事物可感知的形式，理性认识的对象是普遍和必然，即事物的本质特征。托马斯·阿奎那继承了亚里士多德的这些思想，认为相对于三种认识能力有三种认识客体，有形物质中的形式、脱离物质而存在的形式和不存在于个别的物质中但必须通过个别物质去认识它的形式。总之，他们都认为感性和理性都分别有不同的客体。

近代哲学探讨认识论时分别考虑认识的客体及其与主体的关系。贝克莱认为，客体即作为心灵对象的"观念"，它是依赖于心灵的、完全被动的，它的存在取决于被心灵感知，"存在就是被感知"。康德把客体区分为两种：一是人们经验直观的对象，即自然界和个别物体；二是理性的对象，它是超经验的自在之物，这是不可知的。黑格尔认为，客体是主观概念展开的直接存在，"是一个本身尚未经规定的整体"。

在现代西方哲学中，实证主义、逻辑经验主义，都把认识的客体局限于经验和现象的范围内，例如穆勒说，我们没有关于现象以外任何东西的知识。法国生命哲学家认为，科学的对象不是对象的实在本身，而是我们与对象在行动中发生的关系。新托马斯主义者继承了托马斯主义关于客体的观点，认为感性的对象是没有一般意义的形式，而理性的对象是没有个别内容的一般，二者之间没有统一性。

实用主义批判所谓的"旁观者认识论"和"机械论的认识论"，其目的就是反对把主体与客体分割开来，主张主客、心物在经验、生活、实践基础上的统一。

所谓"旁观者式的认识论"，就是一种静态的、非动作的观看。杜威认为，认识并非一个孤立的、封闭的，无谓地去窥视那些与它无关的外在对象，认识是个体的主动探究，是一种动作或操作，人的主动行动或参与，是获得有关事物知识的首要条件。这样认识和实践就是统一的了。

二 实用主义哲学的认识过程

（一）感性认识与理性认识是一个统一的认识过程

在传统哲学中，感性认识和理性认识是被分开来的。在古希腊时期，人类最早是以观察的、猜测的方式认识世界，之后发展到以科学、宗教和哲学的方式认识世界，但始终未能把感性认识与理性认识、理性认识与非理性认识统一起来，最后导致了不可知主义、神秘主义和诡辩论。在中世纪时期，哲学要论证神、上帝的存在，哲学成了为宗教信仰服务的工具。文艺复兴时期，在人文主义思潮、科学主义思潮和宗教改革思潮的影响下，人们以感性认识和理性认识的方式认识世界，开始区分哲学认识、科学认识与宗教认识，为近代哲学认识论的产生和发展创造了条件。

欧洲大陆唯理论，从笛卡尔提出"我思故我在"，强调理性思维在认识中的作用起，就把感性认识与理性认识分割开了。笛卡尔推崇理性思维，贬斥感性经验，创立了解析几何、微积分和物理学，为18世纪新科学技术革命提供了前提条件。斯宾诺莎肯定了人的认识能力和客观世界的可知性。他认为，现实的理性，无论它是有限的还是无限的，应当只理解神的属性与神的特殊状态，不能理解别的东西。我们的心灵可以尽量完全地反映自然。这说明他是以理性对抗宗教信仰，从而抬高人的理性认识能力。他还认为，真理的标准不是上帝的启示，而是人的理性自身。莱布尼茨虽然也承认感性认识是必要的，感觉的作用就在于提供机缘，使人们发现心灵中的那些先验法则，但是他认为感觉经验不能把握对象的本质，因而彻底否定了感性认识，只肯定理性认识在认识中的决定作用。他认为一切具有普遍必然性的知识，像数学、神学、法理学只能是从理性中产生，这种理性只能来自天赋的内在原则。笛卡尔、斯宾诺莎和莱布尼茨代表了欧洲大陆唯理论者的基本观点，否定感性认识，肯定理性认识，割裂了二者的联系。

英国经验论则认为感觉是完全可靠的，是一切知识的源泉。贝克莱提出"存在就是被感知"，主张认识是从人的感觉出发的，突出了感性认识的作用。休谟承认感觉经验是认识的唯一源泉，否认感觉经验之外事物的存在。他认为，我所感觉到的一切事物都是我心中的感觉，在感觉经验范围内是可知的、可以认识的，在感觉经验范围以外，是不可知、不可认识的。英国经验论，主张知识来源于感觉经验，夸大感性认识，否定理性认识，也割裂了两者的联系。认识同感觉经验、实践经验和实践生活经验一样，也是一个认识的发展过程。

德国古典哲学的代表人物康德，把人的认识分为感性、知性和理性。在感性阶段，康德提出两个范畴，一个是质料，一个是形式，同亚里士多德的形式质料说一样，他也认为形式决定质料。在知性阶段，康德认为一切科学知识都是由感性材料和知性先天形式相结合而构成的。没有对象，就没有感性材料；没有知性、范畴，感性材料就不能被思维。在理性认识阶段，康德认为，我们的一切知识，从感官开始，从感官前进到知性，最后以理性结束。理性是比知性更高一级的认识，它把知性所把握的多种知识进一步加以整理，使之净化、系统化，成为最高、最完善的系统。所以理性是一种最高的思维能力。康德认为纯粹知性的概念是范畴，纯粹理性的概念是理念。知性的对象和内容是感性经验。理性的对象和内容是知性本身，理性与感性无关，只与知性的活动和使用有关。因此，也可以说，理性是关于思维的思维，理性是一种统一知性，运用知性概念、范畴构造系统的统一的认识能力。理性追求无限的、绝对的东西，追求无条件的、完善的统一体，即所谓的理论理念：灵魂、世界、上帝。从康德的三种认识能力来看，感性消极、知性被动、理性积极，康德重视理性，所以他是一个理性主义的代表。近代西方哲学发展到康德、黑格尔哲学阶层，就形成了一种典型的主客二分的哲学范式。黑格尔把人的认识分为知性、消极理性和积极理性三个依次递进的层面。其中知性是形式逻辑思维，对应于自然科学；消极理性已认识到对立面的相互转化；积极理性则注重对立面的统一，是一种辩证思维方法。康德和黑格尔从理性出发，论述了认识的产生、形成和实现过程，为美国实用主义认识论的产生奠定了理论基础。

（二）认识的目的、方法和效果

马克思在《关于费尔巴哈的提纲》中说，哲学家只是用不同的方式解释世界，而问题在于改变世界。这就是说，我们认识的目的，不仅仅是说明世界、解释世界，而且是在于改变世界、改造世界，解决现实生活中的问题。

自古以来，人们对思维活动的奥秘进行了持续不断的探索，提出形形色色的认识论理论，有反映论和先验论、唯理论和经验论、独断论和怀疑论、直觉主义和宗教神秘主义等。人们从各自的哲学主张出发，试图对人类思维的本质和来源，思维的目的、过程和方法做出自己的回答。实用主义创始人皮尔士提出了独特的关于思维的理论。皮尔士认为，人的思维在本质上不能与人的现实生活的行为活动相脱离，思维过程就是因人的行动激起怀疑，经过探究而建立明确信念，以引导行动的不断反复过程，亦即"怀疑—探索—信念"。"思维"和"信念"是皮尔士说明思维的本质、目的和过程的两个基本概念。怀疑和信念在思维中具有重要作用，信念指导思想，促成人们的行动，达到行动的效果，是积极的思维目标。詹姆士与皮尔士一样，也是从意识或意识流出发，描述人所经验的世界，旨在讨论个人信仰和宗教问题。杜威从日常意识出发，描述人们所经验的常识世界，旨在把科学方法应用于日常生活中。在这里，应当看出实用主义者首先肯定人，人区别于动物之处恰恰在于人是有意识的，意识指导人的行动，人的行动都是带有目的性的。

　　近代西方哲学研究认识形成问题，即知识何以可能的问题，而现代哲学研究认识实现问题，即方法论问题。杜威说，认识就是"行动"，他把传统哲学认识论中思维和对象，主体和客体的问题，转变成活动及其结果的问题来讨论。他认为，认识或思维并非人的头脑中的心理过程，而是一种外表动作事物的过程。这样看来，思维就是动作。实验科学产生之前，人们的认知方式是静观的，侧重纯粹思考；而实验科学的认识方式是能动的，侧重控制或操作。实验方法不同于思维方法，它不光要动脑，还要动手，要实际地去观察、去实验、去做。杜威把认识解释为一种探究的行动或实验的操作，说明认识和实践互相渗透，你中有我，我中有你。知行合一是杜威实用主义认识论的基本思想。杜威说，从个体认识发生学的角度来看，要实地去认识，才能有知识，要解决实际问题才算有知识。离开具体实践就无所谓知识。求知是为了解决实际问题。杜威的探究理论，就是理智观念和感性素材的统一。有意识的操作将素材重新安排，观念也不再是抽象的，而是成为规定感性对象的东西。感性对象被观念所规定，成为理智的对象，成为知识的对象，认识对象即获得了知识。传统的看法认为，理论导向在先的东西，实践才指向未来的结果，把理论与实践分割开，把主体与客体、知与行分割开。但是，实用主义认识论认为，知识不是照镜子，而是有用的东西，是根据已知推测实践结果，故也是指向未来的。观念指导实验操作，达到预期效果，这既是预期的结果，也是知识的结论，算是有了完满的知识。

实用主义者认为，所谓观念的"真"不是观念本身的特性，而是它的工作性质，一个观念实验操作产生预期效果，即被证实为"真"。观念的真，要由它的工作效果来评价，这就是"有用即真理"或者"真理是有用的""真理是有价值的"。而传统哲学，从古代亚里士多德到近代康德和黑格尔都认为真理是认识与对象的一致、符合。观念是外在事物的映像和摹写，如同照镜子一般。对象是先在的，独立于认识活动之外的。这是典型的主客二元论。实用主义反对这种形式上的二元论。

杜威的探究理论，强调生活、经验、实验和做。所以他的认识论叫作科学认识论或实验逻辑认识论，也是一种价值论。他把"真理"这个认识概念，等同于"成功""有效""好的"等价值观念。他宣布观念、思想和理论何以为真，是一个实践问题，须用实践结果来评价。任何观念思想理论，都不是最后的定论，实际运用中必须看作假设，有待实践的检验和修正，容许人们探究、异议、批评。这是实验方法所具有的科学精神、民主精神。

三　实用主义真理观述评

（一）什么是真理？真理与价值的统一

什么是真理？传统哲学认为，真理就是人们对客观事物及其规律的正确反映。正确反映为真，歪曲反映为假，由此区别出真理与谬误。检验真理的标准是实践。真理问题上的唯物论，是社会实践；真理问题上的辩证法是相对真理与绝对真理。这就是传统哲学，也包括我们的哲学所讲的真理观。

实用主义批判传统哲学真理观，从不同角度、不同层次上给真理下了各种定义。皮尔士认为：真理是命题与实在的符合；真理是抽象命题与理想极限相一致；真理是科学研究最终引导人们达成一致的意见；真理是认识中令人满意的、有效果的东西；真理是由"怀疑"走向"确信"的探索过程；真理是一个经验与经验协调的真善美的统一整体，等等。詹姆士认为：真理是一个发生的过程；真理是事实判断与价值判断的统一；真理是相对于人、相对于人的变化着的经验而存在的东西，等等。实用主义认为，认识过程就是有思想的主体去探究客体并取得效果的行动，真理与价值是统一的，没有价值的真理是不存在的，没有真理的价值也是不存在的。真理与价值是统一的，所以实用主义反对主体与客体、真理与价值的二元论，主张主客统一，真理与价值的统一，所以詹姆士认为实用主义哲学就是真理的发生论，提出和建立了实用主义哲学真理观和价值观。

何谓价值观？所谓价值观，就是说客体作为主体活动的对象，不仅是被改造、被反映的对象，还具有新的"意义"，它还成为满足人的需要的对象。无论人还是物，都有自身的价值。人是为了改造外界对象才去认识自然界的事物的，而人之所以要去改造外界对象，又是以满足人自身需要为目的。归根结底，人的一切活动，都是为了把客观存在的对象改造成为能够满足人的需要的事物。人和事物之间的这种需要和满足的对应关系，就是价值关系。在价值关系中，人是创造价值的主体，物是表现价值的客体。从这个意义上说，人作为实践主体、认识主体，同时也是价值主体，这三者是完全一致的。价值属于关系范畴。价值就是表示事物具有满足主体需要的属性、作用和意义的概念。

实用主义看到了真理的价值属性，提出真理与价值相统一的观点，是正确的，是符合现代哲学认识论原则的。真理与价值的统一，正是认识实现过程所必需的东西。

（二）简评詹姆士的实用主义真理观

威廉・詹姆士认为，实用主义方法的意义就是强调真理必须具有实际的效果，因而真理问题也就成了他学说中的一个核心问题。詹姆士对真理问题的论述甚多，观点也比较混乱，但人们往往用"有用即真理"来概括他的真理观，这是不全面和不准确的。詹姆士在真理观上的重要贡献在于，他不是从认识的形成过程，而是从认识的实现过程来阐释真理的。这一视角新颖，观点独特，有一定的合理性。

1. 詹姆士实用主义真理观的新视角

詹姆士说，真理是一个发生的过程，是一个观点在个人实践中证实和生效的过程。在现实生活中，人们面对着新情况，运用他储备的知识，结合新事实，形成解决问题的设想和方案，照此去做成功了，即表明他的设想和方案所依据的知识发生了效用，也就证实了这一知识是真的。所谓真理的发生过程，就是要求我们把经验的一部分引导到另一部分，即用旧真理解释新事实，用旧经验解释新经验，或者说，把新事实嫁接到旧真理上，把新经验嫁接到旧经验上，使旧真理与新事实、旧经验和新经验保持连续性。当然，有的时候，由于新事实和旧真理、新经验和旧经验发生抵触，所以需要对旧真理和旧经验加以引申或修正，以便容纳新事实和新经验。因此，所谓真理的发生过程，就要"满足双重需要"，既要把握新事实、新经验，又要保持旧真理、旧经验的连续性，而且必须是一种"圆满、有效"的经验联络过程。在这个经验的联络过程中，联络的起点是经验，终点是个人实践。一切观念、概念、思想、理论最终要落实到个人实践上来。它的意义在于引起行动，行动就是它的唯一意义。正是从这一点出发，詹姆士认为，"说'它是有用的，因为它是真的'，或者说，'它是真的，因为它是有用的'，这两句话的意思是一样的"。①

由于詹姆士把近代哲学认识论变成了个人实践的探索理论，变成了个人对周围的自然和社会环境反应的理智形式，所以他的真理论也就由"客观论"变成了"价值论"。从马克思主义认识论的观点看，真理不仅存在于认识的形成过程，通过实践认识真理和发展真理，而且也存在于认识的实现过程，通过实践实现、证实和发展真理。在认识的形成过程中，真理必须是人们对客观事物及其发展规律的正确反映，而在认识的实现过程中，真理必须是有意义、有价值和有效用的，认识世界的目的在于改造世界。由此可见，在马克思主义认识论中，真理具有双重属性，既具有客观性，又具有价值性。从詹姆士的实用主义真理观本身看，当他说"真理"是任何开始证实过程的观念的名称、"有用"是它在经验里完成了的作用的名称

---

① 〔美〕詹姆士：《实用主义》，陈羽纶、孙瑞禾译，商务印书馆，1979，第104页。

时，实际上他就把认识的形成过程和认识的实现过程割裂开来了。在认识的形成过程中，他在抨击机械唯物主义的"摹写论"和绝对唯心主义的"综合论"之外，也承认真理是我们某些观念的一种性质，它意味着观念与实在的"符合"，而虚假则意味着与实在的"不符合"；而在认识的实现过程中，他则强调真理是有用的，是能使之生效，能确定、能核实的；反之，如果是无用的，是不能使之生效、不能确定、不能核实的，那就不是真理。他认为这就是实用主义关于真理的意义，而这个论题的解决将成为认识论史上和一般哲学史上的一个转折点。由此可见，詹姆士的实用主义真理观，主要不是从认识的形成过程，而是从认识的实现过程来阐释的。这是他从一个新的角度对真理问题的新探讨，值得我们重视。

詹姆士的实用主义真理观，具有反传统主义的意义。它的产生既具有其现实的社会根源，又有其历史理论根源。从美国的具体社会实践上看，詹姆士的真理观，产生于重视行动、重视进取心和成功，轻视抽象思维的美国。在19世纪末20世纪初，科学技术的发展引起了社会经济、政治、人口、文化、生活水平和生活方式等方面的变化。这些变化反映在詹姆士的实用主义哲学中：一方面，他强调真理是由独立自主的行为主体——人的生活、经验和实践造成的；另一方面，他认为人的实践以及效果和功用是检验真理的标准。从历史的理论渊源上看，詹姆士的真理观，是在批判英国经验论的感觉原子主义和德国唯心主义思辨哲学的绝对观念的基础上产生的。詹姆士强调认识主体不再是抽象的认识主体，而是具有利害关系的、独立自主的行动主体；智力不再仅仅是为认识服务，还为行动服务；智力活动也不再仅仅是用抽象概念再现客观事实，而且还要去满足成功行动的需要，设计对外部世界作用的有效的反应。詹姆士反对把真理建立在一个绝对的客观基础之上，而主张有目的、有计划、独立自主的行动主体的生活、经验和实践，以及行动的成功和效果，主张真理的人为性，说明了真理是"由人带到世界上来的"，是依赖于人的活动的。在真理观上，他用真理的"有用论"取代了传统哲学的"客观论"，把真理从认识范畴变为评价范畴。这样，由于把真理的本质价值化，他对真理问题产生了一些新的看法。根据这种看法，我们不是去看最先的事物、原则、"范畴"和假定是必需的东西，而是去看最后的事物、收获、效果和事实。一个知识之所以是真理，已经不是它所固有的、静止不变的性质，而是由它在人的活动中的后果的效用来确立和验证的，是在满足人的需要的活动过程中形成和演变的。也就是说，它的真理性，实际上是一个实践过程，是一个证实的过程，是它发生效用的过程。没有人的活动就没有真理，真理成了人的活动的制造物。这样，詹姆士的真理观就与传统哲学的真理观形成对立，从而也就具有了反传统主义的意义。

2. 詹姆士实用主义真理观的重要贡献

要说明詹姆士对实用主义真理观的重要贡献，我们首先必须认识和理解他是怎样从认识的实现过程来阐释真理的。

第一，詹姆士强调实用主义与传统真理观的连续性，他也承认真理就是观念与实在的符合，例如他说："我们的观念必须同实在相结合……，否则就受到不断的矛盾与挫折的惩罚""真理是我们某些观念的一种性质，它意味着观念与'实在'的符合，而虚假则意味着与'实在'不符合。实用主义者和理智主义者把这个定义看作是理所当然的事。"① 这就是说，詹姆士和理智主义者在这一点上没有分歧，那么分歧在哪里呢？他说："理智主义者的伟大假设是：'真理'的意义主要是一个惰性的静止的关系。当你得到了任何事物的真概念，事情就算结束了。你已占有了，你已懂得了，你已实现了你的思想的目的。"而实用主义却不同，它照例要问："假定一个观念或信念是真的，它的真，在我们的实际生活中会引起什么具体的差别呢？真理怎样才能实现？如果一个信念是假的，有什么经验会和由这种假信念而产生的经验有所区别呢？简而言之，从经验上来说，真理的兑现价值究竟是什么呢？"② 这就说明，詹姆士的实用主义与传统哲学不同，他是从真理的意义、价值和效用上，即从认识的实现过程上来阐释真理的。

第二，当詹姆士从认识的实现过程上来阐释真理时，他又提出了真理是一个"证实过程""它的有效性就是使之生效的过程"的观点。他认为："真观念是我们所能类化，能使之生效，而假的观念就不能。这就是掌握真

① 詹姆士：《实用主义》，陈羽纶、孙瑞禾译，商务印书馆，1979，第 101 页。
② 詹姆士：《实用主义》，陈羽纶、孙瑞禾译，商务印书馆，1979，第 103 页。

观念时对我们所产生的实际差别。因此，这就是'真理'的意义，因为我们所知道的'真理'的意义就是这样。"① 这就是说，由于真理的兑现价值就是"证实"和"使之生效"，所以与假观念相比较，真理是有用的，或有用的才是真理。

第三，詹姆士在阐释真理是一个"证实""生效"的过程时，对"符合"做了新的阐释，把"符合"等同于引导作用。他认为"真理也接生在先前的真理上"。有了先前的真理，再遇上一些新的事实，我们就又发现了一个新的真理。而真理的意义也就是使经验与经验圆满地联系起来，落实在个人行动上，获得某些实际后果。

第四，詹姆士在论述真理的证实过程时，提出了"直接证实"和"间接证实"的方法。前者是指实体的完全的证实，后者是指潜在的可能的证实。间接证实和直接证实是同样有效的。间接证实被他说成是一种"论证真理的信托制度"。他认为，由于真理是经验与经验的圆满联系，而这种联系又是双向的，所以真理既要落到个人实践上，同时也要把个人实践嫁接到大家公认的旧真理上，把个人经验同社会的集体经验连接起来。

第五，詹姆士强调真理是人造的，是由人产生到世界上来的，这表现出了他的真理观带有明显的人本主义色彩。实用主义者之所以反对理智主义者的"符合"论，就是因为它认为所谓"实在"只是人的不断创造物，而离开"人化"的某种想象的原始之物，则绝对是哑的、虚幻的。我们的名词和形容词，都是人化了的遗产。在我们把它们系统化起来而构成的各种理论里，一切内部秩序和排列，全部受人的考验和支配。这样，由于詹姆士强调真理的人为性、具体性和事实性，所以他的真理观就带有反对宗教真理观和绝对唯心主义抽象真理观的性质。

第六，詹姆士在强调真理的人为性时，又提出了真理是情感上令人满意的观念的看法。他认为，科学真理是那些给我们最大限度满意的东西，其中也包括趣味在内。由此他进一步提出真理是一个真、善、美相统一的整体的思想。詹姆士主张人既是认识和思维的主体，同时又是有欲望和情

---

① 詹姆士：《实用主义》，陈羽纶、孙瑞禾译，商务印书馆，1979，第103页。

感的行为主体，在人的认识、思维和行动中，往往要经历几个不同的心理状态，由最初的怀疑不安到解决怀疑的决心，直到认识任务完成后所感到的满意，认识过程中始终伴随着这样那样的情感心理因素。甚至神学的各种观念，如果证明对于具体的生活确有价值，那么，在确有价值这一意义上说，它就是真的。上帝概念至少会给人一种精神上的休假日的好处。所以，探求认识论上的真，是不可以脱离伦理学上的善和审美趣味上的美的。

概括地说，詹姆士的实用主义真理观，其哲学基础是个人的行为实践，他从认识的实现过程上对真理进行了探讨，把真理看作一个能够证实、生效和使人成功的过程，这里有合理因素，不可全盘否定。首先，詹姆士从不同角度、不同层次上阐释真理的方法，较之于传统哲学只是从观念与实在相符合这一个角度、一个层次上揭示真理的方法，无疑是一个进步。其次，詹姆士在认识的形成过程上，主张真理意味着观念与实在的"符合"，而虚假则意味着与"实在"不符合；对机械唯物主义的"摹写论"和唯心主义思辨哲学的"综合论"进行了批判，既保持了传统哲学的连续性，又对西方传统哲学实行了变革。再次，詹姆士的真理观，主要是从认识的实现过程上进行阐释的，无论他所提出的"真理是有用的，是一个证实过程""它的有效性就是使之生效的过程"的观点，还是他所提出的真理是情感上令人满意的，是一个真、善、美的统一整体的观点，都是很重要的思想。应当说，这是詹姆士实用主义真理观的重要贡献，很值得我们认真研究。

3. 詹姆士实用主义真理观的失足之处

从哲学史上看，把真理同有用联系起来并非詹姆士所独创，也并非实用主义真理观的基本特征。从培根以来的唯物主义者特别是法国唯物主义者，都把真理和有用联系起来进行考察。霍尔巴赫在其所著的《自然的体系》一书中就曾指出："真理的价值及其权利是建立在它的有用性的基础上的""最有用的真理就是最值得尊重的真理"。现代唯意志论创始人之一尼采在其《权力意志》中，也是把效用、功能当作真理的唯一标准和准绳的，尼采说："真理用什么来证明呢？……靠增强了的权力感——靠有用性……，一句话，靠益处。"经验主义者马赫在其《认识和谬误》中，把效用、功用当作真理的唯一标准和准绳。马赫说："认识是生物学上有用的心理体验""只有成功才能把认识和谬误区别开来。"由此可见，在西方哲学史上，把真理与有用、益处、成功联系起来考察，决非仅仅是詹姆士和实用主义哲学。

那么，詹姆士的实用主义真理观的不足之处究竟在哪里呢？

第一，詹姆士所说的真理主要是一个评价范畴，它是指观念的适用性、真理的兑现价值。既然"真理是我们所能类化，能使之生效，能确定，能核实的，而假观念就不能"，那么，真理的意义就是有用的、可证实的、能使之生效的过程。这里指真理的价值性。他否定了传统哲学关于真理是认识与对象的符合，从利益的角度去判断真理的价值，更为强调真理的价值性。他把真理的客观性与价值性相割裂，把价值性绝对化，抹杀了真理所赖以存在的客观基础，甚至用价值论去代替客观论，无疑这是詹姆士实用主义真理观的一大失误。真理之所以成为真理，首先在于它是对客观事物及其规律的正确反映，否则真理便无由而存在，其次才是它的价值和有用性，它的证实和生效过程。由此可见，詹姆士的错误并不在于他肯定了真理的有用性，而在于他把真理的有用性同真理的客观基础割裂开来，片面夸大了前者而抹杀了后者。

第二，詹姆士认为，真理是人造的，是人们某些观念的一种性质，是由人而产生到世界上来的。据此，许多人把詹姆士的真理观看作一种主观真理而加以批判。然而，如果仔细分析便可知道，他的真理观是经过客体主体化和主体客体化之后产生出来的。从客体主体化方面讲，詹姆士强调客体的"人化"，不承认有脱离人而独立存在的客体，反对把真理建立在一个绝对的客观基础之上。以墙上的挂钟为例，他认为，人们只能反映、摹写挂钟的表面，至于挂钟的计时功能、发条的弹性等则是无法反映和摹写的。因此他就把"符合"解释为观念的适用性，经验与经验内部的引导和证实关系，从而对机械的、直观的反映论进行了批判。詹姆士的错误在于他的这种批判中对唯物主义客观论的全面否定。从主体客体化方面讲，詹姆士强调主体是实体，认识不是纯粹的思想，而是行动，因而他主张真理是对人有用的观念，反对把真理看作对人无用的抽象的绝对观念，对唯心主义和宗教真理观进行了批判。在这种批判中，詹姆士强调真理的人为性、具体性和相对性时，否定了真理的客观性和绝对性，这是他的错误之处。

第三，真理的意义、价值和效用就在于它能指导我们的行动，达到预期的目的，把认识世界和改造世界统一起来。詹姆士从独立自主的、有利害关系的行为主体——人的经验、生活、实践出发，讲真理的意义、价值和效用，反对把真理看作一个惰性的静止的关系，似乎得到了它，事情就结束了，而主张真理的意义就是能使之生效、能确定、能核实的，就是它证实它本身的过程，使之生效的过程。我们不能对真理是有用的或有用即真理做简单的否定，而应当看到其中所包含的合理成分。詹姆士实用主义真理观的不足之处，仍然在证实问题上。既然不能事事都被直接证实，就必须依赖间接证实，而间接证实又被他解释为一种真理的"信用制度"。这样，只要没有什么东西反对它们，就可以使它们成立，只要大家普遍同意就可以成为真理，那么其结果必然还要否定真理的客观性和绝对性。

第四，詹姆士虽然也试图从真善美的统一和知情意的统一的角度来阐释真理，把真理定义为善、定义为情感上的最大的满足、定义为审美学上的情趣等，但由于他从心理学出发，把认识中的真、伦理学中的善和美学上的美简单地等同起来，揭示人们在认识实现过程中的心理状态，缺乏唯物辩证的思想，所以最终也不能使真善美和知情意真正统一起来。从情感与认识的关系来看，认识过程中始终伴随着这样那样的情感因素，虽然情感因素影响人们的认识过程，但这个影响又是不同的：当情感因素与认识相一致时，能起到积极的促进作用；而当情感因素与认识不一致时，则起到消极的促退作用。詹姆士未加具体分析，就笼统地以情感上的最大的满足作为检验真理的标准，这不仅为宗教信仰留下了地盘，而且直接与实践是检验真理的标准的观点相矛盾，所以是错误的。

詹姆士的实用主义真理观，自有它在人类认识史上的重要贡献。他从认识实现过程上阐释真理的一些观点，对于那些坐而论道，好说假话、空话的人不失为一副好的清凉剂。当然，詹姆士的真理观，也有许多不足之处。研究詹姆士真理问题上的偏差，无疑对我们在实践中坚持真理、修正错误大有借鉴作用。

（三）从杜威的"思维五步法"到波普的"证伪主义"

杜威的认识论就是行为探究理论，就是从"有问题情境"过渡到"问题解决的情境"，探究就是一套用来处理或解决问题情境的操作方法。他写作的《逻辑理论研究》《我们怎样思维》《实验逻辑论文集》《逻辑：探究的理论》等，都表示他的哲学是教人正确思考和行为的科学方法论，是生活的逻辑。这说明他继承了欧洲科学主义哲学传统，也是一个科学主义哲学家。

杜威把科学逻辑分为五个步骤，并详细解释了这个思维五步法（见本书 156 页）。杜威的思维五步法，其意义在于可以帮助人们摒弃形式教条的理论，科学地、自觉地进行探索分析，不断认识真理，接近真理，从而获得新的认知。

波普的证伪主义，是当代科学哲学的主要流派，它与库恩的"范式"革命理论、拉卡托斯的科学研究纲领方法论、费耶阿本德的无政府主义和劳丹的新历史主义，共同组成了现代西方科学哲学。波普的主要著作有《研究的逻辑》《猜测与反驳》《客观知识》《科学发现的逻辑》等。

波普的学术生涯开始于现代。他对归纳问题的批评性研究和"证伪主义"学说，都是来自对归纳法作为知识成长逻辑的质疑。古典经验论把归纳法视为从有限的经验事实向普遍性的理性知识扩展的唯一有效的通道。18 世纪英国哲学家休谟提出的著名的"归纳问题"，他认为归纳法不能证明普遍适用的科学规律和事物之间的必然联系，因此在经验基础上用归纳法建立起来的知识是不可靠的。波普对这个著名的"休谟问题"提出了他的独创性的解决方案。在《猜想和反驳》和《科学发现的逻辑》中，波普对归纳法进行了心理学和逻辑学的理论批判。他认为，科学理论的内容不是平凡琐碎的，而是大胆的猜测，并且是在常识看来不可信的猜测。因此，经验之所以能够成为理论的试金石，其真实原因不在于经验能够证实理论，而在于经验能够证伪理论。例如说，"天鹅都是白色的"这一命题，如果我们发现有一只天鹅是黑色的，那么这一命题就被证伪。

波普把科学的分界问题称作"康德问题"。他说，如果我们仿效康德把归纳问题称作"休谟问题"，我们也可以把分界问题称作"康德问题"。康德讲人为自然立法，波普认为这个立法很可能是错误的，因为人是可能犯错误的。所以，科学理论往往可能是错误的，而科学理论是可错的原因，正是在于科学的人性方面。因此，科学理论既不是神学，也不是形而上学，它是完全可以证伪的。也就是说，对于某个理论推导出的陈述，在逻辑上总是可以找到与之发生冲突的某种事件。反之，如果这个理论与任何可能发生的或可以想象的事件都不会相抵触，那它就不具有可证伪性，因而它就不属于科学的范围。所以，他认为所有的科学理论是假说，是人们首先大胆提出猜测、反驳和假说，然后努力去寻找和这一假说不相符合的事例，并根据事例对假说进行证伪和反驳，再列出新的问题。正是在这个不断建构的过程中，科学知识才不断地增长和进步。在这里，我们把杜威"思维五步法"描述的实验方法的探究程序与波普的"问题、猜测、反驳、（经过实验验证后产生的）新问题"的研究程序相比较，二者是非常相似的。它们与科学事实和生活常识并无抵触，故也没有多少争议，争议主要是在对它的哲学解释上。五步法与其他学派、学者论述的科学方法是相当接近的或极其相似的。五步法的一、二步合起来就是"提出问题"；三、四步合起来就是"做出解决问题的方案"；第五步是"付诸实践、贯彻执行"。这样看来，杜威的五步法，与我们所讲的认识方法、工作方法非常相近。波普认为，认识论的两个基本问题，就是归纳问题和划界问题。他关于区分经验科学与数学、逻辑和形而上学的划界标准，对科学哲学的发展产生了很大影响。首先，它消除了逻辑经验主义的意义标准，把对意义问题的追问变成了对经验问题的求证，因而使概率研究变成了当代科学哲学中的一个主要领域；其次，改变了人们以往对科学理论的迷信认识，科学不再被看作颠扑不破、普遍适用、放之四海而皆准的真理，而仅仅成为一种有条件的、可以被反驳的假说，并且可证伪的假说比那些不可证伪的假说离真理更近一些；再次，它使得后来的科学哲学的研究更为关注科学研究中的历史、社会和文化因素，把科学史研究引入科学领域，推动了科学哲学从强调静态共时态结构分析的逻辑主义转变为关注动态历时态分析的历史主义。

波普在物理世界、精神世界之外，提出了独特的第三世界，即知识世界，这个知识世界也被称作"没有认识主体的知识世界"。波普没有认识主体的知识世界，包括了三个主要观点：首先，他认为传统认识论把注意力集中在第二世界的知识，也就是主观意义上知识，背离了科学研究的正路；

其次，他认为认识论应当研究科学的问题和产生问题的境况，研究科学推测和科学讨论，也就是要研究在本质上属于自主的客观知识的第三世界对认识论具有的决定性意义；再次，他认为，研究知识世界的客观主义认识论会有助于阐明科学家的主要思想过程。

波普的批判理性主义，正如他所主张的不迷信、不盲从任何权威。即使当下的认识被证明是错的，但通过努力，可能更接近于真理。而这种努力，就是他的知识观中所阐释的不断的猜测和反驳、证伪和批判的原则。科学不应屈从于任何权威，包括理论的权威。在波普看来，在封闭社会中，不管是那些对鬼神世界的信仰和灵魂不死做出承诺的宗教信条，还是对真理的确证性做出承诺的知识论，抑或是对尽善尽美未来美好社会做出承诺的历史主义，它们本质上都是借用一个权威给人以心灵上的安慰。而人们摆脱对死亡的害怕、对陌生世界的担心、对未来世界毁灭的恐惧，盲从于传统的习俗和观念，盲从于权威的崇拜，盲从于权力的威严，就会听天由命，就会屈从于社会上占统治地位的观念，就会丧失人的批判理性精神。

从杜威的"思维五步法"到波普的"证伪主义"，揭示了现代西方哲学的现代性和实践性，揭示了从农业社会向工业社会转型时哲学理论思维发展的重要性，揭示了哲学和社会科学发展的趋势和前途。应当说这是近百年来哲学理论思维的一个重大的成果，值得人们认真学习和思考。

第二节　实用主义的价值哲学

一　对近代西方哲学价值论的一般考察

哲学价值论，或价值哲学，产生于近代19世纪。西方传统哲学主要研究知识，从18世纪下半叶开始，英国经验论哲学家休谟提出事实判断与价值判断的区分。他认为，事实判断即关于科学的知识，是从经验观察得来的，并且是由经验验证的，可以区分为真理与谬误。价值判断即关于善与恶、正义与非正义的认识，它是从经验观察中得来的，不可能由经验来证实和反证。所以不可能区分真理与谬误，也无所谓对错。休谟关于善与恶、正义与非正义的信念论，提出并肯定价值判断的意义，但排除了信念对象的经验实在性。康德从休谟那里得到启发，提出了人是什么，人的知识究竟是客观实在的反映还是主体表现形式构造的问题，也提出了人们的善与恶、美与丑、道德、感性、正义与非正义、自私与人道等为何统一的问题，从而建立了他的真、善、美统一的哲学体系。黑格尔从绝对观念出发，试图回答这些问题，但他建立的是一个以逻辑学、自然哲学、精神哲学为内容的绝对唯心主义思辨王国，不能科学地说明这些现实的人的问题。19 世纪末 20 世纪初，德国哲学家洛采提出了"重新评估一切价值"的命题，他夸大了人性与科学、生命与知识之间的冲突，造成事实判断与价值判断的矛盾。法国哲学家拉皮埃于 1909 年出版了《愿望的逻辑》，德国哲学家哈特曼出版了《价值王国》，杜威于 1939 年发表了《价值的学说》，都主张把价值问题与真理问题统一起来研究，否则有失偏颇。作为现代哲学，实用主义不仅以行为主体代替了认识主体，而且还把知性与真善美统一于行为主体，把理性与非理性统一于行为主体，把真理与价值统一起来，强调价值哲学，代表了科学主义与人文主义相结合的趋势。

二 实用主义哲学价值观的提出和建立

所谓价值观，是指人的个性的一个基本特征。价值观相对稳定，它可以确定个人或社群的生存形态、行为模式。虽然美国文化是来自各国的，是多元的，但美国的文化价值具有美国自己的特色。

（一）互利价值观

美国的哲学、文化、思想决定了美国的价值观有实用主义的性质。美国人强调实际，在判断事物时，先要估量一下是否办得成，是否合算。这种注重实际的观念部分是来自美国的边疆传统。因为最初流亡美洲的人在开拓边疆时，非常讲究效率，不求形式，不求客套，他们常常把需要做的事做成，不喜欢抽象议论。互利价值观就是实用主义价值观，就是兑现价值。所谓兑现价值就是指实际效果，而要获得实际效果，便要实行互利原则。

互利原则是美国主要的价值观。他们相信个人竞争，承认每一个人都有权利来满足个人的意愿，有表现个人的权利。他们个人的目标就是取得成功。他们衡量一个人的成就，是把同别人的成就进行对比作为标准；和别人开展竞争，并企图获得成功，在竞争中为了要表现出个人的成就，就要超过对方，获取个人的胜利与个人的利益。所以，个人竞争、个人满足、个人成功便成为美国人占主导地位的行为哲学。他们表现出来的个人主义便是美国生活方式的根本标志。正因为强调个人，以个人利害为准权衡得失，强调个人利益不能随便侵犯，所以在这种行为哲学的基础上形成了互利原则。

在美国，人与人的关系是以互利原则作为准则的。比如雇主与雇员之间，其关系是合同式的，是在互利的基础上双方结合起来的。雇主之所以雇用某人，是因为他能帮助雇主实现其个人目标；某人之所以愿受雇主雇用，是因为雇主可以帮助他发展自己。这便要求双方都需要尽一定的义务。受雇者了解，他如果不能达到雇主的预期目标，他就会被解雇；他如果在雇主这里得不到满足，便会投身于别的雇主，即到与本单位竞争的别的单位去寻找机会。雇主担心对自己有利的雇员离开，便要想法满足。在这种情况下，个人工作的成绩很重要，如果工作得出色，便说明此人有潜力，可以增加工资与晋级。

美国的互利原则价值观表现在各个方面，渗透到每一个人的心里。互利原则是以个人为基础的，个人主义包括个人自由、个人平等、个人竞争、个人勤奋、讲究个人实际等。

为什么会产生这种个人主义基础上的互利原则价值观呢？这与美洲的开发、美国的建立很有关系。大批的欧洲人、亚洲人、非洲人移居到美国大陆，他们赤手空拳，举目无亲。尽管他们的思想中装满了本民族的文化，然而一到美国，首先要解决的是现实问题，即能够生存下去，以解除饥寒的焦虑。所以，他们必须出卖劳动力，我为你工作，你使我生存下来；你若不能使我生存下去，我也不为你工作。人与人之间机会与利益是平等的。比起别国来，美国是公开提倡这种价值观的，由此产生了互利的人际关系。商店的雇主与雇员是这种关系；商店的售货员与顾客之间也是这种关系，因为顾客是提供商店利益的人，所以售货员对顾客特别客气。

美国从理论上也找到互利原则的根据，最初是英国移民带来了亚当·斯密的思想，他认为经济现象是具有利己主义的人们的活动所产生的，社会利益立足于个人利益，人需要的是别人协助，而不是恩惠，协助是相互有利，不是单方面有利。亚当·斯密曾经说过："请你给我我所要的东西，同时你也可以获得你所要的东西。"

从美国政府的政策来看，也是倾向于互利原则的。这在《独立宣言》中就反映了出来，强调天赋人权，指出北美洲这块大陆是实现人类追求自由和尊严的所在。这强化了普通民众的个人价值观念，激发他们为争取和维护个人自由与尊严而奋斗的热情。

（二）利己价值观

这一观点的代表人物是兰德，她提出了一种客观主义的利己价值观，引起了美国公众的注意。

在兰德看来，一个有机体的生存就是它的价值标准，凡是增进其生存的就是善，威胁其生存的便是恶。仅从这一点看，她的观点源自实用主义。她认为资本主义对人们的要求是贡献出最大的才能，对这些贡献有一定报酬。资本主义让每一个人自由地选择他所喜爱的工作，去钻研它，把他的产品与其他人的产品交换，并使他尽其才能和抱负，在通往成功的道路上迈进。他的成功依赖于他工作的客观价值，依赖于那些对这种客观价值有所认识的人的理性。

兰德所说的客观价值，实际上是从自私的美德出发的。在她看来，伦理学是人之生存客观先验的需要，不是超自然的东西，也不是什么怪念头。可见，兰德所提倡的自私的美德，是与为他人而牺牲自己的举动、与福利的立法不相容的。兰德强调一个机体的生存就是其价值的标准，人的目的就是生存，人是以人的资格而生存的，任何一个社会，要牺牲人的资格，把人当成祭品，都不符合伦理。她提出来的客观主义伦理学包括三种基础价值，即理性、效用与自尊。每个人都有权达到自己的目的，社会应当赋予人自由讨论思想的权利。任何人都没有理由强迫别人接受他的思想或价值观念。

兰德强调个人选择自己生活方式的重要性。她认为人与人之间的关系应当是用价值来交换价值，应当保持人们的合理利益，并且不发生冲突，既不想不劳而获，也不准备为别人牺牲，也不接受别人的牺牲，以平等交换为原则。这并不是说兰德完全否定了帮助别人的美德，比如关心自己所爱的人，但她认为这应当是一种私利合理的部分。

兰德说："判断一个人什么时候或是否应当帮助另一个人，适当的方法，是参照他自己的合理的私利和他自己的价值体系；他所给予的时间、金钱或精力，或者他所谓的风险，应当同那个人对于他自己的幸福所具有的价值成比例。"①

（三）道德价值观

所谓道德价值，是指人们对周围世界的道德关系、道德关系的性质，以及对个人自我道德意识有关的一切东西的看法，如道德理想、道德原则、道德规范及品质等。既然有道德价值就必然有道德标准。道德标准是一个发展的概念，是社会利益与个人利益相结合的产物。

作为资本主义的美国，在道德价值方面有许多是不能令人满意的，兰德的观点就是其一。但也应该承认，美国社会的价值理论还是值得研究的。比如，承认人的平等社会地位，不以个人权利凌驾于他人之上，凭个人的智慧行事；对物的判断和对人的判断都和利益有关，比较务实。

美国社会学家萨姆纳认为，道德价值是相对的。他说，道德价值是某一特定社会中的风习的一部分。风习就是民间的习惯方式。某种情况下服从风习是对社会有好处的；不过在另一种情况下也可能会产生消极作用。风习随着社会的变化而变化。可见哲学和伦理学是企图把民间的风习条理化。无论是谁，都难以超脱所属集团与社会的惯例，即使是改革家，也得受习俗条例的限制。

而且随着美国资本主义的发展，道德价值也发生变化。过去在美国关于家庭与婚姻并非严重问题，而当前正面临着挑战：道德沦丧、社会效果极低、离婚率空前提高、女子独身者增多、少女怀孕者增多、儿童患变态

---

① Ayn Rand, *The Virtue of Selfishness* (New York: Signet, 1964), p. 45.

心理者增多、少年犯罪者增多。因此，如何改善美国的道德问题成为当前民众所关心的重要问题之一。

科罗拉多大学的哲学教授普莱尔认为，美国人现在比较谈论道德问题了，因为全国的新闻媒体把注意力放到堕胎、无痛苦死亡、老人有权得到健康照顾等问题上。这类事情便把社会注意力集中到道德问题上。这种情况是 60 年前所没有的。

总的来说，美国人在价值哲学方面是有特点的。他们鼓励竞争，从竞争中取得胜利；他们自尊自信，强调独立，不依赖他人；他们尊重个人隐私权，保护个人利益。这些对整个社会是有积极意义的。

应当说，美国实用主义价值观，是在 19 ~ 20 世纪价值哲学兴起之时，在美国"工业化、现代化、全球化"大时代的历史条件下，在美国人民现实生活中提出和建立的，对于美国经济、政治、文化社会发展，有着重要的意义。

三　实用主义价值论的现代意义

何谓价值哲学？简言之，"价值"作为一个哲学范畴，是指客体的存在、作用以及它们的变化对于一定主体需要及其发展的某种适合、接近或一致。因此，价值问题是人类与生俱来的问题，但人类对价值问题的醒悟，却有一个从自发到自觉，从简单到复杂的展开过程。价值哲学作为哲学基本理论的一大分支，它的内涵丰富、外延广阔，与现实生活联系非常密切，应当受到人们的重视。

作为现代哲学，实用主义从真理问题出发讲人的价值，更有重要的现代意义。

从主体对客体的认识关系看，真理作为一个观念，必须与现实或客体相符合、一致；从客体对主体的关系看，真理是一个价值问题，价值不讲真假、对错，而是看客体能否满足主体需要，它涉及满意不满意、好坏、善恶等价值哲学的观念。价值哲学与认识论相联系，认识论要人去认识真理、追求真理，而价值论要人去实现真理，变理想为现实。只有真理实现了，对人类现实才有价值，才有意义。

作为现代哲学，美国实用主义在美国工业化、现代化、全球化历史背景下，大讲互利价值观、兰德的利己主义价值观、伦理道德价值观，对资本主义经济发展很有意义。美国人强调人的"个人价值"，强调个人尊严，强调自由、民主、平等、人权，强调个人的生活方式，对在多元文化国家中，发展人的天性禀赋、才智是很有意义的。

第三节　实用主义的改善主义的道德哲学

在现代西方哲学中，实用主义是较为关注伦理问题的哲学流派，它力图把实用主义原则贯彻到伦理价值问题中去。实用主义的道德哲学反映了美国资本主义发展的要求，集中体现了 19 世纪末 20 世纪初在金钱文化熏陶下的美国人的价值观，对美国人的日常生活和伦理观念有深刻的影响。20 世纪 60 年代以后，实用主义的伦理观念在现实中遇到了许多问题，不少西方人认为，"实用主义已经命运不济"，不能解决他们的问题，转向存在主义的伦理观念。但是，在西方世界特别是在美国人的生活中，"非哲学的实用主义"仍然有举足轻重的地位。而且，实用主义与存在主义也有许多共同之处，二者相辅相成，仍然是 20 世纪西方伦理观念的主要支柱。因此，剖析实用主义的道德哲学是西方伦理价值观研究中的重要课题。

实用主义道德哲学直接继承了近代经验主义和功利主义，又根据美国资本主义市场经济的发展加以改造，在基本伦理问题上坚持经验主义和功利主义的立场，又力图反映 20 世纪生产力高度发达而资本主义陷入危机、动荡，传统伦理价值观念处于瓦解情况下西方人的情绪和伦理观念。实用主义的道德哲学强调科学与伦理价值的统一，主张把科学与伦理价值问题联系起来，用科学的方法解决伦理价值问题，克服了近代哲学中存在的科学与伦理价值、科学与宗教的割裂所造成的二元论问题。它还强调道德的相对性和道德目标的改善主义，反对西方传统伦理学说所追求的永恒道德价值和终极目的。实用主义的这些主张适应了美国人的生活方式和价值追求，同时也体现了西方资本主义发展的新特点，在西方有一定的代表性。

实用主义道德哲学的主要内容：其一，经验主义与快乐主义，把经验中得到的快乐、享受当作善，当作价值之所在，反对超经验的价值标准。其二，道德相对主义。强调道德价值是特殊的，因时、因地、因人而变化，反对绝对的、永恒的价值标准，反对价值有客观的依据。其三，方法至上和道德目标的改善主义。强调手段和方法的重要性，主张用实验的智慧去寻求实现快乐的手段和方法，否认道德有最终目标，认为人类唯一可以追求的目标就是不断改善、不断地生长。现就这几方面的内容进行简要评述。

一 以经验论为基础的快乐论及其与功利主义的关系

（一） 道德价值与具体经验

实用主义哲学在认识论和本体论问题上属于经验主义的派别，继承了从贝克莱、休谟到马赫的经验主义传统。不同的是，实用主义自称是实验，它力图把实验的经验主义贯彻到伦理价值领域中去。

所谓的"实验的经验主义"，是指实用主义同传统的经验主义一样，坚持人所知道的世界是经验的世界，反对任何超经验的认识、超经验的原则。它一方面反对宗教所宣扬的超经验的原则，反对康德一类先验主义者所讲的先于经验是从理性中引申出来的先验原则；另一方面也反对在经验之外的物质世界中引出什么理论和原则来。然而，实用主义对经验的理解与传统的经验主义不同，它把经验看作一种行动的经验，实验中的经验，人的生活中的经验，并把这种经验主义运用到伦理价值上，主张一切价值原则，一切善，一切伦理价值标准都是人在现实生活中经验到的东西，人只能从现实生活的行动经验中去寻求善，寻求价值。

在哲学史和伦理史上，对伦理价值原则和善恶标准的来源有几种不同的回答。宗教神学认为，价值原则和善恶标准来源于超经验的上帝，这是超验观。先验理想主义者认为，它们来源于先验的理性。康德就认为，先验的价值原则先于经验又为经验奠立基础，这是先验价值观。经验主义则认为，价值观念来源于人的感性经验，或是人的感情、欲望等自然天性，或是人的心理联想。总之，是人在感觉经验中所体验到的。近代功利主义集大成者穆勒强调道德观念起源于心理联想，认为行为的"是"与"非"，要"观察并经验才知道"，应该从人所经验到的快乐与痛苦的感觉中得出善恶标准。

在实用主义看来，古希腊的理性主义，中世纪的宗教伦理学主张由超验的神和先验的理性将价值从外面注入我们可观察到的现象中，用一种最终的、固定的道德原则去审定人的具体的道德行为，这就把伦理价值原则与人的日常生活经验割裂开来。依照这种观点，人类一切具体的、特殊的经验活动其本身都是没有价值的，人们在日常生活中经验到的善都是低下的。这是一种"非地上的、非现实的道德"，实用主义极力反对这种主张。

实用主义赞成穆勒等人的主张，认为"思想和判断所涉及的价值……乃是我们可经验到的"。也就是说，主张"把价值论跟欲望和满足的具体经验联系在一起，善、价值标准要符合人们在现实的日常生活中所经验到的东西。生活中经验到的好就是善"。杜威十分欣赏穆勒的这种经验论的功利主义，称赞它是"从古至今的变迁中最占优势的"，因为"它力图脱去暧昧的一般性，而流为特殊的具体性。它认为法则隶属于人类的功业，而不认为人类隶属于外面的法则。"①尤其赞赏功利主义所主张的道德善与人生的自然善相结合。这种观点是实用主义伦理观的基本出发点。

（二）善和成功

人们在现实生活中经验到的善是什么呢？实用主义从其基本立场出发，以效用原则衡量善和好，认为善归根到底是获得情绪上的满足的效果，是快乐和幸福的直接享受，快乐和幸福就是价值之所在。这就是真善的最具体的经验。这一点，继承了近代快乐论和幸福论，尤其是直接继承了以边沁和穆勒为代表的功利主义。

快乐论和幸福论在西方是素有传统的。从古希腊的伊壁鸠鲁到18世纪法国唯物主义的合理利己主义、19世纪费尔巴哈的幸福论，都属于快乐论。这种快乐论到19世纪的英国就发展成为边沁和穆勒的功利主义。功利主义最基本的特征就是把快乐和幸福当作善，当作价值之所在。穆勒说："幸福是指快乐和免除痛苦，不幸是指痛苦和丧失掉快乐。""只有幸福是人类行为的目的，而且增进幸福是判断一切人类行为的标准，所以增进幸福必

---

① 〔美〕杜威：《哲学的改造》，胡适等译，商务印书馆，1933，第97页。

定是道德的标准。"①

在人们现实生活的经验中，使人获得快乐和幸福的东西是什么呢？在穆勒看来，财富、健康、欲望和权力就是幸福和快乐的主要成分。因为这些东西可以给人带来直接的愉悦和享受，离开了它们，幸福和快乐就会成为空话。

实用主义对穆勒的这种观点十分赞同。直接的满足和享受就是善，这是许多实用主义者的明确主张。杜威说："物质上的舒适、安逸、财富和用竞争得来的成功""健康、名声、美的玩赏等都是美德，都是善"。詹姆士提出过"真理即善"，他所谓的善，就是对人生有好处，诸如健康、富有、权力等一切给人带来具体的实际功利的东西。但是，实用主义所讲的善与穆勒为代表的功利主义的善也有所不同，它更强调"竞争中得来的成功"以及在竞争中才能获得和发展，这是使人产生快乐和幸福的更重要的内容。杜威指出，功利主义把幸福当作生活的目标，否定一切将幸福与道德相割裂的道德学说，这是正确的。但他们仍然在追求一个永恒不变的"至善"，把幸福当作最终目的，而且把它们看作现成的享受，是不妥当的。这种功利主义"夸大了人的获得本能，反而埋没了人的创造本能"。

在实用主义看来，"幸福不只是可占有的，它不是一个固定的所得"，这种幸福脱离了竞争和劳作，只能陷于自私和无聊的怠惰。人既然是一个适应环境、改造环境的生物，它就是在创造世界与更新世界中前进的，是主动的、活动的主体。因此，"幸福只存在于成功，而成功就是做事顺利，步步前进的意思。它是主动的进程，不是被动的结果"。生长、改善和进步的过程远比任何固定不变的终极目标重要。比如健康、快乐、幸福，这是一种"善"。然而，杜威认为，"所谓'善'，并不在于已被定为不易的目的的'健康'，而在于健康所需的进步——连续的过程"。因此，生活的目标不在于达到某种完满的目的，而在于成全、培养、进修的永远的历程。正像物质生产之重要不在于它能提供多少产品，带来多少物质享受，而在于发明和不断地改造世界本身一样。精神上的幸福，应当是精神的更新，心

---

① 〔英〕约翰·穆勒：《功利主义》，徐大建译，上海人民出版社，2008，第7、41页。

灵的培养，情绪的净化。个人的成功应当是个性的完满的成长，个人能力的发展和道德的进步。健康、富有、名声、学问以及诚实、勤勉、节制、公德等美德是值得追求的，不是由于它本身有价值，而是由于它们都是生长的手段。唯有生长和成功自身才是真正的道德目标。为此，对于一个人不宜以一个固定的结果为标准，只能根据他的活动方向是否趋向于生长、进步来评判。所谓好人，就是指去生长、进步、改善的人；所谓坏人，是指已经开始堕落而渐渐变得不好的人，无论他原来是如何好。

依照实用主义的主张，以生长、创造、成功为道德目标，就是要人去改变自身和改变环境以求得人和环境的共同生长。人的要务不是现成的占用和享乐，而是发扬自己的创造本能，发展和发挥自己的才能和智慧，用于改造我们生活于其中的世界。这种主张不像旧道德那样，用改变自我内心的办法去适应永恒的道德原则，而是要把改变自我作为一种手段，通过行动改变客观环境。它也不像功利主义，尤其不像边沁那样，把追求私人享乐当作固定的目标来追求，而认为"目标是会成长的，价值标准是会上进的"。人必须发展他的进展着的标准和理想……这样，道德生活就不致陷于形式主义和古板的因袭，而变得圆活、生动，日进无已。

实用主义对穆勒功利主义的幸福论、快乐论的继承，体现了资本主义发展的特点，也体现了比较纯粹的资本主义关系。自从有了商品和货币之后，商品拜物教、货币拜物教就已经出现了，到了资本主义社会，商品生产更加发达，金钱万能思想广泛流行，拜金主义成为社会风尚。穆勒的快乐论、幸福论正是反映了这种经济关系。美国是一个金元帝国，是拜金主义风靡的社会，这正是快乐论、幸福论得以生长、传播的社会土壤。但是，穆勒所处的英国，封建传统、等级门第观念至少在 19 世纪还是相当盛行的（如维多利亚时代），因此，穆勒谈到幸福与满足时，更多的是强调现成的物质享用和安乐。在实用主义看来，这种功利主义把幸福看成消极的享受和占有，养成了资本主义的财产占有欲，这种新的阶级利欲"与现代人对财富和财富所能得到的享受的无度的欲望结合起来，便涂上了一种不祥的色彩"。功利主义虽然也重视社会的目的和社会的福利，但是它所讲的社会福利，只是要给多数人一些固定的利益，而不是发挥他们的创造力。况且功利主义是要求维护现存的秩序，力图"掩饰和支持""代替封建制度而起的资本主义的新经济秩序……本身的社会罪恶"。因此，这种功利主义是"不能"成为现代精神的适当代表的。实用主义则把个人看作能动地改造社会的力量，把发展个人创造力以奉献社会当作目标，它也肯定个人利益的追求和享受，但这是人类有目的、有控制的行动带来的享受，它要求个人应不单追求金钱，更要追求创造、成功和在创造、成功中的成长与进步。这也反映了美国资本主义发展的特点。美国是一个比较纯粹的资本主义国家，是一个冒险家的乐园。在美国资本主义商品经济发展中，是彻底实行"自由竞争"原则的，不论门第高低、出身贵贱，个人只要在竞争中成功便可成为强者，无论什么行业，只要有本事，有才干并获得成功就可以飞黄腾达。这就自然而然地在美国人中形成了一种"成功至上"的社会风尚。因此，发展个人的才能，在竞争中获得成功，就成了实用主义关于道德、善的更重要的内容。

（三）效果至上

功利主义虽然与传统的快乐主义一样把快乐和幸福当作善的基本内容，但是，它把"效用"看作道德的基本信条，用"效用"来代替传统的快乐论、幸福论所用的"快乐"与"幸福"词语，其宗旨是强调效用，强调评价一个行为，不是以追求幸福的动机，而是以实际得到幸福的效果为善的标准。这种观点，伦理史上称为目的论。穆勒用这种强调行为效果的目的论反对康德强调思想动机的义务论。

实用主义在认识论上强调效果，在伦理观上也强调效果。尽管杜威等实用主义者对于穆勒的目的论还持有不同的观点，然而这种不同只是在目的与方法的关系上。在动机与效果的关系上，他们是明确地站在穆勒的目的论一边反对康德的动机论或义务论的。杜威指责康德说：道德主义者根本否认后果同行为的道德有什么关系。他们断定对行为的辩护和指责不是目的，而是动机。杜威认为，强调动机的善只是一种"感情上无益的满足""它退缩而不为实际的结果负任何责任"，这种学说是"消极的、自我保护的和多愁善感的，这只适于完全的自我欺骗。"

由此出发，实用主义反对以康德为代表的伦理学说关于内在价值与外在价值或工具价值的区分。在康德看来，只有像善良、仁慈、节制、正直等，这些具有内在价值的道德善才是高尚的，而行为后果上的"健康、富有、名声和美的玩赏等自然的善"是低级的，没有伦理的价值，只具有工具价值。康德的这种观点，从伦理上说，针对快乐论提出"动机"与"内在价值"问题是有一定意义的，在一定程度上指出了过分强调快乐的效果将会导致非道德主义。但是，把实际效果当作道德善的基本信条的实用主义不赞同康德的上述区分。杜威就认为，这种观点使道德脱离了日常生活，轻视了人生的欲求和具体利益。任何道德上的真善都应该提供那些能为人们所"直接使用的、直接享受的事物"。所以，他认为这种内在价值和工具价值或外在价值的区分是不合理的。"既然人类没有健康和财产就根本不能生活下去，那么除非他把健康和财产也当作至善的组成部分，否则就成为外在的价值和目的了。"应当把满足人的物质的、肉体欲望的"自然善"同善良、正义、节制、仁慈等道德上、精神上的善当作一样的善，要把二者统一起来都看作工具的善。他同穆勒一样认为，追求善良、正义、节制、仁慈等，实际上都是一种效用，即都是欲望的满足，因为它满足了我们某种精神上的欲望，我们才能认为它是善的。

简言之，在实用主义者和穆勒看来，真正的善就是满足快乐的效用，这种快乐既有物质的，也有精神的；既有个人的幸福，也有不妨碍他人幸福的仁爱、同情心等高尚精神的满足，这种满足的效果就是效用。所以，善即效用。

实用主义者用效果作为善的标准，否定了内在价值和外在价值（或工具价值）的区分，但是他们却走向了另一极端，把具有内在价值的道德善也看作只具有工具的价值。这样就取消了内在价值和工具价值的区别，把道德理想、情操与财富、健康混为一谈，实际上取消了内在价值，把道德动机、道德理想的追求统统都否定了。同时，杜威、詹姆士等过度强调了工具价值，把健康、富有、名声、权力这些个人欲望的满足当作善的本身，把追求快乐的行动和得到快乐的效果都当作善，这显然是一种个人主义的道德观。他们讲的效用反映了资产阶级对欲望的追求，是资产阶级拜金主义在伦理观上的表现。自有商品开始，就有拜金主义存在，但还只是强调金钱的工具价值、外在价值。穆勒则把它上升为伦理上的善。实用主义者则进一步取消了工具价值与内在价值的区分，否定了穆勒提出的快乐有质的区别，把金钱、财富直接当作最高的善，这是更为赤裸裸的拜金主义。

总而言之，实用主义伦理价值原则的基本出发点是效果至上的快乐论、幸福论，是"金钱至上""成功至上"的观念，这是资本主义社会关系在伦理上的集中体现，是实用主义道德哲学的最本质、最主要之点。

二　道德相对主义

实用主义认为，善、价值既然存在于人类日常生活经验中，就不能离开人的具体经验去讨论善的标准和伦理价值原则。正是由此出发，实用主义提出了它的道德相对主义的主张。

（一）反对永恒道德和绝对的善

实用主义认为，自古希腊以来，西方各派伦理学说都把追求永恒不变的价值和终极的最高目的当作伦理学的任务。基督教伦理以上帝为至善。康德的先验主义则以"绝对命令"为永恒价值。虽然它们对至善的见解各不相同，但都认为道德标准有一个固定不变的至高无上的善，这一点是共同的。这种道德绝对主义就是西方传统伦理学的根本缺陷，功利主义也没有避免这种绝对的价值论。在实用主义看来，在关于固定不变的善和最高目的的问题上，功利主义与超验的基督教和先验的唯心主义并无区别，它们的差别只在于对什么是最高目的和固定不变的价值问题有不同的回答而已。对这种道德绝对论，实用主义是极力反对的。杜威曾批评说，"独一、最后和至上的那种信念"是中世纪的理智的产物，它同宇宙有边际、万物有固定的等级、静胜于动的观念联系在一起。这种道德观与自然科学相脱节，也与现代社会不协调。现代自然科学和现实社会生活都备受运动、变化、进化的观点影响。用进化的观点来看待人，就会看到人同环境是相互作用的，人在适应环境和改造环境的过程中进化，而人所遇到的环境是独特、个别、不会重复的，经验到的欲望的满足也是具体的。因此，道德环境不可能独一无二而具有不变的至善性质，它的实际价值和意义只能根据人所经验到的具体环境去评判。

实用主义认为，传统哲学之所以寻求确定性，首先是由于对世界的本性有一种偏见，这就是推崇宇宙的永恒性、必然性、统一性和共相，贬抑它的变易、偶然性、多样性和殊相，认为宇宙具有普遍、必然、确切的规律。由于偏袒确定、因果必然性而忽视无固定规则的、飘忽不定的偶然性，因而把善视为理所当然的，是"天然的固定的"，是因果秩序的证据，而无视机遇、动荡和不安定。实用主义者不赞同从这种绝对主义宇宙论所导出的伦理上的盲目乐观主义。

实用主义认为宇宙间一切事物不是已定而是待定的，不是必然的而是或然的。杜威说，这个世界是"动荡的和不安宁的"。"这个经验物质的世界，包括不安定的、不可预料的、无法控制的和有危险性的东西"。① 詹姆士也提出，世界具有不安定性，他说"存在"的状态是多元的，只有非必然的可能性，"它是一个黄昏的境界，一个混合的状态，一个阴阳交界"，其间充满真正的危险和富有冒险性。要将可能变为现实需要条件，实际条件增多，可能性成为事实的或然性愈大。人应接受这种"只有不保证的可能性"的严峻的宇宙。② 总之，在他们看来，"普遍的必然的法则，因果性的普遍性，普遍的进步，宇宙的内在合理性"等都是不存在的。因此，人们在世界上找不到绝对的确定性。在认识领域中，人们找不到普通、必然的法则，找不到客观的真理，更不用说永恒的、绝对的真理。实用主义的这种观点否定了客观世界的必然性和普遍的因果性，否认了伦理价值的客观根据，这就从否定形而上学的不变性陷入了相对主义的论调，把伦理价值看作一种绝对变动而没有任何稳定性的东西。这种思想方法正是 20 世纪西方哲学的一大特点。

既然世界上没有必然性、普遍因果性，那么人就不能追求任何确定性的规律和价值标准，只能在这个世界上寻求相对的安全，这种安全只能靠自己的行动——实践，而不能指望任何行动之外的必然性、因果性和确定性所确立的价值和目的。杜威说，只有在行动中，我们才能用自己的劳力，来达到相对的暂时的安全，获得相对的暂时的满意和安宁。这也是其他实

---

① 〔美〕杜威：《经验与自然》，傅统先译，商务印书馆，1960，第 36 页。
② 〔美〕詹姆士：《实用主义》，陈羽纶、孙瑞禾译，商务印书馆，1979，第 144～146、148 页。

用主义者所强调的。詹姆士说，由于世界的不安定性，一个真正的实用主义者就应真诚地面对一个多元的、具有非必然性的可能性的宇宙，他宁可靠一种他所信赖的"只有不保证的可能"的方案生活。在这里，安全、满意等理想并不是空的、抽象的可能，它们都是具体的根据，"都是活的可能"，因为人就是它们的活的奋斗者和保证者，只要具有充足的条件，人们的理想就能成为现实。至于究竟什么是充足的条件，詹姆士认为首先是一些事物所给人们的机会，再后就是人们的行为。也就是说，在一个没有足够的安全保证的世界中，人应该"信任事物的机会""用奋斗去换安全"。

总之，在实用主义看来，由于世界是不稳定的，没有普遍的因果性和必然性，人只能靠自己的行动，而行动又是一种冒险的事业，所以人生并没有什么终极目的可以寻求，也没有什么绝对的普遍的价值可遵循。人生其实只是一连串的问题，只有从不间断地解决一个个问题，一次又一次地从不稳定的世界中不断地达到相对的暂时的安全，获得相对的善。

（二）道德价值的多元性和相对性

既然善是在行动中获得的暂时的满足和快乐，是用行动求得的相对的安全，那么就不能离开用行动和行动带来的欲望满足来评定善。然而，在实用主义者看来，人们的活动常是变化不定的，所涉及的乃是个别的和特殊的情境，这些情境是永不确切重复的。杜威在谈到道德的相对性时曾强调说，行动总是特殊的、具体的、个别的、单独的。因而对于所应做的行为的判断也必然是特殊的，决不可用同一判断尺度去衡量有不同行为目的的具体活动和特殊的情境。在这里，实用主义否认了特殊之中有普通，个别之中有一般，把人的实践活动看成是纯粹特殊的、单一的、个别性活动，这就割裂了一般和个别、普通和特殊的关系。诚然，人的实践活动总是具体的人所进行的，他总是要与具体的情境打交道。但是，无论是环境还是人的活动都服从于普遍的必然的因果联系，这种普遍的一般的规律寓于特殊的活动和环境之中。因此，试图从活动的单独性、个别性推论出没有普遍的规律和普遍的善，在逻辑上是没有充分根据的。

然而，实用主义正是从对人的活动的相对主义的解释中引申出善的多元性和相对性来，认为人的道德情境是单独的、具体的，因而善都是个别化的，依存于特定的道德情境。如果说，善是快乐的满足，那么就不存在一般的善和一般的快乐，因为这种满足是因地因时因人而异的。"善按其性质，任何时候都不会有两次一样的。它任何时候都不重复自己，每天早上是新的，每天晚上也是崭新的。它在其每一个表现中都是独特的。"人们不可能求一般的健康、财富、学问，而总是求具体的特殊的东西。当一个人身患重病的时候，财富、学问、名声都成为次要的东西，唯有健康才是第一位的。这时，"健康就是最终至上的善"。当一个人濒临破产、穷极潦倒的时候，财富对于他就是善；当他谋求职位需要一定学问的时候，学问又成为他的价值追求的首要目标。

在实用主义看来，不但善和目的是多样的，而且，各种善、各种目的相互之间并无高低轻重优劣之分，只要能给人带来快乐和欲望的满足，就有同等的价值，都应视为善。杜威说："无论什么事物，在一个特定情境中是目的和善，它就和其他任何情境的其他各物具有同等的身价、品味、尊严，因而值得同样周到的注意。"可见，善是因时、因地、因人而异的，是多元的、相对的。只要在一个具体的情境中，达到了相对的安全，获得快乐的效果，也就达到了相对的善。

（三）容忍态度

实用主义认为，善以满足人的欲望为转移，而"每个人都是独特的"，他对善的追求完全由他的自我决定。因此，在道德善恶问题上，应当采取容忍态度，既要尊重自己在此时此刻所料定的善，也要尊重他人在彼时彼地所判断的善。也就是说，在道德标准问题上，应该提倡灵活圆通，不必过于认真，更不要武断，要反对绝对主义、独断主义和权威主义。当代实用主义者莫里斯在《开放的自我》中把实用主义的多元哲学称为"客观相对主义"，认为客观相对主义是美国实用主义的核心。它的人格理想和社会理想就是在多样自我和多样社会中求统一，对人的价值追求取容忍态度。有人指责这种相对主义哲学否认了价值标准。莫里斯辩驳说，"如果我们真的关心别人，我们就必须对他们的个人特色和个人需要做出反应。此外一切都是专制，不管它的名称多么好听。客观相对主义却保护我们不受到专制的侵犯。它容许相应于人的独立性的个别的善；它也容许相应于人的独特性的个别的善。它证明我们寻求一种社会统一的形式是正确的，而这种形式会包含和容纳我们特殊自我的多样性。"①总之，实用主义强调善是多元的、具体的、相对的，各个人应当对别人的善也表示尊重，大家互不干涉。这就是伦理价值观上的"容忍原则"，是实用主义的"和事佬"态度和"公共走廊"原则在伦理价值观上的体现。

实用主义从道德相对主义出发，反对人们之间在善恶问题上的争辩。既然伦理价值是因人而异的，每个人都要尊重自己的自我和他人的自我，因此，人们之间的伦理价值争论是无意义的。社会上也不存在什么善恶之间的斗争，大多数严重的道德冲突事实上并不是什么"某种显然是坏的东西和公认的好的东西之间所发生的冲突"，而仅仅是对具体的善的不同选择，至多是对过去的善和现时的善的选择。所以，人类历史上存在的道德冲突，包括政治理想的冲突，都是无谓之争。总而言之，一切善都是相对的，无所谓善与恶，也无所谓道德选择。在这里，实用主义已经从道德相对主义走向道德虚无主义。

这种道德相对主义存在明显的理论缺陷。

第一，从理论上说，它割裂了绝对和相对、普遍和特殊、一般和个别的关系，从反对绝对主义陷入另一个极端，即相对主义。马克思主义也承认道德的相对性，否认永恒不变的道德，认为道德是随历史条件变化，随经济制度而变化的。同时也肯定不同的阶级有不同的道德标准，反对永恒不变的或超验的、先验的价值观。但是，马克思主义坚持每一时代、每一种经济制度、每一个阶级都有其相应的道德原则。因此，道德也是相对与绝对的统一。否认相对性的绝对主义和否认绝对性的相对主义都是错误的，绝对主义往往会陷入客观唯心主义和先验主义，而相对主义则往往会陷入主观唯心主义。

第二，道德相对主义在理论上很容易陷入道德虚无主义，以至于产生否定道德本身的非道德主义，这是根本违背人类几千年的历史发展的。这种相对主义实质上取消了人类行为的是非善恶之分，取消了人的道德选择

---

① 〔美〕莫里斯：《开放的自我》，定扬译，上海人民出版社，1965，第 114 页。

的意义，无条件地肯定了人的一切追求功利的欲望，势必为一切恶的行为辩护，而导致人类道德堕落和瓦解。

第三，实用主义的道德相对主义与存在主义的道德相对主义一样，乃是资本主义的危机意识在伦理价值观上的表现。道德相对主义立论的主要根据是"世界是动荡的"，这是美国资本主义社会的一种写照，也是美国资产阶级的真实心理写照，骨子里同悲观色彩浓重的存在主义是一样的，不相信世界有规律可循，不相信人的行为有原则可循，不相信近代资产阶级的伦理原则能够给动荡不安的社会找到一条可以遵循的道德原则。关于这一点，可以说是实用主义与存在主义的共同之处，也是现代西方伦理思想的共同特征。

三 方法至上论和道德目标的改善主义

（一）方法至上

实用主义在回答善的根源和性质的基础上，把重点放在实现善的方法和手段的问题上。重视方法，把方法和手段当作伦理学的根本问题，这是实用主义伦理观的一个重要特征。在这个问题上，实用主义力图反对绝对主义和权威主义的传统观点，在目的和手段的关系上，把方法提升为目的。

实用主义认为，以往的哲学家都把目的——伦理目的、最高目的（最高的价值和道德理想）放在至尊的地位，把手段和方法当作卑下的东西，这种观点是理论脱离实践、道德脱离现世的一种表现。实际上只不过举起一面理想的旗帜，在人们心中燃起一点微弱的希望，然后又转过去追求根据实际条件构成自己的具体的价值观念，而专注于实现这些目的的手段了。实用主义哲学要克服这种目的和手段相分离，理论和实践相脱离的虚假理论，把方法和手段置于首位，至少是与目的同等的地位。这种观点是实用主义的快乐主义与道德相对主义的逻辑发展，也是实用主义认识论在伦理问题上的发挥。按照实用主义的快乐主义，现实生活中快乐的满足，功利的获得，成功的实现，就是善，而这种善又是具体、相对的善，因此在伦理价值上，应当重视的不是内在的伦理价值，而是外在的工具价值，即物质利益的满足和成功的效果。正由于此，最终目的、道德理想等是无意的。况且，既然道德价值是相对的、具体的、因地因时因人而异，那么人所应当重视的，就不是未来的理想和目的，而只能是眼前的具体的目标、具体的功利。这样，实际上已经把理想、最终目的、普遍的道德价值当作没有用处的东西抛弃了。

实用主义还进一步用其认识论来否定理想最终目的和普遍价值。在这方面，杜威也是很有代表性的。他认为，道德价值和信仰不但是相对的、具体的，而且是由人们的行动构成的。在行动中取得结果之后，它才构成价值。如前文所述，健康与富有孰为真善？这个问题在行动以前只是假设。如果你相信当前情况下，健康是至善而财富、学问不是善，并依这一假设去实行，结果获得了成功，那就说明健康是至善，它就构成了你这个人在此时此地的善。如果，健康虽然得到改善，但财富受到极大损失，以至于无力继续治疗，那就证明，当时你未找到真善，也就证明原来的假设是错的。可见，善是不能事先判定的，善和信念都是要由你自己来构成的东西，只能在试验、行动中确立。因此，研究构成善的方法，实现善的手段，乃是伦理学上的根本问题，也是伦理思想讨论的重点。

实用主义方法至上论所讲的方法就是在具体情境下确立具体的、相对的善的方法，确立对一个预定的目的（或价值）的评价方法。这种方法也就是杜威在认识论中倡导的实验探索方法，即五步法：发现、问题、假设、推理和验证。所不同的是，这里的方法主要是指道德困境以及在此情境下道德善的具体假说及其验证，也就是道德行为方面的实用信念的提出和验证问题，共分五步。

第一，发现。主体面临的一个道德困境，也就是在一个具体情境下，主体所面临的是一个必须在几种价值之间进行选择的局面。杜威认为，由于每一个情境都是独一无二的，没有绝对的权威可以作为选择的根据，一切都取决于行为主体本身的自主决定，这时人们就面临一个道德困境。这是确立在具体情境下何为具体的道德善的开端。

第二，问题。具体查明在当前情况下到底什么是行为主体真正需要满足的东西和可能满足的东西，查明哪些价值之间的冲突是该情境下"诸善之间"冲突的症结所在。

第三，假设。提出一个假设性的道德价值判断，即做出当前情况下什么是主体所要达到的目的的判断。这一目的，杜威称为"预期结果"，意思是说，这类价值判断确定或假设的，不是一个抽象的善或抽象的目的，而是对未来可以实现的具体目的的预期。在这种分析中，关键的是要弄清楚主体所喜爱和需要满足的东西，若要实现需要一些什么具体的条件，即"把一种满足变成一种价值的"一定条件。同时，要像确定工艺一样，精心而谨慎地去估量这些条件，运用自然科学和人文科学的知识去分析主体的需要和自然及文化环境，然后对诸利弊进行审慎地权衡，对其可能产生的近期和长远的后果做出全面的衡量。在此基础上提出一种在当时当地能够实现又永不后悔的假设来。这样提出的假设，便是所谓"预期目的的确定"。

第四，推理。从预期目的和条件的分析中推论出实现这一预期目的所必须实行的操作手段，判断采取何种工艺性的手段和行动才能达到预期目的。换言之，要确立"工具"和"行动的具体方案"。

第五，验证。把上述方案付诸行动，并在行动中不断地检验"预期目的"和"手段"本身与原来的假设和估计是否一致，如不一致，则不断做出修改。经过这样不断试错的反复，最后达到了预期的目的，也就最后证实了这个价值判断，从而达到了此时此地的具体的善。

总之，在实用主义看来，"价值判断就是对于经验对象的条件和结果的判断，就是对于我们的欲望、情感和享受的形成起调节作用的判断"。道德上的善与美德从根本上说乃是一个用什么方法来形成价值的问题，而好的方法和手段，以及精明审慎地运用实验的智慧就是美德。在这里，实用主义否定了理想和最终目的，把如何选择个人的眼前功利的方法和找到实现眼前功利的手段当作伦理学的中心问题；把善于权衡各种利害关系、精明地确定眼前的功利，善于找到各种精神和物质手段来实现这种功利的人当作道德的楷模。这种伦理学实际上就把在资本主义社会各种竞争中善于钻营、善于牟利并取得成功的人当作道德高尚的人。这种观点的实质是错误的。

从理论上看，这种伦理观念把功利主义关于幸福即是善的论断推向了极端，把穆勒所承认的同情心、社会感情、信用、正义等道德上的满足、精神上的价值基本上否定了。这种道德观更接近于道德虚无主义，甚至非道德主义。但是，杜威却认为，这种"方法至上"的原则是把科学与道德、事实与价值结合起来的一大步骤。他认为，实用主义的道德观念由于引进了"实验的智慧"这一起调节作用的观念，要求人们对自己的欲望"审慎地思考"，用精心思考的结果去引导、调节、控制自己的欲望和享受，这正是否定了强调自然冲动的浪漫主义（指尼采和其他一些以直接肯定人的欲望为特征的伦理观念），而吸收了近代理性主义的长处，是一种讲理性、讲科学的伦理观。他还认为，这种伦理观念要求人们精心地研究个人欲望实现的条件，要求对道德选择的研究同对事实的统计的研究以及"对工业、法律、政治学专门知识的应用结合起来"。这样就把道德同现代自然科学的实验方法以及包括工业、法律等在内的各门科学知识结合起来了，因而是真正科学的道德，结束了近代以来科学与道德价值相分离的局面。正是这种理论使实用主义的伦理观具有一种科学的外观。

然而，必须指出，把近代实验科学的方法归结为一种不寻求客观真理而单纯寻求使用的假设，归结为一种实验的智慧，这是对科学的歪曲。这种伦理观不是强调要用科学的态度去研究道德规律和社会规律以便为人们的道德选择提供一个客观的可靠的科学基础，而是把道德选择当作从个人利害关系出发的一种谨慎而又周到的"盘算"。至于在这种盘算中应用各种科学知识和社会政治知识来分析环境和实现功利的条件与手段，只能说是把科学降为实现个人功利和成功的工具，否定了科学的真正本质。这也正是反映了资本主义生产力和科学技术发达之后，资产阶级伦理观中发生的一种变化，反映了现代西方资产阶级对科学技术和实用知识的重视，但并不能说明这种伦理观的科学性。同时，这种伦理观要求理智和深思熟虑，反对任凭个人的自然冲动行事，确实与尼采等强调自然冲动的流派不同，同弗洛伊德主义也有区别。实用主义讲的实验的智慧和深思熟虑是一种出于实用的、个人功利目的的"盘算"和理性的欲望和冲动。杜威认为，冲动、习惯、偏好（或嗜好）与伦理价值是分不开的。社会的道德价值本质上是一种习惯或习惯的反应方式。用科学去研究和改造人性与人类行为，在于通过深思熟虑"建立欲望之间有效的关系"，以达到"合理性""在不同的欲望之间取得有效的和谐"。总之，从道德根源来说，"冲动是第一性的，理智是第二性的"，"理智为冲动服务，是它们的终结者和解放者"。

无可否认，在道德行为和价值评价中，情感、冲动、意志、良心等因素确实有重要作用，道德选择本身也离不开这些因素的作用。但是，这里必须看到，真正的道德行为和道德情感必须使基于对社会规律的科学认识的理智和人类长期实践形成的道德规范倾注于这些情感和意志中，形成高尚的道德情操，高尚的人格和道德理想，这样才能真正避免非道德主义。然而，实用主义哲学及其伦理思想恰恰是在这一点上，用方法至上将社会理想和道德理想否定了，因而也就保留了走向道德虚无主义和非理性主义的通道，在实际生活中同存在主义、弗洛伊德主义有一种合流的趋向。后来的美国的境况伦理学就是一个明证。

总而言之，实用主义的方法至上原则片面强调方法和手段，否定用科学态度去寻求社会理想和道德理想的必要性，把眼光完全集中于眼前的具体问题。这一原则同实用主义的快乐主义结合在一起，就具有一种只关心眼前利益满足的特点，表现了美国资产阶级"只关心效率，关心改进行事的方式方法"的倾向，使人只追求眼前的满足，而对人应当为之献身的理想目标问题不做出任何回答。因此，一旦社会发生动荡，社会的价值观念发生急剧变革和冲突时，实用主义就会同非理性主义一样，使人陷入价值危机之中而不能自拔。

不过，也应当看到，实用主义的方法至上原则也确实抓住了传统伦理思想的一个弱点，就是着力于讨论价值标准问题，忽视对具体情境下的具体价值标准的研究，这就使伦理学脱离现实生活而不能有效地指导人们的道德选择。

（二）改善主义

方法至上原则否定了最终目的和价值目标，否定了社会理想和道德理想，势必陷入非道德主义。实用主义为了避免受到"非道德主义"的指责，提出了道德目标的改善主义（或渐进主义）。

所谓改善主义（或渐进主义）是指生长，即连续不断地改善这个进程本身才是唯一的道德目的，唯一的道德理想和评价个人或集团行为的善恶标准。具体地说，渐进主义包含下列几个内容。

第一，道德没有任何具体的最终目标，人类也没有什么值得追求的最高的社会理想和道德理想，唯一可以追求的目标就是不断地改善，不断地生长。至于这种改善、生长朝着什么具体方向进行，那些都无法确定，也不需要去确定。"只有生长自身才是道德的目的。"①

第二，评判一个人或集团（包括社会）的行为标准，就是看它是否在改善，在生长。"无论评判个人或集团都不可用他们是否得到一个固定的结果为标准，只可根据他们活动所指着的方向来评判"②。行为之所以被断定为善与恶、正当或错误，是以生长原则为准的。克里科里安曾说过，实用主义伦理学"包含着一个近于绝对的行为标准"，"就是生长，个人的，特别是社会的生长"。在实用主义者看来，一个对人有价值的社会是这样一个社会，在那里，"人在获得工资谋生的同时，也有生长和自我完成的机会——这种生长和自我完成，对生活意义的感觉和生活享受的感觉来说，都是必需的"。③

第三，个人不应当去适应一个不够满意的社会，而应当改善社会使之适应于人。社会是因人而设的，是为人服务的手段，这是实用主义的社会哲学的基本观点。因此，社会应当适应于人，不应把改变自我作为目的，而要把改变自我作为手段，通过行动者去改变环境以适应人的需要。杜威说："改变我们自己而不注意改变我们在其中生活的世界，在我看来就是：'主观主义'或曰'自我主义'。应当铲除这种自我主义。"实用主义在反对以改变自己的心灵为目的的唯心主义时，也反对道德意识的培养和改变自己道德品质的必要性，而主张用个人的标准去改善社会，以及为改善社会而改善个人的"实验的智慧"。因为，如果个人把注意力集中在对自己是非善恶的道德反省，而忽视社会环境的改造，使自我道德完善脱离了社会改革，那就会"贤者孜孜于反省，而大盗横行于天下"。

---

① 〔美〕杜威：《哲学的改造》，胡适等译，商务印书馆，1933，第 95 页。
② 〔美〕杜威：《哲学的改造》，胡适等译，商务印书馆，1933，第 95 页。
③ 中国科学院哲学研究所西方哲学史组编《现代美国哲学》，商务印书馆，1963，第 269 页。

必须指出，实用主义提出以"生长"作为道德目标是有其特殊用意的，就是力图以此来改善其道德相对主义，以免受到"非道德主义"的指责而陷于荒谬的境地。似乎有一个"生长"作为目的和标准便可以给人提供一个奋斗目标和评判行为的伦理原则了。在实用主义看来，确定这个"成长"为道德目标有许多好处。

第一，使人对未来具有信心，相信情势无论是好是坏总是可以改善的。实用主义认为，改善主义主张世界是逐渐生长、改善的，它既不同于悲观主义，也不同于乐观主义。悲观主义认为世界根本不合理，不可能得到改善，并由于失去了最终目的而陷于无所作为，所以是"使人瘫痪的学说"。旧时的乐观主义则坚持世界完全合理，它的善已经实现，只要按自己的意愿去办，恶就可以消除。詹姆士讽刺乐观主义说，这是一个"有求必应的世界""一个有愿望就可以立刻满足"的世界。在实用主义看来，这种近代乐观主义试图否定现实世界中恶的存在，令人难以置信。实用主义的改善主义承认世界有恶的存在，但是相信世界总是可以一点一滴、一步一步地生长、改善的。詹姆士说："当我们认为宇宙受到各种敌患、可能受到各种摧毁生命打击的时候，我们都会，而且也应该感到忧患。"① 而改善主义就可使人看到，只要人们行动、奋斗，世界总是可以生长的，"我们奋发有为和成长的地方……就是实际上世界转变的地方和生长的地方"②。杜威也强调，改善论"鼓励智慧去研究善的积极的手段和那些手段实践的障碍，而致力于情势的改进。它引起乐观主义所不能引起的坚定的信念和合理的希望"③。

第二，在没有固定的道德价值标准的情况下，生长可以提供一个评判标准，这个标准，以"趋向改善作为原则"。胡克说："生长是一切成员的理想标准。杜威之所以全心全意地致力于民主，是因为他把每一个人的生长看成这个人的道德理想。"④ 他还说，实用主义的这个生长概念，"包括一

① 〔美〕詹姆士：《实用主义》，陈羽纶、孙瑞禾译，商务印书馆，1979，第146页。
② 〔美〕詹姆士：《实用主义》，陈羽纶、孙瑞禾译，商务印书馆，1979，第147页。
③ 〔美〕杜威：《哲学的改造》，胡适等译，商务印书馆，1933，第96页。
④ 中国科学院哲学研究所西方哲学史组编《现代美国哲学》，商务印书馆，1963，第265页。

切积极的、理智的、感情的和道德的目的"，既要有个人知识、才能、情趣等的增长，也要使他人"解放和丰厚他们的生活"。生活的"解放和幸福"意味着许多价值：快乐和欢愉、理智和探险、友谊和爱情、知识和艺术的经验等。胡克说，"生活就是在现实问题和挑战中成长，凡是帮助实现成长过程的一切也就帮助我们保持生活和智力的青春。"否则，就是在实际上"停止了生活"。实用主义认为，个人都以这样的生长标准律己，促进自己不断改善，又能与他人相互宽容。只有在这样一个社会环境中，每个人才能够真正地成长，充分发挥他们的才能。

第三，把生长作为目标，就破除了旧式的个人主义。旧式个人主义完全以金钱为标准，虽然表面上宣传种种个人主义的美德，实际上只有一个真正的标准，这就是个人在赚钱方面的成功或失败。以生长为标准道德观，使人们不会过分沉迷于个人的物质生活，而注重个人的精神锤炼，鼓励人去关心大众的利益，关心社会的进步和改善。

由上述可见，实用主义的改善主义反映了美国资产阶级的要求。它使人忘却人生理想和根本的价值目标，不去关心和探求社会合理性的根本问题，而醉心于一个个具体问题的改善和解决；它还使人在资本主义社会中人的许多切身问题不能得到解决的情况下，陶醉于无方向的改善之中，维护人们对资本主义的信念，而不至于因碰到不幸、看到罪恶而对资本主义秩序失去信心。同时，用改善主义的标准来维护一些为资本主义所必要的公德，又可使这种道德相对主义涂上一层讲求道德的色彩，而不与传统的道德观念和习俗发生较大的冲突。实用主义所谓的"生长""改善""进步"等都是无方向的，只是运动本身。而关于生长、趋向进步、趋向倒退、堕落的含义，是无标准可循的，结果还是回到道德相对主义和虚无主义。

实用主义的改善主义的道德哲学对美国社会产生了重大的影响，主要之点就在于瓦解传统的道德，使人们放弃对最终目的、社会理想和道德价值的追求，而埋头于用实验的智慧盘算利害，利用科学以实现个人的功利。当然，我们也应该看到，这种道德哲学强调了生长的意义，强调了获取知识的意义，尤其是获取应用知识的意义，强调了个人要以增长自己的才能为目标，也要以增长他人的才能为目标。这些对于美国科学文化知识的普及，对知识、才能、智力开发的重视起了促进作用。

第四节　实用主义的社会政治哲学

一　个人和社会

实用主义强调以具体的事实、以人们的行动效果作为考察社会问题的基础。在实用主义看来，社会的基本经验事实在于：人是社会之本，社会是由个人组成的。"社会由个人合成。这个明显的和基本的事实，是无论怎样自命新颖的哲学也不能疑惑和变更的。"① 社会所有组成的个人是有血有肉、有情感、有欲望和意志的，是在各种各样社会群体中相互联系在一起，从事着各种社会活动的行动者。因此，从可观察到的事实出发，就是从活生生的个人出发，从个人和社会的关系出发。实用主义对个人、社会，以及个人与社会的相互关系都提出了许多不同于传统哲学的新见解，体现了实用主义社会哲学的人本主义、民主主义和多元主义的特色。

实用主义讲的"个人"是在利益驱动下，依照自己的个性能动地选择行动的个体，它强调个人的具体性、社会性和能动性。传统哲学中的"个人"是抽象划一的，或是工具人、政治人，或是理性人、道德人，往往把人的某种属性或特征当作人的本质，实用主义的观点认为，这就把活生生的具体的人一般化了、概念化了。实用主义力图抛弃抽象的模式，揭示具有特殊人性、丰富内心世界和富有个性的人。杜威说，"个人"是指"各种各样的人性的特殊反应、习惯、气质和能力"。② 人具有可变的人性和个性，人的本质是生长、变化、发展着的，并非固定不移。个性是人的首创性和选择性，不遵从任何权威的独立自主精神是个人的个性的突出体现。在实用主义看来，这是现代社会或工业时代的新个人主义。个性不是人的自然禀赋，而是在选择和行动中形成的。个性之所以能成为个性，是因为它有

---

① 〔美〕杜威：《哲学的改造》，胡适等译，商务印书馆，1933，第100～101页。
② 〔美〕杜威：《哲学的改造》，胡适等译，商务印书馆，1933，第107页。

一套独特的选择、反应及对于环境的适应机制。

人具有社会性，是社会的动物，这是实用主义明确提出的。在实用主义看来，人的社会性主要在于个人的存在永远离不开与社会的结合，人首先是社会结合的产物。同时，个人的性格、思想、行动，也受社会结合的影响，人的感情、欲望、道德行为都是随社会的变迁而变化的。

社会中的个人，也不是已有的、静态的，而是生长、变化着的，能动的创造性的行动者。实用主义十分强调个体行动者的创造性，人的积极能动的生命活力，不像旧哲学那样，把个人看作"受动的"，只能被动地接受外界的支配。杜威曾用发明性、创造性解说人的个性。他说："个性是指创造性、发明性，富于策略、信念取舍和行为选择的责任所在。"① 在实用主义看来，人之所以值得尊重，不在于他能用奇术去构造世界，而在于他能创造性的用发明去改造世界，用坚忍的意志和力量去增添宇宙的色彩。詹姆士曾在这一意义上强调人的自由意志，人的尊严和价值。他说："自由意志问题，……它是一个原则，或加在人身上的积极能力和价值；有了它，人的尊严便莫名其妙地增加起来，人应该为了这个理由去相信自由意志。决定论者否认它，说个人不创造什么，只能把过去宇宙的全部推动力传给将来，人只是这个宇宙的一种极其渺小的表现。决定论者这样说是贬低了人的作用，去掉了这个创造性原则，人就不那么可羡慕了。"② 实用主义看重人的积极的创造的力量，所以非常强调人的潜能的发挥，人的能力的培养、解放。实用主义对于自由主义的倡导，对于民主主义的宣扬和对于消极主义的抨击，莫不立足于此。

实用主义讲的"社会"是同关于"个人"的观点相联系的。"社会由个人合成"，人是社会性的动物，二者不是相互隔离，而是相互关联的。为什么个人会联结而成社会？个人怎样结合成社会？由个人联结成的社会具有什么性质、状态，机制和功能？个人与社会具有怎样的关系？这些是实用主义社会哲学较为关注的问题。

实用主义认为，社会是个人在各种不同的利益和目的基础上结合起来

---

① 〔美〕杜威：《哲学的改造》，胡适等译，商务印书馆，1933，第104页。
② 〔美〕詹姆士：《实用主义》，陈羽纶、孙瑞禾译，商务印书馆，1979，第62页。

的各种社会生活方式。实用主义首先强调结合，"社会"是人们的结合方式。"社会即结合"，而结合离不开人们的交往和行动。"社会只是个人与个人之间的交互行为及各种关系。除开这些行为和关系，别无超乎个人之上的社会存在。"诚然，社会是人与人的结合形式，是人们相互交往的产物。①问题在于，人们的交往首先是在生产过程中发生的经济交往，这是社会得以产生、存在的基础，也是社会结合的基础。实用主义离开了这一基础和前提，而把人们追求的利益、目的、价值当作人与人相互结合的内聚力，提出："所谓社会，就是使经验、观念、情绪、价值得以互相传授，而使彼此共同结合的过程。"这就把人的主观因素置于社会结合的首位，显然是历史唯心主义。正由于此，实用主义有时把社会与群体相提并论。杜威明确提出，"社会"是人们"由合群而共同享受经验和建立共同利益和目的的一切方式"，如政党、教会、职工组织、股份公司、国际同盟等。在他看来，在这种种结合中，个人参与群体的活动，并享有共同的善，所以，"结合"是"共享的手段"。的确，社会是由人们相互交往产生的群体，然而这种群体是以物质生产关系为基础，有一定行为规范、组织结构和文化制度，总是处于一定历史阶段的人类共同生活的群体。实用主义抽去社会结合中的生产关系，单纯用"结合"定义社会，就根本无法揭示社会的本质，也不能说明社会的历史发展。

社会是活生生的、具体的。人们的交互行为和各种关系构成社会，这种交互行为和关系是具体的，因此结成了政治的、法律的、工业的、宗教的和教育的等处于不断变化之中的各种具体关系。同时，人们的交往是不间断的，交互行为依时间、地点、条件不同而不同。"人与人的交互行为没有两次完全相同，因此所引起的后果也各式各样"，这些都是活生生的。"一个活的社会，有如生物一样，乃是许多细胞的合作活动"。在实用主义看来，正是个人行为的独立自主的选择性，不遵奉固定的习惯、教条和权威，人们之间有着个性的差异，才使社会充满生机。

从实用主义关于个人和社会的观点可以看出，它注重在社会中行动着

---

① 〔英〕席勒：《人本主义研究》，麻乔志等译，上海人民出版社，1966，第13页。

的个人，同时也强调个人得以存在和活动的社会，在考察个人和社会时，总是把二者联系起来，主张个人和社会不可分。社会离不开个人，个人存在于社会之中，受社会的制约和影响，但是，实用主义的着眼点归根到底是投向个人的，它虽然不像近代一些哲学派别那样把个人当作唯一真实的存在，只强调个人人格的神圣性，但个人、个人的行为和活动始终是实用主义的出发点。人是社会之本，社会以人为中心，是其社会哲学的基调。这一点，在个人与社会的关系上表现得更鲜明、突出。

实用主义认为，在现实社会中，个人和社会的关系往往存在着失调，造成社会的动荡、纠纷甚至冲突。在这里，有个人的观点、信仰、新需要与社会的旧秩序、旧习惯、旧传统的不协调；有个人智慧和能力的发挥与社会压抑的冲突；有个人的个性自由与社会的机械划一的矛盾等等。在实用主义看来，个人和社会之间的种种不协调，实际上关系个性的保全和发展，人格和尊严、人性的实现等问题。杜威曾以社会失业为例说明了这一点。他认为，个人失去工作的机会，他的积极性、潜力得不到应有的发挥。对社会来说，这是对人力的利用缺乏效率，而对个人来说，则是人格尊严得不到承认和肯定。个人得不到作为社会的一分子的满足与支持，有的会造成社会动荡不安，有的则会消沉，缺乏自信。实际上，个人与社会之间的失调，根本问题是社会陷入了单纯追求物质利益的物质主义，而人变成了追求物质主义的工具。

实用主义看到了西方世界的矛盾、动荡，看到了社会对人性、对人的积极的能动性的压抑，揭露了在西方社会，物质生产发展而人的价值却受到贬损的本质。但是，实用主义离开了历史的、阶级的分析，把这一切笼统地归结为物质主义，不可能揭示社会失调的症结所在，也不可能寻得解决问题的正确途径。值得注意的是，实用主义围绕"目的"和"手段"的关系，探讨个人和社会的关系，以阐明人是社会之本，它的一些具体论述，不乏可取之处。

在个人和社会的关系问题上，实用主义反对传统的社会哲学的三种主张，其一，以社会否定个人，把社会凌驾于个人之上。在这样的社会中，个人必须遵奉社会为他所设定的各种目的和生活方式，社会的法规高于一切，个人的自主权利和独立人格是没有的，实用主义对"理念""绝对精神"等的名义下抬高社会、抹杀个人存在的柏拉图、黑格尔哲学给予了激烈的批评。其二，以个人否定社会、把个人凌驾于社会之上。个人的自主权是至高无上的、绝对的，谋求个人利益是人类行为的唯一动机，追求个人自由、幸福、快乐是人的天赋权利，社会应尽可能少干预、限制。杜威认为，个人主义、自由主义、功利主义的倡导者边沁把个人利益看作人们社会行为的基础，就是这种理论的代表。实用主义认为，只要个人权威，否定任何社会限制，只能走向唯我主义、放任主义、无政府主义。其三，个人和社会是有机的、相关的。传统社会学说中的社会契约论把社会看作契约的产物，这种契约关系就是个人与社会之间相需的关系。个人需要通过契约联合为社会，社会的存在、发展也需要个人服从和维护契约。近代资产阶级民主主义者大多支持这种主张，孔德虽反对把社会看作个人间契约的产物，但他同样认为个人与社会是同一社会有机体相互依存的两个方面。在实用主义看来，按照有机体说，个人和社会、国家是一体的，不存在根本利益的冲突，这就极易掩盖社会矛盾，成为"替现成秩序做理智辩护的工具"。

实用主义从人本主义出发认为，个人和社会的关系是目的和手段的关系。人是目的，社会是手段，社会制度、社会组织以及社会的一切设施都是为人而设的工具。社会作为服务于人的手段，不仅是物质利益方面的，即功利主义的，更主要的是民主主义、人本主义的。社会的根本功能在于解放和实现人性，为个人的个性发展提供可能和条件。杜威强调，"社会的一切制度的出发点"在于解放人的能力，造就有良好气质和具有个性的人，在考察社会对个人的作用时，应当强调它对于造就人发生了什么作用。社会的目标是人的生产，人的能力的释放，这也是其他一些实用主义者所强调的。在他们看来，一个社会的存在和发展，物质上的生产固然重要，但真正的生产问题是人的生产。现代化的新技术、新机器、新设备等都是手段，需要有社会制度去运用以达到服务于自主的、有创造性的人的目的。莫里斯说，在新时代——原子时代，"我们还不知道怎样开发我们的人力资源，我们还没有设计出一种比原子弹更有威力的心理炸弹。我们能够用原子分裂来释放巨大的物质能量，我们怎样才能够在我们自己封闭起来的力量内部引起分裂，以便相应地释放出巨大的能量来呢？"[1] 在他看来，只有解放人们自己的能力才能战胜当今社会面临的各种困难和危机。所以，人类不能仅仅满足于改造物质环境，应当把造就和培养适应新时代的人作为关注的焦点。

由此出发，实用主义提出了一个评判和改造社会的标准。它认为，一个社会制度是否合理，就看它造就什么样的人，能否解放、发挥人的能力，促进人的个性的成长。这是一切社会制度和社会设施的价值和意义之所在。胡克曾引述杜威的话来说明这种观点："政府、工商业、艺术、宗教，一切制度只有一个意义、一个目的。这个目的就是要解放并发挥个人的能力，不分种族、性别、阶级或经济地位。这就等于说，这些社会制度价值的考验，就在于它们在什么样的程度上教育每一个人，使他充分发挥他的可能性。民主有很多意义，但如果它有一种道德意义的话，那就在解决这样一个问题，即一切政治制度和工业社会最高检验标准，应该是它们对社会每一个人的全面成长所做的贡献。"[2] 依照这种观点，制度的良否在于它的教育结果。任何社会结构，只要在它影响下的人能不断地发挥自己的能力，成为自立的、能动的创造者，自觉地创造自我和创造文化，那就是好的；相反，如果使人的能力受到压抑和束缚，从而处于顺从、压抑和恐怖之中，人成为被用来获取权力和功利的工具，那就是坏的。

既然人是目的，社会是解放和实现人性的手段，那么社会的发展就应当是人性的发展，人性的展开。这就有一个社会要适应于人的问题。实用主义认为，人的权利是不可改变的，而作为服务于人的手段和工具的社会制度、设施、社会组织则不是绝对永恒的，必须根据造就人、实现和展开人性的需要而改变。时代是不断前进的，为了使社会的制度、法律、机构、设施等具有不断解放人性力量的效能，必须随时代的变化和人类思想的进步而改革和调整。这样，社会的变革也应当成为创造人格的一种手段。这是实用主义在人与社会关系上导出的逻辑结论。

---

[1] 〔美〕莫里斯：《开放的自我》，定扬译，上海人民出版社，1965，第3页。

[2] 中国科学院哲学研究所西方哲学史组编《现代美国哲学》，商务印书馆，1963，第259页。

二 国家的工具性

社会是为人而设的工具，这就必然有一个如何看待国家，看待社会权威和社会控制的问题。实用主义从其人本主义的社会本体观出发，提出了它的国家观和权威观。

实用主义批判传统哲学关于国家的至上性和绝对性的观点。历史上有不少著名的哲学家都把国家神圣化、永恒化、绝对化。在他们那里，国家是至高无上的，它的权力是绝对的，不受任何限制。在国家面前，人极其卑微、渺小，只能绝对服从它的权威。亚里士多德认为，国家是永恒不变的最高的社会组织，它优于和高于家庭和个人。中世纪基督教神学的神学国家论和君权神授论则把封建主义国家制度神圣化、永恒化。奥古斯丁宣扬国家是惩治罪恶的最高权威，体现了上帝拯救人类的意志，反抗国家就是反抗上帝。封建君主的御用学者宣称君主的权力高于一切，它是绝对的，不受任何限制，臣民应像服从神一样绝对服从国王。到了近代，资产阶级哲学家霍布斯也提出过绝对君权论的主张，认为国家的权力是至高无上的、绝对的，它的意志就是每个人的意志，人民既然把自然权利转让给它，就应绝对服从它。黑格尔则是哲学史上把国家神化、绝对化的最大代表。在黑格尔看来，国家是伦理精神的最高完成形式，是理念发展的必然结果。所以，国家是绝对自在自为的、理性的东西，它超然于万物，人们必须绝对敬仰和服从它。他说，国家高高地站在自然生命之上，正如精神是高高地站在自然界之上一样。由于国家是客观精神的最高实现，所以个人不能脱离国家，只有成为国家的成员才具有客观性、真理性和伦理性。

在实用主义看来，把国家绝对化、永恒化是错误的。这种观点把国家视为神圣不可侵犯，使人们陷于对某种制度的宗教性崇拜。国家或某种制度成了至上的圣物，个人只是它的从属。这样一来，国家就是不可批评的，对于国家的反叛成了不可宽恕的罪行，其结果导致人们不敢对现存制度做批判性思考，这就不利于人性的发挥、人的个性的发展，而且是把社会制度或组织本身当作了目的。

在实用主义看来，社会是人们的结合方式，国家亦然。国家是为照顾公众行为的后果而产生的政治结合，而不是"人类最高级的结合"。这种政治结合并非先天的或绝对的，因为公众行为的后果常常会发生变化，所以政治结合的方式也会不断变化。杜威强调说，包括国家在内的一切公众结合都是暂时的、相对的，各种公众组织或公众结合由于社会行为后果不同而在时间和空间上具有差异性，其具体的组织形态是不同的。同时社会行为的后果还有量的多寡，因此，公众结合也随量的需要而异，国家更是如此。它只是不同层次的社会结合中的一种，而且只是一种临时性和地域性的结合方式。因此，国家不是人类的最高结合体，并不具有至上性和绝对性。实用主义的这种观点，虽然没有揭示出国家的产生及其历史变化的实质，但它看到了国家的相对性，具有一定的合理因素。

实用主义强调，国家是为人而设的工具，对于人来说只具有工具的价值，用于促进和保护人们的自由组合，它本身不是最高目的。如果把国家或社会的某种制度当作目的，那就会抬高某种社会制度或组织，而人反而成了从属于它们的手段和工具，这样就贬抑了人。杜威在《哲学的改造》中论及国家的地位和作用时曾从国家的发展、国家和个人的关系的历史考察中说明国家的工具性。他说，人们可以从历史事实中发现，国家在统一、扩大，个人反而从封建等级制以及传统习惯所加的羁绊中解放出来，立刻集合在新的组织中。"强制的集合转为自由的集合""严格的组织转为听从人的选择和意向的组织——可直接随意改变的组织"。一方面，这是向着个人主义的运动；另一方面，却是向着无限复杂的、自由结合的一个运动。国家则是这种自由结合的节制者和调节者。在这里，杜威在一定程度上描述了资产阶级革命过程中，封建主义国家的解体和资产阶级自由主义运动的进程。杜威离开国家的阶级本质及其阶级统治功能，把国家描绘为一切社会成员自由结合的工具，显然是错误的。不过，他强调国家的工具价值，否定了国家的至上性和绝对性，仍然有一定的积极意义。

实用主义认为，社会是多元的结合，国家则是这种多元结合的调节者，调节和维护人们自由结合的活动。国家类似管弦乐队的指挥者，它不奏乐，但它调和那些在演奏中各自做自己的事情的人们的活动。国家的主要功能是保障人的自由结合的活动，使人的个性、能力得到充分的发挥。国家权利的行使不是目的，目的是促进人的智慧和能力的增长。只有人们能通过自由实验和自由选择的途径，按自身的意愿和能力结合起来，并参与所属社会团体的目的和政策的决定，才能实现和发挥人性。实用主义认为，这就是民主主义的要义。

国家作为人们社会活动调节者的另一重要任务是调节各种社会结合中人的行为后果，使他们在矛盾冲突中协调一致。私人行为或公众行为的后果可能对社会有利也可能不利，国家和政府的任务就在于使任何人的行为不能有害于社会。对于有价值的行为要加以扶植，对于有害的行为要加以制裁，这样，在这个国家中尽管有种种矛盾和冲突，个人也能够享受较大的安全和自由。国家如果不能提供这种保障，个人就将被迫忙于应付种种不必要的骚扰。"唯其国家尽善尽责，个人才有余力从事于有价值的、有创造性的工作。"

实用主义强调，调节各阶级、各等级和各社会集团的关系以达到社会的和谐，这是国家的重要职能，国家本是阶级矛盾不可调和的产物和表现，但是在实用主义那里，国家却成了调和阶级矛盾的工具。为了说明这一点，实用主义极力抹杀国家的阶级本质，否认国家是统治阶级的意志和经济利益的代表，宣扬国家是超阶级的，国家对社会组织的利益具有中立性。实用主义认为，自由组合的组织是多元的，它们都具有超国家的利益，而国家则承认利益的多样性，不排斥任何一种利益与要求的表达。这是因为，国家没有脱离于社会组织的私利，所以它能在各社会组织之间起调节者的作用，使它们在激烈的利益冲突中协调一致。这充分说明实用主义的国家观是超阶级的、非科学的。

在国家问题上，实用主义还提出了"权力中毒"问题，实用主义认为，有国家，就有管理事务的组织机构及工作人员，这就是政府和官员。政府官员与一般人民无异，不过他们有公众赋予的特权，运用好政府权力，是保持国家合理性和有用性的重要标志。政府官员应该诚心诚意为大众谋福利，如果他们利用政府的权力来谋取私人利益，那么，这种政府就走向腐败贪污，这就叫"权力中毒"。为此，人们对政府及其官员不能存有幻想，以为政治组织一经整顿和改革就可避免腐化和官僚主义。任何政治机构无论怎样更新，都必须经常接受监督和批评，只有这样，才能使国家在功能及运作方式上保持其有用性和合理性。实用主义这种关于正确运用政府权力以及群众的批评监督保持政府廉洁性的主张，无疑具有一定借鉴意义的。

由上述可见，实用主义的国家观从资产阶级人性论出发，抹杀国家的阶级性，把作为阶级统治工具的国家说成是阶级矛盾的调节者，曲解了国家的职能。这种国家观总体来说是超阶级的、非科学的。但是实用主义强调国家是为人而设的工具，强调它的功能应着眼于发挥人的能力、智慧，这些主张颇具启迪意义。

三　杜威与社会稳定

实用主义强调对人性的尊重，强调行为者独立自主的自由精神，这就是杜威所讲的重个人权益、个人自由行动的新个人主义或个体主义。然而，自由行动的个体又不能像脱缰之马，脱离一定的社会控制。从社会稳定出发，实用主义又十分关注社会控制问题，由此提出了实用主义的社会权威理论。

在实用主义看来，权威是人类社会生活中的一个重要问题，是社会哲学必须探讨的。自古以来的哲学家都十分重视社会权威，把权威看作自然的存在或超自然的存在。在实用主义者中，杜威是论述权威问题较多的人。他说，在哲学史上，把社会权威说成是自然存在是亚里士多德提出的。斯多葛派和中世纪的宗教哲学家都重述了亚里士多德的主张，但修正了他的自然权威说，认为社会的最高权威必须从超自然的主宰和人类救世主那里去寻求。尽管不同的哲学家对权威有不同的理解，但承认权威的存在却是共同的。实用主义认为，在人类社会生活中，社会权威是必要的，这是人类本性的需要，有了权威，人的精神和行动可以获得支持和方向。"对于权威的需要是人们经常的一种需要，因为它就是对原则的需要，这种原则既十分稳定又十分灵活，它们可以在动荡不定的生活过程中发挥作用。"这里的权威或"原则"，也就是"指导人类行动的信仰"，它或是宗教信条，或是科学的信念，或是传统的社会习俗等等。权威也是社会赖以建立和维系秩序的条件，在社会动荡中，权威是实现社会控制的重要手段。正因为如此，权威地位的争斗是许多重大历史冲突的原因。杜威认为，历史上重大的政治的和思想文化的斗争都是争夺权威地位的，教会和世俗王权之争、科学与神学之争、近代新兴阶级力量与封建势力之争、新个人主义运动与旧传统和既存制度之争，莫不如是。以往，政治上和宗教上的当权者都宣称自己具有"绝对正当的权威"，而且是最高的社会权威。教会宣称自己是超自然的最高权威在地面上的代表；世俗王朝向教会的最高地位挑战时也宣称，自己是由于神圣的权威而存在的。科学和宗教的斗争，实质也是社会权威之争，它不仅是两种理论信仰之间的冲突，而且是两种社会力量之间的冲突，一种社会力量是旧的，并且拥有随时准备使用的制度权利，而另一种社会力量是新的、进取的，渴望自己的权威地位得到承认。近代新经济力量的兴起对现存制度的最高权威是一种威胁力，为了享有最高权威，它们宣称自己是自然法则的纯粹而真实的表现，只有他们才拥有统治一切人生现世事务神圣的权力。随着近代工业和商业的发展而兴起的新个人主义运动，为争取个体的自由，而反抗一切权威，实际上却把追求个人利益和自由原则的个人主义、功利主义、自由主义提升到最高权威的地位。

在实用主义看来，权威也是个人结构中的一部分，长期形成的传统社会习俗融于人的活动构造之中，它对人的信仰和行动就具有了权威作用，支持和指导着人的行为方向，并使人在动荡不定的社会环境中获得安全感和团结感。由于上述种种原因，自古以来，人们总是在寻求某种权威或为享有权威地位而斗争，无论个人或社会组织都力图依赖权威的力量。人类的历史就是一部寻求满足权威需要的历史，也是充满争夺权威地位的冲突的历史。

然而，在过去，人们对权威的信赖往往是盲目的，即使权威的存在也是外在而带有压制性的。近代工业和商业迅速发展，新兴个人主义运动兴起，这个运动追求个人的绝对自由，反抗一切社会权威，权威问题受到严重挑战。引起深重的社会危机，从旧制度的束缚中解放出来的新个人主义运动，由于反抗权威本身，反对一切社会控制，使个人自由失去方向和支持，造成了道德上和社会管理上的真空，社会生活陷入无政府状态。在动荡、混乱的情况下，安定、合作、秩序、纪律重新为人们所关注，个人自由的概念则失去了先前的魔力。当社会没有形成真正的科学权威时，就诉之于外在的权威力量，以维护外表上的社会秩序，其结果给独裁的兴起以可乘之机。在实用主义看来，这是西方文明的危机。为了从这种危机中摆脱出来必须树立正确的权威观，使社会生活真正置于科学权威的控制之下，从而维系社会的稳定和正常运转。

如何正确看待社会权威，实际是如何正确认识和处理社会权威和个人自由的关系。杜威认为，权威和自由是一个复杂的问题。有人把权威和自由看成是两个互不相干的纯理论问题，是不妥当的。这个问题的真正意义在于它的实际意义，当它与历史事实联系起来时就代表着重大的历史斗争。如果在现实生活中，"不是把两者结合起来而是把两者分隔开来"，就会"使人走入迷途"。在杜威看来，这正是当今世界动乱的原因。

近代以来，新个人主义运动反对一切社会权威和社会控制，把权威与旧制度、社会压制等同，走向了绝对自由的无政府主义，就是不懂得权威与自由的界限和相互关系，认为权威和自由水火不相容，权威是自由的敌人，人们要实现自由就必须反抗一切形式的权威。在杜威看来，这是有其历史缘由的。新个人主义运动是在近代工商业的发展中兴起的，它反对教会和旧制度，追求个人利益和个人自由，代表了社会的新兴力量。旧制度和教会势力总是竭力抵制这种新生力量，把它当作威胁其存在的"死对头"而实行虐政，进行压制。这些统治势力掌握着实际的社会权力且宣称自己在各个社会领域具有绝对正当的权威，并敌视一切重要的社会改革。当新兴力量发觉体现权威力量的旧制度总是同自己的自由要求相敌对时，就把权威看作与人的个性自由、与社会改革相敌对的。因而它们反抗一切有组织的社会权威和社会控制，把权威和自由绝对对立起来。杜威正确地指出，这是把一定历史时期新兴力量反对封建专制势力的一种"历史的相对的斗争转化成为在权威原则和自由原则之间的内在的和固定的冲突的哲学"，这是错误的。"如果这种哲学为我们所接受和实行，就会把权威当作纯粹的限制力量并不在其指导之下去实行自由。"

　　为了说明权威与自由相结合的必要和可能，杜威从社会学角度，对权威和自由的含义及其相互关系做了解释。他认为，权威是人们热诚信服和遵从的社会力量，权威的力量代表社会组织的稳定性，个人借此获得方向和支持；自由是追求变化和革新的因素，代表有意识地促使产生变化的社会力量。社会权威和个人自由的关系是社会稳定和社会变迁的关系。在过去，权威和自由的冲突就是社会的保守力量和革新力量之间的冲突。体现权威的制度敌视变迁，因而限制和压制个人的可变化因素的发挥，这种新变化的因素就是人的"首创性、发明力和进取心"，人的新需要和新目的。而个人自由又走过了头，反对一切社会权威，被贬斥为破坏秩序的力量。

　　实用主义认为，社会变迁不可阻挡。杜威说："需要特别注意的一点就是，不管怎样具有权力而且不管怎样迫害异端和激进派，都从未有过任何制度有力量成功地阻止过巨大变迁的发生。制度在抵抗变迁的活动中所获得的成功只是把各种社会力量堵塞起来，一直到最后终于不可避免地表现成为重大的，往往是暴力的和具有灾难性的变迁的爆发。"杜威认为人性中拥有促使历史变革的力量，这种力量是压制不住的，无法根除的。人们由于需要安全感，会暂时服从于外在的权威，但是，"个人中变化的因素是不能永远被压抑或完全根除的"。同时，实用主义也认为，不能片面强调个人自由的原则，绝对否定权威的作用，把一切有利的变迁都归结为孤立的追求个人利益的自由活动。"当'自由'蜕化为'放纵'的时候，那就要恰当地诉之于权威的作用来恢复平衡。"

　　实用主义强调，权威和自由是相对的、有机的。社会权威对个人自由的态度，是对待社会变革的问题；个人自由对社会权威的态度，是维护社会稳定性的问题，是要不要社会控制的问题。真正的社会权威不是去压制社会的变革，而是去顺应改革的潮流；真正的自由不是反抗一切社会控制，而应服从一定权威的指导和支持。"我们需要有一种权威，但这种权威不同于它所活动的旧形式，而是能指导和利用变迁的；我们也需要有一种个人自由，但这种个人自由不同于那种为个人无限制的经济自由所产生并为它作辩护的个人自由；我们所需要的这种个人自由是具有普遍性的和为大家所分享的，而且它是在社会上有组织的明智控制的支持与指导之下的。"可见，权威和自由是互相渗透、互相适应的，必须把二者结合起来。

如何实现权威和自由的相互适应、相互结合？实用主义认为，旧途径不可取。必须寻求一个崭新的途径，这个途径必须到科学的领域中去寻求，这就是建立在科学实验方法基础上的集体理智，类似科学共同体。一方面，这种科学合作的理智最富权威性，一定的专门科学领域的理论和方法，当它一旦形成就成为这一专门领域科学家的共同信仰，成为他们共同运用的"公共的和公开的方法"，在科学家活动中起着指导作用。科学家个人的研究活动是离不开集体理智的权威的。"没有一个简单的过程不是依赖于利用在数学、物理和化学中的集体的、有组织的理智的方法所产生的结果"。个人的首创性、发明力和进取心都汲取了集体理智的成果，"没有有组织的理智的帮助和支持，个人的首创性和进取心是无能为力的。"另一方面，科学的进步是由于解放了而不是压抑了个人中变异、发明的革新的因素。科学家研究的成果最初可能是私人发明的产物，但他所做的贡献是在集体理智之中得到检验和发展的，根据在合作中所得到的证实程度而变成了理智世界中公共财富的一部分。这里，权威和个人自由是一个有机统一体，个人自由为这个有机体的权威所支持，又通过他的活动改变与发展着它所依赖的权威。可见，科学家在集体理智的权威指导和支持下进行个体的自由研究；集体理智的权威又依靠科学家个人的研究和贡献得以巩固。这种集体理智正是科学变迁和科学进步的真正的最后来源。

在实用主义看来，如果这种有组织的集体合作理智能广泛应用于社会生活的诸领域，就可以发挥它解放个人的力量和才能的作用，形成既有合作、团结，又有个人自由的创新活动的局面。只可惜这种科学合作的理智活动还仅限于科学的专门领域。要把它"从它有限的范围内扩充到人类关系的较大领域中去，在发挥它解放个人力量和才能的作用的途中是有许多巨大的障碍的"。人们不能期待在短时间内获得胜利，但是，这是"人类所希望的和人类所必要完成的任务。"杜威强调，为了最终完成这个最艰巨的任务，应采取他倡导的试错法，不断尝试，改正错误。"我并不预测这样的扩充终将会有效地实现，但是我却主张：关于权威与自由、关于稳定与变迁的问题如果能够解决的话将会用这种方法来得到解决。"尽管这一过程是漫长的，在尝试中得到的直接结果是微小的，然而科学理智的方法这一最重要的原则将会在尝试中体现出来，并通过纠正尝试中的错误而逐渐成熟起来。

实用主义的权威观强调了社会权威的重要性和必要性，批判了反对一切权威和社会控制的无政府主义。这是正确的。马克思主义也重视权威的作用，恩格斯早就论述过权威的重要性。权威在社会生活中具有特殊的影响力，它对维护社会的稳定、国家的统一、群众的团结起着不可或缺的作用。权威之所以能起这样的作用，根本在于它反映了人民群众的意愿和根本利益，集中了人民群众的智慧，有坚实的群众基础。实用主义虽然强调了权威的重要性和必要性，但主要是从抽象的人性论出发，局限于社会心理学的分析，把这种重要性和必要性归结为人的本性的需要，归结为人的安全感和团结感，这就不可能正确揭示社会权威存在的客观基础。

在权威和自由的关系上，实用主义实际上是把权威看成是实现社会稳定和社会控制的手段。它的根本目的是释放人的能量。为此，权威必须顺应人的新需要，尊重个人的创造性、发明力和进取心。总之，其立足点是人，体现了实用主义哲学的人本主义特色。

实用主义试图从科学领域寻求权威和自由有机结合的途径，强调科学权威是有组织的集体合作的理智，强调社会权威应体现科学精神，这是有启迪意义的。但是，权威和自由的结合必须通过一定的社会渠道，依靠一定的社会结构。因为，权威和自由的关系实际上是民主与集中的问题，必须要依靠能实现民主和集中有机统一的社会制度来实现，这一点涉及社会制度的根本改造，实用主义并没有提及。

四　社会是多元的、非决定论的系统

实用主义的宇宙观是多元的、非决定论的。从这一宇宙观出发，实用主义提出了它的历史多元论。它把社会看作一个多元的、非决定的系统，历史的发展没什么规律可循。人是社会的主体，社会现象都是主体活动的产物，而人的活动是受个人目的、意志的支配，所以没有外在于人的客观性，只有主体规律。比如詹姆士强调个人在历史发展中的作用，认为社会的演变主要是直接或间接地由个别人物的行为所推动。个别人物由于偶尔取得权威地位而成为运动的倡导者、推动者，如果任其自由发展，社会就会被引向另一方向。胡克则把人们的相对的固定的行为模式看作历史规律，认为历史规律发挥作用的机会是人给予的，规律就存在于人的主观选择之中，历史是人们主观选择的结果，他极力否定历史事变具有客观的因果必然性的决定论观点，认为这是一种"封闭式的宇宙之形而上学理论"。

实用主义认为，社会是由多种多样的社会力量和条件构成的复合体，它的存在和发展是许多因素相互作用的结果，这些因素对社会发展所起的作用是同等重要的，不存在谁决定谁的问题。杜威就把社会看成是人类交往和共同生活的文化复杂体，包括经济、政治、道德、科学技术、艺术和观念形态等多种多样的因素。他反对将"交互作用中的某一因素"孤立开来，"当作至上的东西"。在杜威看来，任何社会现象、社会问题都必须"从这种构成社会文化的因素和人性的因素相互作用的内在联系之中来观察"，才能得到解决。"把人和个别因素孤立起来，无论在一定时间内它的作用是多么重要，对于理解和理智活动都是极端不利的。"

实用主义用它的多元论的历史观反对马克思主义的一元论的历史观。马克思主义主张社会历史的发展是社会存在和社会意识的辩证运动，这里既有社会物质生活条件的作用，也有政治、文化、观念形态的作用，而历史发展的决定因素归根到底是物质生活资料的生产方式。杜威则攻击说，这是把经济因素从文化的交互作用的多种因素中孤立开来，把它当作社会变化的唯一原动力，从而把马克思主义的历史一元论歪曲为只讲"单纯的经济生产力"的"经济决定论"。

对实用主义多元历史观做比较详尽发挥的是胡克。他既反对社会决定论把环境看作由绝对的因果决定的系列，也反对夸大个人的主观能动性，把人看作无所不能的历史创造者。他说："认为人类的前途早已决定，事物的未来形式，如今就已确定而不可变异——这种态度自然会对于那到处都遇到的可加选择的具体问题怀着一种藐视的心情。反过来，认为在任何历史时期，人们都能够翻天覆地，而他所需要的只不过是一种善良的或坚强的意志——这种态度自然会导致对于理智活动的限制条件加以忽视。"人类历史由一系列历史事件和社会事件组成，这些事件是人类和环境之间交互作用的产物。一方面，"人们确实能够创造自己的历史"，即使有"规律"，历史的发展也并非固定不移，还可为人的有选择的行为活动所改变。另一方面，人们是在当时存在的物质条件限制之下创造历史，他们的思想、目的、计划根植于各种复杂的物质条件之中。所以，对于历史事件和社会事件必须从人的社会行为和环境的交互作用中寻求解释。这里，胡克既强调了人的历史作用，也强调了客观物质条件，似乎十分全面。实际上，这是一种貌似全面的历史多元论。胡克虽然肯定客观物质环境对人类历史活动的作用，承认社会历史的发展有时会出现"出乎人力控制的""不可抗拒的"趋势，有时甚至使用"历史规律"的术语，在一定程度上引用规律来描述、解释和概括社会实践和社会变迁（比如"天主教徒或犹太人不能当选国家的最高官吏"，这是对一定时期的美国人确认的政治生活趋向的经验概括，胡克却认为这是美国政治生活的一种规律）。但他极力否定社会变迁和社会事件具有不以人们的意志为转移的客观必然趋势，否定社会历史有客观逻辑，而认为社会事变是人、社会和自然等多种多样相对自主的因素错综交叉发挥作用的结果。人们就在这种种因素的交互作用中选择前进的道路。

历史是在环境和人的社会行为的交互作用中，在多元因素的推动下前进。这种观点突出表现在胡克关于社会事件和人的选择的问题上。在胡克看来，社会之所以不可能依照铁定的必然性发展，是因为一定历史环境存在着供人选择的多种多样的可能性。在历史发展过程中，究竟哪种可能成为现实，取决于人的选择，而人的选择又受着种种主观要求和价值取向的支配，因而选择是飘忽不定的。同时，客观环境也有多种因素同时起作用，有交叉互扰的可能性。所以，并非一切选择道路都可以实现。历史就是通过人对客观可能性的这样或那样的选择而向前发展的，不存在必然的前定或固定的形状和路线。

胡克强调，人们要创造历史，最重要的是要承认历史发展存在种种客观可能性，这是人们选择的前提，离开了这一点，就会错失各种选择机会而铸成错误或陷入历史宿命论或社会决定论。胡克断言，形形色色的决定论的一大弱点是认为"历史上不存在客观的种种可能性——未来已经是现实的，只是还没有生产出来，人类努力或不努力都是事前'前定'的，理智从来不能丝毫改变历史的演变过程"。与此相反，在实用主义看来，承认种种客观可能性的存在是至关重要的，因为这种可能会导致不同的选择道路，改变已然发生的事变过程。为此，人们必须理解和掌握种种客观的可能性。胡克认为，这里必须区分两种可能性：科学的可能性和幻想的可能性。区分之点在于：科学的可能性有促使它产生的事实依据，从而有足够的根据对事件发展趋势做出预测，胡可称为"有根据的可能性"，这是一种"颇为可信和颇有可能的"可能性；幻想的可能性没有存在的事实依据，仅属主观的想象，是一种虚而不实的东西，必须予以抛弃。

胡克强调选择必须以客观可能性为依据，这无疑是正确的，问题是，何为客观的可能性？对此，胡克并没有做出真正科学的说明。客观可能性是包括在现实事物中，预示着事物发展前途的种种趋势，但并非任何一种客观可能性都会向现实转化，只有合乎规律、合乎必然的东西才会变成现实，可能性向现实性转化是由客观必然性、规律性决定的。胡克恰巧抽去了可能性与必然性的深刻的内在联系，这种可能性就成了缺乏充分依据的可能性，也就难以作为人们做出预测的可靠依据。

胡克认为，客观可能性本身有着实现的可能，问题在于人们能否理解和把握。为此，他十分强调人的主观因素的作用。在他看来，当社会事变存在多种可能性时，究竟哪种可能性得到实现，这取决于人的参与和选择，选择不同，事变过程会有不同方向和结果。比如，一个社会是民主还是集权，两种可能同时存在，究竟是朝着哪个方向走，"在很大程度上取决于我们自己"，决定于人们为它而奋斗的决心。诚然，可能性转化为现实需要一定的条件：客观条件和主观条件。客观条件是正确掌握客观必然性和规律性，这是实现转化的基础和前提。胡克有时也承认这一前提，承认"理智和意志的取得胜利永远不会违反自然的和社会的必然性。它们的作用不过是刺激人们身上本来具有的那些无可怀疑的潜力，使之能够更好地迎合这些必然性而已"。实际上，他更为强调的是主观条件。他说："理智和意志，由于本身的努力就能给人们提供若干有利条件，以便把可能变为现实。……历史上最沉痛的悲剧，莫过于人们喊叫'不可能'喊得太早，并且由于眼光短浅没能充分发挥本身潜力，人们的美德和罪恶都能够成为有力的历史力量。"在历史前进的道路上，有些事情本可以由可能转化为现实，但是却失去了机会，之所以如此，就是人们没能更理智些、更勇敢些或更决断些。胡克认为，人们在创造历史当中可能犯的错误千差万别，但是最常见的错误是在多种可能性面前低估了自己的力量，因而缺乏明智的决断和百折不挠的勇气。

在人的能动作用问题上，主体的选择性是胡克尤为看重的。他说，历史上许多可能发生的事往往都是出乎人力控制的，对此，"人们究竟能做什么?"那就是：自由选择。历史进程出现的局势，无论怎么千变万化、复杂无常，总会存在着可以选择的不同发展道路。在这种情况下，人是有自由的，对于各种各样的可能性，究竟选择哪种可能性，可以经过理智上的反复思考，对于自己行为的目的、意向自愿做出决定。这里，与萨特有所不同，胡克讲的自由选择并非毫无根据的绝对自由，他强调选择是以客观的可能性为依据。然而，由于他割断了可能性与必然客观性和规律性的内在联系，实际上是强化了选择的主观根据。在胡克看来，在可能性向现实转化的过程中，人的目的性、人的价值取向具有重要的作用，这是社会历史的发展与自然界的发展不同之所在。善恶标准、理想、习惯、传统、个性都影响着事情的成败，尤其是理智和意志，是赢得胜利的关键。

为了强调历史在人们的自由选择中演变，否定历史进程有不以人的主观意志为转移的确定不移的方向，胡克还围绕历史上英雄人物的作用问题，对他的多元的、非决定论的历史观做了进一步的发挥。胡克认为，历史上有英雄、伟人的存在，这是人们公认的，问题是历史事变究竟是英雄还是环境起决定作用，回答就各不相同。英雄史观主张，历史上的所有因素，除伟人外都是不重要的，人类历史归根到底就是在这个世界上有过作为的伟人的历史。相反，社会决定论则认为，历史上的英雄人物永远属于琐碎细节，所谓英雄或伟人不过是历史力量或社会力量的一个"表现""代表""符号""工具"罢了。英雄不能创造出任何东西而只是执行早已派定的任务。他们只不过是社会进化曲线上彼此毫无联系的许多有色的小点点。胡克认为上述两种极端的主张都是错误的。

胡克认为，对英雄或伟人的历史作用问题，必须联系他所处的时代，放到一定历史环境中来考察。英雄人物的活动受着环境的限制，他不能为所欲为，但也不仅仅是历史的产物和表现，似乎英雄人物在历史过程中无足轻重。英雄人物能够重新决定历史进程，是可以创造历史的力量。

何为历史上的英雄人物？胡克说，"所谓历史上的英雄人物就是那样一个人：在决定某一问题或事件上，起着压倒一切的影响；而我们有充分的理由把这样的影响归因于他，因为如果没有他的活动，或者他的活动不像实际那样的话，则这一问题或事件的种种后果将会完全两样。"为了突出英雄人物的主要特质，他把在历史事变中起决定作用的人物区分为两种类型：事变性人物和事变创造性人物。"事变性人物就是：某一个人的行动影响了以后事变的发展；而如果没有他的这一行动，事变的发展进程将会因之而完全不同"。事变创造性人物也对事变发展起决定作用，但"他的行动乃是智慧、意志和性格的种种卓越能力所发生的后果，而不是偶然地位或情况所促成的"。事变性人物是由于碰上了成为"伟大"的机会，事变创造性人物必须拥有非凡的才能，而不仅是某一适逢其会地置身于某一恰好的地点和幸运的时刻。这两种类型人物的行动对重大历史事变都起了决定作用，然而事变创造性人物所起的这种历史作用是自觉的，他对于自己行为的目的，对其所进行的事业有清楚的认识，而且为实现他所选择的历史道路发挥了他的特异天才；事变性人物则是不自觉的，他并不理解所面临的历史选择的性质和意义，它的历史行动比较简单，能力也是平凡的。胡克说，所谓历史上的英雄或伟人，只是指事变创造性人物而言。

胡克强调，英雄人物活动的重大历史意义就在于他的选择可以改变历史或重新决定历史的进程。在他看来，杰斐逊赎买路易斯安那州的政策对美国历史的发展、列宁发动和领导十月革命、拿破仑对欧洲历史、罗伯斯庇尔对法国革命所起的作用就是如此。他们的选择行动使历史方向发生了重要改变，从而产生了重大的历史影响，"正是那作为事变创造性人物看待的英雄把他们的个性积极烙印加盖在历史上面——直到他们从历史舞台上消逝以后，这个烙印还依然明显可见。"

　　英雄人物对历史事变起决定作用的前提是客观上存在可以进行选择的不同道路。胡克反复强调，"只有当历史局势容许今后发展道路有重大选择的余地时，英雄人物的活动才会发生决定作用。"他试图在这个问题上，把自己的英雄观同否定英雄人物历史决定作用的社会决定论和夸大英雄人物历史作用的英雄史观区别开来。英雄史观否定英雄人物活动的一切前提，轻视环境因素的作用，绝对强调英雄个性的力量。社会决定论则否定英雄可以重新创造历史，绝对强调时代和文化的限制，认为英雄是不由自主的，只能顺应形势。因为，在社会决定论看来，历史只允许向一个确定不移的方向发展，没有真正可以选择的余地，个人在任何时候都不可能成为决定取舍的关键。英雄人物不过是历史趋势的产物，他的活动意义也只能从历史趋势去理解。

　　在胡克看来，英雄人物本身也加强了历史进程的不确定性。英雄人物对历史事变的决定性影响是相对独立的因素，就是说，他的选择不受因果联系的制约。因此，在种种可能性中究竟哪种可能得到实现，除英雄人物本身外，"其他一切有关因素都只具有次要的意义"。在这一意义上说，如果哪一位伟大人物参与，"则事变进程在一切重要方面，以及在一切可能的条件之下，都会完全改变方向"。同时，人的个性因素千差万别。个人之间的性格、能力、文化素养等各不相同，人们对于相同的环境有着不同反应，所以只要承认个人能够影响历史的发展，便不能否认，在某些时候，不同的个人通过他们的行动和思想会导致不同的历史发展。他还把英雄人物的活动看成历史关系之网上的纯粹的偶然现象。俄国将军布图林与腓特烈的命运、列宁与十月革命，在胡克看来都是历史上的偶然和意外。因为，如果俄国将帅不是布图林而是苏沃洛克，如果 1917 年 4 月列宁没有回到俄国，历史的后果会怎样呢？"这里，像闯进太阳系，打乱它的常态的彗星一样，另一系列的事件会涌进我们正在讨论的这一系列的事件里来"。英雄人物出现在历史的交叉点上，历史事变如何发展，后果如何，就取决于他行动与否和怎样行动，在行动过程中，还可能有其他因素的进入，其后果更是难以预料的，这就更显出英雄活动的偶然性。所以，胡克说，"偶然事件究竟在什么范围发生，固然受历史关系之网所决定，但历史关系之网会遭到每一偶然事件的破坏。……网是常被破坏的，而伟人就可能是使它遭受破坏的偶然现象之一"。

由上述可见，胡克虽然强调了历史上英雄人物起决定作用的客观前提，但认为历史进程及各种可能发展的道路并不受客观必然性的制约，因为不存在支配历史发展的确定不移的运动。由于英雄人物的选择，历史似乎可以朝任何一个方向发展，实际上是主张偶然和意外主宰历史过程。显然，胡克关于英雄人物决定历史的观点，归根到底是要否定历史根本方向的确定性、必然性和规律性，宣扬实用主义的多元性、非决定论的社会历史观。

在前述几个问题中，他把因果关系和决定论、客观规律和主观意志、必然性和偶然性对立起来，割裂开来，其核心都是以否定历史决定论为根本旨意。虽然他有时也承认事物之间的因果必然性和规律性的存在，然而问题不在于他是否承认它们的存在，而在于他根本否认了它们的客观性质。

第五节　民主和人性

民主问题也是实用主义颇为关注的课题。不少实用主义者都以美国民主传统的维护者、新时代民主观念的革新者、重建民主主义的倡导者自诩。实际上，他们所宣扬的民主观归根到底是以抽象人性论为理论根据，并没有超出资产阶级民主理论的范畴。当然，实用主义的民主观也有它的特点，与资产阶级的传统民主观不同，它并没有把民主局限于政治领域，而是在尊重人的尊严和价值与推崇科学的旗帜下讨论民主的性质和意义，回答有关民主的种种问题。

20 世纪历史的巨变，特别是十月革命和两次世界大战，以及资本主义的经济危机，促使西方世界的传统价值观念迅速崩溃，产生了深重的精神危机。过去，人们曾以为 19 世纪科学技术的长足进步会使人类本性变得更文明，更理智，依靠道德和政治的改良就可实现资本主义的进步，使资本主义秩序永世长存。然而，历史的现实却是十月革命的胜利、欧洲列强之间的激烈大战、法西斯主义的兴起和空前规模的血腥大屠杀，是资本主义社会的动乱、危机和广大人民群众的贫困、失业、饥饿等。在西方思想舞台上，昔日的理性主义和乐观主义已为历史悲观主义和非理性主义所取代。这一严峻的现实引起不少西方哲人的震惊和深思，他们不得不重新思考以往所崇奉的种种价值观念，民主问题正是他们重新审视问题之一。实用主义可谓这一动向的突出代表。

杜威在1944年曾深为感叹地说，20世纪上半叶的历史事变使以往的理想主义和乐观主义受到沉重的打击，往日的旧信仰和传统观念遭到了挫败，民主的传统观念遇到前所未有的挑战。维护和巩固民主主义的问题已变成了新问题。鉴于这种情势，必须从理论上和时间上重新确立民主主义。他说，过去在初建民主制度时，人们认为民主制度对人类是"如此自然"，一经建立就会长久维持下去，这种观念是把民主制视为一劳永逸、固定不变的东西。要维护和巩固民主制，必须更新这一旧观念，他强调，民主主义不是静止的，它不是一笔可以代代相传的遗产，一笔可以支付和取用的存款，而是要根据历史的变迁和社会的新情况、新问题去重新创造的东西。

实用主义认为，要维护和重建民主主义，不能靠质朴的民主信念和盲目的勇气，必须依据科学和理智。有人把当今世界的种种危机归咎于科学和技术的发展，主张回到科学发展前时期的信仰和实践，以为那才是救世之道。这就把自然科学和人文科学对立起来，使自然科学的理论和方法与人生事务相脱离。这种倾向是要把人们引向中古时代，使人类不做任何理智的努力而把自己的命运委与超自然的力量，那就不可能有民主主义。在实用主义看来，维护和重建民主主义不是拒绝和否定科学，相反，必须求助于科学，要"在理论和实践上承认人文的和自然的不可分割的统一性"。[①]"民主主义的成功的维持，严格要求利用最有效的方法去求得和我们物质知识大抵相称的社会知识，并去发明与利用和我们关于物质事务的技术能力大抵相称的社会工程的形式"。[②] 杜威强调说，"这个任务"就是"使科学人文化"，要把科学的智慧应用到社会生活的各个领域。"使科学的技术成为民主希望和信仰的侍仆"。

物质的、经济的实力和外在的暴力都不足以达到和平、民主和经济安

---

① 〔美〕杜威：《人的问题》，傅统先、邱椿译，上海人民出版社，1965，第20~21页。
② 〔美〕杜威：《人的问题》，傅统先、邱椿译，上海人民出版社，1965，第23页。

全的目标，一个真正实在的、有效的民主社会，最根本的是依靠人的良好素质，也就是依靠掌握了科学知识、能力得到充分发展、有民主意识和相应的道德习惯的人。这样的人在处理社会的和人生的事务中才具有明智的理解和行动。杜威正是由此出发，特别强调人的教育和培养，强调民主和教育的关系，主张通过教育和训练，使科学成为人的社会行为的指导，使民主理想和行为变成人民素质的一部分，简言之，要使"科学、教育和民主动机合而为一"。有了这样的基础，民主就会变成为人民日常生活行为中的一部分，这样的民主主义才是牢靠的。所以，杜威说，"维持民主的希望在于利用科学给我们的巨大资料，去开创一个不仅是物质丰裕和物质安全的时代，而且是文化的机会平等的时代，是每人有充分发展其能力的平等机会之时代。"① 民主主义的建立和维护要立足于全体社会成员素质的提高，而不是诉诸权威、物质利益和暴力。实用主义从历史的和现实的经验反省中得出的这种主张是比较深刻的。

在实用主义哲学中，民主是一个广泛的社会哲学范畴。杜威在谈到民主的含义时，十分强调民主除政治意义之外还有更广泛的意义。从政治意义上看，民主是实现目的的一种手段，而目的则需从人类的相互关系、人格发展与人性的实现去寻求。按照实用主义的主张，民主是一种个人和社会的生活方式，政治生活不过是其中很小一部分而已。民主生活方式的基础是伦理，首先是道德关系，这要求人们在参与形成调节共同生活价值的活动中有平等的机会。无论是工厂、都会、学校或其他社会团体等，凡是有着某种共同活动的人们相互关系都广泛适用。胡克说："可以把民主的内涵最后放宽到这样的程度，使它表示一种生活方式，一种和贵族的伦理学对立的伦理学。"② 杜威认为，这样的民主观念正是美国民主的传统，"美国民主传统的来源是道德方面的——不是技术上的、抽象的、狭隘的政治方面的，也不是属于物质上功利主义的，它是属于道德方面的，因为它相信人性具有这样的能力，它既能使个人达到自由，同时又使别人得到关心和尊重，并使社会得到建筑在结合上而不是建筑在强制上的稳定性。"

---

① 〔美〕杜威：《人的问题》，傅统先、邱椿译，上海人民出版社，1965，第39页。

② 中国科学院哲学研究所西方哲学史组编《现代美国哲学》，商务印书馆，1963，第275页。

实用主义认为，人性的实现和解放是民主的目的，民主的制度和方法都是使人性获得圆满实现的手段，这是民主所具有的内在的道德性质之所在。民主总是同人道主义、同相信人性潜能的信念联系在一起，民主的生活方式的一切形式及其方法都必须从根本上考虑人性。"它们必须较任何非民主的制度给予人性以更自由的活动余地。"必须具有获得和保持不断解放人性力量的效能。正因为如此，人性潜能得到开花结果就成为衡量民主的标尺。

实用主义的上述主张试图从人性的解放和实现揭示民主的实质，把民主的形式、方法都归结为人的尊严和价值的问题，这种主张应该说触及了民主问题的根本。然而，民主是人们在一定历史条件下，在一定政治和经济关系基础上形成的一种社会管理体制，涉及人们的根本经济利益和政治，实用主义从抽象人性论出发，试图撇开人们的政治经济关系说明民主的本质及其意义，因此具有很大的局限性。这一点，在民主与文化的相互关系问题上也鲜明地体现出来。

实用主义认为，人性的解放和实现要通过多种途径和多种形式，民主不仅仅表现于政治制度之中，而且体现于社会生活的各个方面、各个领域中。必须从人类活动的每一方面和现有文化的一切组成部分去考察它在解放人性中的效能。杜威在《自由与文化》中力图通过民主、人性与文化的相互关系阐明实现和维持民主的途径。

杜威强调，民主总是同一定类型的文化相联系，这是因为，文化的构成因素与人性的构成因素密切相关，在社会过程中，人性并非固定不变，也不是孤立地起作用的因素，人性的变化、活动和倾向有赖于一定的社会文化条件。杜威批评了近代以来在人性与社会事务的相互关系上存在的两种极端的观点。一种是片面夸大人性在社会过程中的作用，把一切社会现象都看成是人性现象，社会规律都是人性规律的表现，并用人性解释和说明一切社会现象和过程，以穆勒为代表的英国的激进派就是如此。这种人性构成论是个人主义的，是他们用以论证政治自由、道德原则和放任自由主义的经济政策的理论根据。另一种是否定和贬斥人性，"是对于人性相关的理论和实际的一种反动"，其代表是 19 世纪的德国唯心主义。这种唯心主义利用上述人性构成论的弱点，谴责它把政治和道德权威的根源置于人性之上，是社会骚扰、混乱和冲突的来源，是把社会制度与个人的关系建筑在最不稳定的流沙之上。德国唯心主义树立了一个"绝对精神"或"绝对理性"，把历史看作绝对精神的运动，认为以人性构成论为基础的个人主义运动不过是其中的一个过渡。个性和自由与法律和权威融合在一起，它们都不过是"绝对理性"的体现，所以它们是合理的。杜威认为，这两种片面的主张都不可能有人性的实现，也不可能有民主。因为，按照人性构成论，人性的实现是自然的、先决的，就无须自觉争取。依照德国唯心主义的主张，德意志的国家和法律是绝对精神最高和最完满的实现，人类及其精神不过是绝对精神运动过程中的个别的环节而已。这种理论在今天"已成为极权主义的理论基础和辩解"。这两种理论由于在人性与社会现象问题上的片面性，都没有对人性和社会文化现象的关系做出正确的解释。

实用主义从多元历史观出发，认为人性和社会事件、社会文化现象的关系是相互作用的，无论人性因素或社会文化的因素都不是最后起决定性作用的力量，它们是相互作用的，不过，实用主义更为强调的是文化对人性的形成和变化的影响。人们认为追求利益的欲望和冲动是人性的恒常因素，有人把它看作罪恶、混乱和战争的根源，有人则把它视为社会繁荣、进步和和谐的基石。杜威不赞同这种主张。他说，人性因素本身对于社会现象是没有任何解释力的，只有它们跟周围的文化条件交互作用而形成了习得的性向时，它们才产生后果。人性因素的积极的或消极的社会意义和价值是在许多不同的环境条件交互作用过程中决定的，必须充分估价文化条件对人性的作用。不管人性的天然构成因素是什么，一个时代、一个集团的文化对人性是具有决定性影响的，它决定着任何团体、国家、氏族、民族、教派、党派、阶级活动的行为模式。美国文化是一种金钱至上的观念，这并不是人性原始的或天然的结构使它倾向于获取金钱的利润，毋宁说，这是由于一定的复杂的文化刺激着、助长着、强化着这种倾向，以致产生一定的欲望和目的。人性的天然构成是相对稳定的，不同的社会结合着人们的习性具有多样性，这不能归结为人性天然构成状态，而是由于培养各个集团成员的文化条件对他们影响的结果。在这里，实用主义虽然肯定了社会生活条件对人们社会行为倾向的重大影响，但把这些条件统统归结为社会的文化条件，抹杀了社会物质生活条件对形成不同阶级、不同民族的社会集团行为特征的决定作用。

实用主义非常强调人性不是固定不变的，它是在一定文化条件下活动着和变化着的，社会文化条件既可以解放人性，促进人性的发展，又可阻碍人性的发挥。既可激发和加强人性的力量，也可以压抑和削弱它。正由于文化条件对人性的形成和变化具有这样的作用，文化就成了直接影响实现民主和个人自由的社会条件。所以，实用主义主张，民主必须有相应的文化基础和文化背景，自由、民主制度是和文化类型联系在一起的。杜威为了强调这一点，把民主归结为人道主义文化，他说，"民主是指这样一种信仰，即人道主义的文化应该流行于世"。就是说，真正的民主有赖于建立利于人性发挥作用的条件，这就是能促进人性的发展和人的潜能发挥的人道主义文化。

在杜威看来，民主、人性与文化的关系为实现和维护民主确立了斗争的方向。首先要认识到人性在文化每一方面——科学、艺术、教育、道德与宗教，以及政治和经济等方面的发展中具有重要意义。同时，文化要发挥它为民主服务的效能。人道主义文化应为人们提供这样的文化环境，每个人都有平等权利表达自己的判断，都有理智上、心灵上的自由和信仰与良心的自由。所以，民主的发展是用互相商量和自愿同意的办法去取代用强力压服的方法，是"应用协商、说明、交涉、交流、理智协作的方法"。使用权威主义和强力的方法是要人屈服于专横的权力，是违反人道主义文化的。杜威将科学中所应用的允许各种不同意见存在的观察实验的方法，看成是真正有效的民主方法，主张在文化领域中广泛应用。他说：我不要求任何现有的民主已经完全地或恰当地使用了科学方法来决定它的政策，但是研究的自由、不同的观点的容忍、交流的自由，把发现的东西分配到每一个人手里，把他当作智慧的最后消费者，这些都是既包含在民主方法之中，也包含在科学方法之中的。

在实用主义看来，正由于民主需要有一种人道主义文化、为民主服务的文化，需要科学的民主方法，民主就不是一种天赐恩惠的东西，必须自觉地为之奋斗。文化有多少方面，争取民主的斗争就必须在多少条战线上进行，包括政治、经济、国际、教育、科学与艺术、道德与宗教等战线。所以，民主的道路是漫长而曲折的，需要人们做坚持不懈的努力。

平等问题是实用主义民主理论的重要组成部分。这个问题与实用主义的所谓的社会理想联系在一起。实用主义认为，平等是民主的一个重要因素，民主的生活方式就是人人平等。既然个人权利的实现是民主的目的，在民主的生活方式下，每个人都有生存、自由和追求幸福的权利，那么，他们的欲望、需要和动机都应该得到同样的尊重。

实用主义强调平等在道德上、政治上和法律上的意义。杜威说，民主主义主张一切人都应该平等自由，但不是自然禀赋上的平等，它是一个道德、政治和法律上的原则。每个人的天赋各不相同，心理和生理素质与状况有差异，才能和智慧也有高低，这正是在道德上、政治上和法律上建立平等的理由。民主生活方式下的人人平等是通过法律所确立的机会均等，使一切个人都有权利在法律的保护下享有平等的地位和平等机会去发展和贡献自己的才能和智慧。人们的智力是不同等的，但每个人都应有平等机会发展它并贡献他可能贡献的东西；每个人的需要和欲求不相同，但任何人都应该有同他人一样多的权利和机会去尽可能求得最大的满足。总之，在实用主义看来，民主的生活方式就是给每个人的人性的发展和实现以平等的机会。

实用主义激烈地抨击了极权主义对人的平等、自由的压制。它强调，民主主义的基本前提是：每个人是他自己利益的最好的评判者和表达者。它把每个人自由地追求自己的幸福和选择自己的生活需要与欲望作为出发点，不仅在个人生活方面而且在社会的政治、经济制度以及文化前途等方面都给人们以选择的自由。所以，在民主制度下，人人都享有政治平等和政治自由，而不受社会地位、财富、禀赋、种族、宗教信仰和性别等的影响和限制。为保障这种平等、自由，民主主义还容许对立意见的存在，承认人们具有反对的权利。极权主义则相反，极权主义是把所有一切政治、经济、文化教育的权利集中在少数人的手里，它通过外部的和内部的压制手段来控制在它统治下的人民的全部生活，选择的自由是没有的，不仅不容许异说和对立意见的存在，还对之进行残酷的迫害。这种极权主义是反人性的。

实用主义主张，为了使人们所追求的民主、自由和平等的生活方式的丰富性和完善性获得持久的巩固和发展，使人的潜在能力得到充分的发挥，必须确立一种民主主义的社会理想，并为实现这种解放和实现人性的社会而奋斗。这种社会理想以莫里斯在《开放的自我》中提出的"开放自我的开放社会"为代表。在莫里斯看来，开放自我的开放社会，是美国民主主义的传统理想。他说："如果我们有所指地使用'民主'一词，它就是'开放自我的开放社会'的同义语。"①

依照莫里斯的描绘，"开放自我的开放社会"是民主主义的理想社会，它是以人为中心的社会，人是社会的目的，社会制度是导致开放自我的手段，它要使"每个社会成员在他或她的能力所及的范围都成为一个能动的、自主的和自发的创导者"，② 它的目标在于提高人的创造能力，使每一个人都变成自我创造者和文化创造者。同时开放社会是向所有形式的自我开放，它承认每一个人都有实际的自由去达到自我的权利。就是说，不同的人都有平等的地位向开放的自我前进。开放社会又是一个尊重多样性的社会，社会成员都以开放的自我作为个人的理想目标，"它将是这样一个社会，在这个社会里各种各样的人都能够取得他们自己独特的统一的形式，它会以艺术、哲学和生活方式的多样性为荣。"③ 胡克也说过，民主的目的不是造就一个对所有人千篇一律的模型社会，而是一个有着相容的多样性的社会。

总之，在实用主义看来，所谓"开放自我的开放社会"也就是在民主、自由、平等原则的基础上实现人性解放的社会，是一个能拥有持续不断的活力的社会。莫里斯宣称，是开放还是封闭，这是自由和奴役的对立。他说："在我们面前或者是一种比人们曾经梦想过的还要更大的自由，或者是一种比人们曾经忍受过的还要更多的奴役。这就是我们所要做出的选择。"

---

① 〔美〕莫里斯：《开放的自我》，定扬译，上海人民出版社，1965，第136页。
② 〔美〕莫里斯：《开放的自我》，定扬译，上海人民出版社，1965，第133页。
③ 〔美〕莫里斯：《开放的自我》，定扬译，上海人民出版社，1965，第129页。

可以说，这种社会确实具有一种宣扬抽象的民主、自由、平等的资产阶级民主理想的性质。然而，民主、自由、平等并非一种超阶级、超历史的东西，它奠定于一定的政治、经济关系的基础之上，在当今西方世界，在实现人人享有普遍的民主、自由、平等的社会理想的政治经济关系障碍没有彻底消除之前，这种社会理想只不过是一种唯心主义的构想而已。不过，实用主义的这种主张却反映了西方思想家对社会现状的不满和为摆脱其困扰所做的思考，这一点是值得人们关注的。

第六章　实用主义与美国文化

前　言

实用主义与美国文化有着紧密的关系。黑格尔有一个形象的比喻，他说哲学与文化，好像神与庙一样，没有神的庙不能称其为庙；没有庙的神，也不能称其为神，神与庙必须统一来看才可以，哲学与文化也必须统一来看。

从美国历史来看，第二次世界大战之前，由于种种原因，美国哲学主要受英国哲学的影响。17世纪，北美是英国的殖民地，在居民的精神生活中占统治地位的，是移民从英国带来的清教思想。18世纪初，出现了约翰逊、爱德华兹等唯心主义哲学家，他们利用贝克莱哲学来论证宗教哲学思想。18世纪下半叶，北美爆发了独立战争，建立了美利坚合众国。与当时的革命形势相适应，出现了以富兰克林、杰斐逊、佩恩等人为代表的启蒙运动。当时，从英国移居美国的自然科学家普利斯特列、政治活动家库伯等人，积极宣传唯物主义观点。19世纪，夺得了政权的美国资产阶级在政治上逐渐转向保守，与此相对应，在哲学舞台上先后出现了以爱默生、索洛等人为代表的先验论哲学，以费斯克等人为代表的有神论进化论，以及哈里斯、罗伊斯等人为代表的绝对唯心主义。这些流派或者宣传康德、谢林的先验唯心主义，或者从唯心主义出发曲解达尔文的进化论，或者传播新黑格尔主义的观点，基本上还是在西方近代哲学范围内蹒跚。

从 19 世纪末到第二次世界大战期间，在美国哲学舞台上，具有统治地位的是以皮尔士、詹姆士、杜威等人为代表的实用主义。实用主义在这个时期成为美国的国家哲学，成为美国精神和核心价值的体现，成为美国文化的灵魂。

与实用主义同时存在的，还有以鲍恩、霍金等人为代表的人格主义，以佩里、蒙塔古等人为代表的新实在论，以桑塔亚那、洛夫焦伊等人为代表的批判实在论，以塞拉斯、兰德等人为代表的自然主义。以上这些流派与实用主义同时在美国存在，说明这些流派对美国哲学的产生和发展都产生过不同程度的影响。特别应当说明的是，第二次世界大战以后，美国哲学较多接受了欧洲大陆哲学的影响，这也是由当时的社会历史条件所造成的。随着希特勒法西斯政权的建立和欧洲许多国家被德国占领，欧洲大陆的大批哲学家不堪忍受法西斯分子的迫害和战争的蹂躏，纷纷迁居美国，给美国哲学灌注了大量的新鲜血液。首先移居美国的是来自德国、奥地利等国的为数众多的逻辑实证主义者，他们很快在美国站稳了脚跟，逐渐取得主导地位，同时与实用主义相结合，形成了概念论的实用主义、操作主义、普通语义学、科学经验主义以及逻辑实用主义等流派，这些理论与自然科学发展和美国工业化、现代化的趋势相适应，促进了美国哲学的发展。其后，日常语言学派的观点也从英国传入，与以上流派相结合，形成了很有影响的分析哲学流派。与此同时，现象学、存在主义、结构主义、法兰克福学派、弗洛伊德主义学派、新托马斯主义、释义学等带有人本主义色彩的流派，也相继从欧洲大陆传入，在美国哲学界各自获得或大或小的地盘。美国形成了学派林立的局面，这是美国哲学的一个重要特征。人们通常将其称为美国哲学的多样性。

从以上的历史回顾中可以看出，美国的实用主义是在不断接受多种哲学流派的影响和在国内社会现实生活需要的基础上发展起来的，因此它的思想体系包容了形形色色的观点、见解、思想倾向。这种多元性的模式形成有深刻的根源，同时它对美国哲学的形成和发展又具有重大的影响。因此对美国哲学与美国文化的关系的研究，对美国多元文化的形成原因和影响进行考察，就是一个很有意义的问题。

第一节　美国实用主义哲学的产生——元哲学

一　美国文化的哲学解读

讨论实用主义与美国文化的关系，必须对实用主义有一个全面概括的了解，这对于中国的读者尤为必需。实用主义究竟是一种什么样的学说呢？

第一，实用主义是一种重经验的学说。实用主义认为，哲学所讨论的事情只能以经验范围为界，无法经验到的事物和现象虽然可能存在，但不能作为哲学讨论的对象。

但实用主义讲的经验与传统的经验论不同，传统的经验论把经验限于感觉作用的认识活动，因而是和理性的认识活动相对立的。实用主义却认为，思维和推理都是生物体为适应环境，解决它所遇到的问题而逐渐发展出来的能力，因此也属于经验的一部分，理性不是与经验相对立，而是包括于经验之中的。

第二，实用主义认为，传统经验论把经验当作一种知识，仅仅是指主观的意识作用和心理内容，因此无法解释它们如何能够认识客观的实在世界，导致一部分人只承认客观物质的实在性，否认主观精神的能动作用，成了唯物主义者；另一部分人只承认主体精神的能动性，否认客观物质的实在性，成了唯心主义者。在实用主义看来，这都导致了"二元论"和"绝对主义"，实用主义提出，经验是一个统一的整体，在经验范围内主体与客体、精神与物质总是联系在一起的，二者是统一的。

第三，实用主义是一种重行动的学说，实用主义一词是从希腊文（pragmatism）来的，本意就是行为行动的意思。实用主义之所以强调经验，主要不是来解决哲学史上的理论争论，而是要说明如何才能避免行动上的失败。在实用主义看来，经验就是"做"，经验论就是实践论，经验的方法就是探索和实践的方法。

杜威认为，价值就是提供人们一切行为的正确导向，有价值的就是告诉我们怎么做，怎样才能做好，什么是正确和正当的行为方式。有价值或有用都是和人们的活动相关的。

在知与行的关系上，实用主义是主张行主知从的。人只有置身于特殊的实践环境中才谈得上知，一切的知识都是特殊探究行动的结果。它强调创新，而对"固执的方法""权威的方法""先验的方法"采取批评的态度。

第四，实用主义是一种重效果的学说。实用主义否认绝对主义的效果观。这种观点认为有一种经验之上的绝对理想，可以用来作为评价有无价值或价值高下的标准。实用主义认为这种绝对理想只是一个空架子，它本身的正确与唯一是尚待证实的，对它的价值评价也是不能离开它的具体内容和所采取的手段的。实用主义坚持价值评价和经验的事实有关，坚持随之而来的互动性和可变性。但实用主义亦不完全赞同相对主义的意趣论。它认为受到人们评价的东西虽然可以用喜欢或厌恶、满意或不满意来界定，但人们做出这类价值评价不是纯感性的，而是包含一系列反省和反思的结果。对人们做出价值评价起决定作用的是它的结果如何，功能怎样，效益高低。任何陈述如果在感觉经验上没有可观察的后果，就是没有意义的。功能差、效益低的东西不可能得到人们的喜欢和满意的。

实用主义更把这种效果观引入真理论。它们认为，真理的概念，从其本来的意义上讲，固然是指人的认识与客观实在相符合，但这一点是难以在实践上确定和证实的。人的认识是否与客观实在相符合，只能通过效果表现，没有效果的真理是毫无意义的。

它们声称，认识和客观实在相符合与获得了满意的效果，是可以等同和互换的，有如一个钱币的两面。在这里，事实判断和价值判断二者是统一的。

实用主义更进一步说，一个观念之所以为真，主要在于它能给人带来满意的效果。如果一个观念是真的，那么我们依据这个观念而采取的行动就能顺利进行，获得令人满意的兑换价值，就能避免挫折，获得成功。反之，错误的认识绝不能得到满意的效果。于是实用主义得出了"真理即效用"的著名结论。不少人把实用主义这个结论解释为：于我有用，就是真理。实用主义哲学家对此大为光火，他们称之为"卑劣的误解"。杜威指出，这个满意包含了公众的和客观的条件，所谓的真理即效用，就是把思想或学说认为可行的拿来贡献于经验改造的那种效用。例如，道路的用处不以便利山贼劫掠的程度来测定，它的用处决定于它是否实际上尽了道路的功能，是否充当了公众运输和交通便利的手段。

如果对实用主义进行认真的全面分析，就不难发现实用主义确有一些可取的成分和独到的见解：如它强调认识中主客体的相互作用，重行动、重效益，强调实际效果在检验真理中的意义等等，都有发人深省的地方。但实用主义远非一种完善的学说，它像近代一切时髦的哲学一样，踌躇满志地宣布超越了物质与精神、感性与理性的对立，纠正了唯物论和唯心论、唯理论和经验论的偏颇，不过是惑世之谈，到头来，它也不能不承认并没有把握到真理的全貌。詹姆士在临终前说："我的系统看来好像是只有一边支柱的拱门。"

实用主义重行动，重效果，讲实际的观点，在美国社会中的确发挥过有益的作用，美国资本主义工业化、现代化的迅速发展不能不说是和这种精神有一定关系，但美国的许多弊病亦和它有关。

二 美国民族及哲学的特殊性

美国是一个移民国家，它不仅有来自欧洲各个国家的移民，也有来自非洲、亚洲、拉丁美洲国家的移民。这些移民带来了各自不同的传统、宗教信仰和风俗习惯。美国文化是典型的多元文化，这些文化不仅是相异的，有的甚至是相互抵触的。但在美国这块辽阔的土地上，在挣脱一切旧有的体制和权威的束缚之后，人们学会了用另一种眼光来看待相异，另一种方式对待冲突。这就是妥协，互让，圆通，变异。中国哲学中的"中庸之道"在这里得到了最具体的体现和最高的称赞。他们彼此逐步放弃了与他人格格不入的习俗，而寻求到一种协调一致的和平共处的行动方式。他们不知不觉地疏忽了那些森严烦琐的规则，变得宽容起来、随便起来。

开拓的过程艰苦且繁忙，生活漂泊不定，书籍缺乏，使美国人难以有时间、兴趣和条件去钻研那些古老而艰深的哲学经典。他们感兴趣的只是对处置现实问题行之有效的"经验"，而不是那些不能带来直接效果的"绝对真理"。美国人对欧洲那些构造得十分精美的思想体系都抱着一种怀疑态度，他们认为，人们思想得以解放，不是用当代自称为完美的哲学体系去替代古老的被宣布为谬误的哲学体系，而是把显而易见的哲学真理纳入充满竞争的世俗生活中，任何哲学体系都要在这里接受检验。正如奥利昂·温德尔·霍姆斯指出的："对真理的最佳考验就是那种能在市场竞争中为人们所接受的思想力量。"

美国人认为深思熟虑远不如行动本身那样重要，深思熟虑未必能获得成功，因为人们面对的世界瞬息万变，充满了陌生的东西。因此，他们认为成功的关键是勤奋、审时度势、随机应变和快速行动的能力，要把握住那些稍纵即逝的机会。

当欧洲人已经厌倦了对经验知识的搜集，而转向深奥的形而上学的理论研究时，美国人却一直十分重视对经验中有用的点滴资料的收集，博物学的知识和原始情况的记录受到他们的特别青睐。美国人并不认为只有大科学家或大理论家才能提供新知识，在他们看来，每个人都是新知识的发现者和审定者。欧洲人以精通几门理论来表示自己知识的渊博，例如一个哲学家同时还是数学家、经济学家；美国人却常常以具备多种实际本领来显示知识渊博，如一个总统，还会设计房屋、制造家具，管理种植园、看病等等。

美国人当然知道在激烈的竞争中，自己可能犯错误和遭受失败，而且按照美国人的观念，只有取得前几名的才是胜利者，其他通通是失败者。但大多数美国人不怕犯错误，也不怕失败，他们知道，在这个广阔的大陆，每天都有新的地方被开拓，每天都有新的居民点在建立，每天都有无数的工厂、公司、商店开业。总之，有多种多样机会等待着自己去尝试。"东方不亮西方亮，黑了南方有北方"，与其在失败中悲泣，为犯错误追悔，不如大大方方地向胜利者祝贺，通过实验端正方向，向新的领域进军。

美国人没有恋旧的思想，移动、变新、不安分守土在美国被认为是一种美德。诗人兼哲学家爱默生说，美国人在特殊的文化环境中已经成为背朝着过去，面向着未来，随时都会弃旧图新的人。19 世纪法国的维克多曾说过一个笑话，说一个身处边疆的美国人考虑到自己晚年的需要，为自己建造了一所房屋，可是还没有把屋顶盖好，他又背上行李到别处去寻找创造了。

有的国家，依靠某一种思想体系或哲学体系"统一"起来；有的国家，依靠军事的强力"统一"起来。美国既不存在社会多数赞同的思想体系，也不具有广泛的血缘和家庭关系，也没有用武力抑制某一个州的独立的先例和能力，更不具有长期形成的统一的版图。这里是由各个独立的个人组成的镇，由各个独立的镇组成的各个独立的州，由各个独立州自愿加入和不断扩张组成的国家。由多种宗教信仰和多种民族所组成的美国是靠什么来维持它的统一呢？主要是靠自由平等的理想，靠各种利益的折中、平衡与调和，即所谓的"公平交易"和"社会正义"。

正像稳定的农业经济塑造了中国人的性格一样，多变的市场竞争经济也塑造了美国人的性格。不少美国人认为，利他主义在美国是行不通的，它会窒息人的独立、进取和创造精神。人与人之间的关系不是无私的奉献，而是以价值交换价值。"判断一个人在什么时候，或是否应当帮助另外一个人，是要参照他自己的合理的私利和他自己的价值体系；他所给予的时间、金钱或精力，或者他所冒的风险，应当同那个人对于他自己的幸福所获得的价值成比例。"

美国的实用主义就是在美国这样一种特殊的时代精神的诱导下产生出来的。它是美国唯一土生土长的哲学，是美国传统和现实结合的产物，也是美国资本主义工业化、现代化的经验总结和思想结晶。这种哲学不再追求构建精美系统的哲学体系，而是坚持哲学的应用与社会生活和多门学科相结合，形成多种门类的实用主义。

第二节　美国的工业化和商业化——经济哲学

实用主义的产生，是和美国迅速发展的工业和商业文化息息相关的。杜威和詹姆士都说，他们的实用主义是美国工业社会的哲学。实用主义与美国工业化、现代化的历程密不可分。

一 追求利润和讲求实效

美国是一个后起的工业国家，它的工业从起步开始就面临着国际范围内的激烈竞争，而主要对手就是欧洲的英国、法国和德国。英法的产品制造工艺受到悠久的文化传统的熏陶，以精雕细刻、富有装饰美和艺术美而著称，而德国的产品则以质量精良耐用见长。它们都已建立起世界性的声誉，产品在各大洲广受欢迎。初出茅庐的美国，当时从技术力量和装备上都不能和这三个国家匹敌，它要在世界上找到立足之地，必须开辟不同于这三国的道路，必须有自己的绝招，才能立足于当时的市场。这条道路终于找到了，这就是讲实效的道路，人们称之为美国式的工业革命和商业革命，这就是美国要建立新的开放的市场经济。

这场美国式的工业革命，是在波士顿地区首先发生的。它主要包括两个方面。

（一）产品的革命

适当注意外观，但去掉一切不必要的装饰；适当讲求质量，特别是保证关键部位的质量，但不刻意"求精求良"，用美国人的话来说，就是"绝不比所需要的性能好一分"。

欧洲人认为"质量"和"出色"是同义词，而美国人赋予了"质量"以新的含义：一台符合质量的机器，就是指能够有效运转的机器，它不是指光彩夺目、布满装饰的东西，也不是指精确和完善远远超过实际需要的东西。符合质量的产品，是指其偏差在公差范围之内。

一位曼彻斯特著名的机床制造商詹姆斯·内史密斯在参观塞缪尔·柯尔特手枪制造厂后做了如下评价：美国的机床都有一种直截了当抓住要害的特点，而这在人们心目中却是理所当然的事，我对此具有很深刻的印象，所有的东西大大地简化了，机器被赋予一种几乎像教友会教徒那样刻板的形式，没有装饰，边边角角并不磨掉或打光，但产品必须精密、准确和正确。这位欧洲工程师的话形象地描绘了美国人在产品上所进行的革命。

（二）管理的革命

英国式的工业革命，是以机器发明为主，用机器来替代手工劳动以提高效率。美国人在开始工业革命时，他们主要不是在发明新机器方面与欧洲人竞争，而是利用英国和法国已有的发明，把它们的模型或图样弄到美国来仿制。他们所进行的是管理革命，是一场他们称之为改变人们思想方法的革命。

在那时的英国和法国，正如恩格斯在1844年《英国工人阶级状况》一书中所描绘的，在机器发明以后，资本家仍把工人当机器使用，强迫工人加快节奏，以跟上不断改进的机器；为了从工人身上榨取更多的剩余价值，雇主拼命延长劳动时间，逼迫工人签订长期的劳动合同，成为永久性的工人阶级，不注意工人的休息，更不注意工人的教育和生活；大多数工厂，工人不仅在工厂里的劳动条件差，晚上回到家里，居住条件更差。

美国人在管理上所进行的革命主要包括两点。

第一，使工人的动作规范化和产品标准化。工人的动作规范化，是把工人的动作加以分解，减去一切不必要的劳动操作以及由于原料工具放置不合理造成的工人劳动的浪费，减少无效劳动，提高劳动效率，使工人用最小的体力消耗来取得最大的成果。如传统砌砖方法分为18道工序，他们发现这些动作大部分是不必要的或可以合并的，于是他们将18道工序减少为4道半，从而使砌砖的数目由个人每班1000块增至2700块。又如英国的产品常常被分成几个阶段，由不同的厂家来生产，如纺纱厂只生产纱锭，织厂只生产布匹，染厂只负责染，印厂最后把它变成成品。这种分割不仅增加了运输的浪费，而且使得某一环节交货不及时就影响整个生产。瓦尔塞姆的"波士顿制造公司"率先对这种状况加以改进，把原来由几个厂家分别完成的工序集中到一起，统筹安排，使工厂一头进棉纱，一头出织好的印花布。

产品的标准化，是把原来各种型号和种类的产品零件与部件尽可能加以统一化、规范化。美国人发明了"标准件"的概念，并在武器制造上率先应用了这种新思维，把原来各种不同型号枪支的部件、零件和子弹，改进为统一型号使它们可以相互替代。这就在生产和使用上都提供了极大的方便。再后来，他们又把这一概念加以发展，把它应用到服装上。通过大量的调查，找出了人体周线、胸围、身高之间的关系，设计出适合各类不同人的标准尺寸，终于使工厂化的大规模成衣生产成为可能。

第二，改进雇主、管理者和工人之间的关系以提高效益。这种改革，后来被人们称为洛尼尔体制，其中心思想是，工厂不需要附属于它的永久性的工人阶级，把工人当作社会的人来看待。工厂主为工人设立条件比较优厚的"寄宿所"，晚上还可以上图书馆和上学校学习，不强迫工人签订长期或永久性合同。实践证明，凡是注意改进和工人关系的厂主都获得了意外的成功，如福特，他不仅设立了奖励工资，表彰那些杰出的工人，而且经常到车间里和工人一起干活，和工人讨论各种问题，结果使他的汽车产量大增。

在这个过程中，一种新的管理学说在美国诞生了，它就是"人际关系学科"，它提醒人们：如果工人们发现雇主是把他们当作人来关心，他们就会生产更多更好的产品。这种学说表面上是在考虑人性，实际上他仍然是为了提高效益，增加厂主的利润。

美国式的这场工业革命是和英国工业革命同样深刻的，这种工业革命，使得美国的工厂和英国的同类工厂相比，并没有增加多少设备，只是改变了人们习惯性的思考方式，对生产的管理体制重新加以组织、编排，去掉一些花架子和清规戒律以及敌视工人的做法，把实际工效摆在首位，结果就成十倍百倍地增加了生产效益，资本家也大大增加了利润。这场美国式工业革命对实用主义的产生无疑有直接的影响。实用主义的创始人皮尔士长期担任波士顿度量衡管理局的办公室主任，可以说是直接参与了这方面的工作。

二 发财与德行

美国工业和商业的迅速发展和激烈竞争，使整个社会的一切都完全商品化。出身、门第在这里已不起作用，只有金钱才是使人尊敬的尺度。拜金主义和社会的高度竞争性，使美国各行各业的道德观出现两重化的状态。

一方面美国实业家面对的是全国甚至是世界范围的激烈竞争，他们绝不可能和竞争对手保持相安无事或划地而治，这是显而易见的。面对这种没有硝烟，但高度紧张和火爆的斗争，任何一个实业家以及他们所代表的企业和公司，要取得生存、成功和发展，就必须想办法超过对手，直至把对手打垮或吞噬。因此，美国的广告总不肯只说一句"某某东西对您有益"就算了，而必须一再强调"我们的东西比某某的更好"。抛弃了欧洲人的绅士风度的豪爽的美国人，毫不掩饰他个人所要获得的利益和所要达到的目的。另一方面，美国的实业家又常常会遵循传统道德的规则。在严格的法律和自由的社会舆论的监督下，美国的任何一个实业家，都不大可能靠制造假货，以次充好来获取利益；或者靠收买官员，利用官员的贪污腐化，获取特权来将对方打垮。他必须接受公平竞争的条件，也就是说他是能够和对手竞争并有能力打垮对手的。他能为顾客提供比对手更为价廉物美的产品，或者提供更方便有效的服务。于是，超级市场、五分钱商店、日夜服务的商店、有奖销售等，都出现了。为了建立自己的信誉，许多公司的产品不仅可以调换或退货，而且如果发现质量问题，还要加倍赔偿。特别是食品，只要发现一盒变质，厂家就会不顾损失，通知所有商店把这一批食品全部销毁。"顾客就是上帝"，这句话并不完全是一种空洞的宣传口号，它提醒每一位服务人员，如果对顾客态度不好，就有被炒鱿鱼的风险。只有把顾客当作上帝，才能使顾客自觉自愿地从荷包里掏出钱来购买本企业的产品。此外实业家还必须关心科学教育，发展和推动公益事业，投资办学校、办医院、修整街道、架设桥梁……也就是说，必须同时做一个慈善家。因为只有公益事业不断发展，人民生活水平不断提高，这个城市的人口迅速增加，个人的事业才能兴旺发达。同时，也只有这样做，才能提高个人声誉，个人的知名度，而个人的声誉越高、知名度越大产品就自然越畅销。

美国整个社会在工业和商业的迅速发展中出现的道德两重化的倾向，无疑对实用主义哲学的道德观有直接影响。他们在道德原理上采用了一种最为模糊的说法：善的本质就是能满足需要，就是想化解这种两重化的困境。美国工业和商业的市场化，建构了美国的经济哲学。

第三节 一个政治民族的哲学——政治哲学

美国这个国家并不是由于历史或血缘关系形成的，而是由两部政治文件——《独立宣言》和《联邦宪法》联结起来的。这两个文件为来自世界各地、性格不一、民族不同、宗教信仰各异的千百万移民提供了一个统一的基础。制定这两个文件的美国人，无意中也创造了两个纪录，《独立宣言》被马克思赞美为"世界上第一部人权宣言"，《联邦宪法》是现代世界历史最长、最稳定的成文宪法。

美国，没有家长和家族制的权威，也没有封建专制主义的集权。美国人没有那种崇拜身居高位的人的习性，但他们有自己所崇拜的人。富兰克林和杰斐逊就是其中的两个人。这两个政治文件和这两个人的精神是实用主义的重要思想来源。

一 富兰克林和杰斐逊——美国最早的实用主义者

本杰明·富兰克林出身贫寒，只受过很少的教育，十二岁开始在工厂当学徒，他努力学习，勤奋读书，靠自学成为有丰富学识的人。在时代的风云变幻中，他不仅成为一个富有的印刷商，美国纸币的印刷承包人，而且成了美国卓越的政治活动家，美国的开国元勋之一。他先后担任过美国州议会的秘书、议员、驻外大使、全国第一任邮电总局局长等要职。他也是那个时代的一个科学家，是避雷针、变焦镜等多项专利的发明人，特别是电的发现，使他永垂青史，并获得了英国皇家学会会员的光荣称号。

富兰克林在他的每一个职位上都干得非常出色，他富有事业心，勇于创造，他不做大而无用的幻想，他善体民情，了解实际情况，做事讲求实效。他在担任费城市政府秘书时，看见漆黑之夜老人行走不便，便倡导修建路灯；目睹城市管理的混乱，治安恶化，他倡导组织了城市治安队、救火队和清洁卫生队；他担任州议员期间，创办了公共图书馆和医院；他看到原有的货币携带不便，倡导发行纸币，并承包了印刷局；在他担任全国邮局领导时，他改变了邮局只寄送信件的习惯，承担了报刊发行业务……他办的这些实事并非惊天动地的伟业，却使社会受益匪浅。总之，富兰克林倡导的勤奋、守时、节俭、诚实、讲信用、与人为善、中庸、不走极端，被许多美国人奉为圭臬，逐渐成为美国人国民性格的一部分。

富兰克林的一言一行，都充满了实用主义的精神。

托马斯·杰斐逊，出身于弗吉尼亚一个富有的种植园主家庭，从小受到良好的教育。大学毕业后，他作为一名律师参加政治活动，由于才华出众，先后被选为州议会议员和大陆议会的代表，并受命为《独立宣言》的起草人。革命胜利后，他担任过驻法大使、国务卿、副总统，担任过两届美国总统。

杰斐逊是一个务实主义者，他熟悉欧洲的文化传统，广泛探索过欧洲的政治、法律制度。他是法国大革命的见证人，但他绝不做欧洲文化传统和制度的奴隶。

杰斐逊研究过洛克、伏尔泰、孟德斯鸠、温斯坦莱、卢梭、狄德罗等人的著作，但他考虑问题的出发点是"我的祖国、我的财产、我的人民"。他在美国革命的各个关键时刻，总是用普通百姓都能听懂的话，清楚地说明美国人民的要求是什么，所想的是什么，成为美国革命的代言人。

杰斐逊始终对广大民众抱着坚定的信念，他说："我不在那些害怕人民的人之列，在争取持久自由的斗争中，我所依靠的是人民而不是富人。"他主张在政治上给广大穷苦白人，甚至黑奴以广泛的自由民主权利。他进入政界的第一个行动就是在弗吉尼亚州议会提出要求废除奴隶的法案。杰斐逊认为，使包括穷人、黑人在内的广大人民都有民主和追求幸福的权利，使他们的生活都有改善，这对于维护美国民主制是至关重要的。

杰斐逊对于广大民众的态度，特别是对穷人和黑人的态度，使他跻身于世界上最杰出的民主主义者的行列。但他的这种态度，并不是单纯从人性或人道出发，主要是从功利主义出发的。他认为，如果不适当考虑穷人甚至黑人的利益，美国这个社会就不能得到安宁，"既然人是社会的人，那么如果社会不是由有道德的人组成，它就无法继续存在下去"。

杰斐逊把人性、人道的崇高原则和利益（不仅是个人的，而且是美国的）相结合，以利益为主导的思想，不拘泥于宪法或法律条文，而以实际需要为本的精神，开辟了美国式民主自由的道路，奠定了美国历代政治家的行为方式。

实用主义的哲学家都把富兰克林和杰斐逊视为思想先师，公认他们为美国最早的实用主义者。

二 大而化之的《独立宣言》与《联邦宪法》

《独立宣言》和《联邦宪法》是美国人民的政治圣典。

这两个历史性文件的共同点就是文字非常简洁，如《独立宣言》一共就只有几千字。《联邦宪法》也不到一万字。美国政府规定，每个美国人在他们年满十八岁成为美国公民前，都要把它的基本内容背下来，以通过宪法考试。

这两个文件广泛使用了人们所熟知的民主、自由、平等、正义、"更完善的联邦"等词句，并且没有加以展开。于是，有不少人认为，这两个文件的制定者，像欧洲的那些启蒙思想家一样，是从抽象的原则出发的，是把洛克、孟德斯鸠的思想原封不动搬到了美国。这样完全是一种误解。《独立宣言》说："我们认为下面所说的，都是极明显的真理：所有人类，生下来就是平等的，造物主赋予他们若干不能出让的权利，包括生命、自由和追求幸福的权利。"

这段话中，许多地方的用词和洛克十分相似，但如果认真分析，则不难发现它们的差异。洛克说，人类天生都是自由、平等和独立的，他这样说的出发点是人的理性，是假设的自然状态，而《独立宣言》说人类生下来就是平等的，并不是从自然状态或人的理性出发，而是从"显而易见的真理"，即美国人的日常生活实践出发的。

杰斐逊自己对这个"显而易见"做了如下注释："人们的见解和信仰不是以他们自己的愿望为转移的，而是不由自主地遵循反映到他们心目中的事实"。

如关于言论和出版自由，美国人并不是从人固有的自然权利中理性地、逻辑地推导出来的，而是从他们的生活经验中总结出来的，"如果发表的东西是好的，人类便能从中得益，如果是坏的……越使之公之于众，其缺点也就暴露得越透彻，其作者也就会更加名誉扫地，无论他是什么人，一概如此"。相反，如果人为地禁止某种言论，必然使某种言论获得超过它本身价值的重要性，使它威望大增。

又如宗教信仰自由，在英国是由思想家所倡导而成的，而在美国则是由事实造成的。美国地域辽阔,人群流动性大,要禁止任何一个教派都是无效的,只不过迫使他们换个地方而已。例如摩门教,从俄亥俄州被赶到伊利诺伊州,又从伊利诺伊州被驱逐,最后还是在盐湖城建立了自己的基地。宗教派别的斗争,是许多古老国家内部不安定的重要因素,但在美国弗吉尼亚等许多州实行宗教信仰自由以后,它们就变得相安无事了。杰斐逊总结说:"宗教自由是防止宗教纷争的最有效办法。"

同样,平等在美国也是由人们的实际生活促成的。无论是横渡大西洋,还是由美国东海岸向西部进军,旅途生活的艰苦、运输工具的缺乏、饭店宿地的稀少,都使富人和穷人、有教养的人和没有教养的人、温文尔雅的绅士和凡夫俗子挤在一起,打成一片了。

在杰斐逊看来,《独立宣言》是当时美国各个州、各个利益集团相互协调、寻求和谐的产物,它贯彻的是中国孔子的中庸和实用理性的思想。

《联邦宪法》产生的背景和《独立宣言》有类似的地方。《联邦宪法》也不是像有人说的那样,是洛克和孟德斯鸠三权分立思想的翻版。虽然在它的起草过程中,无疑吸收了洛克和孟德斯鸠的上述思想,但其出发点仍然是美国的实际。

美国不同于欧洲所有国家。欧洲各国在进行资产阶级革命前,都已有了一个中央集权的政府,是君主专制的国家。资产阶级革命的任务,或者如英国,限制和缩小君主的权力;或者如法国,推翻君主,用资产阶级的中央集权政府取而代之。美国没有这些历史包袱,美国进行革命时,在这块土地上无国家,更没有君主,只有独立的十三个州。

革命胜利后,十三个州的代表都认识到建立国家的必要性,因为独立战争的历史经验证明,任何一个州都没有单独抵御外侮的能力。面对着当时世界列强争夺美洲的险恶形势,他们必须联合起来,才能保卫共同的安全。同时,它们之间日益密切的相互联系,也需要建立一个有效的中央政府,来防止可能发生的冲突,增进和协调彼此的关系。

但建立什么样的国家?是建立中央集权国家还是联邦制国家?却产生了很大的分歧。

有不少人主张建立中央集权的国家,他们认为,在这个幅员辽阔的大陆，只有中央集权，才能把它统一起来。但更多的代表却赞成联邦制，他们认为，不能忽视十三个州自愿结合起来这个事实，各州都有很强的独立性，要全部剥夺各州的主权是不可能的，也不符合美国广大人民喜欢自由的天性。他们还认为，美国幅员辽阔，交通不便，通信困难，要把全国控制在中央政府手中是不可取的，如果采取中央集权的办法，就可能犯顾此失彼、胡乱命令的错误。另外，在警惕国家四分五裂的同时，还要警惕美国出现中央集权的危险。这一派的代表，是杰出的经济学家，在华盛顿政府中担任财政部长的亚历山大·汉密尔顿。

制宪会议经过长期的讨论，综合了两派的观点，制定了一部大家一致同意的《联邦宪法》。可以说，它是实用主义的一部杰作。

三 三权分立的制衡与妥协

制宪会议的代表们，把洛克和孟德斯鸠的分权说理论纳入了《联邦宪法》之中，但在具体内容上，却和洛克、孟德斯鸠的思想有着根本的不同。洛克、孟德斯鸠认为，权力的高度集中，必然产生专制政体——君主政体、贵族政体或其他形式的专制，而专制政体不可避免地要导致滥用权力和腐化。为了避免发生这种情况，《联邦宪法》确定了行政权、立法权、司法权相互分离的原则，规定了立法权属于议会，行政权属于总统，司法权属于法院。

《联邦宪法》是从美国的实际出发制定的。美国革命胜利后面临来自多方面的压力。一方面，许多人对刚刚诞生的联邦代议制政权不信任，认为它没有解决问题的能力。无政府主义思潮泛起，有的暴民为所欲为，主权很大的各个州常常不愿服从这样一个松散的政府的领导，各顾各的利益。另一方面，美国人又对可能出现的君主专制的复辟感到担心。当时君主主义的观点普遍盛行，鼓噪建立专制政体。

针对这两方面的情况，《联邦宪法》一方面赋予总统很大的权力，他是全国行政的最高首脑，所有官员是由他提名，并对他负责的；他是武装部队的最高统帅，部队高级领导人的任命，部队的调动、开战和讲和，都由总统签署命令；他是对内事务的总负责人，各项行政法律的提出、预算和决算，也都由总统筹办；他同时也是对外事务的总负责人，对外政策、国际援助和贸易，都由总统统一指挥。《联邦宪法》希望通过给予总统以较大的权力，来保证建立一个强有力的中央机构。另一方面《联邦宪法》又对总统的权力规定了许多限制和议会对总统的监督权。

《联邦宪法》宣告，立法权属于国会，只有国会众议院和参议院都以三分之二的多数通过的法案才能成为法律；总统提出的国家预决算、重大的经济开支项目都要事先经过国会的详细审查和批准；总统提名的高级官员，须由国会批准后才能任命；总统草签的对外条约，须经国会批准后才能生效；国会还有权对包括总统在内的政府官员的违法行为进行调查甚至提出弹劾。

《联邦宪法》规定司法权属于最高法院，总统、议员、高级官员是否违反了宪法和法律，以及一旦违法要受何种处理，都要由最高法院裁定。在总统和议会发生争执时，哪项权力属于谁的问题，也由最高法院裁定。

《联邦宪法》确定国会由参议院和众议院两院组成，均由各州选举产生，主要目的在于限制总统滥用权力，走向专制和独裁的道路。另外，也是为了使总统做出的决定和签署的命令能够更全面、更准确，以避免"一时由于高兴、气恨或感情用事……而做出仓促的结论和荒谬的判断"。对总统的最大监督来自选举。《联邦宪法》规定，这位最高执政者每四年由全体人民投票选举产生，他必须获得全国一半以上的选票才能当选。

美国《联邦宪法》实施到现在已经有两百多年的历史了，历史证明了，总统制的三权分立是美国人迫于当时形势的一项伟大创造。它达到了当初创立者们所要达到的主要目标："由于一切执政者都是由人民自由选举出来的，而且每隔一个短暂的、明文规定的时期，还要重新通过人民的自由选举产生。这些权力都被妥善地分散到组成全国性政府的立法、行政和司法三个部门中。因此，只要人民的整体还保留有任何美德，这个政府就绝不致退化为君主制政体、寡头政体或任何其他形式的专制政体或压制政权。"同时由于包括总统在内的所有执政者始终处于制度的监督和制约之下，人人头上都悬着一把达摩克利斯之剑，他必须随时随地地考虑自己的行动是否会违法，这就有效地制止了权力的滥用和腐化。美国两百多年来被国会弹劾的高级政府官员（包括总统在内）仅有十二人，说明了这一制度的作用。

但历史也证明了，这部《联邦宪法》还是有许多弊端的。

主要的弊端就是人人都可以对它采取一种实用主义的态度，总统、国会议员、政府部长、大法官都对它恭敬有加，谁也不敢标榜自己违宪，但人人都可以使它为己所用，把它玩于股掌之中。

一项对于国计民生很重要的提案，总统觉得它应该马上实施，但参众议院却要按规定进行马拉松式的发言和辩论，最后还要有多数票通过，使这种议案往往失去应有的意义。议员是由各州选举产生的，他们考虑任何问题，是支持还是反对一个议案，都是从该州的利益上考虑的。美国的最高法院，就如一个裁判，介于国会与总统之间，但这个裁判，不管具体事情，只管国策的总方向，只管是否违反宪法。美国的《联邦宪法》是大而化之的，没有具体规定，这就使最高法院在做出是否违宪的判决时享有极大的伸缩性。它常常可以在总统和国会之间、美国各个利益集团之间游走，而无须把事情弄到无法挽回的程度。

这种权力制衡，使得美国做出任何决定，通过任何法案，都只能是一种利益上相互妥协、折中和平衡的结果，无论是总统还是国会议员都懂得，他们要达到自己的目标，都要尽可能保持彼此的良好关系，照顾到各方利益。为此，他们常常要在原则上做出让步，迎合有势力的某个人或某些人的虚荣心理，尽管有些让步是龌龊的，但也只能如此。

第四节　新的中世纪精神——文化哲学

自由、平等、博爱的思想和精神，是美国文化哲学的思想核心。《独立宣言》和《联邦宪法》宣告了自由和平等是美国的立国之本，后来《联邦宪法》的一个修正案——《人权法案》更进一步规定了自由和平等在美国的至高无上性，美国的所有法律是为了保障自由和平等的执行，任何法律都不能与其相抵触。

那么，什么是美国式的平等和自由呢？关于这点，杜威在《实用主义的美国》一文中写道："这里有两点是重要的，一是爱真理，一是爱邻人。所谓的爱真理，就是贯彻实用主义哲学所表达的美国商业精神；而所谓的爱邻人就是要遵循基督教的最基本的道德戒律。"

杜威的这段话，是对美国人的自由和平等观的高度概括。

一 理性的生活就是自由

自由，在美国人看来，是一个大概念，它涉及的范围是无限广泛的。凡是在人采取行动的地方，都有自由的问题。自由是一个人"在他喜欢的地方，喜欢的时候，做他喜欢的事"的那种权利。

实用主义哲学家认为，美国人的自由观经历了两个发展阶段。

第一阶段是建国前到建国后的一百年，总的来说，是美国处于开拓时期的阶段。由于人少地多，出现矛盾容易化解。同时，向西部开拓需要有大量敢于冒险、富有竞争意识的人。所以这个阶段，美国人的自由观是以人权和放任主义为基础的。

这种观点主张放手让个人去发挥创造性。每个人想干什么，就让他去干什么，提倡绝对的竞争，让豺狼去淘汰那些体弱多病的羔羊。他们认为，个人的才能越充分发挥出来，竞争越激烈，社会就会在你追我赶中加快发展，从而使整个社会发展起来。

持有这种自由观的人认为，他们的观点是以《独立宣言》和《联邦宪法》所确定的神圣人权为基础的：人人都有充分发挥自己才能的自由；人人都有选择自己的工作条件的自由；人人都有居住和迁移的自由；人人都有欣赏艺术，参加社会文化生活的自由；人人都有开办工厂，扩大自己营业范围的自由；……有人不利用这种自由那是他们自己的事，不能因为他没有享受到这种自由，就限制其他人享受由这种人权所赋予的神圣的自由。

持这种观点的思想家还认为，国家是由个人自愿组织起来的集体，它不是超越于他们的东西，也不是他们盲目崇拜的对象，更不是使之受奴役的主人或神灵，国家只是为每个个人服务的一个手段，一种工具。这种观点认为，政府不得干预个人的经济活动，"没有不受限制的市场经济，就没有自由""政府对工业和贸易放任到什么程度，工业和贸易也将繁荣到什么程度"。

实用主义哲学家对这种观点给予了肯定的评价，他们认为，正是由于当时大多数美国人持有这种自由观，个个意气风发，顽强拼搏，都想在激烈的自由竞争中取胜，才使得在不到两百年的时间里开拓出一个和欧洲不相上下的新大陆，并把它由荒漠变为世界上最富裕的国家。实用主义在肯定这种个人主义运动给社会带来积极影响的同时，也谴责了它对美国资源的破坏，谴责它并没有给那些缺乏物质财富的人们带来自由，反而强迫他们进一步服从那些占有物质生产与分配权力的人们。

第二阶段是垄断资本主义出现之后。经过前一阶段的自由竞争，大批中小企业破产和被兼并，少数具有垄断性质的托拉斯开始出现。它们利用手中雄厚的经济实力，使许多对国计民生有重大影响的工厂、公司、铁路、公路都落入自己手中，原来它们是依靠市场而生存，现在却控制和玩弄市场以谋取私利。其结果是物价上涨、失业人数增加，人们实际生活水平降低，产品销不出去，爆发了大规模的经济危机。它们不仅垄断经济，而且控制文化生活，控制报纸，直接威胁政府的权力，操纵法院使之通过对它有利的决议，不准法院接受工人的申诉，停止对工人的人身保护，不许工人当陪审员，等等。

面对社会状况的日益恶化，被美国人奉为"自由竞争"祖师爷的赫伯特·斯宾塞，感叹"美国人正在失去自由！"他修改自己的观点："我坚决主张，在保持公民之间的平等关系这一特殊范围内，政府的行动应当予以扩大和精心推敲"。1833 年，斯宾塞主义在美国最有力的宣传家沃德，也从主张放任的个人主义转而宣传"个人自由只能来自社会管理"。在政府的干预下，美国开始设立社会救济金和退休养老金，开始规定雇主的责任和工人的最低工资，开始制定保护童工的办法。1886 年，新成立的美国经济协会发表声明："我们承认个人进取心在人类生活中的必要性，也认为放任主义学说在政治上是不安全的，在道德上是不健康的，它对国家与个人的关系做了不恰当的解释。"

整个社会的自由观都发生了巨大的改变。

1901 年实用主义哲学家威廉·詹姆士宣布：美国以人权和放任主义为

基础的自由时代已经结束，美国人有了新的自由观。这个阶段的新自由观，就是由他们这些实用主义哲学家所概括和表达的，罗斯福的"新政"就是它的具体体现。

这种新自由观仍然主张充分尊重个人的进取精神，发挥个人的创造才能。但这种新自由观和前一阶段放任主义自由观不同。放任主义的自由观是从孤独的个体出发，把个人置于现实的社会之上来考虑问题。而新自由观则认为，个人自由应当以不损害别人同样的自由为前提。詹姆士提出了一个康德式的道德律：你必须按照符合你认为在任何时候并因而对任何人都是有效的一切行动准则去行动。

这种观点认为，一方面，每个人都要遵守商业精神中的公平原则，每个人不能要求得到超出他自己所付出代价的那部分价值。以雇主和工人为例，雇主投入了资金，在管理中付出了心血，承担了巨大的风险，因此他应当获得这个企业的一部分或大部分利润。但他不能获得全部，因为在这个过程中，工人参加了劳动和制作，他们应当获得相应的一部分。

另一方面，要遵循社会上通行的道德规范。在这里，实用主义哲学家指出基督教以及其他宗教所制定的那些基本的道德戒律，如勿偷、勿盗、勿抢劫，与人为善，帮助别人，勿作伪证等是很有用的。这些基本的道德戒律，已经体现在我们的一些法律或政治安排中。杜威说："任何人所实际享有的自由，依赖于现存的权力和自由的分配情况，而这种分配情况其实就是法律和政治上的社会安排——而且当前特别重要的是在经济上的安排。"①

这种新自由观对待国家的态度也与放任自由观不同，这种观点主张政府应广泛地干预社会生活。他们认为，个人总是反权威的，而政府是代表权威的，但这两者可以找到它们的结合点。杜威指出："在科学上所表现出来的合作、理智的活力，乃是自由与权威统一的可用模式。"②事实证明，国家代表社会的健康力量所做的深谋远虑的事情，最终对每个个体都是有益的。

---

① 〔美〕约翰·杜威：《人的问题》，傅统先、邱椿译，上海人民出版社，1965，第90页。
② 〔美〕约翰·杜威：《人的问题》，傅统先、邱椿译，上海人民出版社，1965，第86页。

有的实用主义哲学家又把这种新的自由观叫作民主社会主义，但他们接着指出，这种观点和苏联斯大林式的社会主义观点有着根本的不同。他们所说的民主社会主义，实质上是一种修正了的个人主义，它是从充分尊重个人自由，尊重每个人的独立和创造才能出发的。它只是否认了个人自由的绝对性，认为个人自由必须和社会的要求联系起来考虑，杜威指出："我们所需要的这种个人自由是具有普遍性和为大家所分享的，而且它是在社会上有组织的明智控制的支持与指导之下的。"①他还认为，自由是一个社会问题而不是一个个人问题，因此需要每个个体都表现出成熟、理智。自由是在理性指导下的自由，或者说，理性的生活就是自由。

从以上我们可以看出，实用主义哲学家虽然一再强调个人自由要置于社会之中来考虑，"所欲的"不一定是"可欲的"，但没有说明一旦个人自由和社会需要发生重大或根本冲突时，应当做何处置。他们只是说，这要视具体条件而定，"对于一个尊重真理的人来说没有任何东西可能是绝对的"。古德诺说得更妙，"研究政治和社会的人越来越认识到机会主义的政策最可能获得合乎理想的效果，而死死抱住一切时间、一切条件下都适用的一种观点所带来的与其说是好处，不如说是害处"。

二　对平等的召唤

在美国人看来，自由是和平等联系在一起的，平等是自由的基础和前提，在没有平等的地方，就谈不上自由，因为这种所谓的"自由"，充其量只是少数人或个别集团的特权，因此为自由而斗争，常常也就是为争取平等权而斗争。杜威说："对自由的要求就是一种争取权利的要求""实际具体在机会与行动上的自由依赖于政治和经济条件平等化的程度，因为只有在这种平等化的状态之下，个人才有在事实上而不是在某种抽象的形而上学上的方式的自由。"②

初到美国这块土地的外国人，常常都对美国社会的平等留下深刻印象。

在家庭中，父母和子女是平等的。父母总是用一种商量的口气和子女

---

① 〔美〕约翰·杜威：《人的问题》，傅统先、邱椿译，上海人民出版社，1965，第86页。
② 〔美〕约翰·杜威：《人的问题》，傅统先、邱椿译，上海人民出版社，1965，第89页。

谈话，子女可以当着父母的面和客人侃侃而谈。

在社会上，凡是需要排队的地方，美国人都会自觉地排队。这里唯一通行的原则是先来者优先的原则，任何人也不能例外。

在机场、车站、码头、旅店，只要购买了同样价格的票，都能享受同样的待遇。

这里没有专为官员、富翁或其他有身份的人设的特殊通道和包厢。

在一些受封建专制主义毒害很深的国家，经常可以看到"权大于法""权力即真理"的现象，这在美国是很难找到的。即使是在欧亚许多国家存在的象征性的王权崇拜，在美国也是没有的。在美国人眼里，总统、内阁部长、国会议员和普通百姓都是平等的，报纸杂志对他们及政策进行的公开讨论和批评，是一件司空见惯的事情。高官、富翁及其子女，只要违反了法律，都必须受到法律的追究。如果有的法院或法官贪赃枉法、营私舞弊，企图包庇他们，也常常有勇敢的记者和报纸揭发事情的真相，引起美国人的强烈抗议，使倾斜的天平有可能恢复到平等的位置上。

正是这些现象的存在，往往使许多外来者对于美国的自由和平等给予很高的评价，如同法国政治活动家杜戈特所写的："这里的人民是人类的希望，它可以成为道德之乡，它事实上已昭告全世界，人可以既是自由的，也是平等的。人可以挣脱借口维护公共利益的专制和暴政的枷锁，美国人必定会成为政治自由、宗教自由、商业自由和工业自由的榜样"。中国清末著名的改革家康有为，也对美国的政治制度大加赞赏，认为它使当权者有尧舜禅让之风。

和这种看法形成对照的，是美国人对他们国家的自由和平等的水平往往评价不高，这里大概用得着一句俗话"每个人都知道自己的鞋子在哪里挤脚"。

他们认为，美国社会的平等，仅仅是法律上的而非实际上的平等。除几种犯罪外，美国大多数违法行为，可以用金钱来计算的。如对某一违法行为，规定罚款或坐牢。可是事实上，富人支付这笔罚款犹如小菜一碟，而穷人则可能根本付不起，只能坐牢。美国人还认为，他们的许多平等，仅仅是机会上的而非条件上的平等。如法律规定，每个人都有开办公司、扩大经营权的自由。但对于受雇于别人的许多工人而言，这种自由并不具有现实性。此外，他们获得的平等，主要是政治上的，如直接选举国家最高领导人和国会议员，言论自由、信仰自由、和平集会和游行自由等，而非经济上的平等。

对于美国社会存在的种种事实上的不平等现象，实用主义哲学家和政治家，给予猛烈的抨击。

杜威指出："我们可以以完全没有种族歧视和已建成一个完善的民主社会而自豪吗？我认为我们对黑人的待遇，我们的反犹太主义，我们对于国境内的外来移民的与日俱增的严重的对立，便是这个问题的一个充分适当的答案。"①

实用主义哲学家和政治家，还写了许多著作来揭露美国社会的腐败现象。如威廉·怀特的《某个富人》、艾达·塔贝尔的《美孚石油公司的历史》、林肯·斯蒂芬斯的《城市的耻辱》，揭露了一些大企业和大富翁收买法官和律师，用捐款的形式来影响政党领袖，并力图操纵选举结果，揭露了他们雇用童工，暗中克扣工人的工资，不注意工人的劳动保护，虐待女工等恶劣行为。斯坦纳德·贝克尔的《铁路在受审》则以大量确凿的事实证明了国家的巨大财产在修建铁路的过程中如何落入了私人的腰包，私人如何通过铁路来讨好有权有势的人和富翁。F. 威罗尔、J. 富特、A. 洛厄尔、巴劳埃德剖析了美国这个民主社会中一个令人痛心或迷惑不解的事实，那就是在亚非一些落后国家的人民还在努力争取直接选举国家领导人和国会议员的权利的时候，美国这个人人已经获得这种权利的地方，每次却有三分之一甚至将近一半的人不去参加投票。

实用主义哲学家和政治家指出，美国社会事实上的不平等及种种腐败现象的根源是少数垄断集团和富翁掌握了大量的财富，是放任的个人主义运动发展的必然结果。

20 世纪 30 ~ 40 年代是美国实用主义政治学最光辉的时期，奉行实用主义的富兰克林·罗斯福四次当选为美国总统，当时的政治家和哲学家在实

---

① 〔美〕约翰·杜威：《人的问题》，傅统先、邱椿译，上海人民出版社，1965，第31页。

用主义的旗帜下结成了紧密的联盟。他们都看到了，财富的增长并没有自然消除美国社会的不平等现象，反而带来了许多新问题，如这种不平等所造成的广大群众愤懑的情绪，以及由此所带来的危险性。因此他们重新审视了美国三权分立的制度，提出了一系列的改革措施，如限制个人对选举捐款的金额；设立文官考试制度；进行税制改革，对高收入的人加征累进税；实行铁路、邮局等国民经济重要部门的国有化；推行雇主责任制、工人法、女工法，完善社会保障制度和教育立法，以改善广大工人和低收入人群的生活状况；设立公民创制权，使每个人都有提出法案的权利；设立公民复决权，对重大问题进行公民投票，罢免不称职的官员，以提高全民的参与意识。

实用主义哲学家和政治家所提出的这些办法，以法律作为可用的工具来满足社会的需要，堵塞漏洞，改进政府管理，对缓和美国社会的阶级矛盾有一定作用，有利于实施"合理科学的管理规划"。但所有这些措施，是治标的，而非治本的，都不能从根本上解决美国社会的不平等现象。

受到20世纪30年代世界性资本主义经济危机的冲击和震撼，以詹姆士和杜威为代表的实用主义哲学家是看到和承认美国社会的矛盾和冲突的：垄断资本集团力求加强对国家和社会的控制，反对给私人资本的发展设置任何限制；中产阶级在社会中不断壮大，希望国家和社会进行干预，征收财产高额累进税，保护自由竞争，为中小企业争取生存权，在政治和经济上实现机会和条件上的平等；工人阶级已组织起来，要求增加工资，改善生活待遇，更多地参与政治；黑人与穷人的反抗此起彼伏，他们反对种族歧视，进而要求消除隔离和差别，要求政府扩大对低收入阶层的福利和救济，要求按人数比例给予教育、工作和参政机会。

面对社会集团的利害冲突，实用主义哲学家既反对采取革命的办法来解决，即没收垄断资本，消除阶级差别，实行公有制，从根本上改变把个人的发展放在第一位的资本主义结构；也反对采取反动的方法来解决，即坚决维护垄断资本的利益，听任个人主义无限发展，不断扩大贫富的差别，使国家政治完全操纵在少数垄断寡头手中。

他们认为，上述办法在美国社会中是行不通的，"美国在缺少罗伯斯皮尔的同时，也缺少德梅斯特尔"，唯一切实可行的方法是采取妥协和改良的策略，不是排斥某一阶级或集团，而是缩小差距，协调地推进各个阶级和集团利益，即主要照顾和考虑在美国政治中最有活力并在人口中占有重大比例的中产阶级的情绪；同时允许垄断资本集团和亿万富翁的存在，但对他们的发展施加一定的限制；逐步减轻处于社会最下层的低收入人群的痛苦和贫困，但不允诺他们的状况马上会得到根本的改变。

不难看出，实用主义的这种政治哲学已经被美国民主党和共和党的政治家们广为接受，越来越成为两党具有一致性的基础。

第五节　哲学与宗教——宗教哲学

美国文化发展中一个值得注意的现象就是实用主义与宗教的结合。这里的宗教是指传入美国的以新教为主的基督教。它和实用主义的结合，被认为是造成美国现代文明的主要因素。

一　神和超世崇拜

这种融合在实用主义哲学方面的表现是它对宗教神学采取了和解的态度。

实用主义是一种反形而上学的哲学，它认为在经验之外的命题、物质、实在、精神等，都是没有意义的。但是在新教精神的影响下，实用主义却对神、上帝这个本来可以划入形而上学的命题，采取了另外的态度。

实用主义哲学家首先撇开神是否存在这类形而上学的包袱，而把效果提到了第一位。

他们以一种判断的口吻说，单就过去的世界而论，唯物论和有神论的解释都是同样成功的，效果是一样的。有神论说上帝怎样创造世界；唯物论可以同样成功地解释世界是怎样从盲目的自然力量里演变出来的。"两个理论都说明了它们的一切结果，并且按照我们所采取的假设，这些结果是相同的。"

但哲学又是展望性的，如果从将来的世界而论，有神论则显然优于唯物论。因为唯物论不是告诉我们这个物质的世界会越来越完善，而是"按照科学的预测"的声音，每一个宇宙进化的事物或事物体系，从那些美好的山川河流、奇花异木，到充满智慧和灵性的人类，将来的结局都是死亡。这样，人类的勤奋、天才、忠诚和艰辛，经历无数年代所完成的任何东西，就这一切来说，也好像没有好坏可说了。一句话，唯物论给未来的世界描绘了一个无法挽回的悲观的结局，"它取消了我们最后的希望"。

但另一方面，上帝这个概念虽然不如唯物论所采用的数学和物理公式那样明确。"但是最低限度，它有一个比它们强的实际优点，那就是保证一个理想的秩序可以永久存在。归根结底就是一句话，一个有上帝的世界，自然也会销毁或冻僵，但是我们可以想到上帝不会忘记旧的理想，一定会使理想在别处实现。所以，哪儿有上帝，悲剧就不过是暂时的，局部的；毁灭与分解不是最后的绝对的结果。这种永恒的精神秩序的需要，是我们心里最深刻的需要之一。"①詹姆士认为，有神论可以使我们充满希望，我们可以把"上帝是否存在""上帝的语言是否准确"这样的问题置而不论，只要你相信上帝，上帝这个名称至少会给你带来精神上轻松、愉快的好处。

在对待"上帝的存在是否是真的？""（圣经）的话是否正确？"这类棘手的问题上，实用主义哲学家批评了传统神学所做的抽象的形而上学的论证，指出它们是不能服人的。但接着又说，宗教问题不属于理智的问题，而属于感情的问题，詹姆士说："人不可能以超然的态度来宣布宗教信仰，而必须献身于它，凭以安身立命。"

宗教的产生，在于人的欲望和恐惧，绝大多数的人渴望生存，害怕死亡，追求美好的理想，在感到自己对现实无能为力或软弱时，他们就会产生对神的信仰。因此，实用主义哲学家认为，宗教真理是不能用通常的某一句话、某一个信念是否存在，这种形而上学的方式来考虑的，而必须从情感出发。要看这样的一句话、一个信念是否能给你带来好处，在实践中是否有效，是否能增加你生活的意义，是否能使你受到鼓励和激励，这种好处或效果能否在经验中得到证实。如果这些问题的回答是肯定的，那么

① 〔美〕威廉·詹姆士：《实用主义》，陈羽纶、孙瑞禾译，商务印书馆，1979，第57页。

这种宗教信念的真理性就得到了证实，这种真理就和其他的科学具有同等的价值。

杜威认为，在解决社会冲突中，对上帝的信仰，超世崇拜是实用主义哲学不可缺少的一个帮手。实用主义虽然反对放任的个人主义，主张把个人利益和社会利益结合起来，认为个人主义哲学，必须有道德理想加以引导、用道德规范加以控制，否则它就会像一匹脱缰的野马，给社会带来极大的危害。但道德规范和道德理想是不可能在实用主义哲学中产生的，实用主义哲学作为一种方法，是把满足个人的需求看作为善。不同的人，需要是不相同的，同一个人，在不同的时间和地点，需要也是不同的。因此，实用主义哲学本身，不能建立起具有长远性、稳定性和一致性的道德规范。如果仅仅依靠实用主义哲学来解释社会冲突，就会面临"公说公有理，婆说婆有理"，谁也解决不了谁的问题的局面。因此就需要有一个在个人经验范围内可以体验到的一致公认的权威。

这样的权威可以是哲学家、思想家、政界或公众领袖，也可以是上帝。但前者现在由于个人主义和平等思想的挑战，很难成为权威。而后者却长期以来处于最高和最后权威的地位，迄今"这个观点并没有遭到质疑，更谈不上有人向它挑战"。

因此，杜威认为在清除了传统的形而上学的内涵之后，恢复"上帝"一词是很有必要的。它应当被理解为"各种理想价值的富于想象的统一，理想与现实的形象的结合"，一种得到公认的超世崇拜或宗教信仰，其功能即是在一种共同努力与共同命运的意识中使人们联合起来。杜威相信有这样一个意识上的上帝观念，可以成为一个强有力的推动，有助于统一各种力量和能量，有助于激发人们去行动，有利于提升和调动各个人的人格。因为人类本身能力范围可能提供的目标都是有限度的，不足以使人的道德潜能完全激发出来，只有诉诸上帝，相信有一个超出人的力量在支持，这个世界才能显现出美好，人的道德努力才不会因挫折而中止，教育才能更快地取得成效。只有人人遵循上帝在《圣经》中指定的道德戒律，社会才能得到安宁。

二 宗教仪式和制度

实用主义和宗教的融合，反映在美国教会内部，是它世俗化的倾向。

美国教会的世俗化，表现在它对待传统的宗教仪式和制度上。

从欧洲传入美国的各种基督教派，原本都或多或少保留着欧洲中世纪天主教的宗教仪式和教规。但是在美国现实的巨大冲击下，它们为了适应实际的需要而不断改变。

早期的美国人漂泊不定的生活，使一些严格的教规很难得到执行，而由此造成的种种束缚和限制，又引起喜欢自由和独立活动的美国人反感。各个教派不得不重新审视和修正自己的仪式和教规，讲求实际，以争取信徒。有些教派取消了不受欢迎或认为没有必要的仪式，如成人受洗礼的仪式，私人密室忏悔的仪式等；有的受到美国人的欢迎和被认为需要保留的仪式则大大简化了，如结婚、死人墓前的追悼礼拜等，已不再具有过去那种神秘化的意味，甚至不再具有神学色彩，而变成由神父主持的与世俗生活结合的庄严而淡雅的仪典。此外，美国的教会是由普通教徒自愿组织起来的，可以随时参加或退出。它没有上一级的教会，许多教会没有主教只有牧师。这里的牧师，又多半是各社区教徒自己举荐，由教区委员会雇用，合同期为 1~2 年。这样就促使了神职人员队伍的世俗化，使他们变成了和教师、医生一样流动的自由职业者，使资本主义的商业精神同样进入教会。

美国教会在制度和仪式上的世俗化，不仅是受到实用主义思想的影响，而且是和实用主义哲学的观点一致的。实用主义哲学把宗教分为两个不同的部分，一个是制度的层面，一个是个人的层面。制度的层面是指宗教崇拜的仪式、礼节和教会的组织，传统的工作以及神学体系等。个人层面是指个人对宗教经验的内在感受，心理倾向和精神过程。实用主义哲学家认为，制度的层面是次要的，值得重视的是个人的层面，即人在对神的崇拜中，获得有效的个人心理感受。制度层面是为个人层面服务的。詹姆士说：制度和仪式之所以需要，是因为可能只有在一种庄重肃穆的气氛中，人们才能产生对于那个超世的神的亲近感。

美国教会的世俗化和实用主义思想的一致性，使得美国的教会常常不是把许多实用主义者看为异端，而是视他们为标准的信徒。

三　各种宗教的相容

实用主义和宗教的融合，反映在社会方面，主要是各种宗教的相容。

实用主义在理论和实践上都是坚决反对一元论的。他们在宗教观上也不例外。

实用主义哲学家使用上帝这个概念，但他们所说的上帝，并不是指基督教或犹太教的那位上帝基督，而是指一种神的总称，不论耶和华、安拉、释迦牟尼还是中国的玉皇大帝、太上老君……都可以包括在内，甚至可以涵盖原始人对大海、生物、土地的图腾崇拜。因此，实用主义哲学家口中的上帝，正如詹姆士所说，是指任何人所认为的神圣者或者是如神一般的事物。

在实用主义哲学家看来，世界上各种不同的宗教、不同的教派甚至各民族的图腾崇拜，大多可以得到同样的好效果。其一，有一股热情注入信仰者的生活之中，使他能欣赏、赞叹生命的美妙，并勤奋工作，甚至做出英雄式的奉献与牺牲；其二，信仰者获得安全感和心境的平安，而且能够具有爱心。实用主义哲学家是从效果来看宗教的，只要能带来上述同样的结果的宗教或教派，都应得到人们同样的尊重，而不应管它是新教还是天主教，是佛教还是伊斯兰教。因此，实用主义哲学家认为不是某一种宗教或教派才是真理，才有存在的权利和价值。各种宗教对于相信它们的人或民族的效果都是相同的。宗教应当是多元的，而不是一元的。

在世界上大多数宗教和教派看来，实用主义这种观点是亵渎的。实用主义这种宗教观也是和欧洲的新教相抵触的，因为欧洲的新教主要指的是加尔文教，他们迫害异教徒的手段是丝毫不弱于罗马天主教的，在某些方面甚至有过之而无不及。但这种新教传入美国后却发生了立场上的根本转变：由反对相容变成支持相容。

这里的原因是很多的。其一，移民中有不少是在欧洲受到宗教迫害的。他们来到这块大陆的目的之一就是追求自己的宗教信仰自由。因此，他们对那些迫害异教徒的行为感到厌恶。其二，移民整日为生计奔忙，为世俗事务所困扰，面对着大量需要解决的实际问题，宗教派别的严重纷争和分歧对他们逐步失去了意义。其三，早期移民面对着和恶劣自然环境的斗争，与印第安人的纷争，以后又面临着和英国、西班牙等殖民地宗主国的斗争，人们把对教义的分歧降到了十分次要的地位，在实际社区生活中，各种不同教派的人学会了相互容忍、相互帮助，一些州出现了不同教派同台传教、互借讲堂的和谐局面。

这样，由于新教在美国变成了主张相容和信仰自由的宗教，就和主张宗教多元文化的实用主义统一起来了。

四　社会福音派、现代主义和"上帝之死"派

实用主义和宗教的融合，还表现在美国出现了一系列和实用主义有关的神学思想。

20世纪初，美国出现了以华盛顿·格拉顿、沃尔特·饶申布什和塞勒尔·马修斯为代表的社会福音派。他们希望基督教增加对社会的关照，使上帝之国等同于地上之国。华盛顿·格拉顿强调对社会的救赎，认为这是基督教的本质特征。格拉顿认为，教会应该参加社会服务，调节民族间的矛盾，调和劳动阶级和资产阶级，他本人就参加了俄亥俄州哥伦比亚市政府这方面的工作。他认为，"调节的方法是启示"。格拉顿希望在这里建立一个基督教社会，这个社会并不要求取消条件和财产能力的不平等，但穷人和富人应当是一种相互关心的伙伴。

沃尔特·饶申布什的态度则更为激进，他主张教会与工人阶级结盟。他赞赏实用主义对社会冲突的特别关心，但他认为，实用主义的改良措施和零零碎碎的改革，不可能弥合现代社会中劳资双方的鸿沟。在他看来，只有采取社会主义的办法才能解决问题。他认为，这样一种解决办法"应该得到每一个爱国者和基督徒的满怀喜悦的欢迎。"

塞勒尔·马修斯认为上帝仅仅是人类理想的代名词。它在宇宙中创造了人格的力量，上帝和信徒的关系不是君臣关系，而是父子式的合作关系，既具有亲切性，又具有民主性。每个人同神的这种生命之间的关系，成为人间的博爱的兄弟关系的基础。马修斯赞同实用主义的进化论，赞赏饶申

布什推动社会进步的努力，但他不同意饶申布什的社会主义的观点，而主张开明的资本主义。

20 世纪 30 年代，美国兴起了现代主义神学派，这个神学派别的哲学完全是实用主义的，即本体论上的进化论、认识论上的经验主义、方法论上的工具主义。

这种神学主张，《圣经》是对上帝的发展的体验和记录，而不是对神的真理的静态的、一劳永逸的权威表达。它的杰出代表有亨利·纳尔逊·韦曼和哈里·爱默生·富司。

韦曼赞同杜威的说法，认为经验的获得，必须能通过需要和观察预期结合的经验方法。因此，人们不必重视超越存在的领域，而要重视在对世界的历史体验中发生着的东西。然而，韦曼不赞成杜威的人本主义的上帝概念，即仅仅把上帝看作表示人的种种理想的可能性之想象的统一。他认为上帝的观念是一种在实际生活中不断发生作用的现实力量。按照韦曼的看法，对于经验的研究来说，存在着一种十分明显的增长着的价值结构，它不是人所创造的，但提供了检验人的欲望的标准。在人生之中，有某种东西在暗中发生作用，我们可以称之为上帝。上帝就是"维持并最大限度地增进整个人类生活所有善事的宇宙的行动"，或者说，是"在人不能自救时救人脱离罪恶的那种东西"。

哈里·爱默生·富司提倡一种实践的宗教，他认为，宇宙之中有一种有利于人格的创造因素，它时时增加着真，创造着美，传播着善，这就是上帝。通过他的拯救活动，人们在不完全的实际活动中不断提高着对他的洞见和认识。

20 世纪 60 年代，美国出现了"无神论的基督教"或称"上帝之死"派神学。这种神学不完全受实用主义思想的影响，但亦是和实用主义思想有关的。它的创始人是在美国讲学和传道的德籍神学家特里希·彭霍费尔。

后来在美国的代表有加布里尔·瓦哈尼安、威廉·哈密尔顿、托马斯·阿尔提泽、理查德·鲁宾斯坦、哈维·考克斯等人。加布里尔·瓦哈尼安 1960 年发表了一部著作，书名就叫《上帝之死》，在他看来，上帝之死是意味着上帝已经被我们的人类文化所同化了，这就使得我们有希望与圣经中的超验的、活生生的上帝再次相遇。这种可能也许尚未到来，因此，我们必须没有偶像地等待。

威廉·哈密尔顿和托马斯·阿尔提泽，表现了一种脱离传统神学的激进化的倾向。他们认为，上帝已经赐予人类以自由，赋予人类对地球的控制权，犹如父亲已死，儿子已经独立，可以远走高飞。

这个学派的最后一位影响很大的代表是哈维·考克斯，他宣称《圣经》本身包含了世俗化的倾向，他反对许多神学家蔑视现代世界的态度，大力赞扬科学技术的成就，鼓励教会参与世俗之城的建设。"上帝之死"派神学使基督教道德化的态度无疑和实用主义的倾向是一致的。"上帝之死"派神学使用了一个包含着悖论的命题，把"上帝"暂时搁置起来，让人类自己决定自己，并不是要取消作为神的上帝，而是通过这一形式它更多地作为崇高的道德形象在实际生活中发挥有用的效益。

第六节　美国式的教育——教育哲学

实用主义对美国社会的影响最深最全面的恐怕就是教育了。

在杜威以前，美国的教育已开始注重实用性，但整个来说，仍然是沿袭殖民地时代沉闷而腐朽的旧教育体制，再加上19世纪从德国传入的赫尔巴特的虽有一定科学性但相当刻板的教育方法，陈陈相因，陋习甚多，了无生气，开设的课程有许多是和美国的实际需要脱节的，如拉丁文、希腊语，不注意发挥被教育者的主动性，不注意学生的兴趣和要求，只强调教师的主导作用，教学是以教师的灌输为主。先生讲，学生听，是它不变的公式。

这种教育不能适应美国飞速发展的工业革命和商业革命的需要。杜威受詹姆士的启发，创立了美国式的全面教育理论。他的观点尽管遭到一些人的非议，但由于得到美国大多数学校和教育家的支持和赞同，它成了美国占主导地位的教育思想，并贯彻到教育的各个环节中。

一　经验第一

杜威的教育思想是和他的实用主义哲学紧密相连的。

他反对过去教育重视传授理论知识的传统，强调个人经验在教育中的重要性。在杜威看来，唯一真正的教育实践是个人经验的改造过程，即在社会情境刺激下，每个个体在自己的行动中对这种刺激做出反应，"不断地发展个人能力，熏染他的意识，形成他的习惯，锻炼他的思想，并激发他的感性和情绪""增长他的知识和智慧"。他认为，过去那种以传授理论知识为主的教育虽然可以产生一些表面的效果，但实在不能称之为教育。它对被教育者构成一种外在的压力，使他们变得死板和没有生气，它是和儿童的本性相反的。因此，杜威认为，"一磅经验胜过一吨理论"。生活和经验是教育的生命线，离开了生活和经验也就失掉了教育。他的教育哲学是"属于经验，操诸经验，为着经验的"。

杜威批评以往教育重视教材，重视死板知识，忽视学习实际生活中的活知识，忽视知识的相对性。他说："为灌输知识而组织的教学，不管有多少，绝不能替代实践中关于农场和田园植物的直接知识，这种直接知识是通过在动植物中的实际生活，即照料动植物而获得的。"杜威认为，只有这种从实际中直接获得的知识才具有生动、牢固、可靠的特点。书本的理论知识，可能在以前的一定条件下能给人带来满意的效果，具有真理的价值；在现在的条件下，由于情境的变化，可能不再能给我们带来满意的结果，可能已不再是真理。

二　学校即社会

杜威改变了"学校"一词的含义，"学校"不应是独立于社会的，仅仅是为未来生活做准备的训练基地，学校即社会，"教育既然是一种社会过程，学校便是社会生活中的一种形式"。

学校是一种雏形社会，或精选社会。在杜威看来，现实生活如此复杂，学生的能力、兴趣、要求不同于成人。因此，不应该把成人所居的大千世界无区别地搬到学校中，要对影响学生发展产生多种刺激的东西应加以平衡和整合，删繁就简、去粗取精，使之适合各种年龄学生的需要和兴趣，把现实生活加以合理的简化，缩小成一种雏形状态。

杜威认为，学校教育的根本目的，是要把学生培养成美国人，使他们具有美国精神。

在杜威看来，美国是一个民主社会，或者说是民主个人主义社会，这个社会要能维持下去，需要每一个公民都懂得尊重自己"做人的价值"，在任何情况下，不出卖自己的意志、言论、自由和信仰自由；同时要懂得尊重别人"做人的价值"，不征得别人的同意或授权，不能擅自代替别人的意愿。杜威说："询问他人喜欢什么，需要什么，有什么意见，这是民主观念的一个要素。"每个人都要认识到他人是和自己处于平等地位的。因此，他要做出有关他人的决定时，都要积极地而不是消极地征询他人的意见。在这样的民主社会中，每个人都有权利求得自己才能的充分发挥，同时也有义务遵守社会的共同生活准则，学会和他人友好相处，相互讨论，合作共享。

杜威认为，一个国家公民的大多数如果没有这种民主意识，那么这个国家绝不会轻易实现民主制度，即使暂时实现了，也难以维持下去。一些反民主的政权在一些国家死而复生说明了这点。在杜威看来，法西斯政权和教权主义政府的出现，不能简单归结为这些政府的个别领导人的品质恶劣，而是群众的非理性淹没了人权的价值的结果。那么，怎样使一个国家的公民的大多数具有这种民主意识呢？杜威斩钉截铁地回答：只有依靠教育。"教育不是唯一的工具，但它是第一的工具，首要的工具，最审慎的工具。"只有依靠学校的帮助，才能使民主观念成为每个人的内在智慧与性格的一部分。

这里杜威把学校教育提高到一个崇高的战略地位。他说："学校只为发扬民治精神而存在，为市民的幸福而存在。"他在引用19世纪教育家霍勒斯·曼的话"教育是社会进步和社会改革的基本方法"后，又接着指出："教育是我们政治上的唯一保证，除了这只救生艇之外，都是一片泛滥的洪水。"

三　以学生为中心

杜威告诉人们，要使学校成为培养公民的民主意识的教育机构，学校本身必须进行根本的改变。换言之，学校不应再是师道为尊的学校，不应是以教师为中心的学校。

培养民主社会未来主人的学校本身也应当是民主的。学校生活应当是一种民主生活的楷模，它的各种组织都应当按民主的程序运作，应当让儿童（更不用说青年）享受更多的自由，参加校内的各种民主选举，让他们从小就开始懂得和善于运用自己的民主权利，善于表达自己的意见和看法，也善于尊重别人的意见。学校教育必须以学生为中心，尊重儿童自己的愿望、要求和兴趣，培养他自身的自觉性，使学校成为儿童成长的乐园，而不是担惊受怕的场所或牢笼。杜威这样描述了这场革命，"现在我们教育中将引起的改变是重心的转移，这是一种革命，这是哥白尼把天文学的中心从地球转到太阳一类的革命。在这里，儿童变成了太阳，教育的一切措施则围绕他们转，儿童是中心，教育的措施便围绕他们而组织起来"。

杜威指出，这里的意思并不是不要教师，儿童毕竟是幼稚的，他们会有许多问题弄不明白，对许多事情缺乏识别能力，教师可以用自己丰富的生活经验和阅历帮助他们，使他们能正确估价自己的才干，找到自己的缺点，大胆肯定自己的优点。教师也可以对儿童进行广泛的观察，根据受教育的特定个人所固有的活动和需要，制定一个行动的程序，为受教育者的成长创造尽可能好的环境。

总之，教师是儿童生活、成长和自我经验改造的启发者和指导者，而不是儿童离不开的拐杖，更不应是把自己的目的强加在儿童身上的"上司"。

四　以活动代替教堂

在培养学生具有民主社会的公民道德的同时，杜威认为，还要帮助学生掌握科学的实用的思想方法，掌握社会生活所需要的各种实际技能和知识。为了达到这个目的，就应当在学校的教材和教法上也进行革命，废止静态的读书求知的学习方法，清除纯知识的、纯学术的研究，改变理论学习和实际脱离的倾向，也就是要从根本上反对把积累的固定不变的知识作为教材。

应当把现实的活生生的生产活动和社会活动引入教学领域，如在农场的田间栽培中去学习生物学，在化工厂去学习化学公式，在裁缝织布等工作中学习如何使用原料和所包含的机械原理。如在纺织厂，儿童可以真实了解羊毛纤维的优缺点，以及如何合理地使用它们的方法，并实际参加工厂劳动。这样不仅可以使其理解这些机器的发明对纺织工业的影响，而且能够了解它对社会生活方式的影响。

杜威认为，这种学习不仅是愉快的，而且由于它给儿童提供了真正的动机和直接的经验，使他们接触到多样化的、活生生的现实，可以培养儿童创新精神和科学的洞察力，可以激起他们的兴趣、爱好和欲求，使其具有主动性。还可以使他们不仅懂得实际做事的方法，而且具备实际做事的能力，在心智、信心和知识上都会同步增长。

总而言之，杜威认为，美国的学习不应当培养那种只有纯理论知识，分不清机器，甚至连简单的机器都不会操作的书呆子，也不应当培养那种只懂得卖力气、成为机器附属品的呆板工人，而是应当培养掌握生产全过程，懂得工作的意义和价值，具有一定的想象力和创造力，能把理论和实践相结合的劳动者或管理人才，以适应社会发展的需要。

五　美国教育的特征

要全面、具体地描述杜威的实用主义教育思想对美国教育的影响是十分困难的，但只要把美国的学校和其他国家的学校稍加对比，就不难发现这种影响有多大。

为了贯彻杜威的培养美国精神的要求，美国的学校从中学开始课程设置就向无所不包的方向发展，而不是像其他国家那样在学校中有长期固定的课程，中学里除了大量的劳动技能课外，还有社会生活中需要的各种课程，如家教、演讲、打桥牌、舞蹈等。大学的课程设置灵活多样，一般大学开设的课程是八九百门至一千多门，几乎涵盖了社会生活的方方面面。学生要从这样的课程中选修三至五门课，实在是件不容易的事。康奈尔大学的创办人声言："我要办一所任何人都能找到教授任何学科的院校。"该校以美国社会的实际需要作为办学宗旨。如19世纪初，美国商业快速发展，急需管理人才，该校在1906年就开办了商业和工商管理系；后来美国的资本家和工人矛盾尖锐，该校马上又开出了"劳工问题及其解决办法"的演讲。小学以学生从事活动，教师予以辅导来代替死背课本，大量的教学活动通过讲故事、表演节目、现场参观、手工作业来进行。有的学校只考查手工课程，其他的各种需要都穿插在手工课程中进行；有的学校指导学生通过盖房子、干农活、讨论社会问题、测量画图等来学习知识。

为了贯彻杜威的"做中学"的精神，美国学校广泛开设了经验课程，有的学校还采取了杜威的五步法进行教学：第一步，学生要有一个真实的经验的情景；第二步，在这个情景下产生一个真实的问题；第三步，运用所需知识的资料，通过必要的观察来对待这一问题；第四步，必须负责一步步地展开他所想出的解决问题的过程；第五步，使学生有机会通过应用来检查他的假定，是否意见明确，并且让他自己去发现它们是否有效。也正是在杜威这种思想的引导下，美国人重视职业教育，开办了许多职业学校。正如圣约翰·德·克雷夫科所说："在美国任何人只要有一技之长或勤奋苦干，他就有充分的发展余地，只要他发挥才能去勤奋谋生，他就能有成就。"

六　进步主义、要素主义、改造主义

在杜威之后，美国的各种教育理论都不能跳出实用主义的窠臼。在杜威宣称实用主义教育的时候，美国就出现了一种被称为进步主义教育的运动。

它的创始人是帕克，他首先在马萨诸塞州的昆西市开始试验，以后各地都有一些学校响应。这种运动从清除学校中的形式主义着手，它认为原来学校中建立的许多"秩序"都是不必要的、僵硬的和非自然的，必须加以打破。它不再要求学生沉静地呆坐着，相反，要求有"带来最好结果的热热闹闹的工作"。如学习语言，不是系统地学习语法，循序渐进地掌握单词，而是每个学生讲出他见到、听到、感受到的东西；学习任务不是由教师布置，而是学生自己觉得他需要做什么就做什么，需要做多少就做多少。又如教地理的方法，完全打破国和州的体系，从学生所居住的地区学起，由近及远，遇到什么问题，或学生提出什么问题，就讲什么问题，无须讲究系统性。贯彻这种进步主义运动的学校，上课时间也很灵活，是根据儿童的需要和兴趣来安排的。

这种进步主义运动声势大，但实际影响并不大，因为他只是杜威实用主义教育的一种偏激的表现。

在杜威以后，美国还产生过以威廉·赫德·克伯屈为代表的要素主义教育思想和以西奥多·布拉尔德为代表的改造主义教育思想。

克伯屈的要素主义教育思想主要是研究儿童的学习过程，他指出，儿童的学习是和动物不同的，它是具有自我意识的人的学习。儿童具有树立目标的能力，观察自己工作的能力，从经验中自觉地获益的能力，他还具有主动性、创造性、合作和道德责任。因此，他有可能为了获得最大效益努力学习，而避免最小的效益。这种要素主义教育思想对学习过程进行分解，强调经验，个人的生活环境、活动和行为在学习过程中的重要性，就此，创造了一套教学方法。

而布拉尔德的改造主义教育思想则是基于"二战"后苏联等国家科学教育迅速发展的势头而提出的。他在一定程度上看到了杜威的实用主义教育所具有的片面性，要求它和要素主义、进步主义等综合起来，进行非常的变革，以迎接时代的严峻挑战。他要求以哲学的睿智作指导，对美国以往的教育体系给予更尖锐的批评，提出更有远见的建议，激发起青年的冒险精神和创造精神。他要求用行为科学研究的成果，来改造大杂烩般的中小学和学院的课程结构，找到组织教学过程和学习过程的新途径，根据对文化的比较价值和普遍价值的研究来重新表达美国教育的目标。要素主义教育思想和改造主义教育思想，在基本观点上和杜威的思想是完全一致的，只是侧重点有所不同，这些理论认为自己是对杜威实用主义教育思想的补充和发展。

第七节　实用主义社会学——社会哲学

社会学创始于西欧，但从 20 世纪开始，美国在实用主义精神的指导下，非常重视对社会的实际调查和研究。两次世界大战使欧洲的社会学家大量移居美国，美国逐渐成为全世界社会学的研究中心。

美国的社会学从 1893 年在芝加哥大学建立第一个社会学系开始，就和实用主义产生了联系。因为 1894 年杜威在芝加哥大学担任哲学、心理学与教育主任。

而从美国社会学的发展来看，几个主要的社会学学派，如功能学派、交换学派、形象互动学派以及社会进化论的社会学理论都具有实用主义的倾向，也就是说，这些学派总是基于"有用"与"实践"来讨论社会学。

一　形象互动理论

杜威于 1939 年出版了一本书，题名为《自由与文化》，在书中他论述了人类、本性与文化在社会中的意义。他认为，人性像精神生活中的其他形式一样，趋向于分化，既向个体方向移动，具有利己的倾向，同时也趋于联合，具有利他的倾向，他说，这两种倾向是原始的人性组成部分。一个社会中的文化和人性相互影响，有的文化更适宜发展利己倾向，有的文化更适合发展利他倾向。

杜威认为，在一个社会当中，比如美国社会，存在着一个道德问题，也就是民主传统问题。他认为民主传统的渊源是道德的，而不是技术的，也不是抽象的与狭义政治的。它之所以是道德的，是"因为建立在对于人性有获得个人自由的能力的信心上。同时伴随着尊敬与关怀别人，以及基于团结而不是威胁的社会的稳定性。"

解决社会中的问题，杜威认为必须有民主的传统，只有这种道德才能使人们在合作的行动中发挥集体智慧所提供的种种支柱，并解决一个个随时发生的问题。他的社会理论的一个特点是强调道德的有用性，因为道德是指民主的传统，所以社会中民主传统的有用性是问题的核心。如果社会缺少这些，便很难解决随时发生的问题。民主传统也是社会中的文化问题，文化因素和人性中固有的因素相互影响，是社会发展的动力。

托马斯认为，个人与社会之间常发生冲突，因为个人的目的首先是满足个人的乐趣。而社会则首先以社会的安全和社会的利益为目的。社会为了协调和个人之间的冲突，就需要有一个道德标准，以它来节制个人的欲望与行为。所以，个人要了解社会道德的基础及价值。个人对于社会，主要是信仰。一切情境定义是真是假不重要。只要个人相信社会的某种情境定义是真的就可以。托马斯的理论很清楚，个人与社会间的互动就表现在社会对个人节制与个人对社会信仰上。

派克的理论和托马斯稍有差异。他认为，社会是传统与规范影响下的人与人之间互动的产物。从基本上说，社会是具有控制性质的组织，稳定的社会是指社会工具能成功与有效地制服社会的反动力量，从而达到某种程度上的协调。人与社会之间的互动的目的就在于达成协调。

人与人之间的互动是一个社会过程。派克认为，这个过程是：竞争、冲突、顺应、同化。所谓竞争，是指为了生存，而采取的最基本的互动方式，个人在社会中的地位就是由竞争来决定的。但是，为了维持自己已有的社会地位，就必然和别的个人发生社会冲突，实际上竞争和冲突是一件事情的正反面。冲突的暂时停息期即顺应，如果冲突永久性地解决，就是同化。

托马斯或派克都认为社会变迁是不可避免的，而且社会是向前迈进的。社会变迁是人们寻求生存与进步的必然过程。变迁本身是对人类有用的。他们认为，人们的自觉性和自治性越高，社会的变迁越是前进与有用。所以社会学的任务，就是要解释个人寻求自由的本性及社会寻求安定对个人所施行的约束。

形象互动理论最有影响力的是米德。米德从"自我"出发来研究社会与个人的互动。他认为只有自我才能把个人的行为与团体的行为联系起来，使个人与社会互动起来。没有自我，就不可能有互动。社会与个体的互动是动态的过程。

高弗曼从他的戏剧论出发来研究形象互动论。他把人与人之间互动比做舞台上的演戏，这样便可以突出人与人之间面对面的互动情况。他认为，个人的行为往往是装出来给人们看的，这种装的行为可以是善意的，也可能是恶意的。他以医生与病人之间的互动作为例子。医生为病人诊治时要装出镇静、很有信心的样子，虽然他没有把握，但还要装出有信心。这是善意的行为。因为医生的信心能稳定病人的情绪，并且能减轻病人的痛苦。

另一方面，医生装出有信心是以此来隐藏个人的缺点，但同样是医生职业道德所需要的一种具有善意的行为。不管怎样，这种"装给病人看"的行为和病人的安全感是互动方式。医生装给病人看对病人是有用的。因为病人信以为真，认为医生的处方是有效的。高弗曼的理论已和心理学的暗示联系起来，但在形象互动中的影响来说，这是有意义的。

当然，装是前台的事，因为前台行为是装给别人看的，后台行为则是对方看不到的，这是一种想象的说法，所以医生给病人看病诊治时，就像在戏台上一样。高弗曼把他的理论运用在各种地方，如公园、餐厅、舞厅等。他认为，尽管人们在这些场所里的行为和在家中、办公室中的行为有不同，但装给别人看的基本交际原则是存在的，在各种公共场所，人们总是以互动的方式表现出自我。

二　功能学派

第二次世界大战后，美国出现了功能学派的社会学理论。到了 20 世纪 50～60 年代功能理论已普遍成为大学的主要课程。许多学者认为，功能学派的理论才是真正的社会学理论。K. 戴维斯认为："功能学派理论才是真正的社会学理论。那些不接受功能学派理论的人根本就不能算是社会学家。社会学理论与功能派理论实际上是两个同义词。任何超出功能学派理论范畴的理论也就等于超出社会学理论范畴，不能算是社会学理论。"

功能学派社会学实际上是美国实用主义精神和社会学相结合的产品。如果考察一下功能（function）一词的含义，读者便立刻理解功能的实用主义意义。功能一词主要是指有用的活动。因此，在日常生活中，功能往往和大众活动联系在一起；而社会学中所说的有用的活动，包括需求的满足与愿望的实现，是和直接效果与兑现价值联系在一起的。正因为社会有某种需求，社会群体才产生某种特质或活动，社会群体的存在必然和社会需求的满足有关系，后者是前者的目的，如果没有后者，社会群体自然瓦解。可见，任何一个社会，它的中心目的是满足社会的某种程度的需求。

功能除了指有用的活动外，还有其他的意义。因为有用的活动并不一定是适当的活动。比如，社会的阶层对于社会整合来讲是有用的，然而在安排方面不一定是合适的，所以功能也是一种适当的活动。其实，这只是解释上的不同。因为适当的显然是有用的。如果有用而不适当，仍然没有显出其有用性。适当性是有用的一个重要属性。詹姆士就认为，有用的是真理，真理是有用的，所以有用性与适当性在实用主义理论中是不可分开的。适当性蕴涵于有用性之中，使功能更能表现出有用性。

此外，学者们认为，功能还指能维持一个体系的均衡活动。因为社会制度是由社会体系决定的。社会制度的功能是维持社会体系的均衡。

综上所述，前文已经讨论功能学派理论中的"功能"一词的含义，是指有用的活动、适当的活动与维持社会均衡的活动。把这三者联系起来，便可以给功能下一个比较完整的定义：功能是一种维持社会均衡的有用的与适当的活动。从这个定义可以看出，功能是强调效果的。因为社会达到均衡就是效果，功能论就是效果论。

美国功能学派理论最主要的代表人物是帕森斯，他最初学习生物学，后来转攻社会科学，在伦敦读书时他认识了早期功能理论的代表人物马林诺夫斯基，回国后，在哈佛大学工作。因为皮尔士及詹姆士的影响，哈佛大学成为美国实用主义思想的另一个中心。

帕森斯的功能理论首先研究的是人类行为的准则，社会秩序的稳定与人类行为的一致性。人类行为要符合社会规范，在这方面究竟是什么起主导作用。帕森斯认为，政府并不是指导人类行为的主要动力，对人类行为起作用最大的是价值观念，政府是无法统治人的价值观念的。

价值观念在社会成员中获得一致认同，社会秩序也因而比较稳定。人们日常生活的行为共同准则是由价值观念决定的。帕森斯是从资本主义的美国这个特有立场来观察世界的。他认为当前的社会是属于个人主义的社会，因为人们具有共同的价值观念，使社会稳定而又有秩序，如果得不到价值观念上的一致，社会秩序便发生混乱。他认为价值观念是随着人格形成而逐渐建立的，它成为人们人格中主观观念的一部分。

社会的稳定是由人们相同的价值观念所决定的；价值观念又是嵌在人格里的主观观念的一部分。那么价值观念可不可以改变呢？也就是说，这种人格中的主观成分可不可以改变？帕森斯提出了他的具体理论。

帕森斯认为，在社会体系内有四种行为体系，即人格体系、社会体系、文化体系和有机行为体系。

所谓人格体系，是指在个人人格中所包含着的个人动机以及需求满足的欲望。人格的形成，既有人类人格的普遍性，也有个体人格的特征。同时，人格在形成的过程中受到生理与文化的影响。

文化体系不是个体所固有的。文化不是某个人创造出来的，它是经过若干年代的发展与大多数人的使用才产生与形成的。比如语言是一种文化，语言自身就有一个演化过程，语言对人格的形成就有影响。

社会体系是指社会角色、社会模式以及人的社会性、群体性等。帕森斯认为在社会体系内存在着社会互动过程，但是这个互动过程应当被看作社会角色间的互动，并非人与人之间的互动。

至于有机行为体系，是指有机体的生理体系。这个体系是发展其他三个体系的基础，所有其他三个体系要和有机行为相适应。

帕森斯认为，个人行为是有价值取向的，当然这个价值取向是受环境影响的。所以，任何一个个体，一方面在排除与避免困扰，另一方面在增加实现目的的机会。可见，人的价值取向是向着对自己有利与有用的，个体的价值取向是偏向个体自己的。

从美国资本主义制度来看，帕森斯的社会学仍然是理想化的。他提倡价值规范化，认为按照他的学说社会将均衡而稳定，似乎一切现存的社会问题都将迎刃而解。一些学者认为帕森斯的理论是乌托邦。

功能学派出现了许多人才，如 R. K. 默顿、M. J. 李威、戴维斯等。他们继续维护与发展功能学派的理论。特别是默顿，他认为帕森斯的理论与其说是社会学，不如说是哲学。所以要重建社会学。他认为，社会学所要建立的是一个可以解说一切社会行为、组织和变迁的理论。不过目前为时尚早。今天社会学应该发展一些可以应用到实际工作的概念和特殊理论。为此，默顿提出了一个中程理论。所谓中程理论，默顿认为是指"介于日常研究里低层次的而又必需的操作假设与包含全体的系统性理论之间的那类理论"。他认为目前出现的诸如参考群体理论、社会移动理论、角色冲突理论等都属于中程理论。因为它们都介于详细解说社会现象的工作假设与包含一切社会体系的大型理论之间，是一种中间的理论。

K. 戴维斯及 W. E. 默尔对社会成员的安排有独到的见解。他们认为社会是不可能平等的，因为社会总是要把人分成等级。这是社会普遍存在的现象，每一个社会都是如此。有两个因素促使不同地位、不同等级的产生。一个是来自功能，另一个是来自人才。功能由于重要性的不同而造成地位差别。但是功能的重要程度不一定与酬劳的价值相等。如果位置重要，但人才易找，酬劳不一定高；如果位置重要，但人才难找，酬劳就需要多，可见功能的重要性不是高等地位的充分条件，而是必要条件。

人才来源不同和地位不同有关。社会里的每一个位置都需要有人才去担当，但人才和生物遗传、文化熏陶、学习训练有关，造就一个特殊人才是不容易的。比如，每一个人都可当医生，可是在美国要成为一个医生需经过长期学习与技术训练，如果医生的酬赏不高，别人就不愿花那么多的时间与学费去学医。这就是说，地位功能重要，那么酬赏就须提高。

同时，他们认为各个社会有所不同，在彼社会某个地位显得重要，而在此社会就不一定重要。人才来源也是如此。从这里看出，社会没有统一的模式，这和传统文化、民族等都有十分密切的关系。

三 社会交往理论

从 20 世纪 70 年代开始，美国出现了一些社会学家，他们认为对社会的探求应该从人的行为着手。比如，解释工业革命影响下的欧洲社会，从经济角度及人的行为来探究是比较合理的。他们认为，在最初的社会中并不存在完全竞争的市场概念，当时的经济交易只不过是一种交换过程。于是他们把这个概念用来作为研究社会学的主要观点，形成了一个新的理论：社会交换理论。交换理论从实验心理学及行为心理学出发，认为个人的动机才是决定个人行为的主要因素。斯金纳的新行为主义对他们影响较大。斯金纳认为人类的外在行为是对环境刺激的一种反应。因为动物和人一样，都是寻求酬赏的有机体，都设法增加酬赏，减少惩罚。交换论者吸收了这个理论，认为在酬赏和惩罚改变时，个人的行为随之改变。这是在社会现实中可以观察到的。交换理论的创始人，哈佛大学的霍曼斯认为"我一直是维护斯金纳的人"，霍曼斯强调经济学是最科学与最健全的，因为经济学是社会交换理论的另一来源。社会交换理论中的酬赏就是经济学中所说的利润，惩罚则是成本。所以，社会交换理论是由实验心理学、行为心理学以及经济学中总结出来的，是人与人互动的一种可计算得失的理性行为。交换理论研究的出发点是个人，华盛顿大学的爱默生认为，个人是社会交换理论的单位。交换理论就是研究个人与个人之间的关系。

这个理论强调个人动机，它并不认为个人动机是极端的自我中心主义。从每一个体来看，都是在自己独特环境中产生出特殊的自我需求。动机是个人的而非集体的，动机永远和个体的情绪及物质的需求相联系。这一理论认为，任何利他行为也同样是交换的，比如，冒着生命危险跳水救人、把巨款捐赠给慈善机构，都不是只给不取的行为，从情绪上讲，施予者获得了精神上的自我满足，他宁愿以精神上的满足来弥补物质上的损失，甚至个人生命的损失。

在交换时，无论是物质上的交换，或精神上的交换，自然涉及经济学上的"利润"问题。尽管一般人看不出，但事实上暗含着利润问题。因此，利润和成本的计算就成为互换的基础。比如，哈佛大学就是商人哈佛捐钱办的，他要求用他的名字作为校名。"哈佛"校名就是他获取的利润。可见，酬赏的概念，在交换理论中占有很大重要性。酬赏不一定是看得见的物质，或看得见的精神奖励（如证书、奖状等），还有情绪上的满足、别人的赞赏、社会的表扬等。

霍曼斯的交换学说在美国得到了发展。哥伦比亚大学的布劳认为，社会交换是指个人为了获取回报而又真正得到回报的还原性的回报行为。他认为，有些社会行为不是交换的，如用武力行为所产生的效果，那是有一方被迫的与非自愿的。他还认为，社会交换和经济交换这两种行为是不同的。因为在社会交换过程中，所预期的回报是一种模糊的义务行为；而经济交换则是建立在交换的详细契约上。

布劳认为，在社会交换中，人们总是想付出最小代价而换取最高利润，而事实上，人们对得失的计算并非合理，交换过程本来是不均衡的，并且没有两样东西的价值或两种行为是绝对相等的，但由于对价值计算上的不同，也就自认是合理的。

目前社会交换理论在美国比较受人重视。它强调实用，不走极端，特别符合美国政府重视社会实用性问题的偏好。此外，这种理论能取各家之长，并运用经验论的演绎方法，对人与社会的解释符合西方的科学精神。

四　后工业社会和新人本主义

在美国还有一些实用主义倾向的社会学理论，虽然还不能成为社会学派，但其影响颇深。例如，贝尔的后工业社会理论和弗洛姆的空想社会主义理论。

丹尼尔·贝尔运用实用主义的观点对西方社会进行了预测，提出了后工业社会应从整体来研究，涉及技术分析、产业结构、社会结构、权力结构以及管理体制等，对当前的西方社会有较大的意义。他提出后工业社会的理论，是因为约翰·杜威在《经验的艺术》一书中写道："在任何思想的试验过程中，只有当结论已日益明显的时候，前提才会出现。"关于后工业社会思想，情况就是这样。①

贝尔在研究社会选择和社会计划时，强调概念和工具的适应性。他援引了詹姆士在《哲学的某些问题》中的一句话："人的知识生活几乎完全在于他用理论程序来代替最初形成经验的感性程序。"贝尔就是运用詹姆士的观点来研究问题的。他认为美国是把变革与创新纳入新文化的一个大型社会，美国的主导思想是要创造一个崭新的社会，发展经济，提高人民生活水平，过上富裕的生活。这当然需要理论。理论是以知识概念为基础的，而"知识的概念和规范是过去经验的产物或总结，从某种角度上看，我们的知识问题和政治问题都是我们运用这些概念和规范而产生的。"② 贝尔的后工业社会理论也是从这里出发的。

贝尔提到了对平等观念的理解。平等是美国社会的主要价值标准之一，

① 〔美〕贝尔：《后工业社会的来临》，高铦、王宏周、魏章玲译，商务印书馆，1984，第3页。
② 〔美〕贝尔：《后工业社会的来临》，高铦、王宏周、魏章玲译，商务印书馆，1984，第334页。

对平等的观念，各个时期都有不同，早期的平等观念是建立在北美殖民地的清教徒先辈的观念上，把个人看成是懂得自己应受神圣约束的有道德的人，这里暗含着朦胧的平等思想。到了建国后，美国流行的是杰斐逊从洛克那里发展来的平等观念。贝尔引用托克维尔的话说，美国的平等"莫过于条件的平等，很容易看到这一基本事实对整个社会进程的巨大影响。它改变了公众舆论，改变了法律。它使治人者有了新的准则，使治于人者有了新的习惯"①。

杰斐逊式的平等就是实用主义的平等。贝尔认为，在19世纪美国的民主思想并不明确。只是在公开的主张中，归结起来就是人人一个样，谁也不比他人好。"当前的要求是：洛克所谓的社会的公正的优先要求减少一切不平等，或者应实现社会上所有的人都得到平等的结果——收入方面、地位方面、权利方面。"这个问题是后工业社会主要的价值观问题。

贝尔认为，后工业社会的社会结构性质发生了变化，这种社会变化是社会分析家所集中起来的社会上各种变化的一种理想类型，比其他的理想社会构思更富有条理。在后工业社会，经济重心从制造业转为服务业；在技术上以科学为基础的新工业为中心；在社会学上，则是新的技术权贵的兴起和新的阶层原则的出现。

贝尔对社会的探讨，始终运用实用主义的观点，强调竞争。比如，他认为在工业社会里，主要是对加工过的自然界进行竞争；在后工业社会里，主要是人与人之间的竞争。他在《后工业社会的来临》一书的结尾说道："人类在他们的想象中总是设法使社会成为一件艺术品，这始终是一个理想。只要考虑到必须解决的任务，理智地从事建设社会现实就足够了"，他承认，后工业社会必然地导致一种新乌托邦。

贝尔从经济与技术上阐述了他的新社会，对资本主义的美国怀着一种积极乐观的理想。而弗洛姆则从人性和人道主义对美国社会现象进行研究，对美国的看法是不那么积极乐观的。

弗洛姆是从人性的变化入手对社会问题进行探讨的。弗洛姆认为，资

---

① 〔美〕贝尔：《后工业社会的来临》，高铦、王宏周、魏章玲译，商务印书馆，1984，第468页。

本主义出现以后，由于生产力与生产关系的变化，出现了自由人。人的自由虽然扩大了，但在社会中的经济地位却有所丧失。由于资本和市场对人的威胁，每一个人对任何一个人来说都成为潜在的竞争者，人与人的关系变得冷酷无情，人们产生了软弱与绝望的情绪。弗洛姆说："软弱与绝望之感代替了个人主动性中的坚定信心和勇敢行为"。当然这是弗洛姆的早期思想。

在弗洛姆看来，人的主要动机就是逃避日益增多的自由而企求回复到较安全的存在。人的自由之感是人格中最根本的东西，但是在资本主义的美国，消极的自由与积极的自由发生不可调和的冲突。所谓消极的自由，是指一个人早在原始社会和前资本主义社会中，那种从直接的与自然和社会的原始联系中获得的解放。由于消极自由产生的后果十分强烈，虽经过压抑，但人们仍然寻求逃避消极自由。其方法有两种：第一种是从消极自由上升到积极自由，因为积极自由是指通过对现实的控制和改造而产生的对自然力的支配，就是逃脱资本主义社会中由于生活的安排不当而产生的孤独与寂寞。第二种方法就是逃避一切自由。

人生活在如此的社会中，弗洛姆认为，必须改善世界中人们的命运。他认为目前资本主义社会，如美国社会，实际上是一个病态的社会。他认为，所谓病态的是社会，而不是个人。如果社会改变了，人也会得到改变，比如对创造型的人进行鼓励的社会，就能使他们从生活中寻找到乐趣。

弗洛姆提倡创造一个健康的社会，这个社会在经济上、政治上、道德上以及文化上必须发生很大的变化。在这个社会里的人要像马克思所说的那样，每一个人都是完全真正的人，个人的人格在普遍存在着道德价值以及精神价值的团体中有充分发展的机会，从而达到精神健康与自我完善。

弗洛姆提倡人要爱人类，而不是仅爱自己的国家。他认为，在一个健康的社会里，人们应当互助互爱，共同协作。他说，这个健康的社会是人本主义的共有社会。人们生活在这样的社会里，便感到人的价值、安全，不会发生孤独感与恐惧感。

弗洛姆热衷于一种新的伦理。一般来说，人们追求幸福人生，实际上包括两种愿望：一种是主观感受到的仅带来眼前一时快乐的愿望，这是阻碍人类进步的；另一种是植根于人的天性之中能促进人类发展的愿望，这与人类天性的需要是一致的。弗洛姆认为，自 18 世纪以来，有继承享乐主义思想的功利主义，也有反享乐主义的伦理学说。但从理论上考虑，从人类天性出发，绝对的享乐主义是不可能通向美好生活的。

弗洛姆考察了各种伦理观念，提出所谓健康社会中的新伦理与新人性。他在《占有或生存》一书的导论中说，他在书中"考察了两种生存方式对产生新型人、新型社会的关系，并揭示出种种可能避免灾难，避免令人萎靡不振的病态生存，以及避免整个世界的社会经济走向毁灭的抉择。"

他认为，新型社会的功能和目的是促进新人的产生。所谓新人，应当具备以下特点。

这种人应随时彻底放弃形形色色的占有；这种人沉着、稳重与自信，基于"我就是我"的信念，基于和他人生息相关的需要；使自己的兴趣、爱好和周围的世界相一致；应主张同享快乐，而不是以财富和权力剥削他人为乐；在生命的各种表现中去感受对生活的热爱，要明白神圣的不是物，不是权力，而是生命及一切促进生命成长的事物；努力去减少让人可能会产生的一切贪欲、憎恨，不崇拜偶像，不脱离现实而生活，这样才能达到一个人无须幻想的人生境界；努力发展自己爱的能力，克服自卑情绪，懂得自己及他人个性的全面发展是人类生活的最高目的；懂得遵守纪律和承认现实是实现这一目的的必要条件；不欺骗人，也不受人欺骗，人须要正派，但不可以幼稚，要认识自我，甚至认识潜意识中的自我；不能把自由理解为任意，人不能为所欲为。

只有上述这样的人才是新人，才是有价值的人。

至于新社会，除前文曾提到的某些和社会有关的问题外，弗洛姆认为，在经济方面要放弃无限增长的目标，要以有选择的增长而代之，不能冒一场经济灾难的风险；要创造相应的条件，树立对工作的全新态度，使物质利益不再有决定意义；要使心理上的满足作为动机而起作用；应支持科学进步，保证科学成果的实际应用不再对人类构成危险；要创造各种必要的条件，使人感到幸福与快乐，并从最大的消遣中解脱出来。弗洛姆还强调，提倡个人的首创精神，不仅在科学领域如此，在日常生活中也要如此。

弗洛姆认为，无论经济与政治，在新的社会中都应该服从于人类的发展，新型的社会就应当建立在非异化的指向存在的个体要求之上。人既不能追求成为不断消耗的消费动物，也不应当生活在贫困与耻辱之中。健康的社会不是为病态人而存在的，健康的社会是为了健康的人，并创造出健康的经济。弗洛姆认为，为达到这一目的，决定性的步骤是将生产建立在一种"健康与有节制的消费"上。

弗洛姆的社会理论在美国是不能实现的。因为美国是一个以个人主义为基础，以物质利益为导向的国家。弗洛姆是从他的人道主义出发，看到了资本主义社会的病态，企图提出医治的处方，可是他的处方却是不实用的。

弗洛姆自称自己的理论是以马克思主义和弗洛伊德学说为基础的。但从方法上说，他采取的完全是实用主义的方法。他是以新人本主义为理论轴心，以效果来衡量一种社会制度的优劣，提出改进的方案，他说："社会的变革同时也是由人的基本需要所决定的，即是由人为了利用有利的条件，达到自身的要求这一目的所决定的。"①

当今的时代，是科学昌明、物质财富日益丰富的时代，人类的基本需要是充分利用新的技术力量，来塑造马克思所说的全面发展的朝气蓬勃的人，弗洛姆认为，极权主义的"社会主义"固然不能将世界从野蛮主义中拯救出来，现有的美国式资本主义制度也不能取得这一效果。为此，必须创造一个崭新的社会，"这是一个新型的社会。在这个社会里，人类发展的准则控制着经济，而不是盲目的、无政府主义的经济效益控制着社会和政治的发展过程"。②

贝尔和弗洛姆的社会学理论表明，美国的实用主义社会学的最新发展趋势是它越来越借助于"修正了"的马克思主义，变成了和马克思主义的对话和论战。从社会发展的方向来说，是要在资本主义制度中注入一些社会主义的因素。

---

① 〔美〕弗洛姆：《在幻想锁链的彼岸》，张燕译，湖南人民出版社，1986，第87页。
② 〔美〕弗洛姆：《在幻想锁链的彼岸》，张燕译，湖南人民出版社，1986，第182页。

第八节 实用主义的语言与行动——语言哲学

分析哲学，亦可称为现代语言哲学，是以现代逻辑，特别是数理逻辑为基础发展起来的，20 世纪初它产生于欧洲大陆，由于有雄厚的自然科学背景，受到许多人的青睐，很快成为现代西方的主要社会思潮之一。分析哲学的出发点是和实用主义不同的，它认为不论研究存在或研究认识问题，都必须首先弄清哲学语言的意义。

分析哲学把哲学问题首先看成是语言分析问题，因而大大推动了对语言的研究。这种哲学在 20 世纪 30 年代由欧洲传入美国后，和美国土生土长的实用主义很快结合起来，并把实用主义带进了语言学的研究领域。

从广义的角度看，语言学包括三个方面，即句法学、语义学及语用学。语言学和语义学是不能分开的。但从狭义角度看，语言学也有其独特的研究范围。

一 语言学和指号理论

提到语言学，不能不提到卡尔纳普。他在一篇《可检验性和意义》的文章中建议把语言学当作一种描述性，即经验的研究，后来在《语言学的几个概念》中，他又认为语用学是十分有意义的理论研究。自然，他对语用学某些具体的特性没有深谈。卡尔纳普从欧洲来到美国后，通过奎因及莫里斯两人，对实用主义有不少的理解，所以在他的理论中吸收了实用主义。

卡尔纳普认为"认识论的两个主要问题就是意义问题和证实问题。第一个问题要问：在什么条件下一个语句是有意义的，所指的是认识的、事实的意义。第二个问题要问：我们如何得以知道一些事情，我们如何能发现一个给定的语句是真的还是假的"。

卡尔纳普是从哲学方面来探讨语言的实用意义的，他在同一部著作中认为，内容的语言习惯是通行的，但这是一种可能引起危险性的语言习惯，因为有时它会导致伪问题，所以"用内容的语言习惯所表述的问题"和

"主张翻译成形式的语言习惯用法"这两种理论均可取。为什么呢？卡尔纳普认为：形式的语言习惯用句法名词代替，也就是关于言语表示式的形式结构的名词。比如下面的伪命题：

"一个物理对象（例如月亮）是感觉资料所构造的。"（唯心论）

"物理对象不是被认知主体构造的，却只是被认知的。"（实在论）

卡尔纳普认为，对上面两个命题，既不能肯定，也不能否定，只能称之为伪命题，因为它们缺乏认识上的意义，所以要用形式的语言习惯的表达式来替换，即"一个物理对象的名字（例如月亮这个语词）是可归结为感觉资料谓词（或知觉谓词）的。"

卡尔纳普认为，形式的语言习惯的表达式，才是有意义的和有用的。罗素写的《意义与真理的研究》、赖欣巴赫写的《符号逻辑精华》都涉及语用学方面的理论，塔斯基、蒙太古等人的研究也和语用学理论有关系，但他们是从数学哲学与符号逻辑角度出发来寻求语言的真理性。

莫里斯的指号学是来自实用主义哲学、卡尔纳普的逻辑实证主义以及行为主义心理学的，他企图把实用主义和逻辑实证主义相结合，使之成为科学的经验主义，指号学便是他伟大创举。他的指号学是语义学的、分析哲学的，也是实用主义的，它把行为和指号联系起来，把人和动物的行为联系起来。所谓语言要从广泛的角度理解，一般地说语言是符号的一种；但从另一个角度看，一切符号也是语言，因为语言包括有声的、无声的、口头的、文字的，另外，还有诸如身体姿态、气味等各式各样语言，所以，这里涉及的指号，是广义的语言。莫里斯认为，在一定情况下，人和动物具有相同的特点，比如在饥饿时会产生"饥不择食"的现象。但人与动物在对待"饥不择食"时是有不同选择的。"食"本为动物的本能，人也不能例外。但是，莫里斯认为，人在某种情况下可以不吃，即使在十分饥饿的情况下，人也能忍受饥饿，比如某人是个"甘地教徒"，或是一个"基督教徒""犹太教徒""佛教徒"，他们在各自特殊情况下可以挨饿，因为吃是一种行为，人是受思想观念影响的，而思想观念都是符号，符号是广义的语言，语言的作用可想而知。

莫里斯认为不同的信念会有不同的行为，不同的行为和符号有关联，他接受了行为主义心理学的观念，认为行为是受符号影响的。他曾写过《符号、语言与行为》一书，在书中他对这个问题做了描述，比如有一条饥饿的狗，在看到或闻到食物的时候，便要去某个地方获取食物。如果以某种方式训练狗，比如用蜂鸣器的声音指示狗，即使狗没有看到或闻到食物，它也会去某个地方获取食物。这个例子是来自巴甫洛夫的条件反射实验，不过莫里斯用另外一种方法来解释，即在这种情况下，对于这条狗来说，蜂鸣器的声音就是"分语言指导"，这和"乌云是雨"的指号差不多，不过这是属于非人工的自然符号。

再看人的行为，某人正驾驶汽车沿着公路向某城市行驶，他被另一辆车拦住，那个司机告诉他，离这儿不远，由于山崩，道路堵塞，汽车无法行驶，该驾驶员听到一些"声音"后便改道而行，人与人之间的交往所使用的不同组合的声音，便构成了关于路上有障碍物的语言指号，并标明语言指号的有用性。

以上的例子说明人或动物的行为都会受到符号的影响。莫里斯认为，人是突出运用指号的动物，其他动物达不到人运用指号的高度，他说："人类文明是依赖于指号及指号系统的，并且人类的心灵是和符号的作用不能分离的。"所以，指号和语言、逻辑、哲学、心理学、生物学、人类学、社会学、精神分析学以及政治学都有关系。莫里斯认为，指号对于科学来说有双重关系，一方面它本身是一门科学，另一方面它又是各门科学的工具。

莫里斯把符号分为三个阶段，即前语言阶段、语言阶段和后语言阶段。这是一种分法，自然还有另外的分法。总之，他认为符号和人们的生活是不能分开的。卡西尔曾说过："人不再生活在一个单纯的物理宇宙之中，而是生活在一个符号宇宙之中，语言神话、艺术和宗教则是这个符号的各部分。"卡西尔认为："我们应当把人定义为符号动物。"米德也认为语言是人的标志。

莫里斯认为符号和人们的思想感情交织在一起。比如，为什么人们会皈依宗教？为什么人们喜欢艺术？事实上，喜怒哀乐无不受符号的指示。为了避免陷入符号的陷阱，人应当控制住符号。如量词用得不对，就会理解错了，量词指"有些""单一""全部""大多数"等。在说话时，这类词不该省的就不能省，该使用的便得用，比如"男人比女人直爽"，这句话就会造成误解。因为这里没表明量化词，人们便会误以为泛指，事实上有不少女人也是直爽的，同样有不少男人是不直爽的。莫里斯引用怀特海的话，"寻求简单，但不要信赖它"。他把这种情况称为过分概括的陷阱。

莫里斯认为哲学作为工具科学，就成为一般指号学。如果哲学作为识见，就是对任何时间都可用的知识体系的社会含义与文化含义的评价，这便是价值学。指号与价值是相联系的。总之，莫里斯认为，哲学的任务就在于创立一种为全部材料所证实的一般性概念图式，这就是指号学。"指号学是一切科学的工具；因为每一门科学都是运用指号并通过指号来表述它的研究成果。"指号理论的目的在于消除语言的混乱，而对消除语言混乱提得更为响亮的却是另一个学派——普通语义学。

二 普通语义学及其评价理论

普通语义学很难说在科学上有很大的价值，事实上它在美国的学术市场上已成为旧知识。但是，普通语义学中涉及语言的实用性问题，这是不容忽视的。普通语义学的创始人是美籍波兰人柯日布斯基，在他看来，像英国这样的社会，存在着许多问题，无论社会疾病或是精神疾病，实际上和语义都有关系。如果弄清了这个问题，许多疾病将不治而愈。柯日布斯基认为，如果把传给后人的经验整理成符合事实的，人就能够成为环境和自身的主人。相反，如果把经验整理成为和事实不符的，那他便成为语言反应的奴隶，并危及其自身。

柯日布斯基认为："旧的语义学是涉及关于语词意义的理论与关于用语词来定义语词的理论。"而他的语义学不同，因为在当前社会中，许多起于心理与生理原因的病症，如某些心脏病、消化道疾病、呼吸道疾病和性失调，某些周期性的关节病、偏头痛、皮肤病、酒精中毒等，都具有一种语义的根源，因而都具有一种神经语义学的根源。在普通语义学的训练中，我们不涉及医学本身的方面，我们去掉那些有害的起于语义根源的因素，在多数情况下，如果患者本人愿意做出认真努力的话，相应的症状就会消失。可见，柯日布斯基所说的普通语义学是一种语言精神疗法的技术，是从语言实用化出发的。正如他自己在同一本书中所说，这本书的目的是一种研究，它对安定人的事务，比起手持机关枪的警察队、炸弹、监狱和反省院来，会从根本上做出更大的贡献。

这就看出，柯日布斯基把语言的实用价值提高到一个相当的高度，社会之中某些强制机构（监狱、警察局等）都采取不文明的做法，真正文明的管理社会，就是采用普通语义学这种精神治疗术。

柯日布斯基的理论，从某种角度来看是十分有意义的。他从巴甫洛夫、弗洛伊德以及行为主义心理学那里接受了不少有用的东西，而且是科学的。普通语义学是研究"人如何使用语词以及词语如何影响那些使用它们的人"的科学。沙夫认为，柯日布斯基的"普通语义学就是莫里斯叫作语用学的那一部分语义学"。

布莱克曾对柯日布斯基做过简短评述："对语义学这一学科，皮尔士、米德、奥格登、理查兹、罗素、维特根斯坦和卡尔纳普等人都做出了杰出的贡献。但这些著作家谁也没有柯日布斯基伯爵如此之大的群众影响。"柯日布斯基的普通语义学后来为切斯、早川一荣等人所阐释与发展。

切斯认为，普通语义学是研究和改善人类评价的过程，特别强调与包括语言在内的各种符号和象征的关系。他说，每当我们意识到下列句子如"参议院想说什么？""我怎样更清楚地告诉她呢？""那种模棱两可的话讲的是什么呢？"的意思时，我们就在进行基本的语义学研究了。

切斯认为普通语义学有三个目的。其一，帮助个人评价他的世界。我们周围的世界越复杂，对世界的解释也就需要越清楚。其二，增加人们之间的交往，增进各个集团内部和相互之间的交往。其三，帮助排解精神上的疾苦。

总之，普通语义学提出了一个值得注意的问题：许多争吵，混乱以至极端，应当检查一下是否和语言有什么关系，这就是语言实用化的意义。弄清语言，是解决一切问题的关键。

三 社会语言的应用

普通语义学认为自己的目的之一是增进人际的交往。一般认为，语言本身就是交换与交流思想的工具，为什么又要增进人际交往呢？这就是莫里斯讲过的语言存在各种陷阱，对人们交际不利，所以要增进交往，改善环境，明确语义。这个问题得到各方面的关注与重视，为了使交际更顺利，便要研究语言在实际中的有用性。于是心理语言学、交际语言学、应用语言学、社会语言学便都应运而生。尽管名目繁多，然而宗旨只有一个，把语言实用化推向进步。

语言的实用意义表现在多方面，人与人之间的交际是一个方面，另一方面是帮助发现正确的知识。乔姆斯基说，我在对语言知识习得问题如此描述时，便想起了皮尔士，他在 50 多年前的一次很有意义的却没被重视的演讲中，对知识习得的一般问题提出很相似的观点。因为皮尔士注意到人是怎样得到正确结论的。正确的理论和语言有关系，但不是出自归纳法，因为归纳方法是没有创造性的。乔姆斯基认为，人的语言是有目的性的，即有句法与命题意义的。人们在言谈中总具有一定的意向，把某些事情传达给他人，改变别人的行为和思想。

每一个集团都有自己的语言。大至国家，小至地区伙伴，只要表现出值得研究的特色，便可视为一个言语共同体。每一个言语共同体的言语行为构成一个体系，这种体系必须以能产生组织得很好的句子的有限语法规则为基础，否则信息无法理解。所以，语法规则在语言本身可接受的界限内是有用的。当然，语言和文化背景也有关系，不同阶层，不同地区，都可能保持各自的特色。

美国的语言学家认为，语言的行为和社会交际是有关的。宗教仪式与专题演讲、日常闲谈与正式会议讨论，所需用的语言就是不相同的。各种场合为保持特定的需要，所使用的语言都有所差别，这就是语言在各种场合的用处。在交际中进行语言选择时，都要考虑到语言在语境中的有用性。古姆朴兹认为："由于古典的、宗教的和行政的语言带着繁缛的语言成规及风俗习惯，它们的作用多少有点像隐语。为了在社会上取得成就，掌握成规习俗可能比通过这些语言获得实际知识更加重要。"

社会语言学家也注意到柯日布斯基在普通语义学中所提到的问题，即由于语义的关系，会造成各种冲突。社会语言学家认为，如果几个少数民族集团间的社会竞争导致形成各种对抗的书面语，情况可能会复杂起来。他们举出某些亚洲与非洲的例子，由于语言冲突而引起内乱与政局不稳。虽然这是不同语言之间的冲突，实际上和语义是有联系的。总之，当语言在交际中受到限制，或语言的有用性受到限制时，就可能发生冲突。

乔姆斯基认为语言理论主要包括两部分，一部分是语言能力，一部分就是语言运用。至于究竟如何运用，乔姆斯基阐释得很少，他主要是探讨语言能力的问题，语言运用实际上属于交际问题。交际本能也和能力有关，如果没有语言能力就无法交际。赫尔姆斯认为，要提出关于语言使用者和语言运用的充分理论，就必须承认有四种语言理论；若要和交际理论及文化结合起来，则要充分概括地阐述这四种区别。赫尔姆斯认为就交际形式而言，可以提四个问题：

①是否从形式上讲是可能的。

②是否在依靠可获知的实施手段情况下可行。

③是否在特定的使用和估价语言的情景中得体。所谓得体就是指有效的。

④是否实际上做了，真正实现了以及行动产生了什么结果。

以上四点都必须表明在什么程度上如此。任何一个言语共同体中的正式成员，应当具有他所能获得的交际体系的各个方面的知识，他应自觉地或不自觉地从上述四个方面来考虑，即可能的、可行的、有效的、实现了的。

所谓对语言的实际使用或实际的言语活动，也就是语言运用。心理语言学提出"运用模式"，对促进语言能力是有关系的。人们在运用语言时，总是无意识地在变化着，无意识地把机械运用转向实践。同时，语言应用和民俗学也有关系，各民族的文艺形式，叙事、剧种、演唱等，实际上都是和社会交际生活中的言语相互沟通的。

可能性、可行性、有效性与现实性，这四个问题基本上体现了语言的实用主义基本倾向。根据赫尔姆斯的研究，所谓在形式上保持可能，涉及文化体系。语言本身是一种文化行为，语言要符合所属共同体的文化，首先是符合语法的，才能使别人理解。所以在一个体系中可能存在的便是符合语法的，是属于文化的，无疑也是适于交际性的。相反，如果在形式上不能保持可能，那就是非交际性的、非文化的、不符合语法的。

所谓可行，便和分析心理语言学有关。比如，就文化范围圈而言，人们会考虑到人体的其他特征，以及物质环境的特征；就交际方面来看，和获得实施的手段有关，它主要是语言应用问题及可接受性问题。可行本身是对语言运用与文化行为最好的解释。

至于有效及得体性问题，这也是语言运用及可接受的重要问题，指的是语言是否符合情境特征。

语言交际的研究不能局限于已发生的事，但对此也不能忽视。总之，从交际语言出发，必须把以上四个方面从一个整体上来考虑，从而表明社会的文化行为。

美国在语言学中对语言实用化的研究，实际上是实用主义者吸收了逻辑分析技术，同时又以"有用""有效""简便"等实用主义标准取代了逻辑实证主义的意义标准和证实原则。如同奎因所说，"一个命题是否具有真理性，并没有它本身的实现标准，而是以它是否'方便''实用'为转移"。这一取代，打破了思辨的形而上学和狭义的自然科学的界限，促使了逻辑实证主义的转向，从而产生美国的新实用主义或逻辑实用主义。

第九节　实用主义的管理与效果——管理哲学

美国社会的管理历史，紧密地和实用主义思想联系在一起，至少可以追溯到杰斐逊时代，他是美国第 3 任总统，他就是以朦胧的实用主义精神管理美国社会的，美国人民把他看作自由与民主的开拓者，杜威、胡克的思想都受到杰斐逊的影响。

在美国，被认为是第一个实用主义管理方案的是第 28 任总统威尔逊的论文《行政管理研究》，其中涉及具体的与日常的行政管理与组织问题。虽然威尔逊的论文是在实用主义普遍流行之前发表的，但应该说这是一个媒介，使美国的管理改革和实用主义精神结合在一起。

一　泰罗的时动研究

真正使美国管理实用主义化的是一个普通的工程师，后来被誉为美国管理之父的实用主义管理改革家泰罗。正是运用了他的管理方法，美国提高了生产率并成为世界上最大的工业国。

在泰罗的科学管理实施之前，欧美各国资本主义生产的特点是延长劳动时间，工人实际收入下降，劳资之间的对立激化。泰罗发现如果从兑现价值出发改进管理，对劳资双方都有利。泰罗提出科学管理，通过消除浪费，改进生产方法来增加单位劳动时间的产量，科学而公正地决定分配，从而可在劳资双方之间建立利害调和关系。

为了实现科学管理，泰罗便要进行作业分解，并用秒表计算基本动作所需时间，在测定的过程中选定最适于完成这种作业的工具、机器、作业程序，消除错误动作、慢动作及无用动作，以寻求最佳最有效的作业方法，并形成标准化。有名的例子是泰罗对铲挖作业的分析，他发现当时工厂内所用的铁铲型号是一样的，用这种型号铁铲作业，挖细煤，一满铲重3～5磅，而挖铁矿石，一满铲重38磅，这表明铁矿石与细煤的铲量相差很大。要改进就要采用不同型号的工具做不同的作业。经过反复测试，他得出结论，负荷的标准量应是21。根据这个情况，便设计出各种不同型号的铲。改进后，结果出现了奇迹。在三年半的时间内，这个厂从原来需要500名工人从事铲挖作业，减少到只需要140人。由于泰罗改变了一种观念，把工程分析运用到工作环境上，不仅大大提高了生产效率，更重要的是观念上的更新，由于工作效率提高，工人工资也得到增加。

泰罗认为，以个人的经验与感觉作为标准是不科学的，一定要科学地制定必需的标准。科学管理的目的是以资源协调来代替劳资对立，因为新的管理对劳资双方都有利。这就需要对广大工人进行教育训练，使工人能最大限度地发挥效率。他认为，管理的科学化，是要提高人们的认识与思想水平，因为这是一场精神革命。

科学管理的观念是实用主义精神在经营管理方面的具体体现。美国是一个发达的资本主义国家，这次精神革命对美国社会的安定与团结是有意义的。它要求调整经营者与工人们的相互关系，要求他们之间相处的方式来一次根本性的革命，不是把矛盾缓和。科学管理不是以冲突论为基础，而是以调和论为基础。

泰罗的科学管理正像实用主义本身一样，它对美国资本主义的发展是有用的。但从马克思主义来看，就要像列宁那样，应有双重估计。1914 年，列宁深入研究泰罗的理论，认为要把技术方面的生产过程与资产阶级的剥削区分开来，泰罗制确是一个楷模，应推广到整个社会经济中去。列宁认为，泰罗的科学管理是资本主义朝着共产主义方向发展的一个重大进步。因为从中可以看到消灭脑力劳动和体力劳动的差别，这种管理的后果是提高了生产率，所以缩短劳动日的目标便可能达到，工人也能抽出时间来管理国家。列宁说："资本主义在这方面的最新发明——泰罗制——也同资本主义其他一切进步的东西一样，有两个方面，一方面是资产阶级剥削的最巧妙的残酷手段，另一方面是一系列的最丰富的科学成就，即按科学来分析在劳动中机械动作，省去多余的笨拙的动作，制定最精准的工作方法，实行最完善的计算和监督制等等。"

泰罗的科学管理所表现出来的实用主义精神，一方面是对前途的乐观主义，另一方面是立竿见影地兑现价值。除此之外，在资本主义国家确实能使劳资矛盾缓和，保证一定程度上的安定团结。美国正因为重视了管理方面的实用主义，使社会的发展进入了一个新的飞跃。

二　行为科学研究与霍桑实验

泰罗的科学管理引起了美国在管理方面的革命，但是，泰罗的管理理论，也有明显的缺点。他所注意到的仅仅是"物体"方面的实用主义效应，或者说是"机器效应"。泰罗把工人当作机器，在工作时，简化与合并他们的操作动作，使工人的效率提高。机器如果效率低，可以重新设计一台新型机器，而人是无法重新设计的，所以，即使千方百计缩短工时与改变动作，也是极其有限的。

所以，泰罗把人当作机器，从机械实用主义出发，充分地运用人的劳动力，对有感情的人来讲显然是欠妥的，当时就遭到一些工人的反对。从表面上看，效率一时提高了，劳资双方在一定程度上缓和了矛盾。可是，时间一长，劳资关系反而会激化，因为资方的原则是赚取最多的利润，付出最低的劳务费；劳方则希望从资方那里得到更高的收入。因为人的动作是有限的，到达限度时，效率不能提高，矛盾会加剧。最严重的问题在于人是有感情的，谁都不愿意成为一台机器，任人摆布与玩弄。许多学者认为，改进人的动作是有限的，而人的行为是无限的。最有效的实用主义管理是改变人的行为。从20世纪20年代开始，社会学家、心理学家、管理学家、人类学家都转向人的行为，从而在美国开展了一场社会实用主义的运动，使实用主义从理论转变为行动。行为科学在这种背景下诞生了。

现代管理学派的梅奥及罗特利斯伯格设计了著名的霍桑实验。他们认为，从科学技术的发展来看，要提高效率只有从依靠人的外在动作转为依靠内在的心灵。因此他们用人际关系理论代替了科学管理理论。

E. 梅奥是人际关系的创始人，他原来是澳大利亚人，1922年赴美。1927年开始，他便指导芝加哥西方电器公司的霍桑工厂的调查研究工作，这就是著名的霍桑实验。他与其助手罗特利斯伯格发表了一系列的文章和书籍，如《工业文明中的人的问题》《管理与士气》等，充分体现了美国实用主义的精神。

所谓霍桑实验是研究工作环境的物质条件与生产量的关系，寻找提高生产率的根本原因。在霍桑实验中得出一个十分重要的结论：提高生产率的决定因素不是作业条件而是职工的情绪。而情绪是由车间的环境，即车间的人际关系所决定的。如果人仅仅是经济人，解决劳资双方利害冲突的唯一办法就是提高个人的计时产量，让工人根据作业标准进行合作，满足工人的工资动机，实行奖励工资即可。然而，人毕竟不是单纯的经济人，更重要的是社会人，他不是个别的，而是生活在一个整体中间，个人是整体中的一部分。作为社会人，除要求社会给他一定的收入外，还需要作为人所存在的因素诸如友谊、爱护、安全感、归属感等。梅奥从群体意识出发认为，人是独特的社会动物，只有把人投入集体中去，才能实现彻底的"自由"。

梅奥的这个理论正表明了实用主义观点。杜威在《经验与自然》中就讲过类似的话："人类和其他事物一样,同样也表明了既有直接的孤独性,也有联系、关系的特性。""个人结合在一起,这并不是一件新鲜的和前所未有的事实,它是存在所具有的一种普遍情况的显现。所以含义并不在结合这个单纯的事实之中,而在从人类的结合所具有的明显的格局所产生的后果之中。"

梅奥等人的结论是情绪有其重要意义。从管理学上讲,情绪表明了职工的态度与士气,并由此而生的工作积极性、主动性、协作精神等。他们认为,只有满足职工的社会欲望,才能提高工人们的情绪,因为人际关系得到了改善,满足了社会需求,增加了安定感与归属感,情绪便能提高,情绪提高后,生产效率由此而提高。

另一名管理者利克特认为,自然社会是由非组织的个人聚集起来的;各人为了保存自己和确保利己之心,都以经过计算的方法来采取行动;各人为了达到目的,都在自己能力的许可范围之内进行合理的思考。梅奥认为:"作为社会,与其说是个人之间的竞争,不如说是个人在同他人进行协作劳动;每个个人,与其说是追求私利,不如说是在维护团体的地位而劳动;每个个人,与其说是在合乎逻辑地行动,不如说是其合理的感情在支配着行动。"

其实两人的说法是差不多的,利克特讲的是"自然社会",而梅奥讲的是"社会",不管怎样,在资本主义社会中,人与人之间的关系是通过个人对利己心的追求并根据市场的原理而形成的。

在管理发展史上,人际关系理论是一项重大革新。从 20 世纪 40 年代开始,美国人际关系管理便开始向实业渗透,在 50 年代形成理论。每一个管理学派都有它的实验依据,但每一种在美国发展起来的管理理论同时都以实用主义哲学为基础,无论是泰罗的古典管理、梅奥的人际关系理论、西蒙的决策论,都没有离开实用主义的精神。

霍桑实验所提出来的问题同样也有缺点,不少地方也不符合行为科学,所以凯里曾经批评说,霍桑实验这种"近乎脱离科学准则的研究,缺少论据的结论"。

三　X 理论与 Y 理论

梅奥的人际关系理论提出一个十分值得重视的问题：提高生产率的关键是提高职工的士气。那么，如何提高士气？从实用主义观点出发，提高士气需要一种激励。

泰罗的科学管理理论认为是金钱激励，他认为人的追求目标是经济利益，经济行为是以合理的经济计算为特征的。人际关系理论看到了另一个方面，认为追求和满足社会与心理的需求是激励人的动力。他认为，人们的需求或动机确定追求的目标，人的行为在于达到一定的目标。人的内在需要就是激励。

要进一步研究激励因素，就应当了解人的需求是什么。这个工作是由美国人本主义心理学家马斯洛完成的。他提出了人的需求层次系统。

马斯洛的需求层次系统包括 7 个层次，即生理需求、安全需求、社会需求、尊重与自尊需求、自我实现需求、认识需求与美的需求。马斯洛一方面从实用主义角度探讨人的需求，另一方面又把需求层次和进化理论联系。他认为需求的满足必定按层次而上，是渐进的。从感觉的满足开始，逐渐上升到理性的满足，满足过程与认识过程是一致的，从本能逐渐向自觉过渡。

生理需求是指本能。如吃，是维持本能生存之必需；性要求，是维持本能的种族繁殖，在一切需求都没有得到满足时，生理需求起着支配作用。马斯洛认为，"食品的需求"在某种情况下，"比其他任何东西的需求都更为强烈"。因为吃是生存之本。

安全需求就是保全自己。安全需求也是一种本能的需求。在生理需求满足之后，安全需求便显现出来，包括防备生理上的损伤、疾病、经济事故等一切意外事件，从管理角度上说，安全需求是体现在工作的安全感上，是属于"温饱型"的，与生理需求直接相连。

社会需求和人的社会性有关，比如，需要交往，需要友谊，需要爱和被爱。这种需求和人的情绪很有关系，意志略有不健全或心理上稍有不健康，一旦社会需求得不到满足，个人的精神就会受到较大的影响。

相互尊重的需求也是社会人的需求，其意义在于建立自信。如果失去相互尊重，便可能导致沮丧。

自我实现的需求是人类的高级需求。马斯洛认为，这种需求是指人越来越希望实现完美的希望，人总是在追求实现这种欲望。这意味着一个个体期望充分实现自己潜在的才能，尽管每个人的自我实现类型与程度有所不同。马斯洛认为，只有在所有别的需求得到满足之后，才可能满足自我实现的需求。

所谓认识需求是指理解事物的需求，而美的需求是通过丑向美的转化，从而得到满足。

马斯洛的理论中一个很有价值的问题是人性的研究。在具体探讨马斯洛的人性理论之前，先要看一看另一位学者的理论，这个学者是麦格雷戈。他于1960年发表了《企业的人的方面》一书，在这本书中他从X与Y两种不同的理论探讨人性的两个方面及其对工作的关系。

所谓X理论是指传统的理论，根据这个理论，管理人员运用强制与威胁的方法对待下级。这种理论主张，一般的人性是好逸恶劳的，企图尽可能逃避工作的辛劳，所以针对这种人性，要强调生产率，提倡一个公平正当的日工作量，反对限制产量和雇佣超员。要实行奖赏制度。也正因为人有厌恶工作的特点，所以对大多数人要进行强制、监督、指挥，并用惩罚进行威胁，这样才能使他们付出足够的努力。而且，这种人没有什么抱负，宁愿接受被领导，服从指挥，但求避免责任，尽力要求安全。

这是X理论的根据，X理论是从人性恶的观念出发，麦格雷戈认为，X理论对于美国广大工业部门的经营战略具有实质性的影响。

但是从20世纪30年代以来，美国社会科学的发展，对人性和行为有了更新的理解。麦格雷戈认为，相对于X理论，Y理论更为有成效。

Y理论主张，在工作中运用智力与体力，应当如同游戏与休息一样的自然，人性并非好逸恶劳，人们往往是根据工作对他的满足程度来决定对工作的喜爱与憎恶。从外部进行控制和惩罚并不能调动人的积极性。如果能为自己所赞成的事业服务，人是能够自我指挥与自我控制的。人需要自尊与自我实现，而且，在正常情况下，人们能够接受责任而且勇于承担责任。

人们之所以逃避责任与缺乏雄心壮志，是因为相反的经验造成，这并非人的本性。

Y理论是从人性善出发的。X理论是消极的与被动的，而Y理论是积极的、主动的。人是社会性的，也是群体性的，但从总的来看应该是性善的。只要人们了解了某一项事业，并且从情感上赞成它，他们为这个事业服务时就会发挥主动性，人的天性中并不存在好逸恶劳，如果某人有这种特性，一定是相反的个人经验造成的。

马斯洛的理论是在麦格雷戈的Y理论以后形成的，他也是以性善说为基础，不过他并不完全赞成麦格雷戈的观点。马斯洛的理论主要是关注自我实现的人，因为达到这种境界，他才是积极主动的。

马斯洛认为，自我实现的人有两种类型，或者说有两种不同的程度。一类是健康的自我实现者，另一类是超越性的自我实现者。

第一类自我实现者，他们基本上没有超越性的体验。他们注重实际，是世俗的能干的人，他们更多地生活在此时此刻的世界上，他们的"这种世界观从根本上是以一种实际的、具体的、现实的实用方式，把人或物看成是匮乏性需要的满足因素或阻碍因素，即把人或物看成是对自己有用的或无用的、有益的或危险的"。

什么是有用的？马斯洛认为："有用的是指有助于生存，也有助于自我实现发展，摆脱基本的匮乏性需要的支配，特别是，它意味着一种生活方式和一种世界观，这种生活方式和世界观不仅是由基本需要的层次结构所导致，也是由实现个人独特潜力的需要导致的。"

马斯洛还认为："这不仅关系一个人的类性质的实现，还关系他自己的独特潜能的实现，这种人生活在世界上，在其中达到了自我完成的高度。他们控制了这个世界，引导它，利用它达到良好的目的，就像健康的政治家或讲究实效的人所能做到的那样，那些人事实上是实干家，而不是沉思者与冥想者。他们讲究效率，实用，而不讲究审美；他们审时度势，探本求源，却不体味周遭及多愁善感。"

根据马斯洛的观点，这种自我实现者持乐观主义态度，讲究效率，强调有用，力求实现个人独特的潜力，无疑这种人都是具备美国精神的实用主义者。这种人是符合麦格雷戈的 Y 理论的。马斯洛认为，另一种自我实现者，他们为超越性动因驱使，有过或曾有过启迪、顿悟的高峰体验，比如神圣感、神秘感以及迷狂，正因为这些而时常改变他们的价值观念。用通俗的话解释马斯洛的高峰体验，就是灵感。这种人是超实用主义的，马斯洛把这种自我实现者称为 Z 理论。

马斯洛进一步地分析自我实现者的实用主义特点。他认为，这类人保持一定程度的个性、独立性与自主性。这种人身上具有一种健康的自私，伟大的自尊及不愿做无谓牺牲的倾向。

另外，马斯洛的自我实现是以达尔文主义为基础的，他认为，高级需要是一种在种系上或进化上发展较迟的产物。人和一切动物一样，需要食物，而自我实现是人类所特有的，这符合人的进化过程。越是高级需求，对于维持纯粹的生存也就越不迫切，其满足也就越能更长久地推迟，生活在高级需求的水平上，意味着更大的生物效能，更长的生命，更少的疾病，以及更好的生活规律，如对睡眠以及饮食等的需求。这种需求的满足，能引起更合意的主观效果，更深刻的幸福感、宁静感以及内心生活的丰富感，而且，高级需求的追求与满足具有有益于公众与社会的效果，需求越高级，也就越少自私。

以上便是马斯洛对自我实现的阐述，他像其他的实用主义者一样是乐观主义者，是达尔文主义者，强调效果与实用，他把心理学与管理学结合在一起而加以实用化。我们可以称他为实用主义的人本主义心理学家，他的理论使美国的行为科学得到进一步的发展，并以他的理论为基础，使人际关系学说及公共关系学说更加完善。

马斯洛的理论是有积极意义的，虽然在如美国这样一个以自利主义为基础的社会，大部分人在名利场中追求金钱，理想的自我实现看来是不多的，而且一些自我实现者不见得具有他所描述的那些特点，可是作为一种理论，它的价值是不可磨灭的。

四　决策科学的兴起

美国新发展起来的决策科学，实际上也是实用主义的，美国学者自己也承认，在管理科学中，决策科学是以实证主义哲学为基础的。人能根据过去的经验，通过知识的传递及理论的推断，对特定的选择将产生的结果做出估计。记忆是合理决策的一个条件，记忆可把为解决某一个问题而收集的情报以及从这些情报得出的结论储存起来。

决策科学是由西蒙创立的，他因此获得诺贝尔奖。这里本文不能讨论全部的决策科学问题，只打算研究一下作为实用主义的决策科学，其决策步骤和杜威的实用主义理论之间的关系。

西蒙的决策理论强调决策的合理性，但什么才是决策的合理性呢？决策的合理性和决策的步骤不可分。当然，决策的步骤不是千篇一律的，各个管理学者自有看法，但归纳起来，不外乎有以下三个基本步骤。

1. 确定决策的目标，也就是说提出问题。例如需要开办一个炼钢厂，看上去这个目标很简单也很具体，但是要完成这个目标，或者与别的项目合并等等，就不是简单的了。这便需要决策的第二个步骤。

2. 寻找和拟定各种可能行动的方案，决策在于选择，如果没有选择，当然就没有决策，所以必须有备选方案。比如说，方案 A 有配套的工业群，产品运往所需要单位方便，但原料产地较远，运输费用高，产品成本也高；方案 B 靠近原料产地，取材方便，成本低，但交通不便，运输困难产品将积压；另外还有方案 C、方案 D。

3. 在各种可能的方案中选择最合理的方案，一经决定，决策便形成，成败关键就在此一举。

决策的三个步骤不是西蒙等人凭空想出来的，而是来自杜威的理论。杜威于 1910 年写过一本《我们怎样思维》的书，在书中杜威把解题的过程分为三步，即问题是什么，有哪些可能的答案，哪个答案最佳。

这是杜威的著名的实用主义三步法。他把实用主义发展成为工具主义，认为"思想是人类用来使自己适应其环境的一种工具"。决策是杜威研究的一个主要课题。

杜威本人并不知道他的方法在几十年后被管理学家所重视，并且据此定出一条管理哲学的规则，应用到实际的管理决策上，并取得了实践上的效果。

决策在管理领域中是一个具有普遍意义的概念。比如在企业管理中，企业本身具有结构，即管理的各个阶层（如厂长、车间主任、班组长），每个阶层都运用到决策，特别是总决策涉及整个企业，所以决策时必须考虑全面，有时是冒风险的。1982 年杰克赖克特被任命为布伦斯维克公司的总经理，当时公司正处于亏本状态，许多人认为最佳决策是停止经营不善的企业。全公司有 600 名职员，他裁掉 400 名职员，本来需要几个月才能解决的问题，他几个小时就解决了。因为工人是第一线的，安排很紧，发挥效力便可提高工作效率；而职员太多应当精减。他决策后，原来亏本 2000 万美元的企业，两年后便盈利 9400 万美元，可见决策的选择相当重要。

决策科学是实用主义的管理科学。西蒙本人在决策科学中发挥了杜威的工具理论。近几十年来，决策科学在人类事业中显出了威力，已为世界各国所承认与吸收。

第十节　实用主义与文学艺术——艺术哲学

一　自然主义和现实主义

随着 18 世纪末期美利坚合众国的建立，实用主义的精神便开始和文学艺术融合在一起。这时正当浪漫主义的潮流席卷欧洲，美国的作家爱伦坡、爱默生、惠特曼以及豪威尔斯都积极地投身于新的文学艺术中。

首先提到的是爱默生，他是美国重要的诗人和哲学家，他把朦胧的实用主义思想和浪漫主义结合在一起。所谓朦胧的实用主义，是因为当时美国的实用主义哲学体系尚未建立，而在爱默生的思想中却出现了朴素的实用主义思想。他认为，在实用主义艺术中，美的艺术其目的不在于模仿，而在于创造。爱默生说"在大自然里，一切都是有用的，一切也都是美的。美之所以美，是因为它是活的，动的，生产的；有用之所以有用，是因为它是匀称的，美好的。"

爱默生在同一篇文章中认为，美的艺术就是实用艺术，一般人在考虑到艺术时常违反自然，其实美必须回到实用艺术上去，美的艺术和实用艺术，这个分别必须抛开。他说"因为一切自然界事物，一切真正的才能，以及一切本来的性能，都有暂时唯我独尊的权利。一只松鼠在树枝上蹦来蹦去，使整个树林都变成专供它娱乐的一棵大树，它就吸引住人们的眼光，并不比一只狮子差，它就美，就圆满自如，在那一时刻和那一块地方就代表着整个大自然。"这就是实用主义的艺术观念所得的结论。

惠特曼和豪威尔斯也是怀着实用主义精神走向文艺舞台的，惠特曼在他的《草叶集》序言中，认为诗的实质是蕴藏在人的灵魂里面。每一个人都成为一首诗，但是这个人应当爱大地，藐视财富，救济每一个来求助的人，替笨人和弱者说话，憎恨暴君，不争论上帝，对人们要有耐心和宽容，不屈从已知的和未知的事，对知道的一切事都要重新检查，摒弃一切侮辱灵魂的东西。惠特曼的文艺理论和他的诗歌充满了美国开拓者的激情，虽然他没有提到实用主义精神，但在他的字里行间充分表现出了这种精神。

詹姆士在他的《实用主义》中引用了惠特曼的《给您》一首诗，并认为无论从一元的或多元的方面分析，这首诗都是有用的，都是鼓励人们对自己忠诚，崇尚人性的流露，他说特别从多元化的角度看，它"显然与实用主义的气质更为符合，因为它对我们思想启示的未来经验及具体事项数量要大得不知道有多少，它引起我们的许多具体思想活动。"

豪威尔斯的实用主义精神表现得比惠特曼明显，他以一个实用主义新文学的鼓吹者的身份出现，认为现实就是检验作品的标准。他把民主精神和文学批评结合起来，认为旧文学之所以要摒弃，主要原因就是其缺乏民主精神，在古典主义时代，作家都是以贵族方式观察事物，而如今是民主时代，必须以民主的方式观察事物，这就是美洲新精神。

豪威尔斯认为，美国和欧洲不同，美国提倡民主精神，主张人生而平等，美国作家既不走古典主义的老路，也摒弃浪漫主义，文学的命运和社会是相联系的。小说不仅要描述美国的令人满意的方面，也要如实地描述受害者的一面，让全世界都知道。豪威尔斯是一个资产阶级的人道主义者，同时他具有实用主义精神，他强调文学要有用，他不承认为艺术而艺术的批评观点，因为这是一种贵族精神。

从美国文学发展史来看，从 19 世纪末开始的现实主义运动实际上是在实用主义精神影响下产生的。现实主义文学的特点之一是作家把各种人物搬上了小说，如海员、拓荒者、店员等，他们在被掠夺的同时，也向往着自由与幸福，他们企图通过个人的奋斗，从社会底层爬到上流社会。爬的方式就是从有用论及自由竞争出发，适者生存，不必说豪威尔斯，亨利·詹姆士及伊迪丝·华顿作品表现出的这一实用主义方法，即使像德莱塞、马克·吐温的作品也表现出实用主义的精神。比如马克·吐温的《汤姆·索亚历险记》就是典型的实用主义作品，索亚感到周围的一切生活都太枯燥，所以须用冒险生活来刺激自己，冒险生活的目的从当时的哲学环境来讲，也是企图从朦胧中寻求更好的生活，是自由竞争的变态表现。所以，作品的结束是该书的主人公索亚得到了大量的金元，得到金元就暗示着他进入了社会的上层，因为金元对他来说是有用的。

20世纪以来，美国文学出现了各种流派，诸如荒诞派、黑色幽默派、垮掉的一代，等等，从表面上看，它们和实用主义无关，如果细细追究，就会发现它们之间仍然有联系。实用主义已经渗入美国的一切事物中去，随它们如何千变万化，人们都会找到实用主义的影子与影响。

二　意识流的诗歌与小说

和实用主义联系比较密切的文学流派——意识流。意识流这个词就是詹姆士创造出来的。詹姆士认为，在心理学中分析是一种科学的方法，但人为地把心理现象分为许多因素，并得出结论说心理是元素的集合，这样破坏了心理的整体意义。詹姆士认为，意识是不断流动的，应从整体意义上来认识意识，而不能认为意识是元素的集合。"比如在一个教室里，每个人都有自己的思想，我是我的，而你的是你的。"各人保持各人的思想，是难以相互交换的，每个人的意识在流动着，只能出现一次，不能反复，即人的意识状态不是重复的，整个意识连成一片。意识流错综复杂，变化多端。

后来，法国哲学家柏格森又进一步认为生命是心理的东西，"意识或毋宁说超意识是生命之流。"他认为："绵延意味着意识，由于我们以绵延的时间描绘事物，因此，我们在事物深处添加了某些意识成分。"柏格森提出真实是存在于不可分割的波动之中的。他劝小说家要深入人物的内心，随着人物的意识流动来描绘和刻画人物。

在实用主义心理学因素的影响下，意识流的文学创作方法在西方兴起，无论在小说、诗歌还是戏剧方面都得到了较大的发展。意识流的实用主义新精神表现在哪里呢？在传统的小说中，作者摆布一切，控制一切，思想感情由他介绍，故事情节由他编写，在整个小说中只看到作者的痕迹，而小说人物的精神世界被淹没掉了。为了使人物的精神世界如实地表现出来，就要解释人物的内心世界，便要由人物通过意识直接表示他的思想，让作者悄悄地退出小说。

在西方出现了许多著名的意识流作家，如法国的普鲁斯特，英国的乔伊斯、沃尔夫，日本的横光利一等。美国的海明威及福克纳也都善于运用意识流写作方法，美国著名诗人艾略特在这方面也做过尝试。

意识流对美国文学创作的影响很大，无论是短篇小说、长篇小说、诗歌或是戏剧，都有意识流的影子。文学是复杂的，一篇作品会受到多方面因素的影响。比如它既是现实主义的，又是实用主义的，又有存在主义的因素。所以，实用主义的精神可以从许多文学艺术作品中找到。

三　艺术即经验

实用主义对于艺术的观点，主要是从经验事实出发，杜威在1929年于芝加哥出版的《经验与自然》一书中有专门的论述。1931年，杜威收到哈佛大学的邀请，做了一系列有关艺术哲学的讲演，并把它们整理成《艺术即经验》一书。这两部分的内容便构成了美国实用主义对艺术的经典论述。

杜威认为，从希腊人的观点来看，所谓经验实际上是指有实用意义的智慧，这些智慧可以用来指导生活并丰富人的洞察力。感觉和知觉本身并不构成经验，只有当抽象出感知中的共同的东西并为人们所用时，感觉和知觉才能产生经验，所以，在优良的木匠、领航者、医师、将军这些智慧者那里便显现出了经验。杜威由此得出结论：经验就是艺术。因为那些智慧者的工作本身就是艺术，如优良的木匠所做的雕刻，是一种艺术的工作，而他的艺术是起于他的经验。

艺术不是天生的，杜威认为：艺术是产生于需要，而理论表现实有的丰富和完整。这一种看法也是古希腊的观点，因为古希腊人比较轻视经验。也就是说把实践活动看作低于理论活动，他们认为实践活动是有所依附的，是从外部推动的，是缺乏真实性的。

杜威本人并不赞成某些现代思想家的看法，他认为"现代的思想把发扬科学和赞赏艺术，尤其是美术或有创造性的艺术，结合在一起，同时，它保留了古代重理论轻实用的实质，不过以一种不同的语言加以陈述。然而在它赞美艺术时，就没有留意到在希腊人的观察中最显著的这样一个事实，即美术和工业技术都是属于实用方面的事情"。

古希腊确实比较轻视实践，但不是把经验看作主观的东西，相反，古希腊人把经验看作宇宙力量的真正表现，是具有创造性的，尽管艺术的内容是依赖于从事创造的艺术家的个人活动。

杜威认为，传统的习俗认为，艺术的美的性质仅限于绘画、雕塑、诗歌和交响乐。而事实上，无论什么活动，只要它能够产生对象，而对这些对象的知觉就是一种直接为我们所享受的东西，并且这些对象的活动又是一个不断产生可为我们享受的对于其他事物的知觉的源泉，就显现出了艺术的美。杜威把艺术从传统习俗中解放出来，置于一个更加广阔的背景下。

杜威把他的工具主义和美及艺术联系起来，按照艺术的形式，在很多艺术中，比如诗歌、绘画、艺术、雕刻、建筑等，都是一种创作。杜威认为，这种创作从最坏的方面来讲，所创造的产品是科学的，而不是艺术的；但是从最好的方面来讲，"它们有助于产生一些新式的艺术，而且通过对于知觉器官的训练，有助于产生新式的圆满终结的对象，它们扩大和丰富了人类的眼界。"

杜威认为，艺术是经验的延续。因为"艺术是自然事情的自然倾向借助于理智的选择和安排而具有的一种继续状态"。艺术的源泉存在于我们的经验之中，美的形式与美的享受都来源于经验。所以，杜威认为，人类经验的历史实际上就是一部艺术发展史。"科学从宗教的、仪式的和诗歌的艺术中明确地突然显现出来的历史，乃是一种艺术分化的记录，而不是与艺术脱离的记录。"

关于艺术即经验的杜威工具主义理论，在美国也是有争议的。从总的方面讲，人们接受了他的看法。

第十一节　实用主义心理哲学——心灵哲学

美国实用主义哲学正式形成时，在心理学上大行其道的主要是冯特的实验主义心理学，詹姆士和杜威都深受其影响，但他们同时亦不满这一学说的刻板性和理性化的倾向，他们从达尔文的"适者生存""用进废退"的思想中得到了更大的启发。用波林的话来说，他们"从德国实验主义那里继承了躯体，而从达尔文那里得到了心灵"。

美国实用主义最初就和心理学有关联。詹姆士的实用主义思想最初就是在他的心理学中显露出来的。20世纪以来美国心理学的发展，始终和实用主义错综复杂地交织在一起，二者在互相影响着。

一　从意识流派到反射弧

詹姆士于1890年出版的《心理学原理》和后来的《心理学简编》，被认为是实用主义和心理学结合的开端。但事实上，皮尔士于1878年在《通俗科学月刊》上所发表的论文，已经阐述了有关实用主义的基本思想，他提出概念的对象与效果的关系问题，认为研究效果的概念就是该对象概念的全部，这已经涉及了心理学中的问题。皮尔士认为实在事物所具有的唯一效果就是引起信念。比如，当人们看到桌上的墨水瓶时，就会产生一种知觉。如头部移动便取得不同的知觉，前后不同的知觉结合便构成了墨水瓶，所以墨水瓶是知觉的组合，因此墨水瓶的实在性也就依赖于知觉。有些批评者认为，皮尔士是主观唯心主义的，因为他把墨水瓶看作纯属心理的产物。可见在皮尔士那里，心理学的问题便和实用主义纠缠在一起。

1898年詹姆士在加州大学一次报告中首次提到实用主义这个词，并把实用主义和皮尔士联系起来。而詹姆士的实用主义思想却是首先在他的《心理学原理》中显露出来的。心理学和实用主义的关系，本文不作题外研究。

詹姆士所建立的心理学是机能心理学，它主要是针对德国冯特的实验心理学。

冯特认为，大脑的过程没有指出精神生活是如何产生的；在心理方面的每一个基本过程在身体方面也有一个相应的基本过程，这种相应则是两种并行存在的因果序列。也就是说，他认为生理现象和心理现象是两种独立并存的本质。詹姆士认为，冯特把意识看作一种与生理过程平行的副现象显然不对。詹姆士强调意识是有功用的，意识的功用就是指引有机体达到生存所必需的目的。这是詹姆士运用实用主义的方法来探讨意识问题。这里，他无疑受到达尔文进化论思想的影响。因为达尔文提出自然选择的理论，并且他接受了拉马克的用进废退思想。有用的自然会得到进化，无用的才会退化。詹姆士运用这一思想来研究意识，得出结论说："意识和其他一切机能一样，似乎也因为有一种功用才得到进化的，如果说它没有功用，那就万难令人相信了。"

意识是一种机能，意识之所以得到进化，是因为意识的有用性，人的意识似乎是器官的器官，对生存竞争是十分有利的。这种观点不仅是机能主义心理学的重要理论，也是实用主义的基本理论，而且是具有辩证意义的。

从意识具有功用性出发，詹姆士进一步认为，概念、信仰、推理这些心理过程也是有用的，它们的功用是在于满足欲望、追求行为的成功等，这样心理学的实用主义思想便进一步扩展。

冯特的实验心理学认为要先把心理现象分析为简单的成分，然后再进行综合。比如意识就需要分析，也就是说进行元素分析。詹姆士不同意这种看法，他认为冯特的理论把意识看作元素的集合，事实上破坏了心理的整体性。

詹姆士认为，从心理学来看，意识是整体的，对于每个个体来讲是不断流动的。它无法分析成元素，即使可以分析，意识也不可能是元素的集合。"意识流"便是詹姆士提出来的，意识不仅是有用的，而且它像水流一样是时刻变化的。他说："意识本身并不表现为一些割裂的碎片，像'锁链'或'列车'这样的字眼并不能恰当地形容意识的状态，意识不是被连接起来的东西，它是流动的。'河'与'流'才是能逼真地用来形容它的比喻。我们在下面谈到它时，就称它为思想流、意识流或主观生活之流。"

心理是属于个人的，意识也是属于个人的。对于个人来讲，意识和个人的经验与选择有关，只有个人对某件事注意或发生兴趣，这才成为他们的个人经验。他认为："有许多事情呈现在我的感官之前，而它们并未真正进入我的经验，其原因就在于我对这些事情不感兴趣，我的经验是我所愿意注意的东西，只有我注意的那些事情才形成我的心灵。"

詹姆士认为，意识具有常变性，意识总在流动着，它只是向前流动而不是重复。即使重新思考某件事也是意识流，不是意识的反复。詹姆士虽然自称唯心主义者，而他承认意识的常变是符合唯物主义的。詹姆士认为，意识的变化是持续的，这一点，波林曾做过解释，认为詹姆士说的是"平静或转入漩涡之外，便有稍纵即逝的不过渡的意识状态"。詹姆士认为感觉、知觉等是意识流的实体状态，似乎可以分开，然而事实上，在这些实体状态之间还有过渡状态，把它们连成一片的。他的意思是说，不能单纯地把感觉和知觉看作独立的实体状态，而从感觉到知觉这个过程本身是一种过渡状态，把感觉和知觉连在一起。

詹姆士实用主义的心理学思想首先是被杜威所承认与发扬，他认为："如果有一个哲学因素得到一种新的性质的话，这就是意识流。我可以引用意识流这一个词来代替不相连续的基本状态做例证，……我相信，我们的许多哲学思考都需要用到这种观点重做思考，这样最终会产生一种和现代科学一致，并与教育、道德、宗教方面的实际需要相关联的哲学中的完整的综合。"

杜威的心理学是以詹姆士的理论为基础的，他和詹姆士一样，认为意识不是与生理过程平行的副现象。意识是一个整体。杜威强调，意识对人的生活是有作用的，是整个有机体适应环境的工具。

在心理方面，杜威提出了他的有名的理论：反射弧的问题。在他写的《心理学中的反射弧概念》一文中，他反对把心理分析为元素，主张心理活动是一个连续的整体。同样，他认为反射弧也是一个连续的整合的活动。反应与感觉是相互的，反应是为了感觉，感觉是为了反应，二者不能单独存在而有意义，感觉运动弧没有明确的起讫，它们是循环的，一弧的终点就是另一弧的起点，所以要从整体来研究。

杜威认为，心理学的研究对象就是整个有机体对环境的适应活动，杜威把他的实用主义心理学理论运用到教育上，特别是儿童教育，他认为心理上的素质是一种社会现象，心理素质是通过遗传而获得的，本能与冲动通过个体的意识传到下一代，所以对儿童的教育就要注意这个问题。杜威认为：“心智是生长的东西，在本质上也是改变着的，在不同的时期呈现出才能和兴趣的不同方面。”正因为本能是生物学上的承袭，知识与满足内在动力的手段有关，并且这种动力在生长过程中展开，所以生长的阶段特别重要。“在谈到为心理学的假设所寻求的教育答案时，由生长阶段的问题开始是方便的。”可见注意生长阶段对儿童教育最为有用。

二 行为主义心理学

行为主义心理学是美国心理学家华生建立的。行为主义的特点之一是认为，心理学研究的对象不是意识，而是行为。可是，华生本人又是直接受到实用主义影响的。因为他是芝加哥大学的博士生，后来又在那教书直到1908年，而杜威那时就在芝加哥大学，华生自然受到杜威的影响。杜威曾经说过，感觉与其说是认识的，不如说是情绪的与实用的。总之，作为机能主义者的杜威及安吉尔对华生都有影响，华生就说过：“行为主义是唯一彻底而合乎逻辑的机能主义。”可见，行为主义一开始就和实用主义有关联。

行为主义之所以和实用主义有关系，华生本人受到机能主义的熏陶只是一方面的原因，另一方面是由于实用主义精神在当时占主导地位。从20世纪初的美国国情来看，一方面要求提高生产率，改善人民生活；另一方面，要求维持社会的安定与秩序，促进社会的发展，这就需要心理学从对美国社会有用的方向来探讨人的行为和社会的关系。华生就是在这样一种特殊的历史条件下提出他的行为主义理论的，比如人的行为如何适应社会生产效率的提高，人的行为如何才能遵守社会的既定规范，社会如何控制人的行为等，可见行为主义是和美国的国情直接联系在一起的。20世纪行为主义的发展本身体现了科学为社会服务的这一中心问题。

实用主义是强调经验事实的。20 世纪以来自然科学的发展，证明了经验事实的可靠性，这对行为主义的建立与发展也是十分有利的。行为主义的主导思想和新实在论是一致的，而新实在论和新实用主义又有千丝万缕的联系，这就是美国精神在各个领域中的渗透。

行为主义者认为，人的心理与意识都可归结为行为。他认为思想是全身肌肉，特别是喉头肌肉的内隐活动，思想从根本上说，和打网球、游泳等任何其他身体活动一样，无论是强烈而外显的身体活动，或是微弱而内隐的身体活动，都有其引发的原因，并由此得出结论："人和动物的全部行为都可以分析为刺激和反应。"刺激不可能来自遗传，所以行为不可能遗传。华生认为行为主义可以控制行为，但不能控制遗传。遗传的作用越小，控制的可能性便越大。正因为华生认为行为不可以遗传，所以较复杂的行为形成都是来自学习，特别是早期训练。这种见解和杜威的观点是一致的。杜威强调抓紧儿童早期教育，而华生认为要重视人的早期训练。可见，早期训练对人的优良行为形成是有用的与方便的。当然，这种理论是很有意义的，他强调了教育的有用性。华生认为，动物的行为可以运用学习或训练的方式来加以控制，人类的儿童同样可以运用学习或训练的方式来加以控制。

行为主义者的重要论题之一是控制人的行为。华生认为："只要给我一打健全的婴儿和我可以用以培育他们的特殊世界，我便可以保证随机选出一个，不管他的才能、倾向、本领和他的父母的职业及种族如何，我都可以把他训练成为我所选定的任何类型的特殊人物，如医生、律师、艺术家、大商人甚至乞丐、小偷。"

华生并不承认黑人的智力低下或白人的智力高。他认为："关于黑人的劣根性，我们没有可靠的论证。但是在同一个学校内教育一个白人儿童和黑人儿童，在同一家庭内教育他们（在理论上没有差别）时，当社会开始给予有力的影响，黑人儿童就不能与白人儿童比赛了。"也就是说，黑人与白人在本质上是一样的，而是社会的歧视与社会待遇的差别，才导致他们之间的行为差别，而教育的有用性在于消除这种差别。

　　和华生同时代的心理学行为主义者如霍尔特，也是以实用主义理论为基础的。虽然从哲学来看，他与培里一起成为新实在论的成员，但是在心理学方面，他是行为主义者。他为行为主义心理学提供了哲学的框架。波林曾经说过，霍尔特一半是实验主义者，一半是哲学家。所以，他的观点是非正统的行为主义观点。

　　霍尔特不像华生那样极端，他并不完全否认意识及心理现象的主体性，但认为意识应当归属于认识论的现实主义。按照现实主义的观点，客体是作为被知觉的东西而存在的，即使在我们还没有知觉到它们的时候也是这样。

　　霍尔特融合各家之言在他的理论中。一方面他企图把行为主义和弗洛伊德的精神分析相综合（见他的《弗洛伊德的希望与其在伦理学中的地位》一文）；另一方面他是詹姆士的崇拜者，他对詹姆士的名言十分珍爱，如"我们的经验并不表明知识内容与知识对象的二重性，内容就是对象"。詹姆士这个论点在霍尔特的《意识的概念》中得到了发挥，也就是说，霍尔特在他这本著作中，运用实用主义的观点考察问题。比如主张宇宙的中心化，认为事物除本身外，别无可为其代表者，又认为意识和心灵并不存在于头脑之中，而是存在于恰好是它们被看来的所在之处。

　　霍尔特认为，意识与心理世界，只不过是由人的特定反应所规定了的环境事物。环境事物是多元的，我们对它们所意识到的，是它们本身所具有的某个或某些方面。他还认为，人们对环境事物究竟意识到它们的哪些方面，是由人们对它们的反应来规定的。这样，霍尔特的主张便成为实用主义的认识论。

　　正确地说，实用主义和行为主义两者是互为影响的。行为主义者从实用主义那里获得了哲学的基础；而实用主义者又从行为主义那里得到了心理学的支持。我们读杜威、莫里斯以及胡克等人的著作时，发现行为主义的理论充斥其中。

　　20世纪30年代开始，布里奇曼的操作主义影响了行为主义，形成了新行为主义。新行为主义者实际上就是操作主义者，而操作主义的理论和工具主义在本质上又是一致的。因此，实用主义、心理学、操作主义、实证主义在新行为主义的理论中已融为一体。

三　拓扑和精神分析心理学

20 世纪以来，心理学的发展相当快，比如拓扑心理学、精神分析心理学，最初不是产生于美国的，其领袖也都是欧洲人，这些心理学后来在美国发展起来并渗进了实用主义思想。

因为希特勒的纳粹主义，对知识分子大肆迫害，逼迫许多优秀的欧洲学者纷纷来到美国，建立新的学术中心。一方面他们把自己的理论带到美国，由于社会环境的不同，为在美国站稳脚跟，他们必须注入美国的新鲜血液——实用主义；另一方面，他们原有的理论就倾向于实用主义化。勒温、沙利文、霍妮、弗洛姆等都是从欧洲来到美国的优秀心理学家，后来也都成为美国杰出的心理学家。

勒温是 1932 年从德国来到美国的，他提出心理动力场理论，创建拓扑心理学。他结合美国的生活实际，研究领袖的社会效果，什么样的领导方式对美国社会更有用。他设计了三个儿童实验组，并训练三个人担任不同类型的领袖：一个是独裁类型的，使儿童接受长官式的命令或斥责，只许盲目服从，不许主动；另一个是自由主义类型的，让儿童接受自由主义的领导，双方之间友谊不错，但缺乏指导，结果儿童自由放任，无组织无纪律；第三个是民主类型的领袖，在民主气氛下共同商讨，各抒己见，各人能根据自己的需求与愿望办事。实验结果是民主式的领袖所得效果最佳，这对后来美国管理上的改革是有很大促进的。

精神分析学是弗洛伊德在奥地利创立的，但是在 20 世纪 30 年代，不少欧洲的学者奔赴美国，并且在美国建立了新精神分析学派。相对于弗洛伊德的古典精神分析学派，二者的主要不同在于：古典派主要是从个人心理与临床诊断出发，而新精神分析派把精神病因和现实社会及文化联系起来，因为他们发现，美国的精神病患者和弗洛伊德的模式不同，弗洛伊德强调精神病患者的生理性原因，而美国的精神病患者的病因更多的是来自经济因素。另外，他们发现欧洲文化与美国文化不同，所以精神病患者的病因也不同。这样他们便着手从广泛的文化方面探讨，从而得到新的结论。

比如沙利文，他从人际交往关系出发，认为人格只存在于人与人的关系中。要了解人格，必须把人格置于广阔的人际关系的背景中考量，否则是不能了解人格的。人在其发展的过程中，如果他的正常的与满意的人际关系遭到破坏，便可能导致精神病。他认为，要培养精神病患者对未来的正确看法，进行广阔前景的教育，引导他重视自己过去生活中有利的因素，从启发自尊心入手对治病是有用的。

另一个新精神分析主义者霍妮，她虽然是弗洛伊德的学生辈，但他们的见解不同。弗洛伊德认为妇女由于先天生理上的解剖特点，所以生来就有自卑感，并缺乏正义感。而霍妮认为，男女之间的差别和先天生理上的解剖没有关系而是社会文化所造成的。她认为，弗洛伊德的俄狄浦斯情结是没有科学根据的，是弗洛伊德的幻想；弗洛伊德的力比多理论也歪曲了自我与环境的关系，忽略了文化因素对人的影响。

弗洛伊德曾经提出生的本能和死的本能理论，生的本能代表爱和建设的力量，死的本能体现恨与破坏的力量。也就是说，他企图用生的本能来说明人的创造活动，而用死的本能来说明破坏与侵略的行为。希特勒之所以要发动侵略以及残杀人类，是死的本能促使的。他用生物学观点来解释社会现象，遭到霍妮的反对。她认为人格的发展并不是出自生与死的本能，而是个体的安全需要，因为个体的安全是个体所焦虑的，只有安全才对个体有益。比如，儿童由于弱小无能而在敌对的社会环境中寻求安全的需要，这才是人格发展的动力之一。

霍妮从实用主义观点出发，认为在一种竞争的社会中，人一生下来就处于一个看不见的充满敌意的世界中，所以人的主要动机就是寻求安全，只有安全才是人所需要的。霍妮认为，弗洛伊德相信先天的遗传因素在人格发展中起决定的作用，是悲观主义的理论；而她从社会环境出发，认为一个家庭如果充满慈爱与温暖，这样的环境能防止人向精神病发展。霍妮的乐观主义精神和美国的社会有关系，实用主义的教育学说与文化理论决定了霍妮的态度。然而，在美国这一具体的社会环境中，她的理论也是难以实现的。

弗洛姆也是从德国赴美的新精神分析主义者。弗洛姆企图寻找一种真正的人本主义，比如说，人究竟如何为自己而存在。他认为，人的生存是受理性指导的。他说这个问题不是他所主张的，而是古典人本主义者早就主张的，比如柏拉图、亚里士多德、斯宾诺莎、杜威，他们都主张人能够运用理性把自己的冲动指向某一处，而使它得到满足，又是最有好处的。因为人具有一种基本本质，可以把善和满足与自己的需要结合起来。

弗洛姆强调信仰，认为人总是为自己而不是以任何权威为转移。他所说的人的信仰的意思是"一种性格的特质，遍及他的全部经验，使人面对现实，不生错觉而按他的信仰去生活"。他认为，人们的友谊和爱情并不是以事实为基础，而是以信仰为基础。所谓"人为自己"就是指：人如果不想成为他人的奴隶，就必须对自己有信心。

弗洛姆认为美国社会存在着许多无法解决的矛盾。这个社会一切为了金钱与竞争，社会中存在着剥削，人民生活是不幸的，所以他设计出一个他认为是理想的互助互爱的社会。关于这个问题，我们在前文已做过论述。

第十二节　科学哲学的兴起

一　科学哲学

美国科学哲学的兴起，最初和欧洲逃亡来的哲学家有关。希特勒无人性的摧残与迫害，使得许多的优秀科学家、哲学家逃离家园，来到美国，并把毕生的智慧献给了它。

首先要提到的是赖欣巴赫，这一位美籍德国人，从 1938 年起直到逝世，都在加州大学任教。他生前被授予哈佛大学威廉·詹姆士讲座教授的荣誉。赖欣巴赫是科学家，同时也是哲学家，到了美国后，他深受实用主义的影响，在他的科学哲学思想中包含了实用主义的因素。

所谓科学哲学，赖欣巴赫在他著名的《科学哲学的兴起》中有过论述，他认为科学哲学和思辨哲学不同，科学哲学把对宇宙的解释留给科学家去做，科学哲学只对科学的结果进行分析。科学哲学拒绝承认任何关于物理世界的知识是绝对的与确定的，并认为道德的目的是意愿行为的产物不是认识的产物。科学哲学要做的是重新稳定哲学愿望的方向。

赖欣巴赫认为，思辨哲学总是提出一些准则，劝导人们如何生活，并说只要通过哲学书籍，便能知善知恶，其实这些都是鬼话。科学哲学则坦率地告诉人们，如果想知道如何度过一个善的人生，不可能从教导中得到，而是应当去认识与思考，从认识与思考中去研究各种不同道德目的之间的关系，并加以比较。

赖欣巴赫把自己的观点和实用主义进行了比较，在某些方面，他的学说和实用主义不同，但事实上是一致的。下文这一段话是值得引用的，因为可以看到科学哲学一开始和实用主义的关系。

"实用主义哲学家的主张有一种科学的伦理学存在的，其实在他们的表述和我的表述之间，所不同的只是说法而已。如果'科学的伦理学'所指的是一种使用科学方法在目的和手段之间建立蕴涵的伦理学，也许，那就是实用主义者所要说的一切；但我还是很希望能在实用主义哲学家的著作中看到清楚明白的陈述。"

赖欣巴赫不仅用实用主义观点解释科学哲学，而且企图修正实用主义，使之更加完善。美国科学哲学家瓦托夫斯基认为，所谓科学哲学，正如菲利浦・弗兰克所描绘的那样，是自然科学和人文科学之间的一座桥梁，它把科学思想的概念和模式以及它们的本质内容当作批判反思和人文主义理解的对象而进行阐释。在最近半个世纪里，自然科学发生了根本的变化和发展，科学哲学本身也发展成为一门多边的和严密的独立学科。它把逻辑批判和改造的分析工具连同哲学概括的努力，一起应用于科学史和当代的科学思想，这是瓦托夫斯基在他的《科学哲学导论》中所阐述的。

和赖欣巴赫齐名的另一位欧洲学者卡尔纳普也是美籍德国人。他1935年逃亡至美国，后来长期在实用主义的大本营芝加哥大学工作。早在1934年卡尔纳普在布拉格任教时，莫里斯与奎因就到波兰拜望过他。他在自己的类似自传的自述中认为，莫里斯与他的哲学观点很近，莫里斯企图把实用主义的观点和逻辑经验主义相结合，"正是通过莫里斯，我才对实用主义哲学尤其是米德和杜威的哲学思想有了更深刻的理解"。

卡尔纳普虽然是逻辑实证主义者，但美国科学的发展和他是有十分密切的联系的，了解他的态度对了解科学哲学是有意义的。

卡尔纳普1940年在哈佛大学听了罗素主讲的关于威廉·詹姆士的课程，他感到十分有趣。他对美国哲学界的印象是：在美国最有影响的还是那些带有广义性质的经验主义倾向的哲学运动，在哲学家以及循序渐进的教育运动中广泛盛行的是实用主义的思维方法，其中大多数是杜威的工具主义实用主义，卡尔纳普认为实用主义对当时美国的教育有十分重大的影响。

卡尔纳普甚至披露，早在他到维也纳之前，在他的思想中已有了实用主义的萌芽，他当时就认为，传统形而上学的大部分争论是无用的，所以他要寻求究竟什么才是有用的。到了20世纪50年代，实用主义思想已和他的理论混杂在一起，他发表了《经验主义、语义学与本体论》，他认为对一些科学的语义问题要实际解决。他说："在我看来框架的引进在任何一种场合都是合法的，至于这种引进是否适用于某些目的，这是一个关于语言设计的实际问题，需要根据它是否方便有效和简明等因素，来加以决定。"

卡尔纳普认为，在当代的经验主义者中，无论是对于语义学或是对于数学及经验科学任何一个领域中的抽象实体，都不再有人提出反对意见，特别是奎因，"他近来采取了一种容忍的实用主义立场，这似乎与我的观点相当接近"。

这一说法十分明显，奎因把逻辑经验主义和实用主义相结合，形成他的逻辑实用主义，而卡尔纳普认为奎因的观点和他的观点十分接近，可见其实用主义思想也很深。

二 历史主义

历史主义主张动态地研究科学发展的模式，结合当时科学发展的情况，将科学哲学的研究与科学史的研究结合起来。代表人物有库恩费耶阿本德等人。

库恩最主要的贡献是他所提出来的范式理论，也就是他的科学发展图景。在库恩看来，区别科学与非科学的标准就看是否能解决疑难问题。科学的功用与效能是解决疑难问题。由原始科学向科学转变，就是由批评议论的方式到解决疑难的方式的转变。一个领域一旦有了具备一定条件的好理论，持续批评和理论争论的时期便过去了。

从科学史中看，库恩认为好的理论即有用的理论才是科学建立的基础，因为它能解决疑难问题。能解决疑难问题，就是科学的有用性，这是不能忽视的。

库恩所描述的科学革命大致经历下面几个过程。

原始科学　所谓原始科学，如今天的许多社会科学、18 世纪中叶以前的化学及电学、19 世纪初对遗传和种系发生史的研究等，都是原始科学。在原始科学时期，各学派互相竞争，以正常的方式进行相互批评，但并不能解决疑难问题。

常规科学　由于出现了某种显著的科学成就，形成解决疑难的传统，一旦达到成熟，便出现了常规科学。其目的是阐明与发展一个范式。范式就是一个科学家集团的共同信念。

科学革命　如果一个范式不再能充分地支持一个解决疑难的传统，范式便面临危机，于是人们表示不满，求助于哲学的辩论，各种解决问题的企图互相竞争，批评议论代替解决疑难，进行选择。

新常规科学　危机过后，选择了普遍可以接受的与可以实现的新范式。库恩认为，以后如果再出现危机，就再进行选择，成为一个连续的科学革命的结构。库恩还注意到科学发展的社会因素，把科学家的群体看作认识的主体。他认为科学的发展是从渐进性的量变到间断性的质变，而且是持续性的。他认为常规科学的特征，表现在范式指导下不断积累知识的过程。因为有了范式严密规定下的常规科学研究，科学家能集中精力，深入研究自然界的一个局部，并使科学研究从定性阶段过渡到半定量阶段，然后再过渡到定量阶段，使科学家团体通过扩充范式应用范围和提高其精确度而使范式逐步完善。

库恩所提出来的科学革命其实就是创新与更新。因为科学家在面临反常的现象或危机时，对现有的范式采取不同的态度；研究性质相应地改变，便求助于哲学，对基本问题展开争论；范式处于危机中时，需要科学革命，建立新的范式。比如，当托勒密的地心说范式在进行天文观察遇到麻烦时，一般认为只需通过调整托勒密体系中的复合圆环而消除误差，但结果不行。所以哥白尼指出，问题不是误差，而在于托勒密体系的本身，于是他舍弃了托勒密的地心说，而重建日心说，这便是科学革命的著名例子。库恩认为："危机的意义就在于它可以指示更换工具的时机已经到来。"

库恩的理论说明了一个问题，当范式处于危机时，旧范式无法处理现实，小修小补也无济于事，就应当面对现实，舍弃旧的范式进行科学革命，建立新范式。舍弃不等于不继承，他说：

"新范式从旧范式产生，它们通常混合着传统范式以前用过的许多概念上和操作上的词汇和注解。但是，它们很少以完全是传统的方式使用这些借来的因素。在新范式的范围之内，老的术语、概念和实验同其他东西开始了新的关系。"

库恩对科学的研究方法是复合的，混用了主观的、客观的与约定的几种方法。主观的方法和约定的方法是相对的。主观研究法认为科学知识是由个人能够用某些方法加以证明的一套信仰所组成的；而约定研究法认为科学家个人的信仰从属于特定团体，即科学团体的信仰，科学知识不是属于个人的，而是属于团体的；客观研究法是无信仰的，坚持一种客观的态度。

库恩在他的理论中显示出他更偏重于约定论的研究方法。他重视信仰论，在信仰论中他更偏重于团体信仰，这就是库恩的实用主义思想。库恩认为，在任何一门科学发展的早期阶段，面对着同一范围内的问题，往往是不同的人以不同的方式描述和解释这些现象。牛顿以前的科学家，由于没有共同的信仰，每一个人都会感到不得不从基础开始，重新建立他的领域。

再从库恩的科学共同体来看，他认为这是由一批有专长的实际工作者所组成的，他们由于所受教育和训练中的共同因素而结合在一起。科学共同体本身是科学工作者的系统，其中成员大体上吸收同样的文献，引出同样的预测，使他注意科学共同体的层次研究。他认为，范式是科学共同体所共有的东西，他强调的是人们共有的。仅从这两方面来看，这就是约定论的思想。牛顿以前的科学家，基本上是以个人为基础的主观的研究；牛顿以后，以学派面貌出现，共同体观念又进了一步，但并未脱离信仰论。在一个共同体内，不是追求理论的正确性，而是共同性——团体的或学派的信仰。某一个学派在其自己的共同体内，只信仰本共同体内的理论，只有这样才是正确的，其实是一种实用主义的思想。

关于库恩的这一思想，在费耶阿本德的理论中更趋于完善，他把历史主义的哲学发展到了一个更高的阶段。他是美籍奥地利人。他认为，在科学史中几乎没有理论是和事实相一致的。如果仅仅接受同已知的事实一致的理论，就会使理论成为虚有，所以对传统的方法论要修改。

费耶阿本德认为，在传统的方法论中有一种自主性原则，这种原则主张，要讨论不相容的假说或理论是得不到结果的，只有讨论相容的事实才会促进科学的发展。费耶阿本德认为，这种原则是不对的。因为，不仅每个单独的事实的描述要依赖于某一个理论，而且除非借助与这个理论相关的其他可供选择的理论，否则有些事实便不可能发现。他认为，对于某一个理论的决定性的事实，往往只有借助其他不相容的理论才能确定它是相关的、有证伪力的。

费耶阿本德认为，严格的理性概念对科学的实际发展并没有很大的意义，因为科学的实际发展比起方法论者的理论更为丰富多彩。这可以从许多科学史中的例子来说明，1975 年他出版了《反对方法》，在书中他讨论了科学史与科学哲学中最为看重的例子，如古代原子论的确立、哥白尼的科学革命、近代原子论的兴起、光波动论的出现等，都说明了一个问题：一些思想家决定不再受某种明确的方法论规则的约束。

他分析了哥白尼科学革命的问题。一般会把哥白尼革命看作理性的胜利，并且把它看成是科学史一个经验内容的增加使旧理论遭受反驳，新理论得到证据支持的范例，而他的意见正相反。他认为，托勒密的地心说和当时整个知识背景并不矛盾，应当说是和谐的。而哥白尼创立的日心说是与当时的整个知识背景不一致的，所以，他的日心说并不比托勒密的地心说更为优越。事实上，两者都遭受到经验的反对，甚至哥白尼的理论遭到了更大的反对，因为当时的背景下，人们都习惯托勒密的理论，所以，从严格的理性概念出发，哥白尼的理论是无法获得承认的。费耶阿本德认为，人们之所以没有放弃哥白尼学说，是为了进步，这就必须从证据那里后撤一步，在一定程度上减少了理论与经验的适用，即减少经验的内容，放弃人们已取得的一致的观点，可见进步是从后退开始的。他说，伽利略就是这样一个人，唯独他相信哥白尼努力的意义。尽管哥白尼的理论和当时的知识体系不很协调，但也无法证明当时的知识体系是绝对正确的。新的理论有新的词汇、新的词义、新的体系及新的对自然的解释。伽利略就是从非理性因素出发的，因此，哥白尼学说得以保存下来。

费耶阿本德主张科学的宽容态度，只有宽容才不会淹没重要的科学发现。他认为，一切偏见、激情、自负和极端的顽固都是科学敌人，要统统去掉。也就是说，否定特定时代的理性，伽利略就是否定时代理性的人。

费耶阿本德认为，不能把科学想得那样神秘，科学与非科学之间并没有什么严格的界限，科学的发展也没有规律。神话、巫术也并非绝对地对科学无用，事实上，往往是科学的权威在阻碍科学的发展。所以，他在反对归纳主义的基础上提出增多原则。所谓增多原则，是从理论的有用性出发的，应当把那些和经验、事实观察不一致的假说引进来，因为这些可能是有用的，是科学的。这就是他的多元主义理论。只有这样，他认为，才能推动科学的发展，这就是增多原则。他认为，不要压抑人们头脑中最稀奇古怪的东西，人们都可以随心所欲，真正的科学会从这些思维中获益。因为这样不放弃被反驳的理论，借用新理论揭露隐藏在事实、观察后面的自然解释，再用新的自然解释代替旧的自然解释，直至产生新的科学系统，并推动科学发展。

费耶阿本德还认为，遭到困难的理论不一定是错的。因为在理论建立的初期，由于缺少坚实的内容，易于被反驳。一个尚未完备的理论和一个成熟了的理论竞争，并按照同一标准，显然是不合理的。对于证据不足的新理论不能抛弃，这就是他的韧性原则。这个原则意味着不仅可以随心所欲，还须发展这种随心所欲。

科学哲学越向前发展，在美国便和实用主义结合得更密切。

三 新历史主义

库恩和费耶阿本德是历史主义哲学的代表。从夏皮尔开始，科学哲学融入了新历史主义。

夏皮尔提出了他的信息域理论。所谓"域"是指由一组资料或信息项目联结而成的研究范围，他把信息域理论与科学发展联系起来，认为科学发展的过程就是信息域的中心不断改变，包括项的扩大与缩小、合并与重组。夏皮尔认为，古希腊罗马与中世纪时期，各门学科是作为一个整体，并属于自然哲学；而中世纪以后，各门科学都从自然哲学中分化出来，并且不断地分化与进化、分组与并组。当前涌现出来的大批边缘学科与新兴学科都是信息域。

夏皮尔的科学哲学强调科学的客观性与合理性。他认为，合理性必须具备三个条件，即关联性、成功性与无怀疑性。他的科学哲学思想就是以这三个条件为基础的。

所谓无怀疑性是来自反传统的真理符合论，承认知识是客观世界的反映，真理是认识与客观实在的相符合。但他认为这种理论也有缺点：它以原始直觉为基础，缺乏科学根据；它把判断命题以真假为标准，而不是命题自身。他认为无怀疑性体现了真的不可怀疑性质。

所谓关联性，是来自逻辑实证主义的真理一贯论。这种理论主张一个理论（一个系统）只要在逻辑上是一贯的、无矛盾的，便是真理。夏皮尔并不同意这个论点，因为它没有涉及真理与外部实在的关系，只提及理论系统自身的逻辑一贯性。所以，这就会导致否定真理的客观性，并陷入相对主义。但真理一贯性也有可取之处，那就是关联性，这是合理的因素。

夏皮尔对成功性特别重视。成功性是指一个主题的理由，除与主题相关联外，在解释主题时还要有可靠的说服力，更具体地说，成功性就是指信息域的变化。某一时期是成功的，也就是合理的；另一个时期不成功，便需要重组与改组。成功的标准是属于人们的信念的，比如最初电与磁石两个不同的信息域，已成为人们的信念，是成功的，也是合理的与有用的。后来富兰克林、法拉第以及马克斯威尔等人研究，把电与磁合并为一个域，逐步为人们相信成为信念。两个域的信念不存在了，新的观念是成功的，便变为合理了。

夏皮尔的成功性理论来自实用主义。夏皮尔认为实用主义的真理观把真理当成一种根据主观需要可以任意改变的工具的观点，显然不正确，无疑会导致主观主义。但它合理的因素就是坚持真理的有用性，有用的虽然不一定是真理，而真理必定是有用的。所以，他认为，实用主义的真理有用论恰恰体现了真理的成功性。夏皮尔认为："成功的标准是属于我们信念的，它们可以以不同的方式发生变化，而无须我们假定一个超验的、不变的成功标准。"夏皮尔比起库恩以及费耶阿本德来，实用主义的成分不仅增多，而且明显得多，实用主义的真理有用论成为他的科学哲学理论的重要基础。

对实用主义更为接近也更为明显的要算劳丹。他以新的面貌出现在科学哲学的研究领域中，一方面反对逻辑实证主义与证伪主义，另一方面也反对科学实在论。他提出一种新的理论，即实用主义的"研究传统"理论。

劳丹的理论是在反对逻辑实证主义、证伪主义以及科学实在论的基础上建立起来的，他认为他的研究传统理论是具有特色的。

总的说来，所谓研究传统，是一个为具体理论的发展提供一系列指导原则的理论体系。苏丹对"研究传统"的定义："一个研究传统是一组本体论上和方法上的该做与不该做的规定。"他认为，一个研究传统就是一个关于该研究领域内的实体和过程的一般假设以及在这一领域内用以研究问题和建构理论的方法论体系。

他认为，研究传统可能是科学的，也可能是非科学的。库恩以及拉卡托斯都没有看到概念问题在科学哲学中的作用，忽视了本体论与方法论在科学发展中的作用，无法解决系统之间的关系（如范式和子系统之间的关系），而他的研究传统正弥补了他们的缺陷。

劳丹认为，科学的合理性就是科学能解决问题，这里他综合了库恩及夏皮尔的实用主义观点，库恩认为范式能解决疑难，夏皮尔认为合理性之一是成功性，劳丹把这两点相结合。他认为科学的目的是解决问题，能解决问题就是合理性，能解决问题的便是有效、有用的思想活动。"科学的最普遍目的就是解决问题""理性的选择就是增强理论的解决问题的效率的选择。"

劳丹研究传统理论的实用主义性质还表现在真理论上，主张把唯物主义的真理符合论改为实用主义的真理有用论。他认为，真理并不是认识与客观相符合，而必须在运用中有用。只有在实际运用中有效，并能解决实际问题才是正确的科学理论。可见，实用主义的真理论正是研究传统的哲学基础。

劳丹认为他的研究传统有两大重要特点：一是合理性，二是进步性，所谓合理性，前文已谈到，就是实用主义的真理有用论。所谓进步性是指在理论恰当性基础上的进步。恰当性，是指理论的实用意义与解决问题的能力，而"科学的进步性在于解决愈来愈多的重要问题"。也就是指解决问题的效力。科学的进步既不是通过证实，也不是通过证伪，而是指解决问题的能力和效力越来越强。新理论比旧理论更能成功地解决问题，不仅在数量上增加，而且在领域范围和程度上均有不同。劳丹的研究传统理论表明了科学哲学进一步向实用主义靠近。

从科学哲学的发展，我们可以明显地看出，在现代科学，特别是自然科学的突飞猛进面前，传统的认识论、传统的证实或证伪原则受到了严重挑战。它不仅凸显出人们认识的相对性和历史性，而且从根本上动摇了人们已有的理论和概念，原来认为是绝对正确的理论和概念被认为是不完善的，原来认为是错误的理论和概念被证明包含有合理的内核。这一科学发展的新事实，要求在认识论上有重大突破，要求建立科学研究的新方法论，可是这个任务是不容易完成的，各种科学哲学的思潮都是在这方面进行的探索。从美国来说，这一探索是不能和实用主义分开的，而且在比较完善的科学认识的方法论建立起来以前，人们会一次又一次回到"实用""简便""效用"这类观念上来，以避免在大风大浪中沉没。

第七章　美国实用主义与中国特色社会主义现代化建设

前　言

实用主义在中国的命运，是十分坎坷的。中国人在尚未弄清楚什么是实用主义的时候，就无端地对实用主义大加批判。其原因是什么？这种批判给中国带来了什么后果？这些是值得我们反思的问题。

应当说，实用主义和马克思主义几乎是同时传入中国的。如果从1899年上海基督教广学会主办的《万国公报》介绍马克思的《资本论》和1906年国民党元老朱执信在同盟会刊物《民报》上介绍马克思和恩格斯的《德意志意识形态》《共产党宣言》算起，马克思主义比实用主义传入中国还要早几年。可以说，实用主义是通过1908年以后的"庚款奖学金"与中国留美学生、1919年以后杜威在中国的演讲和胡适等人在中国的宣传而传播开来的。实用主义和马克思主义一开始并非处于敌对地位。这种对立是随着"问题与主义"论战而演变的，特别是中国共产党成立后，李大钊、陈独秀同胡适的思想分歧发展成为不同阶级力量在政治上的对立。1949年新中国成立后，毛泽东、刘少奇、朱德、周恩来访问苏联，与斯大林谈判，签订《中苏友好同盟互助条约》，实行"一边倒"政策，在反美、仇美的宣传下，这种政治上的对立变得更加尖锐。

中国和当时苏联的理论界一样，批判实用主义。当托洛茨基案件发生后，杜威为托洛茨基辩护，惹恼了斯大林，从而对杜威由肯定直接变为全盘否定。毛泽东则因胡适投靠国民党蒋介石，从而把胡适和杜威放在一起批判。因此，认识实用主义在中国的命运，必须了解这个历史背景。我们的视野应当更宽广一些，认识应当更全面、更深刻一些，评价应当更客观公正一些。

中国正处于并将长期处于社会主义初级阶段，这是一个政治、经济、文化、社会尚不发达、处于发展中的社会，肩负着建设中国特色社会主义现代化国家的重要使命。所谓中国的特色，是指我们人口多、底子薄、经济落后、生产力尚不发达。在这样一个国度，要实现由传统到现代、由农业国到工业国的社会转型，就要建设人民民主、改善民生，要实现祖国统一，维护世界和平，促进共同发展。在这种情况下，我们必须认真思考怎样向美国学习的问题，因为美国是一个已经实现了工业化、现代化、全球化的国家。坚持学习国外优秀的理论成果，客观全面地认识实用主义，是建设中国特色社会主义的需要。全面、客观地认识实用主义，也是坚持马克思主义科学学风的必然要求。毛泽东说："马克思主义哲学认为，对立统一规律是宇宙的根本规律。这个规律，不论在自然界、人类社会和人们的思想中，都是普遍存在的。矛盾着的对立面又统一、又斗争，由此推动事物的运动和变化。""这个规律，在我国，懂的人，逐渐多起来，但是，对许多人来说，承认这个规律是一回事，应用这个规律去观察事物和处理问题又是一回事。"① 毛泽东所说的这些话，不仅对于我们全面地、准确地掌握马克思主义哲学有意义，而且对于在新的历史时期重新认识和评价实用主义哲学也有意义。

第一节　1949 年以前美国实用主义在中国的传播

一　所谓"庚款奖学金"与中国留美学生

1900 年，八国联军攻占北京，强迫清政府于 1901 年 9 月 7 日签订了

---

① 《毛泽东选集》第五卷，人民出版社，1977，第 372 页。

《辛丑条约》，其中规定付给各国"赔款"白银4.5亿两，分39年还清，本息共计9.8亿两。这笔赔款通称为"庚子赔款"。

如果把这笔赔款折合成美元，八国列强一共索赔款达到3亿美元，美国应得5000万美元。这笔赔款分39年还清。美国驻北京公使柔克义说："赔款太重，宜体物情，略减担负。"在这种情况下，美国以赔款之半还赠中国，援助中国厉行教育，其性质确实是一个重要的政治策略，其结果无疑对美国有利。

如同伊利诺伊大学校长詹姆士在给美国总统的一个备忘录中所讲的那样："如美国在三十年以前已经做到把中国留学生潮流引向这一个国家来，并使这一潮流扩大，那么，我们现在一定能够使用最圆满与最巧妙的方式控制中国的发展，使用从知识与精神上支配中国领袖的方式。"詹姆士面对中国留学生在日本和欧洲已有很多这一事实，十分焦急地说："这就意味着，这些中国人从欧洲回去后，将要使中国效法欧洲，效法英、德、法诸国，而不效法美国。这就意味着，他们将推销英国、法国与德国的商品，中国人民将大量购买欧洲诸国的货物，而不买美国的商品；各样工业上的特权，将给予欧洲而不是美国。"因此，他甚至说："为了扩张精神上的影响而花些钱，即使只是从物质意义上说，也能够比别的方法收获得更多，商业追随着精神上的支配，是比军旗更可靠。"[1] 用阶级观点来看，这是先进的美国资本主义对落后的清朝封建主义的文化侵略政策，这一政策当然会对中国发展资本主义和美国对中国的侵略有利。

清政府外务部在《外务部为拟定收还庚子赔款遣派学生赴美办法大纲事奏折》中称："此项赔款业于宣统元年正月起实行……拟在京师设立游美学务处，由外务部、学部派员管理……择其学行优美、资性纯笃者随时送往美国肄业，以十分之八习农、工、商、矿等科，以十分之二习法政、理财、师范诸学。"

美国政府在1909年后，用所谓"庚子赔款"和历年利息以外的额外赔款作为奖学金退还给中国，也就是用中国自己的钱招募士大夫阶层的少爷

---

[1] 舒新城编《中国近代教育史资料》下册，人民教育出版社，1961，第1101~1102页。

小姐赴美留学，并对他们加以"培养"。对于这件事情，国内有些人认为这是一个罪恶的阴谋，这是美国政府企图按照它们的世界观来改造中国的一个战略部署，也是美国政府对中国进行文化侵略的一个重要组成部分。

对此，胡适认为："中国学生大批来美留学，实是 1909 年所设立的'庚子赔款奖学金'以后才开始的。原来美国国会于 1908 年通过一条法案，决定退回中国在 1901 年为八国联军赔款的余额——换言之，即是美国扣除义和拳之乱中所受的生命财产等实际损失和历年应有的利息以后的额外赔款。""美国决定退还赔款以后，中国政府乃自动提出利用此退回的款项，作为派遣留美学生的学杂费，经过美国政府同意之后，乃有庚款的第一批退款。1924 年，美国国会二度通过同样法案，乃有庚款的第二次退款。这样才成立了'中华教育文化基金会'，简称'中华基金会'。""由于庚款的第一批退款，经过中美两国政府交换说帖之后，乃有第一批所谓'庚款留学生'赴美留学。第一届的 47 人之中包括后来的清华大学校长梅贻琦，以及其他后来在中国科技界很有建树的许多专家。第二届 70 人是在 1910 年在北京考选的，然后保送赴美进大学深造。另外还有备取 70 人，被录入 1910～1911 年所成立的'清华学校'，作为留美预备班。""我就是第二届第一批考试及格的 70 人之一。所以 1910 年至 1911 年间也是中国政府大批保送留学生赴美留学的一年。"①

台湾的宋晞、陈启天等，均有专著论及庚子赔款留学一事。宋晞在其《旅美论丛》一书的第三章《美国退还庚子赔款与留美的新境界》中，讲到"庚款"作为中国学生的留美费用，是出自美国政府的要求，他不同意胡适所说的是出自中国政府"自动提议"的说法。在他的书中，列举有庚子赔款留学的第一、第二届全部学生名单和第三届部分学生名单。陈启天在其所著《最近三十年中国教育史》一书中，讲到三届庚子赔款保送留美学生共 179 人，这也与胡适所讲不符。

这批留学生抵美之后，学习和生活的境况如何呢？胡适认为："抵美之后，这批留美学生乃由有远见的美国人士如北美基督教青年会协会主席约

---

① 舒新城编《中国近代教育史资料》下册，人民教育出版社，1961，第 1092 页。

翰穆德等人加以接待。多年以后，当洛克菲勒基金会拨款捐建那远近驰名的'国际学社'时，穆德的儿子便是该社的执行书记。"这批留学生"受美国教育的地方不限于课堂、实验室和图书馆等处，更重要的和基本的还是在美国生活方式和文化方面去深入体会。因而通过这个协会，他们号召美国各地其他的基督教领袖和基督教家庭，也以同样的方式接待中国留学生，让他们知道美国基督教家庭生活的实际状况；也让中国留学生接触美国社会中最善良的男女，使中国留学生了解在美国基督教整体中的美国家庭生活和德性。这便是他们号召的目标之所在。许多基督教家庭响应此号召，这对我们当时的中国留学生，实在是获益匪浅"①。

陈鹤琴在其《批判杜威反动教育思想的哲学基础》小册子中指出："杜威当年的一个反动思想大本营——哥伦比亚大学，中国留学生在那里经常有二三百人之多，从辛亥革命起一直到解放以前，这三十多年来，上万中国留学生带回来的杜威反动实用主义主观唯心论思想和杜威反动实用主义教育思想，其中最显著的当然要算杜威在中国的帮凶胡适了。"②

从以上引用的一些资料中可以看出：首先，在新中国成立前，特别是从辛亥革命以来，实用主义的传播与庚款留学生有关。由于美国政府从1909年以来设立了所谓"庚子赔款奖学金"，中国政府才有可能派遣大批的赴美留学生。其次，在新中国成立以前，有可能被派遣赴美留学的，大多是士大夫阶层出身的少爷小姐们，这些人漂洋过海，把腐败落伍的士大夫生活与美国现代化的资本主义社会生活相比较，要求进行改良。他们在美国受到了实用主义思想的教育和熏陶，回国后当然就要宣传和运用实用主义思想致力于中国社会的改良。由此可见，所谓"庚子赔款奖学金"与中国留美学生，在传播实用主义方面的作用是不可低估的。

二　杜威与中国

约翰·杜威是美国实用主义的主要代表人物之一。当他来中国讲学时

---

①　葛懋春、李兴芝编《胡适哲学思想资料选》（下），华东师范大学出版社，1981，第39～40页。

②　陈依范：《美国华人史》，世界知识出版社，1987，第215～216页。

已经 60 岁了。那时，杜威是美国哥伦比亚大学的著名教授，在美国哲学界已经很有地位和影响了。

1919 年初，杜威携他的夫人、著名教育家爱丽丝·杜威女士到远东旅行。当他们启程离开美国旧金山之前，日本东京帝国大学打电报给杜威，请他赴日本去做一系列的讲演，他答应了。接着，中国有五个教育团体（其中包括北京大学、南京高等师范、江苏教育会、尚志学会、行知学会）联名邀请他到北京、南京、上海和其他几个城市来讲演，他也接受了。因此，杜威的这次旅行，实际上就变成了一次漫长的、非常辛苦的讲演旅行了。

杜威夫妇于 1919 年 2～3 月在日本东京帝国大学讲哲学，其讲稿后来由译者许崇清以书名《哲学的改造》于 1933 年 4 月在商务印书馆出版。1919 年 5 月 1 日，杜威夫妇到达上海。这时，正值中国五四运动爆发的前夕，中国的青年运动，大大吸引了杜威夫妇的兴趣。他们愿意留在中国看个究竟，而哥伦比亚大学也批准了杜威教授在中国一年的假期，以后假期又延长到两年。所以，杜威夫妇从 1919 年 5 月 1 日到 1921 年 7 月前后，在中国一共逗留了两年零两个月。

在两年多的时间里，杜威跑遍了当时全中国一半的省市，在北京、上海、南京、太原、天津、济南、沈阳、广州等地做了上百次的讲演。后来，他又作为北京大学的客座教授，专门向高级班的学生直接用英语讲学，宣传实用主义。

杜威在中国的讲演，概括起来，有如下一些题目。其中，杜威在北京的长期演讲主要是："一、近代教育的趋势三讲；二、社会哲学与政治哲学十六讲；三、教育哲学十六讲；四、伦理学十五讲；五、思维的派别八讲；六、美国民主政治的发展三讲；七、现代的三位哲学家（詹姆士、柏格森、罗素）三讲。"[1] 杜威在南京的讲演："一、教育哲学三讲；二、哲学史十讲；三、实验的伦理学三讲。"[2] 据胡适本人所讲，杜威的这些讲演，全部

---

[1] 陈鹤琴：《批判杜威反动教育学的哲学基础》，新知识出版社，1956，第 44 页。

[2] 葛懋春、李兴芝编《胡适哲学思想资料选》（上），华东师范大学出版社，1981，第 559 页。

由他的弟子们译成中文，在当时的报纸杂志上发表。后来又印成单行本大量发行。在 1921 年 7 月杜威离开中国之前，已经出版到第十版。杜威的哲学思想、政治思想和教育思想，在中国产生了很大的影响。如果说实验主义的基本精神是民主和科学的话，那么它对当时的五四运动是有影响的。陈独秀说："要拥护德（民主）先生，便不得不反对孔教、礼法、贞节、旧伦理、旧政治。要拥护那赛先生，便不得不反对旧艺术、旧宗教。要拥护德先生，又要拥护赛（科学·）先生，便不得不反对国粹和旧文学。"① 由此可见，杜威的实用主义社会哲学、政治哲学，在当时中国一部分人中间是有一定的影响的，他们站在资产阶级立场上，主张科学与民主，用"评价的态度""重新估定一切价值"，参加反对封建文化的运动，这是具有进步性的。然而，杜威的教育思想，对当时中国的影响则更为突出。1921 年，杜威的学生们在北京、南京、上海和苏州等地创办了好几个"实验学校"或"杜威学校"。1922 年，全国教育联合会在济南开会，彻底修正国民学校的学校制度与课程，规定"儿童是教育的中心。儿童个性的发展，在创立学制时，应予以特别注意。嗣后，中等和高等学校，必须实行选科制。所有的小学，编级与升级必须实行弹性制。"1923 年的新小学课程和 1929 年的修正课程，也都体现了"儿童是学校中心"的教育思想。应当说，当时的教育救国论、科学救国论以及陶行知的教育思想，都与杜威的教育思想有关。

在 20 世纪初期，在第一次世界大战刚结束之后，在中国共产党筹备成立的年代，作为美国实用主义哲学的代表人物杜威，在中国一下子就住了两年多，从 1919 年 5 月 1 日到中国，直到 1921 年 7 月才离开中国。人们对杜威的这次中国之行持有不同的看法。

胡适认为："杜威先生真爱中国，真爱中国人；他这两年之中，对我们中国人，他是我们的良师益友；对于国外，他还替我们做了两年的译人与辩护士。他在《新共和国》（*The New Republic*）和《亚细亚》（*Asia*）两个杂志上发表了几十篇文章，都是用最忠实的态度对世界为我们做解释的。

---

① 葛懋春、李兴芝编《胡适哲学思想资料选》（上），华东师范大学出版社，1981，第 559 页。

因为他的人格高尚，故世界的人对于他的评判几乎没有异议（除了朴兰德一流的妄人！），杜威这两年来对中国尽的这种义务，真应该受我们很诚恳的感谢。"①

我们过去却认为，杜威是美国现代最反动的哲学家和教育学家，是中国人民最凶恶的敌人。胡适是旧中国的文化买办，是杜威的得意门生。在五四运动时期，他们曾经不遗余力地在中国贩卖实用主义，妄图抵制马克思主义的社会革命论在中国的传播，后来又阻碍和破坏中国共产党的建立。但是，由于他们实在无法阻挡，所以到1921年7月中国共产党成立后他们就不得不离开中国。长期以来，这一种看法一直在中国思想理论界占据了统治地位。

然而，杜威究竟为什么要留在中国这么长时间呢？根据杜威的女儿在杜威夫妇信札集的《序文》中所说：为争取统一、独立和民主而发动的热烈奋斗，正在中国展开；这一奋斗，迷住了他们，使他们改变回国的计划，原来的计划，是预定1919年夏天就要回国的。而杜威在给他女儿的信中，也说明了这一情况。他说："此刻是星期四早晨，昨天晚上我们听说，有一千个左右的学生在前天被捕了，北京大学已做了临时的'监狱'，法学院的房子已经关满了人，现在又开始关进理学院的房子。"晚上，杜威又写信说："今天傍晚的时候，我们从电话里知道，把守北京大学周围的那些士兵，都撤走了，他们住的帐篷都撤掉了。接着，在那里边的学生们开了个会，决议要质问政府能不能保证他们言论自由。如果政府不能保证言论自由，他们就不离开那里，因为他们是打算还要讲话的，免得再度被捕又关进来。这些学生不肯离开这个'监狱'，倒给政府很大的为难。"杜威在另一封信中还说："这是一个奇怪的国家。所谓'民国'只是一个笑话。可是在某些地方，又比我们更民主些。这里有完全的社会平等，但妇女除外。议会，十足的是个虚晃的滑稽剧，但自发的舆论，却有异常的影响力。"1919年7月2日，杜威在家书中甚至还说，"这里的政治气氛又紧张了。据说中国代表团没有在和约上签字""中国不签和约，这件事所含的意义是什

---

① 葛懋春、李兴芝编《胡适哲学思想资料选》（上），华东师范大学出版社，1981，第560页。

么？你们是不会想象得到的。政府的全体官员赞成签约，一直到十天以前，总统还说签约是必要的。不签约这件事是舆论的胜利，而且是一些青年男女学生所掀起的舆论。"

从杜威的这些家书中，我们可以看出，杜威作为一个美国著名的哲学家，他是站在资产阶级民主派的立场上，强调人权、自由和平等，用实用主义的美国精神来观察中国的五四运动的，他对参加五四运动的中国青年男女学生给予同情和支持，对当时的民国政府给予嘲弄，他关心实用主义在中国的命运，无意反对五四运动，更没有蓄意反对中国共产党成立。

唐德刚先生说，尽管对五四运动的评价各自不同，但是没有人对这一运动的性质有过疑问，它的基本性质便是寻找新思想来代替旧思想。那时，即使是最守旧的反对派，对旧传统也不是无条件地去"守"了。一切中国的知识分子，或多或少地主张提倡新思想，从这个意义上说，杜威的思想影响主要是通过他在中国的那些学生来起作用的，杜威最关心的也是他的实用主义在中国的结果。

杜威与中国的关系，不仅表现在他亲临中国传播实用主义，而且还表现在他与中国留美学生的关系上。杜威在哥伦比亚大学，每个月都要约集一批朋友以及他的学生们举行一个家庭茶会。1921 年自华返美以后，杜威对中国大感兴趣，所以在他的家庭招待会里，中国的名人和学生总是客人的主要成员。由于杜威和中国名人与留学生关系甚密，他向他们不断地传授实用主义，而他的学生们在回国以后就更加卖力地介绍和传播实用主义，并且运用实用主义的理论和方法，去观察中国的问题。

三　胡适与实用主义

胡适，安徽绩溪人。他出身于一个官僚地主兼商人的家庭，父亲是清政府官员。他自幼在家攻读"程朱理学"，1904 年入上海中国公学，1910年借"庚款奖学金"的机会赴美留学，先入康奈尔大学学习农业，后改读文科，1915 年转入哥伦比亚大学，成为实用主义哲学家杜威的学生。1916年他发表了《文学改良刍议》，揭开了文学革命的序幕。1917 年他回国后任北大教授，提倡文学改良，参与《新青年》的主编工作，在当时中国的新文化运动中很有影响。1919 年初，他又发表了《中国哲学史大纲》（上册），这是中国第一部用现代西方实用主义哲学观点对中国先秦诸子思想的发展做了比较系统阐述和论证的著作。杜威来华讲演时，他协助杜威在中国传播实用主义。1919 年 7 月他在《每周评论》第 31 号上发表了一篇《多研究些问题，少谈些"主义"》的文章，引起了"问题与主义"的论战。1920 年底，胡适与《新青年》杂志正式脱离关系。从 1922 年开始，胡适代替陈独秀出任北京大学文科学长。同年 5 月胡适另行创办《努力》周报，鼓吹"好人政府"。其后，他又与他人一起创办《现代评论》《新月》《独立评论》等刊物。1936 年 9 月，他出任国民党政府的国大代表。1938 ~ 1942 年，他出任国民政府驻美大使。1945 年，他接替蒋梦麟出任北京大学校长。1946 年 11 月，他出席国民政府制宪国民大会。1957 年 11 月他当选为国民党政府"中央研究院"院长。1962 年逝于台湾，终年 71 岁。

胡适是实用主义的信徒，他不仅宣传实用主义，而且还运用实用主义来观察一切，处理一切问题。他在哲学、史学、文学、教育学等方面都有较高的造诣，是中国近代史上一位杰出的资产阶级思想家和文化学者。他的主要著作有《胡适文存》《中国哲学史大纲》《白话文学史》《先秦名学史》《尝试集》等。

胡适当时虽然是借 1910 年"庚款奖学金"之机而赴美留学的，但他在美国与不同种族和不同信仰的人接触，特别是他最初受到了美国基督教文明的熏陶和感染，继而又对美国的民主精神发生了浓厚的兴趣，这对他的一生影响很大。他认为，这种兴趣是一个知识分子对社会应有的责任。胡适在美国学习期间，正值 1911 年 10 月辛亥革命爆发、1912 年中华民国成立、1914 ~ 1918 年第一次世界大战爆发和 1917 年苏联十月社会主义革命成功之时，在这个大变动的历史时期，胡适对美国的政治发生兴趣，毅然放弃农科、转向哲学。对他来说，这一转变，是非常自然的，也是合情合理的。

在美留学七年中，胡适一方面认真研究了西方资产阶级的政治制度，领悟其经典文献中的民主精神，学习和参与美国资产阶级的现实政治生活；另一方面又满怀爱国激情，时刻思虑着祖国的命运和前途。从一开始，胡适就是从维新、救国、政治的角度学习实用主义的。他不仅重视美国实用主义的社会政治观点，而且更重视美国的社会民主制度。胡适言必称美国，他学习美国的议会程序，赞扬美国能够由一位工友主持大会的民主精神，羡慕美国的教授们直接参与国家大政，幻想着在中国能早日实现美国的实验主义和民主政治制度。

胡适坚持学习美国，反对学习苏联，并否认马克思列宁主义对中国革命的指导作用。如果简单地从美国与苏联的两极对峙来看问题，就会得出胡适是一个反苏、反共和反对马克思主义的分子。但是，如果从历史的发展和我们的经验教训上看问题，胡适当时所讲的一些话，并非毫无道理。胡适说："多研究些具体问题，少谈些抽象的主义。一切主义，一切学理，都该研究，但是只可认作一些假设的见解，不可认作天经地义的信条；只可认作参考印证的材料，不可奉为金科玉律的宗教；只可用作启发心思的工具，切不可用作蒙蔽聪明，停止思想的绝对真理。如此方才可以渐渐养成人类的创造的思想力，方才可以渐渐使人类有解决具体问题的能力，方才可以渐渐解放人类对于抽象名词的迷信。"①

胡适说："我虽不赞成现在的人空谈抽象的主义，但是我对于输入学说和思潮的事业，是极赞成的。我曾说过：我们应该先从研究中国社会上，政治上，种种具体问题下手，有什么病，下什么药，诊察的时候，可以参考西洋先进国的历史和学说，用作一种'临症须知'，开药方的时候，也可以参考西洋先进国的历史和学说，用作一种'验方新编'。若要用这种参考的材料，我们自然不能不做一些输入的事业。但是输入学理，不是一件容易做到的事。做得不好，不但无益，反有大害。我对于输入学理的方法，颇有一点意见，写出来请大家研究是否可用。一是在输入学说时应该注意发生这种学说的时势情形。二是在输入学说时应该注意'论主'的生平事实和他所受的学术影响。三是在输入学说时应该注意每种学说已经发生的效果。以上所说的三种方法，总开起来，可叫作'历史的态度'。凡对于每一种事物制度，总想寻出他的前因后果，不把他当作一种来无踪去无影的

① 葛懋春、李兴芝编《胡适哲学思想资料选》（上），华东师范大学出版社，1981，第566页。

孤立东西，这种态度就是历史的态度。我希望中国的学者，对于一切学理，一切主义，都能用这种历史的态度去研究它们。输入学说的人，若能如此存心，也许可以免去现在许多一知半解，半生不熟，生吞活剥的主义的弊害。"① 李大钊在《再论问题与主义》一文中说："不论提倡什么主义，只要你肯竭力向实际运动的方面努力去做，都是对的，都是有效的。这一点我的意见稍与先生不同。但也承认我们最近发表的言论，偏于纸上空谈的多，涉及实际问题的少。以后誓向实际的方面去做。这是读先生那篇论文后发生的觉悟。"② 胡适所写的《多研究些问题，少谈些"主义"》一文，当时是针对安福部首领王揖唐也来高谈民生主义而写的，因此他从新舆论家的教训上讲：第一，空谈好听的"主义"是极容易的，是阿猫阿狗都能做的事，是鹦鹉和留声机都能做的事。第二，空谈好听的"主义"，是没有什么用处的。第三，偏向纸上的"主义"，是很危险的。而且他还认为，高谈主义，不研究问题的人，只是畏难求易，只是懒。这与毛泽东后来批评教条主义是懒汉的思想不是很接近吗？胡适所写的《三论问题与主义》一文，应当说还是一次学术讨论，并非带有我们后来所理解的那种政治论战的性质。胡适说："我那篇《多研究些问题，少谈些"主义"》，承蓝知非（公武）、李守常两先生，做长篇的文章，同我讨论，把我的一点意思，发挥得更透彻明了了，还有许多匡正的地方，我很感激他们两位。"③ 后来这次学术讨论为什么被界说成是"问题与主义的论战"呢？究其原因，这与美、苏两极对峙有关，也与当时一些人缺乏唯物辩证的思维方法有关。胡适反对的是空谈"主义"，也可以说反对的是教条主义，虽然他是从实验主义的立场上来反对教条主义的，但是笔者认为这里面包含有一些相对的真理。

胡适说："我们应该知道，政治不单是官吏和法制，也不单是裁兵与理财。我们这几年所以不谈政治，和许多不谈政治的人略有不同，我们当日不谈政治，正是要从思想文艺方面替中国政治建筑一个非政治的基础。现在我们虽然因时势的需要，不能谈政治问题，但我们本来的主张是仍旧不

---

① 葛懋春、李兴芝编《胡适哲学思想资料选》（上），华东师范大学出版社，1981，第116页。
② 葛懋春、李兴芝编《胡适哲学思想资料选》（上），华东师范大学出版社，1981，第106页。
③ 葛懋春、李兴芝编《胡适哲学思想资料选》（上），华东师范大学出版社，1981，第107页。

当抛弃的，我们仍旧要兼顾思想与文化的方面。"① "现在中国最大的病根，并不是军阀和恶官僚，乃是懒惰的心理，浅薄的思想，靠天吃饭的迷信，隔岸观火的态度。"② 应当说在这方面胡适的思想是比较深刻的。他不仅关心政治，而且还关心政治的思想文化基础；他不仅强调民主，而且还强调群众的民主意识。胡适的这些思想，在今天改革开放过程中，对于我们重视行为方式、思维方式的变革和观念形态的更新是很有意义的。

胡适的实用主义哲学是在哥伦比亚大学杜威教授名下学的。在胡适到达美国之后的前四年中皮尔士、詹姆士相继逝世，杜威成为实用主义的大师。作为杜威的学生，胡适从杜威那里接受了实用主义的熏陶。胡适作为实用主义的忠实信徒，不仅在中国传播实用主义，而且还用实用主义的方法研究了中国的传统文化，成为中国近代思想史上杰出的资产阶级思想家和革命家。对这个问题，我们必须进行深入研究，并做出科学的评价。

第二节　1950 年以后中国对实用主义的批判

在 20 世纪 50 年代，中国对实用主义进行了大规模的批判运动。我们为什么要如此严厉地批判实用主义？我们对实用主义是怎样进行批判的？这场政治批判运动的后果又是怎样的？要正确地回答这些问题，我们必须对当时的国内背景和国际背景进行具体的分析。

一　新中国成立后为什么要大规模地批判实用主义

从 20 世纪 50 年代开始的大规模批判实用主义，既有国内背景，又有国际背景。

从国内背景上看：首先，这与实用主义是传入我国最早、影响最大的一个现代西方资产阶级哲学重要流派有关。如前文所述，由于 1900 年以后"庚款奖学金"与赴美留学生所受到的美国实用主义的教育、熏陶，由于杜威夫妇在中国两年多的讲学，由于胡适等人在中国广泛地传播实用主义，

① 葛懋春、李兴芝编《胡适哲学思想资料选》（下），华东师范大学出版社，1981，第93页。
② 葛懋春、李兴芝编《胡适哲学思想资料选》（下），华东师范大学出版社，1981，第222页。

美国实用主义成了现代西方哲学诸流派中在中国传播最早、影响领域最广、程度最深、持续时间最长的一个哲学流派。但是，十月革命一声炮响，给中国送来了马克思列宁主义，中国决心走俄国人的道路，便把实用主义放在了对立的地位，而且李大钊与胡适的"问题与主义"的讨论也由思想分歧发展演变成我国不同阶级力量在政治上的对立和斗争了。因此，在中国共产党所领导的革命势力在中国取得政治上的胜利，马克思列宁主义取得了中国思想领域中的统治地位的重要条件下，实用主义受到马克思列宁主义的彻底批判，就是非常自然的事情了。其次，这又与毛泽东在新中国成立后仍然强调坚持阶级斗争有关。批判胡适、批判实用主义，属于反对唯心论的斗争。而这个反对唯心论的斗争，在当时又是与镇压反革命、解决粮食问题和农业合作化问题一起并列为党中央抓阶级斗争的四件大事。毛泽东说："反对唯心论斗争，从《红楼梦》那个问题上开始，还批评了《文艺报》，以后又批判胡适，批判梁漱溟，已经搞了一年。我们要把唯心论切实地反一下，准备搞三个五年计划。在反对唯心论的斗争中间，要建立马克思主义的辩证唯物论的干部队伍。使我们的广大干部同人民能够用马克思主义的基本理论武装起来。"[1] 在这里，由于毛泽东当时认为"要使帝国主义绝种，封建主义绝种，资本主义绝种，小生产绝种"[2]，就要坚持阶级斗争，并且把意识形态领域里的阶级斗争放在了首位。在反对唯心论的斗争中，有些人就把胡适说成是美帝国主义在中国的代理人，把胡适的思想说成是美帝国主义的最反动、最腐朽的资产阶级唯心主义的思想，并对其进行了彻底的批判。再次，这也与毛泽东对中国知识分子的看法和态度有关。由于毛泽东认为，当时国内的主要矛盾是工人阶级与资产阶级的矛盾，民族资产阶级再也不是中间阶级了。[3] 而"知识分子、工商业界、宗教界、民主党派、民主人士，必须在反帝反封建的基础上将他们团结起来，并加以教育"[4]。"思想改造，首先是各种知识分子的思想改造，是我国各方面彻

---

[1] 《毛泽东选集》第五卷，人民出版社，1977，第 119 页。
[2] 《毛泽东选集》第五卷，人民出版社，1977，第 65 页。
[3] 《毛泽东选集》第五卷，人民出版社，1977，第 37 页。
[4] 《毛泽东选集》第五卷，人民出版社，1977，第 35 页。

底实现民主改革和逐步实行工业化的重要条件之一。"① 在这里，没有把知识分子当作劳动者，当作国家的主人，而是把他们当作改造和被教育的对象。所以，也就不可能真正认识到知识分子在社会主义社会中的真正地位和作用。至于胡适，那就更不在话下了。由于胡适被视为卖国主义的、投靠美帝国主义的反动知识分子，所以必须给予彻底批判。胡适的哲学思想、政治思想、历史观点、文学思想、教育思想等，都受到美国实用主义的影响，而且又影响了中国的一代知识分子。批判胡适，必然要涉及全面批判实用主义在中国的影响，而且必然要把矛头指向中国的知识分子。既然把资产阶级唯心主义思想看成是我们的敌人，那么实用主义当然也就成了我们的敌人，而那么多受到实用主义思想影响的知识分子也就不是朋友了。这样，把政治问题与学术问题混淆起来，用解决政治问题的方法解决学术问题，实践证明，完全是错误的。最后，这还与毛泽东对中国现代历史的解释和说明有关。毛泽东认为，美帝国主义同国民党反动政府一样，都是中国人民的敌人。毛泽东曾在《丢掉幻想，准备斗争》《别了，司徒雷登》《为什么要讨论白皮书》《"友谊"，还是侵略?》《唯心史观的破产》五篇文章中，揭露了美国对华政策的帝国主义本质，批评了国内一部分资产阶级和知识分子对美帝国主义的幻想，并且对中国革命的发生和胜利的原因做了理论上的说明。20 世纪 50 年代初，美国帝国主义对我国进行封锁，发动了朝鲜战争、公开支持台湾国民党政权，这种对立的地位更激起了中国人民反对美帝国主义的仇恨情绪，批判美国的实用主义就是很自然的事情了。

从国际背景上看，首先，这与当时整个国际形势的发展演变有关。第二次世界大战后，一方面美国帝国主义成了世界的宪兵，成为资本主义世界的首领；另一方面由于社会主义阵营出现，苏联成为社会主义国家的首领。社会主义与资本主义两大阵营的对立和斗争，成了世界的主要格局。在这种世界格局中，"不是东风压倒西风，就是西风压倒东风"。既然中国属于社会主义阵营，那么就应当批判帝国主义，批判帝国主义反动思想，

---

① 《毛泽东选集》第五卷，人民出版社，1977，第 49 页。

批判实用主义，在批判旧世界中创造出一个崭新的世界。其次，这与把马克思列宁主义与实用主义看作绝对对立的理论有关。社会主义与帝国主义两大阵营的对立和斗争，不仅表现在军事上、政治上和经济上，而且表现在思想文化上。当时认为，在第二次世界大战以后，反对马克思列宁主义的中心已经转移到美国，实用主义是美国哲学中最新的、广泛流行的、资产阶级唯心主义"反动哲学"流派。因此，要坚持马克思列宁主义，就必须反对作为资产阶级反动学说的实用主义，这是意识形态领域中严重的阶级斗争。再次，这也与美国在世界上的地位和作用有关。在第二次世界大战后，美国成了世界的霸主，帝国主义阵营的首领。反对美帝国主义的斗争，必然要批判美国的国家哲学——实用主义。最后，这还与当时以苏联为首的社会主义阵营开展的大规模讨伐实用主义的战斗有关。20世纪50年代初期，苏联先后出版了康福斯的《保卫哲学——反对实证主义和实用主义》、哈里·威尔斯的《实用主义——帝国主义的哲学》、林哈尔特的《美国实用主义》和梅里维尔的《美国实用主义》等著作。这些著作把实用主义看作帝国主义时代最反动的资产阶级哲学，是美帝国主义侵略政策和战争政策的思想武器和思想理论基础，因而对美国实用主义开展了大规模的批判运动。

综合上述国内背景和国际背景来看，我们就可以较容易地理解在新中国成立后为什么要大规模地开展对实用主义的批判运动了。然而，在我国批判实用主义又是同各种政治运动相结合的，也可以说是分为若干阶段进行的。

二　新中国成立后对实用主义批判的几个阶段

1949年以后，我国对实用主义的批判，大体上经历了四个阶段或四个时期。

（一）第一个时期——20世纪50年代初期至中期

这一时期，是我国思想战线上对所谓胡适的反动思想，包括哲学思想、政治思想、历史观点、文学思想、教育思想等，进行大规模批判和清算的时期。批判和清算的矛头，直接指向胡适的实用主义思想，而且又必然联系到全面清除实用主义哲学在中国的流毒；批判和清算的性质，被规定为我国思想战线上的一场严重的阶级斗争，是过渡时期极为严重的一件大事；批判和清算的过程，是一次群众性的自我教育的政治运动；批判和清算的目的，是实行"全面学习苏联"，建立一支中国的马克思列宁主义的辩证唯物主义的理论队伍。

在这场大规模的批判和清算运动中，产生了以艾思奇同志为代表的一些著名哲学家、社会科学家所撰写的著作和文章。艾思奇同志所写的《胡适实用主义批判》，分六个问题：第一，实用主义和辩证唯物主义是根本不相容的；第二，实用主义是主观唯心主义的一派；第三，主观唯心主义——不可知论的认识论；第四，抹杀真伪标准的真理观；第五，实用主义的庸俗进化论；第六，反科学的主观唯心主义的方法论。他从世界观和方法论上对实用主义进行了全面彻底的批判。艾思奇同志认为实用主义是美国资本主义土壤里生长起来的一种最反动最腐朽的唯心主义哲学，这种哲学实际上并不是什么特别新的东西，而是被列宁在《唯物主义与经验批判主义》里批驳得体无完肤的马赫主义的一种流派。胡适这个美国的文化买办，在五四运动期间把实用主义贩卖到中国来，他幻想着以实用主义来对抗辩证唯物主义，来压倒马克思列宁主义。由此可见，艾思奇同志是把对实用主义的思想批判当作政治批判的。在这场政治批判中，艾思奇同志又写了《实用主义——反科学的主观唯心论的方法论》和《实用主义哲学的反革命性和反科学性》，金岳霖写了《批判实用主义者杜威的世界观》，潘梓年写了《反对资产阶级唯心主义的重大意义》，胡绳写了《论胡适腐朽的资产阶级人生观》和《唯心主义是科学的敌人》，贺麟写了《批判胡适的思想方法》，黄枬森写了《胡适——真理的敌人》，等等。生活·读书·新知三联书店还出版了共八辑约 200 万字的《胡适思想批判》（论文汇编）。总之，在这些颇有影响的著作和论文中，都是把实用主义和胡适当作敌人来批判的。这种政治性的批判和清算，给我们的理论研究造成了极为严重的后果：一是形成了一种教条主义式地理解马克思主义的理论框架，使我国的马克思主义理论研究完全脱离了与当代西方哲学的联系，并与它绝对对立起来；二是形成了一种批判现代西方哲学的"左"的模式，这种模式长期在我国学术界起着支配作用，直接影响我们对马克思主义理论的进一步丰富和发展。

（二）第二个时期——20 世纪 50 年代后期至 60 年代中期

继批判胡适、俞平伯、梁漱溟和胡风"反革命集团"之后，我国于 1957～1959 年又进行了反资产阶级右派分子和反对右倾机会主义分子的斗争，1960 年以后又进行了反对修正主义的斗争。这些政治斗争，在当时都是作为全党、全民的头等大事，不可等闲视之。

毛泽东从两个阶级、两条道路的两极对立出发看待问题的，他把苏联与美国绝对对立起来，既然对苏联要"一边倒"，那么就必须批判美国帝国主义，并包括它的实用主义哲学思想。这种认识，一直到苏联赫鲁晓夫上台后，我们进行反对修正主义斗争的时候，都没有变化。

在哲学上，1963 年上海人民出版社出版的《现代资产阶级的实用主义哲学》一书，基本上就是在这种思想指导下写成的。这本书中的四篇文章曾在《人民日报》《红旗》《哲学研究》《新建设》等报刊上发表过。书中提到："实用主义哲学是现代资产阶级哲学的一个重要流派，分析和批判实用主义哲学，在理论上和实践上都具有重要的意义""进一步揭露实用主义哲学的反动本质，肃清实用主义哲学的影响，捍卫马克思列宁主义、捍卫辩证唯物主义，是我们理论界当前的重要任务。"这本书对现代资产阶级的实用主义哲学从真理观、方法论、道德观、社会观、宗教观几个方面进行了批判，代表了我国哲学理论界在这一时期批判实用主义的基本立场和观点。书中指出，实用主义哲学是反映了美国资产阶级的庸俗的、实利主义观点的主观唯心主义哲学。帝国主义非常需要这样一种哲学，因为它可以为其侵略行为和剥削行为进行辩护。修正主义和右倾机会主义不仅是在工人运动中出现的，而且也是资产阶级世界观及其影响的直接产物。所以，修正主义和右倾机会主义也就往往带有很浓厚的资产阶级实用主义的色彩。

在这一时期，我国理论界批判了实用主义，而且还收集、整理、编译和出版了供批判用的反对修正主义的资料。在这些资料中，《哲学研究》编译出版的《资产阶级哲学资料选辑》共十五辑、约 500 万字，是最宏观的一部。

（三）第三个时期——20 世纪 60 年代中期至 70 年代末期

这一时期，是"左"的思想继续发展的时期。毛泽东在农村"四清"、城市"四清"的基础上，又提出并发动了无产阶级文化大革命。他的关于阶级斗争的思想由无产阶级与资产阶级两个阶级、两条道路、两种意识形态的斗争，进一步发展为在无产阶级专政下继续革命的理论。这种理论，在当时被认为是在无产阶级胜利的国家，指导巩固无产阶级专政、防止资本主义复辟、建设社会主义的伟大理论。在"文化大革命"中，具体体现为批判党内走资本主义道路的当权派、反革命修正主义分子，批林批孔、批"右倾翻案风"等等。这些出于当时政治需要的斗争和批判，是由当时的政治形势所决定的，而实用主义，就其资产阶级学术思想而言，本来与此不是一回事，但是仍然要把这些政治斗争与批判实用主义捆在一起进行，也就是说仍然要从政治上批判实用主义。

这一时期，对实用主义的批判，除政治批判以外，还贯穿在科学研究和教学活动中。我国哲学界连续出版了几部有影响的哲学原理教科书，其中包括艾思奇主编的《辩证唯物主义与历史唯物主义》、李达主编的《唯物辩证法大纲》、肖前等主编的《辩证唯物主义》《历史唯物主义》等。在这些哲学原理教科书中，都对实用主义进行了批判。然而这些批判，又都是沿用 20 世纪 50 年代所形成的那种"左"的模式和方法，认为"实用主义者眼中的'真理'，只是能够满足他们的主要要求，给他们带来利益的工具而已。这是不折不扣的主观唯心主义的真理论。""主观真理论是帝国主义资产阶级混淆真假、颠倒是非，把知识和迷信、科学与宗教调和起来，宣扬蒙昧主义，以愚昧人民，强词夺理地替帝国主义和一切反动派辩护的反动工具。"①

20 世纪 70 年代末期，我国哲学理论界对"四人帮"进行批判，又同对实用主义哲学的批判联系起来，认为"四人帮"的哲学基础是实用主义，批判"四人帮"，必须进一步批判和清算实用主义。人民出版社出版了《批判"四人帮"全面篡改马克思主义理论文集》和《"四人帮"哲学批判》。有人认为，虽然林彪、"四人帮"并没有读过皮尔士、詹姆士、杜威和胡适的书，不知道实用主义为何物，但是由于他们反动的阶级本性所决定，他

---

① 艾思奇主编《辩证唯物主义与历史唯物主义》，人民出版社，1962，第 189~190 页。

们就能够成为地地道道的实用主义者，并接受这种腐朽没落的资产阶级世界观。

（四）第四个时期——20世纪70年代末80年代初，一直到现在

这一时期，是在总结新中国成立以来批判实用主义的经验教训的基础上，开始对现代西方哲学进行实事求是研究的时期。学术界普遍认为，过去我国开展的对实用主义的大规模批判运动，形成了一种教条主义的思维模式，它不仅切断了我国哲学同当代西方哲学的联系，阻碍了马克思主义哲学的丰富和发展，而且也使我国对现代西方哲学长期采用了简单粗暴的政治讨伐的错误方法。因此，为了改变这种封闭的、僵化的、唯我独尊的状况，彻底抛弃教条主义的极"左"模式，真正贯彻执行"百花齐放、百家争鸣"的方针，学术界认为必须重新评价实用主义。

在我国对西方哲学的研究上，1978年的芜湖会议，1979年的太原会议，在对我国以往关于西方哲学教学与研究工作的反思中，提出了对教条主义极"左"模式的批判，批判了以政治批判代替学术批判的错误，提出了对实用主义重新评价等问题，揭开了我国学术界对现代西方哲学、资产阶级哲学进行实事求是地研究的序幕。所有这些，在1981年以后由商务印书馆出版的《外国哲学》和由人民出版社出版的《现代外国哲学》中得到了集中的反映。这些文章明确指出，为了实现我国社会科学的现代化，必须研究外国哲学，特别是现代西方哲学，然而在过去我们对外国哲学、现代西方哲学的研究却长期存在着"左"的毛病，不是采取马克思主义实事求是具体分析的科学态度，而是在尚未弄清事情全貌的基础上就简单地进行批判。在改革与开放的新的历史时期，必须克服那种对西方哲学，特别是对现代西方哲学极"左"的态度和方法，树立真正的马克思主义的、科学的态度和方法。

在这一思想指导下，有的哲学家在对实用主义哲学的研究中，发表了一些具有突破性的新观点。刘放桐在1980年撰写的《实用主义实践观述评》一文中，就对实用主义实践观进行了与以前不同的评价。作者一方面指出，实用主义是一种反马克思主义的、资产阶级唯心主义哲学，其整个体系是与马克思主义哲学根本对立的，而且由于实用主义实践观是建立在

唯心主义和形而上学的理论基础之上，因此，从总体上来说它是错误的，对人们的认识和实践起着消极的作用。但是，作者又从另一方面指出，实用主义的实践观强调人的能动性，强调认识与实践相结合，这对那种忽视人的主体性、能动性和机械论以及脱离实际的纯粹思辨哲学和教条主义来说，有积极意义，应当予以肯定。值得重视的是刘放桐在1987年所发表的《重新评价实用主义》一文。在这篇文章中，作者明确指出："由于各种原因，特别是由于长期以来'左'思想的影响，我国哲学界过去对实用主义基本上是全盘否定的，把实用主义作为一种反动理论，这是不客观的。本文从几个方面对实用主义进行了重新评价，指出不能把实用主义归结为帝国主义反动哲学；实用主义不是十足的唯心主义；不能把实用主义归结为市侩哲学；不能把实用主义哲学归结为诡辩论。运用马克思主义实事求是的观点重新全面地、客观地评价实用主义，不仅有助于我们对西方其他哲学流派做出公正的评价，而且对我国目前的改革也有某些启迪。"[①] 在这篇文章里，作者声明，重新评价实用主义不是全盘肯定实用主义，而是按照马克思主义的实事求是原则，全面地、客观地评价实用主义。作者认为："实用主义与马克思主义在各个方面都有着原则的区别，实用主义的不少理论的确是片面的、错误的，甚至是荒唐的。但是，实用主义无论在理论上还是社会基础和作用上，都是很复杂的，其中不仅有合理的、积极的因素，甚至也包含可以为我们借鉴的因素，因而将它们全盘简单否定显然是不妥当的。"[②]

联系到重新评价实用主义，作者提出要重新认识20世纪50年代中期我国开展的对胡适实用主义的批判运动。他认为："这场运动当然也有积极成果，但由于基本上是采取简单否定的态度，对其消极影响也是不容忽视的。在一定程度上甚至可以说，这场运动在我国形成了一种批判现代西方哲学的'左'的模式，长期以来，这种模式在我国哲学界几乎起着支配作用，

---

① 刘放桐：《重新评价实用主义》，载于《现代外国哲学（10）》，人民出版社，1987，第1页。

② 刘放桐：《重新评价实用主义》，载于《现代外国哲学（10）》，人民出版社，1987，第1页。

至少在评价实用主义上起着支配作用。"① 因此，"我们认为，如果在对实用主义的研究中能打破过去'左'的模式，那它将促使整个现代西方哲学客观的、实事求是的研究。"②

在这一个时期，与重新评价实用主义相联系，对胡适的实用主义的评价也出现了转变。其中有袁伟时的《中国现代哲学史稿》、耿志云的《胡适研究论稿》、白吉庵的《胡适传》、易竹贤的《胡适传》等，都提出了新的看法，袁伟时在《中国现代哲学史稿》（上卷）一书中，不仅承认胡适是实用主义在中国的主要代表，而且也承认胡适是新文化运动的重要领袖，从而肯定了胡适在中国现代哲学史上的地位。作者认为："实用主义认为真理不过是对付环境的一种工具。处在半封建半殖民地的环境下，胡适讲实用主义，也不能不考虑如何对付现实的环境问题，除了对付马克思主义之外，他用'一点一滴'地进化和解放的方针对付帝国主义和封建主义，表现了他的妥协性和软弱性，但在这个时期他也有以爱国主义对付帝国主义，以民主主义对付封建主义的一面。后一面在当时是有进步意义的。这一进步作用主要表现在思想文化领域反对封建主义的斗争中。"③ 在评价胡适的"大胆的假设，小心的求证"这个方法时，袁伟时又指出，在新文化运动中，胡适对这个方法的论证也主要是以中国学术文化发展的经验教训为依据的。这个方法的具体特点是：第一，这个方法是形式逻辑的简单运用，比较肤浅；第二，这个方法体现着反蒙昧主义的理性态度，具有合理性；第三，这个方法以唯物主义为基础。胡适总是强调实事求是，强调要认真搜集材料，以客观存在的事实为认识问题的基础。在胡适看来，所谓"大胆的假设，小心的求证"，绝不是毫无根据地胡思乱想。假设不过是以已知的事实为基础，运用归纳法提出来的，而且是可以根据新发现的事实不断加以修正的。至于求证的过程，更是要处处注意客观的证据，要通过实验来证明。在评价胡适对中国哲学史的研究时，袁伟时还指出，胡适的《中

---

① 刘放桐：《重新评价实用主义》，载于《现代外国哲学（10）》，人民出版社，1987，第3～4页。
② 刘放桐：《重新评价实用主义》，载于《现代外国哲学（10）》，人民出版社，1987，第5～6页。
③ 袁伟时：《中国现代哲学史稿》（上卷），中山大学出版社，1987，第503页。

国哲学史大纲》（上卷），尽管有这样或那样的缺点，但是这部书确实不失为运用欧美现代学者治学方法研究中国哲学史的可贵收获，它为中国哲学史的研究开辟了一个新路径，做出了开拓性的贡献。最后，袁伟时认为："总的来说，胡适在这个时期虽然自称实用主义者，其实他的哲学是实用主义和唯物主义的混合物。在当时，这些思想的积极作用是主要的，而在企图阻挡马克思主义哲学传播和为改良主义提供理论根据等方面则起消极作用。"所以，他主张对胡适及其实用主义进行重新评价。

综上所述，从 20 世纪 70 年代末 80 年代初以来，随着我国"对外开放、对内搞活"政策的实行，我国理论界出版和发表了许多有关现代西方哲学的著作、论文及辞典。在这些著作、论文和辞典中，都对实用主义哲学进行了介绍和评价，而且比以前的分析批评要深入、全面和系统，有的已开始注意把政治批判和学术批判分开，有的还注意吸收其中合理的因素，葛力所写的《皮尔士的实用主义思想》等有关论文，更填补了我国对皮尔士哲学研究的空白。但是，总的来说，对实用主义的评价，基本上是还没有完全突破"左"的模式，对实用主义的介绍，还局限在皮尔士、詹姆士、杜威等人身上，很少涉及第二次世界大战后实用主义的发展和演变，对于新实用主义研究得更不够。

三 中国学者对批判实用主义后果的反思

作为美国哲学精神的实用主义，迄今已有 110 余年的历史了。在这 110 余年的漫长岁月中，实用主义走过了盛衰荣辱、曲折多变的道路。虽然人们不止一次地宣判过实用主义的死刑，但它却至今还没有死，并且出现了复起的趋势。

美国实用主义在它的发展演变过程中，经历了"内的外化"与"外的内化"两种情形。这两种情形反映出实用主义的开放性，多元化和兼收并蓄的特征。仅以实用主义和逻辑实证主义的关系来看，其发展演变的情形就值得我们重视：一方面，在 20 世纪 30~40 年代，随着逻辑实证主义传入美国，美国的一些实用主义哲学家，以不同的形式汲取逻辑实证主义的观点，产生了刘易斯的概念论实用主义、布里奇曼的操作主义实用主义、莫里斯的指号学实用主义、柯日布斯基的普遍语义学的实用主义，这是实用主义逻辑实证主义化的方向，也可谓之"内的外化"；另一方面，在第二次世界大战以后，特别是在20世纪50～60年代，随着逻辑实证主义在美国一些大学确立主导地位以后，有的逻辑实证主义哲学家，又反过来以不同的形式汲取实用主义的观点，产生了奎因、古德曼和内格尔为代表的逻辑实用主义，即实用主义的分析哲学，这是一条逻辑实证主义实用主义化的方向，也可谓"外的内化"。今天，在美国又随着逻辑实证主义的衰落，出现以罗蒂等人为代表的新实用主义，实用主义也出现了以语言哲学为中心的复起的趋势。

近几十年来，在西方，人们对皮尔士、詹姆士、杜威、米德、刘易斯等人思想的兴趣明显地增长起来。涌现出了许多研究实用主义史和实用主义对美国文化的意义的著作。而当今出现的新实用主义，则是在批判地审视20世纪分析哲学基础上，从"社会实践"这一概念出发，致力于沟通英美哲学与欧洲大陆哲学，消除人本主义与科学主义的对立，推动了对西方传统哲学的系统反省，尖锐地批评了传统哲学中的唯理主义、唯科学主义和唯哲学主义，否认文化、政治与社会生活需要以某种哲学体系为基础，认为将要出现一种无主导性哲学的"后哲学文化"，就像历史上已出现过的"后宗教文化"那样。如果说早期实用主义是代表"美国工业社会的哲学"，那么，新实用主义则更多地反映了"美国后工业社会"的思想特征。可以预料，随着国际政治格局的变化，全球性问题的日益突出，以及对全人类利益与无产阶级相互关系的重新认识，对当代资本主义和社会主义的深入研究，人们对包括实用主义在内的现代西方哲学流派的理解、解释和评价也将会发生变化。

实用主义不断地发展演变，如果我们对它的过去和现在不甚了解，怎么能够对它做出正确的理解、解释和评价呢？马克思主义历史唯物主义的一个根本原理是社会存在决定社会意识，社会意识反作用于社会存在。既然美国的生产力高度发展，建立了强大的社会经济基础，那么又怎么能完全否定它的社会意识，全盘否定实用主义呢？

众所周知，在过去的两极对立中，苏联曾是批判实用主义的大本营。

然而，它对美国实用主义的态度也在不断变化着。在20世纪50年代以前，在苏联与美国的对立中，苏联把实用主义等同于美国反动政治，等同于美国垄断资产阶级的反动学说，并把它作为政治批判的主要对象。在这个时期，苏联出版了许多批判美国实用主义的著作和论文。这些著作和论文，后来又都被翻译成了中文。到了20世纪60年代，疾风暴雨式的政治批判已经过去，简单化和教条主义的批判方法与政治批判的术语开始被抛弃，因此苏联哲学家对实用主义的批判中，便出现了对实用主义学术本身进行详细研究和剖析的情况。到70~80年代，苏联哲学家对于现代西方哲学的认识有了新的变化。他们认为，在马克思主义产生之后，现代西方哲学并没有停止自己的发展，它们提出了许多同自己国家和地区有关的"重要而迫切的哲学问题"，因此在研究和批判现代资产阶级哲学时，首先要弄清楚它们是怎样解决所提出的问题的，因为"我们对之前所批判的那些流派就是因为反省和研究这些问题而产生的"。这样，苏联哲学家就开始给予了现代西方哲学一定的历史地位。以美国实用主义为例，梅里维尔在1974年出版的《二十世纪资产阶级哲学》"实用主义"一章中，认为"实用主义比二十世纪任何其他的唯心主义哲学流派更为大家所熟悉""作为唯心主义哲学思想的一个稳固的流派，对美国的精神生活曾产生过巨大的影响""也许可以认为，正是由于实用主义把20世纪哲学所特有的一个问题，即人类活动的问题引进了资产阶级哲学，并且对它进行了详细的研究，所以它至今仍然使人感兴趣；并且一直保持着自己的影响。"[①] 到20世纪80年代，梅里维尔在他的《二十世纪资产阶级哲学的道路》一书中，不仅客观地、贴切地介绍了实用主义代表人物的主要思想，而且在对20世纪资产阶级哲学进行总评时，还特别强调指出："这种哲学是社会知性发展的产物，发挥的是一般文化功能，即从价值标准和规范角度出发，对特定历史时代人类存在本身，对人在认识自然、社会和人自身方面取得的经验进行理论上的和观念上的思考。它提出许多十分现实的方法论、社会心理等方面的问题（这些问题是在该国社会生活、社会矛盾展开和科学技术文化发展的进程中产生

---

① 载于〔苏联〕米特洛欣编《二十世纪资产阶级哲学》，李昭时译，商务印书馆，1983，第65~66页。

的）。"由此可见，苏联对实用主义的看法发生了明显的变化，从哲学的高度看，它能够客观地评价实用主义了。

中国过去搞"一边倒""全面学习苏联"，现在苏联对美国实用主义的态度变了，能够客观地评价实用主义了，我们应当怎么办？我们现在也应当从过去那种极"左"观点的束缚中解放出来，用科学的态度和方法，正确地评价实用主义。

可以说，实用主义与中国有着特殊的关系，并且中国在20世纪50年代对实用主义的政治批判也是非常严厉的。这场大规模的政治批判运动所产生的严重后果，现在越来越被人们所认识了。

在这里，应当特别指出的是，由于我们把实用主义同马克思主义绝对对立起来，认为实用主义是我们的敌人；由于中国一度把斯大林的思想完全等同于马克思主义，认为它是我们的指导思想；由于当时中国改造旧知识分子和培养马克思主义理论干部的政治需要等原因，中国当时开展这一场对实用主义的大规模批判运动就是非常自然的。毛泽东在1955年中国共产党的七届六中全会上所说的一段话，完全可以证明这一点。他说："反对唯心论的斗争，从《红楼梦》那个问题上开始，还批判了《文艺报》，以后又批判胡适，批判梁漱溟，已经搞了一年。我们要把唯心论切实地反一下，准备搞三个五年计划。在反对唯心论的斗争中间，要建立马克思主义的辩证唯物论的干部队伍，使我们广大干部同人民能够用马克思主义的基本理论武装起来。"[①]

然而，这场大规模批判运动得到了什么呢？对这个问题我们的确需要认真反思。在这场批判运动中，由于混淆了学术问题与政治问题，采用政治干预的办法对待学术问题，在没有真正弄清实用主义的情况下，便采用简单化、"一刀切"和教条主义的方法批判实用主义，因此这场批判运动就产生了一系列的消极影响。现在看来，其后果是非常严重的。可以说，我们对马克思主义的教条式理解，我们在现代西方哲学的教学与研究中极"左"模式的形成，以及在思想政治上极"左"路线的泛滥，都与这场大规

---

① 《毛泽东选集》第五卷，人民出版社，1977，第199页。

模的批判运动有关。

　　长期以来，我们的思维方法是"两极思维"。所谓"两极思维"，就是在"绝对对立"中思维。这种思维方法，相对于那种"绝对同一"（或曰"大一统"）的思维方法来说，是一种进步，但是它还没有达到在"对立面的一统"中思维的唯物辩证思维的水平。例如，在政治上，我们过去把资产阶级和无产阶级两个阶级、资本主义与社会主义两条道路的斗争绝对化，在我国剥削阶级作为阶级消灭后，仍然强调两个阶级、两条道路的斗争，强调无产阶级与资产阶级"你死我活"的殊死搏斗；在经济上，把资本主义等同于市场经济，强调计划经济与市场经济的绝对对立，强调指令性计划与国家的行政干预作用，实际上导致了忽视生产的商品化、社会化和现代化，阻碍了社会主义经济的发展；在思想上，把资产阶级思想与无产阶级思想绝对对立起来，强调意识形态中的"兴无灭资"的斗争，强调马克思主义是绝对真理，否定思想文化遗产的继承性。为了适应这种政治需要，甚至把哲学仅仅解释成唯物论与唯心论、辩证法与形而上学的根本对立，把对立统一规律也歪曲成矛盾双方的绝对对立和斗争，提出了所谓"斗争哲学"。所有这些，说明了我们总是习惯于非此即彼的"绝对对立"思维，而不是在"亦此亦彼"的"对立面的统一"中进行辩证的思维。所以，用这种"两极思维"方法，就很难正确地理解和掌握唯物辩证法，因而也就不能正确地指导我国的社会主义现代化建设，不能客观地分析研究现代西方哲学，包括正确地评价实用主义。

　　党的十三届三中全会以来，随着改革开放政策的实行，越来越多的人已经认识到全面、客观、正确地开展对现代西方哲学的研究，对于坚持和发展马克思主义是非常重要的。改革与开放的实践表明，我国的生产力要发展、经济要腾飞，必须进行经济体制改革，而经济体制的改革又要求政治体制和人们的行为方式、思维方式和思想文化观念的变革。改革与开放的实践又表明，经济体制的改革要向西方资本主义国家学习，政治体制改革和思想文化观念的变革也需要"引进"，也需要在坚持四项基本原则的前提下，向西方资本主义国家学习，学习它们的经营管理，学习它们的科学技术和民主精神。因此，"对外开放"不仅是经济、技术的，而且包括更为复杂的思想文化和哲学等方面。改革与开放的实践还表明，经济体制和政治体制改革要求我国在思想文化领域中形成一个宽松的、和谐、融洽、团结一致的局面，要求我国在加强思想政治工作的前提下，认真贯彻实行"双百方针"，要求我国在坚持党的领导的条件下，发展社会主义民主，健全社会主义法制，这样，它就为我国理论界的教学与研究提供了良好的社会条件。

实用主义在中国的历史命运是十分坎坷的。直至今天，它还没有得到真正科学而公正的评价。因此，我们力图从马克思主义实事求是的原则出发，重新研究和评价实用主义。我们绝不回避实用主义的唯心主义实质和它的一些反马克思主义的言论，但是也绝不能再对它进行无端的批判。我们要把实用主义放在整个美国社会历史、文化的广阔背景中，去考察它的发生、发展和传播，分析研究它的社会作用，给它一定的历史地位。我们不仅要研究实用主义的早期代表人物的思想，也要研究第二次世界大战后实用主义在美国的演变和发展，并"引进"其中值得我们借鉴的积极成果。同时，我们还要认真回顾和总结以往在批判实用主义运动中的经验和教训，变革观念，改变思维方法，打破以往在批判实用主义运动中形成的"左"的模式，促进对整个现代西方哲学全面、客观、正确、实事求是的研究，在新的社会实践中，坚持和发展马克思主义。

第三节　改革开放，为重新评价实用主义　创造了良好的社会条件

一　中国学者对美国实用主义的重新研究

改革开放的深入和思想上的解放，为中国学者重新研究和正确评价实用主义创造了良好的社会条件。1988年5月，由中国现代外国哲学学会、中国社会科学院哲学研究所、北京大学外国哲学研究所、复旦大学现代哲学研究所、四川师范大学政教系、云南大学政治系、中央党校哲学教学部等单位发起并主办的"实用主义专题"哲学讨论会在成都举行。这是我国

在新中国成立后第一次举行的实用主义专题学术讨论会。在这次讨论会上，中国学者对美国实用主义进行了历史地、科学地、具体地评价，重新探讨了实用主义的根本精神和基本特征，加强了对实用主义哲学发展新动向的了解，实事求是地评价了实用主义对我国的影响，检阅了我国学者重新研究实用主义的初步成果。美国著名的实用主义哲学家悉德尼·胡克教授也为这次讨论会写来了贺信，他说："从杜威先生到中国讲学，至今已近七十年。实用主义在中国的命运极为坎坷。这次召开的全国性的实用主义学术会议，确有不寻常的意义。我从来不信来世，但杜威先生和胡适先生倘若真有在天之灵，我猜想他们也会对这一消息感慨不已。"胡克还说："不管我们之间存在着多少分歧，但我们应该承认，我们的最高信仰是真理和人类的幸福，而非马克思、杜威或其他一些个人。我们应该尊敬那些与我们观点相异但很诚实的人。"

这次学术讨论会，主题明确，内容丰富，争论也很热烈。

第一，这次会议重新探讨了实用主义的根本精神和基本特征。实用主义作为一种科学的方法，它主张用行为的未来效果来证明思维的合理性，要求根据事实效果来修正信念，"不是去看最先的事物、原则、'范畴'和假定是必需的东西，而是去看最后的事物、收获、效果和事实"，这种从科学的内容能够给人带来满意效果的角度来审视人类、关注科学技术的发展的哲学，带有强烈的反教条主义倾向，体现了美国创业时期所形成的务实与首创精神，反映了早期移民的重视经验而不重视思辨的思维方式，从中也可领会到那种重视进取心、提倡开拓精神，以及将行动和成功看成超出一切的美国风格。作为美国式的实践的理论表现，实用主义最大的特色是以独立自主的行动者的眼光，来讨论知识、世界和人生问题，将人和社会置于世界的中心，以人本精神和社会中心论精神来看待世界，从而捕捉到了20世纪哲学发展的大趋势。

第二，这次学术讨论会进一步讨论了实用主义实践观与马克思主义实践观的异同。客观地说，实用主义是一种实践哲学，实用主义的基本精神也可以说是实践主义，"实践"是实用主义哲学的一个基本范畴。所以实用主义的实践观与马克思主义的实践观有相同之处。早在实用主义产生半个世纪以前，马克思就首先从物质功利的性质入手来理解主体，科学地研究了人类活动的问题，实践的概念第一次被理解为一种人的客观的、具体的感性活动和革命批判活动，进而阐明了实践对于人类的全部生活、全部历史所具有的哲学意义。生活、实践的观点被认为是第一的、根本的观点。但是，马克思的这一重要思想，长期以来为西方哲学所忽视。应当说，在现代西方哲学中，实用主义是第一个在马克思之后抓住"人的活动"，亦即实践这一中心环节，推进了实践观、主体观、知行观、实在论等方面的研究与变革。因此，实用主义在实践观上是有它自己的特殊贡献的。当然，实用主义实践观与马克思主义的实践观也是有区别的。一方面马克思主义实践观是在肯定思维与存在何者为第一性的前提下提出来的，它强调思想在改造存在的过程中反映存在。而且这种反映是从主体出发、从社会实践出发，它不仅能够说明世界，而且还能够改变世界。实用主义的实践观是着眼于主客体的相互关系，并且在实践的基础上阐发了主体客体化和客体主体化的思想，因而它更强调实在的可塑性，认为世界有待于人们的加工、改造和创造。另一方面马克思主义的实践观强调实践的客观性、普遍性、社会历史性，主张人的社会实践活动是在理论指导下有目的、有意识地进行的，因而特别强调理论的指导作用。而实用主义，一般说来，是把实践理解为有机体为适应外界环境所做出的反应活动，是个人的行为、活动和日常生活的总汇，它注重实践的个体性、主体性、具体性、多样性，重视行动产生思想，主张以经验的可靠性为基础有方向、有目的的活动，因而带有比较强烈的经验主义、个人主义、主观主义倾向。实用主义的实践观虽然不如马克思主义实践观深刻，对实践的本质及其在认识中的重要作用认识不够，但是它强调实践的主体性，批判了机械唯物主义；它强调实践的相对性，把实践理解为动态的和发展的；它强调实践的多样性和丰富性，对于辩证地理解社会实践有意义。因此，我们对于实用主义的实践观，仍然需要做进一步的研究。

第三，这次学术讨论会，探讨了实用主义的真理观问题。实用主义的真理观，是实用主义哲学理论的核心，它还涉及意义论、实在论等问题，因此这是关于实用主义的一个重点问题。过去对于实用主义真理观的评价是片面的、不客观的，把内容丰富而复杂的实用主义真理观简单地等同于"有用即真理"。实际上，实用主义的真理观不是彻头彻尾的主观唯心主义和相对主义的真理观，它的不同代表人物的真理观不完全相同，因此应当具体分析、区别对待，做进一步深入的研究，并汲取其合理因素。

第四，这次学术讨论会也总结了批判实用主义的历史经验，回顾和反省了我国对待实用主义的一些错误做法。学者们一致认为，对实用主义采取一味否定的态度，无助于认识实用主义的本质，反而表现为一种浅薄的、庸俗的实用主义，同马克思主义实事求是的科学态度大相径庭。为了深入地研究实用主义、正确地评价实用主义，我们必须改变这种错误的态度和做法。

第五，这次学术讨论会还分析和研究了第二次世界大战以后实用主义的发展和演变。"二战"后，由于逻辑实证主义、现象学和存在主义的传入，实用主义曾一度受到冷落，然而它又在与其他西方哲学流派的融合中得到发展，以至今天它又东山再起。特别是新实用主义的产生，对于正在遭受当代社会各种异化现象以及所谓两种文化冲突之磨难的思想领域，似乎提供了一种解救的方案。因此，实用主义已不再被认为是一场在历史上转瞬即逝的运动，而是被看作当今美国社会中的一股洪流。所以，加强对新实用主义的发展及其影响的研究，是我们今后研究的一个重要方面。

总之，从这次学术讨论会上的情况来看，中国学者已经开始了对美国实用主义的重新研究，并且开创了一个研究美国实用主义的新阶段。

二 重新评价实用主义的理论意义

要重新评价实用主义，就应当全面地、客观地、正确地了解实用主义，把实用主义放在它所赖以产生和发展的美国社会的具体历史条件中去考察，并把它提到一定的历史高度上进行科学的分析。

实用主义产生于19世纪末20世纪初美国资本主义商品经济迅速发展的历史时期，它继承了先辈移民和英国清教徒艰苦创业的传统精神，反映了美国资本主义商品经济发展中人民大众的大无畏的冒险精神，并且把在美国世俗社会中流传的、非科学形态的大众实用主义，经过思维抽象上升为具有哲学形态的实用主义，这就是美国实用主义产生的社会历史条件。因此，从这个意义上讲，实用主义是美国资本主义商品经济发展的产物。然而，作为哲学形态，它的产生和发展，又有一定的自然科学和社会科学的前提条件。19 世纪科学方法所享有的威望，经验主义力量的上升，生物进化论的流行，心理学研究的最新成果和人权、民主制理想的传播，无疑都构成了它产生和发展的科学前提条件。实用主义继承了西方传统哲学的优秀成果，对笛卡尔的思维理性主义、休谟的经验怀疑主义和黑格尔的绝对唯心主义思辨哲学进行了批判，并且正是在这种批判中才产生了它的基本理论。因此，实用主义作为具有学术形态的现代美国哲学，它与世俗的、非科学形态的大众实用主义和狭隘、自私的美国实利主义是根本不同的。所以，我们绝不能把它们等量齐观，把实用主义归结为实利主义。美国实用主义是一种工业社会文明中的"竞争哲学"。在自然观上，它们重视生产力的发展和财富的积累，直至建立了高度发达的物质文明；在社会历史观上，它们主张以"个人为本位、自我为中心"，强调人权、自由、民主、平等、博爱，强调平等竞争、兑现价值、互利原则。还是这种"竞争哲学"，在今天所谓的"后工业社会"中，在自然观上造成了因过分掠夺资源而产生的生态危机、能源危机、环境污染、粮食危机等问题，在社会历史上造成了因发动战争而产生的经济危机、失业危机、精神危机等问题。

作为一种哲学思想，实用主义在思维方式上的变革，是很有意义的。西方传统哲学中的唯理论和经验论、唯理论的独断论和经验论的怀疑论、理性主义与非理性主义，都是把人作为认识的主体。而实用主义则把实践引入哲学，强调以行动、效用、价值和标准作为哲学的出发点。突出强调人作为一个独立自主的行动者，凭借实践、行动，凭借行动者主体的知、情、意功能认识世界。这样，实用主义就以它的行动主体取代了传统哲学中的认识主体。毋庸置疑，这是一个非常重要的转变。用行动者独立自主的眼光看世界，由于人们各自观点不同，所采取的探索方式方法不同（包括固执的方法、权威的方法、先验的方法和确定信念的科学方法等），探索的途径不同，因而就会出现一种多元化的局面。但是，"思想活动作为探索的手段，不是把人带到他自己想去的地方，而是带到事前注定的目标，这像是命运的安排一样"。这就是说,探索的结论,绝非个人独断专行的结果,也不是一种符合个人愿望和私利的东西,它必须诉诸实验事实,以价值、效果来验证,否则就是毫无意义的。对此,美国实用主义哲学家莫里斯说,实用主义是一个运动,"实用主义的成员不是一群以某位大师为中心来考虑问题的门徒,而是一群对一种共同哲学工作各个方面有所发展的、相互影响的、富于创造的思想家"。皮尔士强调科学的方法,推崇以探索的程序来确定信念,重视信念与行动的联系。詹姆士强调实用主义的方法,"只不过是一种确定方向的态度。这种态度不是去看最先事物、原则、'范畴'和假定是必需的东西,而是去看最后事物、收获、效果和事实。"这就是说,实用主义既反对脱离人的现实生活、不能给人带来实际价值的、理性主义的绝对和抽象,即教条主义,也反对反理性、轻视思维的盲目经验主义的偏见,并且企图调和理性主义的逻辑与经验主义的感觉,从而使行动主体能够独立自主地去行动和实践。杜威的工具主义,强调经验是人与环境相互作用的过程。在这个过程中,既不能离开经验谈论自然界,因为自然界不能离开经验,离开经验的自然界就不能作为人的认识和行动的对象而存在;也不能离开自然界谈论经验,因为经验总是以某种被作用的事物为条件的。因此杜威强调经验,也就是强调联结主体与客体桥梁的实践。总之,强调实践、经验的作用,这是实用主义在思维方式上的重大变革。

值得注意的是,实用主义不仅以行为主体代替了认识主体,而且还把知情意和真善美统一于行为主体,强调了价值哲学,代表了科学主义与人本主义相统一的趋势。实用主义认为人们在考察一切事物的时候,除了要问及真假之外,还必须顾及对人类的意义和价值等问题,除了肯定"知识就是力量"之外,还必须考虑"德性就是力量""需欲就是力量""感情就是力量""意志就是力量"等问题,于是他们除了研究哲学认识和方法论之外,还研究伦理学、美学、社会学、正义论、宗教学等,从而创立了实用主义众多门类的哲学,如教育哲学、法律哲学、价值哲学、文化哲学等新的分支学科。尤其是实用主义的文化哲学,不仅囊括了西方人在解决人与自然的矛盾中所创造的物质文明和物质文化,体现了科学的精神,而且统摄了西方人特别是美国人在解决人与社会的矛盾中所取得的精神文明和精神文化，表现了民主精神。因此，实用主义在一定意义上代表了现代西方哲学中科学主义与人本主义相融合和统一的趋势。

值得注意的还有实用主义对语言学的研究。语言是一种社会现象，它随着社会的产生而产生，随着社会的发展而发展。它虽然不能变成某种独立的力量，代替人的创作和灵感，但它却是现实生活的表现。语言是人类最重要的思维工具，它与思维有直接联系。思维离不开语言，语言使思维得以表达实现。在现代西方哲学中，实用主义与逻辑实证主义、结构主义、现象学、存在主义以及解释学等流派都对语言哲学进行了研究。它们认为，西方哲学的发展经历了本体论—认识论—语言哲学三个阶段，每一次转折都标志着哲学思考的出发点往后退了一步，即深化了一个层次。语言哲学的崛起，哲学研究的"语言学转向"，是一场"哥白尼式的革命"，它标志着哲学新时期的到来。实用主义的语言哲学研究，不仅深化和发展了它的意义论、实在论、真理论、行为主体论等实用主义的基本理论，而且也用现代化的思维方法训练了美国一代新人；不仅由于采用新方法，提出了新问题，开拓了新领域，在语言学、法学、社会学、心理学、美学、伦理学等领域中取得了新成就，而且也在科学哲学、逻辑哲学、语言哲学以及它的扩展和应用方面，如计算机程序设计、机器翻译、人机对话等领域中取得了惊人的成就。

总之，实用主义作为现代西方哲学的一个重要流派，在理论上向我们提出许多挑战。我国哲学界近年来，着重讨论了人、主体性、实践和认识等问题，就是对这种挑战的回应。

三 重新评价实用主义的实践意义

实用主义作为美国的国家哲学，是从资本主义社会发展的实践中产生的，又对资本主义的社会实践有着重要的反作用。否认实用主义重要的反作用，把美国的经济发展同实用主义截然对立起来的观点，显然不是马克思主义的观点。

实用主义产生于19世纪末20世纪初美国资本主义发展时期，它集中地反映了美国资本主义现代化的艰苦过程。首先，它在经济变迁上，反映了美国的开拓发展的科学精神。1810～1860年，美国工业生产总值增长了9倍，到1894年美国经济超过英国跃居世界第一位。美国保持了持久性的经济增长，工业、商业、服务业、金融业迅速发展，农业性质由维生性发展为商业性，生产技术由简单趋向复杂，经济关系由国内趋向国际。美国在经济上的这些成就主要是依赖于科学技术的发展。没有科学技术的发展，美国不可能超过英国，在经济发展上跃居世界第一位，更不可能达到今天这样的水平。其次，它在政治变迁上又反映了美国的人权和自由与平等的民主精神。美国是一个资产阶级民主国家，民众有参与政治的权利，总统由选民选举产生，废除了终身制和世袭制，国会是最高立法机关，由参议院和众议院组成，它有权制定、修改或废除法律，而且还有权否定总统的提案，并有权弹劾总统。政府、司法、军事、警政等都实行制度化和多元化。美国在政治上除了它所犯的错误之外，应当说在民主化问题上还是有成就的。而这些成就的取得，应当说与美国实行民主政治有关。再次，它在社会变迁上也反映了美国教育的普及和知识传播的显著成就。美国是一个实行普及教育的国家，公立和私立的大学、中小学、实验学校和各种职业学校迅速发展。人们普遍重视智力投资，投入教育领域的人力、物力、财力越来越多。而教育的普及与提高，又推动了经济的高度发展。美国政府广开门路，在世界范围内搜罗人才，不少外国科技人才为美国的科技发明做出了重大贡献。最后，它在文化变迁上反映了美国人的思维方式、价值观念、行为模式以及个性、人格、民风的巨大变化。美国强调行动主体的独立自主的人格，强调人的事业心、民众风范和宽容精神，因而在动态的、高速的和多变的现代社会中，人们思维方式也向着开放和多样变化。总之，实用主义作为一种美国哲学，它集中反映了美国资本主义现代化艰苦过程中的科学与民主精神，它是美国资本主义现代化过程的经验总结和理论概括。

当前，我们正处于改革开放的历史时代，也是中国朝着现代化方向前进的时代。在这个时代，研究美国为什么能够在不到三个世纪的时间内迅速实现了资本主义现代化这一历史事实，重视对它的国家哲学——实用主义的研究，深入理解实用主义作为一种思想运动对美国资本主义现代化过程所起的作用，具有十分重要的意义。我们运用马克思主义的科学态度，正确地评价实用主义，从中汲取对社会主义改革、精神文明建设和发展马克思主义的有益的启示，促进我国社会主义现代化的发展进程，这就是重新评价实用主义的实践意义。

第八章　实用主义的历史地位和研究它的现代意义

前　言

实用主义作为现代美国哲学，具有特定的历史地位和现代意义。如何正确地说明和评价实用主义，借鉴其中的合理成果以促进我国的社会发展，是一个值得我们认真研究和思考的问题。

长期以来，我们不承认资本主义的历史合理性，不承认资产阶级开创了一个新时代。美国的工业化、现代化、全球化，为实用主义的产生和发展提供了前提条件和基础，实用主义的丰富内涵为美国的国家精神、社会核心价值观和美国文化提供了活力和精神支柱。应当说，没有美国的工业化、现代化、全球化，不可能产生美国的实用主义哲学；没有美国的实用主义哲学，也不可能促进美国工业化、现代化、全球化的发展。所有这一切，造就了美国实用主义哲学的社会历史地位。

长期以来，我们把我们的时代定义为"帝国主义和无产阶级革命时代"，或者说是"战争与革命"的时代，认为帝国主义就是战争，帝国主义是资本主义发展的最后阶段，是腐朽的、没落的资本主义。而无产阶级却永葆革命青春，充满战斗的生命力。作为帝国主义国家哲学的实用主义，就成了帝国主义反动哲学、腐朽哲学、市侩哲学。这样，就从根本上否定了美国实用主义是现代哲学，否定了美国实用主义哲学的社会历史地位。

长期以来，我们从阶级斗争的角度看待美国实用主义，认为它是帝国主义反动哲学，给予全盘否定。之后，我们以政治批判走向哲学批判，从唯物主义与唯心主义，辩证法与形而上学，可知论与不可知论，历史唯物主义与历史唯心主义的对立出发，认为实用主义是十足的主观唯心主义、市侩哲学、诡辩论。这样，也就对实用主义的社会历史地位给予了全盘否定。

改革开放后，我们确立了以"经济建设为中心"代替"以阶级斗争为纲"的路线，从现代化、全球化的观点看问题，对实用主义的看法发生了很大的变化。但始终没有给予实用主义一定的社会历史地位。

然而，对实用主义的社会历史地位是必须予以承认的。从理论上讲，实用主义强调行动、实践、生活、经验在哲学中的意义，强调有利害关系的行为主体的行为效果，强调哲学要立足于现实生活，主张把确定信念作为行动的出发点，把采取行动作为主要手段，把开拓创新作为生活的基本态度，把获得成效看作生活的真正价值，这就是作为现代哲学的实用主义与西方近代哲学的不同内涵。从哲学发展史上讲，实用主义是对近代西方哲学的革命，是对近代西方哲学的一种超越，是不同于西方近代哲学的一种现代西方哲学。从实践上讲，实用主义产生于美国工业化、现代化、全球化的过程中，它根植于美国土地并对美国的工业化、现代化、全球化起了指导和推动作用，使美国成为世界上最强大的国家，实用主义也成为美国的国家哲学。邓小平曾说中美关系是中国对外关系中最重要的关系，美国是第一强国，中国的发展和统一离不开美国，世界的和平与发展也离不开美国。中国要实现工业化、现代化，要改革开放就必须学习美国这个已经实现现代化的国家的经验和理论，同时也必须正确认识和评价美国实用主义这一现代西方哲学。

当今世界各国都在沿着前现代—现代—后现代，或者说沿着农业社会—工业社会—信息社会的路径往前走，许多发展中国家都要求实现工业化、现代化、全球化，所以美国实用主义哲学思想和哲学观点就具有重大的现实意义。实用主义超越了欧洲近代哲学，实现了现代哲学转型，所以对于推动哲学的转型和发展，也具有重大的理论意义和实践意义。

第一节　中国批判实用主义的历史，
折射出"全盘西化"论和
"全盘苏化"论的破产

1911 年辛亥革命成功地推翻了清朝政府。1912 年建立了中华民国。这是亚洲第一次资产阶级革命，也是中国走向现代化的起点。中国怎样走向现代化？其价值取向如何选择和确定？一方面是孙中山"驱除鞑虏，恢复中华，建立民国，平均地权"，企图建立欧美式的民主共和国；另一方面是在十月革命的影响下，在"共产国际"的帮助下，走苏联的路。翻开中国的现代史，看得很清楚。1919 年"共产国际"成立后，把社会主义运动的重点由西方转到了东方。1919 年，孙中山创立国民党；1921 年，马林、尼科尔斯基在上海参加了中国共产党第一次全国代表大会；1924 年，越飞、鲍罗廷在广州参与了中国国民党第一次全国代表大会的召开。"共产国际"要求中国共产党人以个人名义加入国民党，毛泽东担任了国民党中央宣传部代理部长。会后，在鲍罗廷的帮助下建立了黄埔军校，蒋介石任校长，周恩来任政治部主任。这就使得中国现代化的价值取向或明或暗地趋向于学习苏联。毛泽东曾明确表示："十月革命一声炮响，给我们送来了马克思列宁主义""以俄为师，走俄国人的路，这就是结论"。

这就是实用主义传入中国的历史背景。现在看来，认识和理解这个历史背景是非常重要的。辛亥革命后，中国现代化的价值取向是全盘苏化还是全盘西化？是向苏联学习还是向美国学习？这是从一开始就存在的问题。从以孙中山、胡适为代表的"全盘西化论"，到新中国成立初期的"全盘苏化"，是我国工业化、现代化道路的两个价值取向。作为社会主义国家，我国曾经多次批判了全盘西化论，例如，批判资本主义市场经济，批判资产阶级虚伪民主，批判资产阶级自由化，批判资产阶级腐朽文化，等等。但是，对全盘苏化论没有进行深入批判。新中国成立后，由于对社会主义建设缺乏经验和国际政治局势的原因，我国实行了"一边倒"的政策，全面学习苏联的经验，并且把是否学习苏联、与苏联友好，列为划分敌我矛盾的"六条政治标准"之一，影响极其深远。全盘苏化，即经济、政治、思想文化各个方面都全面学习苏联。全盘苏化对中国的危害很大。直到1956年苏共二十大以后，毛泽东才逐渐认识到以苏联经验为借鉴，走自己的路的重要性。

进行这样的反思，了解实用主义在中国传播的历史背景，就可以认识和理解实用主义为什么在中国的命运不济。作为一个最早传入中国的资产阶级哲学流派，为什么在中国会受到那么严厉的批判。反过来说，究竟什么是实用主义，它的基本思想是什么，为什么直到今天实用主义还是美国的主流哲学文化，在世界上还有着影响，它与马克思主义哲学有什么关系，研究实用主义有什么现代意义，这些问题值得我们深入研究。

从1919年5月杜威应邀来中国讲学，在中国传播实用主义理论，迄今已有近百年的历史了。这一过程大致可分为六个阶段。

第一阶段：20世纪20~30年代。1919年五四运动以后，实用主义传入中国并且有一定影响。杜威曾于1919年5月至1921年7月在中国讲学两年零两个月，宣传科学与民主思想，宣传实用主义。这些讲话内容在当时的报纸杂志上发表，现已收入《杜威五大讲演》《民治主义与现代社会——杜威在华讲演集》。杜威的学生胡适、陶行知、蒋梦麟、郭秉文、蔡元培、高一涵、陈鹤琴等也做了大量的宣传和介绍。其中，著名的有"问题与主义"的论战，这是胡适与李大钊等人的一场辩论，本来是朋友、学人之间的一场学术争论，可是有人认为这就是实用主义与马克思列宁主义的大论战，一方要"多研究些问题，少谈些主义"，提倡改良、反对革命；另一方则要介绍和宣传马克思列宁主义，号召革命，反对改良。二者完全不相容。现在看来，把"问题与主义"的论争看作马克思列宁主义与实用主义的论战，看作革命与改良的论战，把二者绝对对立起来，是一种"上纲上线"的说法。在五四时期，李大钊、陈独秀和胡适都是北京大学同事，而且无论杜威还是胡适，主要是引导人们去解决中国所面临的多种现实问题。他们反对空谈、反对坐而论道，也有反对教条主义的内容。由此可见，把马克思列宁主义与实用主义、革命与改良绝对对立起来，从一开始就显现出了两种不同的意识形态的尖锐对立。

第二阶段：20世纪40年代末至50年代中期。中华人民共和国成立后，随着世界两大阵营的形成、中美关系交恶以及胡适倒向国民党，大陆哲学界、理论界开展了一场对实用主义的大规模批判。其主要代表作有艾思奇的《胡适实用主义批判》《实用主义——反科学的主观唯心主义的方法论》《实用主义哲学的反革命性和反科学性》、金岳霖的《批判实用主义者杜威的世界观》、潘梓年的《反对资产阶级唯心主义的重大意义》、胡绳的《论胡适腐朽的资产阶级人生观》、贺麟的《批判胡适的思想方法》、黄枬森的《胡适——真理的敌人》等，生活·读书·新知三联书店出版了约200万字的《胡适思想批判》（论文集）。

第三阶段：20世纪50年代后期至60年代中期。在全国开展对电影《武训传》、胡适、梁漱溟、俞平伯和胡风"反革命集团"批判之后，于1957年和1959年进行了"反右派"和"反右倾"的斗争，1960年进行了反对"修正主义"的斗争。毛泽东认为，这是两个阶级、两条道路、两条路线的斗争，不打胜这一仗，社会主义是建立不成的。于是在这种形势下，又开展了对实用主义的批判。其代表作是《现代资产阶级的实用主义哲学》。作者认为，实用主义哲学是反映了美国资产阶级庸俗的、实利主义观点的主观唯心主义哲学，帝国主义非常需要这样一种哲学，因为它可以为其侵略行为和剥削行为进行辩护。修正主义和右倾机会主义不仅是在工人运动中出现的，而且也是资产阶级的世界观及其影响的直接产物。在开展反对帝国主义、修正主义的斗争中，由于实用主义是它们的思想基础，所以必须进行坚决的彻底的批判。这一时期，《哲学研究》为了配合批判运动，还编译出版了《资产阶级哲学资料选编》，共15辑，约500万字。

第四阶段：20世纪60年代中期至70年代末。这一时期，全国开展了"四清"运动和"文化大革命"，毛泽东把两个阶级、两条道路、两条路线、两个司令部的斗争上升到坚持无产阶级专政下继续革命理论的高度。这个时期，无论批判刘少奇、批判林彪、批判"四人帮"，都是把这些政治斗争与批判实用主义捆绑在一起，认为实用主义是他们的哲学理论基础。例如《林彪、"四人帮"实用主义哲学批判》一书认为，实用主义是有市场的，不批判实用主义这种主观唯心主义，我们就无法清除林彪、"四人帮"的流毒。又如《"四人帮"哲学批判》一书，也是把实用主义当成政治骗子的哲学基础加以批判的。人民出版社编辑出版的《"四人帮"全面篡改马克思主义论文集》和艾思奇等哲学家主编的《哲学原理》教科书中，都有对实用主义的批判。

第五阶段：20 世纪 70 年代末至 90 年代初。改革开放初期，以刘放桐为代表的一批学者，提出了重新评价实用主义的问题。1980~1987 年，刘放桐先后发表和出版了《实用主义实践观述评》《实用主义述评》《重新评价实用主义》等研究成果，影响很大。1987 年国家哲学社会科学基金资助的第一个有关实用主义研究的课题得到批准，与此相联系的还有袁伟时的《中国现代哲学史稿》、耿志云的《胡适研究论稿》、白吉庵的《胡适传》、易竹贤的《胡适传》等。李德顺发表了他的博士学位论文《价值论》，从价值哲学上提出了重新认识实用主义哲学的问题。在这种氛围之下，1988 年召开了全国第一次"实用主义专题"学术讨论会，会上不仅检阅了我国学者重新研究实用主义的成果，而且还开创了一个研究实用主义的新阶段。1990 年，国家社会科学基金资助的"实用主义研究"课题组推出其研究成果《实用主义新论》，该书探讨了美国实用主义产生的社会历史条件和思想理论渊源，美国古典实用主义基本理论，实用主义的演变与分化，实用主义在中国的发展；刘放桐写了"实用主义的六十年轮回"作为序。《中国社会科学》杂志发表了署名评论文章，认为这"是以马克思主义为指导，实事求是地评价实用主义的 40 余万字的专著"；《中国社会科学》《陕西社科通讯》等刊物发表了书评，该书荣获国家教委高校人文社会科学优秀成果二等奖。此外，邹铁军出版了《实用主义大师——杜威》，对杜威的哲学进行了重新评价。在此之后，又在桂林召开了全国《新实用主义研究》学术讨论会，分别讨论了奎因、古德曼、戴维森、普特南、罗蒂的新实用主义哲学。对美国"二战"后实用主义的新发展，予以关注。一大批年轻学者迅速成长起来。

第六阶段：20 世纪 90 年代至 21 世纪初。这段时间以来，我国关于实用主义的研究取得了巨大的进展。2005 年，复旦大学举办了"杜威哲学的现代意义"国际学术讨论会；2008 年，浙江大学举办了"现代西方哲学的新进展"学术研讨会；2009 年，陕西师范大学举办了"经验主义与实用主义"学术研讨会。涂纪亮、陈波编译出版了《美国实用主义文库》《蒯因著作集》；上海译文出版社出版了许多有关新实用主义的译著；涂纪亮出版了他所承担的国家社会科学基金资助项目"古典实用主义到新实用主义——实用主义基本概念的演变"；陈波、尚新建翻译出版了《意义、真理与行动——实用主义经典文选》；袁刚、孙家祥和任丙强编辑出版了《杜威在华讲演集——民治主义与现代社会》；刘放桐发表了《杜威哲学的现代意义》，并正在编译出版《杜威全集》等等。这些研究成果坚持客观、公正、符合实际的科学态度，在弄清实用主义基本概念的内涵和意义的情况下，解读实用主义的基本精神和真实含义，重新认识和理解实用主义。这些研究成果，不仅会促进马克思主义的理论研究，而且会促进中国的现代化的进程。

第二节 "工业化、现代化、全球化"的时代背景下，马克思主义哲学和实用主义哲学的共性

实用主义与马克思主义哲学是同时代的哲学理论，它们之间不是绝对对立的，而是具有许多共同点。这可以从以下十个方面看出。

第一，共同的时代背景。马克思主义哲学产生于 19 世纪 40 年代后期，实用主义哲学产生于 19 世纪 70 年代，这正是西方资本主义工业化、现代化的历史时期。马克思从资本的运动上揭示了资产阶级创造了一个新时代，这个时代一方面产生了资产阶级，另一方面又产生了无产阶级。它号召全世界无产者联合起来，实行无产阶级革命和无产阶级专政。实用主义则是从资本主义工业化、城镇化、现代化、国际化这一视角，强调经济繁荣、政治民主、思想自由。它们是从不同角度来反映和体现时代精神的。智慧有不同的形态，哲学有不同的形式。不管有多少分歧，哲学总是特定时代的产物，从不同的方面反映那个时代。

第二，共同的自然科学前提。马克思主义哲学产生的自然科学前提是细胞学说、能量守恒与转化定律和达尔文进化论。实用主义产生的自然科

学前提是达尔文进化论和华生、冯特的心理学，因此，这两种哲学有着共同的自然科学前提。恩格斯曾说，从笛卡尔到黑格尔，从霍布士到费尔巴哈这一长时期内，推动哲学家前进的主要是自然科学和工业的强大而日益迅速的进步。随着自然科学领域中每一个划时代的发现，哲学也必然要改变自己的形式。

第三，共同的欧洲哲学背景。它们都是面对西方近代哲学，从批判黑格尔哲学开始的。马克思主义哲学声称它们继承了德国古典哲学传统，吸收了黑格尔哲学的"合理内核"和费尔巴哈哲学的"基本内核"。恩格斯写了《路德维希·费尔巴哈和德国古典哲学终结》这部著作，说明了近代哲学，包括黑格尔和费尔巴哈哲学已经终结了，他们已经超越了黑格尔哲学和费尔巴哈哲学，已经发展成了一种新的世界观哲学。实用主义者詹姆士、杜威深受德国古典哲学熏陶，但后来他们又都超越了康德、黑格尔，创立了实用主义哲学。这就说明，无论是马克思主义哲学，还是实用主义哲学，它们都有着共同的欧洲哲学背景。

第四，它们都实现了哲学"范式"的转变。近代哲学发展到康德、黑格尔阶段，形成了一种典型的"主客二分"的哲学"范式"。康德强调主体是人，把人的认识分为感性、知性、理性，说明人能认识什么，不能认识什么；他认为客体可分为现象和物自体，人们认识的对象是现象，信仰的对象是物自体。黑格尔也强调认识的主体是人，把人的认识分为知性、消极理性、积极理性；他认为实体即主体，客体就是"绝对观念"。应当说，康德、黑格尔哲学是近代西方哲学的集大成者。现代西方哲学包括实用主义和马克思主义哲学，都是在批判康德、黑格尔"主客二分"哲学"范式"的基础上产生的。实用主义超越哲学基本问题，不讲唯物论和唯心论对立，而是从生活、实践出发讨论哲学。马克思主义则明确指出，"从前的一切唯物主义——包括费尔巴哈的唯物主义的主要缺点是：对事物、现实、感性，只是从客体的或者直观的形式去理解，而不是把它们当作人的感性活动，当作实践去理解，不是从主观方面去理解。""社会生活在本质上是实践的，凡是把理论导至神秘主义方面去的神秘东西，都能在人的实践中以及对这个实践的理解中得到合理的解决。""哲学家只是用不同的方式解释世界，而问题在于改变世界。"马克思的这些话，突出了生活实践的观点，表明马克思主义哲学已经实现了从近代哲学"范式"向现代哲学"范式"的转变。

第五，它们都重视实践、生活，反对"坐而论道""崇尚空谈"。马克思主义被称为实践的唯物主义，它是无产阶级的世界观和方法论，是无产阶级认识世界和改变世界的思想武器，它关注现实，关注人类解放、关注人的全面而自由的发展。实用主义强调有利害关系的行为主体人的实践活动，强调行为、行动、实践在哲学中具有决定性的意义。实用主义认为哲学应当立足于现实生活，把确定信念作为行动的出发点，把采取行动作为谋生的主要手段，把开拓创新作为生活的基本态度，把获得成效作为生活的最高目标。所以，有人把实用主义称为"实践哲学""生活哲学"。

第六，它们都介于科学主义与人本主义之间。苏联哲学家米特洛欣和现代美国哲学家怀特，都认为实用主义是介于人本主义和科学主义之间的哲学流派。人本主义思潮，要求从外部的自然界的研究转向对人的内心结构的研究，转向对人的独特个性、生命、本能的研究，这样就形成了唯意志主义、生命哲学、存在主义、弗洛伊德主义、哲学人类学等人本主义哲学思潮。另外一些哲学家主张哲学应当研究以实证自然科学为基础的事物，反对哲学家探求自然的本质，寻求事物发展的规律。因此，他们拒斥形而上学，形成了以实证主义、逻辑经验主义、分析哲学、结构主义、科学哲学等为代表的科学主义思潮。但是，科学主义与人本主义两者割裂了实证科学的知识论与追求宇宙人生根本原理的智慧，从而造成了西方科学与人生的脱离，理智与情感的冲突。而实际上，这些东西原本不是对立和割裂的，而是对立统一的。智慧是由知识构成的，没有知识很难有智慧；知识是由智慧产生的，离开智慧很难有知识。所以哲学既是知识又是智慧，哲学是智慧与知识的统一。马克思主义哲学是把智慧与知识统一起来的哲学。它既是自然知识和社会知识的概括与总结，又是一种科学世界观、人生观和价值观。所以在西方马克思主义中，就产生了科学主义的马克思主义和人本主义的马克思主义。实用主义与马克思主义一样，也是既重视事实又重视价值，既重视科学又重视人。再至 20 世纪 60 年代以后，出现了把实用主义与分析哲学相结合的科学主义的实用主义和把实用主义与欧洲大陆哲学相结合的人本主义的实用主义。在这些方面，体现了实用主义与马克思主义的相似之处。

第七，马克思主义哲学和实用主义哲学，都重视功利和价值。马克思主义哲学指出，资本主义创造了一个比以往一切社会都多的生产力，但资本主义社会生产资料私有制与生产社会化的矛盾，导致了它必然为其他社会形态所代替。在未来社会，"每个人的全面而自由的发展是一切人全面而自由发展的条件""未来社会也是摆脱了物的依赖、摆脱了人身依附、人成为人自己本身的主人的社会。"这就说明了未来社会的价值，也就是人类所以追求它、为它而奋斗的原因。这说明马克思主义哲学也是讲功利、讲价值的。它强调发展生产力，强调经济发展、政治民主、思想自由、人类解放，这就是马克思主义哲学的功利观和价值观。

第八，马克思主义和实用主义对经验的理解具有一致性。实用主义把感性经验、心理体验提升到实践经验，把英国经验论讲的"存在就是被感知"、法国笛卡尔讲的"我思故我在"、德国康德讲的"先天综合判断"与"经验杂多"，提升到了"有机体与环境"的生活、经验、实践高度，提出了实践经验的概念，从而使心行、思行、言行、知行、理论与实践统一起来。实践经验超越了感性经验，是实用主义的根本特点。马克思主义哲学既重视感知经验，又超越了感知经验，明确提出生活、实践的观点是第一的基本观点。马克思在《关于费尔巴哈的提纲》中，明确指出费尔巴哈的唯物主义是直观的唯物主义，"费尔巴哈不满抽象的思维而诉诸感性直观；但是他把感性不是理解为实践的、人类的感性活动"。所以，直观的唯物主义，不是把感性理解为实践活动的唯物主义。由此可见，马克思主义哲学也实现了从感性经验、心理体验到实践经验的飞跃，从而使心行、思行、言行、知行，理论和实践统一了起来。

第九，它们都强调"哲学革命"和"哲学改造"。杜威在1920年发表的《哲学的改造》一书，表明他从实践经验的立场出发，反对"坐而论道"，主张从科学方法论的历史、自然科学的发展以及科学真理与人生价值之间的矛盾等方面，寻找哲学改造的可能性和必然性，寻找哲学发展的生长点，提出哲学改造的任务。他力图把他的哲学同美国工业化进程中的生活和经验联系起来，把价值问题同人的理智活动联系起来，把价值与实践的后果联系起来，从而使人们能从行动的结果来判断价值的实效，把哲学改造成为一种与自然科学和人类历史发展方法论相一致的哲学。马克思主义哲学的诞生是哲学史上伟大的革命。这个革命的具体表现，在理论上，它抛弃了黑格尔唯心主义体系，批判地汲取了他的辩证法的"合理内核"；抛弃了费尔巴哈哲学中形而上学和宗教的、伦理的唯心主义杂质，批判地汲取了它的唯物主义的"基本内核"，并在此基础上创立了马克思主义哲学。同时，马克思主义哲学的产生也是人类认识史上的空前革命，它为无产阶级和广大劳动人民提供了科学的世界观和方法论。

第十，它们具有共同的理想。关于人类社会的发展，二者都重视经济发展、政治民主、思想自由和人类解放。重视公德大于私德。杜威提出了"伟大的共同体"的社会理想，强调他的社会理想是一种能保障社会成员具有民主和自由的权利，使他们受到平等和公正的对待，获得全面发展机会的"伟大共同体"。马克思、恩格斯提出了"自由人联合体"的社会理想。他们认为共产主义就是这种"自由联合体"，即"每个人自由而全面的发展，是一切人自由而全面发展的条件"。这种社会也就是人摆脱了对物的依赖、对人的依附、人成为人自身主人的社会。这就说明，人类社会存在着普世价值，存在着共同理想，在一定条件下，建立和谐社会与和谐世界是完全可能的。

综上所述，实用主义哲学与马克思主义哲学尽管属于两种不同的意识形态，但它们属于同时代的哲学，具有惊人的共同性，有些地方甚至是殊途同归。研究这种共同性，寻找共同点，有利于两者"对话"和"交流"，同时也可以避免"误读""误解"和"争斗"。马克思主义哲学与实用主义哲学尽管具有许多共同点和相似之处，但二者毕竟还是两种独立的社会意识形态，具有不同的国情和文化传统。因此，一方面，学习借鉴是必要的；另一方面在学习借鉴别人经验时，必须坚持走自己的路，这是一条重要经验。

第三节　"哲学范式"转变与中国哲学的发展

从哲学思维方式上讲，哲学范式的转变，就是从"主客二元对立"的旧范式向"主客二元统一"的新范式的转变。它主要表现在：从远离人的空洞的抽象的旧范式向"以人为本"的充满人间气息的新范式转变；从领袖的"独白"的旧范式向领袖与群众"对话"的新范式转变；从静态的、横向的、共时态的旧范式向动态的、纵向的、历时态的新范式转变，即从联系向发展的转变。这个哲学范式的转变，使近代哲学发展到了现代哲学。作为现代哲学的马克思主义，它已实现了这种哲学范式的转变。然而，长期以来，我们没有区分马克思主义与列宁主义，特别是1924年列宁逝世以后的斯大林主义，甚至把马克思主义哲学在俄国的应用直接等同于马克思主义哲学本身，把对"文本"的应用直接等同于"文本"本身，这样就造成了许多误读和混乱。我们要理论创新，实现马克思主义中国化，就必须改变"主客二元对立"的思维方式，实现哲学观念的变革。

改革开放以来，中国大地上的马克思主义哲学、中国哲学、西方哲学并存，出现了马克思主义哲学贫困化、中国哲学的合法化、西方哲学的边缘化的态势。究其原因，也是"主客二元对立"的哲学思维方式所致。毛泽东说，既要革命，就要有革命党，就要反传统。从洪秀全到孙中山都是通过学习西方来反传统，但是失败了。最后中国共产党人决定"走俄国人的路"，这就确定了"指导我们思想的理论基础是马克思列宁主义"。马克思列宁主义成了"立国之本"，中国传统哲学和西方哲学都成为批判的对象。改革开放要求我们走向世界、走向未来、走向现代化，中国要走向世界，从哪里走向世界？应当从传统走向世界，这样就不能不研究中国传统哲学。中国未来要走向哪里？走向现代化。要实现现代化，就不能不研究现代西方哲学。正是由于我们坚持革命与反动、无产阶级与资产阶级、"主客二元对立"的思维方式，才造成了马克思主义哲学、中国传统哲学、西方哲学三种哲学相互对立的格局。因此，破除这种格局，必须实现哲学范式的转变。只有实现哲学范式的转变，才可以理论创新，才可以使马克思主义哲学中国化，中国哲学现代化，并正确认识和解读现代西方哲学，从而才能使中国哲学繁荣与发展。具体来说，有以下几个方面的问题。

一　哲学范式的转变

用恩格斯的话来说，哲学随着自然科学领域中每一个划时代的发现而改变自己的形式。譬如，古代哲学研究本体论，形成了唯物主义与唯心主义；近代哲学研究认识论，形成了可知论与不可知论；现代哲学研究什么呢？哲学范式如何转变呢？说法不一，理解各异，实在是一个值得研究和讨论的问题。

从哲学史、认识史上说，从主客体理论上来研究，哲学是什么？哲学作为人生在世的一种方式，它首先不是认识论，而是生存论。因此，哲学不是表现为自然、社会、思维三大领域知识的概括和总结，而是表现为对人类生存状况的关注和美好愿景的诉求。人的现实生活高于物质和意识的关系，物质和意识的关系是从人的生活实践中生发出来的。当人类生存问题解决之后，探求世界的本原时，物质和意识、自然界和精神、存在和思维的问题，才提了出来。这就是古代本体论哲学的产生。到了近代，人类从对客体的探求进展到对主体的研究，提出了主客体理论，即认识论哲学。现代哲学是从对康德、黑格尔哲学的批判开始的。马克思主义哲学则是以实践、行动来批判近代哲学并取代它们的主客二元对立哲学的。

马克思在其《关于费尔巴哈的提纲》一文中说，从前的一切唯物主义——包括费尔巴哈的唯物主义——的主要缺点是，对事物、现实、感性，只是从客体的或者直观的形式去理解，而不是把它们当作人的感性活动，当作实践，不是从主观方面去理解。所以，结果竟是这样，和唯物主义相反，唯心主义却发展了能动的方面，但只是抽象地发展了，因为唯心主义当然是不知道真正现实的、感性活动本身的。接着，马克思又说："人的思维是否具有客观的真理性，这并不是一个理论问题，而是一个实践问题。""社会生活在本质上是实践的。凡是把理论导致神秘主义方面去的神秘东西，都能在人的实践中以及对这个实践的理解中得到合理的解决。"从这些话中可以看出，马克思非常重视人的现实的实践活动，从而突出了改变现存世界的方法。

恩格斯也十分强调实践的作用。他说："对这些以及其他一切哲学上的怪论的最令人信服的驳斥是实践，即实验和工业。既然我们自己能够制造出某一自然过程，使它按照它的条件产生出来，并使它为我们的目的服务，从而证明我们对这一过程的理解是正确的，那么康德的不可捉摸的'自在之物'就完结了。""从笛卡尔到黑格尔和从霍布士到费尔巴哈这一长时期内推动哲学家前进的，绝不是……纯粹思想的力量，恰恰相反，真正推动他们前进的，主要是自然科学和工业的强大而日益迅速的进步"。"随着自然科学领域中每一个划时代的发现，唯物主义也必然要改变自己的形式；而自从历史也被唯物主义地解释的时候起，一条新的发展道路也在这里开辟出来了。"这样，现代哲学就是方法论的哲学，它研究现实的个人，面向实践，探求解决现实问题的方法，突出了哲学智慧的功能。在实践中，主客体是统一的，从而批判了近代哲学的主客体二元对立的哲学，实现了哲学范式的转变。

二　马克思主义是经过俄国人介绍到中国

"十月革命一声炮响，给我们送来了马克思列宁主义""走俄国人的路——这就是结论。"这说明，中国共产党是从俄国人那里找到马克思列宁主义的。应当说，这不是马克思主义的"文本"，而只是马克思主义在俄国的应用。"文本"和应用是有差别的。

新中国成立，我们没有现成的哲学理论书籍。大家学《社会发展史》，学《实践论》《矛盾论》，后来学《联共（布）党史简明教程》《列宁主义问题》、罗森塔尔和尤金编的《简明哲学辞典》，学习苏联哲学家编写的哲学讲义和哲学教科书。到了20世纪60年代，我国才有了艾思奇主编的《辩证唯物主义与历史唯物主义》教材。但是，这个教材仍然是按照斯大林时代的哲学体系编写的。

苏联斯大林时代的哲学体系，就是辩证唯物主义世界观。斯大林说："辩证唯物主义是马克思主义、列宁主义党的世界观。其所以叫作辩证唯物主义，是因为它对自然现象的看法，它研究自然现象的方法，它认识这些现象的方法，是辩证的；而它对自然界现象的解释，它对自然界现象的了解，它的理论，是唯物主义的。""历史唯物主义就是把辩证唯物主义原理推广去研究社会生活，把辩证唯物主义原理应用去研究社会生活现象，应用于研究社会，应用于研究社会历史。"显然，这个哲学既没有跳出黑格尔哲学，更没有跳出费尔巴哈哲学的局限。

1917 年，俄国十月革命胜利。1924 年，列宁逝世，斯大林执政。斯大林经过 1928～1936 年的努力，于 1936 年正式宣布建成了社会主义。斯大林亲自撰写《联共（布）党史简明教程》第四章第二节"辩证唯物主义与历史唯物主义"，总共讲了 10 个基本特征。其中在辩证法部分讲了四个基本特征，即在辩证法与形而上学的根本对立上，讲了"联系""发展""过程"和"对立面的斗争"四个基本特征；在唯物主义部分讲了三个基本特征，即在唯物主义与唯心主义绝对对立上，讲"物质的客观实在性""物质第一性、意识第二性""世界的可知性"三个基本特征；在历史唯物主义部分讲了三个基本特征，即在社会物质生活条件与社会精神生活条件对立的基础上，讲了"生产永远也不会长久停留在一点上，生产样式决定生活样式，生活样式决定思想样式""生产力决定生产关系，先进的生产关系促进生产力的发展""新的生产力与生产关系的产生是与旧制度的消灭和新制度的产生相关联的"。斯大林的辩证唯物主义世界观的"十个基本特征"，就是长期以来影响我们的一种哲学范式。在这一范式中，根本没有讲否定之否定规律和辩证法范畴论，也根本没有讲经济基础与上层建筑及其关系，更为重要的是，它根本没有讲人和现实的个人实践。据斯大林说，他的《辩证唯物主义与历史唯物主义》（1938）是从列宁的《唯物主义和经验批判主义（对一种反动哲学的批判）》（1908）来的，所以他提出了辩证法与形而上学、唯物主义与唯心主义、可知论与不可知论、唯物史观与唯心史观的根本对立，强调发展就是对立面的斗争。"而这种对立面的斗争，旧东西与新东西间的斗争，衰亡着的东西和产生着的东西之间的斗争，衰颓着的东西和发展着的东西间的斗争，便是发展过程的实在内容"。1947 年，经斯大林批准，由苏共中央主持召开了一次盛大的哲学讨论会，审查批判了亚历山大洛夫所著的《西欧哲学史》（教科书），出席这次哲学讨论会的有全苏著名哲学家百余人，苏共中央书记日丹诺夫在会上代表斯大林和苏共中央委员会做了报告，强调人类历史和哲学史，就是一部唯物主义与唯心主义两军对垒的历史，斗争是主旋律，斗争是意识形态的核心。由此可见，苏联斯大林哲学是一种强调"斗争绝对性"的意识形态哲学。新中国成立后，在 20 世纪 50 年代，中国实行"全盘苏化"，在理论教育和宣传中，全面接受了苏联的哲学理论和哲学范式。

当今我国社会已进入改革开放、建设社会主义现代化国家的时期，这种哲学范式，显然是落后的，它绝不是现代哲学的范式。因此，面对这种状况，面对中国的经济体制、政治体制、文化体制、社会体制的改革，面对着党的指导思想的现代化，保持党的先进性，中国的马克思主义哲学范式，必须转变。

三 哲学范式

所谓哲学范式，就是指库恩描述的一种科学发展的图式：一种范式规定的常规科学—反常与危机—旧范式转换成新范式的革命，形成新常规科学。库恩认为，科学与非科学的分界，不在于意义的证实与证伪，人们在解决疑难的活动中才产生科学。形成科学的范式，则标志着一门科学的成熟。范式有模型、模式的含义，由科学共同体普遍承认的科学原理与配套系统形成的共同信念，如哥白尼太阳中心说、牛顿经典物理学、爱因斯坦相对论、量子力学等都是科学范式。我们借用它研究马克思主义哲学、研究马克思主义哲学中国化，称之为哲学范式。

哲学"范式"的转变，包括三个方面的内容。首先，现代哲学反映由农业社会向工业社会转型，反映着工业化、现代化的历史过程，所以它实现了由静态的世界观要素论向动态的实践生活论的转变。正如马克思所说，哲学家只是用不同的方式解释世界，而问题在于改变世界。而要改变世界，就必须付诸实践。所以现代哲学是对近代哲学主客二元对立的认识论哲学的超越，是向主客统一的实践方法论的转变。近代哲学关于物质、运动、时间、空间、规律的世界观要素的哲学范式，以及意识、绝对观念、自我意识世界观要素的哲学范式，都是静态的思维方式，都是脱离开人的、抽象的、不食人间烟火的东西；现代哲学主张主客体统一的生活实践，主张有人居住的、为人所用的现实的属人世界，主张动态的、由自然科学和科学技术所推动的人类社会的发展，这是现代哲学一大特点。其次，现代哲学反映封建专制向民主政治的转型。封建专制社会讲的是奉天承运、皇帝诏曰，是独白；民主政治讲的是人民民主，是对话。长期以来，我们习惯于领袖独白，不善于民主选举、民主决策、民主管理、民主监督。1919 年，五四运动提出要高举科学与民主两面大旗，许多人不理解科学与民主的辩证关系，所以出现了要么举科学大旗，要么举民主大旗的情况。须知二者是统一的，没有民主的意识很难举起科学大旗，没有科学的思想也很难举起民主的大旗。从"独白"向"对话"转型，这是现代哲学的第二大特点。

再次，从历史文化发展的坐标上说，现代哲学，既要重视共时态的考察，也要重视历时态的考察，还要重视从共时态向历时态的转变。从共时态上可以看到不同历史文化的差异性，从历时态上可以看到不同历史文化的发展过程，从共时态向历时态的转变，既可以看到不同历史文化的差异性，又可以看到它们的过去、现在、未来的发展过程和发展趋向，找到它们的同时代性和某些共同点与相似之处，这是一个非常重要的思想，很值得我们重视。例如，在德国古典哲学，特别是黑格尔和费尔巴哈哲学这种近代哲学之后，产生了两种现代哲学，一种是马克思主义哲学，一种是所谓的现代西方哲学。从横向共时态上看，它们分别属于不同阶级的世界观，是根本对立的，但从纵向历时态上看，它们都是在资本主义工业化、现代化历史条件下产生的，具有同时代性，在对具体问题探讨上有许多共同点和相似之处，它们都有自己的过去、现在和未来，它们对人类社会发展和思想文化的繁荣，都有不同的贡献。这是现代哲学的第三大特点。

研究现代哲学的这三大特点，我们就可以判断我们的哲学尚处在什么阶段，是不是现代哲学，要不要向现代哲学范式转变。

古代希腊把哲学称为爱智慧，是智慧之学；近代把哲学称为知识之总汇，是科学，是认识论；现代把哲学看作理论思维，是思维活动，是思维方法，是方法论。这就是说，古代哲学研究客体，是本体论；近代哲学研究主体，是认识论；现代哲学研究主客体统一，是实践方法论。如果我们理解和把握了现代哲学的三个基本特点，就可以明白把哲学当作世界观、把马克思主义哲学理解为辩证唯物主义世界观，就是停留在近代哲学范式的水平上，而没有实现向现代哲学范式的转变。马克思主义哲学中国化，中国哲学现代化，正确认识和评价西方哲学，都应当从现代哲学的三个基本特点出发，这样我国的哲学才能繁荣和发展，才能走向世界。

四 哲学范式的转变是一个世界性的问题

马克思主义哲学已经实现了哲学范式的转变，现代西方哲学也已经实现了哲学范式的转变。

在西方哲学中，关于本体论的研究，是一个重要问题。所谓本体论是关于世界起源、要素、结构、变化和发展的原因和规律的学问。哲学发展到康德，本体论从关于存在本身的学说转到了另一个方面，对理性的基本原理和描述现象的原则进行分析，即主体性方面。康德认为，作为关于存在本身的学说的本体论，若不与理性认识、人的行为和评价能力相关，就会完全失去意义。康德关于"现象—物自体"的划分，就把科学与道德、启蒙精神与宗教传统、唯物主义与唯心主义、经验论与唯理论结合在他的批判哲学体系中。在康德以及整个德国古典哲学之后，马克思、恩格斯再次实现了哲学上的转折。他们在《德意志意识形态》一书中说："人类历史的第一个前提无疑是有生命的个人存在，因此第一个需要确定的具体事实，就是这些人的肉体组织以及受肉体组织制约的他们与自然界的关系。在人类历史中，即在人类社会的产生过程中形成的自然界是人的现实的自然界。因此，通过工业——尽管以异化的形式——形成的自然界，是真正的、人类学的自然界。人们能够创造历史，必须能够生活，但是为了生活，首先需要衣、食、住及其他东西。因此，第一个历史活动就是生产满足这些需要的资料，即生产物质生活资料本身。同时，这也是人们仅仅为了能够生活就必须每日每时都要进行的（现在和几千年前一样）一种历史活动，即一切历史的一种基本条件。"在此基础上，马克思和恩格斯区分了人化自然和先于人类存在的自然界，并认为人化自然是人类生活资料最主要、最直接的来源，是实现劳动生产的必要条件，也是人类精神生活的主要条件。所有这些，体现了马克思主义哲学对现实的人、对实践、对改变世界的研究，这是马克思主义哲学的精华，是马克思主义哲学本体论的真谛。所以，作为现代哲学的本体论，是一种主客体相统一的本体论。

19世纪末20世纪初，西方哲学从对近代哲学范式的批判中，走进了现代哲学的范式。杜威说，在实际研究过程中，他从来不怀疑世界的存在。他承认地质科学的结论，承认宇宙世界的说法，但是他却不把这个世界看作某种超乎有关它的知识的东西。他认为，长期以来，人们把经验与自然分开，认为经验只是人们的主观感受，是对自然现象的反映，是与客体不相干的，有时还会成为我们认识的屏障或帐幕，影响人对自然本质的认识，因此，经验与自然是对立的。杜威反对这种观点，主张经验与自然是统一的。杜威说，经验是一种活动，是主体与客体、自我与环境的一种交涉活动，经验具有连贯性和连贯作用，它具有面向未来、联络未来、对付未来的"投射"作用，主体是经验的中心，经验具有"双重意义"。由此可见，杜威所追求的哲学本体论，是一个主客体相统一的，或者说是，主体客体化和客体主体化统一的本体论，是对近代哲学主客二元对立的本体论的超越。存在主义哲学家海德格尔主张，建立有根的本体论，反对传统哲学无根的本体论。他认为，两千多年来，一部分哲学家从"世界"方面入手，另一部分哲学家则从抽象思维方面入手，建立自己的哲学本体论。这样他们就陷入了所谓柏拉图路线和德谟克利特路线的斗争，即唯心主义和唯物主义的斗争，从而使哲学家离开人的存在去探讨世界的起源和本质。因此，他们的本体论就成了无根的本体论。海德格尔认为，离开人，谈什么存在都是毫无意义的。首先是人的存在，是"此在"，然后才是"在"。在《存在与时间》一书中，海德格尔强调首先要研究存在的看守者——人，人的存在，此在，追问此在的意义。存在首先是人的存在，而人的存在并不等于存在者，人只有在同其他存在者发生关系的场合，才能作为存在者而存在。离开"天、地、神"，作为人也难以存在。从这里可以清楚看到，海德格尔的哲学本体论，也是一个主客体相统一的本体论。此外，分析哲学、语言哲学和解释学，也都在对近代哲学批判之下实现了向现代哲学范式转变。石里克说，一个命题的意义，就是证实它的方法。维特根斯坦说，凡是能够说的，都能够说清楚；凡是不能说的，就应该保持沉默。这些话已反映出现代哲学的特点。解释学提出了"文本"概念，"文本"就是书写而固定下来的语言。"文本"既包括写者与读者，也包括说者与听者，语言还包括能指与所指，这说明它们都坚持主客体统一的本体论。

五　哲学范式转变是当前面临的重要任务

当前，我国正在从农业社会向工业社会、从传统社会向现代社会转型。在社会转型期，党中央提出马克思主义中国化，建设当代中国的马克思主义，坚持中国特色社会主义理论，就是这一努力的具体表现。要实现哲学范式的转变，首先要实现哲学由静态的认识主体向动态的主客体统一、由静态的认识论世界观向动态的生活实践论转变。其次，要实现哲学由"独白"向"对话"的转变。再次，要重视哲学由共时态向历时态的转变。只有掌握现代哲学的这些重要分析方法，才能实现哲学范式的转变。

六　中国有三种哲学的转型

第一种是当下中国存在的三种哲学，都面临着发展、创新或重新认识的问题。中国哲学，面临着从传统向现代化转型，面临着中国哲学现代化的问题；第二种马克思主义哲学，面临着马克思主义中国化，也就是马克思主义理论与中国具体实际相结合，建设当代中国马克思主义哲学的问题；第三种是现代西方哲学，我们面临着一个正确认识、理解和评价的问题。这三个方面概括地讲，就是一个中国哲学现代化，世界哲学中国化的问题。或者说是一个"内的外化"和"外的内化"的过程。希望中国的哲学研究在经历这个"内的外化"和"外的内化"的多元一体化过程之后，呈现出崭新的姿态和面貌。

改革开放以后，中国要实现由传统社会向现代化社会、农业社会向工业社会、封闭社会向开放社会转型，要面向世界、面向未来、面向现代化。这样就提出了传统与现代、中国与外国、开放与封闭的关系问题。首先，传统与现代的关系问题。现代离不开传统，中国五千年文化传统有其丰富内涵和深厚底蕴，而传统总是在发展中才有意义。如果把从传统到现代看作一个发展的过程，那么现代是不能离开传统的，我们必须正确认识传统。如果对传统一无所知或者知之不多，那么就不能正确认识中国特色，就不知应当怎样从传统走向现代。因此，传统与现代不是对立的，而是相互联系、相互作用辩证统一的。其次，中国与外国的关系问题。每一个民族、每一个国家都有自己的特点和长处，我们要虚心学习。以中国为例，从孔子创立儒学到董仲舒"罢黜百家，独尊儒术"，儒学就成了中国文化的一个源头；发展到宋代周敦颐、二程、朱熹、王阳明、陆象山和张载等人，结合佛、道，创立儒、道、释传统文化；20世纪40年代后，中国儒、道、释传统文化又发展成为新儒学，不仅汲取了现代西方哲学优秀成果，而且接受了现代科学技术发展新理念。冯友兰、梁漱溟、熊十力、贺麟等一代哲学家的研究成果，就说明了这一切。再次，开放与封闭的关尔问题。世界是开放的，世界文化是相互交流的，任何封闭的、闭关锁国的观点都是错误的。中国要从传统走向现代绝不能只靠自己摸着石头过河，而必须向别人学习，"取人之长，补己之短"。中国自己的哲学智慧，又要坚持马克思主义哲学的指导地位，中国哲学与马克思主义哲学怎样结合？必须使马克思主义中国化或创立中国化的马克思主义，这就需要理论创新，而理论创新就必须实现哲学范式的转变。从我们的经验来讲，开放的国家必然要向外国学习，而封闭的国家，则根本不会向外国学习。因此，我们再不能以坚持马克思列宁主义为指导，就彻底批判传统哲学文化，彻底批判现代西方哲学，把传统与现代、中国与外国绝对对立起来，这是一种"主客二元对立"的传统的旧哲学，我们必须在坚持马克思主义哲学的同时，认真研究中国传统哲学文化，确定其合法性。中华民族的崛起有赖于中华哲学文化，中华民族的和平崛起也离不开与其他民族、国家的和平相处和相互学习，这是一种"主客二元统一"的现代思维的新哲学。总之，坚持理论创新，建构马克思主义中国化的新哲学，必须实现哲学范式的转变。而当今，哲学范式的转变，就意味着要实现马克思主义哲学中国化，中国哲学现代化，正确认识评价借鉴现代西方哲学，坚持"洋为中用"从而使中国哲学全面健康发展。

后 记

经过退休后近 20 年的思考和研究，我终于完成了《美国实用主义研究》一书，我认为这部书对于教学和学科建设，对于科学研究都是有益的，应当给予肯定。

实用主义是一种现代哲学，它远远超越了康德哲学、黑格尔哲学、费尔巴哈哲学。恩格斯的《路德维希·费尔巴哈和德国古典哲学的终结》一书，已宣告近代西方哲学的终结，说明现代西方哲学已经超越了近代西方哲学；马克思的《关于费尔巴哈的提纲》，杜威的《哲学的改造》，也说明了这个问题。马克思、恩格斯的《共产党宣言》一书，已清清楚楚地揭示了工业化、现代化和全球化的历史大背景。

首先感谢陕西师范大学对本课题研究给予的大力支持，并将本研究作为学校优秀著作资助 3 万元。感谢"实用主义研究"课题组的成员——邓遇芳、罗志野、汪永康、石倬英以及余怀彦教授的辛勤劳动与友好合作。感谢苗力田、葛力、涂纪亮、刘放桐、黄颂杰、赵修义、江怡、陈亚军等先生的帮助和支持。感谢我的老同学陈培基、白建刚和牛苏林等朋友在物质和精神上的鼓励和支持。没有他们的帮助、支持和鼓励，我是无法完成这部著作的。当然，更要感谢社会科学文献出版社的任文武先生。应当说，写不尽的困难，念不完的感恩，一路走来，太辛苦了，但人自社会来，必须感恩社会。

杨文极

2018 年 12 月

图书在版编目(CIP)数据

美国实用主义研究／杨文极著. —— 北京：社会科
学文献出版社，2019.4
ISBN 978 - 7 - 5201 - 4184 - 0

Ⅰ.①美… Ⅱ.①杨… Ⅲ.①实用主义 - 研究 - 美国
Ⅳ.①B712.51

中国版本图书馆 CIP 数据核字(2019)第 017072 号

美国实用主义研究

著　　者／杨文极

出 版 人／谢寿光
责任编辑／高　启

出　　版／社会科学文献出版社·城市和绿色发展分社 （010）59367143
　　　　　　地址：北京市北三环中路甲 29 号院华龙大厦　邮编：100029
　　　　　　网址：www.ssap.com.cn
发　　行／市场营销中心 （010）59367081　59367083
印　　装／三河市东方印刷有限公司

规　　格／开 本：787mm × 1092mm　1/16
　　　　　　印 张：40.5　字 数：619 千字
版　　次／2019 年 4 月第 1 版　2019 年 4 月第 1 次印刷
书　　号／ISBN 978 - 7 - 5201 - 4184 - 0
定　　价／198.00 元

本书如有印装质量问题，请与读者服务中心（010 - 59367028）联系